복지자본주의 연구

A Study of the Welfare Capitalism

지 은 구

청목출판사

머리말

본 저서는 사회복지학적 측면에서 복지자본주의를 다룬다. 특히, 복지자본주의 작동원리에 대한 분석에 있어 복지를 중심으로 자본주의를 분석한다. 이는 사회체제로서의 복지국가와 경제체제로서의 자본주의를 분석함에 있어 복지국가논리에 근거하여 사회복지적 측면에서 자본주의를 다룬다는 것을 의미한다. 따라서 복지에 대한 사상과 복지이론 그리고 사회재(social goods)이자 가치재(value goods)이고 공공재(public goods)로서의 사회복지 재화와 서비스의 생산방식을 자본주의 생산방식과 연관하여 설명한다. 자본주의경제체제의 생산방식은 개인이나 기업중심의 시장경제체제임으로 이를 바탕으로 경제적 생산 및 경제적 시장에 대한 분석과 함께 사회복지 재화와 서비스의 생산을 책임지는 사회적 생산과 이의 교환이 발생하는 사회적 시장을 중심으로 분석한다. 따라서 본 저서의 범위는 시장중심의 자본주의 작동양식에 대한 분석이 아니고 복지자본주의 작동양식 특히 사회복지 재화와 서비스의 생산 및 공급을 중심으로 발전하는 복지와 자본주의가 결합한 복지자본주의에 대한 작동양식에 대한 분석이 중심이다.

복지자본주의 경제체제에서 국가의 역할은 자유경쟁시장의 기능을 안정적으로 유지시키는 것이지만 국가의 역할을 시장에 대한 개입이나 규제의 정도로만 분석하는 것이 아니라 복지제공에 따른 국가의 역할과 시장의 기능을 복지생산 및 공급에 따른 국가 및 시장의 역할과 연관하여 동시에 유기적으로 분석한다. 즉, 자원할당을 위한 기구로서 시장을 분석하지만 상업적 또는 경제적 시장은 불균형과 불안정성 그리고 지불능력의 원칙에 따라 사회적 배제나 차별과 같은 문제들을 증폭시킴으로 또 다른 자원할당을 위한 기구로서 사회적 생산과 소비를 진작시키는 사회적 시장을 동시에 분석한다.

복지자본주의는 사회정치체제와 경제체제의 결합이며 이를 분석하기 위해서는 단순한 경제논리나 경제학적 틀로만은 불가능하다. 따라서 정치경제학과 사회복지경제학의 관점에서 복지자본주의 발전 및 복지생산 및 공급을 분석하는데 이는 복지국가의 발전이 곧 정권적 차원에서 정치이데올로기와 시민과 노동자들의 운동 및 연대활동에 크게 영향을 받았음으로 경제학적 틀로만 복지자본주의 발전을 설명하기 어렵기 때문이다. 또한 사회복지경제학적 관점에서 복지를 분석하는 것은 복지를 단순히 개인적 만족이나 원함을 해결하는 것이 아니라 복지를 사회적 체계로 인식하고 복지체계를 국민들에게 필요한 자원할당을 위한 사회적 재분배도구로 인식하여 복지자본주의를 분석하기 위함이다.

본 연구서는 위와 같은 연구목적에 부합하여 복지자본주의를 분석함에 있어 제2장에서는 복지자본주의에 대한 개념과 역사적 과정 그리고 복지자본주의가 움직이는 작동원리에 대해서 다룬다. 3장에서는 복지자본주의의 논리를 사회복지의 논리와 비교하여 설명하며 3장에서는 복지자본주의를 이해하기 위한 관점으로 정치경제학적 관점을 복지자본주의와 결부하여 설명한다. 4장과 5장에서는 복지본주의가 등장하고 작동하는 이유를 이론적 측면에서 설명하기 위해 복지자본주의의 다양한 이론적 틀을 소개한다. 6장에서는 이념이나 사상이 복지자본주의 등장과 발전에 미친 영향을 분석하기 위하여 다양한 이념적 스펙트럼을 보수주의적 관점과 사회민주주의관점까지 폭넓게 복지자본주의와 연관하여 설명한다. 7장에서는 복지자본주의를 움직이는 자원할당을 위한 물적 토대이자 사회적 기구로서 경제적 시장과 사회적 시장을 구분하여 각각의 작동원리와 장단점 등을 조명한다. 특히, 7장에서는 자본주의의 중요한 작동 기제인 경제적 시장을 집중 조명한다. 특히, 복지혼합시대에 적합한 시장을 확인하기 위하여 순수시장부터 준시장까지 다양한 경제적 시장의 유형을 다룬다. 또한 사회적 시장경제 또는 사회자본주의모델이라고 불리는 사회경제모델을 소개하며 이의 작동원리를 사회복지와의 관련 하에서 집중 분석한다. 8장에서는 사회재에 대한 속성 그리고 가장 대표적인 사회재인 사회복지 재화와 서비스에 대한 성격을 다루며 9장에서는 복지자본주의의 복지생산방식을 소개한다. 복지자본주의가 작동하고 발전하기 위해 사회적 생산과 사회적 생산은 어떻게 작동하여야 하는지 등을 집중적으로 다룬다. 특히, 공공재와 가치적 성격을 갖는 사회복지 재화와 서비스는 어떠한 생산방식을 통해 소비되어야 하여야하는지를 다룬다. 마지막 장인 10장에서는 복지자본주의의 다양한 국가별 유형을 소개한다. 수많은 복지자본주의국가가 모두 동일한 복지 및 경제수준을 유지하는 것은 아님으로 연구자들은 복지자본주의의 다양성을 어떻게 구분하고 분석하는지 등을 집중 조명한다.

본 저서가 복지국가를 전공하는 학생 및 사회복지실천전문가 그리고 연구자들에게 복지국가의 정치경제학적 운동논리를 이해하는 데 도움을 주고 자본주의의 수정된 형태인 복지자본주의 발전 및 작동의 논리를 설명하는 데 도움을 주기를 조금이나마 기대해본다.

2024년

지 은 구

차 례

〈그림 차례〉

〈표 차례〉

제 1 장

복지자본주의 연구의 배경[1)]

제 1 절 복지자본주의 연구의 목적

1. 복지자본주의 연구의 필요성

본 연구는 사회복지학적 측면에서 수정된 자본주의의 유형인 복지자본주의를 다룬다. 특히, 복지자본주의 작동원리에 대한 분석에 있어 복지를 중심으로 자본주의를 분석한다. 따라서 복지에 대한 사상과 복지이론 그리고 사회재이자 가치재이고 공공재로서의 사회복지 재화와 서비스의 생산방식을 자본주의생산방식과 연관하여 설명한다. 자본주의경제체제의 생산방식은 개인이나 기업중심의 시장경제체제이므로 이를 바탕으로 경제적 생산 및 경제적 시장에 대한 분석과 함께 사회복지 재화와 서비스의 생산을 책임지는 사회적 생산과 이의 교환이 발생하는 사회적 시장을 중심으로 분석한다. 따라서 본 연구서의 범위는 시장중심의 자본주의 작동양식에 대한 분석이 아니고 복지자본주의 작동양식 특히 사회복지 재화와 서비스의 생산 및 공급을 중심으로 발전하는 복지와 자본주의가 결합한 복지자본주의에 대한 작동양식에 대한 분석이 핵심이다.

복지자본주의 경제체제에서 국가의 역할은 자유경쟁시장의 기능을 안정적으로 유지시키는 것이지만 국가의 역할을 시장에 대한 개입이나 규제의 정도로만 분석하는 것이 아니라 복지제공에 따른 국가의 역할과 시장의 기능을 복지생산 및 공급에 따른 국가 및 시장의 역할과 연관하여 동시에 유기적으로 분석한다. 즉, 자원할당을 위한 기구로서 시

1) 이 연구는 2022년도 계명대학교 비사연구기금으로 이루어졌음.

장을 분석하지만 상업적 또는 경제적 시장은 불균형과 불안정성 그리고 지불능력의 원칙에 따라 배제나 차별과 같은 문제들을 증폭시킴으로 또 다른 자원할당을 위한 기구로서 사회적 생산과 소비를 진작시키는 사회적 시장을 동시에 분석한다.

복지자본주의는 정치체제와 경제체제의 결합이며 이를 분석하기 위해서는 단순한 경제논리나 경제학적 틀로만은 불가능하다. 따라서 정치경제학과 사회복지경제학의 관점에서 복지자본주의 발전 및 복지생산 및 공급을 분석하는데 이는 복지국가의 발전이 곧 정권적 차원에서 정치이데올로기와 시민과 노동자들의 운동 및 연대활동에 크게 영향을 받았음으로 경제학적 틀로만 복지자본주의 발전을 설명하기 어렵기 때문이다. 또한 사회복지경제학적 관점에서 복지를 분석하는 것은 복지를 단순히 개인적 만족이나 원함을 해결하는 것이 아니라 복지를 사회적 체계로 인식하고 복지체계를 국민들에게 필요한 자원할당을 위한 사회적 재분배도구로 인식하여 복지자본주의를 분석하기 위함이다.

복지자본주의에 대한 가장 대표적인 초기 연구는 1990년에 출간된 에스핑-엔더슨의 '복지자본주의의 3개의 세계(the three worlds of welfare capitalism)'라는 저서이다. 이 책에서 그는 서구 복지자본주의국가들을 유형화하기 위한 노력을 기울였으며 이 책이 출간된 이후 수많은 연구자들이 복지자본주의국가를 집단화하고 유형화하기 위하여 노력하고 있고 이러한 연구는 지금도 여전히 중요한 연구주제이고 꾸준히 진행되고 있다. 초기 연구에서는 주로 자료 확보가 상대적으로 용이한 서구 중심의 복지자본주의국가들이 중심이었지만 2000년대 이후는 한국이나 더 많은 OECD국가들이 포함되는 연구들이 복지자본주의국가의 유형을 구분하기 위해 등장하였다. 하지만 복지자본주의에 대한 연구들 중에는 복지와 자본의 논리를 정치경제이론 등과 같은 복지자본주의의 작동을 논리적으로 설명하는 이론을 소개하거나 적용한 연구는 이루어지지 않았으며 특히 복지자본주의 작동양식이나 생산방식 등에 대한 연구는 이루어지지 않았다.

본 연구는 일반 경제학적 관점에서 복지자본주의를 다루기보다 사회복지학적 관점 특히, 정치경제학적 관점과 사회복지경제학적 관점에서 복지와 자본주의가 결합한 자본주의의 수정된 형태인 복지자본주의를 분석한다. 특히, 자본주의가 지속성장하기 위해 다양한 유형으로 분화발전하면서 나타난 독특한 모델을 중심으로 결국, 자본주의의 지속발전가능성은 사회복지제도와 정책에 의존할 수밖에 없음을 설명하기 위하여 복지자본주의의 분배방식 즉, 자원할당방식을 시장을 중심으로 분석하기 위해 노력한다. 이러한 본 연구의 노력은 복지자본주의에 대한 연구가 지금까지 주로 복지자본주의의 유형화나 집단화 등에 집중되어져 옴으로써 복지자본주의를 움직이는 즉, 복지자본주의를 설명하는 이론의 소개 및 발전 및 복지자본주의 작동양식에 대한 분석과 복지자본주의의 생산방식과 소비방식에 대한 연구가 등한시되었다는 한계를 극복하기 위함이다. 결국, 본 연구의 필요성은 복지자본주의의 작동양식을 이념과 이론적 틀을 통해 분석하고 이에 적합한 이론을 도출하여야 한다는 당위성과 복지자본주의 작동의 원리 및 자원의 할당을 위한 기제와 방식에 대한 소개를 통하여 복지자본주의가 발전 및 지속 가능하도록 학문적 토대를 제공하는 것에 있다.

2. 연구의 목적

본 연구의 목적은 수정된 자본주의의 형태로서 사회정치체제로서의 복지국가와 경제체제로서의 자본주의의 혼합을 의미하는 복지자본주의(welfare capitalism)의 개념과 작동원리 및 기능 그리고 자원할당기구인 시장의 다양성과 역할 그리고 복지생산 및 분배방식을 살펴보고 복지자본주의국가들의 특성 등을 비교·분석하는 것에 있다. 위의 목적을 달성하기 위하여 본 연구가 성취하기 위해 설정한 연구의 목표는 다음과 같다.

첫째, 복지자본주의는 무엇인가에 대한 개념적 정의와 복지국가와 자본주의와의 관련성에 대한 논의숙고

둘째, 복지자본주의를 움직이는 복지의 논리와 자본의 논리는 무엇인가에 대한 사회복지학영역과 경제학 특히 정치경제학적 영역에서의 논리비교분석을 통한 복지자본주의자동양식 기본적 토대 제고

셋째, 복지자본주의의 작동양식은 어떠한가에 대한 복지자원의 생산과 할당에 대한 논리 비교분석

넷째, 복지자본주의를 발전시키는 힘은 무엇인가에 대한 해답을 찾기 위한 사회정치체제로서 복지국가발전논리 분석

다섯째, 복지자본주의에서 복지의 증진은 무엇을 통해서 실현되며, 복지자본주의를 발전시키고 있는 사회복지의 기능은 무엇인가에 대한 해답을 찾기 위한 수정된 자본주의인 복지자본주의에서 사회복지의 경제적 작동방식분석

여섯째, 복지자본주의국가들의 유형별 다양성은 어떠한가를 비교분석하기 위한 즉, 복지자본주의국가별 특성을 비교하기 위한 기준 도출 및 이의 적용을 통해 한국을 포함한 복지자본주의국가들의 다양성을 집단화하여 복지자본주의의 유형별 특성 제시

제2절 연구의 방법 및 절차

1. 연구의 방법

본 연구는 복지자본주의의 작동원리를 포함하는 성격을 규명하기 위한 연구목적을 성취하기 위하여 본 연구에서는 먼저 복지국가와 복지자본주의를 포괄적으로 이해할 수 있도록 도움을 주는 이념 및 이론적 틀을 선행연구와 문헌조사를 통해 고찰한 후 제시할 것이고 복지자본주의의 이해를 돕는 이념적 특성과 이론적 틀을 중심으로 복지자본주의의 생산과 소비방식에 대한 내용분석을 위해서 비교문헌조사를 통한 분석을 시도할 것이다. 특히, 복지자본주의국가를 분석하는 기준으로 제시된 Esping-Anderson(1990)의 탈상품화와 복지관대성 그리고 사회계층화를 비판적으로 적용하여 복지자본주의의 성격을 분석할 것이다. 또한 복지자본주의의 자원할당기제인 시장을 분석하기 위하여 경제적 시장을 포함하여 Le Grand(2011)가 제시한 준시장모델 그리고 Herrmann(2012) 이 제시한 탈상품화를 강조하는 사회적 시장모델을 복지자본주의모델에 적용하여 분석할 것이다. 마지막으로 한국을 포함한 복지자본주의국가들의 다양성을 분석하고 유형화하기 위하여 본 연구에서는 제시된 각종 국제조직(특히, OECD자료)과 정부통계자료를 통한 사회지표분석과 이차자료분석(secondary data analysis)을 병행할 것이다. 구체적인 연구방법은 아래와 같다.

▶ 연구방법 1: 복지자본주의의 개념 및 이념적 특성과 이론을 도출하기 위한 비교문헌조사

▶ 연구방법 2: 복지자본주의의 작동원리 및 생산과 소비방식 그리고 복지재화적 특성을 도출하기 위한 내용분석

▶ 연구방법 3: 복지자본주의국가들의 성격과 다양성을 비교분석하기 위한 선행연구들에 대한 내용분석

▶ 연구방법 4: 복지자본주의국가들의 특성을 유형화하기 위한 OECD Dataset 등을 활용한 사회지표분석(social indicator analysis) 및 이차자료분석(secondary data analysis)

2. 연구의 절차

본 연구는 일반 경제학적 관점에서 복지자본주의를 다루기보다 사회복지학적 관점 특히, 정치경제학적 관점과 사회복지경제학적 관점에서 복지국가와 자본주의가 결합한 자본주의의 수정된 형태인 복지자본주의를 분석한다. 특히, 자본주의가 지속성장하기 위해 다양한 유형으로 분화발전하면서 나타난 독특한 모델을 중심으로 결국, 자본주의의 지속발전가능성은 사회복지제도와 정책에 의존할 수밖에 없음을 설명하기 위하여 복지자본주의의 분배방식 즉, 자원할당방식을 시장을 중심으로 분석하기 위해 노력한다. 이러한 본 연구의 노력은 곧 복지자본주의를 설명하는 이론의 발전 및 복지자본주의 작동양식에 대한 연구의 확산 그리고 복지자본주의국가들의 특성별 유형화를 위한 연구의 발전 및 확산 등에 기여할 것이며 나아가 많은 연구자들에게 선진복지자본주의 및 한국복지자본주의의 특성을 분석하는데 연구의 초석을 제공할 것으로 기대할 수 있다. 본 연구의 구체적인 연구절차는 다음 그림과 같다.

[그림 1] 연구의 절차

1단계	문헌조사 - 복지자본주의 개념 및 특성에 대한 문헌조사 및 선행연구
2단계	복지자본주의와 복지국가의 작동양식 - 복지국가와 복지자본주의와의 관계성 확인
3단계	복지자본주의에서 복지의 논리와 자본의 분석 - 자본주의와 복지자본주의 및 사회복지논리비교
4단계	복지자본주의 이론적 배경 탐색을 위한 이론 비교연구 - 합리적 선택이론, 공공선택이론, 정치경제이론, 권력·자원이론, 사회투자론, 사회경제론 등 비판적 고찰
5단계	복지자본주의를 이해하기 위한 이념적 틀 분석 -보수주의 자유주의 신자유주의 마르크스주의 사회민주주의 등 이념적 성향분석
6단계	- 복지자본주의의 자원할당/배분/기구 분석 - 사회적 시장과 경제적 시장 작동원리 비교분석을 위한 비교문헌조사
7단계	복지자본주의 재화와 서비스특성과 생산방식 비교 - 복지자본주의 재화의 사회재 및 가치재적 성격분석 - 사회적 생산방식과 경제적 생산방식 비교분석
8단계	- 복지자본주의 다양성 내용분석 및 유형별 특성 비교

제 2 장

복지자본주의의 토대

사회복지(또는 복지국가)와 자본주의는 공존할 수 있는가? 사회복지에 대한 중요성보다는 개인의 복지는 시장을 통해서 이루어짐을 강조하여 자본주의 시장경제의 중요성을 강조한 아담 스미스와 같은 학자들에게 있어 사회복지와 자본주의의 공존 필요성은 인정되지 않았으며 인간의 진정한 복지는 자본주의가 새로운 경제체제로 이행되어야 충족될 수 있다고 보았던 마르크스와 같은 학자들에게 있어서도 사회복지와 자본주의의 공존은 받아들여지지 않았다. 하지만 자본주의는 역사적 발전과정에서 수많은 사회적 위험을 양산하면서도 끈질기게 수정되면서 영속하고 있으며 이러한 수정된 자본주의의 영속력을 이끄는 데 가장 결정적인 역할을 부여한 것은 바로 복지와 자본주의가 결합한 복지자본주의의 등장과 발전이다. 복지자본주의는 여전히 우파로부터는 시장 및 사회정책에 대한 국가개입의 정도가 높아 재정지출이 심화되며 비생산적이고 비효율적이라고 공격을 받고 있으며 좌파로부터는 자본주의를 유지 및 보전하고 자본축적을 정당화하기 위한 자본가계급 및 지배집단의 술책에 지나지 않는다고 비판받고 있다. 하지만 인간의 노동력 상품화를 기본으로 하여 임노동관계를 강조하는 자본주의 생산관계가 또 다른 생산관계로 이행하지 않는 한 자본주의는 유지될 것이며 이러한 유지의 원동력은 사회복지를 통한 국민생활의 위험해소와 국민의 다양한 욕구의 충족에 있음은 주지의 사실이다.

이러한 사회복지의 중요한 기능에도 불구하고 복지와 자본주의가 결합한 복지자본주의의 원리 및 작동에 대한 명확 설명은 부족하다. 이는 복지자본주의를 사회복지의 입장에서 해석하고 자본주의의 원리를 사회복지의 원리와 결합하여 이해하고 해석하기 위한 시도가 부족하다는 것을 나타낸다. 복지자본주의는 자본주의발전 즉, 산업화의 과정에서 사회적 필요성에 의해서 등장하였을 수도 있고 자본가계급을 포함한 지배계급의 이익을 보장하기 위한 수단으로 등장하였을 수도 있지만 기본적으로 노동계급의 복지에 대한 요구투쟁의 결과로 발전하였음은 주지의 사실이다. 복지에 대한 사회적 권리가 향상되고 자본주의가 양산하는 사회적 위험이 날로 복잡화되고 확대되고 있는 현 상황에서 그리고 자본의 집적과 집중 및 고도의 과학기술혁명 등에 따른 노동의 분업과 전문화에 영향을 받아

계급적 기반은 극도로 약화되었지만 국민들의 기본적 생활보장을 더욱 공고히 하기 위해서는 자본의 논리보다는 복지의 논리가 중요하며 이를 지탱하고 확대하기 위해 인본주의와 시민의식을 바탕으로 하는 복지요구투쟁은 더욱 중요할 수밖에 없음 역시 주지의 사실이다.

복지자본주의는 무엇이고, 복지자본주의를 움직이는 복지의 논리와 자본의 논리는 무엇이며, 그리고 복지자본주의의 작동양식은 어떠한가? 복지자본주의를 발전시키는 힘은 무엇인가? 복지자본주의를 발전시키기 위해서 시민은 무엇을 하여야 하는가? 또한 복지자본주의에서 복지의 증진은 무엇을 통해서 실현되며, 복지자본주의를 발전시키고 있는 사회복지의 기능은 무엇이고 사회복지의 경제적 작동방식은 어떠한가? 위와 같은 질문들에 대한 답을 찾지 못하면 복지자본주의의 작동방식과 그 미래를 제대로 이해하고 예측하는 것은 불가능하다. 자 이제부터 위와 같은 질문들을 하나하나 풀어가 보도록 하자.

제 1 절 복지에 대한 해석

1. 경제학에서의 복지

복지(welfare)는 경제학에서나 사회복지학에서 중요한 개념이자 동시에 성취하기 위해 추구하는 가치이다. 이는 곧 복지의 실현을 경제학이든 사회복지학이든 중요한 목적으로 한다는 점을 의미한다. 개인적 복지의 실현을 추구하는 복지경제학(또는 후생경제학, welfare economics)이 경제학의 영역에서 발전한 것을 보면 경제학에서 복지는 주요 연구대상임이 분명하다. 하지만 경제학과 사회복지학이 복지실현을 추구한다는 것은 두 학문의 영역에서 복지가 추구하는 가치나 목적이 동일하다는 것을 의미하는 것은 아니다. 복지의 실현을 추구한다는 것은 추상적인 의미에서 일뿐 실제적인 학문의 측면에서 보면 경제학과 사회복지학은 복지에 대해 상이한 견해를 갖는다. 이는 **두 학문이 인간의 기본적 속성에 대한 이해에서부터 인간의 동기 그리고 인간과 사회와의 관계 등에서 모두 상이한 견해**를 갖고 있기 때문이다.

경제학에서 인간은 호모이코노미쿠스(Homo Economicus)로 경제적 인간으로 이해한다(Davis and McMaster, 2017 Health care economics; Becker, 1976). 즉, 경제학에서 모든 인간은 자기만족을 최대화하기 위해 노력하는 **"자기이익 충족가"**이다. 특히 경제학은 인간의 합리성이라는 측면을 강조하여 인간은 자신의 만족을 최대화하기 위해 선택할 수 있고 선택한 행동에 대해서 책임질 수 있다고 하는 합리적 인간상을 강조한다. 따라서 자기 이익 최대화를 추구하는 인간의 이기적 속성은 바로 경제학에서 강조하는 호모이코노미쿠스가 기원이라고 할 수 있다. 하지만 자본주의경제체제 하에서 용인되는 자기이익최대화를 의한 인간의 이기적 행동이 곧 사회문제의 기원이 된다. 즉, 자본가가 자본축적을 위해 노동자를 착취하는 노동착취나 많이 가진 사람이 더 많이 갖는 행동으로부터 유발되는 소득의 양극화 및 빈익빈 부익부는 모두 인간의 이기심의 발로라고 할 수 있다. 고전파경제학자들과 복지경제학자들은 대부분 복지를 만족과 동일시하며 만족이 충족되면 인간은 행복하고 이는 곧 복지의 실현이라고 바라본다. 즉, 복지를 만족충족 그리고 부의 축적이나 물질적 부분으로만 해석하는 경향이 강하다. 복지경제학자들은 대부분 인간들은 자기이익최대화를 위하여 노력하며 자신이 선호하는 것을 선택하게 되면 이익은 최대화되고 복지는 충족된다고 본다(지은구, 2003).

복지에 대한 경제학과 사회복지학의 견해는 인간과 인간의 동기 그리고 인간과 사회와의 관계에 대한 견해에 기반하여 매우 상이하게 해석된다. 먼저 경제**학에서 복지는** 좁게 보면 개인적 복지를 주로 의미하며 만족(utility)과 원함(wants)을 의미한다. 즉, 부의 증진과 만족이나 원함의 충족을 통한 복지의 증진을 주로 강조함으로 개인의 만족이 충족되면 복지는 증진된다고 본다. 동시에 복지를 보다 넓게 해석하여 복지가 번영(well-being)을 나타내며 경제가 부의 증진을 통해 개인의 번영을 넘어 사회의 번영을 가져다준다고 강조한다. 따라서 경제학에서 복지는 물질적 부를 강하게 의미하며 부의 축적이 곧 복지의 증진을 나타냄으로 수량적 가치로서 화폐(돈)의 축적이 곧 복지증진을 위한 토대가 된다.

경제학에서는 복지증진이 곧 화폐이익이나 물질적 부를 통한 만족증진을 통해 실현됨으로 이익을 나타내는 효율성이나 이익을 창출하는 생산성 등의 개념이 중요한 경제적 가치창출의 여부를 결정하는 기준이다. 경제학 특히, 복지경제학에서 만족증진이나 갈망하는 것이나 원하는 것의 충족을 통한 복지향상을 설명하는 대표적인 이론은 합리적 선택이론(Rational choice theory)[2]과 사회선택이론(social choice theory) 등이 있다.

2) 합리적 선택이론은 이성적 선택이론이라고도 불린다.

2. 사회복지학에서의 복지

경제학보다 늦게 출발한 사회복지학은 만족 최대화를 위해 동기가 부여되는 인간행동에 따라 나타나는 인간의 심리적 손상과 이에 대한 대응으로 인간을 경제적 인간이라기보다 사회적 인간으로 규정한다. 즉, 인간은 사회와의 상호행동 속에서 그리고 타인과의 상호행동 속에서 영향을 받으며 자기의 의미를 부여받아 동기가 부여됨을 강조한다. 따라서 사회복지학에서 인간은 사회 안에서의 인간으로 규정하며 인간의 자기만족을 위한 이기적 측면보다는 공동체를 지향하는 이타적 측면이 강조된다.

사회복지학에서 복지는 경제학과 비슷하게 좁게 해석하면 번영(well-being)을 나타내지만 개인적 번영과 사회적 번영을 엄격하게 구분한다. 즉, 개인의 번영이나 복지는 개인적 수준에서 해결되지만 사회의 번영이나 복지는 개인적 수준이 아니라 사회적 수준에서 욕구의 해결이나 사회문제의 해결을 통해서 구현된다고 본다. 사회복지학에서 복지의 실현은 개인의 부의 축적이나 경제성장과 같은 화폐가치를 의미하는 경제적 가치로 표현되지 않으며 사회적 욕구나 문제해결 및 사회의 번영과 발전을 추구하는 사회적 가치를 중심으로 표현된다.

또한 사회복지학에서는 복지를 보다 넓게 해석하여 제도나 체계로서 이해하며 번영을 위해 제공되는 혜택(benefit)을 포함하는 개념으로 이해한다. 따라서 복지혜택이 욕구를 해결할 정도로 제공되는가? 그리고 국민들에게 어느 정도 영향을 미치는가? 그리고 필요한 국민들 누구에게나 복지혜택이 제공되는가를 의미하는 적절성, 효과성 그리고 형평성과 평등성 등이 사회적 가치실현이나 복지의 수준을 결정하는 중요한 기준이 된다. 특히, 사회복지학에서는 복지를 번영을 위해 제공되는 재화나 서비스로 바라본다. 특히 사회복자학에서 복지는 물질적 부를 의미하지 않음으로 효율성이나 생산성과 같은 개념은 중요하지 않으며 복지혜택을 통한 개인, 가족, 집단 나아가 사회의 복지상태의 변화를 나타내는 효과성이나 사회적 영향력(social impact) 그리고 사회문제에 영향을 받은 국민 개개인들이 모두 차별없이 혜택을 받을 수 있는 형평성의 개념이 무엇보다도 중요하다.

결론적으로 사회복지학에서 복지는 인간의 만족이나 원함의 충족을 통한 행복만을 의미하지는 않는다. 인간은 사회적 동물로서 자본주의 경제체제라는 사회 안에서 타인과 상호행동하면서 존재를 인식하며 개인 및 사회발전을 위해 노력하는 주체이다. 따라서 인간은 주어진 사회환경에 의해서 많은 영향을 받는데 이는 자본주의라는 경제체제에 의해서도 인간이 영향을 많이 받는 사회구성원이라는 점을 의미하고 자본주의가 발전하면서 동시에 같이 확대 재생산되는 다양한 사회문제에도 그대로 노출되어 영향을 받는 다는 점을 의미하기도 한다. 따라서 사회복지학에서 **복지는 좁게 보면 개인의 번영을 추구하지만 동시에 개인의 복지나 번영에 영향을 미치는 사회환경에 대한 구조적 문제를 해결하여 사회의 질(quality)이 향상되고 사회복지가 증진되는 것을 동시에 추구한다.**

3. 사회복지학과 경제학에서 사회적이란 의미의 비교

경제학에서 복지는 개인적 만족이나 번영의 상태(예를 들어 개인적 이익이나 부)를 의미하며 물질적 측면의 수준을 보장하는 것이 강조되고 사회의 복지(또는 사회복지)는 전체 사회의 복지의 총합을 나타내는 의미로 이해된다(지은구, 2003). 즉, 경제학에서는 개개인의 만족이나 복지의 수준이 모두 모여서 만족의 합이 향상되면 사회의 복지는 향상된다고 간주한다. 따라서 경제학에서 사회복지는 개인 중심이며 개개인의 복지가 모이는 총합적 의미를 나타낸다. 반면 사회복지학에서 복지는 개인적 욕구의 충족이나 번영으로 좁게 해석되기도 하지만 통상 복지는 사회복지를 의미하는 용어로서 이해되며 사회복지는 인간과 인간의 상호관계 및 인간과 사회환경과의 관계에서 이해된다. 즉, 사회복지학에서 사회복지는 사회적이라는 개념을 경제학에서 강조하는 개인의 총합으로 바라보는 사회적이라는 용어와는 매우 상이하게 해석하는데 사회복지학에서 사회적이라는 개념은 "사회구성원들이 사회에서 삶을 함께 즐기고 함께 상호의존하고 상호호혜하면서 살아가는 것"으로 해석한다. 이러한 사회복지의 의미차이로 인하여 경제학에서는 사회복지보다는 개인적 복지라는 개념을 선호하고 사회복지학에서는 복지보다는 당연히 사회복지라는 용어를 선호하고 중요한 가치로서 공동체, 연대, 집합주의 등이 강조된다. 사회적이라는 개념과 사회복지에 대한 구체적 설명은 다음 장에서 보다 상세하게 다루도록 한다.

4. 복지의 시각과 사회복지경제학

사회복지경제학(social welfare economics)[3]은 개인의 만족(번영 또는 복지)과 개인의 만족의 총합 등을 다루는 일반 경제학이나 복지경제학과 상이한 내용으로 구성된다. 복지

3) 사회복지경제학에 대한 보다 자세한 내용은 지은구(2003). 사회복지경제학연구(청목출판사)를 참고하길 바람

경제학은 경제학적 관점에서 개인의 만족을 복지로 바라보며 개인의 복지실현의 정도를 미시경제학을 활용하여 측정하는 것을 강조한다. 즉, 복지경제학[4]은 미시경제학적 측면에서 개인의 복지정도를 이해하기 위한 학문이다. 하지만 **사회복지경제학**은 사회복지학의 관점에서 **거시경제학과 정치경제학적 틀**을 활용하여 국가적 단위에서 개인 및 사회의 복지를 실현시키기 위한 방안을 찾기 위해 노력한다. 즉, 사회복지경제학은 사회와 경제를 동시에 분석단위로 하며 복지와 자본주의가 동시에 발전하는 방안을 찾기 위해 거시경제를 분석하고 자본주의 문제점을 사회적 체계 하에서 분석한다. 특히, 사회복지체계를 자원할당을 위한 또 다른 도구로 인정하며 시장과 정부 및 사회복지체계를 통한 자원할당 또는 자원의 분배 및 재분배를 분석한다. 따라서 사회복지경제학에서 사회복지는 국가의 정책 및 제도적 틀 안에서 사회복지 재화와 서비스를 제공하는 사회적 체계이자 자원할당을 위한 도구이다(지은구, 2003, 2021).

또한, 사회복지경제학은 정치경제학적 틀을 활용하여 복지정책을 강조하는 사회정치체제로서의 복지국가와 자본주의가 결합한 복지자본주의의 작동 및 원리를 이해하기 위해 노력한다. 따라서 복지자본주의의 분석은 사회복지경제학의 틀 안에서 복지국가에 대한 분석과 자본주의의 작동 및 모순 등에 대한 분석을 통한 복지자본주의의 발전방안을 분석하는 것을 의미한다. 복지자본주의의 작동 및 원리는 복지라는 자원할당체제와 자본주의라는 경제체제가 결합한 체제임으로 사회복지경제학을 통해서 해석하고 이해되어야 한다. 이는 복지자본주의 작동원리의 이해와 해석에 있어 사회복지경제학이 이론적 기초가 됨을 의미한다. 사회복지경제학은 주류경제학에서 복지를 이해하는 방식이 아닌 사회복지학적 측면에서 경제학을 이해한다. 즉, 복지와 자본주의의 결합 및 작동을 사회복지학적 측면에서 설명하기 위해 노력한다. 복지자본주의에서 복지와 경제가 분리될 수 없듯이 복지국가체제에서 복지와 정치는 분리될 수 없음으로 복지자본주의의 작동 및 자원할당의 원리를 분석하기 위해서는 거시경제학과 정치경제학적 입장을 활용하는 사회복지경제학적 관점의 적용은 필연적이다.

---

4) 복지경제학에 대한 자세한 내용은 본서의 제5장 제2절 복지경제학과 복지자본주의를 참고하길 바람

사회복지경제학	• 정치경제학적 입장을 활용하여 사회복지작동원리를 이해하기 위한 관점 • 미시경제학적 측면에서 개인의 복지정도를 수량적으로 이해하는 것이 아니라 사회복지학의 입장에서 거시경제학과 정치경제학적 틀을 활용하여 국가적 단위에서 개인 및 사회의 복지를 실현시키기 위한 방안을 찾기 위해 노력 • 시장과 정부 및 사회복지체계를 통한 자원할당 또는 자원의 분배 및 재분배를 분석하기 위한 도구 • 자본주의의 작동 및 모순 등에 대한 분석을 통해 복지자본주의의 발전방안을 분석하기 위한 틀 • 복지자본주의의 작동 및 자원할당의 원리를 분석하기 위한 경제 이론적 틀

제 2 절 복지자본주의의 개념과 역사

1. 복지자본주의

현대 자본주의국가들은 정도의 차이는 있지만 모두 복지국가를 지향한다. 따라서 자본주의가 복지와 결합하여 수정된 형태로 발전한 복지자본주의는 자본주의사회를 설명하는 중요한 키워드이다. 복지자본주의에서 복지는 곧, 사회복지를 의미하며 좁은 의미에서 인간의 번영을 의미하는 개인적 수준의 복지가 아닌 **국민 개인을 포함한 전체 사회구성원들을 위한 사회복지와 자본주의가 결합한 체제를 복지자본주의체제**라고 불려진다.

복지자본주의를 개념 정의하기는 어렵지만 일반적으로 "사회복지의 향상을 추구하는 자본주의"이며 사전적으로는 일반적으로 사회보장프로그램, 단체 협약이나 기타 불안에 대한 보장을 통해 표현되는 다양한 사회 집단의 복지에 대해 관심을 갖는 자본주의이다(Merriam Webster Dictionary, 2004; https://en.wikipedia.org/wiki/Welfare_capitalism). 지은구 · 김민주(2020)는 복지자본주의를 **"자본주의 경제체제를 유지하면서 국민들을 위해서 사회복지정책을 추진하는 국가체제"**라고 정의하였다. 위의 정의에 기초하면 결국, 복지자본주의는 국민들을 위험으로부터 보호하며 사회복지의 증진을 추구하는 자본주의가 곧 복지자본주의이다. 복지자본주의는 국민들의 복지향상을 위해 다양한 복지정책을 제공함으로 '복지정책과 자본주의의 결합' 역시 복지자본주의를 나타내는 특성이라고 할 수 있다.

따라서 자본주의의 수정된 형태로서 나타난 복지자본주의 역사는 사회정치체계로서 18세기 이후 자본주의 경제체제를 바탕으로 발전한 복지국가의 역사와 동일하다고 할 수 있다. 따라서 봉건주의 경제체제가 붕괴되고 자본주의로 경제체제가 전환되면서 국민들의 복지를 향상시키기 위해 등장한 자본주의 경제체제를 발판으로 하는 모든 복지국가는 복지자본주의라고 할 수 있다. 하지만 자본주의의 모든 국가가 모두 동일한 수준의 복지자본주의국가라고 할 수 없는데 이는 에스핑 엔더슨이 1990년 출간한 '복지자본주의의 세 개의 세계(The three worlds of welfare capitalism)에서도 밝힌 바와 같이 복지자본주의국가들은 국가별로 상이한 사회구조와 계층화로 이루어져 있음으로 복지자본주의를 유지하는 정치체제로서의 **복지정권**(welfare regime)도 계층들이 가지고 있는 문제를 해결하기 위해 국가별로 상이한 복지수준을 가지고 있기 때문이다. 그에 따르면 사회적 계층(social stratification)은 복지국가의 조각이자 부분이다. 특히 복지국가의 사회정책은 계층의 문제(사회 각 계층이 가지고 있는 문제)를 해결하기 위해서 제공됨으로 자본주의 사회에서 계급의 격차나 지위의 차이를 줄이고 빈곤이나 소득불평등 등의 계층격차 문제를 해소하는 것이 중요하다.

에스핑 엔더슨(1990)은 복지자본주의에서 복지를 추구하는 정치체제를 복지정권으로 규정하였으며 Iversen(2005)은 복지국가의 정치체제를 **복지생산정권**(welfare production regime)으로 제시하였지만 복지정권이든 복지생산정권이든 의미는 복지정책을 통해서 자본주의를 유지 및 보존하려는 정치체제가 곧 복지정권 또는 복지생산정권이라는 점이고 이러한 정치체제는 곧 자본주의에서 모두 복지자본주의이다. 결국 **'복지정권과 자본주의경제체제를 분석하는 것'이 복지자본주의의 내용 및 작동을 이해하는데 있어 시발점**이 됨을 알 수 있다.

2. 복지자본주의 역사

1) 복지자본주의 태동기

자본주의의 역사와 복지자본주의의 역사는 당연히 동일하지 않다. 즉, 자본주의경제체제가 등장하고 자본주의가 아담 스미스와 같은 초기 고전파 경제학자들이 생각하였던 것과 같이 시장이 유일한 자원할당기구로서 적절히 작동하지 않게 되면서 자본주의는 시장의 불안정성과 같은 위험을 극복하고 지속성을 보장받기 위하여 수정하게 된다. 이러한 역사적 과정 속에서 **복지자본주의는 자본주의의 수정된 유형으로 등장하였음으로 당연히 시기적으로 복지자본주의의 등장 또는 복지국가의 등장과 자본주의의 역사는 같을 수가 없다.** 초기 자본주의에서 개인적 복지는 시장을 통해 선택이 실현되면 당연히 이루지는 것으로 간주되었으며 국가의 복지확대 또는 국가의 자원할당기구로의 개입 등은 예외적인 경우를 제외하고 용인되지 않았다.

복지자본주의 및 복지국가의 태동기는 사상적으로 개인의 합리성에 기초하여 개인의 만족을 복지와 동일시하고 시장을 자기 규제적이며 유일한 자원할당기구로 인정하였던 고전 자유주의사상에서 현대 자유주의사상으로 전환되는 시기 그리고 **경제적**으로 시장이 불안정과 불균형으로 유일한 자원할당기구로서 적절히 작동하지 않음으로 이를 위한 대안으로 국가의 자원할당의 역할이 강조되며 국가의 시장개입확대와 사회정책의 필요성이 강조되는 시기 그리고 **정치적**으로는 인본주의사상에 기초한 민주주의가 발전하고 노동자들이 조직화된 역량을 강화하는 시기 그리고 **사회적**으로는 빈곤과 실업 그리고 각종 사회문제가 심화되면서 국민들의 안정적인 삶을 위협하는 시기와 비슷하다.

따라서, 복지자본주의의 역사는 복지국가 발전의 역사와 비슷한 경로를 가지고 있다고 볼 수 있다. 초기 자본주의시대에 복지는 국가에 의해서 제공되는 제도적 측면이 아닌 개인적 수준에서 박애나 자선활동을 통한 자발적 조직의 활동을 통해서 이루어지는 것으로 인식되었다. 특히, 자본주의를 지지하는 고전파 경제학자들은 복지가 개인적 만족이나 원함의 충족을 통해서 해결되는 것으로 시장이 곧 개인의 복지를 충족시키는 자원할당체제라고 강조하며 국가의 복지제공은 노동능력을 가지지 못한 특수한 계층에게만 최소한으로 제공되어야 함을 강조한다. 특히, 20세기 전까지의 초기 자본주의시대에 복지정책과 자본주의가 결합하는 복지자본주의가 등장하고 발전하리라고 주장한 정치경제학자들은 전무하였다. 이 당시에는 국민들의 복지에 대한 인식이 낮았으며 국가의 복지제공에 대한 책임성에 대한 인식 역시 낮았음으로 이 당시를 구분하면 **복지자본주의 태동기**라고 할 수 있다.

복지국가의 역사는 18세기 중엽이후 산업혁명과 함께 태동되기 시작한 영국이나 19세기 프로이센왕조의 비스마르크제상이 노동운동과 사회주의운동으로부터 융커계급의 이익을 보장하기 위해 도입하였던 각종 사회보장제도의 등장과 함께하며 복지자본주의의 역사도 이와 무관치 않다.[5)] 통상 봉건주의에서 이행된 자본주의의 정착은 산업혁명을 거쳐

5) 복지국가의 역사는 본 연구서의 내용에서 벗어남으로 복지국가의 역사에 관심이 있는 분들은 복지국

19세기로 봄으로 복지자본주의의 역사 역시 19세기부터 정리되는 것이 바람직한 것으로 보여 진다. 19세기 이후부터 복지급여대상자는 급속도로 빈민으로부터 자본주의 임노동관계의 핵심인 노동계급으로 확대되었으며 노동계급을 위한 사회보험이 국가에 의해서 본격적으로 제공되기 시작하였다.

물론, 역사적으로 복지자본주의의 태동기는 자본주의가 역사의 전면에 등장한 18세기 이후인 19세기부터라고 볼 수 있지만 복지자본주의가 전 지구적으로 발전을 하게 된 계기는 1930년대라고 할 수 있다. 즉, 복지자본주의 발전은 1930년대 이후 경제대공황이라는 시장의 실패를 극복하는 과정에서 케인즈경제학의 도입에 의해서 촉발되었으며 복지국가 성장의 토대로 작용하였다. 따라서 복지자본주의를 단계별로 구분하면 시기적으로 **태동기-초기-중기-후기**로 구분될 수 있다. 지은구(2021)는 복지자본주의 역사를 태동기를 제외하고 초기-중기-후기로 간략하게 구분하여 제시하고 있다. 그에 따르면 복지자본주의는 자본주의경제체제가 당면한 어려움을 해결하기 위해 또는 노동계급의 복지요구에 대한 대응으로 복지정책을 수립하여 제공하는 복지국가 설립 및 발전시기인 초기 복지자본주의시기(1970년대 이전)와 복지국가가 재정적 위기로 어려움을 겪던 시기인 **중기복지자본주의** 시기(1990년대 이전) 그리고 사회적 위험의 고도화에 따른 국민들의 사회적 욕구 해결을 위해 복지자본주의가 제1부문(정부), 제2부문(시장) 그리고 제3부문(비영리 및 사회경제) 등 경제의 제 영역들과 결합하는 시기를 **후기복지자본주의(1990년대 이후)**시기로 구분된다. 이 시기들의 특징에 대해 설명하면 아래와 같다[6].

2) 초기 복지자본주의

초기복지자본주의는 1930년대 세계경제대공황 이후 1970년대 중반까지 산업사회의 발전과 함께 사회문제해결을 위해 국가가 선도적으로 복지를 강조하였던 시기를 나타낸다. 초기복지자본주의는 복지국가의 경제적 토대로서 복지국가와 함께 큰 어려움 없이 발전하게 되는데 경제적 토대는 사회보장정책과 국가의 적극적인 시장개입을 강조하였던 케인즈경제학과 대량생산 및 대량소비로 대변되는 **포디즘**(Fordism)이다. 이러한 초기복지자본주의를 **케인지안복지국가**(Keynesian welfare state)라고도 부른다(Jessop, 2002). 초기복지자본주의 시기에 자본주의의 급속한 발전 그리고 이에 따른 대규모 노동조합의 발전과 복지국가의 제도적 틀이 갖추어졌으며 복지국가는 재정적 어려움 없이 산업재해보험 및 실업보험과 연금 그리고 건강보험과 같은 보편적인 사회보장체계를 구축하였다. 또

가와 관련된 교재들을 참고하기 바람(예를 들어 지은구 외, 2020. 복지국가론 제3장)

6) 이하의 내용은 지은구(2021), 사회경제론(공동체출판사), 제3장의 일부를 부분 발췌하였음.

한 사회복지 재화 및 서비스의 제공에 있어 자발적 민간 조직의 한계를 공공부분이 책임지면서 공공사회복지영역은 급속하게 성장하였다.

※ 포디즘(Fordism)

포디즘(Fordism)은 미국 자동차회사인 포드자동차 창업주인 헨리 포드(Henry Ford)의 이름을 딴 관리이론으로 알려져 있다. 특히, 포디즘은 산업사회를 기반으로하는 초기 복지자본주의의 생산 및 소비를 위한 경제적 토대로서 서열(hierarchical) 작업구조와 대량생산과 대량소비를 특징으로 한다. 포디즘은 Taylor의 과학적 관리(또는 경영)이론에 영향을 받았기 때문에 기본적으로 과학적 관리이론의 중심인 시간(time)과 동작(motion)에 대한 중요성을 강조한다. 따라서 짧은 시간에 더 많은 노동을 통해서 생산성을 높이는 과학적 관리의 기본적 생산토대인 조립라인(assembly line)이 강조된다. 조립라인을 통해 대량으로 생산된 상품(대량생산)은 획일화된 요구, 그리고 유행(fashion)과 오락산업을 통해서 쉽게 조종될 수 있는 대량소비를 의미하는 것이다. 대량소비는 예를 들어 유행에 맞추어서 소비자들은 상품을 대량소비하며 유행이 지나면 다시 다른 유행의 상품을 대량으로 소비하는 소비유형을 의미한다. 또한 포디즘 하에서 국민들의 요구수준을 유지하는 것은 높은 사회적 비용(특히, 복지재정), 완전고용, 그리고 노동조합과 고용주 사이에 잘 유지되는 타협(조합주의)을 필요로 한다. 특히, 포디즘은 표준화된 상품의 대량생산, 단순조립기술, 수요를 창출하기 위한 대량마케팅과 광고, 거대노동조합, 케인즈경제학에 기반을 둔 사회정책에 대한 국가전략과 복지국가에 대한 사명감, 특정 생산물을 지배하는 세계기업 등으로 그 성격을 규정지을 수 있다(지은구, 2006).

노동운동의 발달 그리고 시장실패에 따른 국가의 시장개입과 사회문제에 대한 대응으로서 사회정책의 확대 전략 등은 모두 포디즘의 발달과 맥락을 같이한다. 대규모 공장을 기초로 하여 발달된 노동조합운동은 노동자 및 빈곤과 실업 등에 고통 받는 전통적인 사회소외계층에 대한 사회보장정책과 사회복지서비스의 발전과 전개 등을 담보로 하는 복지국가의 확대발전을 결과하였다. 따라서 포디즘사회에서 보편적 복지국가로의 발전은 유럽 및 북미를 관통하는 세계적인 복지국가의 발전경로(path)라고 할 수 있다.

Jessop(1994)은 포디즘이 첫째, 지배적인 노동과정으로 대량생산을 강조하고 둘째, 거시경제체제로서는 대량생산과 대량소비의 균형주기(cycle)를 강조하며 셋째, 경제적 규제의 사회적 양식으로 집합적인 협상과 케인즈 복지국가의 역할을 강조하고 넷째, 포디즘이 함축적으로 도시 산업사회, 중간 대중사회, 돈을 벌 수 있는 사회 등을 의미한다고 하였다. 또한 Loader와 Burrows(1994)는 포디즘이 대량생산과 대량소비 사이의 상동관계, 모더니즘적인 문화적 유형 그리고 복지에 대한 대중적인 제공을 의미한다고 하였다.

산업사회의 기반인 포디즘 하에서 사회문제는 폭발적으로 확대되었고 이에 대한 대응을 위해 국가가 개입하여 해결하는 복지국가는 발전하였다. 하지만 국가주도의 사회복지

기획 및 제공으로 인하여 국민들은 획일적이고 내용이 비슷한 서비스를 제공받았으며 국민들의 개별적 욕구는 등한시 되었다. 또한 국가중심의 서비스 제공은 관료적인 조직문화로 인하여 서비스의 품질이나 서비스 개선 또는 서비스의 효과성 개선이나 입증보다 일방적인 서비스 제공과 단순 산출만을 강조하는 업적주의 및 문서중심의 서비스관리 등으로 국가의 복지서비스는 효율성이 낮고 효과성이 결여된 서비스라는 비판을 받게 되었다. 또한 복지국가의 발전단계에서 국민들의 욕구는 주로 산업화에 따른 노동문제와 건강 그리고 빈곤 문제 등으로 집약되어 있었고 이에 대한 대응이 복지국가의 발전을 선도하였지만 국민들의 삶의 질은 개선되지 않고 사회적 차별과 배제는 지속되고 확대되었으며 돌봄 및 사회서비스에 대한 국민들의 욕구분출과 신사회적 위험에 대한 대처는 국가중심의 제한된 복지제공만으로는 극복하기 어려운 한계에 도달하였으며 이에 대한 국민들의 실망과 불신을 낳게 한 요인이 되었다.

3) 중기 복지자본주의

1970년대 이후 케인즈경제학과 포디즘의 몰락은 **후기포디즘사회**(또는 후기산업사회)의 등장과 이에 근거하여 급속하게 발전한 제3부문(the 3rd sector)과 사회경제(social economy)의 재등장에 영향을 미쳤다. 후기포디즘은 1970년대 후반부터 등장하였으며 후기포디즘의 등장은 곧 초기복지자본주의와 이에 근거하는 복지국가의 후퇴를 의미하고 중기 복지자본주의시대 즉, 복지국가위기로 대변되는 **복지축소 및 민간중심의 새로운 생산방식의 복지국가시대가 등장하는데 영향을 미쳤다.** Jessop(2002)은 이러한 복지국가를 슘페토리안복지국가(Schumpeterian welfare state 또는 Schumpeterian competition state)라고 명명하였다. 이러한 1970년대 중반이후로 구분되는 중기 복지자본주의는 재정지출축소에 따른 복지국가의 후퇴 내지는 공공복지서비스의 후퇴의 시기와 맞물린다.

슘페토리안경제학

중기 복지자본주의를 지배한 슘페토리안경제학은 오스트리아학파를 주도한 슘페터를 추종하는 학자들이 형성한 경제학파로 슘페터는 혁신은 새로운 연결성이며 창조적 파괴라고 강조하면서 자본주의의 경쟁에서 생존하기 위해서는 끊임없는 자기혁신이 필요함을 강조하였다. 기업도 경쟁에서 살아남기 위해서는 혁신을 통해서만 가능함을 강조하였다.

Schumpeter(1883-1950)는 오스트리아의 경제학자로서 생존 당시에는 Keynes와 달리 그리 크게 경제학적 후광을 받지는 못하였지만 1980년대 이후 신자유주의적 사상과 복지국가의 쇠퇴와 함께 경제학적으로 일-복지(또는 근로연계복지, workfare)에 대한 강조가 두드러지면서 새로운 후기포디즘 사회의 경제학적 배경을 설명해주는 경제학적 조류로 자리 잡았다. 슘페터는 1942년 "자본주의, 사회주의 그리고 민주주의"라는 저서에서 낡은 것이 새로운 것에 의해서 대체되는 것을 강조하는 창조적 파괴이론을 제시하였다.

Schumpeter는 경쟁(competitiveness)을 Ricardo나 List, 그리고 Keynes와 달리 영속적인 혁신으로 개입하기 위한 집합적 그리고 개인적 능력을 개발시키는 것에 의존한다고 보았다(Jessop, 2000). 경쟁을 능력개발과 연결시킴과 함께 Schumpeter는 경쟁이 혁신(innovation)을 증진시키기 위해 자원을 할당하는 역동적인 효능에 의존한다는 것을 강조하였으며 혁신은 경제가 더욱 효과적으로 경쟁할 수 있도록 하며 경제성장을 위한 방향과 속도를 바꿀 수 있다고 바라보았다. 따라서 그는 능력개발을 통한 경쟁확보, 경쟁확보를 통한 혁신 그리고 혁신을 통한 경제성장을 강조하였다고 볼 수 있다. 결국 경쟁에 대한 그의 사고는 일-복지(work-fare)가 등장하는데 경제적 토대를 제공하였다고 볼 수 있다. 이러한 그의 경제적 사고는 1912년 저술하였던 경제발전이론(Theory of economic development)에 잘 나타나 있는데 그의 경제발전이론은 이윤추구를 위하여 기업가가 행하는 새로운 생산방법과 새로운 상품개발 등의 기술혁신이 경제성장을 위해 중요함을 강조한 것이라고 할 수 있다.

Schumpeter의 경제이론을 계승한 Schumpeterian경제학은 경쟁과 혁신을 강조하고, 세계경제를 위해 열려있는 경제(경제적 세계화)를 보다 강조하며 통화주의를 포함하여 신고전파경제학이 강조하였던 공급중심의 경제정책을 강조한다는 특징을 지닌다. 즉, 경쟁의 기초인 능력중심, 경제적 세계화, 그리고 공급중심의 시장정책을 강조한다. 능력중심은 개개인이 생존하기 위해서 또는 노동시장에서 살아남기 위해서 일하는 것은 당연한 의무이며 능력을 고양시킴으로써 노동시장에서 살아남고 자신도 생존할 수 있음을 강조하여 당연한 권리로서의 복지에 대한 혜택에서 자신이 살아남기 위해서는 당연히 일을 하여 스스로 생존하여야 함을 강조하는 일-복지로의 복지에 대한 단순화를 시도한 것으로 볼 수 있다(지은구, 2003). 일-복지에 대한 사고는 일자리가 곧 복지라는 일자리만능주의를 의미하여 복지를 일자리로 단순화하는 매우 편협한 시각을 제공한다.

1970년대 중반 이후 세계경제는 중동전쟁(이란-이라크전쟁)과 미국-베트남전쟁의 여파로 실업과 물가인상이 동시에 발생하는 이전까지 경험하지 못하였던 불황을 경험하였으며 케인즈학파는 이에 대한 대응책을 내놓지 못하였다. 복지국가의 등장으로 인한 복지재정지출의 지속적인 확대는 일부 국가의 재정건전성을 극도로 위험하게 만들었으며 이에 대한 반대급부로 정부실패 및 정부의 시장개입 최소화와 세금감면을 강조한 **신고전파경제학** 그리고 이에 기반한 보수주의정권이 등장하도록 하면서 복지자본주의는 심각한 위기에 처하게 되었다. **중기 복지자본주의**의 특징은 경제적으로는 후기포디즘으로 대표되는

신고전파경제학이며 정치적으로는 **신보수주의**이다. 이 시기 복지권력의 측면에서는 국민들의 욕구를 억제하고 최소 수준의 혜택과 선별적 복지의 제공 그리고 개인 및 가족의 책임과 선택을 강조하고 복지제공에 대한 국가부분의 축소를 민간부분의 개입으로 유지하려는 시도가 등장하였다. 복지영역서 민간부분의 도입은 시장화(준시장화를 포함) 또는 상업화의 기초를 제공하였다. 복지영역에서 시장 및 민간과 공공이 함께 복지를 제공하는 **복지혼합**(welfare-mix)은 곧 중기복지자본주의시대에서 시작되었다고 할 수 있다.

특히, 영국 대처와 미국의 레이건으로 대표되는 보수주의정권이 등장하면서 복지국가의 발전에 중대한 영향을 미친 재정확대에 기반한 초기 복지자본주의는 종말을 고하게 되고 긴축재정과 작은 정부로 대표되는 복지국가의 재정적 위기시대를 대표하는 중기복지자본주의시대가 도래하였다. 이 시기 경제적으로 시장의 국가개입 최소화를 강조하는 신고전파경제학은 화폐의 공급량을 조절하는 것을 통하여(통화주의) 인플레이션을 억제하는 데 성공하였으며 공급을 확대하는 것을 통하여 실업문제 역시 어느 정도 해결하여 실업과 인플레이션이 안정세에 들어가도록 하였다. 하지만 통화주의에 기반하여 발달한 금융과 자본이 결탁한 금융자본주의는 자본의 집중과 집적으로 더 많은 자본을 축적하면서 부의 양극화를 심화시키고 빈곤한 사람들을 더욱 빈곤하게 만들며 자본집약적인 산업과 노동집약적인 산업을 구분하고 노동시장을 양극화시키면서 저임금, 높은 노동 강도, 시간제 등과 같은 비정규직의 열악한 노동시장에서 근무하는 일하는 빈곤층을 양산하였다. 노동양극화, 부의 양극화 심화, 일하는 빈곤층의 양산, 저출산과 노령화 등과 같은 새로운 사회적 위험의 대두 등은 중기복지자본주의시대에 더욱 심화되고 확대되었다.

포디즘의 쇠퇴는 과학기술혁명에 따른 노동생산성의 향상과 값싼 노동력을 찾아 떠나는 대규모 공장이전 현상 그리고 개인적 특성을 중요시하는 소비패턴의 전환에 의해서 어느 정도 예견될 수 있었다. 후기포디즘의 등장에 따라 나타난 복지의 상황을 중기복지자본주의와 연관하여 지적하면 다음과 같다.

첫째, 어려운 경제적 여건 하에 국가의 복지지출증대에 따른 국민들의 세금저항
둘째, 국가중심의 획일적 복지제공에 따른 비효율성과 복지서비스의 효과성 저하
셋째, 빈곤이나 실업 등과 같은 전통적 사회문제 중심의 일부 계층에게 집중되는 복지제공에 따른 소외된 계층의 확대

Hall과 Jacques(1989) 그리고 Amin(1994)은 포디즘이 더 이상 생산의 증가를 가져

오지 않으며 기술이 더욱 복잡화하면서 조립라인은 노동자의 창의력과 업무만족에 반생산적 방해물이 되었으며, 또한 동시에 소비자들 개인적 그리고 비 표준화된 원함과 욕망을 억누르지 않게 되었다고 한다. 따라서 **후기포디즘은 생산에서의 유연성 또는 유연한 전문화**(specialization) **그리고 소비에서의 다양성**과 관련이 있다(Piore and Sabel, 1984). 즉, 포디즘에서 후기포디즘 또는 산업사회에서 후기산업사회로 이행하면서 공장 중심의 제조업고용의 쇠퇴와 서비스고용의 발전과 확대는 유연하고 비전통적인 유형의 고용 즉, 일시고용, 비정규직 고용, 계약직 고용, 자영업 고용 등의 고용변화를 가져다주었으며 후기포디즘은 이러한 비전통적인 고용의 유형으로 노동자집단을 양분하였다(Ferguson, Lavalette, and Mooney, 2002). 노동자집단의 양분화는 핵심노동자군(core labor force)과 주변부노동자군(peripheral labor force)으로 양분되었다는 것을 강조한다. 핵심노동자군은 기술 집약적인 노동을 주로 수행하며 다양한 기술들을 제공함으로써 노동의 기능적 유연성을 기업가들에게 제공하고, 주변부노동자군은 낮은 임금의 단순직, 임시시간직, 계약직노동으로 노동집약적 노동을 주로 수행하여 노동의 수적측면에서의 유연성을 기업가들에게 제공한다. 노동자집단의 양분화는 노동시장의 양극화 즉, 1차 노동시장과 2차 노동시장으로의 분화와도 맥락을 같이한다. 1차 노동시장은 핵심노동자집단으로 구성되며 2차 노동시장은 주변부노동자집단으로 구성된다.

※ 이중노동시장이론

이중노동시장이론은 실업 및 빈곤이 노동시장의 구조적 문제에 기인한다고 본다. 이중노동시장이론에 따르면 노동시장은 일차노동시장과 이차노동시장으로 분절되어 있다. 일차노동시장은 고용안정성이 보장되고 높은 임금과 보다 나은 노동조건을 갖는 시장을 의미하며 주로 대기업이나 공공기업들이 포함되어 있다. 이차노동시장은 불안정한 고용관계와 저임금 그리고 열악한 노동조건으로 특징지어지는 시장을 의미하고 기업생존을 위한 경쟁이 극심한 시장을 나타낸다. 이중노동시장이론에 따르면 이차노동시장의 노동력은 열악한 노동시장을 벗어나기 위해 높은 이동잠재력을 가지고 있지만 일차노동시장으로의 전환은 사실상 불가능하도록 두 시장 간에는 높은 장벽이 존재한다(Reich, Gordon, and Edwards, 1973; 지은구 외, 2015).

이러한 후기포디즘의 일시적이고 주변부에 머무는 그리고 인공적인 직무조직의 변화는 포디즘과 비교해서 새로운 자본주의를 구성하였으며 이것이 곧 후기포디즘의 핵심적 요소가 되었다. 즉, **포디즘**은 표준화된 상품의 대량생산, 단순조립기술, 수요를 창출하기 위한 대량마케팅과 광고, 거대노동조합, 케인즈경제학에 기초를 둔 국가의 사회정책전략과 복지국가에 대한 사명감, 적은 수의 생산물을 지배하는 세계기업 등으로 그 성격을 규정지을 수 있는 반면에 **후기포디즘**은 더욱 급변하는 그리고 시장 수요에 더욱 응답적으로 되기 위한 유연한 작은 기업들, 대량생산보다는 적재적소의 생산 강조, 발전된 컴퓨터기술의 사용, 시기적절한 기술 등으로 과잉생산의 위기를 극복하였으며 기업들이 소비자의 수요에 빠르게 응답하도록 허락하였고 노동조합은 핵심노동자군과 주변부노동자군의 재편으로 급속하게 그 힘이 약화되었다. 즉, 핵심노동자들은 높은 임금과 직위의 상승으로 노동조합의 필요성을 더 이상 느끼지 못하였으며 이에 비해 주변부노동자들은 비정규직, 임시직 등의 증가로 일회적이고 파편화되어 조직화하는 것이 어렵게 되었다(Ferguson, Lavalette, and Mooney, 2002). Loader와 Burrows(1994)는 후기포디즘이 재구성된 복지국가를 의미한다고 하였는데 여기서 '**재구성된 복지국가**'란 재정 긴축으로 축소된 복지국가 그리고 국가중심에서 사회복지 재화와 서비스가 민간영역으로 대폭 이양되어 제공되는 '**혼합형 복지국가**(mixed welfare state)'를 의미한다. 이러한 민간과 공공이 혼합하여 서비스를 제공하는 혼합형 복지국가는 국가 중심의 초기 복지자본주의의 쇠퇴와 중기복지자본주의의 특성을 설명한다.

결국, 중기복지자본주의사회를 설명하는 경제적 기반인 후기포디즘은 대량생산과 대량소비의 원칙과 국가중심의 복지국가를 비판하며 발전하였다고 볼 수 있다. 특히 후기포디즘은 신마르크스이론을 포함하는 좌파이론보다는 **신자유주의**의 극우 보수적 사상과 결합하였으며 대처리즘의 이념적 성향이 대표적인 경우라고 할 수 있다. 따라서 신자유주의와 후기포디즘이 결합하여 등장한 영국의 대처리즘(Thatcherism)은 사회적 지출(사회복지비)을 줄이고, 높은 고용수준을 위해 낮은 인플레이션을 선호하며, 노동보다는 자본에 더 강력한 힘을 주는 것을 특징으로 한다. 이러한 후기포디즘의 특징은 자본의 논리가 복지의 논리를 압도하는 것으로 요약된다.

신자유주의(neo-liberalism)
신자유주의는 1970년대부터 부각되기 시작한 '자본의 세계화(globalization of capital)' 흐름에 기반한 경제적 자유주의 중 하나로 19세기의 고전적 자유주의의 결함에 대하여 국가에 의한 사회정책의 필요를 인정하면서도, 자본주의 자유 기업의 전통을 지키고 사회주의에 대항하려는 사상이다. 특히, 시장에 대한 국가 개입증대라는 현대 복지국가의 경향에 대하여 경제적 자유방임주의 원리의 현대적 부활을 지향하는 사상적 경향이다. 고전적 자유주의가 국가개입의 전면적 철폐를 주장하는데 비해, 신자유주의는 강한

정부를 배후로 시장경쟁의 질서를 권력적으로 확정하는 방법을 취한다. 신자유주의는 1980년대의 영국 대처 정부에서 보는 것처럼 권력기구를 강화하여 치안과 시장 규율의 유지를 보장하는 '작고도 강한 정부'를 추구한다. 밀턴 프리드먼과 하이에크와 같은 시카고학파 경제학자들이 중심 학자들이며 경제적 자유가 정치적 자유와 개인의 자유로 이어진다고 강조하였다. 1929년 경제대공황이후 20세기 중반을 풍미했던 케인즈주의가 1970년대 들어 오일쇼크와 스태그플레이션 등을 통해 약발이 다했다는 평가를 받으며 한계가 나타나자, 그 경제적 대안으로 급부상한 사상이며, 1960년대~1970년대 스태그플레이션, 저생산성, 혁신 저하 등 막장경제의 피로감에 따라 확산되기 시작했다. 1980년대 들어서 미국의 레이건과 영국의 대처정부가 들어서면서 전 세계적으로 대세가 되었다.

신자유주의는 그로부터 2000년대 중반까지 약 30여년에 걸쳐 선진국의 경제적 재흥을 이끌어내 끝내 소련 등 공산주의 국가들을 몰락시키고 전 세계적으로 자본주의 흐름을 주입시키는 효과를 이끌어내었다. 국내에서도 1997년 외환위기의 극복 수단으로서 본격적으로 신자유주의적 경제정책을 들여오기 시작했고, 이에 대한 비판의 목소리는 소수에 불과했다. 그러나 서브프라임 모기지 사태로 촉발된 2007-2008년 세계 금융 위기가 터지면서 그 한계가 드러나기도 하였다. 이후 책임론이 대두하며 신자유주의 사상에 대한 각종 비판과 반대의 소리도 나왔고, 일각에서는 금융위기 이후 신자유주의가 몰락한 것처럼 여기기까지 했다. 그러나 노동의 유연성을 강조하고 경제정책과 시장의 순기능과 자유무역을 강조하는 신자유주의경제정책은 현재도 유효하며 시장의 가격을 결정하는 보이지 않는 손은 아직까지 가장 강력한 경제학 이론이다.

우리나라에서 신자유주의의 기원은 대체로 김영삼 정부의 후반기부터이며 주로 노동시장의 유연화(노동자들의 해고와 감원을 더 자유롭게 하는 것), 작은 정부, 자유시장경제의 중시, 규제 완화, 자유무역협정(FTA)의 중시 등의 형태로 나타났다(Springer et al, 2016; Wilson, 2017).

복지자본주의는 복지제공을 확대하고 다양한 사회보장정책을 통해 수요를 창출하여 경제적 생산을 유도 및 자극하는 복지와 자본주의가 결합된 사회경제체제이고 복지국가와 자본주의가 결합된 체제이기도 하다. 하지만 복지자본주의는 확대된 국가중심의 복지제공을 위해 국가재정지출이 확대되는 것을 전제하므로 복지재정지출 증대에 따른 재정위기라는 새로운 문제에 봉착하게 되었다. 따라서 복지자본주의의 발전을 위한 과제를 찾는 것은 명확하다. 즉, 복지재정지출에 대한 문제점을 극복하기 위한 대책을 찾는 것이다. 하지만 국민들의 사회문제에 대한 노출은 나날이 증가하고 있으며 새로운 사회문제(저출산과 고령화와 같은 신사회적 위험에 따른 문제)와 사회문제의 복잡성과 다양성으로 인해 이를 극복하기 위한 국민들의 사회적 욕구는 날로 증가하고 있다. 따라서 아무리 선진 복지국가 또는 발전된 복지자본주의 국가라고 해도 모든 국민들의 사회적 욕구를 국가중심으로, 국가재정만을 통하여 해결하는 것은 현실적으로 어렵다. 또한 포디즘사회에서 국가중심의 복지제공은 앞에서 설명한 바와 같이 획일화되고 권위적이며 개인의 선택권이 보장되지 않는 서비스 제공으로 인해 효율성과 효과성이 담보되지 않는다는 한계에 직면하였고 후기포디즘은 이러한 문제점을 민간기관 또는 기업들이 복지사업에 참여하게 하는 것을 통해 해결하려고 하였다.

결국, 후기포디즘의 등장은 복지자본주의 발전에 심각한 타격을 가했다. 즉, 국가의 시장규제철폐 및 국가중심의 획일적이며 관료적이고 비효율적인 복지생산에 대한 한계 등을 민간부분의 활동이나 시장 활성화를 통하여 해결함으로써 작은 정부를 강조하는 후기포디즘은 일시적으로 복지자본주의의 후퇴를 의미한다고 할 수 있다. 지은구(2003)는 후기포디즘 사회에서 복지국가 설립의 기초가 되었던 계급구조가 용해되었는데 이는 곧 복지국가의 위협요소로 작동한다고 주장하였다. 즉, 높은 연봉을 받는 고 연봉 노동자들의 대거 출현으로 인해 노동자들에게 있어 계급의식은 사라지고 대신에 더 높은 연봉을 위한 경쟁력 강화에만 관심이 모아지게 되면서 사회보장제도 및 사회복지 전반에 대한 조합주의적 투쟁 즉, 요구투쟁은 임금인상투쟁으로 국한되어 복지국가 계급기반의 구심점이 와해되었음을 의미한다. 이는 복지국가가 시장이 중심이 되는 사회 그리고 더욱 개인주의적 사회로 변화한다는 것을 의미하며 이러한 현상은 곧 복지국가 나아가 복지자본주의 발전에 있어 하나의 장애요소라고 할 수 있다. 사회복지관점에서 중기복지자본주의 사회의 특징은 다음과 같다.

첫째, 급속한 가족해체와 가족구성의 다양화(특히 전통적인 가족이 붕괴되고 1인 가구 및 한부모가족의 급속한 증가와 동성 간 가족의 출현 등 가족구조의 새로운 유형 등장)

둘째, 인구고령화, 노인인구의 급속한 증가와 저출산 등으로 인한 생산가능인구의 감소

셋째, 남성과 여성의 역할변화와 조정

넷째, 민영화된 사회복지조직의 급속한 발전과 복지혼합

다섯째, 사회복지에 대한 국민욕구 증가와 사회문제의 복잡성과 다양성의 증대

신고전파 경제학

신고전파 경제학(neoclassical economics)은 애덤 스미스(1723-1790, 영국의 정치경제학자)의 '보이지 않는 손'으로 상징되는 고전파 경제학을 계승한 학파로, 정부의 적극 개입을 주장한 케인즈경제학에 대응해 형성된 학파다(Clark, 1998; Nadeau. 2003). 케인즈경제학이 물가인상과 실업이 공존하는 스태그플레이션을 극복하는 데 실패한 이후 이에 대한 대응으로 등장하였다(실업은 잡았는데 물가인상은 잡지 못함). 스스로 선택하고 선택에 대해 책임질 수 있다는 '합리적 인간'이 논리의 바탕이다. 시장을 자율에 맡기면 가격의 기능에 의해 생산과 소비가 적절히 조화되고 경제도 안정적으로 성장한다는 것이다. 시장에 인위적으로 개입하지 않는 '작은 정부'를 옹호한다. 원래는 영국 고전파의 전통을 중시한 알프레드 마셜의 경제학을 일컫는 말로 여겨지지만, 일반적으로는 한계혁명 이후의 효용 이론(한계효용이론, marginal utility theory)[7]과 시장균형 분석을 받아들인 경제학을 가리킨다(Campus, 1987). 현재 신고전파 경제학은 미시경제학의 주류 학파가 되었으며, 신케인즈경제학과 함께 주류 경제학을 이루고 있다.

신보수주의[8]

넓은 의미로 보면 미국의 자유주의에 내재해 있는 보수주의를 가리킨다. 즉, 신보수주의(neo-conservatism, 또는 단순히 네오콘, neo-con)은 1970년대에 생겨나서 1980년대와 1990년대를 거쳐 현재까지 미국 정계에서 많은 이들의 지지를 얻고 있는 정치.사회사상이다. 미국에서는 미디어나 민주당 등이 멸칭하는 의미로 neo-con(네오콘)이라고 부르는 경우가 많다. 보통 경제적으로는 자유롭지만, 정치, 사회, 문화적으로는 권위주의적 우익 사상이라고 알려져 있다. 그 예로 여러 경제적 자유주의를 제창하는 사상(신자유주의, 보수자유주의 등)은 작은 정부를 지향하나, 신보수주의는 시장 경제에 대해서는 자비로우며, 국민의 삶에 있어서 질서 유도적인 정부 구성을 지향하며, 강력한 군사력을 전제 조건으로 한다.

---

7) 사람들의 만족도는 추가적인 소비에 의해 감소된다는 추가만족이론으로도 불린다. 예를 들어 갈증이 심할 때 물 한 잔은 갈증을 해소할 수 있어 만족도가 높지만 계속 물을 마시게 되면 추가적인 만족은 줄어들게 된다. 구체적인 설명은 지은구(2003)의 사회복지경제학연구를 참조하길 바람.

8) Dagger, Richard. "Neoconservatism". Encyclopedia Britannica와 "Neoconservative". Merriam-Webster Dictionary 등을 참고 하였음.

통화주의(monetarism)[9]

통화주의(화폐주의)는 거시 경제의 변동에 화폐 공급량(통화 공급량) 및 화폐를 공급하는 중앙은행의 역할을 중시하는 경제학 일파와 그 주장을 하는 경제학자를 말한다. 통화주의자들은 통화량을 조절하는 정부의 정책 역할을 중요시 한다. 이들은 화폐 공급량의 변동이 단기의 실질 경제성장 및 장기 인플레이션에 대해 결정적으로 중요한 영향을 미친다고 생각한다. 통화주의는 재량적 재정 정책의 성향을 강하게 가지고 있었던 케인즈식 유효수요창출과 같은 수요 관리 정책과 반대되는 입장으로 화폐 수량 이론에서 다시 빛을 보게 되었다. 주창자는 밀턴 프리드먼이며, 그의 "인플레이션은 언제, 어떠한 경우라도 화폐적 현상이다"라는 말이 유명하다. 프리드먼은 경제가 완전고용수준에 이른 상황에서 정부가 (재량적으로)총수요확대정책을 쓰는 것은 고용확대라는 효과는 없이 물가인상이라는 대가만을 치를 뿐이라고 주장하였으며 물가상승에 따른 인플레이션을 잡기 위해서는 화폐의 양을 조절하는 것이 효과적인 정책이라는 것을 강조하였다. 결국 통화주의는 화폐공급의 통제를 통해서 인플레이션을 축소시킬 수 있음을 강조하는 경제학의 한 흐름이라고 할 수 있다. 인플레이션에 대한 원인분석에 있어 통화주의자들은 인플레이션이 화폐과잉에 따라 나타난 문제이기 때문에 화폐의 양을 조절하는 긴축정책을 사용함으로써 인플레이션은 사라질 것이라고 생각하였다. 즉, 기업이 생산을 늘리는 공급중심으로 정책을 전환하고 국가가 화폐의 양을 조절하면 물가인상은 당연히 피할 수 있게 된다는 것을 강조하였음을 의미한다. 화폐공급이란 한 나라의 경제에서 주화.지폐.은행예금이라는 형태를 취하는 화폐의 총량을 말한다. 통화주의자들은 화폐공급의 변화가 생산.고용 및 물가수준에 직접적으로 영향을 미친다고 생각했다(Cagan, 1987; Friedman, 2008).

4) 후기 복지자본주의

후기 복지자본주의는 신고전파경제학의 몰락 및 신케인즈학파의 등장과 미·영 중심의 신보수주의 정권의 몰락 그리고 사회문제의 복잡성과 다양성의 증대 및 보편적 돌봄과 사회복지 및 사회서비스에 대한 욕구 증대 그리고 선별주의에서 보편주의로 복지혜택의 기준변화 등의 시기와 맞물려 1990년대 이후 출현하여 지금에 이르고 있다. 따라서 21세기 현재 우리는 후기복지자본주의시대에 살고 있다고 할 수 있다. 중기 복지자본주의시대에서 정부는 시장에 대한 국가개입의 최소화를 통한 경제성장을 강조하였지만 시장은 지속적으로 실패를 반복하였으며 2007년과 2008년 세계적으로 불어 닥친 금융자본주의시장

9) 통화주의(monetarism)는 직역하면 화폐주의라고 할 수 있다.

의 몰락은 통화주의정책의 한계를 여실히 드러내며 국가의 금융시장에 대한 강력한 통제가 필요하다는 결과를 도출하였다. 특히, 통화주의정책의 한계와 지속적인 사회문제의 확대 그리고 보편적 사회서비스에 대한 국민들의 욕구증대 등은 새로운 복지자본주의 발전을 위한 정책적 대응을 필요로 하였다.

후기 복지자본주의의 특징은 사회 및 경제적 위험의 정도가 국가 및 시장의 대응능력을 초과하였다는 점에서 찾을 수 있다. 즉, 예측할 수 없이 발생하는 시장의 위험은 곧 국민들의 삶을 지속적으로 피폐화하였으며 국민들의 복지 재화 및 서비스에 대한 욕구는 폭발적으로 증대하여 민간부분과 공공부분만으로는 복지자본주의의 발전 및 유지가능성을 심각하게 위협한다는 점이다. 중기 복지자본주의 하에서 사회적 위험에 대한 국민들의 욕구충족을 해결하기 위하여 복지국가는 복지생산과 제공을 자발적 조직 및 민간부분과 공유하는 복지혼합을 보편화시켰고, 시장의 민간부분도 복지생산과 제공에 개입하도록 하는 복지서비스의 시장화 및 상업화 전략을 추진하였지만 부의 불균형과 시장의 불안정성은 국민들의 삶의 질을 더욱 피폐화하였고 경제적 부담능력이 곧 복지 및 돌봄 서비스의 혜택 여부를 결정하는 기준으로 작동하여 차별적인 복지혜택은 개인주의 심화현상과 맞물려 연대와 공동체 의식의 해체 및 사회배제가 심화되는 결과를 초래하였다. 시장의 불안정성 및 배제현상의 심화를 경험한 국민들은 국가의 **사회적 책임성 강화**를 주문하였으며 민간기업 역시 지역사회 주민들에게 이익을 환원하는 사회적 책임성을 중요한 경영원칙(사회적 책임경영, Corporate Social Responsibility, CSR 또는 ESG 경영)으로 도입하기 시작하였다. 국가의 사회적 책임성 강화는 증가하는 복지욕구에 대한 국가의 대응으로 선택적 복지에 따른 차별 및 낙인을 없애고 국민들을 배제하지 않고 포용하기 위한 보편주의적 혜택을 강조하는 사회포용 및 사회통합정책의 강화를 의미하였다.

후기 복지자본주의시대에 국가는 모든 국민들에게 보편적으로 증가하는 복지욕구 및 복지재정에 대한 부담을 비영리 및 자발적 조직 그리고 민간기업과 협력하여 공동대응하고 연대와 상호호혜 및 재분배원칙을 강조하는 제3부문 조직을 통하여 해결하려는 노력을 강화하였는데 이는 협력과 협동 그리고 상호행동을 강조하는 복지혼합공급체계의 발전을 의미한다. 또한 경제적으로 시장 및 공공부분의 실패에 대한 대응으로 새로운 경제의 부분인 사회경제 또는 제3부문이 함께 협력하는 **복지거버넌스**(welfare governance)를 발전시켰다. 복지거버넌스는 단순한 복지혼합의 공급체계를 넘어서 **후기 복지자본주의 하에서 복지제공에 있어 사회경제와의 결합으로 국민들의 사회적 욕구를 해결하기 위한 국가 및 민간 그리고 제3부문인 비영리 및 사회경제부분에서의 총체적인 공동대응**을 의미한다.

곧, 후기 복지자본주의의 특징은 국가가 복지재정을 확대하여도 폭발적으로 증가하는 국민들의 복지욕구를 전적으로 책임지지 못하고 시장 역시 독자적으로 복지를 책임지지 못하므로 제3부문이 복지의 생산과 제공에 공동으로 참여한다는 점이다. 사회적 위험의 다면적이고 복합적인 속성은 필연적으로 국민들의 사회적 욕구의 증대를 의미하며 이에 대한 연합적이고 협력적인 공동대응은 곧 후기복지자본주의 복지국가의 필연적 과제로 등장하였다.

후기 복지자본주의의 경제적 특징은 신고전파경제학 특히. 고용이 곧 복지라고 강조하는 일-복지(근로연계복지) 중심의 슘페토리안경제학의 후퇴와 **신케인즈경제학**의 대두이다. 복지자본주의적 측면에서 슘페토리안경제학의 한계는 혁신을 위해 지나친 경쟁을 강조함으로써 공동체나 집합주의보다는 개인주의사상을 더욱 확산시켰으며 고용을 복지로 단순화시킴으로써 국민들의 증가하는 돌봄 및 복지욕구의 해결에 적절히 대응하지 못한다는 점이다. 결국, 2000년대 후반 금융시장의 위기 등과 같은 지속적인 시장의 실패로 국가의 적극적인 시장개입이 강조되고 시장실패 및 사회포용을 위해 정부재정지출의 효과적 사용의 필요성이 지적되면서 **신케인즈학파**가 다시 전면에 등장하는 계기를 마련하였다.

신케인즈경제학

신케인즈경제학은 1970년대 등장한 거시경제학의 학파로서 케인즈경제학에 가구(households)나 기업의 경제활동을 분석하는 미시경제학적 기초를 접목하여 케인즈경제학의 한계를 극복하기 위해 노력했다. 밀턴 프리드먼을 필두로 하는 통화주의는 실증적 연구나 항상소득가설(개인이 소비를 일정하게 유지하고 싶어 함으로 항상소득(permanent income)이 현재 소비에 큰 영향을 준다는 가설)에 따라 케인즈학파적인 재량에 근거한 재정.금융정책의 문제점을 지적했다. 이에 대항해 신케인즈학파는 신고전파경제학이 강조하는 미시적인 경제요소인 가격이나 임금의 경직성이 거시경제에 중대한 영향을 미친다는 점을 인정하지만 상품가격과 임금이 왜 경직적인가를 설명함에 있어 불완전경쟁이 원인을 제공한다고 주장한다(Dixon, 2001). 즉, 가격이나 임금경직성의 원인이 불완전경쟁에 의해서 나타남으로 시장(시장에서 개인의 소비)을 중요시하는 자유방임정책으로는 해결하지 못함을 강조하였다. 상품가격과 임금의 경직성이란 수요와 공급의 변화에 따라 가격과 임금이 빠르게 변화하여야 함에도 불구하고 변화하지 않는 것을 의미한다. 따라서 가격이나 임금의 경직성을 재정.금융정책으로 해결하려고 하는 것이 신케인즈학파이다.

다만 신케인즈학파는 케인즈학파와 달리 자의적인 재정.금융정책에 대해서는 비판적이며 신고전파경제학과와는 달리 시장의 실패를 강조한다. 또한 신케인즈학파는 케인즈학파가 거부하였던 미시적 요인 즉 개인들의 미시적 행동이 경제의 잠재적 성장을 이끈다는 점을 인정하면서 동시에 거시적 관점에서 수요창출이 곧 경제성장을 이끈다는 주장을 견지한다. 미국의 경제학자 테일러, 피셔, 아카로프, 블란차드, 스티글리츠, 고든 등이 이 이론을 전개하였다. 이들은 합리적 기대(신고전파경제학이 강조하는 합리적 인간)를 신케인즈학파의 모형에 수용하면서도 시장이 항상 균형을 유지한다는 신고전파경제학의 가정을 수용할 수 없다고 주장하였다(Gail, 2018).

3. 복지자본주의 발전의 배경 및 원인

자본주의 경제체제를 유지하고 있는 현대 복지국가들이 대부분 복지자본주의 국가로 표현되는 이유는 자본주의 경제체제하에서 복지가 발전하였다는 것 즉, 사회복지정책을 국가의 발전원동력으로 인정하고 복지를 중심으로 자본주의가 안정을 추구하면서 지속적인 발전을 유지하는데 도움을 주었기 때문이다. 자본주의 등장 이후 자본주의는 지속적으로 수정되면서 발전하여왔으며 향후에도 새로운 경제체제가 등장하지 않는 한은 복지자본주의는 지속될 가능성이 높다. 본래 고전파 경제학자들이 주장하였던 자본주의는 **완전자유경쟁시장**이 작동하여 시장이 자원할당을 책임지는 자본주의였지만 우리는 지금까지도 완전자유경쟁시장이 자원할당을 책임지는 자본주의는 역사적으로 한 번도 경험한 적이 없다. 자본주의는 자본주의가 갖는 고유한 모순 또는 문제점들을 극복하기 위해 지속적으로 수정되고 있음은 주지의 사실이다. 따라서 현대의 자본주의는 수정자본주의라고 할 수 있으며 수정자본주의의 핵심은 바로 자본주의가 만들어 내는 사회문제의 해결을 국가의 사회복지정책을 통해서 해결하는 복지자본주의라는 점이다.

복지자본주의가 발전할 수밖에 없었던 **사회적 맥락**(social context) **즉, 결정적인 배경** 중 하나는 바로 자원할당을 책임진 시장의 실패와 시장의 불균등성 및 불안정성에 기인한다. 자원할당이 일방에게만 이루어진다든지 또는 국민들이 골고루 자원을 할당받지 못하게 된다면 이는 곧 자원의 불평등한 할당을 의미하는 것이고 자원할당에 참여하지 못하는 국민들이나 자원할당을 받지 못하는 국민들의 삶은 지속적으로 피폐화될 수밖에 없게 된다. 자본주의 시장은 지불능력을 가진 개인들이 시장에 참여하여 자원을 할당받아야 함으로 지불능력을 갖지 못한 국민들은 자원할당으로부터 배제되는 사회배제현상이 발생하게 된다.

복지자본주의가 발전할 수밖에 없었던 **두 번째 배경**은 자본주의가 지속적으로 사회문제를 확대재생산하고 이를 해결할 수 있는 방안이나 기제를 자본주의 시장경제체제가 자체적으로 갖지 못하였다는 점이다. 자본주의는 노동을 상품화하여 자신의 노동을 상품화하지 못하는 노동자들을 실업과 빈곤으로 추락시켜 빈곤과 실업을 자본주의의 전통적 사회문제로 인식하도록 하였다. 또한 단순노동과 장시간노동 등의 여파로 노동자들이 정신 및 육체적 피곤함을 극복하기 위하여 알콜 및 마약 그리고 게임에 급속도로 빠지게 함으로써 중독문제가 사회문제가 되는데 영향을 미쳤고 또한 경쟁과 이기주의로 피폐화된 국민들이 우울증이나 각종 폭력에 가담하게 함으로써 각종 학대문제와 자살문제가 사회문제가 되는데 영향을 미쳤으며 이에 덧붙여 노동현장에서 발생하는 각종 산업재해문제는 후천적 장애문제를 확대시켜 봉건주의 경제체제에서는 전혀 경험하지 못하였던 사회문제가 급속도로 발전하고 확대되면서 복잡화하는데 영향을 미쳤다. 자본주의는 경제체제로서 이러한 사회문제를 극복하는데 어떠한 방안을 제시하지 못하였으며 이는 곧 사회적 갈등과 노동조합의 발전 및 사회주의운동 그리고 자본주의경제체제를 극복하고 새로운 경제체제를 갈망하도록 하는 급진사회주의운동을 결과하였으며 또한 복지정책을 강조하여 사회문제를 극복하고 예방하여 자본주의를 유지 및 보전하도록 하는 복지자본주의의 발전을 결과하였다.

[그림 2] 복지자본주의 발전 배경

위의 등장원인에 한 가지를 추가한다면, 복지자본주의가 발전하는데 영향을 미친 요인은 바로 **사회복지 및 사회서비스에 대한 국민들의 욕구가 폭증**하여 국가적 차원에서의 대응이 필요하였다는 점이다. 즉, 자본주의가 발전하면서 복지의 권리 요구운동 및 인권운동과 여성운동의 발전으로 여성의 사회참여가 일상화되면서 가사와 가족 돌봄 노동으로부터 여성이 해방되어 젠더평등은 일상화되었고 다양한 유형의 가족(1인 가족 그리고 동성가족, 한부모가족 등)의 등장과 세계화에 따른 이주노동과 다문화의 확산 그리고 저출산과 고령화는 자본주의국가의 전통적인 가족구조 및 생산인구를 급속하게 붕괴시켜 국가가 아동을 돌보고 노인을 돌보는 돌봄서비스에 대한 욕구는 폭증하였다. 결국, 자본주의가 갖는 전통적인 사회문제의 확대재생산과 새로운 신사회적 위험(고령화와 저출산 등)으로부터 벗어나기 위한 국가적 차원에서 사회복지 및 사회서비스에 대한 확대제공에 대한 욕구는 자본주의라는 경제체제를 수정하여 유지하면서 국민들의 사회적 욕구를 해결하는 복지자본주의가 발전하는데 중요한 영향력을 행사하였다.

따라서 복지자본주의 발전의 원인은 크게 세 가지로 정리될 수 있는데 그것은 첫째, 시장의 불안정성, 둘째, 사회문제의 확대재생산 그리고 셋째, 국민들의 사회복지 및 사회서비스욕구의 증대이다. 복지자본주의 발전원인은 결국 아래와 같이 그림으로 나타낼 수 있다.

[그림 3] 복지자본주의 발전 원인

제 3 절 복지자본주의 작동양식

복지자본주의 작동양식을 이해하기 위하여 우선적으로 자본주의 작동양식에 대해 이해하는 것이 필요한데 이는 복지자본주의는 복지(국가)와 자본주의의 결합을 의미함으로 복지자본주의 작동양식은 곧 복지국가의 작동양식에 자본주의 작동양식을 결합하여 등장하였기 때문이다.

1. 자본주의 작동양식

복지자본주의 작동양식은 자본주의가 작동하는 작동양식에 복지가 작동하는 작동양식이 함께 움직이도록 설계되어 작동한다. 즉, 자본주의는 '자본과 생산수단을 소유한 자본가가 임노동관계를 이용하여 재화와 서비스를 이윤을 만들려는 의도로 판매하기 위해 생산되는 경제체제'(지은구, 2021, 2003; Jessop, 2002; Bowles and Edwards, 1985)임으로 자본의 이윤창출을 행동과 교환을 위한 시장 그리고 임금노동관계는 보호받아야하고 유지되어야 자본주의는 발전하고 지속될 수 있다. 따라서 자본주의가 작동하기 위해서는 **첫째, 자본가의 이윤창출활동의 보호, 둘째, 노동의 상품화 보호와 노동력 재생산의 보호, 셋째, 자원할당을 위한 기제로서 시장의 유지가 중요하다고 할 수 있다.**

자본주의에서 자본가들의 이윤창출 행동은 법적인 테두리 안에서 보호를 받으며 법적인 틀을 유지한다면 자본가들의 정당한 이윤창출활동은 보호받아야 한다. 또한 노동자들 역시 노동을 상품화하고 자신의 노동력을 재생산할 수 있도록 보호받아야 하며 시장 역시 자원할당이 형평하게 이루어지도록 보호받아야 자본주의경제체제는 작동할 수 있다. 만약 자본가의 정당한 이윤창출활동이 제약을 받는다든가 노동자의 노동력 재생산이 어려워지거나 노동자가 노동을 상품화할 수 없는 경우 그리고 시장을 통한 교환과 자원할당이 제대로 이루어지지 않아 불평등이 발생하게 된다면 자본주의는 작동하기가 어려워진다고 할 수 있다.

자본주의가 잘 작동하지 않는다면 결국은 위의 작동원리가 제대로 작동하는지를 확인하는 것이 중요하다. 자본주의 개념에 근거하여 자본주의가 작동을 하지 않고 문제점을 양산하는 경우를 살펴보면 아래와 같다.

[그림 4] 자본주의 작동양식

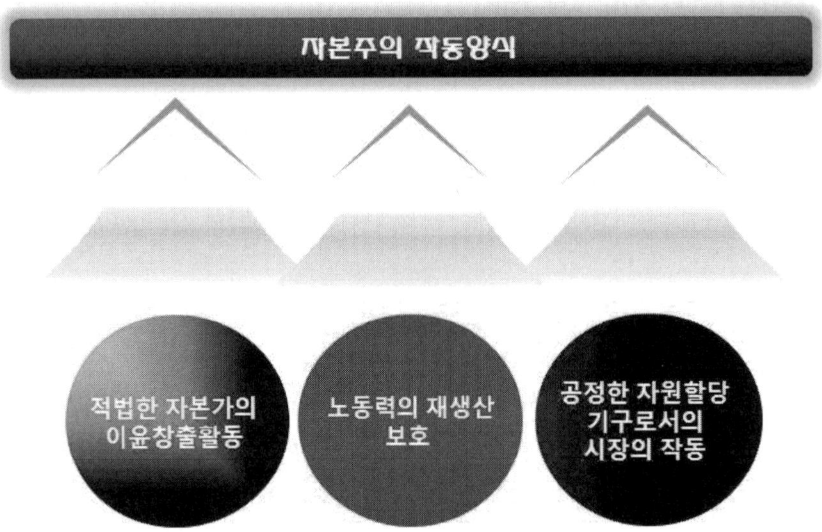

첫째, 자본가가 정당한 이윤창출활동을 할 수 없다면 자본주의는 작동하지 않을 수 있다. 자본과 생산수단을 소유한 자본가는 특정 국가의 법적 테두리 안에서 시장에 참여하여 이윤창출활동을 하게 되는데 만약 한 자본가가 특정 재화와 서비스에 대한 독점을 행사한다든지 과점을 형성하여 다른 자본가나 기업의 이윤창출활동을 방해하게 되면 이윤창출활동은 부정적인 영향을 받게 된다. 또한 자본가가 상품이나 서비스에 대한 정보를 공개하지 않는다든지 자본가의 이윤창출활동에 국가가 과도하게 개입하는 것도 자본가의 이윤창출활동에 영향을 미쳐 자본주의는 잘 작동하지 않고 문제점을 만들어 낸다.

둘째, 노동자들이 자신의 노동을 상품화하고 노동력을 재생산할 수 없으면 자본주의는 작동하지 않을 수 있다. 임노동관계의 핵심은 바로 노동자들이 소지한 노동의 상품화로서 자본가들은 노동자들이 가진 노동을 통해 이윤을 창출하는 것이 아니라 그들이 생산한 재화와 서비스를 통해 이윤을 창출하여야 한다. 따라서 노동의 상품화는 보호받아야 하며 노동자들의 노동이 보호받지 못한다면 노동은 재생산(노동력 재생산)되지 못하여 자본가의 이윤창출행동은 막대한 영향을 받게 된다. **대표적인 노동력 재생산에 부정적인 영향을 미치는 요인은 실업이나 노동조건의 악화(비정규직이나 시간직 또는 계약직 등) 그리고 노동력 재생산에 적절하지 않은 낮은 임금 등이며 이러한 요인들은 자본주의 잘 작동하지 않고 사회문제를 증폭시키는 요인으로 작**

동한다.

셋째, 시장을 통한 교환과 자원할당이 적절하게 이루어지지 않는다면 역시 자본주의는 작동하지 않을 수 있다. 자본주의 시장은 지불능력의 원칙에 따라 지불능력의 정도에 따라 재화와 서비스의 소비등급이 정해진다. 또한 지불능력이 없는 사람은 시장으로의 진입에서 당연히 배제된다. 곧 소득 및 소비능력이 있는 사람만이 시장에 진입하고 소득 및 소비능력에 따라 소비의 질이나 양이 정해짐으로 소득 및 소비의 불평등이 발생하게 된다. 이는 자본주의 시장 경제체제가 갖는 원천적인 문제점이라고 할 수 있다. 소득에 따라 소비의 불평등이 발생함으로 시장이 불평등성을 조절하지 못하게 된다면 시장은 지속적으로 불평등을 양산하게 되어 지본주의 시장경제체제는 사회적 위험요소로 작동하게 된다. 이외에도 시장은 수요와 공급의 불일치에 따른 불안정성 그리고 시장실패요인으로 지적되는 판매자와 구매자 사이의 정보비대칭 및 공공재의 제공의 확대 등 다양한 요인으로 인해 적절하게 교환활동이 이루어지지 않게 된다. 결국 자원할당기구로서 시장이 적절한 활동을 하지 못하게 되면 국민들의 생활 및 삶에 미치는 위험은 증폭함으로 이에 대한 대응으로 시장 이외의 새로운 자원할당기구가 등장하게 되는 요인으로 작동한다. **복지국가에서 사회적 시스템으로서 사회복지체계는 시장의 불평등 및 배제와 같은 문제를 극복하기 위한 자원할당기구로서 작동한다.**

지은구(2021)는 자본주의 작동양식을 설명하면서 자본주의 작동은 기본적으로 두 가지로 정리할 수 있음 강조하였는데 그것은 다음과 같다.

첫째, 확대된 이익창출: **자본을 소유하고 있는 자본가의 최대 관심은 그들이 소유한 자본을 이용해서 지속적으로 더 확대된 이익을 창출해야 한다는 점**이고 이는 자본가들 사이에 경쟁을 유발한다는 점이다. 자본주의 경제체제 하에서 개개 자본가들은 더 많은 이익을 창출하기 위해서 경쟁하게 되고 이익을 창출하는 데 있어 어떠한 방해도 받고 싶어 하지 않을 것이며 결국, 자기 자신의 이익만을 위해 행동하게 된다. 따라서 경쟁은 어떠한 의미에서 자본주의 경제체제를 움직이는 동력이라고 할 수 있다.

둘째, 생산력으로서의 노동자 확보: **자본가들은 계속적인 이익을 창출하기 위해 생산력으로서 노동자들을 확보하고 있어야 한다는** 점이다. 따라서 자본주의 운동양식은 기본적으로 한편으로는 한 사회에서 부를 소유하고 통제할 수 있는 소수의 자본가를 한 축으로 하고 다른 한편으로는 노동할 수 있는 능력과 기술을 팔아서 생존하여야 하는 다수의 노동자들을 한 축으로 하는 매우 역동적인 방식으로 움직인다. 공장에서는 일하는 노동자가 있어야 상품이 생산되고 그리고 궁극적으로 상품을 시장에 내놓아 상품이 사고 팔려야 이윤이 창출되고 이러한 이윤을 창출하여야 자본가는 자본을 축적할 수 있게 되는 것이다. 한편으로 노동자들은 그들이 가진 노동력이라는 상품을 팔고 받은 임금으로 그들의 생존을 유지할 수 있기 때문에 임금노동시장으로의 개입 없이는 그리고 그들의 노동력을 파는 것 없이는 생존을 유지할 수 없게 된다.

자본주의 작동양식에 기초하여 본다면 자본주의는 첫째로 더 많은 자본을 획득하고 축적하기 위해서 자본가들은 그들끼리 서로 경쟁을 하게 되고 둘째로 자본가들은 임금 노동자화된 노동자들을 유지하여야 자신들의 이윤을 확보 내지는 증진시킬 수 있기 때문에 더 많은 이윤을 확보하기 위해 자본가들은 노동자들이 더 오래 그리고 더 빨리, 더 적은 돈으로 일하는 것을 당연히 선호하게 된다. 반면에 **노동자들의 입장에서 본다면** 그들은 그들이 파는 노동력을 건강하게 유지하기 위해서 더 많은 임금, 더 적은 노동시간, 더 많은 휴가시간, 그리고 덜 규제된 노동조건을 선호하게 된다. 즉, 마르크스가 강조한 바와 같이 자본주의 작동양식 하에서 자본가와 노동자의 이해는 일치할 수 없기 때문에 항상 갈등관계에 놓여있을 수밖에 없다고 볼 수 있다. 결국, 자본주의가 움직이는 운동양식은 기본적으로 **경쟁**과 노동과 자본 사이의 **갈등**이라고 할 수 있다(지은구, 2021).

하지만 노동과 자본의 대립이 자본주의에 내재된 고유한 갈등이라고 한다고 하더라도 자본은 노동자의 노동력이 없으며 이윤을 창출할 수 없음으로 노동자들이 노동력을 유지 및 재생산할 수 있도록 노동을 보호하여야 하며 이윤을 노동착취가 아닌 재화와 서비스의 판매를 통해서 확보하여야 한다. 노동에 대한 착취는 역사적으로 노동운동과 사회주의 운동 및 노동력보호를 위해 노력하는 복지국가가 발전하는데 영향을 주었다. 복지국가가 일차적으로 사회보험을 정착하면서 산재보험이나 실업보험 그리고 건강보험과 같이 노동자들의 건강과 공적부조제도와 같이 빈곤층의 생활 및 소득 안정 등에 집중하여 발전하였음은 주지의 사실이다. 물론 자본주의와 복지국가가 발전하면서 복지혜택의 대상이 근로빈곤층, 아동, 장애인 그리고 노인 등 사회소외계층에서 전 국민들을 대상으로 확대하여 포괄적으로 제공되고 있다.

2. 복지자본주의 작동에 있어 자유와 경쟁의 가치

자본주의 작동양식에서 '자유'와 '경쟁'은 양날의 검이다. 자유의 가치는 자본주의를 움직이게 하는 중요한 가치이다. 자본주의는 인간 개개인들은 합리적이라고 전제하며 개개인들은 자유의지에 따라 선택하고 선택한 것에 대한 책임을 진다고 전제한다. 복지자본주의가 등장한 이전 시기인 초기 자본주의시대 즉 고전파 경제학과 고전파 자유주의사상이 강조되던 시기에 자유는 자유방임적 자유가 강조되었다. 따라서 이 시기 시장은 자유방임시장이라고도 표현된다. 자유방임적 자유는 Berlin(1969)에 따르면 부정적 자유라고도 분류된다. 부정적 자유는 어떤 개인이 무엇인가를 하는 것에 있어 방해받지 않는 자유를 의미하며 개인주의 그리고 자기에게 이익이 되는 것을 선호하는 것을 강조한다. 특히, 자유방임적 자유는 곧 자유방임주의사상의 기초적 개념이다.

※ 자유방임주의(Laissez-faire)
자유방임주의는 사람들 사이의 거래를 나타내는 경제체제의 한 유형을 나타낸다. 자유방임주의는 고전파 자유주의사상에 기초가 되는 개념으로 프랑스 어원을 갖지만 18세기 고전파 경제학자인 아담 스미스에 의해서 발전된 개념이다. 자유방임주의는 개인의 경제활동에서 자유(freedom)를 최대한 보장하고 국가의 간섭을 배제하려는 경제사상으로 알려져 있다. 사전적 정의에 따르며 자유방임주의는 개인 간 거래가 규제나 정부의 유인책과 같은 경제적 개입없이 자유롭게 이루어지는 경제체제를 나타낸다(Toufick, 2004). 따라서 어떠한 국가적 차원에서의 개입도 용인되지 않는 개인의 자유의지를 통해 거래가 이루어지는 경제체제가 곧 자유방임주의이다. 이는 곧 자유방임주의가 사회의 가장 기초적인 단위로 개인을 강조함을 의미한다. 따라서 자유방임주의는 개인의 자유의지 외에 시장을 통한 거래에서 어떠한 간섭이나 개입도 용인하지 않으며 개인의 의지에 따라 자유롭게 이루어지는 거래라고 한다면 어떠한 거래라고 해도 용인된다. 결국, 남으로부터 간섭받지 않는 자유가 곧 자유방임적 자유가 된다. 자유방임적 자유가 강조되면 공공의 이익보다는 개인의 이익이 보다 강조된다.

자기의 이익에 따라 그리고 자기의 의지에 따라 마음대로 행동을 하는 자유방임적인 자유를 강조하는 **부정적 자유**보다는 타인에게 피해를 주지 않고 개인의 행동에 책임을 지는 **긍정적 자유**의 개념이 중요하다. 즉, 자유방임적 자유가 중요하기 보다는 복지자본주의가 발전하기 위해서는 책임이 수반되는 자유로서 긍정적 자유가 발전하여야 한다고 할

수 있다. 고전파 자유주의사상에 비교하여 현대 자유주의사상은 긍정적 자유가 보다 강조된다. Engels에 따르면 자유란 인간이 욕구를 만족시키기 위하여 그의 본성과 그 자신을 규제할 수 있는 능력을 나타내는데 이러한 자유는 곧 Berlin이 강조한 긍정적 자유에 다름 아니다(Bowring, 2015).

자유롭게 시장에 참여하여 자유롭게 자신의 이익을 위한 활동을 하는 것은 자본주의에서 정당한 것으로 인식되었다. 경제학에서 인간이 합리적이며 자유로운 인간으로 인식되었듯 시장도 자유경쟁시장이 강조되었으며 모든 경제활동은 자유의지로 움직인다고 믿었다. 하지만 타인을 고려하지 않고 자신의 이익만을 추구하는 부정적 자유 즉, 자유방임적 자유는 곧 개인주의와 극단적 이기주의 그리고 사회불평등을 초래하였으며 사회구성원을 보호하고 사회를 발전시키기 위해서 점차 자기 자신을 통제하고 자신의 결정에 책임을 지는 긍정적 자유가 중요함이 인식되었다.

※ 부정적 자유와 긍정적 자유 그리고 복지

자유의 개념은 이분법적이며 이념이나 사상에 따라 자유에 대한 인식 역시 상이하다. 예를 들어 자유주의나 신자유주의는 주로 부정적 지유를 강조하며 사회민주주의나 마르크스주의는 긍정적 자유를 강조한다. 자유를 긍정적 지유와 부정적 자유로 구분한 학자는 Berlin(1969)으로서 그의 구분은 다음과 같다.

Berlin(1967)에 따르면 부정적 자유는 '어떤 개인이 무엇인가를 하는 것에 있어 방해받지 않는 자유로운 사람임을 의미'한다. Engels는 이러한 자유를 부르주아 자유라고 이름 붙였는데 방해받지 않고 원하는 것을 할 수 있다는 측면에서 자유방임적 자유라고 간주될 수 있다(Bowring, 2015). 부정적 자유는 선택의 자유를 강조한다. 인간이 부정적 자유를 얻었다고 해서 모두 그들이 욕구하는 것이나 복지가 충족되는 것은 아니다. 즉, 부정적 자유의 개념은 어떤 의미에서 복지를 위해 필요한 필수품이지만 그 것 자체가 복지의 한 부분을 구성하는 구성물은 아니다. 일반적으로 고전 경제학에서 강조하는 자유는 부정적 자유의 개념이라고 얘기할 수 있다. 경제학에서 강조하는 선택하는데 있어 자유롭게 선택한다는 선택의 자유는 복지의 기본구성물 중에 단지 하나일 뿐이다. 즉, 선택의 자유가 인간을 번영(well-being)의 상태로 이끄는 유일한 수단은 아닌 것이다(지은구, 2003).

자유에 대한 두 번째 개념인 긍정적 자유는 Berlin(1969)에 따르면 '인간 자신과 그의 주변을 통제할 수 있는 인간의 능력을 의미'한다. Barry(1965)는 이 긍정적 자유라는 개념에 입각해서 자유를 인간이 원하는 것을 만족시킬 수 있는 능력이라고 정의하였다. Engels는 자유란 인간이 욕구를 만족시키기 위하여 그의 본성과 그 자신을 규제할 수 있는 능력이라고 지적하였으며 이러한 의미에서 긍정적 자유의 개념과 복지가 밀접한 연관이 있음을 알 수 있게 된다(Bowring, 2015). 우리가 복지를 보다 행동적인 그리고 역동적인 의미로 본다면 자유의 개념에 기반한 복지는 인간 자신의 행동과 본성에 영향을 끼치기 위한 인간의 능력이 곧 복지의 한 구성물이 됨을 알 수 있다. 즉, 긍정적 자유에 기초한 복지는 욕구의 수동적 만족을 의미하기보다 욕구의 창조적 또는 역동적 실현을 의미한다(지은구, 2003). 따라서 긍정적 자유의 개념이 부정적 자유 개념보다 훨씬 복지 이론과 밀접한 연관이 있음을 알 수 있다.

지은구(2003)는 자유방임적 자유와 사회책임적 자유를 구분하여 설명하고 있다. 그에 따르면 자유방임적 자유는 자유주의자들이 강조하는 부정적 자유에 기초한다. 자본주의에서 모든 인간은 개인적인 선택의 자유가 있으며 이 개인의 선택에 따른 결과를 개인이 책임진다는 소비의 자주권이 강조된다. 따라서 자본주의에서 모든 인간은 자유롭게 자신의 판단아래서 선택하고 결정하는 자유의지를 가지고 있다. 이러한 자유를 일반적으로 자유방임적 자유라고 부른다. 결국 자유방임적 자유는 공공의 이익보다는 개인의 이익을 위한 결정을 최우선하는 자유의지를 의미한다.

공공의 이익에 우선하지 않는 개인적 자유인 자유방임적 자유를 사회복지학에서는 공공의 이익에 기초하는 자유와 구별한다. 공공의 이익에 부합하는 자유는 사회책임적 자유라고 부를 수 있으며 긍정적 자유의 개념에 기초한다. 사회 책임적 자유는 사람과 사람간의, 사람과 집단 간의, 또는 집단과 집단 간의 착취를 용인하지 않으며 사회 책임적 자유는 개인적 이익보다는 집합적 이익 또는 공공의 이익을 강조함으로써 사회적 만족을 증진시키기 위한 자유의지를 의미한다.

결론적으로 자유방임적 자유(freedom)는 Milne(1968)과 Cranston(1967)이 정의하였던 것과 같이 외적인 제재나 간섭이 없는 것을 요구한다. 하지만 제재에 대한 결여가 바로 사회복지경제학에서 의미하는 사회책임적 자유의 개념에 있어 차이점이라고 볼 수 있다. 사회복지는 개인의 선택의 자유를 집합적 사회적 선택의 범위의 하부체계로 규정한다. 즉, 개인의 자유의지에 따른 선택도 사회적 이익이나 공공의 이익에 반한다면 제재가 필요하며 이에 따른 조정과 협력을 통해서 사회의 만족(사회복지)이 증진된다고 보는 것이다.

부정적 자유	• 부정적 자유는 어떤 개인이 무엇인가를 하는 것에 있어 방해받지 않는 자유를 의미(Berlin, 1969). Engels는 이러한 자유를 부르조아 자유라고 명명(지은구, 2003). • 자신의 행동에 방해받지 않고 싶다는 의미에서의 자유 • 방해받지 않고 원하는 것을 할 수 있다는 측면에서 **자유방임적 자유**라고도 불리며 책임이 따르지 않는 자유를 의미
긍정적 자유	• **인간 자신과 그의 주변을 통제할 수 있는 인간의 능력을 의미**

	(Berlin, 1969). • 자유란 인간이 욕구를 만족시키기 위하여 그의 본성과 그 자신을 규제할 수 있는 능력(Bowring, 2015) • 인간이 자기 자신과 자신의 능력을 통제할 수 있다는 의미에서의 자유 • 책임이 따르는 자유를 의미

경쟁은 기업 간의 기술력이나 재화와 서비스의 품질 등에 영향을 미치게 되어 더 좋은 기술로 더 좋은 품질의 상품이 생산 및 판매되도록 하는데 도움을 준다. 또한 경쟁은 기업의 이윤창출확대 및 개개인들에게 새로운 기회를 가져다주는 요인으로 작동하며 기업이나 개인의 역량이 강화되는데도 도움을 준다. 구매자의 입장에서도 경쟁은 선택권의 확대를 의미하여 더 좋은 가격으로 더 좋은 재화와 서비스를 구매하는데 도움을 준다. 하지만 경쟁은 또 다른 한편 경쟁으로부터 밀려나는 상품이나 기업 또는 개인 등을 양산하며 경쟁에서 밀려나는 재화나 서비스, 기업 그리고 개개인들은 또 다른 경쟁을 위해 준비하거나 아니면 경쟁의 패배자로서 시장으로부터 배제된다. 여기서 중요한 점은 자본주의 사회에서 경쟁에서의 승리자보다 경쟁에서 패배하는 패배자가 더 많다는 점이다. 복지자본주의는 경쟁으로부터 발생하는 각종 사회적 위협요소에 주목한다.

경쟁으로 인한 사회적 위험요소는 배제와 소외현상이다. 이는 곧 노동자의 소외현상(직장으로부터의 소외, 동료로부터의 소외, 노동 상품으로부터의 소외 등)을 나타내는 중요한 요인이 된다. 경쟁에서 타인에 대한 배려는 존재하지 않는다. 경쟁의 주체인 노동자 또는 국민들은 경쟁으로부터 살아남을 수도 있으며 경쟁으로부터 뒤쳐질 수도 있다. 만약 경쟁적이지 못하다고 한다면 타인으로부터 점차 멀어지게 되며 경쟁사회에서 경쟁력을 가지지 못한 사람들은 점차 배제(exclusion)되고 사회로부터 벌어지게 되어 격리(isolation)와 정서·심리적 고독 및 우울은 증가하게 된다.

자본주의사회에서 경쟁을 얘기할 때 많은 사람들이 강조하는 것이 바로 기회의 평등이다. 즉, 누구나 경쟁할 수 있는 기회가 공평하게 주어져야 한다는 것이다. 하지만 또한 많은 사람들이 잊고 있는 점이 있는데 이는 곧 모든 사람들이 동일한 조건에서 경쟁을 하지 않는다는 점이다. 즉, 기회가 누구에게나 동일하게 주어지는 것도 중요하지만(기회의 평등) 기회가 주어졌다고 누구나 동일한 조건에서 경쟁을 하는 것은 아니다. 만약 출발점에 있는 사람들의 조건이 모두 다르다고 한다면 경쟁은 의미가 없으며 아무리 경쟁을 통해 무엇인가를 성취하고 싶어도 이미 승리자는 내정되어 있다고 할 수 있다. 자본주의는 동일한 조건이라면 자본이 많은 사람이 반드시 경쟁에서 승리하도록 되어 있으며

(수확체증의 법칙), 자본주의가 발전하면서 부의 양극화는 곧 지식 및 정보의 양극화 그리고 나아가 교육의 양극화를 의미함으로 이미 경쟁을 위한 운동장은 '기울어진 운동장'으로 누가 경쟁에서 승리할 지에 대한 결과는 이미 예측 가능하다. 이는 곧 경쟁이 강조하는 기회의 평등이 자본주의에서 강조하는 부의 축적이나 만족의 성취 또는 물질적 또는 심리적 행복을 가져다주는 만능키가 아님을 의미하는 것이다.

3. 복지국가의 작동양식

복지국가가 어떻게 작동하는가? 또는 복지국가가 작동하는 이유는 무엇인가? 즉, 복지국가가 무엇 때문에 작동하는가를 설명하는 **복지국가의 작동양식**을 이해하기 위해서는 먼저 복지국가에 대한 개념적 정의를 살펴보아야 한다. 복지국가는 시민들의 사회 및 경제적 번영을 증진시키고 보호하는 데 있어 중요한 역할을 하는 국가로서 사전적 정의에 의하면 복지국가는 "국민들의 경제적 그리고 사회적 번영을 증진시키고 보호하는 것을 주요한 역할로 수행하는 국가"[10]이다. Therborn(1983)은 복지국가가 국가행동의 역사적 변형물이라고 주장하고 복지국가는 가구원들의 복지에 대한 욕구를 해결해주는 것을 강조하는 국가라고 규정하였으며 Mishra(1990)은 국민들이 삶과 관련된 최소한의 기준을 유지하기 위하여 국가의 책임을 제도화하는 국가라고 정의하였고 Marshall(1950)은 현대복지국가가 자본주의, 복지, 그리고 민주주의의 조합을 특징으로 한다고 강조하였다. 결국, 복지국가는 '자본주의의 발전과 민주주의 및 복지의 조화로서 국민들의 사회적 보호를 국가가 책임지는 것을 기본으로 하는 국가'라고 할 수 있다(지은구 외, 2020).

복지국가는 직·간접적인 방식으로 국민들의 복지욕구를 충족시키기 위해 노력한다. 즉, 현금이 필요하면 현금을 혜택으로 제공하며, 음식이 필요하면 음식을 제공하고, 주택이 필요하면 주택을 제공하고, 일자리가 필요하면 일자리를 제공하기 위해 노력한다. 또한 국민들이 필요한 복지의 욕구를 사회적으로 해결하여 사회복지를 증진시키기 위한 직접적인 방안으로 공공개입을 강조한다. 복지국가의 공공개입은 국가의 시장경제에 대한 개입으로 특징지어 지는데 이는 자본주의 시장경제가 불확실성과 위험을 동반하여 일부 국민들에게 고통이나 불안을 가져다주는 주된 요인이라는 점에 기인한다. 결국 복지국가는 국민들을 사회적 위험으로부터 보호하기 위해 그리고 자본주의의 고유한 할당시스템

10) Britannica Online Encyclopedia
(www.britannica.com/EBcheeked/topie/639266/welfare-state?section)

인 시장경쟁체제가 양산하는 다양한 사회문제를 국가가 개입하여 해결하기 위해 노력하는 즉, 국가할당시스템을 작동하여 국민의 기본적 삶을 보장하는 것을 목적으로 하는 사회체계라고 할 수 있다. 공공개입을 강조하여 복지국가를 설명하면 아래와 같다(지은구 외, 2020; 지은구, 2013).

첫째, 복지국가는 시장경제에 대한 공공개입이 강조되는 체제이다.
둘째, 복지국가는 시장경제에 의해 나타난 부정적인 결과나 환영받지 못하는 결과를 치료하는 체제이다.
셋째, 복지국가는 빈곤이나 불평등을 해소하거나 또는 빈곤이나 불평등을 줄이는 것을 목적으로 하는 체제이다.
넷째, 복지국가는 국민들이 갈망하거나 원하는 것 보다는 그들의 욕구 해결을 강조하는 체제이다.

위에서 언급한 바와 같이 복지국가의 경제적 측면을 강조하면 자본주의 경제체제에서 복지국가는 시장에 대한 **공공개입이 강조되는 공공할당체제**라고 할 수 있다. 물론 국가의 개입 정도에 따라 학자들은 복지국가의 유형을 달리 표현하기도 하지만 복지국가와 시장경제는 매우 밀접한 연관성을 가지고 있다. 이는 복지국가의 경제체제인 "자본주의 경제체제 자체가 시장에 의해서 자원이 할당되는 경제체제를 의미하고 시장의 자원할당기능이 원활하지 못하여 국가가 시장에 개입하거나 새로운 자원할당체계로서 사회복지체계를 통하여 자원을 할당"하기 때문이다. 이는 곧 복지국가와 자본주의가 결합하여 복지자본주의가 등장하고 발전하는 근거이기도 하다.

국민의 욕구를 공공개입을 통해서 해결하기 위해 복지국가는 시장경제에 개입함으로써 복지국가가 제공하는 국민들의 기본적 욕구해결을 위해 제공되는 각종 혜택이나 서비스 등 복지국가의 모든 제공(또는 공급, provision)은 민간기관이나 자발적·자선적 도움의 제공과는 구별된다. 이는 이미 설명한 바와 같이 복지국가가 공공개입을 통해서 국민들의 욕구를 해결하는 것을 목적으로 하기 때문이다. 시장경제를 강조하여 복지국가를 설명하면 아래와 같다(지은구 외, 2020).

첫째, 복지국가는 직접적인 수단을 통해서 국민들의 기본적 욕구를 해결하기 위해 시장경제에 개입하는 것을 목적으로 한다.

둘째, 복지국가는 시장경제에 대응하여 강제적이고, 집합적이며 비차별적인 복지조항(재화와 서비스)을 제공하는 하나의 체계이다.

셋째, 복지국가는 시장경제에 의해서 나타나는 차별과 착취를 조정하는 사회체계이다.

넷째, 복지국가는 인간의 욕구를 해결하기 위해 노력하지만 시장경제는 인간의 욕망이나 갈망하는 것 또는 원하는 것을 해결하기 위한 기구이다. 따라서 시장은 인간의 주관적인 갈망이나 욕망을 해결하지만 복지국가는 인간의 기본적이고 객관적인 욕구를 해결하여 삶의 질을 개선하기 위해 노력한다. 이는 개인의 갈망이나 욕망은 시장을 통해서 해결될 수 있지만 시장을 통해서 해결하지 못하는 인간의 삶의 유지 및 안정을 위한 기본적 욕구는 국가적 개입을 통하여 실현시키는 것이 복지국가의 원칙이자 기본 틀이기 때문이다.

다섯째, 복지국가는 시장경제를 대체해서 국민들의 욕구를 체계적으로 분배할 수 있는 의무와 책임성을 가지고 있다.

여섯째, 복지국가는 시장에 대한 국가적 개입의 정당성을 가지고 있으며 각종 사회복지제도나 정책들은 시장을 대체하는 분배도구로서의 역할을 한다. 즉, 시장의 실패를 수정하기 위한 국가적 정당성이 복지국가를 통해서 실현된다. 따라서 복지국가는 자원의 왜곡된 할당을 수정하는 분배도구를 끊임없이 창출하여 분배적 정의를 실현하기 위해 노력한다.

일곱째, 복지국가와 시장의 목적은 공공의 복지를 증진시키는 것이라고 할 수 있다. 이를 경제학적으로 해석하면 시장으로의 개입을 통하여 개개인들은 시장에서 원하는 재화를 획득함으로써 그들의 복지가 증진되며 복지국가는 시장을 통해서 필요한 재화를 획득하지 못하는 사람들에게 국가적 개입을 통해 필요한 재화를 제공하므로 그들의 복지가 증진된다. 따라서 시장과 복지국가의 기본적인 차이점은 시장이 제공하는 재화와 서비스는 모두 개인적 욕망을 해결하는 사적재이지만, 복지국가가 제공하는 재화와 서비스는 기본적으로 공공재로서 그리고 사회적 목적을 지니고 있는 사회재이자 가치재로서 역할을 한다는 점이다.

결국, 복지국가를 이해하기 위해서는 경제적 토대인 자본주의경제체제 특히, 시장경제를 이해하는 것이 중요한데 이는 이미 언급한 바와 같이 시장경제에 대한 공공개입이 바로 복지국가의 중요한 토대이기 때문이다. 아무리 복잡하고 다양한 사회문제가 발생한다고 해도 개인이 개인적 능력으로 그러한 문제를 해결하고 치료하며 예방하는 것이 가능하다고 한다면 국가의 개입을 통한 사회문제의 해결을 강조하는 복지국가의 출현과 발전은 불가능하였을 것이다. 즉, 모든 개인이 주택이 필요한 경우 주택시장을 통해서 주택을 구매할 수 있다면 주택문제는 발생하지 않으므로 굳이 국가가 주택시장에 개입을 할 필요가 없을 것이고, 모든 개인이 그들의 노후생활보장을 위해 개인보험을 민간보험시장에서 구입할 수 있다면 역시 국가가 주도하는 국민연금보험의 필요성은 줄어들 것이다. 하지만 자본주의 경제체제에서 시장은 모든 사람들에게 열려있는 것이 아니며 소비와 구매능력이 있는 사람에게만 문이 열려있으므로 시장경제의 한계를 극복하기 위한 시장에 대한 공공개입을 통한 자원의 할당은 반드시 필요하다고 할 수 있다.

특히, 복지국가를 유지하기 위한 원칙으로 기회의 평등, 부의 공평한 분배 그리고 안정적인 삶을 유지하기 위한 기본적 제공(provision)을 통한 혜택을 가지지 못한 사람들에 대한 공적 책임의 강조 등이 지적된다. 따라서 국민들에 대한 의무로서 기본적 삶의 질이 보장되지 못하고 부가 불균등하게 분배되며 모든 국민들에게 기회가 공평하게 돌아가지 못하는 사회의 구성원 즉, 국민들은 사회 및 경제적 번영은 물론이고 기본적인 삶의 유지에 있어 심각한 위험에 놓이게 된다. 이러한 사회적 위험은 곧 복지국가가 추구하는 "국민들의 안정적인 삶의 유지 및 번영"을 방해하는 심각한 장벽이며 이는 곧 함께 더불어 잘사는 사회를 구축하기 위한 사회구성원들의 연대성 및 사회통합을 위협하는 가장 큰 장벽이다.

사회통합(social cohesion)을 증진시키는 것은 복지국가가 제공하는 사회복지정책에 있어 가장 중요한 목적이라고 할 수 있다. 이는 사회복지정책을 통해 다양한 사회복지 재화와 서비스를 제공하는 것이 사회적 연대성을 강화하고 지역공동체를 구축하기 위한 가장 구체적인 실천방안이기 때문이다. 사회통합과 연대 그리고 공동체 구축은 복지국가가 추구하는 또는 성취하려는 기본 목적으로 복지국가는 사회통합 및 연대 그리고 공동체사회를 구축하기 위해 각종 사회복지 재화와 서비스가 제공될 수 있도록 정책적·제도적 지원체계를 유지·개선하여야 할 의무를 갖는다(지은구, 2013). 지은구 외(2021)는 복지국가를 다음과 같은 특징을 갖는 체제임을 강조하였다.

첫째, 국민의 복지를 사회적 권리로서 인정하고 국가의 책임 하에 향상시키기 위해 최대한의 노력을 기울이는 체제(regime)

둘째, 국민의 복지가 국가에 의해서 제공되고 지원되는 체제

셋째, 사회복지를 증진시키기 위해 설립된 체제

넷째, 국민들의 위험이나 고통 그리고 고민을 경감시키기 위해 노력하는 체제

Offe(2000)는 특히, 복지국가발전에 있어 노동조합운동의 영향력을 강조하였는데 이러한 그의 입장은 **권력(힘)-자원이론**(power resource theory)에 기초하여 정치경제적으로 복지국가를 이해하는 것에 영향을 받은 것이며 이러한 견해는 역사적으로 복지국가의 발전이 노동자들의 복지요구투쟁이나 계급갈등을 완화시키기 위한 자본의 대응에 큰 영향을 받았다는 점에서 지지를 받는다. 사회주의운동이나 노동운동의 발전이 복지국가를 발전시켰지만 전후 복지국가가 발전하는데 영향력을 행사한 것은 또한 케인즈경제학으로 인해 등장한 **케인지안복지국가**(Keynesian welfare state)이다. 시장의 실패를 통해 자본주의는 결국 위기에 도래하였으며 이러한 자본주의의 위기를 극복하면서 등장한 것이 바로 케인지안복지국가이다. 케인지안복지국가는 시장의 붕괴로 인한 경제적 부담을 사회정책을 통해 경감시키면서 복지국가가 발전하는데 도약대가 되었다. 즉, 케인지안복지국가는 경제대공황시대에 **경제-정치적 안정제**로서 역할을 수행하면서 시장이 더 큰 혼란으로 빠지지 않도록 경제순환주기를 정상화시켜 경제를 보호하였으며 공공 및 사회복지정책의 확대를 통해 국민들의 생활안정에 크게 기여하였다.

종합하면, 위와 같은 복지국가체제는 국가적 차원에서 사회적 위험 예방 및 해결을 위한 시장규제와 국민들의 기본적 삶의 질을 보장하기 위한 복지제공(혜택 또는 급여)의 확대를 기본 가치로 삼아 움직임을 알 수 있다. 이러한 **복지국가의 기본 작동양식**은 아래와 같이 크게 두 가지로 요약된다.

첫째, 복지국가는 국가적 책임 하에 국민들의 생활안정 및 복지향상이라는 사회적 가치 및 사회적 목적 실현을 위해 복지제공의 확대를 위해 노력한다.

둘째, 복지국가는 자본주의의 문제점을 개선하기 위해 또는 시장의 불평등 및 불안정성을 개선하기 위해 시장에 대한 규제 및 개입 노력을 지속한다.

[그림 5] 복지국가의 작동양식

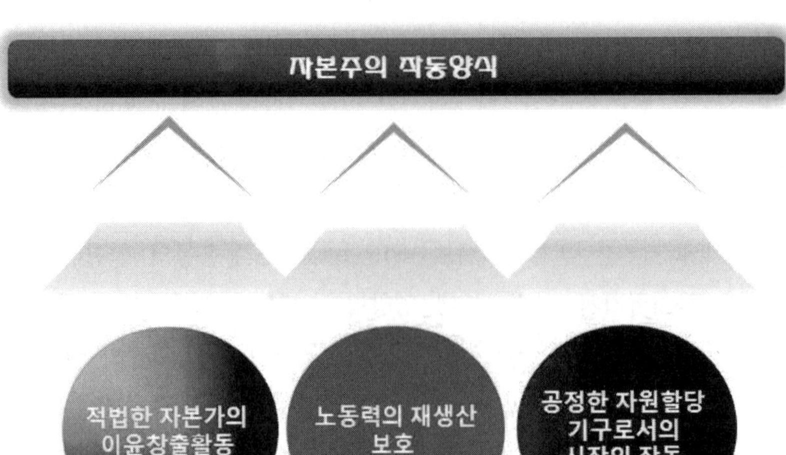

4. 자본주의하에서 복지국가의 발전경로에 대한 비판적 분석

1) 산업화론(경제성장발전론) 비판

※ 산업화이론
산업화이론은 복지국가가 산업화의 산물임을 강조하는 이론이다. 산업자본주의가 등장한 이후 시간이 지나면서 다양한 인구.사회적 변화 및 경제적 변화에 따른 문제가 발생하게 되며 국가는 이를 해결하기 위해 새로운 정책을 개발하고 시행하게 되는데 이러한 과정에서 복지제도 및 정책을 강조하는 복지국가가 출현하고 발전하였다는 것이 산업화이론의 핵심이다(지은구.김민주. 2020). 산업화이론은 복지국가가 산업화에 따른 기능적 필요물로 자연적으로 등장함을 강조하며, 기능주의이론과 비교하여 거시적으로 국가의 기능 및 형태에 대한 해석을 제공함으로 신기능주의적 관점으로 분류된다.

현대 복지국가의 등장 및 발전을 설명하는 다양한 관점이 존재한다. 17세기 이후 등장한 자본주의는 개인의 복지는 개인이 책임지고 자원할당은 시장이 책임지는 완전경쟁시장체제를 중심으로 발전하였고 19세기를 거치면서 산업화의 산물로서 또는 시장의 위험이나 사회적 위험에 대한 대응으로서 또는 자본축적을 유지하기 위한 도구로서 건강보험

및 실업보험 그리고 연금 등 다양한 사회보장정책을 장착한 국가의 등장을 경험하게 된다. 우리는 이러한 체제를 경제체제인 자본주의가 국가주도의 복지정책을 수립하고 시행하는 정치체제로서 복지국가라고 부른다. 복지국가는 국가주도의 복지정책을 수립 및 시행하면서 자본주의를 유지하고 안정화시키기 위해 노력함으로 복지와 자본주의가 결합된 수정된 형태의 자본주의인 복지자본주의를 토대로 발전하였다. 따라서 복지국가의 경제적 토대는 단순히 자본주의가 아니며 수정된 형태의 복지자본주의이다.

복지국가는 왜 등장하고 발전하였는지에 대한 학자들의 견해들이 등장하기 시작한 것은 1970년대 이후이다. 즉, 19세기 후반에 유럽을 중심으로 등장한 복지국가가 20세기 중반 즉, 1960년대까지 확대되어 전 세계에서 등장하고 발전하면서 1970년대 복지국가의 등장 및 발전이유를 설명하는 시각들이 출현하였다. 복지국가의 등장 및 발전을 설명하는 가장 고전적인 관점은 윌렌스키(Wilensky, 1975)가 제시하였던 **산업화(Industrialism)이론**이다. 자본주의가 산업사회를 선도하였음으로 봉건주의의 농업사회와 대비되는 용어로 산업혁명 이후 자본주의 사회를 산업사회(Industrial society)라고 부른다. 산업화이론은 복지국가가 **산업화과정에서의 필요**에 의해서 등장하였음을 주장한다. 즉, 산업화의 산물이 곧 복지국가라는 점이 강조된다. 산업사회를 유지하기 위해서 복지국가가 필요하였음으로 복지국가는 노동계급의 투쟁의 산물이거나 시민들의 요구에 의해서가 아니라 산업사회가 구조적으로 적절하게 기능하기 위해 복지정책이나 제도가 등장하게 된다. 산업화이론에 따르면 복지국가의 기원은 산업사회의 발전에 따라 형성된 새로운 욕구에 대한 대응이며 새로운 욕구의 출현은 곧 산업화에 따른 사회변화에 기인한다. 특히 산업사회변화는 경제성장, 노령인구의 증가와 같은 인구구조변화, 노동분업의 발전, 노동계급의 출현, 주기적인 실업의 만연, 가족 및 지역사회생활의 변화, 산업현장에서의 건강하고 지식 및 기술력을 갖춘 노동인력에 대한 요구증가 등을 포함한다(Pierson, 1991).

특히, Wilensky(1975)는 경제수준이 곧 복지국가발전의 뿌리임을 주장하였다. 그에 따르면 산업화에 따른 경제성장과 그에 따른 인구구조의 변화와 행정 관료적 결과물이 복지국가등장의 원인이다. 그는 특히, 자본주의경제나 사회주의경제, 집합주의이념이나 개인주의 이념, 민주적 정치체제나 독점적인 정체체제 등은 모두 복지국가의 발전과 기원을 설명하는 데 있어서 의미가 없다고 주장하였다. 결국, 산업화이론에 따르면 복지국가는 산업사회 구조의 피할 수 없는 부분이며 경제수준과 이와 관련된 인구변화 그리고 관료의 상관관계가 복지국가의 기원을 설명하고 경제성장은 곧 복지국가 발전의 중심축이 된다.

산업화이론의 한계는 명확하다. 산업화에 따른 경제성장이 사회적 변화에 영향을 주고 이러한 변화가 곧 복지국가를 견인하다는 산업화이론은 복지국가 발전이유를 매우 단편적인 사회현상으로만 해석한다. 또한 산업화이론은 복지국가를 지나치게 산업사회를 유지하기 위한 요구물로서 기능적으로만 바라보며 또한 역동적이 아닌 수동적으로 바라본다. 수동적으로 복지국가 등장 및 발전을 바라본다는 것은 복지정책이 산업화에 따른 당연한 결과로 주어진다는 것을 의미하며 산업화과정에서 노동자들이나 국민들의 복지에 대한 적극적 요구 등은 고려되지 않음을 의미한다. 산업화이론은 또한 복지국가를 설명하는데 있어 경제적 토대인 시장경제체제에 대한 분석을 고려하지 않는다. 즉, 자본주의의 작동양식 및 논리는 복지국가를 설명하는데 있어 고려의 대상이 되지 않는다.

경제성장과 경제성장에 따른 변화가 복지국가를 견인한다는 것은 복지국가의 기원 및 발전이 국가들마다 상이하게 이루어졌음을 볼 때 국가별 상이성을 고려하지 않은 주장에 지나지 않는다. 물론 특정 국가의 경제수준과 복지의 수준이 밀접한 연관이 있을 수 있지만 반드시 경제성장과 복지수준이 일치하는 것만은 아니다. OECD의 자료들을 살펴보면 GDP나 GNI를 기준으로 경제성장이 이루어진 국가들이 사회적 지출(사회복지비용)을 많이 하는 경우 대부분 복지선진국들인 경우가 많지만 경제성장이 이루어진 국가라고 해서 사회적 지출이 모두 높은 복지선진국이라고 하기 어려운데 이는 국가별 상이성에 기반하며 또한 사회지표라는 것은 사회현상을 단면적으로 보여줄 뿐이지 사회현상에 대한 인과관계를 설명하지는 못한다는 한계 때문이기도 하다.

경제성장과 복지수준이 반드시 일치하지 않음을 경제성장이 이루어진 주요 선진국 그룹인 G7(Group of Seven)의 미국, 영국, 프랑스, 독일, 이탈리아, 캐나다, 일본과 우리나라를 예로 들어 설명하면 다음과 같다. 아래의 자료는 경제성장과 복지수준의 사회현상을 설명하고 있다. 자료를 분석하면 대표적인 선진국인 이탈리아와 일본 그리고 한국은 경제성장을 대표하는 지수인 국내총생산(GDP)과 국내총소득(GNI)에서 비슷한 수준을 보여주고 있지만 사회적 지출(사회복지비용)은 한국이 이탈리아에 비해 3배 정도 적고 일본보다는 약 두 배 정도 적은 지출을 하고 있음을 알 수 있다.

〈표 1〉 G7국가 및 한국의 GDP 비교

단위: 달러

국가	1990	2000	2010	2019
캐나다	20,246.43	29,362.68	40,106.22	50,660.6
프랑스	17,618.10	26,098.32	35,909.16	49,467.6
독일	19,439.92	27,550.97	39,916.14	55,891.2
이탈리아	18,547.43	27,027.18	34,684.96	44,397.6
일본	19,549.49	26,841.23	34,994.37	42,938.8
영국	16,701.14	26,258.02	36,016.32	48,542.1
미국	23,835.32	36,304.60	48,393.62	65,240.4
한국	8,273.46	18,083.00	30,365.35	42,728.0
OECD 평균	16,832.30	25,210.69	35,282.99	46,460.9

〈표 2〉 G7국가 및 한국의 GNI 비교

단위: 달러

국가	1990	2000	2010	2019
캐나다	19,495	28,593	39,321	50,011
프랑스	17,664	26,518	36,771	50,246
독일	19,643	27,308	40,504	57,411
이탈리아	18,365	26,981	34,787	44,785
일본	19,699	27,225	35,898	43,803
영국	17,317	26,523	36,494	47,650
미국	23,592	36,770	48,835	64,091
한국	8,344	18,415	31,796	43,099
OECD 평균			34,630	

출처: OECD, Social Expenditure Database의 자료를 이용하여 작성

〈표 3〉 G7국가 및 한국의 GDP 대비 총 사회적 지출(%)

국가	1990	2000	2010	2019
캐나다	17.5	15.8	17.53	17.98(2018년)
프랑스	24.3	27.6	31.04	30.98
독일	21.4	25.4	25.90	25.88
이탈리아	20.7	22.7	27.12	28.19
일본	10.9	15.4	21.26	22.32(2017년)
영국	14.9	16.2	22.42	20.61

미국	13.2	14.3	19.37	18.71
한국	2.7	4.5	8.22	12.20
OECD 평균	16.4	17.69	20.80	20.03

출처: OECD, Social Expenditure Database의 자료를 이용하여 작성

아래의 표는 복지관대성비율을 나타내준다. 복지관대성비율을 살펴보면 한국은 2020년을 기준으로 가장 낮음(.71)을 알 수 있고 일본(.79)과 미국(.93)도 다른 선진국에 비해 상대적으로 낮음을 알 수 있다.

〈표 4〉 G7국가 및 한국의 복지관대성비율 시기별 비교

국가	2000	2010	2015	2020
캐나다	0.82	0.79	0.77	0.97
프랑스	1.72	1.21	1.14	1.22
독일	1.02	0.93	1.02	1.10
이탈리아	0.79	0.95	0.85	1.00
일본	0.70	0.76	0.74	0.79
영국	0.76	0.94	0.94	0.97
미국	0.87	0.85	0.98	0.93
한국	0.39	0.56	0.64	0.71
OECD 평균	0.83	0.87	0.90	0.93

출처: OECD, Social Expenditure Database의 자료를 이용하여 작성

※ 복지관대성비율(Welfare generosity ratio)

복지관대성비율은 증가하는 복지욕구에 대하여 복지국가가 얼마나 잘 대처하고 있는가를 측정하는데 사용될 수 있는 측정도구이며 Castles(2004)에 의해서 제시되었다. 복지관대성비율은 증가하는 복지욕구에 대하여 복지국가가 얼마나 잘 대처하고 있는가를 사정하는 데 사용될 수 있다. 대부분의 연구에서 지적되는 바와 같이 복지국가지출증대의 가장 결정적인 원인이 노인인구의 증가와 증가하는 실업에 있다는 것을 전제로 65세 이상 인구비율과 실업률로 사회복지지출(또는 사회적 지출)을 나눈 것이 복지관대성비율이다. 즉, 복지국가관대성비율이란 복지지출의 요인이 되는 의존인구(dependant population)를 노인인구와 실업자로 간주하여 사회복지지출에 이 두 요인을 반영한 비율이라고 할 수 있다. 따라서 관대성비율이 높으면 높을수록 국가가 복지욕구에 적절히 대처하고 있다는 것을 의미한다(지은구, 2018; 지은구 외. 2020).

위의 자료를 종합하여 세계가 인정하는 경제적으로 선진국인 G7국가와 한국을 비교하면, 한국은 경제수준면에서 이탈리아 그리고 일본과 비슷한 수준이지만 복지지출이나 복지관대성비율의 측면에서 보았을 때 복지에 대한 국가적 대응이 매우 낮은 수준임을 알 수 있다. 이탈리아의 경우 경제수준은 우리와 비슷하지만 사회적 지출은 우리나라에 비해 약 3배 정도 더 많은 지출을 하고 있고 복지관대성비율도 우리나라보다 높음을 볼 때 경제성장이 복지국가를 견인한다는 산업화이론은 보편적인 복지국가의 성장을 설명하는 이론이라고 보기 어렵다는 것을 알 수 있다. 산업화이론에 따르면 한국의 복지수준은 일본이나 이탈리아와 비슷한 수준으로 발전했어야 하지만 현실은 그렇지 않다. 이탈리아 역시 복지관대성비율은 1.0이고 GDP 대비 사회적 지출 비중은 28.19%로 매우 높아 G7 국가 중에서도 복지가 발전된 국가이지만 경제수준면에서는 한국과 비슷한 수준으로 G7 국가 중 일본 다음으로 낮아 경제수준과 복지수준이 일치하지 않음을 알 수 있다.

복지에 대한 국민적 욕구가 증가하여 사회복지가 발전하는 것은 복지가 필요하기 때문이다. 국민의 복지욕구는 곧 사회적 위험이나 사회문제에 의해서 증가하게 됨으로 사회적 위험이나 사회문제의 원인을 진단하면 복지정책의 발전 원인 역시 유추하는 것이 가능하다. 사회적 위험으로부터 안정을 추구하는 국민들의 욕구를 충족시키기 위한 국가적 대응은 곧 확대된 복지제공으로 표출되어 복지국가를 발전시켰다. 여기서 경제성장이 복지제공확대에 물질적 기반으로 작동하였을 수는 있지만 경제성장으로 국민들의 복지욕구가 증대하여 이에 대해 국가가 적극적으로 대응함으로 복지국가가 발전하였다는 객관적 자료는 존재하지 않는다.

기본적으로 자본주의사회에서 도출되는 사회적 위험은 자본주의 작동양식 자체가 가지는 모순들에 기인하며 사회적 위험을 가져오는 가장 큰 원천은 시장이라는 자원할당기구이다. 시장은 불균형적이고 불안정하여 실업 및 빈곤과 불평등을 내재하여 자본주의가 해결하여야 하는 가장 고전적인 사회문제를 확대재생산한다. 이는 **자본주의와 시장에 대한 분석이 복지국가의 발전 및 기원을 설명하는 중심축**이 될 수 있음을 나타내준다.

2) 현대화이론(민주주의발전론) 비판

민주주의발전론은 복지국가가 자유주의 사상 및 대중민주주의 발전에 영향을 받아 등장하고 발전하였음을 강조하는 이론으로 Pierson(1991)은 이를 현대화이론(modernization theory 또는 approach)으로 설명하였다. 현대화이론은 특히 영국 복지국가의 발전을 설명하는데 있어 적절하게 적용된다. 영국은 복지국가로서 복지에 대한 중요성이 강조되고 발전한 것은 경제적 수준이나 노동계급의 계급투쟁보다는 현대화에 따른 인본주의 사상의 발전 및 현대 자유주의사상 그리고 의회민주주의의 발전에 의해 더 큰 영향을 받았다고 알려져 있다.

특히, 현대화이론의 발전은 인본주의사상과 자유주의사상의 발전 그리고 투표권의 확장에 따른 민주주의의 발전 그리고 조직화된 노동조합 및 노동운동의 성장 등이 복합적으로 영향을 미쳐 복지국가가 발전하였음을 설명한다. 또한 현대화이론에 가장 큰 영향을 준 것은 과학적 조사방법의 창시자로서 그리고 사회개혁가로서 활동한 라운트리와 부스의 빈곤에 대한 사회조사결과 역시 그 당시 자유당정원의 자유적 복지개혁을 선도하여 현대적 의미에서 영국복지국가가 등장하고 발전하도록 하는데 많은 영향을 미친 것으로 알려져 있다. 현대화이론으로 복지국가 발전을 설명하는 것은 시기적으로는 19세기 말과 20세기 초로서 영국복지국가는 이시를 거쳐 세계대전이후 선진적인 복지자본주의체제를 확립하게 된다.

17세기 세계최초로 영국은 빈민법(the Poor Law)을 제정하여 빈민 및 빈곤에 대한 구제를 국가가 통제하였지만 라운트리와 부스의 사회조사 이전까지 빈곤은 무지와 나태 등 사회구조적인 원인보다는 개인적 원인이 영향을 미치는 것으로 이해되었다. 하지만 이들의 빈곤조사는 이러한 빈곤에 대한 기본적 사고를 완전히 전환시키면서 빈곤이 사회구조적인 원인에 있음으로 국가는 빈곤을 예방 및 해결하기 위해 노력하여야 함이 제시되었고 영국의 자유당정권은 이를 통해 전면적인 '자유적 복지개혁'을 시행하게 되었다.

※ 라운트리와 부스의 사회조사[11)]

Charles Booth(1840-1916)는 사회조사자이자 개혁가로서 19세기 영국 런던 노동자의 삶을 직접 조사하여 노동자들의 빈곤상태 및 원인을 설명하였다. 그의 빈곤조사는 20세기 초 자유당정권의 영국정부가 빈곤에 적극적으로 대응하기 위한 다양한 복지정책을 수립하는데 결정적인 영향을 미친 것으로 평가받는다. 그의 런던의 빈곤에 대한 조사는 1886에서부터 1903년까지 수년에 걸쳐 이루어졌으며 조사결과를 1989년 "대중의 노동과 삶이라(Life and Labour of the People in 1889"는 제목으로 출간하였으며 이후 2집과 3집을 연속으로 출간하여 총 17개의 책으로 출간되었다. 부스의 빈곤조사의 기준은 소득이었으며 부스의 소득기존은 영국에서 빈곤선(poverty line)이 등장하도록 하였다. 부스의 조사에 따르면 런던노동자들의 약 35% 이상이 기본적 생활이 어려운 소득수준 이하의 빈민이라는 것이 밝혀졌다. 특히, 부스는 그의 조사결과를 바탕으로 노령연금제도(old age pensions)와 가난한 아동을 위한 무상급식을 주장하였으며 노령연금제도는 사회주의혁명을 예방하는데 도움을 준다고 주장하였다.

Seebohm Rowntree(1871-1954)는 사회조사자이고 개혁가로서 1899, 1935, 1951년 요크시(York)에서 수행된 세 번의 빈곤조사로 유명하다. 그는 부스로부터 영감을 받아 특히 요크시에서 노동자가구를 직접 방문하여 빈곤이 나태와 같은 도덕적인 문제가 아니라 낮은 임금과 같은 구조적인 문제임을 밝혔다. 1899년 조사에서 그는 총 11,560가구와 46,754명을 방문하였으며 1901년 "빈곤, 도시생활연구(Poverty, A Study of Town Life)라는 책으로 출간되었다. 그 역시 기본적인 건강과 생활을 유지하기 위해 필요한 최소소득수준을 빈곤선으로 규정하였으며 이러한 기준에 따라 요크시에 살고 있는 총 인구의 27.84%가 빈곤함을 제시하였다. 1936년에 이루어진 2차 조사에서는 빈곤의 원인이 1차 조사결과인 낮은 임금보다는 1930년대 경제대공황에 따른 실업이 영향을 준 것으로 밝혀졌다(실업이 44.53% 낮은 임금이 10%영향을 줌). 1951년에 이루어진 마지막 조사에서는 복지국가의 다양한 복지제공이 부자에서 빈민에게로 재분배가 이루어지도록 하였으며 노동자계급의 생활상태가 개선되었음을 밝혔다. 라운트리는 정치적으로 자유당의 지지자였으며 특히 총리를 역임했던 죠지(David Lloyd George, 1916-1922년까지 영국수상)와 친구 사이로 자유당정권에 의해서 진행되었던 자유적 복지개혁에도 영향을 준 것으로 평가받는다.

영국 복지국가의 형성은 자유당[12)]의 H. H. Asquith 수상이 1906년에서 1914년 사이에 주도하였던 '**자유적 복지개혁**(liberal welfare reforms)'에 기초한다. 자유적 복지개혁은 아동 및 노인, 노동자와 질병 등에 대한 사회적 보호를 강조하는 일련의 사회적 입법을 포함하며 1906년 총선 이후에 사회적 입법들이 의회를 통과하였다. 물론 자유적 복지개혁기간 이전에도 보수당정권은 1902년 교육기관에 국고보조금을 제공하는 교육법, 1905년 실업법과 아동고용법 등을 통과시켰지만 이 법들은 중앙정부보다는 지방정부의 책임을 강조하였다는 특징을 갖는다. 특히 자유적 복지개혁은 빈민법에 의해 구제를 받던 빈민들에 대한 낙인을 없애는데 중요한 역할을 하였다. 자유당집권 하에 자유적 복지개혁으로 통과된 사회적 입법들은 1906년 상해를 입은 노동자들을 위한 노동보상법, 1908년의 노령연금법, 1911년 노동자들에게 강제적인 건강보험을 제공하는 국민보험법, 1909년 노동자를 위한 최저임금법 등 총 15개의 사회적 법안들로 구성되어 있다(지은구 외, 2020).

이 당시 영국의 자유당은 경제적으로 고전파 자유주의(즉, 자유방임주의 경제학)에서 탈피하여 현대 자유주의사상을 신봉하였다. 따라서 자유적 복지개혁도 현대자유주의사상

11) 이하 내용은 위키피디아백과사전을 참고하였음.

12) 자유당은 보수당에 필적하는 대정당이었지만, 1918년 이후에는 노동당에게 제1야당의 자리를 넘겨주고 군소 정당으로 전락하였다. 1988년 3월 **영국**사회민주당과 합당하여 자유민주당이 되었다.

에 영향을 받은 것으로 평가할 수 있다. 고전파 자유주의사상은 국가가 개인의 자유를 억압하고 제한함으로 국가(국가개입)를 자유에 대한 위협으로 간주하고 시장에 대한 국가의 개입 자체를 거부하였지만 현대 자유주의사상은 국가(국가의 지원)가 자유를 위한 최선의 인도자이고 안내자로 바라봤음으로 국가의 활동을 적극 지지한다. 이러한 현대자유주의사상은 개인의 복지는 개인이 책임지는 고전파 자유주의 사고로부터 개인의 복지증진을 위해 국가가 적극적으로 활동하는 영국 복지국가의 이념으로 작동하였다.

영국이 자유적 복지개혁을 추진하여 복지국가체제를 수립한 원인에 대해서는 다양한 해석이 존재한다. Searle(2004)는 자유적 복지개혁의 등장원인으로 첫째, 노동운동으로부터의 도전을 방어하기 위한 노력의 일환 둘째, 순수 인본주의, 셋째, 선거에서 대중의 표를 얻기 위해, 넷째, 국가효율성(national efficiency)[13]에 대한 고려, 다섯째, 복지자본주의 발전에 대한 소명 등을 제시하였다. 자유적 복지개혁의 등장 원인들을 정리하면 다음과 같다(지은구 외 2020).

첫째, 현대 자유주의(modern liberalism)이념의 영향이다. 여기서 자유주의는 19세기 자본주의의 출발과 함께 등장한 개인의 원함과 복지는 개인이나 시장이 책임지는 고전파경제사상에 기초하는 보수적인 자유이념(고전파 자유주의)이 아닌 민주주의의 발전에 영향을 미친 자유주의이념(현대 자유주의)을 나타낸다. 현대 자유주의사상은 자유를 위한 최고의 안내자는 정부라는 점을 강조하며 국민들에 대한 정부의 도움을 증진시키는 역동적인 정부를 강조한다.

둘째, 찰스 부스와 시봄 라운트리가 수행한 사회조사의 영향이다. 이들의 조사는 빈곤의 원인이 개인의 게으름이 아니라 낮은 임금, 노령과 질병과 같은 사회구조에 있음을 강조하였다.

셋째, 노동당으로부터의 위협이다. 이 당시 사회주의는 인기 있는 이념이었으므로 자유당은 선거에서 패배하지 않기 위해 국민들 위한 정책을 추진하지 않을 수 없었다. 노동당은 1910년 선거에서 자유당이 다수당이 되어 정부를 구성하는 것을 허락하여 많은 입법(복지입법)들이 통과하도록 하였다. 이당시 노동당은 사회민주주의이념을 가지고 있었으며 노동조합과 연맹을 맺어 노동자들과 연합하였다. 노동당의 입장에서 자유당을 지원한 것은 자유당의 복지입법들이 노동자들의 복지향상에 도

13) 타 국가(특히 이 당시 독일)와의 경쟁에서 뒤떨어지지 않기 위해서 낡은 관습과 제도 등을 버리기 위한 노력 또는 시도를 의미

움을 줄 것이라고 생각하였다는 것을 의미한다.

넷째, 1910-1912년 기간 동안에 활발하였던 노동조합운동의 영향이다. 만약 노동자들의 상태를 개선하기 위한 노력을 기울이지 않았다면 혁명이나 공산주의로의 전환도 가능한 시기였다.

다섯째, 독일과 미국 등이 영국을 위협하고 압도한 것도 영향을 미치었다. 특히, 독일의 비스마르크가 일련의 사회보험을 입법화한 것이 영국의 자유당이 비슷한 법안을 입안하도록 하는 데 영향을 주었다.

여섯째, 인본주의(Humanitarianism)사상이다. 인본주의사상은 인간의 복지를 증진시키는 것은 인간의 의무임을 강조하는 사상(Humanitarianism." WordNetÂ 3.0. Princeton University. 2 June 2007)이고 **모든 인간이 존중과 존엄을 받을 가치가 있음을 강조**한다. 특히, 인본주의사상은 봉건주의에서 자본주의로 이행되는 산업혁명 전후의 혼란스러운 사회상황에서 빈곤문제에 대해 적극적으로 개입한 박애 및 자선정신으로 무장한 학생, 진보지식인과 사회개혁가 등의 활동에 영향을 준 사상이다. 특히, 인본주의는 초기 자본주의시대에 조직화된 자선활동을 통해 빈곤문제 해결을 위해 나섰던 자선조직협회나 도시빈민들을 조직적으로 지원하기 위해 활동하였던 거주지정착촌(인보관) 중심의 뿌리로서 이러한 인본주의 사상은 영국 자유당이 주도한 자유적 복지개혁 뿐만 아니라 복지국가 등장 및 발전에 영향을 주었다.

종합하면, 의회민주주의 국가인 영국은 빈민법 이후 자산조사를 통해 급여권을 인정받은 일부 빈곤한 사람들에게만 혜택을 주는 전통적인 빈곤구제를 중심으로 하는 빈곤정책을 벗어나 복지국가로서의 틀을 형성하게 된다. 위와 같은 복지국가의 등장 및 발전에 영향을 준 요소들을 중심으로 영국은 산업화와 함께 인본주의사상에 기초한 민주주의의 발전으로 권리를 부여받은 시민 모두를 대상으로 하는 사회보험중심의 사회보장정책을 제공하는 복지국가로 발전하였다. 물론 노동운동 및 사회주의운동도 영국 복지국가 등장 및 발전의 요소로 지적되고 있지만 이를 적극적으로 추진하도록 한 동원력은 곧 정당정치 즉, 정치적 동원력이 중심축으로 설명되어진다는 것이 현대화이론의 핵심이다. 현대화이론은 복지국가의 발전이 정치적 혁명 즉, 참정권의 확대와 함께 민주주의발전과 국민들의 정서에 기초하여 추진된 정당 중심의 복지개혁 등으로 등장 및 발전하였음을 강조하며 이를 주장한 대표적인 학자는 Flora와 Heidenheimer(1981)로서 그들은 복지국가가 현대화의 일반적 현상이라고 주장하였다. 그들에 따르면 복지국가는 사회·정치적 동원(사회구성원들의 요구와 정치적 요구에 대한 대응 등을 의미)의 과정에서 나타는 산물이며 주권국가체제 안에서 확대되는 자본주의경제와 성장하는 대중민주주의로 인해 등장하였다.

민주주의 발전에 따른 사회적 동원력과 정치적 개혁과 같은 정치적 동원력이 복지국가를 발전시킨 주된 요인이라는 것을 강조하는 현대화이론은 민주주의 발전에 따른 18세기 자유가 강조된 시민권, 19세기 투표에 대한 권리가 강조된 정치적 권리의 발전 그리고 20세기 사회적 권리로서 복지혜택에 대한 사회권의 확대 및 발전을 설명해줌으로 복지국가를 이해하는데 있어 중요한 접근방법인 것은 확실하지만 산업화이론과 마찬가지로 몇가지 한계를 내포한다. 현대화이론이 갖는 문제점을 지적하면 아래와 같다.

첫째, 자본주의 작동원리 및 시장경제체제에 대한 분석의 결여: 사회적 위험은 산업화 이후 자본축적의 심화와 시장의 불안전성 및 불균형에 기인하여 확대 재생산되었으며 자살율의 증가와 같은 새로운 사회적 위험 역시 자본주의 자체가 갖는 고유한 모순에 의해 증폭되어 이에 대한 국가적 대응과 국민들의 사회 안정과 삶의 질 향상을 위한 요구 등으로 표출되어 복지국가가 등장 및 발전하였음을 자본주의 및 시장의 작동논리를 분석하는 것은 복지국가등장 및 발전을 설명해주는 중요한 틀이지만 현대화이론은 이에 대한 분석에서 벗어나 있다.

둘째, 계급적 기반을 통한 복지발전 동력 분석 결여: 복지국가의 등장 및 발전에 있어 무엇보다도 중요한 요인은 권력-자원이론에 따르면 계급적 힘(power)으로서의 노동자가 중심이 된 조직화된 노동운동과 사회주의운동이다. 산업혁명이후 자본주의가 등장하여 시장이 자체적인 규제능력을 가지고 있지 못하며 국민들을 시장으로부터 지속적으로 배제하여 경제 및 사회적 불평등이 심화되고 그들의 삶이 피폐화되고 있음을 경험한 유럽의 노동자들은 19세기와 20세기 초 자본가계급(또는 지배계급)에 대응하기 위하여 스스로 조직화하여 노동조합중심의 노동운동을 통해 그들의 노동조건 및 사회정책을 변화시키기 위해 노력하였고 이러한 계급투쟁은 곧 복지국가등장 및 발전의 토대가 되었다. 하지만 현대화이론은 노동자들의 조직화된 정치적 힘을 통한 계급투쟁과 이에 따른 생활개선 및 사회제도변화 등에 대한 분석보다는 소수 개혁가나 정당 중심의 정치가집단이 가진 정치적 힘이 복지국가를 견인하는데 더 중요한 역할을 하였음을 설명한다.

종합하면, 복지국가의 등장 및 발전을 인본주의와 현대자유주의사상 및 민주주의발전 그리고 정당 중심의 정치엘리트들의 개혁적인 인식과 같은 요인으로 설명하는 현대화이론은 모든 복지국가의 등장 및 발전을 설명하는 객관적이고 보편적인 이론이라고 결론지을 수 없다. 이는 국가별 복지국가의 등장 및 발전을 설명하는 정치, 경제, 사회적 상이성이 존재하기 때문이다. 모든 복지자본주의 국가의 민주주의의 발전경로가 다름과 마찬가지로 자본주의의 발전경로 역시 매우 상이하다. 이러한 특성 하에서 가장 기본적으로 복지국가의 등장 및 발전에 대한 객관적인 요인에 대한 분석을 위해서는 자본주의의 발전경로와 이에 따른 계급적 힘의 역학관계에 대한 분석이 중심되어야 하지만 현대화이론은 이에 대한 분석을 결여한다는 한계를 지닌다. 현대화이론이 객관적인 복지국가 발전경로를 설명하는 이론으로 작동하기 위해서는 많은 복지국가들이 민주주의 발전경로가 비슷하고 또한 자본주의 발전경로 역시 비슷한 경로를 거쳐야 가능하다.

3) 권력-자원이론 비판

복지국가 또는 복지자본주의의 등장 및 발전을 논함에 있어 가장 보편적으로 지적되는 요인은 바로 노동자계급의 의식전환에 따른 조직적 대응이 노동자의 생활 및 노동조건의 개선에 직접적인 영향을 미쳤고 이는 곧 복지국가의 등장 및 발전에 영향을 미쳤다고 하는 노동자의 조직화된 정치적 힘을 통한 계급투쟁을 강조하는 계급투쟁론 또는 **권력-자원이론**(power resource theory)이다. 영국이나 독일 그리고 북유럽의 복지선진국이라고 할 수 있는 스웨덴 등 대부분의 유럽 국가들에 있어 자본주의의 작동양식 자체가 자유경쟁시장을 이용한 자본의 축적 및 이를 위한 생산관계로서 임노동관계가 강조되고 임노동관계는 임금화된 노동자들의 노동력을 착취의 대상으로 함으로 자본 및 생산수단을 소유한 자본가계급에 맞서 이를 극복하기 위해서는 노동자들의 계급의식과 이를 통한 조직화로서의 노동조합이 노동자들의 정치적 힘을 강화하여 자본에 대응하는 대응체계로서 작동할 수 있다는 것이 Korpi 등이 강조한 권력-자원이론의 핵심이다(Korpi, 1985, 2006; Refslund and Arnholtz, 2022).

마르크스(Marx) 정치경제이론에 기초하여 자본주의를 계급착취의 작동양식으로 바라보며 조직화된 노동자들의 정치적 힘이 곧 자본주의를 수정 및 변화시키는 강력한 동기유발요인임을 강조하는 권력-자원이론은 사회주의운동과 결합하여 자본주의의 착취구조를 변화시키는 방안으로 경제체제로서의 자본주의를 극복하고 새로운 경제체로의 변혁적 이행을 강조하기도 한다. 계급투쟁이론은 자본주의가 계급적 착취구조를 통해 노동자를 지속적으로 착취함으로 노동자들의 상태는 악화될 것이라는 노동자궁핍화론(지은구, 1991)을 극복하기 위한 유일한 전략적 방안이 곧 노동자들의 조직화된 요구투쟁으로 인식하였고 이는 곧 유럽국가들을 중심으로 발전한 노동조합에 기초한 노동운동과 사회주의운동으로 발현되었으며 19세기와 20세기 당시 국가권력에 대한 강력한 대응을 유도하여 노동자와 국민들을 위한 복지정책이 강조되는 복지국가 및 수정된 자본주의로서 복지자본주의가 등장하고 발전하는데 결정적인 기여를 하였다. 특히, 독일(프로이센)의 복지국가 등장 및 발전의 역사는 노동자들의 노동운동과 사회주의운동이 자본가를 포함한 지배계급에게 위협으로 다가와 이에 대한 적극적 대응으로 다양한 사회보험정책이 발전한 대표적인 사례이다.

권력-자원이론은 복지국가 및 복지자본주의등장 및 발전의 강력한 요인으로 자본주의 작동양식에 대한 분석에 기초한다. 이는 노동자들에 대한 진정한 복지는 곧 자본주의경제체제가 극복되고 욕구에 따른 평등한 분배가 실현되는 새로운 경제체제로 이행되는 것을 통해 실현될 것이라는 마르크스이론에 영향을 받았다. 따라서 권력-자원이론은 사회구조적 측면에서 사회적 위험과 사회문제를 바라보고 사회문제에 대한 인과관계를 바탕으로 사회문제를 분석함으로 문제의 원인과 이에 대한 대응을 집단적 투쟁을 통한 자본주의의 구조적 개혁에 둔다는 점에서 현대화이론이나 산업화이론에 비해 자본주의경제체제의 문제점과 이에 대한 분석에 있어 보다 정교화된 틀을 제시한다. 하지만 계급투쟁에 기초한 권력-자원이론은 봉건주의에서 초기 자본주의로의 이행의 시기에 전통적으로 인본주의 사상에 기초한 사회복지의 발전과 민주주의발전에 따른 자유 및 복지의 인식 개선 그리고 현대 자유주의사상의 발전에 따른 국가의 적극적 시장개입 등의 사회복지정책의 발전 요인들을 등한시한다는 한계를 갖는다. 자본주의의 모순을 극복하기 위해 등장한 복지국가 및 복지자본주의의 발전에는 다양한 영향요인이 필요하였으며 이는 곧 단순히 한가지의 요인만이 복지국가 및 복지자본주의의 등장 및 발전을 완벽하게 설명할 수 없음을 의미한다. 이러한 한계에도 불구하고 노동자와 국민들의 개선을 위한 투쟁의 정도는 곧 국가의 복지수준을 결정하는 그리고 사회복지의 등장 및 확대에 가장 강력한 동기유발요인이라는 점은 분명하다.

5. 복지자본주의 발전에 대한 종합적 시각

자본주의의 작동양식에 따르면, 자본주의가 갖는 기본적 모순은 계급갈등으로부터 시작된다. 즉, 자본주의는 임-노동관계를 이용하여 자본을 소유한 자본가가 노동자를 상품화하여 시장에서 판매할 상품을 이윤을 목적으로 생산하고 할당은 시장의 법칙에 따라 이루어지는 것이 강조되는 경제체제이다. 따라서 자본과 노동의 대립은 필연적인데 이는 양질의 노동력을 더 적은 비용을 통해 확보하려는 자본의 입장과 자신의 노동력가치를 높은 가격으로 판매하고자 하는 노동자의 입장이 상충되기 때문이다. 하지만 복지국가의 작동양식에 따르면 복지자본주의의 발전은 순전히 임노동관계에 따른 계급간의 갈등 때문만은 아니다. 권력-자원이론적 측면에서 본다면 노동자계급의 조직화한 권력이 노동조건 개선 및 생활안정을 위한 복지정책 및 제도를 필요로 하였고 노동계급집단들이 이에 대한 요구를 강화하여 자본주의의 계급갈등 및 권력자원의 강도에 따라 그리고 민주주의의 발전 및 사회권의 발달에 따른 시민의식으로 무장한 시민집단의 요구에 따라 사회복지가 발전하고 복지자본주의가 발전하였다.

또한 계급갈등에 기반한 노동조합이나 민주주의발전과 시민집단의 조직화된 요구에 따라 복지가 발달한 것만도 아니다. 즉, 자본주의는 자본의 이윤창출이라는 기본적인 작동원리에 따라 움직이고 이러한 작동원리는 곧 특정 집단이나 계층을 지속적으로 궁핍화시키는 불평등적 요소를 고유한 속성으로 내포하고 있다. 이러한 불평등이 빈곤의 악순환이나 소득양극화 등으로 지속되고 확대되는 속성을 지니고 있음으로 자본주의가 해체 또는 붕괴되지 않고 지속적으로 작동하기 위해서는 필연적으로 건강한 노동력을 유지하고 사회경제적 불평등을 완화시키기 위한 복지정책의 확대발전이 필요하였다. 복지국가 또는 복지와 자본주의가 결합한 복지자본주의의 발전은 오코너(O'Conner)나 오페(Offe) 등과 같은 신마르크스주의들이 강조한 자본주의를 유지시키기 위한 자본축적의 도구인 사회복지에 영향을 받았음으로 자본측적의 도구가 발전한 것에 지나지 않는다는 점 역시 부인할 수 없다. 분명한 사실은 복지자본주의가 자본주의의 문제점을 해소하기 위한 대응으로 발전하였으며 자본주의사회에서 복지의 발전은 정치권력적 측면에서 누가 복지에 대한 요구를 하는가에 많은 영향을 받았다는 점이다. 즉, 권력자원을 누가 가지고 이를 활용하는가(자본인가, 노동인가 또는 시민인가?)와 시민의식 및 민주주의의 발전정도는 복지자본주의하에서 복지수준의 격차 및 복지자본주의 및 복지국가의 유형화와 국가별 특성을 설명하는 핵심적인 키워드가 될 수 있다.

만약, 노동자들이 노동시장에서 자신의 노동력을 재생산할 수 있는 충분한 가격으로 판매하는 것이 항상 가능하다고 한다면 노동과 자본 간의 갈등이 자본주의사회를 위협하는 수준은 아니었을 것이다. 하지만 생산수단 및 자본을 소유한 자본가계급은 이윤창출을 위해서 노동자들의 노동력을 착취하고 항상 노동력을 확보하기 쉽도록 하기 위하여 만성적인 실업상태를 보전하려고 하였으며 이는 곧 산업예비군 또는 최근에는 노동의 유연성이라는 이름으로 분칠되어 지속적으로 노동자들을 경쟁시키고 배제하면서 그들의 기본적 소득보장 및 삶의 질을 위협하여왔다. 또한 자본주의는 경쟁과 선택이라는 가치를 중심축으로 하여 움직임으로 경쟁 뒤에 숨겨져 있는 패배 의식과 자존감상실 그리고 배제 및 소외를 일상화하여 국민들을 피곤한 삶에 지치도록 하였고 선택 뒤에 숨겨져 있는 자원의 소유여부 및 지불능력에 따른 선택으로 인하여 나타나는 차별 및 배제 역시 일상화하여 선택능력이 없는 집단과 무수한 선택능력을 가지고 있는 집단 간의 갈등 및 소외현상을 불러일으켜 이에 따라 사회문제가 복잡화하고 확대되어 나타나도록 하는데 영향을 미쳤다.

복지국가가 등장하고 발전한 산업사회에서 복지정책은 특히, 현금혜택 중심으로 이루어졌다. 건강서비스를 제외하고 산재수당이나 실업수당 그리고 연금 등이 모두 일정 액수의 현금을 보전해주는 소득보장중심의 서비스이다. 아동수당이나 가족수당 역시 노동력보전이나 노동자를 보유한 노동자가족의 기본적 생활을 보장하기 위한 혜택으로 이루어졌다. 이러한 건강 및 현금 중심의 혜택은 노동자들의 노동력보전 및 그들 가구에 대한 기본적 생존권을 현금으로 보장해주는 것이다. 전후 1950년대 복지국가 발전의 시기(산업사회시기)까지 보편적 사회보장의 기본체제는 빈곤에 대한 대처와 건강서비스 및 주거복지 그리고 기회의 평등을 강화하기 위한 교육(공교육강화)을 중심으로 발전하였다. 실업 및 연금보험과 산재 그리고 아동수당 및 공공부조와 상이군인을 위한 현금혜택 등은 모두 기본적으로 노동자 및 기업가로부터의 세금(특히 누진세)과 사회보험기여금을 중심으로 이루어지며 산업사회와 결탁한 사회적 위험으로부터 시민들을 보호하기 위해 설계되었다(Hermeijck in Morel, et al., 2012).

특히, 전통적으로 자본주의경제체제는 남성노동자들이 노동력을 상품화하고 여성들은 집에서 가사노동과 가족을 돌보는 일에 전념하는 것을 강조하여 왔다. 봉건주의경제체제에서 지주소작관계에 의해서 토지에 발이 묶여 있던 남성 중심의 소작인들은 자본주의 등장과 함께 일자리를 찾아 공장이 몰려있는 도시로 이동하였으며 임노동계약관계에 따라 자본이 노동을 통제하고 관리하는 것을 수용하였다. 자본주의 초기 산업사회에서 저열한 노동환경과 높은 노동강조 그리고 낮은 임금 등은 남성 중심의 노동자상태를 급속하게 위협하여 이에 대한 대응으로 산업재해 및 건강, 실업 그리고 연금 중심의 사회보험이 등장하고 발전하도록 하였다.

남성노동자 중심의 초기자본주의사회에서 여성들은 아이와 부모를 돌보고 가사를 전담하는 가사노동의 주역으로서 역할은 제한적이었다. 이러한 전통적인 여성은 가사돌봄제공자이고 남성은 가구의 소득을 책임지는 한 집안의 기둥(breadwinner)이라는 인식은 1960년대까지 지속되었다. 하지만 전통적 가부장적 자본주의체제가 실업과 빈곤을 포함하여 다양한 사회문제를 양상하면서 자본주의의 고유한 작동원리(자본의 축적원칙)와 시장이라는 할당체제만으로는 이들을 해결할 수 없는 한계에 다다르자 복지정책을 적극적으로 활용하는 복지자본주의가 등장하고 발전하였다. 20세기 말 즉, 1970년대 이후 후기산업사회에서 사회문제는 고령화와 저출산이라는 신사회적 위험과 함께 돌봄을 포함하는 사회서비스에 대한 욕구가 폭발하자 복지자본주의는 지속적으로 발전하여 여성과 남성의 성평등과 인적자본에 대한 투자를 중심으로 아동 및 가족복지정책이 발달하는 사회투자론이 결합한 사회투자복지국가가 유럽국가중심으로 등장하고 발전하는데 영향을 미쳤다.

복지국가의 등장 및 발전 그리고 복지자본주의의 등장과 발전은 모두 누군가의 요구에 따른 필연적 결과물이지 산업화에 따라 나타난 부산물이라고 할 수 없다. 누군가는 복지정책 및 복지정책의 확대를 요구하였으며 이는 복지발전이 자본이든 노동이든 시민이든 아니면 특정 정치집단이든 반드시 집단적 요구에 따라 등장하고 발전하였음을 나타내준다. 복지국가(나아가 복지와 자본주의가 결합한 복지자본주의)가 산업화에 따른 필연적 결과로 발전하였다는 것은 결과론적 해석이고 역사발전에 있어 집단적 행동에 따른 주체적 노력을 등한시하는 것에 불과하다. 따라서 복지국가의 등장 및 발전을 설명해 주는 산업화이론은 복지국가나 복지자본주의발전을 설명해주는 적절한 이론적 틀이라고 규정하기에 무리가 따른다.

제 3 장

복지자본주의 논리와 사회복지의 논리

제 1 절 사회복지 논리와 자본주의 논리(logic)

1. 사회복지의 논리

사회복지의 논리는 사회서비스의 논리(Gidron and Hasenfeld, 2012) 또는 사회복지 재화와 서비스 제공의 논리라고도 할 수 있다. 이는 곧 "**사회복지가 무엇이고 왜 사회복지를 확대하여야 하고 제공하여야 하는가를 설명하는 논리적 측면이 곧 사회복지의 논리**"라는 점을 나타낸다. 사회복지 재화와 서비스는 현금과 같은 급여(benefits)의 한 형태로서 모든 사회보장 관련 제도 및 서비스 즉, 건강보험과 같은 각종 사회보험 및 공공부조제도 등을 통해서 제공되는 모든 인간서비스(human service) 그리고 노인 및 아동과 장애인 등을 대상으로 제공되는 돌봄(care)을 포함하여 전 국민들에게 제공되는 사회서비스 등을 포괄한다. 즉, 사회보험과 공공부조 그리고 사회서비스가 사회복지가 제공하는 혜택(benefits)이고 이러한 혜택이 곧 자본주의사회에서 '사회복지 재화와 서비스'라고 간략하게 표현될 수 있다. 사회복지의 논리는 앞서 설명한 바와 같이 사회복지가 무엇인지와 사회복지제공의 필요성에서 찾을 수 있으며 자본주의사회에서 발생하는 사회문제의 해결과 이를 통한 개인 및 사회복지의 증진 등이 곧 사회복지의 결과로서 제시될 수 있다. 사회복지의 논리를 살펴보면 아래의 그림과 같다.

[그림 6] 사회복지의 논리(logic)

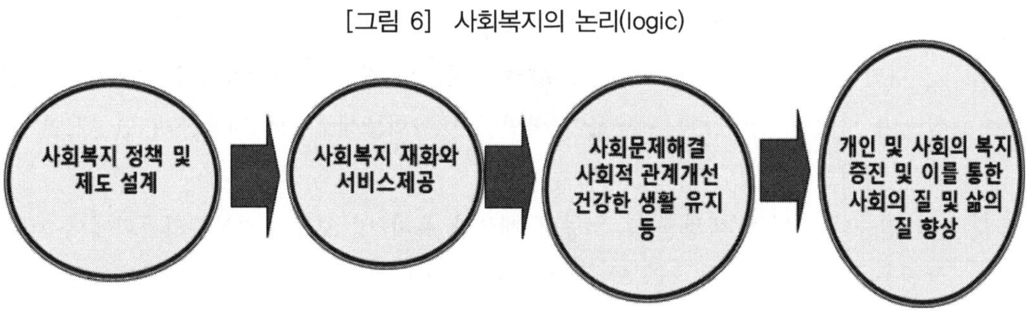

사회복지의 논리를 임팩트(impact, 영향력)이론을 포함한 논리(logic)모델을 적용하여 투입부터 임팩트까지 표로 나타내면 아래와 같다.

〈표 5〉 사회복지의 논리모델

투입	행동	산출	결과	사회복지의 임팩트(영향력)
• 복지재정 • 민간보조금 • 사회복지전문인력 • 자원봉사자 • 기부금 • 전달체계구축 등	• 사회문제해결을 위한 프로그램개발 • 재화와 서비스 기획 및 제공 • 전달체계확립	• 혜택을 받은 사람의 수 • 제공된 재화와 서비스의 총량	• 사회문제해결 • 개인의 역량강화 • 사회경제적 생활안정 • 사회참여 활동 증진 • 사회적 재생산 및 노동력 재생산 유지	• 사회의 질(quality) 향상 • 개인의 삶의 질 증진

위와 같은 사회복지의 논리를 설명하는데 있어 중요한 것은 사회복지가 추구하는 목적 및 목표이다. 예를 들어 거시적으로 사회복지가 추구하는 목적을 "개인을 포함하는 사회의 복지증진을 통한 사회의 질(quality)과 삶의 질 향상"으로 설정하면 이를 실현하기 위한 사회복지의 목표는 다음과 같이 제시될 수 있다.

첫째, **국민들의 기본적 생활보장**: 사회복지는 우선적으로 노인이나 장애인 등과 같은 사회소외계층을 포함하여 모든 국민들이 사회에서 기본적인 생활을 유지할 수 있도록 보장하는 것이 가장 중요한 목표이다. 이를 위해 공적부조제도와 사회보험 및 사회서비스제도를 설계하고 관련한 전달체계(delivery system)를 구축하여 서비스를 제공한다.

둘째, **사회문제해결을 통한 국민들의 고통 경감**: 현대자본주의사회가 파생하는 사회문제는 다면적이며 복잡하다. 국가는 사회문제해결을 최우선 사회복지의 정책적 과제로 삼으며 다양한 서비스를 제공하여 국민들이 사회문제로부터 자유롭게 안정적인 생활을 영위할 수 있도록 보장하여야 하다.

셋째, **국민들의 사회적 재생산 및 노동력 재생산 유지 및 보존**: 자본주의사회에서 모든 국민들은 그들이 속한 사회의 재생산과 그들이 가진 노동력을 재생산하여야 하는 당위성에서 살아간다. 노동능력이 없거나 부족한 모든 국민들을 포함하여 노동력은 재생산될 수 있어야 하며 사회 역시 지속적으로 재생산되어야 한다. 사회복지는 사회적 재생산과 노동력재생산을 돕는 다양한 재화와 서비스를 제공하여 사회가 지속적으로 유지 및 발전되고 국민들이 노동력재생산에 대한 두려움없이 사회에서 안전한 삶이 유지될 수 있도록 하여야 한다.

넷째, 국민들의 능력고양 및 역량개발을 통한 발전: 사회적 관계 속에서 국민들의 자발적인 시민사회활동 및 사회적 참여활동을 고취시기 위해서는 국민들의 역량을 강화하도록 돕는 것이 중요하다. 이를 위해 사회복지는 국민들의 역량강화 및 능력고취를 위한 다양한 사회문화교육 및 사회참여활동서비스를 기획 및 제공한다.

사회복지의 논리에 기초한 사회복지의 목적과 목표를 종합하여 제시하면 아래의 그림과 같다.

[그림 7] 사회복지가 성취하려는 목적 및 목표

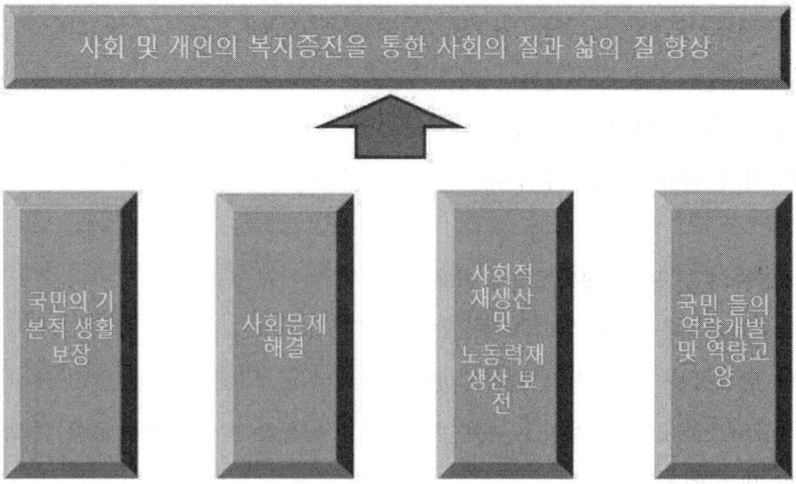

사회 및 개인의 복지증진을 통한 사회의 질과 삶의 질 향상

국민의 기본적 생활 보장

사회문제 해결

사회적 재생산 및 노동력재생산 보전

국민 들의 역량개발 및 역량고양

사회복지는 위에서 제시된 논리에 따라 모든 국민들의 기본적 생활을 유지하고, 국민들이 사회적 위험으로부터 고통받지 않도록 사회문제를 해결하며, 상품화된 노동력이 재생산될 수 있도록 노동력재생산을 보전하고, 강제적으로 시장에 참여하지 않아도 기본적인 생활이 유지되도록 노동의 탈상품화를 적극적이고 유도하며, 능동적인 사회생활을 유지할 수 있도록 개개인의 역량을 개발하는 것을 돕기 위해 다양한 사회복지 재화와 서비스를 생산 및 공급하는데 이는 곧 복지국가에서 국가의 책임으로 여겨지고 있다. 사회복지가 사회의 질(quality of society) 개선과 번영 및 삶의 질 향상은 곧 사회복지가 추구하는 임팩트이자 변화라고 할 수 있다. 국민들의 삶의 변화나 사회의 질의 개선 등과 같은 임팩트를 주기 위해서는 이를 위해 국가의 복지활동이 필요하며 이는 곧 복지혜택의 제공으로 실현된다. 복지혜택은 경제적 측면에서 보면 단순히 혜택(benefits)이라기보다 국민들의 욕구해결 및 사회적 위험의 해소에 반드시 필요한 사회복지 재화(goods)와 서비스(services)이다. 국민들에게 제공(할당)하는 **사회복지 재화와 서비스의 제공** 논리는 다음과 같다.

첫째, 사회복지 재화와 서비스는 사회구성원의 재생산노동을 보장 및 보존한다. 사회복지 재화와 서비스는 매일 매일 발생하는 인간노동을 보존하는 노동력 재생산을 위해 반드시 필요하다. 자본주의 경제체제는 임금노동관계를 기본으로 하여 작동함으로 임금노동화된 모든 노동은 반드시 재생산되어야 한다. 만약, 노동이 재생산되지 않는 다면 임금창출을 위한 노동행동은 불가능하며 임금을 통해서도 노동이 재생산되지 않는다면 인간은 노동시장으로부터 배제되어 기본적인 삶의 유지가 어렵게 된다. 노동시장에서 임금은 기본적으로 노동력재생산을 유지 할 수 있을 정도의 수준이어야 하지만 실업이나 불안전한 노동조건(비정규직이나 시간직 등) 등은 임금노동자들의 기본적 생활을 위협하며 지속적인 노동력이 재생산되는 것을 가로막아 자본주의의 작동에 위협적인 요소로 작동함으로 이를 보존하기 위해 사회복지 재화와 서비스는 사회구성원들의 노동이 재생산되는 것을 보장 및 보존한다.

둘째, 사회복지 재화와 서비스는 사회구성원의 노동의 탈상품화를 위한 물적 기반이다. 사회복지 재화와 서비스는 사회구성원의 재생산노동을 보장할 뿐만아니라 강제적으로 노동을 상품화하는 시장으로부터 사회구성원들의 기본적인 삶을 유지하도록 탈상품화하는 것을 돕는다. 즉, 시장에 대한 의존성으로 벗어나 **국민들이 자신의 노동을 시장에 팔지 않고도 또는 시장에 의존하지 않고도 기본적인 삶이 유지 가능한 상**

태가 가능하도록 하는데 사회복지재화와 서비스는 중요한 물적 기반이 된다.

셋째, 사회복지 재화와 서비스는 인간의 욕구를 충족시키기 위한 사회적 과정이다. 사회복지 재화와 서비스는 모든 국민들에게 반드시 필요한 욕구를 충족시키기 위해 반드시 필요한 개인적 과정이 아닌 사회적 과정이다. 즉, 사회가 개입하여 국민들이 반드시 필요한 욕구를 해결하기 노력하여 국민들이 기본적 생계가 보장되도록 한다.

넷째, 사회복지 재화와 서비스는 사회문제를 해결하기 위한 일련의 개입행동이다. 사회복지 재화와 서비스는 자본주의가 파생하는 각종 사회문제를 예방 및 해결하기 위해 반드시 필요하다. 현금 및 현물지원은 의식주해결을 통해 빈곤문제를 해결할 수 있도록 하며 아동, 노인 및 장애인들에 대한 사회서비스는 돌봄에 대한 개인 및 가족의 부담을 덜어주고 각종 사회참여 및 심리·상담서비스들은 사회적 고립 및 고독감과 우울 등의 문제를 해결하는데 도움을 준다.

[그림 8] 사회복지 재화와 서비스 제공 논리

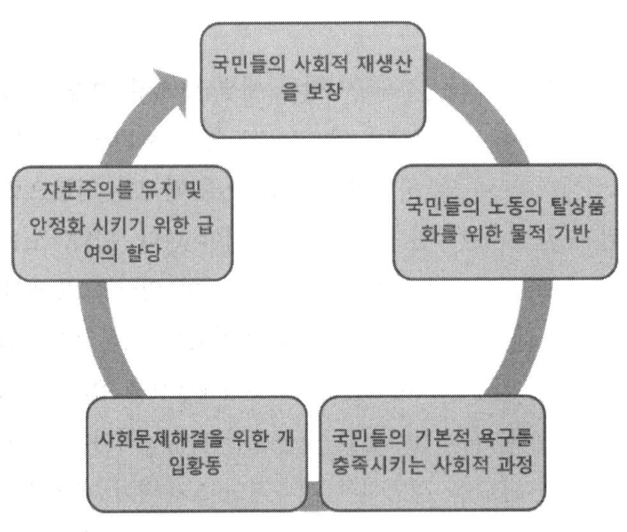

다섯째, 사회복지 재화와 서비스는 자본주의를 유지 안정화시키기 위해서 반드시 필요한 급여의 할당이다. 사회복지재화와 서비스는 일반적으로 급여(benefits)로 구분되지만 보다 명확히 구분하면 공공 및 비영리부분에서 제공되는 자원의 할당으로 현금, 현물, 그리고 서비스를 의미한다. 국가가 국민들에게 제공하는 현금은 시장을 통해서 교환을 위해 사용됨으로 상품생산에 직접적인 영향을 미치게 되며 현물 역시 국가가 직접 생산하지 못하는 상품인 경우 기업이 생산을 하게 됨으로 상품생산량

을 증가시켜 시장 활성화에 긍정적인 영향을 미치게 되고 서비스 역시 국가가 직접제공하지 못하는 경우 민간영역에서 제공하여 민간서비스시장을 확대시키는 역할을 함으로 자본주의 경제체제가 작동하고 발전하는데 직접적인 영향을 미치는 공공 및 비영리부분에서 제공되는 급여의 할당이다.

2. 사회복지 논리에서 복지라는 의미

일반적으로 복지는 좁은 의미에서 번영(well-being)으로 해석되기도 하며 경제학이나 심리학에서는 행복이나 주관적 삶의 만족 등으로도 이해된다. 하지만 복지는 Greve(2008, 2013)가 제시한 바와 같이 "**시민의 행복을 포함하여 경제자원을 향한 최상의 가능한 접근, 높은 수준의 번영**(well-being), **빈곤을 피할 수 있는 보장된 최소한의 소득, 개인이 행복한 삶을 보장할 수 있는 능력을 가지는 것**"으로 보다 폭 넓게 정의될 수 있다. 복지(welfare)가 사회구성원 개개인들의 개인적 번영 또는 개인적 복지(individual well-being or welfare)를 의미한다면 사회복지는 사회구성원 전체의 사회적인 번영과 복지를 의미한다. 따라서 복지는 개개인들의 복지를 의미하기도 하지만 전체 사회 구성원들의 복지를 의미하기도 한다.

Spicker(2000)는 번영(well-being)이 개인적으로 경험하는 것이기도 하지만 사회적 집단에 의해서도 경험된다는 점을 강조하였는데 이는 곧 한 집단의 복지가 집단을 구성하는 구성원들의 집단적 복지에 의해서도 표출됨으로 모든 구성원들이 함께 번영하도록 집단적 동질성이나 연대성이 복지나 번영에서 중요한 의미임을 나타내준다. 따라서 사회적 집단의 이익을 부양하거나 강조하기 위해서 연대라는 용어가 사회복지에서 사용된다. 집단의 구성원들 사이에 형성되어 있는 연대는 사회에 있는 구성원들이 그들 서로 서로에게 책임감을 느끼는 의식으로 자리 매김하며 복지국가는 연대에 대한 상호간의 책임을 국가의 사회적 책임으로 전환한 사회구조물이라고 할 수 있다. 이러한 입장에서 보면 복지국가에서 의미하는 복지는 개인적 복지만을 의미하기보다는 사회구성원 개개인들을 포함하는 사회적 집단(즉, 전체 사회구성원)의 번영을 위해 사회적 책임(또는 국가적 책임) 하에 사회구성원들이 필요로 하는 내용물(예를 들어 욕구)을 충족시키는 사회적 체계를 기반으로 하는 번영을 의미한다고 할 수 있다.

사회복지는 이 정의를 적용하면 "사회구성원들의 행복을 포함하여 경제자원을 향한 최상의 가능한 접근, 높은 수준의 번영(well-being), 빈곤을 피할 수 있는 보장된 최소한의 소득, 개인이 행복한 삶을 보장할 수 있는 능력을 갖도록 하는 사회적 배열(arrangement) 또는 체계(system)"라고 할 수 있다.

3. 사회복지의 논리에서 '사회적'이라는 의미

현대 복지국가는 국민 개개인의 복지를 개인이 책임지는 것이 아닌 국가가 책임지는 것을 강조함으로 복지는 개인적 수준이 아닌 사회적(또는 국가적)수준에서 다루어짐으로 복지자본주의 또는 복지국가에서 복지는 개인적 복지를 의미하기보다 사회적 수준에서의 복지 즉, 사회복지를 의미한다. **'사회적'**(social)이란 사전적 의미는 함께 살아가는 인간과 관련이 있으며 한 집단이나 사회에서 삶을 즐기는 것 또는 '함께 살아가는' 이라는 의미를 갖고 있음으로 인간사회를 구성하는 사회구성원이 함께 잘 사는 것과 관련이 있다. 사회복지(social welfare)에서 **'사회적'**이라는 의미는 특정 구조나, 실천 그리고 전통이나 관습에서 생산과 재생산의 상호관계에 의해서 정의될 수 있다. 여기서 생산과 재생산은 관계적 처분의 과정 즉, 관계를 형성하고 유지하는 과정이고 상호관계의 본질은 유지능력을 향해 발전할 수 있는 가능성 즉, 인간이 생존하고 유지하기 위해 수행하는 관계를 결정한다(Van Renswoude et al,. 2012). 즉, 사회적이라는 의미는 '인간이 함께 생존하기 위해 상호관계 즉, 상호관계를 위한 실천이나 전통 등을 지속적으로 유지하기 위한 능력'을 나타낸다고 할 수 있다(지은구, 2018).

Polanyi(2001)는 사회적이라는 의미가 '상호호혜와 재분배의 규범을 나타낸다'고 강조하였는데 이는 사회에서 국민들이 상호 혜택을 주고받으며 사회가 국민들에게 자원을 재분배하여야 함을 의미하는 것이다. Gasper(2008)는 집단적 동질성의 형성과 자기실현 과정사이의 상호의존이 '사회적'이란 의미를 설명해준다고 강조하였는데 이 역시 국민 개개인들이 같이 의존함을 나타내준다. Hodgson(2017)에 따르면 개인은 사회에서 자기실현을 위해 노력하지만 동시에 개인은 집단의 구성원으로서 집단의 규범이나 공동체의식과 같은 집단의식을 유지·보존하기 위해 노력한다고 하는데 이는 인간이 혼자 살 수 없는 관계지향적인 사회적 동물이라는 의미를 설명해준다. 따라서 사회적이란 의미는 규범, 관계, 협력이라는 의미를 강하게 내포한다. 사회적이라는 의미에서 재분배가 강조되는 것은 시장경제가 가져다주는 파괴적 본성으로 인한 대응으로서 사회적으로 재분배가 이루어짐을 강조한다는 측면에서 물질적 확보를 강조하는 '상업적 또는 경제적'이라는 용어와 대칭점에 있다고 볼 수 있기 때문이다(지은구, 2018).

Herrmann(2012)은 '사회적'이란 의미가 생산과 재생산의 인간관계실현이라고 이해할 수 있으며 이는 곧 생산과 재생산 그리고 관계라는 측면에서 보면 '사회적'이란 의미는 인간(상호)관계의 재생산을 나타낸다고 강조하였다. 결국 사회적이란 의미는 사회 안에서 생산과 재생산을 위해 상호호혜에 기초한 인간관계의 실현이라는 측면과 함께 자본주의 사회에서 시장에 의해서가 아닌 사회에서 재분배를 규정하는 규범이 사회적이라는 개념 속에 내재해있다고 볼 수 있다(지은구, 2018). **따라서 사회복지는 시장에 의해서가 아닌 사회적 수준에서 복지재화와 서비스를 재분배하고 할당하는 것이 가능하도록 돕는 할당체계라고 해석하는 것이 가능하게 된다.**

사회복지에서 "사회적"의 의미	• 사회구성원이 함께 잘 사는 것 • 인간 상호관계 및 상호호혜의 지속적인 유지 및 재생산 • 인간관계의 재생산 및 집단적 동질성의 형성과 자기실현과정사이의 상호의존 • 집단의 규범이나 공동체의식, 협력이나 관계 • 상호호혜와 재분배의 규범

4. 사회복지의 의미

'사회적'이란 개념과 '복지'가 결합한 사회복지는 사전적 정의에 따르면 '한 집단이나 사회에서 인간들이 함께 잘 살 수 있도록 또는 번영할 수 있도록 하는 것'이라고 할 수 있다. 사회가 번영할 수 있도록 하는 것이라는 것이 사회복지라는 것은 복지가 인간의 번영을 나타내고 사회복지가 사회구성원 나아가 사회의 번영을 의미한다는 좁은 의미에서의 사회복지에 대한 정의이다. 사회복지가 사회전체 또는 사회구성원들의 번영을 나타낸다는 것은 개인적 의미보다 집합적 의미를 강하게 포함한다는 것을 의미함으로 사회복지는 개인주의보다 집합주의적 사고에 기반함을 알 수 있다. 사회복지에 대한 보다 전문적인 견해를 살펴보면 다음과 같다.

먼저, 사회복지는 체계주의관점을 적용하면 국가라는 상위체계를 지탱하는 하위체계이다. 즉, 국가가 잘 유지되고 안정적으로 움직이기 위해서 하위체계인 사회복지체계는 잘 작동하여야 한다. 굳이 체계주의관점을 적용하지 않더라도 사회복지는 사회를 구성하는 사회적 단위로서 일련의 행동체계이자 사회적 체계이다. Greve(2008, 2013)의 정의를 적용하면 앞에서 설명한 바와 같이 사회복지는 사회구성원들의 행복을 포함하여 경제자원을 향한 최상의 가능한 접근, 높은 수준의 번영, 빈곤을 피할 수 있는 보장된 최소한의 소득, 개인이 행복한 삶을 보장할 수 있는 능력을 갖도록 하는 사회적 배열 또는 체계라고 정의할 수 있다.

Popple과 Leighninger(2002)는 사회복지를 최소수준에서 사람들의 번영(well-being)을 가져다주기 위해 계획된 일련의 서비스로 규정하였으며 Reid(1996)는 사회복지를 위험에 처해있는 사람들의 번영을 증진시키고 인식된 사회문제에 대응하기 위한 정책이나 프로그램들 또는 개입이나 조직화된 행동들로서 정의하였다. Walter Friedlander(1955)는 사회복지를 삶과 건강에 있어 만족할만한 기준을 성취하기 위해 개인과 집단을 돕도록 설계된 사회제도와 서비스(services)의 조직화된 체계로 규정하였으며 Martin과 Zald(1981)는 사회복지를 사회적, 개인적인 기능을 최소한으로 하기 위한 수준을 성취할 수 있도록 욕구에 있는 사람들을 돕기 위한 시도라고 정의하였다. 또한 Wickenden(1965)은 사회복지가 사회질서의 더 활발한 작동과 인간들의 번영을 위해 기본적인 것으로 인식되어야 하는 사회적 욕구를 충족시키기 위한 조항들을 강화시키고 보장하기 위한 서비스나 혜택, 프로그램, 그리고 법 등을 포괄한다고 강조하였다. 결국, 사회복지는 인간이 가진 욕구의 해결이나 인간의 번영을 보장하기 위한 조직화된 체계를 의미한다고 할 수 있다(지은구, 2020, 2013).

사회복지를 경제적 측면에서 사회복지경제[14]를 적용하여 정의를 내리는 것도 가능하다. 예를 들어 Chatterjee(1996)는 사회복지가 "비시장적 교환의 한 방식"이라고 규정하여 사회복지가 시장을 통한 교환을 대체하는 교환체계이자 전이의 한 유형(a form of transfer)이라고 주장하였다. 또한 Gilbert와 Terrell(2005) 그리고 Burch(1999) 등과 같은 사회복지학자들도 사회복지를 시장을 대체하는 혜택-할당메커니즘(또는 혜택-할당체계, Benefit-Allocation system)으로 바라본다. 이러한 관점에서 보면 사회복지는 재화와 서비스를 국민들에게 전이(transfer)하는 한 유형으로 시장을 대체하여 **"자원을 할당하는 혜택할당체제"**라고 할 수 있다. 이러한 사회복지의 경제적이고 거시적인 정의는 사회복지가 결국 현금이나 현물 등과 같은 혜택을 할당 또는 전이하는 체계임을 강조하는 것이라고 할 수 있다. 이러한 입장을 통해 지은구(2003, 2006)는 사회복지가 '배제와 차별을 조정하는 사회적 조정양식임을 강조하여 시장을 통하지 않는 **자원을 할당 또는 배**

14) 여기서 사회복지경제라 함은 경제학자들이 주장하였던 복지경제학을 의미하는 것이 아니라 사회복지 측면에서 경제를 이해하고 해석하는 사회복지경제학적 관점을 의미한다. 사회복지경제학에 대한 보다 구체적인 논의는 지은구(2003), '사회복지경제학연구'를 참고하기 바람.

분하기 위한 조정양식 또는 교환양식'임을 강조하였다.

결국, 사회복지는 사회구성원들의 번영(well-being)을 위해 사회적인 책임 하에 구성원들이 기본적으로 욕구하는 것들을 제공하기 위한 조직화된 행동체계이자 자원할당체계이면서 자원을 조정하는 조정 및 교환체계로서 법이나 제도 그리고 프로그램이나 서비스 등을 포함한다. 따라서 복지자본주의에서 **사회복지정책**은 '사회구성원들의 번영을 위해 사회적인 책임 하에 구성원들이 기본적으로 욕구하는 것들을 제공하고 자원을 할당하기 위한 국가의 제 정책'을 의미하며 **사회복지서비스(또는 사회서비스)**는 '사회구성원들의 번영을 위해 사회적인 책임 하에 기본적으로 욕구하는 것을 충족시키기 위한 일련의 서비스'를 의미한다고 할 수 있다.

종합하면, 복지자본주의에서 사회복지는 "**전체 사회구성원들의 번영**(well-being)**을 위해 사회적인 책임 하에 사회 구성원들이 기본적으로 필요로 하는 욕구를 충족시키고 자원을 할당하는 조직화된 사회적 행동체계**"를 의미한다고 볼 수 있다. 특히, 사회적 책임을 강조하는 것은 사회복지가 국가의 주도적 역할 하에 사회적 연관 하에서 고찰되어야 함을 강조하는 것이며 기본적으로 필요로 하는 욕구를 충족시킨다는 것은 단순히 개인적 욕구의 충족이 아니라 사회적 욕구의 충족에 기초한다는 점을 강조하는 것이고 자원을 할당한다는 것은 자본주의의 자원할당기구인 시장의 불안정성 및 불균등성을 극복하기 위한 새로운 자원할당기구로서 사회복지가 작동함을 강조하는 것이며 조직화된 사회적 행동체계라는 것은 사회복지의 인간행동과의 관계를 나타내준다고 할 수 있다. 따라서 사회복지가 전체 사회구성원들의 번영(well-being)을 위해 사회적인 책임 하에 사회 구성원들이 기본적으로 필요로 하는 욕구를 충족시키는 조직화된 사회적 행동체계를 의미하기 때문에 사회구성원들의 삶의 질을 보장해주는 욕구의 해결을 위한 정책과 제도, 서비스 그리고 재화 등은 모두 사회복지를 증진시키고 개선하기 위한 복지자본주의의 구체적인 행동양식에 포함된다고 볼 수 있다(지은구, 2020).

결국, 복지자본주의의 측면에서 **사회복지가 '전체 사회구성원들의 번영**(well-being)**을 위해 사회적인 책임 하에 사회 구성원들이 필요로 하는 욕구를 충족시키고 자원을 할당하는 조직화된 사회적 행동체계**'라고 한다면 복지자본주의 하에서 복지국가는 "**자본주의 경제체제 하에서 시장이라는 조정양식이 만들어내는 불평등과 불균형, 사회적 양극화의 심화 확대 그리고 사회적 차별과 배제를 조정하는 조정양식으로서의 기능과 역할을 수행하여 사회적 호혜와 연대와 형평 그리고 평등을 실현하기 위해 노력하는 국가**"라고 할 수 있다.

복지	• 국민의 행복을 포함하여 경제자원을 향한 최상의 가능한 접근, 높은 수준의 번영(well-being), 빈곤을 피할 수 있는 보장된 최소한의 소득, 개인이 행복한 삶을 보장할 수 있는 능력을 갖는 것
사회복지	• 사람들의 번영(well-being)을 가져다주기 위해 계획된 일련의 서비스 • 시민의 행복을 포함하여 경제자원을 향한 최상의 가능한 접근, 높은 수준의 번영(well-being), 빈곤을 피할 수 있는 보장된 최소한의 소득, 개인이 행복한 삶을 보장할 수 있는 능력을 갖도록 하는 사회적 배열(arrangement) 또는 체계(system) • 위험에 처해있는 사람들의 번영을 증진시키고 인식된 사회문제에 대응하기 위한 정책이나 프로그램 또는 개입이나 조직화된 행동 • 국민(또는 인간)이 가진 욕구의 해결이나 국민의 번영을 보장하기 위한 사회제도와 서비스의 조직화된 체계(system) • 시장을 통한 교환을 대체하는 교환체계이자 자원을 할당 및 재분배하는 조정양식 • 시장을 대체하는 혜택-할당메커니즘(또는 혜택-할당체계) • 사회적 배제와 차별을 조절하는 조정양식

제 2 절 사회체계(social system)로서 사회복지의 기능

사회복지는 사회문제해결을 위한 조직화된 행동 체계 즉, 사회체계이다. 보다 구체적으로 설명하면 "**사회복지는 국민들의 삶의 질 향상과 사회문제해결을 위해 다양한 정책과 정책을 실행하기 위해 설계된 제도들 그리고 이를 통해 제공되는 구체적인 재화와 서비스 등으로 구성되어 있는 사회체계**"이다. 이는 사회복지를 개념화한 학자들의 정의에서도 확인할 수 있다. 체계적 관점에 따르면 사회복지는 국민의 번영이나 행복한 삶을 보장할 수 있는 능력을 갖도록 하는 사회적 배열(arrangement)이나 체계(system)이며 또는 국민이 가진 욕구나 사회문제의 해결을 보장하기 위한 사회제도와 서비스의 조직화된 행동 체계(system)이다(Greve, 2008, 2013; Reid, 1996). 이와 같은 사회체계로서 사회복지체계는 다양한 체계적 기능을 활용하여 국민들의 복지와 번영을 추구하고 이를 통해 사회가 안정될 수 있도록 노력한다. 사회복지체계의 기능은 아래와 같이 정리될 수 있다.

첫째, 사회복지는 국민 개개인의 노동력을 유지 및 보존하여 재생산가능 하도록 노동력을 재생산하는 **노동력재생산체계**이다.

둘째, 사회복지는 국민들이 소속되어 있고 같이 살아가는 사회를 유지 및 보전하는 **사회적 재생산**(social reproduction) **체계**이다.

셋째, 사회복지는 모든 국민들에게 반드시 필요한 욕구를 충족시키기 위해 사회가 개입하는 **자원할당체계**이다.

넷째, 사회복지는 자본주의가 파생하는 각종 사회문제를 예방 및 해결하기 위해 작동하는 **사회보호**(**돌봄**)**체계**이다.

다섯째, 사회복지는 시장을 통한 자원의 불균등 배분을 극복하기 위한 **사회적 재분배체계**이다.

사회복지는 사회가 작동하는 데 있어 매우 중요한 기능을 수행한다. 가장 작은 단위로서 국민 개개인들의 생활이나 자본주의 경제체제에서 그들이 소유한 노동력재생산을 보장하고 나아가 그들이 속한 사회의 유지 및 재생산을 위해 사회제도와 서비스를 조직화하여 제공한다. 또한 사회복지는 시장에 의한 자원의 불평등분배를 해결하기 위한 분배체계이며 국민들에게 필요한 재화와 서비스를 할당하여 국민들의 생활 및 행복한 삶이 유지되고 보전되며 나아가 사회가 번영하도록 기능한다. 사회체계로서 사회복지의 기능을 그림으로 나타내면 아래와 같다.

[그림 9] 사회체계로서 사회복지의 역할(또는 기능)

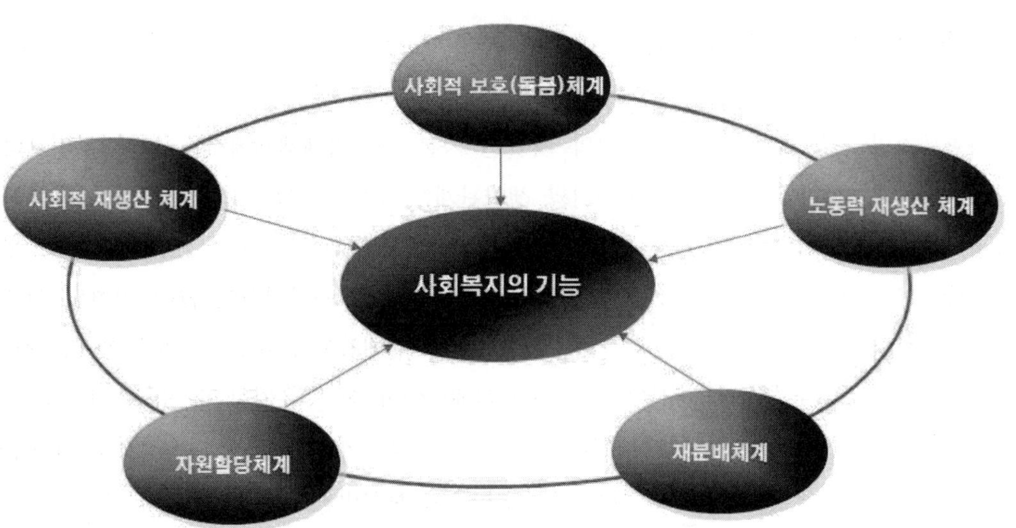

1. 사회적 재생산체계의 기능

사회가 유지 및 발전하기 위해서는 사회의 가장 작은 단위인 개인으로부터 집단과 가족 등의 구성요소들이 건강한 삶을 유지하여야 한다. 사회는 이를 위한 각종 정책 및 서비스가 제도화되어 있어야 한다. 사회를 구성하는 개인 및 집단과 가족이 제대로 된 기능을 하지 못한다고 한다면 사회는 재생산이 어려워지면 급속하게 해체되는 사회해체현상을 경험할 수 있다. 사회는 지속적으로 사회구성원들이 유입되어야 하며 사회구성원들을 위한 각종 사회화교육 및 지원정책들이 사회를 지탱할 수 있어야 한다. 사회적 재생산 체계가 유지되면 사회의 품질 즉, 사회의 질(social quality)은 개선되고 향상되어 국민들은 건강한 사회에서 각자 필요한 복지서비스를 제공받으며 활발한 사회참여활동 및 문화여가활동을 통해 그들의 삶을 건강하게 유지할 수 있다.

사회의 질(the quality of society)을 유지·향상시키기 위해 사회는 재생산체계가 유지되고 발전되어야 한다, 특히, 사회적 재생산체계에는 종의 유지를 위한 출산지원, 사회참여활동지원, 사회구성원들의 사회화를 위한 교육과 약물, 게임, 도박 그리고 인터넷 중독 및 각종 정신질환으로부터 벗어날 수 있도록 도와주는 각종 심리·상담서비스 등 건강한 사회구성원으로서 개인, 집단 그리고 가족의 지지를 위한 정책과 제도 그리고 서비스 등이 포함된다.

2. 노동력 재생산체계의 기능

사회복지의 노동력 재생산체계로서의 역할은 자본주의 경제체제에서는 특히 무엇보다도 중요한 역할이자 기능이다. 자본주의의 생산관계는 소수의 자본 및 생산수단을 수유한 자본가와 다수의 판매할 노동력 소유한 노동자들의 임노동관계를 중심으로 움직인다. 물론 자본주의 산업의 고도화와 노동의 분업으로 노동자들의 계급의식이 많이 약화된 것은 사실이지만 자본주의 경제체제에서 자신의 노동력을 판매하여야 하는 것(노동의 상품화)은 노동자 자신이며 그들은 자신의 노동력을 판매하여야 삶을 유지할 수 있는 임금을 지불받는다는 것은 변하지 않는다. 따라서 노동자들은 자신의 노동력을 지속적으로 재생산하여야 삶을 유지할 수 있음으로 상품화된 노동으로 보상받는 임금은 노동자들의 노동력을 매일 매일 재생산할 수 있을 정도의 소비능력을 가지고 있어야 한다. 노동력 재생산이 보장되지 않는다면 노동자들은 노동을 임금화할 수 없으며 실업과 빈곤은 일상화되고 노동자들의 삶의 질은 악화될 수밖에 없게 된다.

노동력 재생산을 위해 노동자(노동자가족들을 포함)의 의식주가 보장되어야 하며 건강보호 등 필요한 사회복지 재화와 서비스가 제공되어야 한다. 자본주의 경제체제에서 실업은 만연하며 나날이 확대되고 있다. 실업이 존재하지 않는 나라는 자본주의국가에서 존재하지 않음으로 실업은 노동력재생산을 가로막는 가장 강력한 방해물이다. 단기실업이든 장기실업이든 실업기간동안 노동자들의 생활은 노동력을 재생산할 수 있을 정도의 소비능력을 유지하기 어려워진다. 또한 저임금과 고용의 불안정성 역시 노동력재생산을 가로막는 강력한 방해요소이다. 최저생활유지에 못 미치는 임금과 비정규직, 시간직 등의 고용의 불안정성은 노동자들의 예측가능하고 안전한 삶을 유지하지 못하도록 한다.

3. 사회적 보호(돌봄) 체계의 기능

자본주의가 발달하면서 자본주의 자체가 파생하는 각종 사회문제는 국민들을 사회로부터 보호하여야 하는 사회적 보호(social care) 또는 사회적 돌봄 체계 구축의 필요성을 증가시키고 있다. 과학기술발전에 따른 의료기술의 발전은 인간의 수명을 지속적으로 증가시켜 인구 고령화에 영향을 주었으며 저출산은 노령화와 함께 신 사회적 위험(new social risk)으로 대두되었다. 자본주의발전은 일자리를 찾아 대도시로의 인구유입과 빈곤지역(슬럼)을 탄생시켰으며 산업재해와 노동소득원의 상실로 인한 가족구성원들의 빈곤은 심화되고 노동착취에 시달린 노동자들을 중심으로 알콜중독과 약물중독 등의 중독문제가 날로 심화되었으며 아동폭력과 부녀자 폭력 등 각종 폭력은 지속적으로 증가하였다. 장애문제 역시 줄어들지 않고 증가하였으며 돌봄이 필요한 노인과 영유아들에 대한 가족돌봄문제가 심화되면서 가족해체와 부부이별 문제 등이 증가하였다. 특히, 가부장제도에 의해서 가족 돌봄과 가사노동에 시달리던 여성들의 인권이 향상되고 여성의 사회참여활동이 증가하여 아동 및 가족구성원들의 돌봄문제는 여성 및 가족이 책임질 수 없는 사회적 대응이 필요하며 이를 위해 사회적 보호체계가 구축되어 작동하여야 함이 지적되었다. 또한 자본주의 경쟁체제는 인간의 정서·심리적 측면에 상처를 주어 우울증 증가 및 자존감 하락 등으로 정신질환자가 급증하였으며 강력범죄 및 자살이 심각한 사회문제로 매년 증가하고 있다. 이 모든 문제들은 결국 사회문제에 대한 국가적 적극적 개입필요성과 사회적 돌봄의 확대를 통한 안전한 복지국가를 지향하도록 하기 위한 사회서비스의 반전을 초래하였다. 즉, 사회문제의 지속적인 확대재생산과 새로운 사회문제의 등장으로 국가적 대응체계인 사회적 보호(돌봄)체계의 구축은 사회복지영역에서 중요한 정책적 어젠다가 되었다.

4. 자원할당체계의 기능

사회복지는 하나의 자원할당체계(resource allocation system)이다. 자본주의의 전통적 자원할당체계는 시장 특히 자유경쟁시장이지만 시장이 자원할당의 기능을 제대로 수행하지 못하게 되면 자원할당을 위해 새로운 기구가 작동하여야 국민들은 생활을 영위할 수 있다. 사회복지의 개념에서도 지적한바와 같이 Chatterjee(1996)는 사회복지가 비시장적 교환의 한 방식이라고 규정하여 사회복지가 시장을 통한 교환을 대체하는 교환체계이자 전이의 한 유형임을 강조하였으며 Gilbert와 Terrell(2005) 그리고 Burch(1999) 등과 같은 사회복지학자들도 사회복지를 시장을 대체하는 할당메커니즘으로 바라보았다.

자본주의사회에서 시장은 철저하게 지불능력의 원칙에 따라 자원을 할당한다. 지불능력이 부족하면 그에 상당하는 재화와 서비스를 구매하며 지불능력이 없으면 자원의 할당은 이루어지지 않는다. 지불능력은 곧 소비의 능력으로 이는 곧 노동의 상품화를 통한 임금을 통해 소득으로 창출된다. 자영업을 하든 임금을 지불받든 국민들은 소비능력이 있어야 시장을 통해 자원할당을 받을 수 있고 일상적인 생활을 영위할 수 있게 된다. 하지만 노동을 하여도 기본적인 의식주를 해결할 수 있을 정도의 소득이 창출되지 않거나 노령이나 장애 등의 이유로 노동이 불가능한 경우 소득창출은 일어나지 않음으로 자원할당을 위한 시장으로의 개입은 불가능하게 된다. 이 경우 국가의 개입은 필연적임으로 국가는 공공재의 할당이나 사회적 목적으로 사회재의 성격을 가진 재화와 서비스를 국민들에게 할당하는 할당체계 즉, 사회복지체계를 구축하여 운영하게 된다.

5. 사회적 재분배체계의 기능

소득의 재분배는 사회경제(social economy) 및 공공경제(public economy)의 기본적인 목표이자 사회복지 정책 및 제도가 갖는 중요한 기능이다. 자본주의 할당체계인 시장은 양극화와 불평등문제를 지속적으로 창출한다. 또한 자본의 집중과 집적현상은 수확체증의 법칙으로 인해 고도화되고 있다. 충분한 자본을 가진 자본가는 공격적인 투자 및 경영과 관리로 그렇지 않은 자본가보다 경쟁에서 살아남기가 쉬우며 자본을 축적하는 것도 용이하다. 따라서 충분한 자본을 소유한 자본가가 더 많은 자본을 창출할 수 있음을 설명하는 수확체증의 법칙은 1970년대 경제학자인 펜이 '펜의 행진'을 통해 주장한 바와 같이 불평등 및 양극화문제를 양산한다.

※ Pen의 행진

Pen(1971)의 행진[15]은 네덜란드의 경제학자인 Jan Pen(1921-2010)이 제시한 그래프로서 소득 또는 소득불평등이 수년간에 걸쳐서 어떻게 나타나는지를 보여주는 그래프로 알려져 있다. 로렌츠곡선이 등장하기 전에 Pen의 행진 그래프가 사람들의 소득불평등의 격차를 나타내주는 유일한 그래프였다고 할 수 있다. Pen의 행렬 그래프에 따르면 대다수 사람들의 소득은 평균소득 이하에 처해 있지만 상위소수는 평균보다 훨씬 위에 가파르게 분포하고 있음을 나타내준다. 즉, 소득이 낮은 대부분의 사람들의 행진이 끝나게 되면 소득이 매우 높은 일부 소수의 사람들이 행진을 하게 되는데 소득의 격차가 일정하게 증가하는 것이 아니라 소득이 높은 사람들과 소득이 낮은 사람들의 격차가 급격하게 이루어짐을 나타내준다. 따라서 행진한 사람들의 전체 소득을 평균값으로 환산하면 소득이 적정선 수준 또는 적정선 이상으로 나타나는 착시현상이 일어나게 된다.

[그림 10] Pen의 행진 예

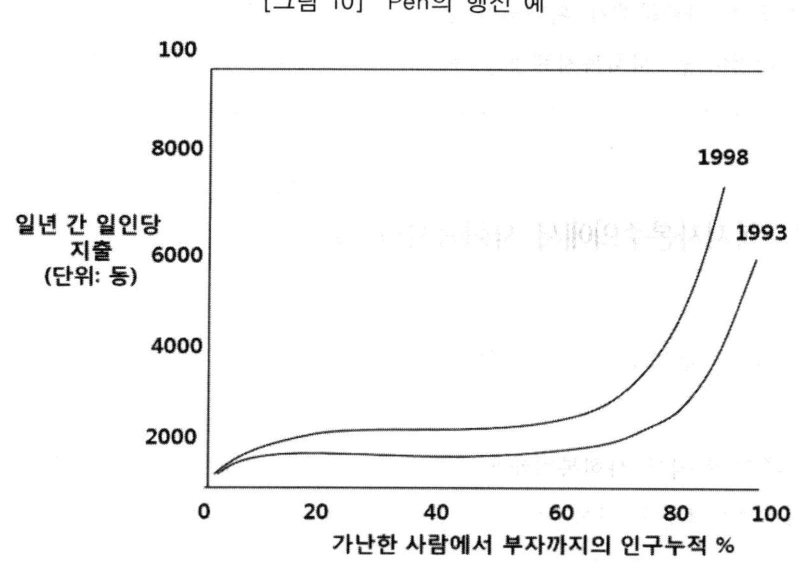

* 지은구, 2014에서 재인용
*동은 베트남의 화폐단위

15) pen의 행진은 난장이의 행진이라고도 불린다.

위의 그림에서 수평축은 부자부터 가난한 사람(또는 가구)까지 인구의 누적비율을 나타내며, 수직축은 1인당(또는 한 가구당) 소득이나 지출수준을 나타낸다. Pen의 행진은 일반적으로 두 지역 간의 또는 두 집단 간의 또는 시기별 불평등을 비교하는데 유용하게 활용된다(Haughton and Khandker, 2009). 위의 예는 베트남의 1993년과 1998년의 가난한 사람부터 부자들의 일 년간 일인당 지출을 나타낸 그래프이다. 그래프를 보면 부자의 상위 20%가 4,000동 이상의 지출을 하고 있는 것을 알 수 있다(지은구, 2014).

소득양극화 및 불평등문제를 해결하기 위하여 사회복지정책 및 제도는 설계부터 고소득자로부터 저소득자로 소득을 재분배하여 불평등을 완화하기 위한 규정을 가지고 있다. 우리나라의 경우도 건강보험의 경우 같은 1인 가구라고 해도 저소득자는 고소득자보다 사회보험기여금을 더 적게 지불하고 고소득자는 사회보험기여금을 더 많이 지불하지만 동일한 서비스를 제공받도록 되어 있다. 즉, 사회보험인 건강보험과 연금보험 등은 대표적인 소득재분배기능을 하는 사회복지제도로서 사회복지의 주요 기능은 바로 불평등 및 양극화를 해소하기 위한 재분배체계로서 작동한다는 점이라고 할 수 있다.

종합하면, 사회복지학적 측면에서 위의 모든 문제들 즉, 양극화, 빈곤, 실업, 가족폭력 및 해체와 각종 중독과 정신질환, 자살, 저출산 등은 자본주의가 확대재생산하는 사회문제이다. 따라서 사회문제에 대한 국가 및 사회적 대응체계로서 사회복지는 사회문제를 극복하고 예방하며 사회문제가 확대되지 못하도록 하기 위해 정책 및 제도적 노력을 기울이게 된다. 이것이 곧 사회복지체계인 복지와 경제체제인 자본주의가 결합한 이유이며 복지자본주의가 발전하는 근거이자 토대가 된다.

제 3 절 복지자본주의에서 사회복지의 기능

1. 사회복지의 자본주의 유지 기능

복지자본주의 하에서 사회복지체계는 자본주의가 유지 및 보존되도록 하는 기능을 수행한다. 사회복지체계가 자본주의 유지 및 보존 기능을 수행한다는 것은 Ian Gough (1979)와 같은 신마르크스주의자들의 입장에서 분석하면 사회복지 또는 사회복지를 강조하는 복지국가가 결국 자본주의 경제체제에서 자본의 축적활동을 유지 및 보전하는 기능을 하고 이는 곧 **사회복지가 자본축적을 정당화시키는 역할을 수행하여 '자본축적을 위한**

도구'라고 하는 비판적 시각을 의미한다. 하지만 또 다른 한편에서는 사회복지가 자본주의 시장경제체제가 양산하는 각종 사회문제를 해결 및 예방하여 국민들의 기본적 삶의 질을 유지 및 보전하기 위한 일련의 행동체계(action system)를 의미함으로 사회복지를 통해 국민들의 생활보장 및 탈상품화를 유도하고 사회참여활동을 통해 진정한 자유와 인간해방으로 나아가도록 도움으로 **"복지자본주의하에서 사회복지체계는 자본주의 경제체제가 자본의 논리가 아닌 인간의 논리, 나아가 복지의 논리로 작동하도록 하는 역할"을 수행**한다. 즉, 자본의 입장에서 보면 사회복지체계는 자본축적을 위해 필요한 안전장치이지만 국민의 입장에서보면 자본주의라는 경제체제하에서 자본주의가 확대재생산하는 사회문제를 예방 및 해소하도록 하는 국민생활안정을 위한 안전장치가 된다.

따라서 복지자본주의 발전의 토대로서 사회복지는 경제와 밀접한 연관을 가지고 있다. 이는 한 사회의 복지체계가 자본주의 경제체제에 의해서 영향을 받고 반대로 자본주의 경제체제도 사회복지체계에 의해서 영향을 주고받으면서 성장하고 발전하기 때문이다. 따라서 자본주의 경제체제에서 사회복지체계는 사회 구성원 개개인들과 경제의 관계를 규정하는 기능을 가지고 있다. 지은구(2006)가 제시한 사회복지의 경제적 기능을 토대로 사회복지체계가 영향을 미치는 자본주의 유지 및 보존 기능은 다음과 같이 제시될 수 있다.

첫째, 노동력 재생산을 통해 노동력 제공의 주체인 국민들의 노동 생산성을 증대시키는 노동생산성 향상 기능. 노동력 생산성 향상 기능은 노동자들의 노동력을 보호하고 노동력을 재생산하도록 하여 건강한 노동력을 유지하도록 돕는 기능을 나타낸다.

둘째, 사람들의 삶의 기본적 욕구를 해결할 수 있도록 소득을 창출하는 하는 사회적 임금의 기능. 사회적 임금이란 임금의 한 유형으로서 노동자들과 그의 가족들의 복지증진을 위해 임금소득 이외에 제공되는 다양한 복지급여를 의미함으로 실질적인 소득이외의 추가소득이라고 할 수 있다. 만약 사회적 임금이 제공되지 않는다면 노동자들은 그들이 스스로 각종 보험 및 사회서비스 등을 구매하여야 함으로 실질적인 소득은 줄어들게 된다.

셋째, 경제적 불안정성을 제거하고 안정적인 경제성장을 보장하는 경제적 보장의 기능. 경제적 보장의 기능은 사회복지가 사람들의 삶의 기본적 욕구를 해결하며 나아가 시장으로부터 피해를 받은 사람들을 보호하는 기능을 의미한다.

넷째, 시장으로부터 피해를 받은 사람들을 보호하고 시장의 불균형성을 극복하기 위한 균형자의 기능. 균형자의 기능은 사회복지가 자본주의경제체제에서 경제적 불안정성을 제거하고 안정적인 경제성장 즉, 자본축적을 보장하는 기능을 하는 것을 의미한다.

다섯째, 기업들의 사회복지비용 부담을 경감하여 기업 및 경제성장을 위한 하부토대(infrastucture)를 제공하는 생산비용의 사회화기능. 생산비용의 사회와 기능은 생산에 들어가는 비용을 기업이 지불하는 것이 아니라 사회 즉, 국가가 대신 지불하여 기업의 생산비용을 줄여주는 것을 의미한다. 직원들을 위한 기업복지에 들어가는 비용은 곧 기업의 생산비용에 포함된다. 따라서 기업이 직원들의 복지에 들어가는 비용을 국가가 대신 지불하게 된다면 생산비용에 들어간 비용은 그만큼 절약되며 절약된 비용은 생산을 위한 비용으로 다시 기업의 생산 활동에 투자될 수 있다.

[그림 11] 사회복지의 자본주의 유지 및 보존 기능

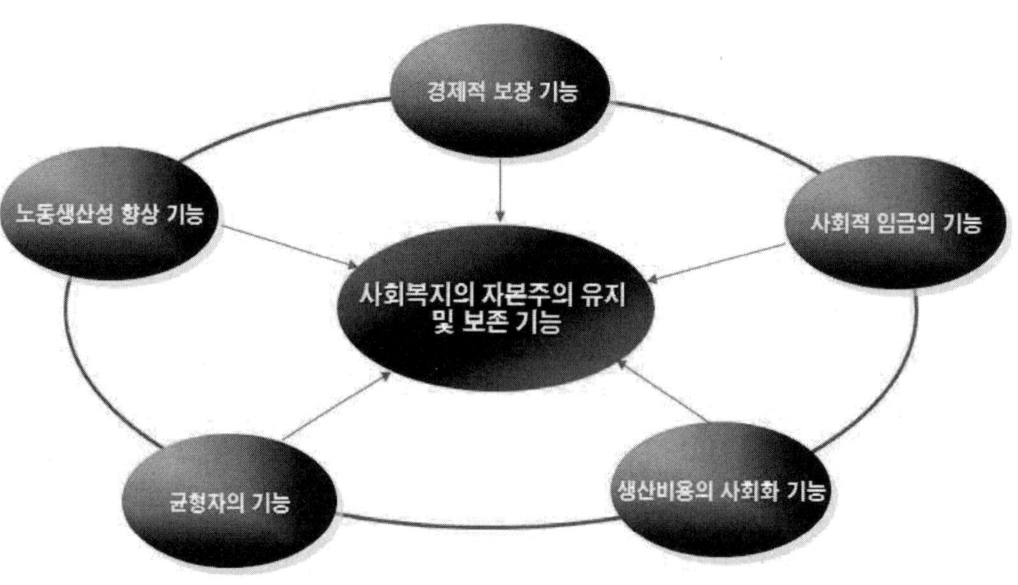

사회복지의 자본주의 유지 및 보존 기능을 보다 구체적으로 살펴보면 다음과 같다(지은구, 2006).

1) 노동생산성 향상기능

사회복지의 자본주의 유지 기능 중 하나인 노동생산성 향상 기능은 사회복지체계를 통해서 제공되는 혜택(benefits)이 **'노동자들의 노동력을 보호하고 노동력을 재생산하도록 하여 건강한 노동력을 유지하고 향상하도록 돕는 기능'**을 의미한다. 노동생산성향상기능은 따라서 사회복지기능 중 하나인 노동력재생산기능과 밀접한 연관을 가지며 단순히 노동력을 재생산하는 기능에서 나아가 노동자들의 역량을 강화하여 노동력을 향상시키는 기능을 포함함을 의미한다. 국민들의 노동력이 재생산되어야 노동생산성이향형상되는 것은 당연한 것임으로 노동생산성향성에서 노동력재생산은 기본적인 물적 토대이다. 자본주의는 임노동관계에 있는 모든 노동자들의 노동생산성향상으로 인해 질 좋은 재화와 서비스를 생산할 수 있으며 이는 곧 자본가나 기업의 입장에서 기업의 성장과 확대된 이익창출을 의미함으로 노동생산성향상은 자본주의 유지 및 보존을 위한 기본적인 토대가 된다. 노동생산성이 떨어지게 되면 이익은 줄어들게 되고 이는 곧 실직이나 해고로 나타나기도 함으로 기업은 노동생산성을 향상시키기 위해 노력하는 것은 당연하다. 노동생산성향상의 주체는 노동자 즉, 노동을 상품화한 국민들임으로 국민들이 스스로 노동생산성이 향상될 수 있도록 기본적인 조건을 마련하여 주는 것이 필요하다. 노동생산성 향상을 위한 기본적인 조건에서 국민들의 역량강화를 위한 각종 교육 및 훈련, 사회참여활동증진 그리고 사회서비스 및 돌봄 욕구충족을 위한 사회복지혜택은 중요한 부분을 차지한다.

자본주의에서 시장은 모든 사람들이 그들의 가족을 유지하고 재생산하는데 필요한 임금수준이나 고용수준을 제공하지는 않는다. 부적절한 건강보호, 낮은 임금, 열악한 주거상태, 질 낮은 교육 등은 가족의 보호자로서 노동력을 보존할 수 있는 가족의 능력을 손상시키며 이러한 가족재생산의 실패는 결국, 개개인의 번영과 복지 나아가 가족과 사회의 복지와 번영에 심각한 장애를 가져다주어 사회적 재생산에도 부정적인 영향을 미친다. 재생산의 실패는 기업의 이윤 또는 축적구조와 사회적 안정에도 부정적인 영향을 미친다. 또한 재생산의 실패는 기업생산물의 소비자로서, 생산적인 노동자로서, 그리고 사회적 참여의 주체인 시민으로서의 가족구성원들의 역할에 치명적인 악영향을 초래하게 되고 나아가 사회불안을 야기하게 된다. 결국 사회복지의 가족 및 사회적 재생산기능은 국가경제성장과 안정을 위한 토대로서 역할을 한다는 것을 알 수 있다. 사회복지가 제공하는 다양한 혜택(급여)는 기족구성원들의 **노동력을 보호하고 노동력을 재생산하도록 하여 건강한 노동력을 유지하도록 도움으로 사회복지는 노동의 생산성을 향상**시키는 중심적인 역할을 수행하게 된다.

2) 경제적 보장의 기능

사회복지의 경제적 보장기능은 사회복지가 사람들의 삶의 기본적 욕구를 해결하며 나아가 시장으로부터 피해를 받은 사람들을 보호하는 기능을 의미한다. 즉, 기본적 욕구의 해결과 시장으로부터 소외받은 사람들을 위한 보호기능은 사회복지가 모든 사람들에게 최소 수준의 경제적 보장(economic security 또는 소득보장)을 제공함으로써 가능하다. 자본주의 하에서 모든 인간은 예외 없이 기본적으로 그들 자신과 가족의 삶을 영위하기 위해서 소득(income)을 필요로 한다. 일을 하지 않아도 살 수 있는 충분한 부를 가지고 있는 경우를 제외하고는 인간은 생존하기 위해 고용되어야하며 무엇인가를 위해 일을 하여야 한다. 하지만 노동시장(labor market)은 그리 관대하지 않으며 모든 사람이 동등하게 일하면서 동등한 급여를 받는 것을 허용하지 않고 모든 사람을 동등하게 취급하는 것도 허락하지 않는다. 심지어 경제적으로 호황의 시기에도 노동시장은 일할 수 있는 사람이나 일할 의지가 있는 모든 사람들에게 일자리를 제공하지 않았으며 노동의 유연성이라는 이름으로 항상 산업예비군을 대비시켜 놓았고 또한 많은 사람들은 나이나 장애, 질병이나 또는 다른 고용장벽 등으로 인해 고용자체를 거부당해 왔다. 노동시장에서 일자리를 찾지 못한 대부분의 사람들은 노동시장에서 소외당하여 과거에는 가족의 책임 하에 그리고 현대에는 국가의 책임 하에 놓여 있다고 할 수 있다. 즉, 현대의 대부분의 복지국가는 고용차별이나 일자리 부족 등을 포함하는 여러 가지 이유로 인해 노동시장에 유입되는 것이 어려운 사람들이 최소한의 경제적 삶을 유지할 수 있도록 최소수준의 소득보장을 제공하고 있다. 실업급여나 국민기초생활보장제도 등과 같은 국가의 현금소득보장프로그램은 개인이나 가족이 최소수준의 소득, 주택, 교육, 고용수준에 접근할 수 있도록 돕는다. 결국, 사회복지가 시장경제에 의해서 초래된 불평등으로부터 사람들을 보호하는 경제적 안정의 기능을 수행하게 된다.

3) 사회적 임금의 기능

사회적 임금(social income)이란 **"국가에 의해서 전부 또는 일부가 제공되는 모든 사람들에게 유용한 사회적 혜택(benefits)"**을 의미하며 현금으로 제공되는 현금혜택을 포함하여 일반적으로 교육, 의료, 사회서비스 등은 모두 사회적 임금에 포함된다. 또한 사회적 임금이란 "현물로서 제공되는 복지서비스의 가치(화폐가치)"를 의미하기도 한다(Liddiard, 2002). 따라서 사회복지프로그램이나 서비스에 의해서 제공되는 혜택 중에서 현물로 제공되는 서비스는 임금의 한 유형인 사회적 임금이라고 할 수 있으며 제공받는 모든 사람들에게 물질적 혜택을 가져다주기 때문에 보충적 소득으로서 역할을 한다. 사람들은 사회적 임금으로서 복지서비스에 의해서 제공되는 현물을 이용함으로써 추가적인 임금에 대한 손실 없이 그들의 임금소득의 대부분을 소비에 빠르게 전환함으로써 수요의

속도를 증대시켜 경제적 활성화에 기여한다. 또한 사회적 임금은 임금의 한 유형으로서 노동자들과 그의 가족들의 복지증진을 위해 임금소득 이외에 제공되는 다양한 복지급여도 모두 사회적 임금에 포함된다. 따라서 기업에서 노동자들이 자신의 노동력 제공에 대한 보상으로 지불 받는 것을 경제적 임금이라고 한다면 사회적 임금은 제공된 노동력에 대한 직접적인 보상이 아니라 간접적인 보상으로서 연대와 공동체의식을 조성하는 것을 목적으로 하는 임금이라고 할 수 있다. 보다 구체적으로 사회적 임금은 다음과 같은 목적으로 지불된다.16)

첫째, 소득재분배의 역할
둘째, 사람들의 노동력 재생산을 유지하고 확보하도록 하는 역할
셋째, 연대성과 공동체의식 함양 효과

임금노동자인 경우 사회적 임금은 크게 법정·사회적 임금과 법정외(비법정) 사회적 임금으로 분류 할 수 있다. 법정·사회적 임금은 의료보험, 연금보험, 산재보험, 실업보험 그리고 퇴직금 등으로 구성되며 법정외 사회적 임금은 돌봄, 주택, 보건, 위생, 문화분야 등에서 제공되는 시설이나 복지서비스 등을 포함한다. 결국, 사회적 임금은 직접적 그리고 간접적으로 소득 증대 효과가 있기 때문에 경제적 활성화에 직접적 간접적으로 도움이 된다고 볼 수 있고 경제적 공동체주의와 소득재분배의 효과를 나타내게 된다고 볼 수 있다.

사회적 임금의 소득재분배의 효과에 대한 경험적 연구는 Sefton에 의해서 이루어졌다. 사회적 임금은 특히 소득재분배적 기능이 가장 중심적인 역할이라고 할 수 있는데 Sefton(2002)은 영국에서 1979년에서부터 2000년 1/4분기까지 사회적 임금이 분배에 어느 정도의 효과를 가져다 주었는지에 대한 연구를 시행하였다. 그는 교육, 의료, 복지서비스에 의해서 제공된 사회서비스의 가치는 부자들에게서보다는 빈민들에게서 그 효과가 있음을 밝힘으로써 사회적 임금이 임금소득에 대한 보충적인 소득으로서 소득증대효과를 가져다 주어 빈민들의 물질적 생활의 향상에 매우 긍정적인 영향을 미친다는 것을 입증하였으며 결국 사회적 임금이 빈민들의 경제적 불평등을 줄여주는 역할을 한다는 것을 밝혔다. Sefton의 연구에 따르면 소득을 5분위로 구분하여 사회적 임금의 소득재분재효

16) 사회적 임금을 현물(In-kind benefits)로 제공되는 사회복지서비스만으로 국한해서 바라보는 경향도 있지만(Liddiard, 2002) 본 책에서는 국가가 제공하는 공공부조와 실업급여 등의 현금서비스(cash benefits)도 사회적 임금으로 포함시키도록 한다.

과를 살펴보면 2000년 1/4분기를 기준으로 최하위 소득계층이 최상위 소득계층보다 약 두 배의 사회적 임금 혜택을 받은 것으로 나타나 사회적 임금이 소득증대효과가 있으며 소득재분배적 효과도 있는 것으로 나타났다[17]. 아래의 표에서 나타나는 것과 같이 건강이나 교육서비스가 주택과 같은 복지서비스보다 소득재분배적 효과가 덜한 이유는 영국의 경우 건강이나 교육은 보편적 서비스로서 모든 국민이 서비스를 제공받지만 주택비보조 등과 같은 복지서비스는 일반적으로 빈곤계층을 대상으로 하는 것이기 때문이다. 따라서 모든 국민을 대상으로 하는 복지서비스보다 특정 계층 즉, 빈민들을 대상으로 하는 복지서비스의 경우 사회적 임금은 소득증대효과와 소득재분배효과가 월등하다고 할 수 있다.

〈표 6〉 건강, 교육, 그리고 주택서비스의 국민 1인당 분배가치

(단위: 파운드, 2000년 1/4분기 기준)

소득5분위	건강	교육	주택	총합
상위 1분위	545	493	50	1,080
2분위	628	637	134	1,399
3분위	807	671	194	1,672
4분위	1051	719	262	2,032
최하위 5분위	919	819	292	2,030

* Sefton(2002), Pickvance(2003), p. 621에서 재인용

4) 사회균형자의 기능

사회균형자(stabilizer)의 기능은 사회복지가 자본주의경제체제에서 **경제적 불안정성을 제거하고 안정적인 경제성장 즉, 자본축적을 보장하는 기능을 하는 것**을 의미한다. 특히 사회복지는 경기침체와 불황의 시기에 경제를 자극하는 기능을 수행한다. 이는 사회복지제도나 서비스를 통해서 사람들의 손에 현금이 제공되고 이것은 결국 소비를 자극하기 때문이며 결국, 이러한 소득보장은 결국 경제를 일으키는 동력으로 작동한다는 것을 의미한다. 예를 들어 미국의 경우 1930년대 경제대공황시기에 현금원조프로그램 등과 같은 사회보장제도(뉴딜정책)가 돈이 없던 사람들을 활동적인 소비자로 만들었고 결국 경기를 활성화하도록 하였다는 것이 이를 입증한다. 따라서 경기침체나 불황의 시기에 사회복지프로그램에 의해 제공된 증가된 구매력(purchasing power)은 재화와 서비스의 생산을

17) Sefton의 연구는 영국에서 7000세대의 가구를 샘플로 하여 조사되는 가족지출조사를 기초로 하여 시행되었다.

자극하고 서비스와 재화의 생산 증가는 고용을 창출하여 실업을 줄이게 된다(Abramovitz, 2004). 결국, 사회복지가 균형자의 역할을 수행하지 않으면 경기가 침체에 들어가려고 할 때 경기침체를 더욱 가속화시키고 더 많은 기업들이 노동자들을 해고하도록 하며 더 많은 가족들이 재화와 서비스를 구매할 수 없도록 하여 기업이 생존할 수 없도록 한다. 따라서 경제성장의 동력은 사회복지의 균형자 기능에서 찾을 수 있다.

5) 생산비용의 사회화 기능

사회복지의 생산비용 사회화기능은 기업이 생산을 위해 지출하여야 하는 생산비용을 국가가 대신 지불하는 것을 나타낸다. 즉, 사회복지가 제공하는 혜택이 기업의 이윤을 보장하도록 하는 생산비용을 대신 지불하는 것을 의미하며 이러한 사회복지의 기업에 대한 지출기능은 결국, 경제성장을 위한 하부토대(infrastucture)를 제공하는 것을 의미한다. 예를 들어 건강보험이나 고용보험의 경우 기업이 전액부담하여야 하는 노동자들의 질병 및 실업에 대한 비용부담을 국가가 일부 부담함으로써 기업이 지출하여야 하는 생산비용을 국가가 부감하는 생산비용의 사회화현상이 발생하게 된다. 기업이 노동자들을 위해 전액 지불하는 산재보험 역시 국가가 재정을 지원하고 부담하는 것을 법제화하고 있어 생산비용의 사회화기능을 가지고 있다.

기업의 이윤을 보장하는 또는 증대시키기 위한 방법은 **첫째, 사회복지 혜택이 소비자들의 구매력을 자극함으로써 가능하고, 둘째, 사회적 임금의 증가로 기업이 부담하여야 하는 노동자들의 임금부담을 줄임으로서 가능하며, 셋째, 노동력재생산을 통해 노동자들의 작업생산성을 보장함**으로써 가능하게 된다.

사회복지가 **소비자들의 구매력**을 자극함으로써 기업의 이윤을 보장한다는 것은 기업이 생산한 재화와 서비스를 구매할 수 있는 구매력을 갖춘 소비자군이 있어야 기업은 성장할 수 있으며 이러한 의미에서 사회복지가 제공하는 현금서비스가 구매력을 갖춘 소비자군의 증대를 의미하고 이는 곧 기업이윤의 확보에 영향을 미친다는 것을 의미한다. 그리고 사회복지가 기업주가 부담하여야 하는 임금을 줄여서 보다 많은 이윤을 확보하도록 해준다는 것은 사회복지가 노동자들의 임금을 보전함으로써 기업들이 추가임금 상승 없이도 더 많은 이윤을 확보하게 된다는 것을 의미한다. 즉, 현금으로 이루어지는 소득보장이나 주택비보조, 건강보험 등이 기본적으로 노동자들의 기본적 생활비용을 충당할 수 있을 정도로 제공되면 결국, 사회복지를 통한 직접적인 보조비(사회적 임금)가 증대됨으로 인해 기업들이 책정한 임금을 상향하도록 하는 것이 가능하게 된다. 또한 사회복지가 작업생산성을 보장함으로써 기업의 이윤을 보장한다는 것은 의료나 교육, 주택, 그리고 사회복지서비스에 지출되는 사회적 비용이 기업에 추가적인 비용 부담 없이 노동자들을 건강하고 작업조건에 맞게 생산성을 유지하게 함으로써 작업생산성을 증대시키는 역할을 하게 된다는 것을 의미한다.

결국, 국민연금이나 퇴직연금 등과 같은 사회복지제도는 세대 간 복지비 이전으로 국민통합과 사회연대성을 강화하고 안정되고 건강한 노후를 보장받을 수 있다는 기대로 인해 보다 건강한 노동을 제공할 수 있도록 하며, 실업보험(고용보험), 산업재해보험 등과 같은 위험한 노동조건에 대한 대책으로 제공되는 각종 제도들은 노동시장에서 소외되는 사람들에 대한 국가적 차원에서의 대안으로서 그들이 다시 건강한 노동생산력을 유지 보존할 수 있도록 도와주고 또는 노동능력을 상실하였어도 빈곤으로 떨어지지 않도록 하여 빈곤을 축소하는 방패로서의 역할을 수행하며, 건강보험이나 고용인보조프로그램 등과 같은 각종 산업복지서비스들은 국민이나 노동자들이 기본적으로 건강한 노동생산력을 유지 보장하는데 중요하며, 주택수당이나 주택보조금제도 또는 식비보조금제도 등과 같은 주택과 기본적 음식에 대한 정책이나 제도 등은 시민들의 기본적 욕구를 해결하는데 가장 중요한 역할을 수행하고, 기초생활보장제도나 각종 수당(아동수당 등)이나 조세복지제도(근로소득장려금 등) 등과 같은 현금급여를 통한 사회복지서비스의 제공은 소비를 증대시켜 경제활성화에 직접적인 요인을 제공해주는 효과가 있기 때문에 경제적 불안정성은 그 만큼 줄어들게 되어 시장의 불안정성을 대비하고 경제성장을 위한 토대를 제공하며 나아가 복지자본주의가 발전하도록 한다.

제 4 절 자본주의의 논리

1. 자본주의 논리

자본주의는 "자본과 생산수단을 소유한 자본가가 임노동관계를 이용하여 재화와 서비스를 이윤을 만들려는 의도로 판매되기 위해 생산되는 경제체제"로 자본주의가 작동양식은 위의 정의를 대입하면 크게 자본가의 이윤창출활동의 보호, 노동의 상품화 보호와 노동력 재생산의 보호 그리고 자원할당을 위한 기제로서 시장의 유지가 중요하다. 자본주의 작동 또는 작동양식에 대한 설명을 분석하면 지본주의 논리를 유출할 수 있다. 즉, 자본주의논리는 다양한 개념으로 구되는데 가장 중요한 개념은 자본의 이윤창출활동에 기반하는 자본의 논리와 노동상품화를 유지 및 보호하는 노동상품화의 논리 그리고 시장의 유지 및 보전을 강조하는 시장의 논리가 그것이다.

먼저 자본주의논리의 가장 핵심적인 개념은 **자본의 논리**로서 자본의 논리는 곧 자본축적의 일반적 원칙에 의해서 설명된다. 자본가에게 자본은 이윤창출활동을 위한 토대이며 자본주의에서 정당한 방식으로 자본을 축적하는 것은 보장받아야 한다. 자본주의 논리의 또 다른 중요 개념은 **시장의 논리**이다. 자본주의는 특히 자유경쟁시장을 중요한 자원할당기구로 인정하며 시장이 경제체제의 중요한 측임을 강조한다. 자본주의를 움직이는 마지막 개념은 **노동상품화의 논리**이다. 노동상품화의 논리는 자본주의의 생산관계가 임-노동관계라는 점을 부각시키며 자신의 노동력을 상품화하여 판매함으로써 임금노동자들은 삶이 유지되고 나아가 자본주의생산관계는 작동한다는 점을 설명해준다. 즉, 자본의 이윤창출활동을 보장하는 자본의 논리가 유지되지 않는다면 자본주의는 작동하지 않으며 시장이 자원할당기구로서 적당한 활동을 하지 않고 자원할당에서 문제를 도출시킨다면 자본주의는 문제를 양산하게 되며 노동상품화를 통해서 노동자들의 삶이 유지 및 안정되지 않는다면 자본주의는 역시 모순에 빠지게 된다.

[그림 12] 자본주의 논리

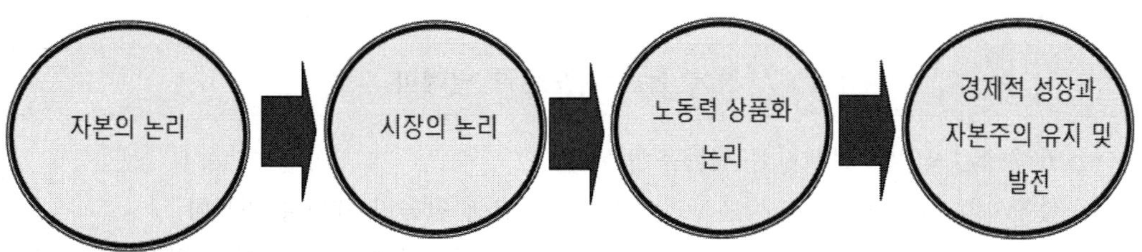

자본주의는 위의 논리들이 정당한 방식으로 작동하는 경우 자본주의경제체제의 발전을 위한 토대를 구축하게 된다. 이들 논리들에 대해 살펴보면 다음과 같다.

1) 자본의 논리

자본주의에서 자본의 논리는 자본주의 축적의 일반적 원칙으로 이해된다. 즉, 자본가는 자신이 소유한 자본 및 생산수단을 활용하여 이윤창출활동을 할 수 있으며 정당한 방식으로 수행되는 이윤창출을 통한 자본축적의 활동은 법적 테두리 안에서 보호받는다. 따라서 부의 정도 또는 재산의 정도에 상관없이 자본가는 끊임없이 이윤을 창출하기 위한 행동을 추구하게 되는 것이 바로 자본의 논리이다.

※ 자본주의 축적의 일반적 원칙

자본과 임노동의 관계에 의해서 구성되어 있는 자본주의 경제체제 하에서 자본은 더 많은 이윤을 축적하기 위해 노력하고 임금노동자들은 노동력을 지속적으로 착취당한다는 법칙

하지만 독점과 과점 등의 불법적인 이윤창출활동은 당연히 법적 제제를 받으며 이러한 불법적 행동은 자본주의가 건강하게 발전하는 것을 가로 막는다. '**독점자본주의**'라는 용어는 자본의 불법적인 자본축적의 형태를 비판하는 용어로서 일부 독점자본가(또는 기업)가 자본주의의 작동에 영향력을 행사하는 것을 나타내며 '**국가독점자본주의**'라는 용어는 국가권력(정치권력)이 독점자본과 결탁한 자본주의를 나타낸다. 자본주의는 자본의 이윤창출활동 즉, 자본의 논리를 인정하지만 이는 법적 테두리 안에서의 경제활동을 의미하지 소수의 독점화된 자본가가 경제활동을 이끌어나가는 것을 의미하지는 않는다. 따라서 **자본의 독점화는 자본의 논리에서 가장 우려되는 자본주의 작동모순**이 된다.

자본 논리의 모순과 딜레마

- 소비자 즉, 국민의 선택권이 제한을 받는다.
- 시장에서의 기업 간 또는 자본가 간 자유로운 경쟁 활동이 제한을 받는다.
- 독점자본의 등장은 자본을 많이 소유한 자가 자본을 적게 소유한 자를 발판으로 성장하며(수확체증의 법칙) 자본이 한군데로 몰리게 되는 자본의 집중 및 집적현상을 발생시켜 자유경쟁시장을 파괴한다.

2) 시장의 논리

시장의 논리는 자본주의경제체제가 시장 특히, 자유경쟁시장을 중요한 자원할당기구로 인정하며 시장이 경제체제가 작동하는데 중요한 역할을 한다는 것을 강조하는 자본주의 논리이다. 자본주의경제학자들은 대부분 시장이 자원할당을 위한 중요한 기구라고 강조한다. 자본주의 경제체제에서 국민들은 시장을 통해서 필요한 자원을 확보하게 된다. 국민들

이 시장에 개입 또는 참여하기 위해서는 무엇보다는 지불능력이 있어야 함으로 **'지불능력의 원칙'**은 곧 시장의 자원할당을 위한 기본 작동원리이다. 시장의 논리를 뒷받침하는 또 하나의 시장작동원리는 수요와 공급의 균형을 강조하는 **'수요 · 공급법칙'**이다. 수요와 공급이 균형점을 찾아 수요와 공급이 결정되고 가격이 결정된다고 하는 수요 · 공급법칙은 시장이 자기-규제적이라는 고전파 경제학자들이 생각했던 이상적인 시장 작동원리이다.

하지만 시장이 자원할당기구로서의 역할을 상실하게 되면 즉, 시장이 불균형을 양산한다든지 또는 시장이 불안정성을 양산하게 되어 시장이 정상적인 자원할당의 역할을 하지 않게 되면 시장의 논리는 모순에 빠지게 된다. 시장의 불안정성은 곧 시장이 자기-규제적이지 않다는 것을 의미한다. 즉, 시장이 스스로 균형점을 찾아 수요와 공급을 조절하지 않음으로 시장은 1930년대와 같이 과잉공급현상으로 인해 시장의 실패(세계경제대공황)를 경험하게 되었다. 또한 시장은 지불능력의 원칙으로 인해 지불능력이 없거나 지불능력이 낮은 사람들에게 적절한 자원을 할당하지 않음으로 시장을 통한 불균형이 발생하게 되어 시장은 자원할당기구로서의 역할을 상실하게 된다. 이는 곧 시장의 논리가 만들어내는 자본주의 작동모순으로 이는 자본주의가 유지 및 보전되기 위해서는 반드시 해결하여야 하는 시장논리의 모순이라고 할 수 있다. 시장의 논리에 따른 자본주의 작동 모순을 설명하면 아래의 표와 같다.

시장논리의 모순과 딜레마
• 국민들의 욕구가 아닌 지불능력에 의해서 재화와 서비스가 할당된다. • 지불능력을 갖지 못한 국민들은 판매자 나아가 시장으로부터 배제된다. • 서비스의 질은 가격에 의해서 결정됨으로 소비의 편차가 발생한다. • 지불능력이 있는 국민들이 다양한 서비스나 질 좋은 서비스를 독식함으로 국민들 간 상대적 박탈감이 상승한다. 지불능력이 적은 사람은 질 나쁜 서비스를 선택하는 대신 상대적으로 지불능력이 있는 사람은 질 좋은 서비스를 선택할 수 있다(소비독식). • 국민은 지불능력이 있는 사람과 그렇지 못한 사람으로 양분화됨으로 국민들 간에 차별이 발생한다. • 시장에서 구매자인 국민들은 판매자나 제공자에 비해 상대적으로 적은 정보를 갖을 수 밖에 없어 정보불균형(정보비대칭)이 발생한다. • 재화와 서비스가 시장에서 일부 판매자들에 의해 독점적으로 제공되는 경우 국민의 결정권은 실현되지 않는다(결정권박탈). • 시장에서 자본가나 판매자는 더 많은 이익을 창출하기 위해 국민들의 욕구를 끊임없이 창출함으로 국민들은 더 많은 지출을 감당하여야 한다.

- 이익창출을 위한 판매자간 경쟁이 심화됨으로 서비스의 질 개선 보다는 광고나 홍보 등 거래비용이 발생하며 이는 서비스의 가격에 그대로 반영되어 상품 가격인상의 요인이 된다.
- 거대자본의 자본가나 판매자는 값싼 서비스를 제공하여 소비자를 확충할 수 있음으로 자본이 있는 판매자가 더 많은 이익을 창출하는 수확체증의 법칙이 발생한다.

3) 노동력상품화의 논리

임금노동관계로 규정되는 자본주의 생산관계는 곧 노동자들의 노동력이 상품화되어야 한다는 전제에 기초한다. 노동자들은 자신이 소유한 노동력을 팔아야 소비를 위한 소득을 창출할 수 있음으로 노동력은 소비의 욕구를 충족시켜 노동자들이 기본적인 삶을 유지할 수 있도록 하는 기본적인 물적 토대가 된다. 따라서 노동력 상품화는 노동자들의 기본적인 생활에 필요한 의식주를 해결하고 노동을 재생산할 수 있을 정도여야 함으로 노동력 상품화와 노동력 재생산은 밀접한 연관을 갖는 동전의 양면이다.

노동력상품화의 가장 강력한 적은 노동자들이 자신의 노동력을 상품화하지 않으면 노동력재생산 뿐만 아니라 기본적인 생활이 유지될 수 없다는 점이다. 자신의 노동력을 임금화하여 기본적 생활을 유지할 수 있도록 소비하여야 하는 노동자들 이외에 가사나 돌봄 등의 이유로 노동력을 상품화하지 못하는 국민들이나 노동력을 상품화하려고 해도 장애나 노령 등의 이유로 상품화가 이루어지지 않는 국민들 그리고 노동력을 상품화하였음에도 불구하도 임금수준이 낮아 기본적인 생활이 어려운 국민들은 모두 노동력상품화에 따른 피해자들이며 이는 곧 노동력상품화논리의 모순으로 나타난다.

자본주의의 자본논리에 따르면 자본가들은 이익창출을 위해 낮은 생산비용으로 노동력을 구매하는 것을 선호함으로 노동시장은 항상 자본가들이 필요한 노동자의 수보다 더 많은 노동자들이 존재하도록 하여 모든 자본주의국가들에게서 산업예비군 즉, 실업은 보편적인 현상이 되었다. 따라서 노동력상품화의 논리는 곧 자본주의가 작동하도록 하는 생산관계로서 기본적 토대임은 분명하지만 또 다른 한편으로는 국민들이 노동력상품화로 인해 나타나는 각종 소외현상과 노동력 상품화하 이루어지지 않는 경우 그리고 노동의 상품화를 통해도 기본적인 삶의 유지가 어려운 즉, 노동력 재생산이 어려운 경우 등에 노출되어 노동시장에 대한 국가의 개입과 노동복지정책의 확대 나아가 '노동력 탈상품화'를 위한 사회복지정책 등의 발전을 강화하여 복지자본주의가 유지 및 보전되도록 하는데 영향을 주었다.

노동력 상품화에 따른 소외현상

마르크스(Marx)의 소외이론에 따르면 공장체계의 산업혁명과 과학기술혁명에 기인한 자동화와 기계화는 노동자들의 업무를 틀에 박힌 일상적이고 하찮은 업무로 만들어 더 이상 노동을 신성치 않게 하였고 단순히 노동을 자신의 생계유지를 위한 수단으로 여기게 하였다. 결국, 자본주의체제의 발전과 그에 따른 결과는 자신의 노동을 팔아 생활하는 노동자들의 삶을 파괴하였으며 노동자들은 그들을 일시적이고 중요하지 않은 존재로 인식하게 되었고 이러한 그들의 감정은 지역과 그들의 가정으로 퍼지게 되었다. 자본주의사회가 가져다준 노동력 상품화에 기인하는 이러한 감정은 노동자들에게 소외(alienation)현상이 나타나도록 하였다. 소외는 노동대상으로부터의 소외, 노동수단으로부터의 소외 그리고 자본으로부터의 소외를 포함하여 자기 자신, 가족, 지역, 그리고 다른 사회적 집단으로부터의 소외를 포함하여 다양하게 영향을 노동자들의 삶에 영향을 미쳤다(지은구, 2018; 2021).

마르크스는 자본주의 하에서 노동자들은 생산수단으로부터 그리고 생산물로부터 서서히 소외되기 시작하여 결국에는 노동자들에게 있어 소외는 사회의 만연된 하나의 현상으로 자리 잡게 된다고 강조하였다. 마르크스는 자본주의 하에서 노동자들의 소외를 첫째, 노동 생산물로부터의 소외, 둘째, 노동과정으로부터의 소외, 셋째, 인간본성으로부터의 소외, 그리고 동료로부터의 소외로 분류하여 설명하였는데(Ferguson, Lavalette, and Mooney, 2002) 지은구(2006)는 이외에 가족으로부터의 소외를 추가하여 설명하였다. 이들 소외들을 보다 구체적으로 설명하면 다음과 같다(지은구, 2018; 2021).

첫째, 노동 생산물로부터의 소외: 자본주의 하에서 노동자들은 그들의 노동을 통해서 산출한 생산물(상품)에 대한 통제를 잃게 된다. 즉, 생산물은 더 이상 노동자 자신의 소유가 아니며 고용주들의 소유가 된다는 것을 의미한다. 과거 원시공산사회에서나 봉건사회에서 사람들은 자신들이 소비하고 교환하고 팔기 위한 상품을 생산하기 위해 그들의 창조적인 능력을 사용하였었다. 하지만 자본주의 하에서 많은 노동자들은 그들이 만든 상품(예를 들어 자동차나 컴퓨터, TV. 옷 등)을 구매할 수 없게 되었다. 예를 들어 500만원 이상 하는 고가의 텔레비전은 그 제품을 생산하는 노동자들의 임금으로는 구매한다는 것이 쉽지 않으며 20만원을 호가하는 청바지는 더 이상 그 바지를 생산하는 노동자들의 옷이라고는 할 수 없다.

둘째, 노동과정으로부터의 소외: 두 번째의 소외는 노동자들의 노동과정에 대한 통제의 상실이다. 과거에 노동자들은 그들이 수행하는 그들의 행동(노동)에 대해서 그들이 스스로 통제할 수 있는 통제권을 가지고 있었지만 생산물을 생산해내기 위해 수행하는 노동과정에 대한 통제권은 자본주의 하에서 생산수단의 소유자에게 넘어 가게 되었다. 즉, 동물과 구별되는 창조적이고 의식적인 노동을 수행하는 인간에게 있어서 생산물을 생산하는 목적과 노동을 수행하는 과정이 그 노동의 본래 소유자인 노동자로부터 노동자를 고용한 소유자에게로 넘어갔다는 것을 의미한다. 이는 자본가들 사이의 경쟁에서 살아남고 나아가 더 많은 이익을 추구하려는 자본가들이 생산성을 증가시키기 위해 노동과정을 조직화하는 새로운 방식을 꾸준히 개발하고 추진함으로써 노동자들의 노동과정으로부터 소외가 더욱 증대되었다는 것을 의미한다. 노동과정은 더욱 분업화된 작업으로 분화 발전되어 노동자들은 특정 단순작업만을 반복함으로써 그들이 만든 최종 생산물을 접촉할 수 있는 기회마저 제한되었으며 노동자들의 업무는 분업화된 업무의 기계적 반복으로 제한되었고 그들의 노동은 일상적이고 하찮은 것으로 치부되었다.

셋째, 인간본성으로부터의 소외: 세 번째의 소외는 바로 노동자들이 인간의 본성으로부터 멀어지는 인간본성으로부터의 소외이다. 동물과 달리 인간은 본래 의식적인 노동을 수행할 수 있는 능력을 가지고 있다. 물론 동물도 집을 짓는 등의 생산적인 활동으로서의 노동을 수행하지만 그들은 단지 그들의 자식들이나 그들 자신의 욕구를 충족하기 위해 생산하는 반면 인간은 물질적인 욕구를 충족하기 위해서 생산할 뿐만 아니라 욕구와 자유로운 관계에 있다고 해도 즉, 자신의 본능적인 욕구를 해결하는 것과 상관없이도 생산물을 생산한다. 이러한 인간의 창조적 능력이 바로 동물과 구별되는 점이라고 할 수 있다. 하지만 자본주의 하에서 대부분의 노동자들에게 있어 이러한 창조적인 노동의 능력이 무시되고 부정되며 그리고 산산이 부서져 버렸다고 볼 수 있다. 즉, 노동자들은 단순 작업대에서 반복적으로 일상적인 직무만을 수행함으로써 의식적이고 창조적인 노동을 수행하는 인간본성은 사라지게 되었다는 점이 강조된다.

넷째, 동료로부터의 소외: Marx소외이론의 마지막 측면은 동료들로부터의 소외이다. 즉, 생산수단을 소유한 또는 통제하는 사람과 통제 당하는 또는 착취당하는 사람사이의 소외가 존재한다는 것을 의미한다. 동료로부터의 소외의 결정적인 원인은 바로 경쟁이라고 할 수 있다. 자본주의가 강조하는 경쟁은 인간의 연대성과 집합적 이익을 등한시하는 경향을 낳았으며 이는 결국 개인적 이익만을 추구하는 이기적 인간상을 낳았고 이타적 인간과 연대 또는 집합적 이익의 추구는 자본주의 하에서 가치 없는 행동으로 자리잡게 되어 자기 자신만을 위하는 사람들이 등장하도록 만들었고 이는 결국 인간들이 동료로부터 소외되는 현상을 가져다주었다고 볼 수 있다. 즉, 경쟁은 노동자들을 조직화하는 것을 어렵게 만들었으며 또한 경쟁은 한편의 노동자들이 다른 한편의 노동자를 적이나 위협으로 생각하도록 하였다.

다섯째, 가족으로부터의 소외: 가족은 사회를 구성하는 기본적인 단위로서 모든 인간은 가족이라는 사회적 단위 또는 조직으로부터 다양한 사회적 기능을 배우고 공부하게 된다. 하지만 산업사회가 등장하면서 가족의 기능은 급속하게 몰락의 길을 가게 되었다. 일반적으로 가족은 다음과 같은 재생산의 세 가지 측면에서 상호 연관된 과정을 위한 조직체라고 할 수 있다. 첫째로 일상적인 생활의 재생산 즉, 일상의 재생산이 강조될 수 있다. 일상의 재생산이라는 것은 모든 가족성원들을 위한 주택을 제공하고 필요한 옷과 음식이 제공된다는 의미이다. 둘째로 세대 간 재생산이다. 세대 간 재생산은 종의 유지와 확대를 위한 생물학적인 재생산을 의미하는 것으로서 아이를 낳고 그리고 젊은 사람들이 노인들을 지원하는 것들을 포함한다. 마지막으로 세 번째는 사회적 재생산이다. 사회적 재생산은 사회화, 사회구조, 사회적 소비(가족에서 이루어지는 소비를 의미), 이념 등을 재생산하는 것을 의미한다(Ferguson, Lavalette, and Mooney, 2002). 하지만 자본주의 발달과 노동의 상품화의 발전으로 인하여 노동자들의 가족은 급속하게 파괴되었다. 이는 기업주들이 더욱 건강한 노동자들을 공장으로 끌어들여서 장시간 노동과 높은 노동강도 그리고 낮은 임금으로 가족의 재생산기능을 유지할 수 없는 고단한 삶을 살도록 함으로써 나타났다고 할 수 있다.

자본과 노동의 관계에서 파생된 노동력상품화논리는 자본주의의 작동양식을 설명하는 대표적인 논리이다. 자본주의 경제체제에서 노동력이 상품화되지 않는다면 생산관계는 성립될 수 없다. 하지만 노동력 상품화는 또한 노동력 상품화에 따른 각종 모순점들을 도출하였고 자본주의의 위기와 위기를 극복하기 위한 수정자본주의의 형태로서 복지자본주의의 등장 및 복지국가발전에 중대한 영향을 주었다. 노동력 상품화논리에 따라 등장한 모순들을 살펴보면 아래와 같다.

노동력 상품화의 모순과 딜레마

- 상품의 가치가 중요시되고 노동의 가치, 인간의 존엄성 등이 사라진다.
- 인간중심의 가치가 사라짐으로 인간경시나 생명경시 사상이 확산된다.
- 경쟁이 강화되어 국민들은 문화활동이나 자기계발을 위한 노력 그리고 사회참여활동 등을 경시하게 된다.
- 자신이 가진 노동력을 타인에 비해 더 비싼 가격에 판매하기 위한 이기적 속성으로 인해 타인에 대한 배려와 존중심이 약화된다.
- 국민의 노동과 노동과정으로의 개입은 국민의 의지나 욕구가 아닌 순전히 기업가나 자본가에 의해서 결정된다.
- 자신의 노동력을 상품화하여 더 많은 임금을 지불받는 것이 중요함으로 국가의 정책이나 정치 그리고 사회에 대한 관심이 사라진다.
- 국민들이 자원봉사활동이나 기부 등에 대한 사회적 책임의식은 사치이거나 부자들의 부차적인 노력으로 인식된다.

- 노동의 상품화는 생산적 노동을 하는 인간과 생산적 노동을 하지 못하는 인간으로 구분하여 생산적 인간과 비생산적 인간으로 인간을 이분화한다.
- 상품화의 정도에 따라 경제적 안정(소득수준)이 차이가 남으로 사회적 양극화는 지속 및 확대된다. 또한 부의 집중화현상은 특정 국민들을 중심으로 가속화된다.
- 타인은 경쟁상대이거나 이겨야 하는 대상임으로 타인에 대한 신뢰 등과 같은 사회자본은 약화된다.
- 실업을 포함하여 여러 가지 이유(질병이나 장애, 출산, 가족돌봄 등)로 자신의 노동력을 상품화할 수 없는 국민들의 기본적 생활보장이 유지되기 어려우며 나아가 이들에 대한 사회적 배제와 차별이 발생할 수 있다.

자본주의 경제체제는 위와 같은 모순들을 극복하기 위해 국가체제로서 복지국가와 결합하여 발전하여왔으며 역사적으로 복지체제와 자본주의체제가 결합한 복지자본주의의 등장을 결과하였다. 특히, 노동의 상품화에 따른 문제를 극복하기 위하여 복지국가는 빠르게 **노동의 탈상품화**를 정책적 우선순의로 하여 국민들의 생활안정을 위해 노력하고 있다.

제 5 절 복지자본주의의 논리

1. 복지자본주의 논리의 배경

복지자본주의의 작동을 위한 논리를 이해하기 위해서는 먼저 자본주의에 대한 이해와 복지 즉, 사회복지에 대한 이해가 필수적이다. 복지와 자본주의가 결합한 복지자본주의의 논리는 "**사회복지제공의 확대를 통한 복지자본주의 유지 및 발전의 논리**"이다. 즉, 사회복지제공확대라는 복지국가의 사회복지의 논리와 자본주의 유지 및 안정화라는 **자본(주의) 논리**가 합쳐진 것이 곧 복지자본주의 논리이다. 사회복지의 논리와 자본주의의 논리를 각각 살펴보고 복지자본주의논리를 종합하여 제시하면 다음과 같다.

사회복지의 사회 안정 기능과 자본주의 유지 및 보전기능이 합해지면 복지자본주의의 기능이 완성된다. 복지자본주의 논리는 "**자본주의의 시장경제체제가 발생시키는 문제를 복지를 통해 해결하기 위한 논리**"이다. 즉, 자본주의 시장경제체제 하에서 사회문제를 해결하고 국민들을 번영시키기 위한 논리이다. 복지의 목적과 논리가 자본주의와 결합한 복지자본주의 작동원리(원칙)는 다음과 같다.

첫째, 복지자본주의는 자본의 논리와 시장의 논리를 통제한다.
둘째, 복지자본주의는 개인적 합리성보다 집단의 합리성을 중요시한다.
셋째, 복지자본주의는 시장의 불안정과 불균형성 등의 문제를 사회복지혜택의 제공 및 확대를 통해 해결한다.
넷째, 복지자본주의는 사회복지혜택을 경제적 생산 및 재생산을 위한 물적 토대로 활용한다.
다섯째, 복지자본주의는 급증하는 사회문제에 영향을 받은 국민들의 욕구증대에 적극 대응한다.

위와 같은 복지자본주의 작동의 논리의 배경을 그림으로 나타내면 아래와 같다.

[그림 13] 복지자본주의 논리의 배경

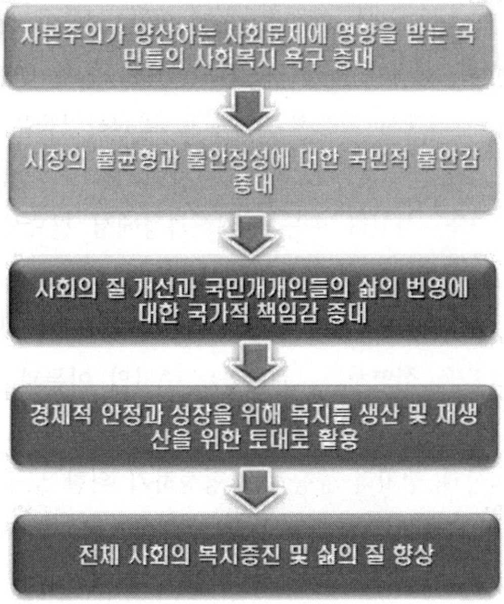

자본주의가 양산하는 사회문제에 영향을 받는 국민들의 사회복지 욕구 증대

↓

시장의 불균형과 불안정성에 대한 국민적 불안감 증대

↓

사회의 질 개선과 국민개개인들의 삶의 번영에 대한 국가적 책임감 증대

↓

경제적 안정과 성장을 위해 복지를 생산 및 재생산을 위한 토대로 활용

↓

전체 사회의 복지증진 및 삶의 질 향상

2. 복지의 논리, 자본의 논리 그리고 노동의 논리

복지의 논리에 보충적으로 복지국가의 논리를 추가하고 자본(또는 자본주의)의 논리와 노동의 논리를 더하게 되면 복지자본주의 논리가 완성된다. 노동의 논리는 자본주의가 임노동관계를 기본적인 생산관계로 설정함으로 등장하는 논리이다. 이러한 복지, 자본 및 노동의 논리는 왜 복지자본주의가 필요한지를 설명해준다.

1) 복지의 논리

복지의 논리는 앞에서 제시된 바와 같이 첫째, 사회복지 재화와 서비스는 사회구성원의 재생산노동을 보장 및 보존한다는 논리, 둘째, 사회복지 재화와 서비스는 인간의 욕구를 충족시키기 위한 사회적 과정이라는 논리 그리고 셋째, 사회복지 재화와 서비스는 자본주의를 유지 안정화시키기 위한 필수품이라는 논리 그리고 넷째, 사회복지 재화와 서비스는 사회문제를 해결하기 위한 일련의 행동이라는 논리이다.

왜 복지국가가 필요했고 어떻게 복지국가가 만들어졌는가를 설명하는 논리는 곧 복지국가 등장 및 발전의 논리임과 동시에 **복지국가의 논리**이다. 복지국가의 논리는 복지국가에 대한 이론이나 복지국가발전을 설명하는 이론들을 종합하면 다음과 같이 네 개로 요약된다(van Kersbergen and Vis, 2014).

첫째, **사회경제적 발전과 현대화 논리**: 주로 산업화이론에 영향을 받아 등장하였으며 복지국가가 산업화과정에서 기능적 요구물로 발전하였음을 나타내준다. 즉, 산업사회의 발달에 따른 직접적 결과로 복지국가가 등장하고 발전하였음을 설명한다. 이 논리에 따르며 복지는 산업화 또는 현대화과정에서 필요성에 의해서 등장하고 발전하였음으로 최소수준으로만 제공된다.

둘째, **정치적 통합과 국가건설의 논리**: 이 논리는 복지국가가 자본주의의 유지 및 보전을 위해 발전하였음을 설명하는 신마르크스주의의 이론과 사회통합주의자들로부터 영향을 받아 등장한 논리이다. 즉, 정치집단은 복지정책을 사회통제의 수단으로 그리고 민족적 동질성과 정치적 공동체를 형성하기 위한 도구로 활용한다.

셋째, **욕구충족과 위기 재할당의 논리**: 이 논리에 따르면, 복지국가는 기본적으로 국민들의 사회적 욕구를 해결하는 것을 최우선 목적으로 하며 나아가 시회가 안고 있는 위험이나 위기를 분산하고 재 할당하여 위험을 극복하기 위해 등장하고 발전하게 된다.

넷째, **계급정치와 재분배의 논리**: 이 논리는 노동계급의 정치적 힘과 소득재분배를 위한 요구 등이 강조되는 권력-자원이론에 영향을 받은 논리이다. 특히 집단적 힘이 복지국가를 발전시킴을 강조한다. 특히 부와 소득의 재분배는 복지국가의 일차적인 목적은 아니지만 기본적인 성취결과임으로 노동계급과 같은 사회계급이나 또 다른 집단들(예를 들어 시민)이 권력(power)을 동원하여 소득재분배를 지원하는 다양한 복지정책을 지지한다.

위와 같은 복지의 논리가 적용되면 자본의 논리와는 다르게 국민들은 사회복지 및 사회서비스제공에 대한 권리를 지닌 시민으로서 인식된다. 따라서 시장의 논리인 지불능력에 따라 서비스를 이용하게 되는 시장참여를 통한 교환의 당사자인 소비자라는 인식보다는 복지에 대한 권리를 실현하는 서비스이용자 또는 서비스공동생산자가 된다. 즉 복지의 논리에 따르면 국민들은 단순한 소비자나 이용자가 아니며 인간다운 삶을 유지하기 위해 필요한 기본적인 재화와 서비스를 권리로서 제공받는 시민이며 자신에게 필요한 자원을 요구하는 요구자(claim maker)이고 동시에 필요한 자원(재화와 서비스)의 제공을 국가나 사회와 공동으로 기획하고 생산에 참여하는 공동생산자(co-producer)이다. 따라서 시장원리에 따라 나타나는 소외, 배제나 차별 등은 복지의 논리에 따라 연대, 공동체, 신뢰, 협력 등의 가치로 전환된다.

복지의 논리

- 사회(복지) 재화와 서비스 수급에 있어 국민들은 단순한 소비자가 아니고 필요한 서비스를 위한 요구자임과 동시에 공동으로 서비스를 창출하는 공동생산자이다.
- 국민들의 지불능력에 상관없이 욕구에 의해서 서비스가 제공됨으로 **서비스 형평성**이 강화된다.
- 제공자와 이용자는 단순한 판매자와 소비자의 관계가 아님으로 **신뢰관계**나 인간적인 관계가 형성될 수 있다.
- 제공자는 이용자의 지불능력에 상관없이 서비스를 제공함으로 이용자에 가장 적합한 서비스를 제공할 수 있다(**서비스적합성 향상**).
- 이용자의 상태에 대한 정확한 정보를 수집하기 위한 초기면접이나 상담 등 **다양한 서비스제공절차**를 계획하고 제공할 수 있다.

- 제공자가 이용자를 독식하지 않음으로 제공자가 제공하지 못하는 서비스에 대해 타기관이 연계하여 서비스가 제공될 수 있도록 하는 **연계서비스**가 가능하고 발전할 수 있다.
- 제공기관 간에 이윤창출을 위한 경쟁이 발생하지 않음으로 **이용자정보교류 및 사례협력**을 통한 서비스제공이 가능하다.
- 이용자들에게 제공기관과 서비스에 대한 구체적인 정보를 사전에 공개할 수 있음으로 정보불균형이 감소한다(**정보격차해소**).
- 제공자의 선택이나 결정권보다 **이용자의 선택권이 강화**될 수 있으며 **이용자의 권리**가 향상된다.
- 제공자는 소수의 이용자를 위해서도 서비스를 제공할 수 있음으로 다양한 서비스제공이 가능하여 이윤을 많이 창출하는 서비스만 제공하는 **서비스편식**이 사라진다.
- 제공자의 사회서비스제공목적이 이윤창출이 아님으로 이윤이 창출되지 않는 특정 사회서비스에 대한 과소생산 및 과소공급문제가 해결된다.

2) 자본(또는 자본주의)의 논리

앞 절에게 자본주의 축적의 원칙에 따른 자본주의논리에 대해 간략하게 살펴보았다. 여기서는 자본의 논리를 보다 구체적으로 살펴보기로 한다. 자본주의의 논리는 곧 자본의 논리로서 자본의 축적을 정당화하고 자본주의를 유지 및 보전하기 위한 도구로서 그리고 자본의 축적활동에 위협이 되는 사회갈등을 해결하기 위한 사회통제를 위한 도구로서 사회복지정책이 필요하다는 논리이다. 즉, 복지자본주의가 자본의 필요성에 의해서 등장하고 발전한다는 것을 강조한다. 자본주의가 발전하기 위해서 자본가를 포함한 지배계급은 자본의 이윤 창출활동에 지장을 주지 않는 선에서 사회갈등을 최소수준에서 관리하여 할 필요성이 있다. 만약 사회갈등이 통제가 되지 않아 자본축적활동에 부정적인 영향을 주게 되면 경제는 지체되고 자본주의국가는 심각한 위험에 빠질 수 있다. 자본의 논리는 곧 시장이 자원할당을 위한 가장 효율적인 체제로서 작동하도록 국가가 사회갈등을 해소하는 통제적 기능을 위해 최소 수준에서 사회복지정책이나 제도가 제공되는 것을 용인한다.

앞에서 제시된 바와 같이 가장 기본적인 자본의 논리는 시장을 자기-규제적이면서 가장 효율적인 자원할당기구로 인정하는 **시장의 논리**와 자본주의 생산관계인 임노동관계를 기반으로 하는 **노동력상품화논리**가 핵심이다. 자본주의경제학자들이 대체적으로 인정하는 자유경쟁시장의 작동과 임금노동화된 노동자들의 존재는 곧 자본주의를 이해하고 설명하는 가장 핵심적인 논리이자 자본의 논리이다. 자본가계급은 경쟁시장을 통해서 그리고 상품화된 노동력을 임금으로 지불하여 자본축적활동을 유지 및 보전하게 되며 사회적 위험에 대한 해결 및 갈등을 최소화하기 위해 사회복지의 제공을 지속적으로 확대한다.

3) 노동의 논리

사회복지는 국민들의 노동력생산 및 재생산을 위한 가장 강력한 토대이다. 자본주의경제체제는 다양한 사회복지혜택을 통해 건강한 사회구성원을 배출함으로써 사회재생산을 안정적으로 유지하도록 도우며 임금노동시장에서 노동자들이 그들의 노동력을 적절하게 재생산하도록 돕는다. 임-노동관계가 기본인 자본주의 생산관계에서 노동자들의 사회 및 노동력재생산을 위해 필요한 복지혜택은 역사적으로 노동자들의 인식개선과 복지에 대한 요구투쟁에 의해서 발전하였다.

결국, 사회복지정책의 발전과 사회복지와 자본주의가 결합한 복지자본주의의 등장 및 발전은 노동의 논리에 의해서라는 관점은 권력-자원이론에 의해서 지지를 받는다. 특히, 노동의 논리는 복지국가의 논리 중 **계급정치와 재분배의 논리**와 동일한 맥락으로 이해될 수 있으며, 역사적으로 노동의 논리는 복지정책이 강조되는 복지국가가 성장 및 발전하는데 중요한 역할을 수행하여 왔다. 즉, 조직화된 노동집단의 지속적인 노동조건개선 및 생활안정을 위한 복지요구는 정치권력을 가진 지배집단에게 지속적인 정치적 압박으로서 작동하여 이에 대한 대응을 불러왔고 나아가 노동자집단을 대변하는 정당의 출현과 발전 그리고 사회민주주의정당을 중심으로 수립된 국가정권창출을 통한 복지국가의 발전에 중요한 영향을 미쳤다.

3. 복지자본주의의 논리

복지 및 복지국가의 논리와 자본주의의 논리 그리고 노동의 논리를 **종합하면** 복지자본주의 논리가 도출된다. **복지자본주의의 논리**는 곧 복지자본주의의 필요성과 발전의 이유를 설명해주는 논리이다. 복지(복지국가)의 논리와 자본(주의)의 논리를 종합적으로 고려하면 복지자본주의의 논리는 첫째, 시장의 불안정성과 불균형 및 확대 재생산되는 사회적 위험에 대한 대응으로 둘째, 노동의 상품화를 유지 및 안정시키기 위한 대응으로 그리고 마지막으로 집단적 복지요구투쟁에 대한 국가적 대응으로 요약될 수 있다. **복지자본주의의 논리**를 구체적으로 살펴보면 다음과 같다.

1) 시장의 불안정성과 불균형 및 확대 재생산되는 사회적 위험에 대한 대응논리(복지의 논리)

가장 우선적으로 지목할 수 있는 복지자본주의 논리는 바로 복지가 강조되는 복지의 논리로서 자본주의가 양산하는 고유한 문제를 극복하기 위해 복지정책의 중요성이 부각되어 복지와 자본주의 결합한 복지자본주의가 등장하고 발전하였다는 점을 설명한다. 따라서 가장 우선적으로 제시될 수 있는 복지자본주의 논리는 자본주의의 시장경제체제가 갖는 모순이나 문제에 대한 국가적 대응의 차원에서 복지자본주의가 등장하고 발전할 수 밖에 없음을 설명해주는 논리로서 이는 곧 "**시장의 불안정성과 불균형 및 확대 재생산되는 사회적 위험에 대한 대응**"논리로서의 복지자본주의를 설명한다.

자본주의는 태동서부터 시장이라는 자원할당 매커니즘을 통해 국민들이 필요한 자원을 스스로 시장을 통해 교환하여 확보하도록 하였음으로 시장을 통한 교환이 불가능한 국민들 즉, 지불능력을 가지지 못하거나 지불능력이 적은 국민들은 시장으로부터 배제되는 현상을 지속하고 있다. 또한 시장은 자기-규제적이라는 경제학자들의 주장에는 상관없이 지속적으로 스스로 규제하지 못함으로써 수요와 공급이 불균형을 일으켜 결국 시장이 붕괴되는 시작의 실패를 지속하고 있다. 시장이 불안정하고 불균형을 양산함으로 이에 대한 대응으로 새로운 자원할당체계의 필요성은 증가하였으며 이는 곧 시장을 대체하는 자원할당기구로서 정부가 직접 국민들이 필요한 재화와 서비스를 제공하도록 하는 정부기능을 강화하였고 또 다른 한편으로는 자발적 조직이나 비영리조직과 같은 자원할당기구의 등장과 발전을 촉진시켰다. 정부의 자원할당기능의 강화는 곧 사회적 위험과 사회적 욕구를 해결하기 위한 일련의 국가적 행동체계로서 사회복지체계의 발전을 가져다주었으며 이는 곧 사회적 위험 및 사회문제에 대한 대응으로서의 복지가 강조되는 복지의 논리와도 맥락을 같이한다.

시장의 불안정성과 불균형 및 확대 재생산되는 사회적 위험에 대한 대응에 따른 복지자본주의의 등장과 발전은 자본주의가 발전하면서 복잡화하고 확대 증가하는 사회문제의 발전을 동시에 경험하게 하였으며 시장은 이러한 자본주의경제체제의 사회문제를 확대재생산하는데 있어 역동적으로 작동하였다. 즉, 산업사회에서 시장으로의 개입을 통하여 자원을 할당받는 대다수 국민들은 지불능력을 확보하기 위하여 노동시장으로 진입하게 되었으며 임금화된 노동을 통해 자유경쟁시장에서 필요한 물건을 구매하고 소비한다. 하지만 자본주의는 언제든지 필요한 노동인력을 값싸게 확보하기 위하여 필요한 노동인력보다 과잉의 노동인력을 유지(노동의 유연화 또는 산업예비군으로 지칭됨)함으로 자본주의 이전에는 경험하지 못하였던 실업은 만연하고 산업화가 진행되고 과학기술의 발전으로 노동의 분업 및 전문화가 빠르게 진행되면서 노동시장으로부터 배제되고 이탈되는 국민들의 수는 급속도로 증가하게 되었으며 이는 또한 근로능력을 가지고 일을 하면서도 질 낮은 노동조건으로 인하여 빈곤으로부터 벗어나지 못하는 **일하는 빈곤층**(working poor 또는 underclass)을 양산하여 빈곤과 실업은 가장 대표적인 자본주의국가의 사회문제가 되며 이는 곧 자유경쟁시장의 불균형을 설명해준다. **빈곤과 실업과 같은 주된 사회문제의 대응은 곧 자본축적을 정당화하기 위한 자본의 논리이기 이전에 그리고 이에 대한 대응으로서 복지정책에 대한 노동계급의 요구이전에 사회적 위험요소 및 사회문제를 예방 및 해소하여 국민생활을 안정화시키기 위한 가장 효과적인 대응이 사회복지정책 및 제도라는 복지의 논리**가 강조된다.

또한 시장실패에 따른 빈곤과 실업과 같은 사회적 위험과 이에 파생하여 등장한 사회배제현상에 따른 정서·심리적 위축감 그리고 지불능력을 확보하기 위해 경쟁을 하고 지속적으로 자기계발을 하여야 하는 국민들의 피곤함은 각종 중독 및 강력범죄 등의 확산에도 영향을 주어 이에 대한 대응으로 국가는 사회의 안정과 사회의 질을 보장하고 개선하기 위해 일련의 행동체계로서 복지정책과 제도를 강화하여 복지가 강조되는 복지자본주의를 필요로 하게 된다. 또한 자본주의의 시장자체가 갖는 고유한 모순에 따라 발생하는 사회문제 이외에도 자본주의사회가 발전하면서 21세기 대부분의 복지자본주의국가에 영향을 미치고 있는 고령화와 저출산 등과 같은 신사회적 위험 역시 복지자본주의에서 돌봄을 포함하는 사회서비스의 사회적 책임을 공론화하여 국가중심의 사회서비스정책이 확대 제공되는데 중요한 역할을 담당하였다.

시장의 불안정성과 불균형 및 확대 재생산되는 사회적 위험에 대한 대응에 의한 복지자본주의의 등장과 발전은 또한 인본주의사상과 민주주의 발전에 의해서도 영향을 받았다. 즉, 19세기 유럽에서 의회민주주의가 가장 빨리 자리 잡은 영국의 경우 민주주의의 발전과 함께 인간중심의 인본주의적 사상에 기반하여 자유의 최고 안내자는 정부라는 자유주의 이념 하에 자유적 복지개혁을 추진하여 사회적 위험에 처해 있는 국민들에게 보호를 위한 제반 복지정책들을 제공하였다(지은구 외, 2020). 20세기 들어 민주주의의 발전에 따른 복지의 제공은 시민에 대한 권리로서 복지가 제공되는 사회권의 등장을 초래하여 보편주의적 복지가 발전하는데 중요한 영향을 미쳤다. Marshall(1963)은 민주주의가 발전하면서 18세기에는 언론 및 종교와 사상의 자유와 같은 개인적 자유가 강조되었으며 이를 시민권이라 명명하였고 19세기는 의회개혁과 참정권의 확대에 따른 정치적 자유가 발전하여 이를 정치권이라고 명명하였으며 20세기는 연금과 건강보호와 같은 사회복지가 강조되는 사회권이 발전하였음을 제시하였다.

종합하면, 시장의 불안정성과 불균형 그리고 새로운 위험을 포함하여 확대 재생산되는 사회적 위험에 대한 대응논리는 복지의 논리이다. 복지의 논리는 복지에 대한 사회적 권리를 기반으로 하며 시장자체가 가지는 고유한 모순들을 해결하고 자본주의가 갖는 고유한 문제점을 포함하여 새롭게 등장하는 사회문제에 적극적으로 대응하여야 한다는 복지의 필요성을 강조하며 이러한 논리는 곧 복지자본주의를 발전시켰음을 나타내준다.

2) 노동의 상품화를 유지 및 안정시키기 위한 대응논리(자본의 논리)

복지자본주의의 두 번째 논리는 바로 자본주의 기본적 작동원리로서 노동의 상품화를 기초로 하는 임-노동관계를 안정화시키기 위한 국가적 대응으로 복지자본주의가 등장하고 발전하였다는 "**노동의 상품화를 유지 및 안정시키기 위한 대응**"논리이다. 이 논리는 **자본의 논리**가 반영된 입장으로서 자본축적을 지속적으로 유지하기 위해서 자본주의의 고유한 생산관계 즉 임노동관계가 유지 및 지속되어야 함으로 이를 보장하기 위한 국가적 대응은 바로 임금노동화된 집단 및 그 가족들로부터 분출되는 사회복지에 대한 욕구를 충족시켜 자본주의 경제체제를 유지 및 존속시키는 것이 필요함이 강조된다. 자본주의 시장경제체제는 노동의 상품화를 기초로 작동함으로 상품화된 임금노동자들의 노동소외현상은 곧 심각한 사회문제를 초래하게 되고 이러한 사회문제는 곧 자본의 이익창출활동을 방해함으로 이를 국가적 차원에서 해결하기 위한 대응이 곧 복지정책을 강화하여 자본주의 경제체제를 유지 및 보전시키는 복지자본주의의 작동이 된다. 노동의 상품화를 유지 및 안정시키기 위한 대응논리에 의해서 복지자본주의가 작동하면 **복지는 기본적인 수준에서 즉, 기본적 생활을 유지 및 보전하는 수준**에서 제공된다.

따라서 복지혜택에 대한 대상자별 기준이나 자격이 구분되어 선택적 복지가 제공되는 경우가 이 논리에 의해서 설명되어질 수 있다. 즉, 노동상품화를 유지 및 보전하여 자본주의경제체제를 안정화시키는 것을 목적으로 하는 자본의 논리에 따르면 임노동자들에 대한 최저수준의 임금 및 최저수준의 생활보장을 위한 사회복지혜택을 제공하는 것이 강조됨으로 사회복지정책과 제도들은 자본의 이익창출활동에 대한 안전망이자 기본 동력으로 작동한다. 사회복지혜택은 자본의 이익창출활동에 부합되는 선에서 이루어짐으로 임금보다 사회복지혜택은 당연히 수준이 낮아야 하며 열등처우의 원칙은 복지혜택의 수준을 결정하는 기본 원칙으로 작동한다. 즉, 가족이 구성원들의 복지를 일차적으로 책임지고 국가는 최소수준으로 혜택을 받을 만한 사람들에게만 혜택을 제공하는 최소부담원칙과 가족부담원칙을 고수하며 기업에 대한 세금부담을 줄여 기업의 활동을 적극적으로 지원하는 사회정책보다 경제우선정책을 강조한다. **자본의 논리에 따르면** 복지는 국민들의 사회적 권리이기보다는 노동상품화를 유지하기 위한 도구이고 복지자본주의는 자본의 활동을 보전받기 위한 방책으로 발전한다.

복지국가의 위기를 강조하는 학자들은 자본의 이익창출을 위해 국가는 자본의 경제활동을 보장하고 활성화시키기 위한 수준에서 더 많은 재정지출을 감당하기 위해 복지에 대한 재정지출을 확대하여 해석하고 복지에 대한 지출증가가 재정적 위기를 초래하며 막대한 복지재정지출에도 불구하고 실업이나 빈곤 등 사회문제는 해결되지 않음을 주장하기도 한다(Murray, 1982; Mead, 1992). 이러한 복지국가의 위기론은 곧 자본의 논리가 반영된 논리라고 할 수 있다.

※ 열등처우의 원칙(the principle of the less eligibility)

열등처우의 원칙은 본래 1834년 영국의 구빈법 조사위원회 보고서에 수록된 신구빈법의 운영원칙 중 하나이며 구제를 받는 빈민의 처우는 최하급의 독립노동자의 수준보다 낮아야 한다는 것으로 국가의 도움을 받는 사람은 스스로 벌어서 생활하는 최하위 노동자의 생활보다 높지 않아야 한다는 원칙을 의미한다. 현대에는 주로 복지서비스를 이용하는 국민들이 **복지의존성**을 지니지 않도록 하기 위한 원칙으로 이해되며 복지국가 초기시대 학자들이나 복지국가를 반대하는 학자들에 의해서 주장되었다.

초기 자본주의 시대 자본의 논리에 부합한 열등처우의 원칙으로부터 벗어나 20세기 이후 복지에 대한 혜택은 국민들의 사회적 권리로서 인식되었으며 빠르게 **탈상품화하는 복지국가**에서는 국민들이 노동을 하지 않아도 기본적인 생활안정을 보장하는 보편주의적 사회보장을 강조한다. 노동의 유무와 상관없이 경제적 양극화 및 불평등의 심화, 장기적 실업과 불완전한 노동시장에 따른 노동조건의 악화, 1인 가족, 다문화가족 등장 등 가족구조 다변화와 인구고령화와 저출산 등에 따른 사회적 돌봄을 필요로 하는 인구의 급격한 증가와 이에 따른 사회적 위험은 상품화된 국민들의 생활안정을 위협하고 있으며 이를 극복하기 위해 현대의 복지정책은 국민들의 탈상품화를 기본 목적으로 지향하도록 빠르게 변화하고 있다.

특히, 특정 개인의 복지의존성의 여부는 신체 및 정신건강상태를 포함한 노동능력의 여부, 일자리의 질, 가족의 상태와 사회 및 자신에 대한 개인의 인식 및 의식 등에 따라 종합적으로 판단되어야 하며 단순히 복지혜택을 받고 있다는 것이 복지의존성이 높아짐을 의미하지는 않는다.

3) 집단적 복지요구투쟁에 대한 국가적 대응논리(노동의 논리)

복지자본주의의 세 번째 논리는 복지자본주의가 노동자 및 시민들의 복지요구투쟁에 대한 결과물로서 등장하고 발전하였음을 설명해주는 "**집단적 복지요구투쟁에 대한 국가적 대응**"논리로 이는 곧 노동의 논리를 의미한다. 복지국가가 태동 시 노동계급의 집단적 힘과 사회주의운동에 크게 영향을 받은 것과 마찬가지로 복지에 대한 요구는 그것을 필요로 하는 시민 및 사회적 집단에 의해 영향을 받는다. 복지요구투쟁의 수위가 높으면 높을수록 민주주의국가의 대응 결과물로서 복지의 수준이 높아진다. 이는 조직화된 노동자집단을 중심으로 사회민주주의가 발전한 스웨덴과 같은 복지자본주의국가에서 복지정책이나 제도가 선진적으로 발전한 이유를 설명하며 노동의 논리가 자본의 논리에 우선함으로 노동의 탈상품화 및 보편주의적 복지에 대한 주도력을 강화하는데 도움을 주는 논리이기도 하다.

독일과 같은 유럽국가의 경우, 계급의식으로 무장된 조직화된 노동자집단의 등장은 19세기말에서 20세기 초에 자본주의경제체제를 발전시키고 공공히 하기 위한 정치 및 경제적 지배집단에 부담으로 작동하였고 나아가 사회주의운동으로 발전하여 자본주의경제체제를 위협하는 세력으로 발전하였다. 이에 대한 대응으로 지배계급들은 노동계급의 요구에 대한 대응책을 적극적으로 제시하기 시작하였으며 이러한 노동의 요구에 따른 결과물로서 복지국가는 발전하게 되었다. 노동계급의 동원과 민주적 계급투쟁을 통한 집단적 복지요구를 강조하는 노동의 논리는 자본주의를 계급적 입장에서 분석하여 노동계급의 정치적 힘이 복지국가를 등장 및 발전시켰음을 강조하는 권력-자원이론을 강조하는 학자들에 의해서 지지받으며 대표적인 학자로는 John Stephens, Gosta Esping-Anderson 그리고 Walter Korpi 등이 있다.

Bucci(2018)는 사회민주주의정당이 발달하지 않은 미국의 경우도 권력-자원이론을 적용하여 경제적 불평등과 조직화된 노동자의 힘 즉, 노동조합과의 관계를 분석하였을 때 노동조합은 최근 미국에서 줄어들고 있지만 노동조합이 경제적 불평등을 제한하는 효과를 가져 온다는 점을 지난 39년 동안의 미국 사회지표들을 중심으로 분석하여 입증하였다. 이러한 연구는 곧 선진복지국가들에 비해 복지가 덜 발달된 자유주의적 복지국가로 구분되는 미국 역시 복지정책의 발전에 노동계급의 조직화된 힘 즉, 노동의 논리가 주요한 영향력을 행사하였음을 나타내주는 것이라고 할 수 있다.

종합하면, 사회적 위험에 대한 대응으로서의 복지의 논리와 노동계급의 복지요구투쟁에 대한 대응으로서의 노동의 논리 그리고 자본축적활동의 유지 및 보전을 위한 도구로서의 자본의 논리가 결합하여 복지자본주의논리가 형성되고 이러한 논리를 바탕으로 복지자본주의는 등장 및 발전하게 되었다. 위의 논리들은 상호 배타적이지 않으며 중첩되어 복지자본주의의 모든 국가들에게 영향을 미친다. 따라서 같은 복지자본주의국가라고 하더라도 복지의 수준은 매우 상이할 수 있다. 즉, 국민들에게 부정적 영향을 미치는 사회적 위험의 정도가 높던지 또는 복지요구투쟁의 정도가 높으면 복지의 수준은 당연히 높을 수 있고 자본의 요구가 높으면 복지는 최소수준에서 기본적 생활수준에 대한 보장을 넘어서지 않는다. 이념적인 수준에서 자유주의복지국가, 보수주의복지국가 그리고 사회민주주의 복지국가는 모두 위의 복지자본주의논리들을 적용하여 적절하게 설명될 수 있다.

[그림 14] 복지자본주의 논리

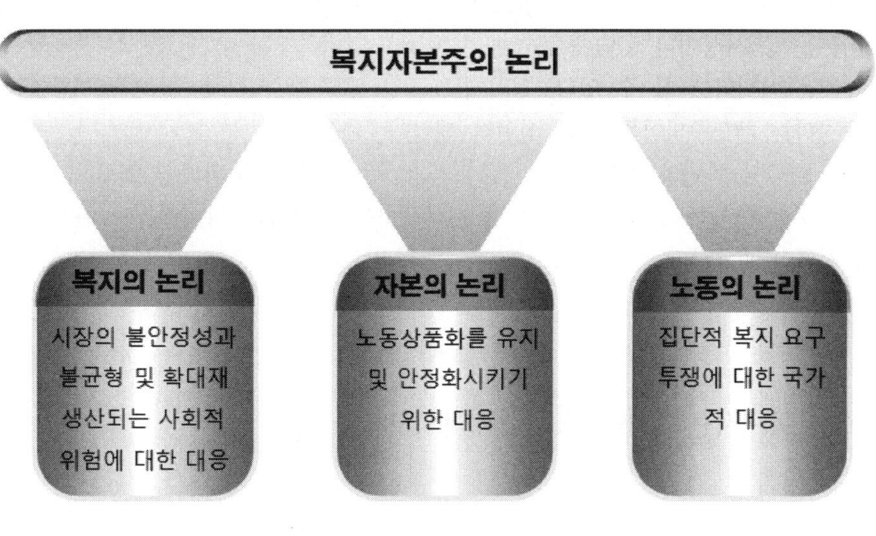

제 4 장

복지자본주의와 정치경제학

복지자본주의는 경제학적 해석이나 경제이론만으로는 해석하고 분석하는 것이 불가능하다. 이는 복지국가라는 정치체제가 자본주의와 결합된 특성에 기인한다. 따라서 복지자본주의는 복지국가를 분석하는 이론적 틀로서 또는 정치체제에 대한 분석을 위해서 정치와 경제를 분석하는 정치경제학적 관점이 필요함을 나타내준다. 복지국가의 발전을 설명하는 다양한 이론들 중 사상이나 이념에 근거한 이론들은 정치적 해석이 필요하지 경제적 해석이 필요한 것은 아니라고 할 수 있다. 정치제도나 정치형태가 복지국가를 발전시키는 요인이라고 주장하는 제도주의이론은 곧 정치적 해석이 복지국가를 분석하는 중요한 틀임을 나타내준다. 따라서 복지와 자본주의 결합한 복지자본주의의 작동원리를 이해하기 위해서는 당연히 복지국가를 분석하는 정치이론과 자본주의를 분석하는 경제이론이 결합한 정치경제학적 시각이 필요하다.

제 1 절 복지자본주의의 정치경제학적 배경

1. 정치경제학의 필요성

정치경제학은 복지자본주의를 이해하고 분석하며 설명하는 데 있어 가장 중요한 관점이자 이론적 틀이다. 국가의 정치체제로서 복지정책을 중요시하는 복지국가는 자본주의를 경제체제로 하여 작동하고 발전하였음으로 복지자본주의의 작동원리 및 방식을 이해하는 데 있어 정치와 경제를 통합하여 자원할당의 기제를 이해하고 분석하는 정치경제론은 복지자본주의 작동의 기본적 토대가 된다. 정치경제는 기본적으로 자본주의 탄생과 함께 이를 지지하고 지원하기 위해 등장한 고전파경제학자인 아담 스미스를 필두로 하는 고전파정치경제론과 이를 비판하면서 등장한 마르크스정치경제론 그리고 마르크스이론을 추종하면서 등장한 Ian Gough 등을 중심으로 하는 신마르크스 정치경제론 그리고 고전파를 계승한 신고전파 정치경제론 등으로 구분된다. 사실 고전파 정치경제론 이후 경제학의 주류는 정치경제학보다 경제학이라는 용어를 선호하여 정치경제학보다는 미시 및 거시 경제학을 주류경제학으로 설정하고 있지만 정치경제학은 **정치체제와 경제체제를 분석하는 유용한 토대**로서 작동하여 자본주의 경제체제에서 자원할당에 있어 국가의 역할과 시장의 역할을 분석하는 중요한 지렛대이다. 따라서 복지자본주의에 대한 분석은 곧 정치경제학적 시각으로 분석하는 것이 기본적 틀이라 할 수 있다.

복지자본주의 및 복지국가를 발전시킨 원동력이 정치적 힘이라고 주장하는 권력-자원이론은 정치경제학의 가장 핵심적인 이론으로서 조직화된 노동계급의 정치력을 중요시하지만 신고정파경제학자들이 강조하는 공공선택이론에 따르면 복지자본주의 및 복지국가는 국민들의 합리적인 선택으로 발전하게 된다. 공공선택이론은 국민들의 경제적(합리적) 선택을 정치개념을 적용하여 설명하기 위해 등장한 이론임으로 정치경제학의 틀을 유지하지만 기본적으로 경제학에서 강조하는 합리적 선택이론과 복지경제학에서 주장하는 사회선택이론이 공유되는 이론이다.

2. 정치경제학이란?

1) 정치경제학의 개념 및 배경

정치경제(또는 정치경제학, Political Economy)[18]라는 용어는 16세기 처음 등장하였으며 18세기 현대적 용어로 활용되어 19세기 말 정치경제학이 경제학이라는 용어로 대치되면서 점차 사라졌다가[19] 1960년대 후반 다시 등장한 개념이다. 자본주의에 대한 경제학적 기초를 다진 고전파 경제학자인 아담 스미스(The Wealth of Nations, 1776)나 리카르도(Principles of Political Economy, 1817)는 모두 자신의 책에서 자본주의라는 경제체제를 분석하면서 정치경제라는 용어를 사용하였다. 아담 스미스는 '국가의 부'에서 국가 부(wealth)의 원인과 본질에 대해 설명하면서 정치경제라는 용어를 사용하였으며 James Mill(1821)과 McClloch(1825)는 정치경제를 '노동생산물과 상품의 교환과 소비, 분배 및 생산을 규정하는 법에 대한 과학적 조사'라고 정의하였다. John Stuart

18) 본 저서에서는 political economy를 정치경제학으로 번역함.
19) 초기 경제학자들이 사용하였던 정치경제학이라는 용어는 1890년 일프레드 마샬(Alfred Mashall)이 경제학(economics)라는 용어를 정치경제학 대신 사용하면서 점차 사라졌다가 20세기 중반이후 다시 등장하였다.

Mill(1831)은 정치경제를 '부의 생산을 위한 인류의 활동으로부터 제기되는 사회현상과 법을 추적하는 과학'이라고 정의하였다.

Marx 역시 정치경제라는 용어를 사용하여 고전파 경제학자들이 제시한 정치경제학을 비판하였는데 이는 그의 책 '자본(The Capital)'의 부제가 정치경제학비판(A Critique of Political Economy)임을 보면 알 수 있다. 이는 곧 고전파 경제학의 정치경제학과 마르크스정치경제학이 상호간에 대립되는 성격을 나타냄을 의미한다. 마르크스(1859)는 정치경제학을 '시민사회의 해부학'이라고 규정하였으며 그의 영원한 동지인 엥겔스(Engels, 1859)는 정치경제학이 '현대 부르조아사회의 이론적 분석'이라고 주장하고 1877년 정치경제학을 '인간사회에서 생존을 위한 물질적 수단의 교환과 생산을 지배하는 법칙의 과학이며 지속적으로 변화하는 물질을 다루는 역사과학'이라고 제시하였다. 따라서 초기 경제학자들에게 있어 정치경제학은 "사회와 경제 또는 국가(법)와 경제의 관계의 본질을 규명하는 것"이라고 할 수 있다(지은구 외, 2021).

현대적 의미에서 정치경제학은 경제학이라는 용어와 같이 사용되고 있으며 주류경제학에서는 정치경제학이라는 용어보다는 경제학이라는 용어를 보다 선호하지만 신마르크스주의자들은 자본주의체제의 본질과 작동양식을 분석하면서 지속적으로 정치경제학이라는 용어를 사용하고 있다. 정치경제학은 거시 경제적 측면에서 '소득과 부의 분배 그리고 정치적 측면에서 정부와 법과 제도와의 관계 하에서 생산과 거래를 연구'하는 이론(지은구, 2021)으로 알려져 있다. 현대 정치경제학에 대한 사전적 정의에 따르면 정치경제학은 '**정치제도, 정치환경 그리고 경제체제(자본주의나 사회주의)가 어떻게 상호영향을 주고받는지를 연구**'한다고 규정되어있다(Weingast and wittman, 2008). 또한 Alesina(2007)는 정치경제학을 '경제행동과 정치행동의 상호관계 즉, 국가나 정치 환경 그리고 시장과 같은 경제체제가 어떻게 상호 간에 영향을 주고받는가를 연구하는 이론'으로 제시하였다. 이와 같은 정치경제학의 정의에 기초하면 '복지정권'으로서의 정치체제와 경제체제인 '자본주의'가 결합한 '복지자본주의'를 이해하고 설명하는데 있어 사회와 경제 그리고 국가정책과 제도 그리고 경제의 상호관계를 분석하는 정치경제학은 매우 중요한 이론적 틀이다. 따라서 복지와 자본주의의 결합 그리고 진화나 발전은 곧 정치경제학의 기본적 질문이나 자본주의의 작동원리에 대한 정치경제학적 시각 등에 의해서 이해되고 설명될 수 있다.

칼 폴라니(Karl, Polanyi. 1886-1964)는 자본주의 체제의 경제 및 사회 조직에 대항하는 사회적 저항을 대항운동(counter movement)이라고 명명하고 (노동)상품화의 발전과 그것에 반대하는 힘 사이의 상이한 경제적 사회적 논리는 사회적 갈등을 유발하며 이는 정치경제학의 핵심 연구 주제임을 주장하였다(Beckert and Streeck, 2008). 이러한 폴라니의 견해는 경제(노동 상품화)와 사회운동(또는 집단적 행동)이 상호 밀접한 연관이 있고 양자 사이에 발생하는 사회갈등에 대한 분석은 곧 정치경제학의 핵심 영역임을 강조하는 것이다. 자본의 노동착취 또는 자본의 축적에 따른 국민들의 불평등 심화 등 자본주의의 모순에 대항하는 대항운동이나 집단적 행동은 곧 노동자나 국민들로부터 야기되는 사회적 변화를 위한 요구나 생활안정을 위한 요구 또는 사회복지증진을 위한 요구투쟁 등으로 나타낼 수 있는데 이러한 집단적 행동은 곧 국민들이 생활하는 사회에 대한 이해와 경제가 국민 삶에 미치는 영향력 등에 대한 분석 등 경제와 사회와의 상호관계를 이해하고 분석하는 것을 필요로 한다. 이는 곧 정치경제학이 사회와 경제에 대한 분석을 위해 반드시 필요로 함을 의미하는 것이다.

경제와 사회가 상호 밀접한 연관이 있으며 이에 대한 분석이 곧 정치경제학의 핵심영역이라는 점은 Streek(2011)에 의해서도 지지되는데 그는 정치경제학이 "사회구성원들의 사회적 삶이나 정치 그리고 사회정책에 영향을 주는 경제적 관심이나 경제적 제한점들의 상호관계를 분석함으로 사회와 경제를 통합적 관점으로 이해하고 분석하는 힘을 제공한다"고 주장하였다. 이러한 분석에 따르면 자본주의 사회에서 경제는 고립되어 있지 않으며 국가 및 사회와 상호의존하며 밀접한 관련을 맺는다. 따라서 사회에서 벌어지는 경제 활동은 특정 사회의 정치, 사회 특히, 집단적 행동과 영향을 주고받는다고 할 수 있음으로 **정치경제학의 주요 관심은 사회와 경제의 상호작용 그리고 이에 대한 분석**이 된다.

종합하면, 사회와 경제와의 상호관계를 분석하기 위해 집단적 행동으로 시민의 역할이나 정부의 역할과 시장의 역할 특히, 정부의 역할과 시장의 역할을 중요한 분석 요소로 보는 **정치경제학은 생산에 대한 할당과 부의 분배에 대한 방식을 설명하는 데 있어 매우 유익한 관점**이라고 할 수 있다. 특히, 국가를 구성하는 사회구성원들에게 정부는 무엇을 어떻게 분배할 것인가는 정치경제학의 주요한 관심사이다. 따라서 오늘날의 정치경제학의 주요 관심은 자원할당에 대한 시민의 욕구에 정부가 어떻게 대응하는가라고 할 수 있다. 자본주의 사회에서 자원의 생산과 교환을 통해서 물질적 욕구를 충족하기 위한 노력에 대한 분석은 사회구성원들의 시민운동 및 집합적이고 정치적인 이해에 의해 만들어진 정부와의 관계에 의해서 설명될 수 있다. 결국, '자본주의 시장경제체제에서 정부가 어떠한 정치적 결정을 통해 사회구성원들에게 자원을 할당하고 분배하는가' 그리고 '적절한 자원할당을 위해 어떻게 국가나 국민들이 집합적으로 대응하여야 하는가'는 정치경제학의 매우 중요한 관심영역이다(지은구 외, 2021).

2) 정치경제학의 복지자본주의 분석 원리

Besley와 Burgess(2002)은 정치경제학의 주된 관심이 "사회구성원들의 **사회적 보호에 있어** 국가적 효과성을 향상시키기 위해 **국가는 어떤 경제적, 사회적 그리고 정치적 제도를 가지고 있는가?**"에 있다고 강조하였다. 국가는 국가를 구성하는 국민들을 보호하고 돌봐야 하는 기본적인 책무를 가진다. 특히, 자본주의 시장경제체제에서 국가는 국민들이 자유로운 경제활동을 할 수 있도록 하여야 하며 또한 시장을 통해서 기본적인 생활이 보장되지 않는 국민들이라고 해도 기본적인 생활이 보장되도록 각종 사회적 위험으로부터 보호하여야 한다. 이를 위해 국가는 다양한 정책과 제도를 기획하고 법을 규정하고 시행하여 국민의 안전한 삶을 보장하기 위해 노력한다. 특히, 20세기 이후 복지국가는 국민의 복지증진 향상을 국가가 책임지는 정치체제로서 국민들의 경제적 안정과 사회적 위험으로부터의 보호를 국가적 책무로 하며 자본주의와 결합하여 발전하여 왔다. 자본주의 경제체제에서 시장으로부터 소외되거나 배제된 사회구성원들은 그들의 생존을 위해 국가의 대응 및 보호에 의존하게 되는데 정치경제학은 소외되고 배제된 사회구성원들을 보호하기 위한 대응방식을 설명해준다. 즉, **자본주의가 가져다준 위험을 극복하기 위해 국가는 사회적 보호를 위한 노력을 어떻게 효과적으로 대응하는가를 설명해주는 것**이 곧 정치경제학을 통해 분석되고 이해될 수 있음을 의미한다. 복지국가라는 국가체제에서 집단적 행동 즉, 대응은 곧 국가의 복지정책의 강화가 핵심임으로 자본주의의 문제점을 복지정책을 통해서 강화하는 것을 이해하고 분석하는 것이 곧 정치경제학의 핵심적 내용이 될 수 있다. 이는 정치경제학이 복지국가정책(사회복지정책) 및 자본주의에 대한 분석을 중심으로 복지자본주의의 작동을 설명함을 나타낸다. 따라서 **복지자본주의에 대한 정치경제학의 중요한 원리 및 분석은 첫 번째로 사회복지정책운영과 작동에 대한 분석이고 두 번째는 자본주의 경제체제의 본질과 작동에 대한 분석에 기초한다.**

결국, 복지자본주의는 국가별로 상이한 모습을 나타내지만 본질적으로 특정 국가의 복지자본주의의 작동이나 성격을 분석하기 위해서는 그 국가의 사회복지정책의 운영 및 작동에 대한 분석과 자본주의 경제체제 특히, 시장에 대한 본질과 특성 및 작동을 분석하는 정치경제학적 시각이 중요하다고 할 수 있다.

자본주의 경제체제 하에서 자원할당기구인 **시장이 모두 국민들에게 적절한 소득을 제공하여 생활안정을 가져다주었는가**는 곧 복지자본주의를 해석하는 정치경제학적 논리의 핵심이다. 만약 시장이 적절한 자원배분기능을 수행하지 못하게 된다면 이는 곧 제2섹터(시장 즉, 민간영리부분)를 대체하는 새로운 자원할당기구의 등장 및 필요성을 나타내주는 것이라고 할 수 있다. 현대자본주의사회에서 경쟁에 놓여 있는 개인 및 조직들은 기존의 시장에서 혁신을 통해 새로운 이익을 창출할 수 있는 기회를 끊임없이 추구하여야 생존 가능하다. 하지만 개인 및 경제조직들의 변화노력은 단지 경제에 국한되지 않으며 전체 사회에도 영향을 미친다. 기업이나 개인은 경쟁시장을 통한 경제활동의 산물로부터 이익을 취하지만 사회는 지속적으로 경쟁시장의 활동으로부터 영향을 받아 이윤을 추구하는 자본주의의 자본축적 논리에 의해서 사회구성원들의 삶은 경제적 부분에 종속되고 미래에 대한 불확실성은 증대되며 그들의 삶은 지속적으로 파괴되어 간다. 시장경제가 발전하면 할수록 사회구성원들의 삶이 지속적으로 파괴된다는 자본주의사회의 모순 내지는 사회갈등은 결국, 지속적 '**자본축적을 위한 요구물**(예를 들어 경제발전정책)'과 '**사회적 보호 및 사회재생산을 위한 요구물**(예를 들어 사회복지정책)' 사이의 균형에 영향을 주고 이는 사회구성원들의 안정적이고 건강한 삶을 유지 보전하기 위한 대항운동의 필요성 나아가 국가의 사회복지 재화와 서비스의 생산 및 제공을 통한 사회적 보호 및 분배 문제해결을 위한 노력의 필요성을 보여주며 이는 곧 정부의 시장개입 증대 및 정부의 공공성강화와 사회적 역할의 강화를 의미한다(지은구, 2021).

[그림 15] 복지자본주의 작동원리

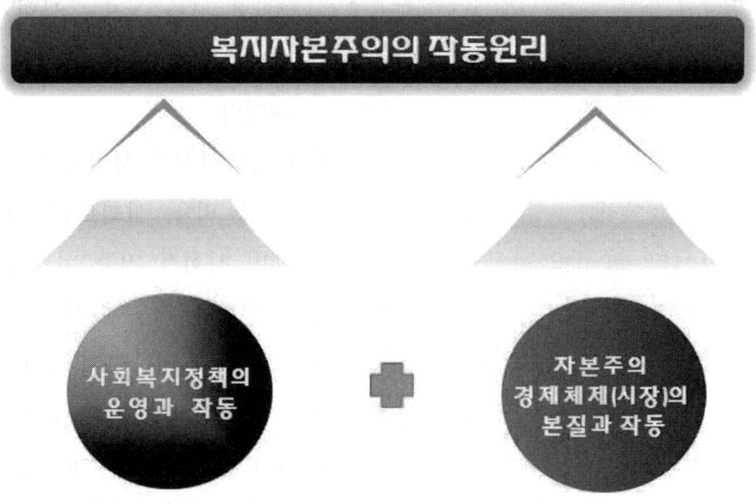

자본주의 경제체제에서 시장의 불균형 및 불안정성과 이에 따른 사회배제현상을 극복하기 위한 정부의 개입 및 사회복지정책 확대 전략은 곧 다양한 사회복지 및 사회서비스 제공을 결과하였지만 이는 곧 복지확대에 따른 재정적 위기와 국민들의 복지욕구에 대한

개별적인 대응의 실패 그리고 복지서비스의 관리 및 품질개선 노력부족과 공공조직의 관료적 속성에 따른 서비스경직성과 효과성입증 실패 등 다양한 문제점을 노출하였다. 이와 함께 2000년대에는 저출산·고령화 등과 같은 신사회적 위험과 여성의 역할 변화 즉, 사회참여활성화 등에 영향을 받은 국민들이 지속적으로 증대하는 돌봄 및 사회서비스에 대한 부담을 극복하기 위해 국가의 역할 증진을 요구하였다. 하지만 현대 복지국가는 국민의 욕구증대에 대한 국가적 대응의 한계를 노출하여 복지자원의 적절한 제공을 위한 도전에 직면하게 되었다. 결국, 정치경제학적 시각에서 보면 국가(복지국가)와 시장(자본주의)사이의 관계를 분석하면 복지자본주의의 자원할당의 수준 및 복지정책의 수준이 확인될 수 있음을 알 수 있다(지은구, 2021).

제 2 절 복지국가의 정치경제학

1. 복지 및 복지국가에 대한 정치경제적 접근 구분

(상술한 바와 같이)복지자본주의와 함께 복지국가를 이해하고 분석하는데 있어 가장 유용한 접근방법은 정치경제학적 접근방법이다. 국가체제 또는 정치체제로서 복지국가는 경제체제와 밀접한 연관을 갖으며 발전하였음으로 정치와 경제 그리고 사회와 경제를 상호관련 하에서 분석하는 정치경제학은 복지국가를 이해하고 분석하는 사상 또는 이념적 성향과 함께 복지국가의 성격을 규정하는 기본적 토대이다.

주로 1990년대 이후 정치경제학적 시각에서 학자들은 사회적(사회복지) 지출, 국민총소득, 국내총생산, 정부지출, 정부지출 대비 사회적 지출 비율, 사회보험이나 공공부조와 사회서비스 등과 같은 분야별 사회복지지출, GDP 대비 사회적 지출 비율 등 주로 거시지표에 특정 국가정치집단의 정치적 성향이나 이념적 성향을 적용한 자료 그리고 국민들에게 부정적 영향을 미치는 출산율, 노인인구비율, 빈곤율 실업률, 소득 10분위 분배율 등 사회적 위험요소들에 대한 분석자료 등을 활용하여 복지국가의 현 상태 또는 조건이나 상황을 설명한다. 하지만 1990년대 이전 특히 케인즈복지국가가 재정적 위기에 봉착한 후 1970년대에 등장한 보수적 정치경제학자(신고전파 정치경제학자)들은 복지국가에 대한 분석에서 정치나 이념 그리고 사회적 위험요소들에 대한 종합적 분석을 등한시 한채 정부의 재정적 지출과 정부의 시장개입의 정도 등에 대한 자료를 중심으로 복지국가가 결국 재정지출을 감당하지 못하고 붕괴되거나 몰락할 것이라고 주장하였다. 반면, 복지국가의 재정적 위기에 대한 분석에서 신마르크스주의자들을 중심으로 하는 정치경제학자들은 보수주의 정치경제학자들보다 자본주의 작동양식과 사회문제에 대한 보다 심도있는 분석을 통해 복지국가의 위기 및 복지국가의 특성을 분석하기 위해 노력하였다.

복지국가에 대한 정치경제학적 시각은 역사가 깊다. 복지국가는 역사적으로 19세기 자본주의에 대한 비판과 사회주의운동의 출현과 함께 등장하고 발전하였다. 복지국가가 20세기 경제대공황이후 케인지안복지국가로서 기본적인 토대를 구축한 이후 지속적으로 발전하였지만 본격적으로 정치경제학자들에 의한 분석의 대상이 된 것은 1970년대 이후이다. 자본주의 등장과 함께 18세기 등장한 고전파 정치경제학자들에게는 복지국가보다는 복지(welfare)에 대한 개념과 해석 그리고 국가의 역할과 기능에 대한 설명과 해석을 자본주의 시장경제와 연관하여 설명하는 것이 매우 중요한 영역이었는데 이는 그 당시가 복지국가가 등장하기 전 시기였음으로 당연한 결과라고 할 수 있다. 따라서 복지국가에 대한 정치경제학적 접근 또는 해석은 크게 **복지에 대한 접근 및 해석을 강조하는 고전파 정치경제학의 시대와 이를 비판하면서 등장한 마르크스정치경제학의 시대 그리고 1970년대 이후 본격적으로 복지국가에 대한 분석을 자본주의의 구조적 문제와 연관하여 분석을 시도하면서 등장한 신마르크스 정치경제학의 시대 및 복지국가의 종말 또는 위기를 강조하였던 신고전파 정치경제학의 시대**로 구분할 수 있다. 정치경제학적 관점에서 복지와 복지국가를 분석하고 설명하는 시각의 중요한 측면들을 종합적으로 소개하면 아래와 같다.

2. 복지에 대한 고전파 정치경제학

18세기에 등장한 아담 스미스를 필두로 하는 고전파 정치경제학자들에게 있어 그 당시에 복지국가는 등장하지 않았음으로 복지국가에 대한 설명은 존재하지 않지만 복지에 대한 해석은 당연히 존재한다. 복지국가가 등장하기 이전 자본주의가 등장하여 발전하면서 고전파 정치경제학에서는 복지에 대한 기본적 시각을 제시하였다. 복지(welfare)는 정치경제학에서 매우 중요한 개념으로 인정되었으며 아담 스미스 이후 고전파 정체경제학자들은 복지가 무엇인지 그라고 어떻게 복지가 충족되는지에 대한 시각을 제공하였다. 대부분의 고전파 정치경제학자들은 **복지에서 사회성을 배제한 채 복지를 개인적 복지로 이해하고 개인의 원함이나 만족과 동일한 개념**으로 간주하였으며 개인적인 수준에서 만족이 실현되고 원함이 충족되면 개인의 복지는 향상됨을 주장하였고 개인의 복지가 충족되면 당연히 사회의 복지 즉, 사회복지는 향상된다고 생각하였다. 아담 스미스는 자본주의 경제를 효율적으로 작동시키는 것과 국가의 사회복지에 대한 책임성은 양립할 수 없다고 생각하였는데 이는 그가 복지를 공식적인 경제체제인 시장 안에서 재화와 서비스의 교환과 생산을 통해서 보장되는 것이라고 생각하였기 때문이다(Pierson, 1991). 이는 아담 스미스의 입장에서 **복지는 국가에 의해서 제공되는 재화와 서비스가 아니고 시장에 개인이 참여하여 생산과 교환을 통해서 원하는 것, 선호하는 것 그리고 만족하는 것을 확보하는 것으로 이해하였다는 것**을 의미한다. 고전파 경제학자들에게 있어 시장은 분배와 자원할당의 도구이며 또 다른 분배나 자원할당기구는 존재할 이유가 없다. 이는 개개인들이 수요와 공급법칙에 의해서 작동하는 시장에 개입하여 사고파는 행위를 통하여 그들의 복지를 최대화함으로 자유경쟁시장이야 말로 가장 완벽한 복지증진을 위한 자원할당기구임을 나타낸다. 결국, 사장은 고전파 정치경제학자들에게 있어 개인적 복지 및 일반적 사회복지의 최적화를 향해 작동하는 기제이다.

고전파 경제학자들은 사회복지가 개인적 복지의 합을 최대화하는 것에 의해서 보장된다고 생각하였는데 이는 개개인들의 복지가 모여져 합을 이루게 되고 이 합이 최대화되는 것이 곧 사회복지가 보장되고 향상되는 것이라고 전제한다는 것을 의미한다. 복지에 대한 정치경제적 시각은 곧 복지가 개인적 만족을 의미하고 복지는 시장이라는 자원할당기구에 참여하여야 이루어진다는 것으로서 이러한 견해는 **복지에 대한 개인주의적이며 쾌락주의적이고 물질주의적 시각**에 다름 아니다. 이러한 복지에 대한 개인주의적인 시각은 인간을 합리적인 인간으로 간주하고 자신의 이익을 최대화하기 위한 결정에 있어 가장 합리적인 선택을 할 수 있다고 전제한 **합리적 선택이론**(Rational Choice Theory)에 기초를 제공하였다. 자기이익을 최선의 가치로 하여 선호하는 것을 선택함에 있어 자기이익을 보장하는 선택은 합리적 선택이론의 핵심적인 논리이다. 즉, 합리적 선택이론에 의하면 **인간은 자기에게 이익이 되는 것을 선택함으로 개인의 복지는 실현**되게 된다.

고전파 정치경제학자들에게 있어 국가는 최소수준에서의 서비스를 제공하는 것이 강조된다. 즉, 복지국가는 이들이 활동하던 당시 시기적으로 존재하지 않았지만 국가정치체제는 자본주의 시장경제를 발전시키기 위한 노력을 보장하여야 하는 체제로 이해되었다. 따라서 국가의 기능은 군대나 경찰과 같은 국민생활을 보호하기 위한 서비스제공과 도로나 항만과 같은 경제 및 사회생활을 위한 하부구조를 구축하는 기능 그리고 자본주의 사회를 유지하기 위한 법을 제정하고 유지하는 기능 등으로 제한된다.

종합하면, 고전파 정치경제학자들에게 있어 개인적 복지를 최대화시키기 위한 전제는 인간이 합리적으로 행동한다는 것이고 복지의 최대화는 시장에 참여함으로써 보장받을 수 있으며 국가는 개인의 복지를 최대화시키는 시장경제가 잘 작동하도록 최소한의 기능만을 수행하는 것이 강조된다.

3. 복지에 대한 마르크스 정치경제학

마르크스의 정치경제학에서 핵심적인 주제는 자본 즉, 자본주의경제체제에 대한 비판이다. 마르크스의 정치경제학은 아담 스미스를 필두로 하는 고전파 정치경제학에 대한 비판적 관점을 유지하면서 자본주의시장경제체제야말로 계급갈등을 유발하며 노동의 상품화를 통해 노동자들을 억압과 빈곤으로 떨어트리도록 작동한다고 주장하였다. 특히 마르크스정치경제학에 따르면 노동자들의 진정한 해방 및 욕구의 충족은 곧 새로운 경제체제로의 이행을 통해서 확보될 수 있음을 주장하였다(Marx, 1973). 즉, 마르크스는 진정한 노동자들의 복지는 자본주의경제체제가 극복되어야 실현될 수 있다고 생각하였고 국가가 보장하는 복지와 자본주의경제는 양립할 수 없다고 생각하였다(Pierson, 1991). 복지국가에 대한 비판적 견해를 가진 신마르크스주의 정치경제학자들은 대부분 복지와 자본주의가 양립할 수 없다는 전제에 기초하여 복지국가를 자본축적의 도구나 또는 사회복지를 자본주의 정당성을 확보하기 위한 그리고 자본축적을 지속하기 위한 도구로 바라본다.

마르크스는 자본주의 하에서 만족의 분배는 욕구에 따라서 반영되는 것이 아니라 시장자본주의를 통해서 이루어진다고 보았다(Pierson, 1991). 즉, 자본주의경제체제 하에서 만족은 시장을 통한 분배에 의해서 이루어지는 것이지 인간의 욕구에 의해서 이루지지 않음을 의미한다. 즉, 시장이 인간의 복지수준을 향상하고 개선하는 가장 효과적인 방식임을 주장하는 고전파 정치경제학에 반대하여 **시장을 통한 분배보다 인간의 욕구에 따른 분배**가 인간의 복지를 증진시키고 이는 자본주의경제체제에서는 불가능하다고 바라보는 것이 복지에 대한 마르크스 정체경제학의 핵심적 논리이다.

4. 복지국가에 대한 신고전파(보수주의) 정치경제학

복지국가 재정위기를 독점자본의 사적 전유의 확대와 연관지은 O'Connor의 관점, Gough의 관점 그리고 Offe의 관점과 달리 신고전파 보수주의 학자들 역시 복지국가를 정치경제적 시각에서 분석하였다. **보수주의 정치경제적 시각에 따르면** 복지국가의 위기는 재정적 위기이고 국가의 재정지출 증가와 과도한 시장개입으로 경제성장이 지체됨으로 이를 극복하기 위해서 복지에 대한 지출을 축소하거나 복지국가를 포기하여야 한다고 주장한다. 프리드만(Friedman)이나 하이예크(Hayek)와 같은 신고전파 정치경제학자들은 복지국가가 지속적으로 확대되는 것은 복지재정지출확대를 의미하고 이는 곧 경제지출 축소로서 경제성장을 위한 자본축적활동에 지장을 초래하는 것임으로 복지국가의 확대를 적극적으로 반대하며 복지국가가 축소되어야 함을 주장하였다. 구체적으로 살펴보면, 신고전파경제학자 중 복지국가를 반대한 대표적인 학자는 오스트리안학파인 하이예크(Hayek)이다. 그는 복지국가와 사회민주주의가 추구하는 것이 계약과 재산권 규칙 등에 의해서 작동하는 시장의 질서를 침해하며 자유스럽고 공평한 사회의 원칙과 부합하지 않는다고 생각하였다(Hayek, 1982). 물론 프리드만(Friedman, 1962) 역시 정부의 역할은 법과 질서를 유지하며, 경쟁시장을 부양하고, 사적계약을 강화하며, 외부의 침입과 개인의 자유를 보호하는 것에 있음을 주장하였음으로 논리적으로 복지보다는 시장경제 그리고 정부의 재정지출이 강화되는 복지국가를 반대하였음을 알 수 있다.

시기적으로 1960년대 말에 등장한 신고전파 정치경제학의 복지국가에 대한 반기는 다음과 같이 요약된다(Gamble, 1988). 첫째, 복지국가에서 활용하는 행정적이고 관료주의적인 자원할당의 방법들은 시장보다 덜 우수하다. 둘째, 복지수혜자들이나 제공자들에게 도덕적으로 불편함을 느끼게 한다. 셋째, 복지서비스 소비자들의 실질적인 선택권이 실현되지 않는다, 넷째, 복지국가에 경제자원이 많이 투자됨에도 불구하고 기회의 불평등이 없어지거나 빈곤이 제거되지 않았다. 위에서 Gamble이 지적한 바와 같이 복지국가가 확대되면서 사회적 지출 특히, 미국의 경우 빈곤극복을 위한 재정투자가 결국 복지의존성만 심화시키고 빈곤퇴치에 실패했다는 보수주의학자들인 Murray(1982)나 Mead(1992)의 주장은 곧 신고전파 정치경제학자들에게 복지국가 재정확대 비판을 위한 근거를 제공하게 된다. 신고전파 정치경제학자 또는 보수주의학자들이 강조하는 복지의존성은 특히, 빠르게 탈상품화하는 복지국가에서 보편주의 복지와 복지에 대한 사회적 권리가 강조되기 전까지 복지수혜자에게 도덕적인 낙인을 찍는 논리로 강조되었다. Murray(1982)는 자신의 책 "Loosing Ground"에서 미국의 빈곤이 1940년대 이후 1960년대까지는 줄어들었지만 1970년대에는 빈곤률이 증가하였고 1980년대 역시 사회적 지출은 증가하였지만 빈곤률이 줄어들지 않고 있음을 주장하였다.

하지만 복지국가를 반대하는 보수주의학자들이 주장하는 복지국가의 지출 증대로 말미암은 공공부분의 확대 또는 팽창이 모든 복지국가의 위기를 가져다주는 공통된 특징이나 성격이라고 할 수 없다. 여기서 한 가지 확실한 점은 주기적으로 발생하는 시장의 실패는 자본주의의 전 국가가 경험하는 공통적인 현상이며 국가의 개입은 이러한 시장의 실패를 치료하고 국가경제를 더욱 효과적으로 운용하기 위해 이루어졌다는 사실이고 시장실패의 극복은 국가의 복지정책 확대로 어느 정도 벗어날 수 있었다는 사실이다. 또한 역사적으로 사회복지에 대한 지출 즉, 사회적 지출은 매년 증가하고 있는데 이는 복지지출의 증가를 통해 국민들의 복지욕구가 해결되고 사회문제가 예방 및 감소시키는 것이 자본주의국가발전을 위해 필연적인 방안임을 입증하는 것이라고 할 수 있다. 예를 들어 사회적 지출이 증가하는데 국민생활안정 및 개선이 이루어지지 않는다면 어떤 정부도 사회적 지출에 대한 증가에 찬성하지 않을 것은 당연한 사실이기 때문이다. OECD자료를 분석하면 OECD국가들의 1980년 GDP대비 사회적 지출의 평균은 14.5%였지만 2019년을 기준으로 보면 20%로 증가하였음을 알 수 있는데 이러한 자료는 곧 꾸준한 사회적 지출증가가 사회개선 및 국민복지 향상에 중요한 요인이라는 점을 나타내준다(https://data.oecd.org/socialexp/social-spending.htm). 결국, 정치경제학적 관점에 따르면 자본주의 하에서 **복지국가는 양면성**을 갖게 된다. 즉, 한편으로 복지국가가 제공하는 사회복지는 시민들의 욕구를 해결하기 위해 다양한 사회서비스(social services) 또는 사회프로그램을 제공하지만 또 다른 한편으로 사회복지가 사회통제 및 정당화를 위한 수단으로 작용된다는 점이다. 특히, 신고전파 정치경제학자들이나 보수주의적 정치체제는 자본의 축적활동을 보전하기 위하여 사회통제비용 즉, 복지지출비용을 최소화하는 것을 선호할 수 있다.

고전파정치경제학자들과 신고전파정치경제학자들의 차이점은 복지제공에 대한 국가의 의무에 대한 견해에 기초한다. 고전파 정치경제학자들은 국가의 기능을 최소화(국민보호와 같은 최소수준에서 개입)하는 것을 강조하였지만 신고전파 정체경제학은 국가의 보다 확대된 기능을 인정하는데 가장 대표적인 기능이 바로 자본주의의 모순이나 위험을 예방 및 극복하기 위해 국가가 복지정책을 제공하여야 하는 필요성을 인정하였다는 점이다. 예를 들어 Hayek(982)는 국가의 의무를 제시하면서 아담 스미스와 같은 고전파 정치경제학자들이 강조하였던 외부적 공격으로부터의 국민안전보장을 위한 서비스제공(예를 들어 국방서비스)과 자유 계약 및 사적재산권을 보호하는 법 규정 그리고 경찰이나 건강 그리고 도로건설 등 시장이 효율적으로 제공할 수 없는 공공서비스의 제공 이외에 추가적으로 병이 있는 환자, 노인, 장애인, 아동, 미망인 등과 같은 시장으로부터 삶을 유지할 수 없는 사람들을 위해 국가가 최소 수준의 소득을 제공하여 그들이 시장을 통해서가 아니더라도 특정 수준의 부를 통해 생활할 수 있도록 하는 것도 국가의 의무임을 주장하였다. 물론 이러한 하이예크의 주장이 곧 복지국가를 찬성하거나 복지국가에 대한 그의 견해는 아닌데 이는 그가 시장에 개입할 수 없는 사람들을 위한 소득혜택과 같은 국가의 구제활동은 복지국가가 강조하는 시민의 복지에 대한 권리에 의해서 제공되는 것이 아니라 욕구에 기초하여 임의적으로 제공되는 혜택이라는 그의 견해에 기초한다(Pierson, 1991). 이와 같이 신고전파 정치경제학자들의 국가의 역할이나 기능에 대한 견해는 고전파 정치경제학자들에 비해 실질적으로 확대된 개념을 가지고 있었음을 알 수 있다. 지은구(2006)는 Jessop(2002)이 제시한 신고전파정치경제학에서 강조하는 국가의 역할을 수정·보완하여 다음과 같이 제시하였다.

첫째, 국가는 법질서나 사적재산권보호 같은 자본축적을 위한 외적 조건을 보호한다.

둘째, 국가는 토지, 화폐, 노동력, 지식과 같은 가상적 상품[20]을 보호한다. 특히, 노동력과 연관하여서는 노동시장, 노동과정 안에서의 고용의 조건, 그리고 노동력의 공급을 관리하는 것을 보호한다.

셋째, 국가는 생산과정에서 노동력을 통제할 수 있는 자본의 권리와 능력을 보장하고 노동시장과 노동과정 안에서 자본과 노동의 관계에 대한 임금들을 포함하는 조건을 규제한다.

넷째, 국가는 경제와 정치, 사회, 문화 등의 초경제적 조건 사이에서 경계를 명확히 하고 경쟁의 측면에서 자본축적을 위한 경제적 전제조건과 초경제적 전제조건 사이의 연계를 조정 및 수정한다.

다섯째, 국가는 자본집약적인 하부구조(도로 등)와 같은 생산의 조건을 증진시키기 위해 노력한다.

여섯째, 국가는 정치조직이나 사회적 동원의 특정 형태를 통해서 자본주의의 모순이나 딜레마를 중재함으로써 정치·사회적 반발을 해결하기 위해 노력한다. 이러한 국가의 기능은 곧 복지정책의 제공 및 확대로 나타난다.

일곱째, 국가는 생산력의 사회적 본성과 잉여노동의 전유와 생산의 사회적 관계의 사적이고 경쟁적인 본질 사이의 기본적 모순을 관리하기 위해 노력한다. 다시 말해 생산력과 생산관계사이의 모순을 관리한다.

---

20) 가상적 상품(fictitious commodity)은 하나의 완성된 형태로 노동과정을 통해서 만들어지지 않은 상품 즉, 노동과정을 필요로 하지 않는 상품을 의미하며 대표적으로는 노동력이나 토지(자연)나 지식 등이 있다(지은구, 2006).

위의 설명에서 나타난 바와 같이, 신고전파 정치경제학은 기본적으로 국가의 역할은 자본의 기능을 유지하고 보장하는 것임을 강조하였지만 질병이나 나이 등의 이유로 근로 능력을 가지고 있지 못하거나 장애나 소득원의 사망과 같은 특수한 상황에 처한 국민들에게 최소 수준에서 국가가 이들의 생활을 유지하도록 현금급여 등과 같은 복지혜택을 제공하는 것이 기본적 의무임을 강조하였다는 점에서 자본주의 모순이나 딜레마를 해결하기 위해 국가의 역할과 의무가 확대 되는 데는 기본적으로 찬성하였음을 알 수 있다. 물론 이러한 국가의 역할이나 기능에 대한 확대된 견해가 곧 **신고전파 정치경제학자들이 복지국가를 적극적으로 찬성하고 인정한다는 것을 의미하는 것은 아니지만 사회적 위험에 대응하는 복지정책의 필요성에 대한 견해는 고전파 정치경제학자들에 비해 보다 긍정**적인 사고를 하였음을 알 수 있다. 이들이 복지국가를 비판하고 적극적으로 찬성하지 않은 데에는 케인지안 복지국가가 개인의 선택권을 침해하며 자유경쟁시장에 대한 과도한 개입과 복지지출을 확대하여 경제적 지출은 줄어들고 결국 국가를 재정적 위기로 파탄에 들어가도록 할 것이라는 생각에 기초한다. 신고전파학자들의 복지국가에 대한 비판을 Pierson(1991)은 다음과 같이 정리하였다.

첫째, 복지국가는 자본가의 투자에 대한 의지 및 국민들의 노동에 대한 의지를 약화시켜 비경제적이다.

둘째, 복지국가는 경제성장보다는 공공관료정치의 성장을 야기하여 비생산적이다. 공공부분의 성장에 따른 국가제공의 독점은 공무원들의 임금을 상승시키는 요인으로 작동하기도 한다.

셋째, 복지국가에서 국가를 통한 복지생산 및 제공의 독점은 서비스전달의 비효율성을 야기하며 소비자(국민)보다 생산자(공공부분)의 이익을 추구한다.

넷째, 복지국가는 막대한 재정을 투입하였음에도 불구하고 빈곤 및 박탈의 문제를 해결하지 못하였다.

다섯째, 복지국가는 자유를 부정한다. 예를 들어, 사회보험에서 서비스의 강제적 조항은 복지서비스영역에서 선택에 대한 개인의 자유를 박탈한다.

여섯째, 복지국가는 전제적이다. 즉, 복지국가는 정부의 개입이 강화되면서 관료주의가 강화되도록 하며 시민이나 지역주민들에게 국가가 거만하게 행동하도록 한다.

위의 복지국가에 대한 비판들을 종합하면 신고전파학자들이 정부의 개입이 강화되고 시장

에 개입하는 복지국가 및 복지자본주의를 얼마나 경계하는지를 단적으로 알 수 있다. 물론 정부가 서비스를 독점하면서 나타날 수 있는 서비스의 비효과적 특성이나 비효율성 그리고 국가독점에 따른 관료주의적 속성의 강화 등은 복지국가에서 반드시 제거 내지는 극복되어야 하는 단점이지만 얼마든지 개선될 수 있는 문제이다. 또한 시장이 효율적이며 개인의 선택권이 무조건 옳다는 자유 및 자유시장에 대한 편협한 사고나 국가가 서비스를 제공하는 것이 무조건 비효과적이라는 사고 그리고 복지혜택이 투자와 노동에 대한 의지를 약화시킨다는 우려 등은 현대 자본주의 하에서 사회문제의 확대재생산과 새로운 사회적 위험의 등장 그리고 시장의 불안정성과 불균형성에 따른 국민들의 생활 안정 및 향상을 위해서 복지와 자본주의가 결합할 수밖에 없었으며 복지에 대한 지출이 경제성장을 저하시키며 투자 및 노동의지를 약화시킨다는 경험적 증거가 부족하고 오히려 복지확대가 국민들의 생활을 안정시키고 국민과 정부 사이의 신뢰구축 등 사회자본을 강화하며 나아가 소비를 증진시키고 개인적 역량을 강화하도록 하여 자기계발 및 경제성장에 긍정적인 역할을 수반한다는 많은 연구들에 의해서 입증되고 있다. 사회자본향상이 복지와 경제성장에 긍정적인 영향력을 행사한다는 Fukuyama(1999), Putnam(2000), Cohen과 Prusak(2001), Grootaert와 Van Bastelare(2002) 등의 연구, 복지에 대한 투자가 곧 경제성장을 유지 및 발전시킴을 강조하는 Giddens(1998), Esping-Anderson(2002), Rodrigues(2003), Morel, Palier와 Palme(2012) 등의 사회투자론 관련 연구, 그리고 복지의 경제적 기능 및 역할의 중요성을 강조하는 Garfinkel과 동료들(2010)의 연구, 불평등의 정도가 약한 나라들은 높은 경제성장을 이룩한다는 증거를 제시한 Alcock, Erskine, 그리고 May(2003) 등의 연구 등은 모두 신고전파학자들의 복지에 대한 편협한 시각을 조정할 수 있도록 하는 데 중요한 역할을 담당하였다.

또한, 복지지출증대가 빈곤퇴치에 효과적이지 못함을 주장한 Murray(1982)와 같은 보수주의적 시각을 갖는 신고전파학자들의 견해 역시 매우 상이한 경험적 증거로 인해 객관성을 이미 상실하였다. Ross, Danziger 그리고 Smolensky(1987)은 미국의 인구센서스 자료를 바탕으로 1939년부터 1979년까지 빈곤률을 조사한 결과 미국의 빈곤율은 40년간 모든 인구집단에서 감소하였음을 입증하였다. 또한 Bradeley와 동료들(2003) 역시 미국중위소득의 40%이하 가구를 빈곤가구로 정의하고 미국과 스웨덴을 포함한 14개국의 절대적 빈곤율을 1960과 1991년을 기준으로 비교한 결과 복지혜택 전 1960년에 미국의 절대적 빈곤율은 21%였지만 복지혜택 후 1991년에는 11.7%로 약 절반정도로 빈곤율이 줄어들었음을 입증하였다. 이들의 연구결과에 따르면 14개 복지국가가 모두 복지혜택전인

1960년도보다 복지혜택이후인 1991년도에 절대적 빈곤율이 개선되었는데 스웨덴이 23.7%에서 5.8%로 빈곤개선효과가 가장 높았다. 이러한 연구결과는 복지국가의 정책이 빈곤억제효과에 긍정적인 효과를 가져다준다는 것을 입증하는 것으로 신고전파학자들이 강조하는 복지정책의 효과성이 입증되지 못하고 있다는 주장에 대한 경험적 반론이라고 할 수 있다.

또 한편, 신고전파학자들은 많은 부분 복지국가를 비판하면서 국가의 복지재정지출증가가 국가재정을 파탄내고 경제성장에 부정적인 영향을 준다는 점을 주장한다. 하지만 복지자본주의 역사에서 복지재정증가로 국가재정이 파탄 나고 국가부도사태를 겪은 사례는 존재하지 않지만 오히려 시장실패로 국가 재정이 파탄 나고 국가가 부도사태를 경험한 것은 우리나라(1997년 IMF사태)를 비롯하여 많은 국가들에게 벌어졌던 역사적 사실이다. **복지지출과 경제성장**과의 연관관계에 대한 연구들 중 복지국가에서 이루어지는 국가지출이 경제적 후퇴와 밀접한 연관이 있음을 강조하는 연구들은 국가부분의 크기(재정확대에 따른 큰 정부를 의미)가 경제성장에 부정적인 연관이 있음을 강조하는 Engen과 Skinner(1992), Hansson과 Henrekson(1994) 그리고 Grier(1997) 등에 의해 주도되었는데 이러한 연구는 곧 복지국가의 재정지출증대를 비판하는 보수주의적 정치경제학에 다름 아니다. 이들에 따르면 사회복지지출(사회적 지출)증대가 국가의 경제적 후퇴를 가져다주고 공적부분의 지출증대로 인하여 국가의 재정위기가 가속화된다는 것으로서 이는 곧 **복지국가에 대한 재정지출이 자본의 축적에 걸림돌이 됨으로 이를 폐기하여야 한다는 것**을 의미한다(지은구, 2020).

하지만 국가의 복지지출이 증가하여도 자본의 이익은 줄어들지 않고 지속적으로 성장하고 있다. 이에 대한 근거를 제공하는 즉, 복지국가에서 이루어지는 국가복지지출이 증가하여도 자본주의 경제성장과는 관련이 없음을 강조하는 많은 연구들이 있다. 즉, 정부크기와 경제성장은 아무 관련이 없음을 강조하기도 하며 이러한 연구결과는 Easterly and Rebelo(1993), Mendoza, Milesi-Ferreti 그리고 Asea(1997) 등에 의해서 강조되었다. 특히 Castles(2004)는 지난 20년 동안 OECD 21개 국가의 GDP 대비 총 사회적·공적지출, 총 공적 지출대비 사회적 지출, 욕구해결을 위한 사회적 지출비율, 그리고 실제 현금가치로 계산된 지출 등의 사회적 지출자료를 조사한 결과 일부 학자들이 주장하는 경제성장후퇴를 극복하기 위한 사회복지 지출을 포함하는 **사회적 지출비용 축소를 향한 경주현상**(race to the bottom현상이라고 알려져 있다)은 나타나고 있지 않다고 강조하였다. 특히 그는 오히려 현재 복지국가들에 있어 사회적 지출감소에 대한 압력보다는 새로운 국민의 욕구를 해결하기 위한 정부의 개입과 공적지출의 확대가 이러한 압력을 상쇄하고 있다고 강조하였다(지은구, 2006). 위와 같은 연구 결과를 지지하며 Anderson과 Molander(2003)는 복지국가의 재정지출확대와 공공부분의 확대가 경제성장과 연관이 있는지 없는지를 결정하는 객관적인 증거는 명확하지 않으며 복지국가들의 국가적 상황에 따라 그 여부는 결정될 것이라고 강조하였다. 특히 그들은 국가의 개입이 공공부분의 크기를 고려하여 판단될 수 없고 제공되는 공공서비스나 실천행동들이 조항으로 명문화되어 있는지의 여부와 재정규모 그리고 조직화정도로 판단되어야 한다고 강조하였다(지은구, 2018).

신고전파 정치경제학에서 복지자본주의 및 복지국가를 설명하는 가장 중심적인 이론은 **공공선택이론**(Public Choice Theory)이다. 공공선택이론[21]은 기본적으로 정치가들이나 투표권자들에 의한 정책결정은 국가재정에 대한 무책임성에 기반하여 시장에서 이루어지는 개개인들의 선택에 비해 비효율적이고 비효과적인 결과를 만들어 냄으로 국가의 정책은 대중이 시장에서 합리적으로 선택하는 것과 같이 대중들의 선택에 맡기는 것이 합리적임을 강조한다. 이러한 공공선택이론의 등장은 곧 복지자본주의 또는 복지국가가 정부의 확대된 복지에 대한 지출로 재정적 위기를 초래함으로 이를 극복하기 위해서는 정책결정은 정부(관료나 정치가)가 아닌 시장과 마찬가지로 개개인들의 선택을 통해 이루어지도록 하여야 한다는 신고전파학자들의 사고에 기초한다.

5. 복지국가에 대한 신마르크스주의의 정치경제학

신마르크스주의 정치경제학적 관점으로 복지국가를 설명하는 견해는 매우 다양하다. 특히, **복지국가를 자본축적을 위한 도구에 지나지 않는다고 인식하는 비판적인 관점에서부터 복지국가를 사회주의로 이행하기 위한 전략적 요소나 도구로 인식하는 견해** 등이 있다. 신마르크스주의 정치경제학적 시각에서 복지국가를 분석하고 설명한 학자들은 주로 1970년대 후반부터 등장하기 시작하였으며 지금도 활발히 활동하고 있는데 대표적인 학자로는 Gough, O'Connor, Offe, Navaro, Esping-Anderson, Pierson, Jessop, Iversen 등이 있다. Gough(1979)는 "복지국가의 정치경제학(The Political Economy of the Welfare State)이라는 저서에서 아담 스미스나 리카르도[22]와 같은 고전파 정치경제학을

21) 공공선택이론에 대한 구체적인 설명은 다음 장의 복지자본주의 이론부분을 참조할 것
22) David Ricardo, 1771-1823, 비교우위론과 자유무역을 옹호한 영국의 정치경제학자

비판하였던 마르크스 정치경제학을 수용하여 복지국가를 분석하였다. 그에 따르면 복지국가의 미래는 전적으로 계급투쟁의 형태나 수준에 의존한다. 즉, Gough는 복지국가가 자본의 이익을 보장하기 위한 **자본의 창조물**이라고 한다면 보전하고 유지할 필요가 없지만 **노동의 창조물**이라고 한다면 복지국가는 복지자본주의에서 복지사회주의로 전환하여야 함을 주장하였다. 그는 복지국가가 자본과 노동의 입장에서 상호 모순적이지만 복지국가가 발전하기 위해 투쟁은 필연적이며 이는 곧 복지사회주의로 나아가는 길 임을 주장하였다. 그에게 있어 복지자본주의는 자본주의를 유지하기 위한 정책적 틀이자 계급투쟁을 완화시키고 노동자들에게 주어지는 당근에 지나지 않는다.

Gough(1979)는 **복지자본주의의 구조적 측면에서 복지국가를 분석하면서, 복지국가를 '노동력재생산을 조절하기 위한 그리고 자본주의 사회에 존재하는 일하지 않는 인구를 유지하기 위한 국가권력의 활용'**으로 정의하였다. 여기서 Gough는 노동력 재생산의 조절(또는 유지)에 영향을 주는 것을 세금과 노동자들의 기본적 생활을 보장하는 사회보장체계로 제시하였다. Gough의 이러한 견해는 복지국가를 자본주의 유지 및 보전을 위한 도구로 보는 전통적 마르크스주의적 정치경제학자들이 갖는 공통적인 견해이다. 그에 따르면 복지국가는 모순적인데 이는 한편으로 노동자의 노동력을 재생산하여야 임노동관계에서 지속적으로 자본의 이익창출을 보장받을 수 있음으로 노동력재생산이라는 자본의 요구물로 복지국가는 발전할 수밖에 없다는 측면과 또 다른 한편으로는 복지국가는 조직화된 노동계급의 투쟁(노동의 요구물)과 이를 달래기 위한 지배계급의 대응으로 등장하고 발전하게 된다는 측면 때문이다.

O'Connor(1973) 역시 복지국가의 사회복지를 **자본축적을 정당화시키기 위한 도구**로 바라본다. 복지국가의 재정위기를 Marx주의의 정치경제적 관점에서 분석한 O'Connor(1973)는 복지국가의 재정위기가 첫째, 자본축적과 정당성 그리고 둘째, 사회적 자본과 사회적 경비지출의 증대에 의해서 발생함을 주장하였다. 이들 요인을 구체적으로 보면 다음과 같다(지은구, 2020). 첫째, 자본주의 국가는 축적과 정당성이라는 기능을 반드시 수행하여야 함으로 재정지출이 증가한다. 이는 국가는 반드시 자본축적이 가능한 이윤을 만들 수 있는 조건을 만들고 유지하여야 한다는 점과 국가는 또한 사회적 조화를 유지할 수 있는 조건을 만들어야 한다는 점을 의미한다. 둘째, 국가의 재정위기를 가져다주는 국가지출증가는 자본주의 국가의 두 기능인 **사회적 자본**(social capital)**과 사회적 경비**(social expenses)와 연관이 있다. 즉, 사회적 자본과 사회적 경비의 축적은 복지국가의 정치, 사회, 경제적 위기를 향한 흐름을 만들어 내는 모순적 과정이라는 것을 의미한다.

O'Connor에게 있어서 **사회적 자본은 사적자본의 축적을 위해 필요한 지출**을 의미한다. 그는 사회적 자본을 크게 사회적 투자와 사회적 소비로 나누었다. 따라서 그가 사용하는 사회적 자본이라는 개념은 현재 믿음과 신뢰 등을 기초로 하는 사회적 자본이라는 용어와는 완전히 다른 개념이라고 할 수 있다. **사회적 투자**(social investment)는 주어진 노동력의 생산성을 증진시키기 위하여 그리고 이윤율을 증가시키기 위하여 제공하는 서비스나 계획 등을 의미하며 **사회적 소비**(social consumption)는 노동재생산비용을 낮추고 이윤율을 증가시키기 위하여 제공하는 서비스나 계획 등을 의미한다. **사회적 경비는 국가의 정당화기능을 충족시키는 사회적 조화를 유지하기 위해 필요한 서비스나 계획 등에 들어가는 지출**을 의미한다. 따라서 모든 사회복지시스템에 대한 지출이 곧 사회적 경비가 된다. 결국, 국가를 통해 이루어지는 모든 사회적 지출(social expenditure) 즉, 사회적 자본과 사회적 경비를 위한 지출은 국가의 자본축적과 정당화를 위해 사용된다고 할 수 있다. 이러한 국가지출증대에 대한 두 전제에 입각하면 다음과 같은 해석이 가능해진다.

첫째, 국가재정지출의 증대는 독점부분과 생산의 성장기초(즉, 자본축적과 축적을 가능하게 하는 정당화를 위한 지출)로서 기능한다는 것을 의미하고 역으로 말하면 국가지출과 국가주도프로그램의 성장은 독점산업 성장의 결과가 된다. 다시 말해 국가의 성장은 독점자본의 확대에 대한 원인과 결과를 야기한다는 것을 의미한다. 따라서 O'Connor의 이론에 따르면 더 큰 사회투자와 사회소비지출은 더 큰 사적 투자와 사적 소비지출을 의미하고 이는 나아가 잉여자본과 더 큰 사회적 지출의 양을 야기하게 되는 것이다. 결국, 사적자본축적에 필요한 지출인 사회적 자본에 대한 공급이 사회적 경비를 위한 수요를 창출하게 되는데 이는 다시 말해 국가는 더 많은 자본을 축적하기 위해서 더 많은 경비를 사용할 수밖에 없다는 것을 의미하는 것이다. 결국, 증가하는 사회적 자본은 증가하는 사회적 경비를 수반한다.

둘째, 사회적 자본의 축적과 사회적 경비는 정치, 사회, 경제적 위기를 향한 흐름을 만들어 내는 모순적 과정이라는 것을 의미한다. 즉, 사회적 경비를 위한 비용과 자본축적을 가능하게 하는 이익의 사적 전유는 국가세입과 국가지출사이의 구조적 격차(gap) 또는 재정적 위기를 만들어 낸다. 이는 국가지출을 위한 재원이 보충되는 것보다 국가지출이 더욱 빠르게 증대되기 때문에 나타나게 된다. 다시 말해 사적자본의 축적을 위해 필요한 사회적 자본으로서 사회적 투자와 사회적 소비가 증대하고 사회적 경비에 들어가는 지출이 많아지기 때문에 국가의 재정적 위기가 초래한다는 것을 의미한다. 즉, 자본축적을 위해 지출이 증대하고 정당화를 위해 지출이 증대하므로 당연히 국가의 재정적 위기를 초래하게 된다. 결국 국가의 재정적 위기는 특정 목적을 가진 국가의 사적 전유(축적)에 의해서 악화된다.

결국, 복지국가의 재정적 위기는 O'Connor에 따르면 독점자본의 사적 전유의 확대와 이를 보장하기 위한 사회적 경비의 지출(사회복지지출)의 증대에 다름 아니다. 따라서 복지국가의 재정적 위기는 곧 복지국가의 확대에 따른 복지지출증가에 있는 것이 아니라 **자본축적을 정당화시키고 자본축적을 확대하기 위한 사회적 경비의 지출증대에 기인**한다. O'Connor의 견해를 대입하여 복지국가의 재정적 위기를 정치경제학적 시각에서 분석하면 첫째. 자본의 지속적 이윤축적을 위한 요구와 둘째, 사회적 보호(복지정책)를 위한 요구 사이에서 국가가 자본의 이익을 대변하게 되면 복지정책은 후퇴하게 되며 사회적 보호를 강화하게 되면 복지정책이 확대되어 재정확충을 위해 세금이 증액되고 이는 세금부담 등으로 자본의 이익이 줄어들게 되는 현상이 발생하게 됨을 알 수 있다.

신마르크스주의자인 Offe(1984) 역시 마르크스의 정치경제학적 시각을 적용하여 복지국가의 모순에 대해 지적하였고 이는 Offe의 역설(paradox)이라고 알려져 있다(Jessop, 2002). 그에 따르면 **"복지국가는 자본주의와 공존할 수 없지만 또 한편으로 복지국가 없이는 자본주의가 존재할 수 없다"**는 것으로 이러한 역설이야 말로 복지국가가 가진 모순임을 제시하였다. 역사적 경험으로 보면 경제대공황이라는 시장의 실패를 극복한 케인즈 복지국가 출현이후 자본주의는 복지국가 없이 존재할 수 없었을 것이라는 점은 명확하며 현재 복지자본주의가 매우 다양한 유형으로 존재하며 발전하고 있는 것을 보면 복지와 자본주의 역시 상호 공존하고 있음은 주지의 사실이다. 특히, Offe(1984)는 복지국가가 **자본주의 경제체제의 위기를 관리하는 정치적 배열**임을 주장하였다. 그에 따르면 복지국가 위기는 재정적 위기이며 이 위기의 본질은 사적으로 규제되는 자본주의 경제체제가 자기-규제적이지 못하여 스스로 위기를 초래할 수밖에 없기 때문이다. 그에 따르면 복지국가는 생산의 사적 관계와 사회적 힘 사이에 발생하는 자본주의의 모순을 구제하는 정체적 배열에 다름 아니다. 따라서 **복지국가는 생산을 통해 부를 창출하기 위해 사적으로 자본을 소유한 자본주의경제체제의 사적관계와 이를 규제하고 관리하기 위한 정치적 배열(사회복지제도나 정책 등)**이 된다. 결국 그에 따르면 복지국가는 '자본주의 경제체제의 위기를 체계적으로 관리하기 위한 하나의 형태'로서 등장하였다고 볼 수 있고 복지국가의 위기는 이러한 '관리의 위기에 따른 위기'가 본질이 된다(Pierson, 1991).

결국, Gough와 O'Connor 그리고 Offe 등과 같은 신마르크스주의자들은 자본주의 복지국가가 자본축적과 사회조화의 증진(정당화)이라는 두 기본적인 기능을 한다고 보며 사회조화의 증진은 사회복지 재화와 서비스를 통해 해결한다고 강조한다. 즉, 복지국가가 제공하는 사회복지 재화와 서비스가 사적자본을 위해 직접 이익을 창출하지는 않지만, 사회조화(자본축적의 정당화)를 위해 사용된다고 보는 것이다. 따라서 신마르크스주의자들의 관점에 따르면 사회복지는 자본의 측면에서 다음의 두 속성을 갖는다. 첫째는 자본의 이윤창출을 위해 노동자들에게 최소의 생활조건과 노동재생산의 물질적 조건을 제공함으로써 노동생산성을 유지 내지는 확대하기 위해서이며, 두 번째는 계급의식의 생성과 발전에 따른 노동운동의 발전이 자본주의 경제체제의 테두리를 벗어나지 않도록 하기 위해서 사회복지를 확대·재생산하게 된다는 것이다(지은구, 2018).

위의 두 관점을 요약하면 **첫째, 복지국가는 자본의 이윤창출을 보장하기 위한 자본축적의 도구**라는 것이며 **둘째, 복지국가는 노동자의 욕구확산 및 노동운동을 통제하는 성격으로 사회통제의 수단**이라는 것이다. 이 두 관점은 비슷한 논리인 것 같지만 상이한 내용을 포함한다. 즉, 복지국가가 자본축적의 도구라는 관점은 자본 및 자본주의 작동에 대한 분석에 전적으로 의존한다. 자본의 입장에서 지속적인 이윤이 창출되고 자본주의가 지속되기 위해서는 노동력재생산은 필연적이다. 따라서 노동자들의 조건이나 상태에 상관없이 기본적으로 노동자들이 지속적으로 그들의 노동력을 재생산하도록 하기 위한 사회적 요소가 바로 사회보험과 같은 복지정책이 강조되는 복지국가가 된다. 따라서 이 관점에 따르면 복지국가는 자본주의체제를 유지하기 위한 자본가계급의 시혜적 성격이 강하다. 복지국가에 대한 두 번째 관점에서는 자본주의시장경제체제가 표출하는 사회적 위험 즉, 불평등과 같은 사회문제에 대응하고 조직화된 노동자들의 힘(power)을 달래기 위해서는 사회적 위험 해결 및 노동자의 조직화된 권력에 대한 관리 및 통제가 필요함으로 이를 위해 사회통제의 도구로서 다양한 복지정책과 제도가 제공되는 복지국가가 필요하다는 점이 강조된다. 따라서 이 경우 복지정책이나 제도는 자본가계급이 시혜적 성격으로 제공한다기보다 보다 시민의 욕구에 대응하기 위한 체계적이고 제도적인 복지가 제공된다.

반면, 위의 두 관점과는 달리 에스핑 엔더슨(Esping-Anderson)이나 피어슨(Pierson)과 같은 신마르크스주의학자들은 복지국가 및 **복지자본주의가 복지를 강조하는 사회민주주적 개혁을 통해 사회주의로 이행하는데 있어 중요한 역할**을 할 수 있음을 강조하면서 **자본주의경제체제에서 시장의 한계 및 사회적 위험의 예방 및 극복을 위한 복지서비스의 강조는 필요적이고 복지자본주의의 하에서 노동운동에 기초한 계급투쟁은 착취의 대상이었던 노동이**

빠르게 탈상품화하도록 하면서 필요에 의한 욕구가 보편적으로 제공되는 복지국가가 도달될 수 있도록 하는데 결정적인 요소라고 생각하였다.

사회복지사들의 역할 및 기능에 대한 입장에서도 신마르크스주의에 입각한 정치경제학자들은 **자본축적 정당화 및 복지지출 최소화에 대한 입장에서 사회복지사들이 정당한 역할을 수행하는 것이 어렵다는 점을 강조한다.** 특히, Burghart와 Fabricant(1987)는 신마르크스주의적 관점으로 국가가 자본의 영향력에 대한 지원을 강화시키기 위해 사회복지사를 노동계급의 태도와 행동을 변화시키는 데 사용한다고 비판하였다. 즉, 자본을 보호하기 위해 국가가 사회통제 특히, 노동통제를 위해 사회복지사들을 최소 수준에서 이용만 하고 정당한 대접을 하지 않으려는 경향을 의미한다. 이는 신마르크스 정치경제적 관점에서 국가의 제한적인 사회복지비 지출과 사회복지체계를 국민욕구충족을 위해 변화시키려는 의지의 결여(사회복지확대에 대한 의지결여) 그리고 사회복지노동의 저임금화를 설명해주는 이론적 토대를 제공해준다. 결국 자본강화를 위해 복지를 이용한다는 신마르크스주의자들의 비판은 곧 사회복지사들이 후기산업사회에서 그들의 역할에 대한 억제(역할억제 role strain)와 과다한 노동 등에 의해 정신적, 육체적으로 탈진화가 가장 빠르게 일어나는 노동을 형성할 수밖에 없게 되는 원인을 설명해 준다(지은구, 2007). 특히, 사회복지사들에 대한 역할역제는 사회복지사들에게 봉사정신을 강요하고 저임금 및 높은 노동강도에 시달리는 것을 당연시하며 사회변혁세력으로 인정하지 않고 정당한 정치활동을 금지 시 하는 현상에 의해서 나타날 수 있다. 하지만 사회복지사들의 역할과 기능에 대한 또 다른 신마크크스주의 정치경제학적 관점은 위와 같은 수동적인 입장에서 벗어나 보다 능동적이고 주체적인 입장에서 사회복지사를 사회변화를 추진하는 진보세력이라고 설명한다. 즉, 사회복지사가 사회변화 및 사회진보를 위해 노력하는 사회개혁가이며 복지요구투쟁을 선도하고 국민들의 목소리를 대변하는 옹호자이자 사회운동세력이라는 점이 강조된다(지은구 외, 2021).

종합하면, 신마르스주의에 입각한 정치경제학자들은 고전파 및 신고전파학자들의 자본주의에 대한 분석과는 상이한 입장을 견지하면서 자본의 작동양식과 시장에 대한 분석 그리고 계급적 시각과 집단적 정치권력의 관계 속에서 복지자본주의에 대한 경계심을 강화하여 복지가 자본축적을 위해 이용당할 수 있다는 것과 특히 국가는 사회복지 및 사회복지사를 노동계급의 안정화 및 자본안정화를 위한 도구로 활용할 수 있다는 점을 강조하였다. 하지만 또 다른 한편으로 신마르스주의학자들은 복지국가가 국민 및 사회적 안정을 위해 그리고 자본주의가 유지되도록 하기 위해서 반드시 필요한 필연적인 요소임을 강조하였다. 특히, 자본주의가 복지와 결합하는 복지자본주의는 필연적인 결과물임을 강조하면서 복지국가는 소멸되지 않고 국민이나 노동요구물을 적극적으로 수용하면서 복지자본주의 나아가 복지사회주의로 발전할 수 있음을 강조하기도 한다. 결국, 신마르크스 정치경제학자들은 복지자본주의 및 복지국가의 필요성을 인정하지만 복지국가가 자본의 논리나 지배집단의 논리에 의해서 이용당하는 도구로 전락할 수 있음을 강조하여 복지국가의 한계를 극복하는데 영향을 미쳤으며 또 다른 한편으로는 복지자본주의는 사회민주주의적 개혁을 통해 사회주의로 이행되거나 자본의 논리가 아닌 인간의 논리와 복지의 논리가 강조되는 복지국가가 구축될 수 있다고 강조하였다.

제 3 절 복지자본주의의 정치경제학

1. 복지자본주의 등장에 대한 정치경제학적 분석

복지자본주의 등장 및 발전의 정치경제학적 배경은 시장 및 정부의 자원할당 및 배분구조 조정 즉, 우선적으로 시장의 실패에 따른 국민들의 삶의 안정적 유지 및 보전의 실패와 이에 따른 사회배제 및 사회경제적 불평등 현상의 심화 그리고 정부의 사회복지 및 사회서비스 제공 한계에 따른 배분구조 조정이 핵심이다. 특히, 노동시장의 불안정성과 금융시장의 위기 등 시장의 지속적인 실패는 실업문제를 만성적이며 장기실업 그리고 시간직, 비정규직 노동 등의 불안정 노동시장을 결과하고 있으며 이는 곧 노동시장에서의 노동인구의 지속적인 배제를 가져다 주는 요인으로 작동하여 복지자본주의 국가의 실업문제 극복을 위한 보다 구체적인 투자를 필요로 하였고 이는 곧 **사회투자국가**(social investment state)라는 새로운 국가체제를 탄생시켰다. 사회투자국가는 사회투자를 통하여 실업문제에 대처하고 인적자본을 강화하는 방안으로 노동복지정책을 적극적 노동시장 정책으로 전환하며 이에 대한 제도적·재정적 지원을 확대하는 정책방안을 모색하는 국가를 의미한다.

자본주의가 유지되기 위해서 시장은 존속되어야 하지만 지불능력원칙으로만 작동하는 경쟁시장은 자본의 집적과 집중을 통해 부의 양극화 및 빈곤문제를 확대 재생산하여 지속적으로 사회구성원들을 차별하고 배제함으로 이를 극복하기 위한 시장으로의 국가개입과 시장자본주의의 수정 및 보완은 필연적 귀결이고 이는 곧 국가중심의 사회복지정책을 강화하는 복지자본주의의 강화를 의미하였다.

자본의 지속적 이익창출을 위해 노동자들의 노동력은 재생산되어야 하며 노동력 재생산에 대한 보장은 곧 자본의 활동에 대한 기본적인 토대이다. 노동력이 재생산된다는 것은 곧 노동력이 상품화된 국민들의 의식주 해결을 위한 소비가 증진된다는 것을 의미하고 이는 곧 시장에서 재화와 서비스의 생산증가를 의미함으로 자본은 노동력이 상품화된 국민들의 노동력을 보존하기 위한 최소한의 임금을 보전하여야 한다. 또한 자본이 이익창출을 하기 위해서는 자본(또는 기업)이 창출한 생산물이 소비되어야 하며 상품소비는 곧 사회구성원들에 의해서 이루어짐으로 사회구성원들이 자본이 생산한 상품을 소비할 수 있을 정도의 소비력을 갖도록 하는 것은 매우 중요한 자본주의 작동원리이다. 국민들이 소비력을 가지지 못한다면 이는 국민들이 시장으로부터 배제되는 요인이 되지만 자본의 입장에서도 상품이 과잉 생산되어 자본의 이익창출은 제한적이 되고 시장이 작동하지 않는 시장실패의 요인이 된다. 결국, **자본주의가 유지되기 위해서 시장의 존속보다 더욱 중요한 것**이 국민들의 노동력 재생산 비용과 소비능력을 보전하는 것임이 명확하고 이를 시장이 원활히 수행하지 못한다면 국가가 정책적으로 개입하여 국민들에게 필요한 자원을 재분배함으로써 시장이 작동하도록 하여야 하고 이는 곧 자원을 할당하는 재분배체계로서 사회복지체계의 확대·발전 그리고 다양한 복지정책과 자본주의가 결합하는 복지자본주의의 발전을 의미하는 것이라고 할 수 있다.

정치경제학의 측면에서 요약하면 복지자본주는 다음과 같이 이유로 등장하고 발전하였으며 이를 그림으로 나타내면 아래와 같다.

[그림 16] 복지자본주의 등장의 정치경제적 배경

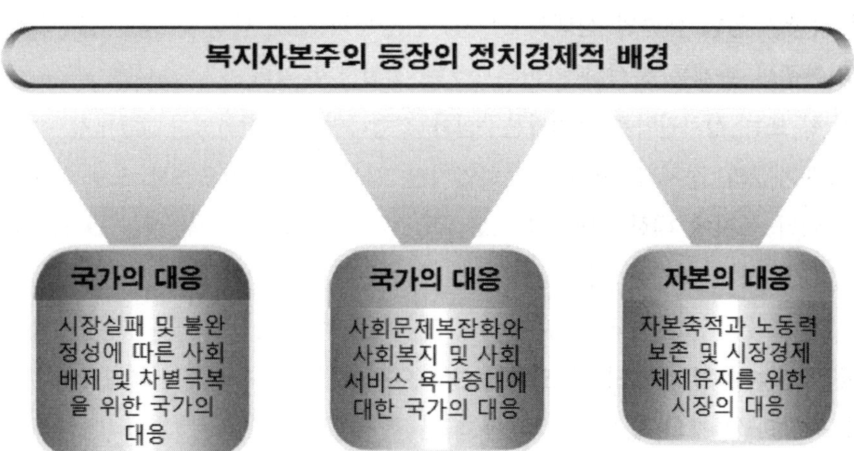

첫째, 시장실패에 따른 국민들의 사회적 배제 및 차별현상을 극복하기 위한 국가적 대응

둘째, 증가하는 사회복지 및 사회서비스의 국민욕구증대에 대한 국가적 대응

셋째, 자본축적과 노동력 보전을 통해 자본주의 시장경제체제를 유지 및 보전하기 위한 자본의 대응

2. 복지자본주의의 정치경제학적 작동원리

1) 복지자본주의와 정치

복지자본주의는 Korpi(1979, 1983, 1989)가 주장한 권력-자원이론에 따르면 조직화된 노동계급의 정치적 힘에 의해 발전하였으며 Wilensky(1975, 1976, 1981)가 주장한 산업화이론(산업주의, Industrialism)에 따르면 복지자본주의는 산업화과정의 산물이다. 즉, 산업자본주의가 발전하면서 새로운 욕구에 대응하는 잔여적 또는 제도적 측면을 반영하는 복지정책이 등장하였고 이는 잔여적(residual) 복지자본주의와 제도적(institutional) 복지자본주의로 구분되는데 영향을 미쳤다. 따라서 권력-자원이론에 따르면, 복지자본주의는 계급갈등을 극복하는 과정에서 발전하였고 노동계급의 정치적 힘의 정도가 복지의 수준을 결정하는 중요한 기준으로 작동하게 된다. 즉, 노동계급의 정치적 힘이 크면 복지는 발전하며 노동계급의 정치적 힘이 약하면 복지 수준은 허약한 복지자본주의를 구축하게 된다. 하지만 Wilensky의 산업화이론은 복지자본주의 발전에 있어 정치적 힘에 대한 분석을 결여함으로 이는 산업화이론의 결정적인 약점이라고 할 수 있다. 또한 공공선택이론 역시 시장을 통한 대중의 선택을 강조하지 정치적 힘에 대한 분석은 결여함으로 정치와 복지자본주의 관계를 분석하는 이론으로는 적합하지 않다.

정치적 힘 또는 정치권력은 복지자본주의와 결합하면서 발전하였다. 20세기 이전에는 조직화된 노동계급의 정치적 힘이 중요하였지만 21세기에 들어오면서 노동계급의 정치적 힘뿐만 아니라 복지에 대한 권리의식으로 무장한 시민들의 복지에 대한 요구투쟁이 복지의 수준을 결정하는 중요한 정치적 힘이다. 시민들의 복지권리에 대한 인식이 높고 복지정책에 대한 요구가 조직화되어 투쟁의 정도가 높으며 당연한 결과로 복지정책은 보편적 수준에서 국민들의 탈상품화를 강조하는 방향으로 발전할 수 있지만 시민들의 정치적 힘이 약해 복지요구투쟁의 정도가 약하게 되면 복지정책의 수준은 선택적이면서 국민들의 노동력상품화를 재생산하는 수준에서 기본적 생활을 보장하는 최소수준에서 제공될 가능

성이 높아진다.

2) 복지자본주의와 (시장)경제

자본의 논리가 복지자본주의에 영향을 미친 것은 역사적 사실이다. 신마르크스 정치경제학자들이 강조한 바와 같이 복지자본주의에서 **복지정책은 자본축적을 정당화시키고 자본축적을 돕는 도구**에 지나지 않을 수 있다. 즉, 복지정책은 시장경제의 위기 및 위험을 예방하고 시장경제가 유지 및 보전될 수 있도록 돕는 조력자에 불과할 수 있다. 따라서 복지와 자본주의가 결합한 복지자본주의는 자본의 논리가 강하게 작동하는 국가에서는 작동의 수준(즉, 발전 정도)이 약하며 복지의 논리가 강하게 작동하는 국가에서는 작동의 수준이 매우 높게 나타난다. 예를 들어 자본의 논리가 매우 강한 미국은 복지의 수준이 낮은 복지자본주의국가 이며 복지의 논리가 매우 강한 스웨덴과 같은 국가는 복지의 수준이 매우 높은 복지자본주의국가이다.

복지가 **자본의 요구물**인 경우 자본축적을 보장하기 위한 그리고 시장경제의 안정성을 확보하기 위한 결과로서 나타나는데 이러한 경우는 프로이센의 재상인 비스마르크가 자본가계급(지배계급)의 이익과 안정적인 지위를 유지하기 위하여 노동자들을 달래기 위해 선도적으로 다양한 사회복지정책을 도입하면서 세계최초로 복지국가로 도약한 사실에 의해서 설명된다(지은구 외, 2020). 복지가 자본의 요구물이인 경우와 복지가 국민이나 노동계급의 욕구물인 경우 그 수준은 매우 상이하게 나타날 수밖에 없는데 이는 곧 복지가 경제논리와 함께 조직화된 정치적 논리에 영향을 받기 때문이다.

종합하면, 정치 및 사회와 경제의 관련 속에서 복지를 분석하는 정치경제학적 관점은 복지자본주의의 가장 강력한 지지자로서 자본주의가 유지되고 발전하기 위해서 복지정책을 확대하는 것이 유일한 방안임을 강조한다. Esping-Anderson(1990)은 정치경제학적 시각에서 복지국가와 자본주의를 이해하고 분석하는 것이 중요함을 주장하였으며 이는 곧 **정치경제학이 복지국가의 정치체제와 경제체제인 자본주의가 결합한 복지자본주의의 이론적 틀**임을 의미한다. 정치경제학은 국가가 자원할당 및 분배문제의 해결에 적극적으로 개입하여야 하고 자원의 할당은 경제적인 측면에서 뿐만 아니라 정치적인 측면에서 동시에 분석되고 이해되어야 져야 함을 주장하여 복지자본주의의 복지정책과 경제정책과의 상호관계를 중요시한다.

제 5 장

복지자본주의의 이론적 배경

복지자본주의의 발전을 설명하는 이론들은 다양하다. 자본주의가 발전하면서 등장한 초기 이론들은 개인의 복지를 충족시키기 위한 방안에 대한 설명에서 개인의 복지는 국가나 사회가 아닌 개인의 합리적인 선택에 의해서 증진됨이 강조되었지만 개인의 복지증진이 개인의 선택의 문제가 아니라는 것이 드러나면서 자본주의체제의 구조적 모순을 극복하기 위해 국가나 사회가 복지증진에 더 많이 기여하여야 한다는 이론들이 등장하게 되었다. 특히, 자본주의가 갖는 빈곤, 실업이나 불평등 등의 내제적인 문제를 극복하는데 있어 복지정책의 중요성이 강조되어 등장한 복지와 자본주의가 결합한 복지자본주의체제에서 복지정책이 자본의 축적을 정당화하는 도구에 지나지 않는다는 비판적 관점과 함께 복지정책이 불완전한 시장중심의 자본주의를 수정하면서 국민의 욕구가 보편적으로 실현되도록 하는 것이 노동 및 사회재생산에 있어 매우 중요한 역할을 수행함이 강조되는 이론들이 등장하였다. 즉, 복지자본주의이론은 개인중심의 미시적 관점의 한계를 극복하면서 등장한 국가나 사회중심의 거시적 관점 그리고 국민복지증진이 곧 자본주의의 문제를 극복하고 보다 발전된 복지사회를 유도한다는 관점 등 그 영역이 매우 넓고 다양하다.

제 1 절 복지자본주의의 경제적 틀

자본주의를 구성하는 임노동관계에서 노동자계급을 위한 진정한 복지는 자본주의 경제체제가 종식되어야 이루어짐을 강조하는 마르크스경제학을 제외하고 고전파경제학을 포함하여 일반적으로 경제학일반에서 다루는 복지는 사회복지학에서 다루는 복지와는 매우 상이하다. 고전파경제학이후로 **경제학에서는 복지**를 개인적 수준에서 만족이나 원함의 충족 또는 선호의 충족으로 바라보는 만족주의 또는 쾌락주의적 시각이나 개인의 행복이나 번영의 상태 등으로 해석하지만, **사회복지학에서는 복지를 설명하는데 있어** 인간과 인간사이의 관계 및 인간행동의 중요성 그리고 사회와 인간의 관계 등 사회적 의미를 보다 강조하며 복지가 사회적 수준에서 사회문제해결을 위해 정책이나 제도적 측면에서 제공되는 체계로 이해한다. 특히, 사회복지학에서는 인간을 사회 속에서 환경에 영향을 주고받는 존재로 이해하여 사회환경과 인간을 상호 행동하는 주체로 바라봄으로 사회복지학에서 복지의 주체는 인간 개개인이 아니고 사회와 인간이 모두 주체임이 강조된다. 경제학과 사회복지학의 복지에 대한 이와 같은 차이는 곧 복지자본주의를 설명하는 경제학적 배경과 사상(이념)과 결합하면서 서구 복지자본주의 국가체제가 매우 상이하게 발전하도록 하는 배경이 되었다.

복지자본주의는 복지와 자본주의가 결합한 정치·경제체제임으로 자본주의를 설명하는 초기 정치경제학으로부터 영향을 받아 발전하였다. 특히, 시장을 통한 개인의 복지(만족)을 강조한 자본주의 경제학의 아버지라고 불리는 아담 스미스를 필두로 하는 고전파 경제학과 사회(복지)정책을 자본주의의 한계를 극복하는 중요한 우선정책으로 제시한 케인즈 경제학 그리고 복지재정의 문제점과 복지국가의 한계를 집중적으로 제기한 신고전파경제학 그리고 복지정책을 자본주의 유지 및 안정화를 위한 도구로 보는 마르크스경제학과 신마르크스경제학 등으로부터 영향을 받았다. 복지국가 및 복지정책의 중요성은 고전파경제학보다는 세계대공황을 거친 이후의 케인즈경제학으로부터 많은 영향을 받았다. 따라서 복지국가와 자본주의가 결합한 복지자본주의에 대한 경제적 틀은 고전파경제학보다는 신고전파경제학 그리고 케인즈경제학과 신마르크스경제학에 근거한 이론들로 해석하고 이해하는 것이 가능하다. 아래의 그림은 복지자본주의를 설명하는 경제학적 틀을 나타내준다.

[그림 17] 복자자본주의의 경제학적 배경

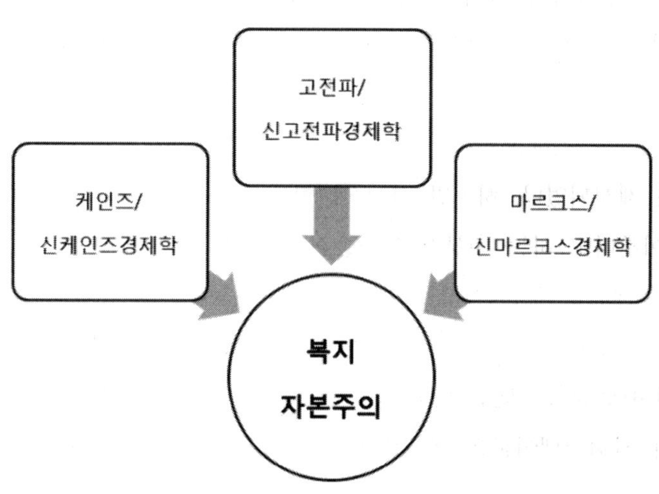

사회복지정책과 자본주의가 결합한 국가 및 경제체제로서 복지자본주의에서 복지는 경제학에서 의미하는 개인적 수준에서의 만족이나 물질적 번영을 나타내는 복지를 의미하지 않으며 보다 거시적인 사회·정치·경제적 구조 속에서 사회문제해결을 통한 개인과 사회의 번영을 강조한다. 따라서 복지자본주의를 설명하는 이론적 틀로서 개인적 수준에서의 만족이나 선호의 충족 등을 다루는 복지경제학적 배경을 지닌 합리적 선택이론(Rational choice theory)이나 사회선택이론(Social choice theory), 공공선택이론, 복지경제론 등은 복지자본주의를 설명하는 적합한 이론이라고 할 수 없다. 이는 이 이론들이 고전파 경제학적 토대를 중심으로 복지자본주의를 개인수준에서 미시적으로 설명하는 이론들이기 때문이다. 반면, 신마르크스주의적 입장을 대변하는 권력-자원이론 등은 복지를 개인적 수준에서 벗어나 사회구조적인 수준에서 사회 및 경제와 국가의 정책적 틀 안에서 이해하며 복자자본주의를 정치경제학적 측면에서 이해하고 해석하는데 도움을 주는 거시적 수준의 이론이고 신마르크스경제학과 케인즈경제학에 기초를 둔 사회투자론 역시 복지를 사회·정치 및 경제적 구조 속에서 이해하며 복지증진을 위한 대안으로 성평등과 여성 및 가족복지의 강화와 인적자본에 대한 투자에서 찾으려고 노력한다.

고전파경제학과 신고전파경제학은 복지에 대한 설명에 있어 **합리적 선택이론(또는 이성적 선택이론,** Rational Choice Theory)을 신봉하며 대체적으로 개인의 복지는 국가에 의해서 제공되는 것보다 시장에서 그리고 개인의 복지는 개인이 선택하고 책임지는 것이 효율적이고 효과적임을 강조한다. 따라서 **합리적 선택이론은 복지자본주의의 발전에 있어 가장 강력한 반대자**라고 할 수 있다. 신마르크스주의자 역시 복지를 통해서 자본주의가 발전될 수 없으며 진정한 국민들의 복지는 자본주의에서 새로운 경제체제로 이행되어야 실현될 수 있음을 주장하여 복지자본주의에 대한 또 다른 의미에서의 반대자라고 할 수 있다. **사회선택이론**은 개인의 선택이 모이면 집합적 선택이 되고 이는 곧 사회의 선택이라는 점을 주장하며 개인의 선택의 합 즉, 집단 또는 사회의 선택이 복지증진 및 발전과 깊은 연관이 있음을 강조하는 이론으로 주로 경제학의 한 부류인 복지경제론을 주장하는 학자들에 의해서 제시되었다. 하지만 사회선택이론 역시 단순히 개인의 복지의 합이 사회복지의 증진을 이룬다고 하는 추상적 복지증진만을 강조하며 빈곤이나 실업, 불평등과 같은 자본주의의 문제점을 있는 그대로 받아들이고 개개인들의 복지욕구에 대한 분석이나 사회문제 및 사회현상에 대한 인과적 분석은 등한시한다. 이념적 측면에서 보면, 합리적 선택이론과 사회선택이론은 모두 보수주의 및 자유주의 이념과 밀접한 연관을 가진다. 합리적 선태이론과 사회선택이론은 복지의 실현 즉, 개인중심의 만족과 개인적 선호 충족

등은 시장이라는 자원할당 기구를 통해서 개인적 능력을 통해서 실현되어 짐을 강조함으로 자유경쟁시장을 신봉하는 보수주의 및 자유주의와 연관이 깊고 또한 합리적 선택이론과 사회선택이론 모두 선호하는 것에 대한 선택에 있어 개인의 자유의지에 따른 개인적 결정을 강조함으로 자유주의와도 깊은 연관이 있다.

반면, 케인즈경제학은 개인을 분석단위로 하지 않으며 개인보다는 국가 및 거시사회를 강조하여 정치경제학과 보다 밀접하게 연결되어 있다. 케인즈경제학은 복지국가발전을 위한 경제학적 토대로서 국가주도의 사회정책의 중요성을 강조하여 사회투자론이 등장하는데 영향을 미쳤다. 특히, 사회투자론은 성평등을 통한 여성의 사회참여와 아동 및 가족돌봄에 있어 국가적 책임을 강조하는 사회보장정책을 강조하여 가족에서 주요 가구소득원인 남성중심으로 이루어지는 복지패러다임을 전환하도록 하는데 많은 영향을 미쳤다.

1970년대 이후 마르크스경제학 역시 마르크스의 정치경제학적 시각에서 복지자본주의를 분석하고 복지자본주의의 작동양식 내지는 자본주의가 갖는 모순들에 대한 논의들을 활발히 하였다. 특히, 복지자본주의의 복지국가라는 정치체제가 자본주의의 축적을 정당화하는 도구로 활용됨을 마르크스 정치경제학은 강조한다. 이러한 측면에서 보면 마르크스 정치경제학에 입각하여 신마르크스주의자들은 복지자본주의의 강력한 반대자라고 할 수 있지만 그렇다고 신마르크스주의자들이 모두 복지자본주의를 반대하는 것은 아니다. 신마르크스주의자인 Gough(1979)는 복지자본주의의 모순을 강조하며 복지자본주의에서 복지사회주의로 발전하여야 함을 주장하기도 하였다. 특히, 그는 복지국가가 발전하기 위한 물적 토대로서 노동자들의 계급투쟁을 강조하였는데 이는 노동자들의 사회주의운동이나 나아가 시민들의 복지요구투쟁운동 등이 복지자본주의에서 복지정책의 강화를 가져다 준 토대임을 강조하는 권력-자원이론과 맥락을 같이한다고 볼 수 있다. 권력-자원이론은 집단의 조직화된 힘이 곧 복지요구에 대한 강력한 자원으로 작동함을 강조하여 노동조합에 기초한 복지요구투쟁의 중요성을 강조하며 나아가 시민의 복지욕구에 대한 정도가 곧 복지수준을 결정할 수 있음을 강조한다.

복지자본주의가 발전하기 위해서 **자본중심의 자본주의가 인간중심의 자본주의로 수정**되어야 함을 강조하는 이론인 **사회경제론** 역시 넓게 보면 신마르크스경제학과 케인즈경제학에 영향을 받은 이론이라고 할 수 있다. 사회경제론은 공공선택이론과는 달리 시장의 자원할당에 대한 강력한 반대자이다. 사회경제론은 제3부문의 발전을 통해 복지자본주의가 발전하고 및 작동할 수 있음을 설명하는 이론이다. 즉, 사회경제론은 사회복지의 증진이 자본주의의 시장을 대체하는 자원할당기구로서 제3부문의 발전을 통해서 가능할 것임을 주장한다. 즉, 사회경제론은 제1부문(정부)과 제2부문(민간영리부분)을 통한 자원할당의 한계를 극복하기 위해 제시된 이론으로 제3부문을 통한 사회경제조직 및 비영리조직의 사회복지활동 및 관련 재화와 서비스공급을 통해 복지자본주의가 발전할 수 있음을 강조한다. 물론 사회경제론이 강조하는 자본주의는 일반적인 경제체제인 경제학에서 강조하는 자본주의가 아닌 자본이 통제되는 또는 자본이 사회화되는 수정된 자본주의를 의미한다. 따라서 사회경제론은 수정된 자본주의의 한 유형인 복지자본주의의 발전을 설명하는 주요한 이론적 토대가 될 수 있다.

종합하면, 고전파 정치경제학에 뿌리를 두고 복지자본주의를 설명하는 이론적 틀로는 합리적 선택이론과 사회선택이론 그리고 공공선택이론 등이 대표적이다. 이들 이론들은 모두 개인의 선호를 바탕으로 한 선택이 만족을 증진시키고 나아가 행복 및 복지증진을 향상시킨다는 방법론적 개인주의와 인간의 합리성 그리고 효율성이라는 전제에 기초하여 발전된 이론들이다. 또한 신마르크스주의 정치경제학에 뿌리를 두고 복지자본주의를 설명하는 이론으로는 집단의 조직화된 힘이 복지의 발전을 담보함을 강조하는 권력-자원이론이 대표적이며 케인즈경제학에 기초를 둔 사회투자론도 복지자본주의에 대한 분석에 있어 사회구조적 측면의 분석에 초점을 두고 인적자본에 대한 투자를 강조함으로 신마르크스주의 정치경제학에 영향을 받은 이론이라고 분류할 수 있다. 또한 사회경제론 역시 고전파경제학이나 신고전파경제학이 강조하는 자원할당의 주체를 개인이나 시장으로 국한하지 않으며 정부 역시 자원할당과 분배에서 적절한 역할을 하지 못함을 주장하고 이에 대안으로 제3부문중심으로 자본주의 할당체제는 수정되어야 함을 강조한다. 이러한 사회경제론의 중심 논리는 고전파경제학보다는 케인즈경제학 신마르크스정치경제학 나아가 신케인즈경제학에 영향을 받았다고 할 수 있다.

제 2 절 복지경제학과 복지자본주의

1. 복지경제학의 개념[23)]

복지경제학(welfare economics)은 전체 사회의 수준에서 개인의 번영(복지)을 평가하기 위해 미시경제학의 기법들을 활용하는 경제학의 한 부류이다(Deardorff, 2014). 복지

23) 이하 내용은 지은구(2003), "사회복지경제학연구"(청목출판사)에서 부분 발췌하였음.

경제학은 우리나라에서 일본의 영향을 받아 **후생경제학**으로 불린다. 복지경제학은 경제학의 관점에서 복지를 해석하며 복지를 개인의 만족이나 행복 또는 번영과 동일시하여 물질적 수준에서 복지를 매우 단편적으로 해석하고 개인의 만족이나 행복을 증진시키는 방안을 찾기 위해 노력하는 학문으로 우리나라에서는 주로 미시·거시중심의 경제학에서 비주류경제학으로 구분된다. 따라서 **복지경제학은 사회복지학적 관점에서 사회복지의 증진 방안을 거시경제학 및 정치경제학을 접목하여 분석하는 사회복지경제학과는 분명한 차이점**이 존재한다.

사회복지경제학과 달리 복지경제학에서 복지의 단위는 개인이며 개인이 만족한 상태, 개인이 행복한 상태, 개인이 물질적으로 부족한 것이 없는 상태가 곧 복지가 실현된 상태라고 본다. 따라서 복지경제학에서 자본주의 경제체제나 사회적 조건 또는 환경 등에 대한 비판이나 사회문제의 원인에 대한 분석 등은 중요하지 않으며 주로 개인의 선택이나 선호에 대한 결정방식을 분석하고 그리고 개인적 만족에 대한 분석 등을 강조한다. 복지경제학을 설명하는 중심이론인 **합리적 선택이론이나 사회선택이론** 등은 모두 분석의 단위가 개인에서부터 출발한다. 따라서 복지경제학에서 자본주의에 대한 비판은 있을 수 없으며 개인이 복지실현을 위해서 노력하면 복지는 증진될 수 있다고 강조한다. 따라서 자본주의 나아가 복지자본주의를 설명하는 합리적 선택이론과 사회선택이론은 모두 복지경제학에 포함되는 이론들이라 할 수 있다.

복지경제학자들은 **복지를 인간의 만족**으로 이해하였으며 복지를 수치화하여 측정하는 것이 가능하다고 믿었다. 복지경제학의 대표적인 학자는 Kenneth Arrow(1921-2017, 미국의 경제학자)이며 대부분의 복지경제학자들은 인간의 만족 즉, 복지는 측정될 수 있다고 주장하며 복지를 숫자로 나타낼 수도 있고 순위(ordering)로도 나타낼 수 있다고 강조한다. 복지경제학은 복지를 측정하기 위하여 수학공식과 같이 사회복지함수(social welfare function)를 이용한다. 즉, **복지경제학은 경제학적 마인드 및 원리를 적용하여 복지를 주제로 연구하는 경제학의 분**야라고 할 수 있다. 특히, 미시경제학적 입장에서 복지를 개인단위에서 개인의 만족으로 해석함으로 복지는 수학적 공식으로 해석 가능하여야 하며 이해하기 쉽게 수량화하여 나타남을 강조한다. 따라서 복지경제학은 전통적 경제학인 고전파 경제학과 신고전파 경제학의 토대를 바탕으로 발전한 부류로서 시장의 작동원리를 고수하며 시장을 유일한 자원할당방식으로 인정한다. 결국, 복지경제학에서 다루는 복지는 **사회복지학에서 다루는 복지와는 그 개념적 한계와 상이성이 명확**하다고 볼 수 있다.

Rosen(1995)과 Feldman(1994)등 경제학자들은 복지경제학을 규범주의적 분석을 위한 도구(tool of normative analysis)로 바라본다. 그들에 따르면 복지경제학은 사실(facts)보다는 사회가 바라는 것 또는 갈망하는 것에 관심이 있는 경제이론의 한 분파라고 한다. 즉, **실증주의 경제학**이 '무엇인가를 사실에 근거해서 입증하려는 시도'라고 본다면 복지경제학과 같은 **규범주의 경제학**은 '무엇이 좋고 나쁜 것인지를 밝히기 위한 시도'라고 볼 수 있다. Broadway와 Bruce(1984)는 복지경제학이 실증주의 경제학의 범주를 뛰어 넘는 규범주의 경제학의 범주에 든다고 한다. 그들에 따르면 모든 사람의 복지에 대한 욕망을 최대한 보장하려는 것이 복지경제학의 기본원리이기 때문에 복지경제학자들은 어떤 한 특별한 정책(a particular policy)의 바람직함(desirability)을 결정하는 것을 소망한다고 한다. 즉, 규범주의 경제학이 주로 경제적 문제나 또는 그 이상의 기대하지 않은 또는 예측할 수 없는 결과와 원인에 관심을 갖기 때문에 의사결정을 통한 어떤 정책결정이 사회적 바람이나 욕망을 해결할 수 있는지에 대해 복지경제학은 관심을 갖게 되는 것이다(지은구, 2003). Dobb(1969)은 경제적 번영이나 복지(economic well being or welfare)를 최대화시키기 위해 필요한 조건을 공부하는 경제학이론을 복지경제학이라고 정의하였으며, Vickrey(1961)는 복지경제학을 통한 조사는 완벽하지는 않지만 우리에게 어떤 대답(또는 결정)이 가장 좋은 대답(또는 결정)인지를 알 수 있는 안내역할을 제공한다고 한다고 주장하였다(지은구, 2003).

복지경제학이 추구하는 목적은 학자들에 따라 그 범위와 내용이 상이하지만 일반적으로 개인의 복지최대화 및 사회복지의 증진에 있다고 볼 수 있다. 개인의 복지최대화는 바로 개인이 이익의 최대자라는 인간의 합리성에 기초한다. Gintis(1969)에 따르면 복지경제학은 경제적 현상이나 행동 그리고 제도가 첫째, 조직에 끼치는 영향을 다루며, 둘째, 개개인들의 인성체계에 미치는 영향을 다루고, 셋째, 사회구조에 미치는 영향을 다루며, 넷째, 문화적 형태들에 미치는 영향을 다루고, 다섯째, 단일 대상으로서의 자연적, 인공적, 그리고 물질적인 조직환경에 미치는 영향과 마지막으로 여섯째, 사회적 최적을 정의하기 위해 더욱 신중한 목적으로서 복지관련 행동들을 위한 개인적 능력의 발전에 미치는 영향을 다루는 것이라고 제시하였다. 또한 Arrow(1951)는 복지경제학이 다음의 질문에 대답하기 위해 노력한다고 강조하였다.

첫째, 복지를 최대화하기 위한 내용은 무엇인가?
둘째, 최적 상태란 무엇인가?
셋째, 완전경쟁의 조건들과 일치하지 않는 상황들은 어떤 상황들인가?

넷째, 두 번째와 세 번째 질문에 대한 대답을 하기 위한 실천적인 중요성은 무엇인가?

Arrow의 질문들에 있어 중요한 개념은 완전경쟁과 최적 상태 그리고 경쟁과 최적 상태가 사회적 복지를 증진시키기 위해 어떠한 내용을 가져야 하는 가로 압축할 수 있다. 따라서 Arrow의 견해에 따르면 복지경제학은 복지를 최대화시키는 것 그리고 복지의 최적상태를 시장경쟁의 조건에서 찾는 것이라고 할 수 있다. Parsons와 Smelser(1965)도 Arrow의 견해를 받아들여 복지경제학의 목적은 **행복에 대한 개개인의 만족과 사회적 최적의 문제를 연구하는 것**에 있다고 보았다. 그리고 Boulding(1952)은 복지경제학의 목적이 첫째, 부(wealth)에 대한 애매한 개념을 명확히 하고 그리고 수량화하며 둘째, 경제학자들이 경제적 최적의 정의를 이용해서 공공정책의 문제들에 대해서 언급하는 것을 명확히 해주는 것에 있다고 강조하였다. 또한 Mishan(1964, 1969)은 복지경제학의 목적이 경제적 성장의 부정적인 측면을 직접적으로 보여주고 그리고 실재하는 체계를 수용할지 또는 수용하지 않을 지에 대한 문제를 제시한다는 긍정적인 측면을 강조하기도 하였다. 결국 위의 견해들을 종합하면 **복지경제학의 목적은 자유경쟁시장 하에서 사회적 최적의 문제와 그리고 개개인들이 갖는 만족의 서로 상이한 사회적 상황들을 비교하기 위한 기준(criteria)을 찾는 것**에 집중되어있음을 알 수 있다(지은구, 2003).

이는 곧 복지경제학이 개인의 자본축적을 정당화하는 자본주의라는 경제체제와 자본주의가 유지 발전하기 위해 작동하는 자유경쟁시장 하에서 개인의 만족을 증진시키고 개개인들의 만족이 증진되면 사회의 최적상태가 만들어지며 사회적 최적상태는 사회적 만족의 증진으로 사회적 복지의 향상을 의미하는 것이고 이는 곧 개인의 만족과 사회적 수준에서의 만족을 측정하는 것을 통해서 확인할 수 있음을 증명하는 것이 복지경제학의 주된 임무라는 것을 의미한다. 따라서 복지경제학은 자본주의에서 많이 갖는 것이 윤리적으로 문제가 없고, 많이 갖는 것이 행복한 것이라는 만족주의(공리주의)를 철학적 토대로 하며, 사회적 최적상태가 가능하다는 파레토최적개념을 활용하고 이를 수량화하여 나타내기 위하여 미시경제학의 방법들을 활용한다.

2. 복지경제학의 가정 및 전제

Boulding(1952)에 따르면 경제학과 복지경제학의 차이점은 천문학과 점성학사이의 차이점과 비슷하다고 한다. 이는 점성술이 사람들의 미래에 대한 좋은 예측을 하는 것과 같이 복지경제학이 사회에 대한 좋은 인상을 주는 것에 관심이 있다는 측면을 의미한다. 가장 전통적인 의미에서 복지경제학은 **사회적 최적상태**(social optimum)를 고취시키기 위한 연구학문이라고 한다. 경제학에서 경제적 번영이나 복지를 최대화시키기 위한 조건이라는 것은 바로 최적상태(optimum)를 의미한다. 따라서 복지경제학의 목표는 최적상태(optimum)를 연구하는 것이기 때문에 개인적 복지를 포함하는 사회적 복지를 자유경쟁시장체제 하에서 최대화시키는 것이 기본목표가 된다. 복지경제학에서 최적상태(optimum)는 경제적 가치인 효율성(efficiency)를 바탕으로 하는 것이고 다른 어떤 사람도 나빠지는 것(최소한 현 상태를 유지하고) 없이는 최소한 한사람이라도 또는 이론적으로 모든 사람이 더 좋아질 수 없는 상태를 의미한다.

Broadway와 Bruce (1984)는 복지경제학을 구성하는 기본 개념들로서 복지경제학은 경제적 효율성과 **Pareto 원리**에 기초한다고 제시하였다. 그리고 Feldman(1980)은 복지경제학의 기본을 이루는 개념들로서 경쟁적 경제(competitive economy)의 개념과 Pareto최적 개념을 강조하였다. 그에 따르면 경쟁적 경제는 기업과 합리적 개개인들의 이윤을 최대화시키기 위한 하나의 체제라고 한다. 그리고 Pareto 최적 상태란 **'어떤 사람이 나빠지는 것 없이는 한 사람도 더 좋아질 수 없는 그 상태'**를 의미한다. Pareto 최적 은 곧 Pareto 효율성(efficiency)과 같은 의미로 사용되는데 경제적 최적 상태가 바로 가장 효율적인 자원의 할당이 이루어진 바로 그 상태를 의미하기 때문이다. 따라서 복지경제학자들이 효율성을 강조하는 것은 바로 Pareto 최적상태를 추구한다는 것과 같은 의미를 나타낸다. 따라서 Feldman이 의미하는 바는 경쟁을 통한 이윤의 최대화 또는 만족의 최대화는 자유경쟁시장이라는 조정양식을 통해서 이루어지며 이 시장체제가 좋은 것인지 나쁜 것인지는 결국 Pareto최적 상태를 통해서 알 수 있다는 것을 의미한다. 하지만 그는 경쟁이나 최적의 개념이 어떻게 우리가 좋은 것들을 구별할 수 있는가 또는 어떻게 Pareto 최적 상태들 속에서 선택할 수 있는가 나아가 선택 A가 선택 B보다 사회를 위해서 더 좋다는 것을 어떻게 알 수 있는가 또는 결정할 수 있는가에 대한 대답을 하는데 한계를 갖고 있다고 강조하였다. 그는 이러한 질문에 대한 대답은 개인적 선호를 바탕으로 한 사회적 선호를 통해서 알 수 있다고 보며 사회선택이론이 이러한 사회적 선호를 결정할 수 있는 이론적 틀을 제시한다고 하였는데 이는 **복지경제학의 중요한 이론이 바로 사회선택이론**이라는 점을 나타내준다.

복지경제학에서는 선택을 하기 위하여 어떤 결정 또는 선택이 좋은 것인지 또는 나쁜 것인지를 결정해야하는 규범경제학의 틀 안에서 실증주의 경제학이 배제하였던 **가치판단**

(value judgement)의 필요성이 제기되었다. 어떤 선택이 최선의 선택인지를 또는 어떤 정책이 최선의 정책인지를 결정하는데 있어 개인적 만족(복지) 또는 사회적 만족(복지)의 틀 안에서 판단해서 결정하는 가치판단은 의사결정의 중요한 도구로서 작동한다. 복지경제학적 틀 안에서의 가치판단은 주로 개인적 선호를 기초로 해서 이루어지는데 이는 개인적 만족의 합이 결국 사회적 만족의 증진을 가져다 줄 것이라는 사회선택이론과 복지경제학의 이론적 한계에 기인한다(지은구, 2003).

가치판단이 객관적인 타당성의 요구를 인정할 것인지 또는 인정하지 않을 것인지를 결정하는 것이라고 정의한다면(Harsanyi, 1991), 실질적으로 인정할 것인지 또는 인정하지 않을 것인지에 대한 우리의 판단들 중에 많은 부분은 이러한 객관적인 타당성에 기초하지 않는 경우가 많다. 예를 들어 철수가 녹차를 좋아한다는 것이 다른 사람도 모두 녹차를 좋아해야 한다는 것을 의미하지는 않는다. 경제학자들은 이러한 점을 강조하여 결국 가치판단은 개인적 선호에 근거해서 또는 개인적 기호에 근거해서 이루어질 수밖에 없음을 강조한다. 개인주의를 강조하는 경제학의 한 분파인 복지경제학에서 결국 가치판단은 어떤 사실에 대한 신념들을 표현한다기보다는 개인적 태도에 대한 개인적 선호를 표현하는 것을 의미한다. 특히 복지경제학에서 가치판단의 중요성은 사회선택이론을 강조하였던 Arrow(1951)에 크게 영향을 받았다(지은구, 2003).

결국, 복지경제학에서 의사결정을 하기 위한 기준인 가치판단은 결정적으로 사회적 또는 사회복지적 가치인 평등, 상호호혜, 연대, 협동이나 공동체, 집합주의 등에 기인하는 것이 아니라 경제적 가치 기준에 기인하기 때문에 결국 효율성, 합리성, 기회비용, 그리고 자원의 희소성이라는 행동기준에 근거한 경제적 가치들인 이윤, 만족, 경쟁, 자유방임, 개인주의 등의 개념들이 중요시된다.

종합하면, 복지경제학을 구성하는 경제학적 기초 개념들은 경쟁, Pareto 최적 또는 효율성 등이며 그리고 이론으로는 사회선택이론 등을 들 수 있다. 사회선택이론은 개인적인 선호와 사회적인 선호를 사용하여 복지경제학을 설명하는 이론이다. 사회적인 선호가 높다는 것은 많은 사람이 좋아하거나 선택했다는 것을 의미하며 많은 사람이 선택해서 모든 사람이 더 좋아지게 되면 효율성이 있다는 것이 복지경제학자들이 주장하는 사회선택이론의 기본 전제이다. 복지경제학을 떠받드는 기본 전제들은 다음과 같다(지은구, 2003).

첫째, 생산자와 소비자가 완전 경쟁자로 행동한다, 즉 경쟁이 보장되어야 한다.

둘째, 경쟁적 시장이 곧 Pareto(파레토) 최적을 결과한다.

셋째, 경쟁과 Pareto 최적은 사회적으로 어떤 것이 더 좋은지를 결정하기 위한 즉, 사회적 선택을 위한 기본적 틀을 제공한다.

3. 복지경제학의 주요 개념 및 원리

1) 만족[24)]

복지경제학자들은 **복지**(welfare)를 설명하기 위해 **만족**(utility), **선호**(preference), **그리고 선택**(choice)이라는 단어들을 사용한다. 특히 만족주의의 영향을 받아 만족이라는 개념이 복지경제학의 출발점이라고도 생각하며 복지를 만족과 동일시하기도 한다(Roos, 1973). 따라서 복지경제학자들의 관점에서 만족을 이해하는 것이 복지경제학을 이해하는 데 도움을 줄 것이라는 것은 당연하다. 따라서 복지와 만족간의 관계를 살펴보고 실제적으로 어떻게 만족의 개념이 복지 분석에 응용될 수 있는지를 살펴보는 것이 중요하다.

Edward(1967)과 Robbinson(1962)는 만족을 다음과 같이 설명했다. 그들에 따르면 만족은 개개인들이 상품을 사기 원하게끔 하는 상품의 질(quality)이며 그리고 상품을 사려고 개개인들이 원한다는 것은 그들이 만족을 가지고 있다는 것을 의미한다고 한다. 만족은 선택이라는 용어로도 해석될 수 있다. 즉, 어떤 한 사람이 어떤 상품보다 어떤 상품을 더 좋아한다는 것은 그가 좋아하는 것이 그에게 더 큰 만족을 가져다준다고 보기 때문이다(Little, 1957). 따라서 경제적 복지에서 만족으로 그리고 만족에서 복지로 복지의 의미가 경제적 요인으로 해석될 때 복지는 선택과 선호라는 개념과 동일시된다(Graaff, 1957; Archibald, 1969; Armstrong, 1951). 결국 복지경제학자들은 개인적 복지는 다음의 두 조건에서 증진된다고 본다.

첫째, 만약 철수가 B보다 A를 좋아한다면 A가 더 큰 만족을 주기 때문에 선택했으므로 철수의 복지가 증진 된다 = **선택**(choice)

둘째, A가 선택 가능한 대안이라면 다른 대안보다 A란 대안이 더 큰 만족을 주기 때문에 선택했으므로 즉, 다른 대안들 중에 A를 선호함으로써 A가 대안이 되었기

24) 경제학에서는 Utility를 효용이라고 번역하여 사용하여 왔는데 이는 일본의 영향이라고 보여 진다. 효용이라는 개념은 우리가 일상생활이나 경제생활을 하면서 잘 사용하지 않는 단어로서 여기서는 효용을 만족이라는 쉬운 단어로 대체하여 사용하기로 한다.

때문에 복지가 증진 된다 = **선호**(preference)

※ A는 재화나 서비스 또는 상품을 의미

결국 만족, 선호, 그리고 선택이 복지경제학에서 다루는 복지의 내용물이며 이 내용물에 Pareto 최적의 원리가 접합해서 현대 복지경제학에서 강조되는 사회복지(social welfare)의 단편적 개념이 완성되었다고 볼 수 있다. 따라서 복지이론은 복지경제학자들에게 선택의 잠재성과 선택 매카니즘에 대한 이론으로 보여 지게 되었다.

하지만 개인적 만족을 위한 선택이 항상 좋을 수는 없다. 재화나 서비스의 선택과 선호에 대한 개인적인 견해가 잘못된 선택이나 결정일 경우에 대한 복지경제학자들의 대답은 다음과 같다.

첫째, 재화나 서비스의 선택은 다른 조건(예를 들어 숨 쉴 수 있는 공기나 다른 환경 상품들 같은)들로 인해 동시에 악화될 수 있다(다른 조건들이 선택한 재화나 서비스의 질에 악영향을 미칠 수 있음을 의미한다).

둘째, 개개인들은 그들의 복지에 해로운 것을 선택할 수도 있다.

위의 두 요인들은 개인이 그들의 복지를 위한 최고의 선택 결정권자라는 소비자 주권에 대한 문제점으로 즉, 합리적 인간이라는 경제학의 기초 개념에 대한 문제점으로 나타나게 된다. 다시 말해 자기가 선택한 재화나 서비스가 자신의 복지를 증진시키지 않고 복지를 감소시킬 수 있다는 문제점이기도 한 것이다. Zeckhausser와 Schaefer(1968)은 이러한 문제점들을 다음과 같이 지적한다.

첫째, 어떤 상황에서, 인간은 그의 선택에 영향을 미치는 모든 조건을 알 수 없다.

둘째, 교육과 경험들은 어떤 상황이나 조건들에 대한 정확한 정보를 제공하는데 전제조건이 될 수 있다.

셋째, 어떤 사람은 단순해서 선택을 위한 대안들을 이해할 수 없을 수도 있다

넷째, 어떤 사람들은 자신들의 선택을 억제할 수 있을 만큼의 강력한 습관들을 가지고 있을 수 있다.

다섯째, 어떤 것들은 사회로부터 개인들이 좋아하든 좋아하지 않든 상관없이 선택이 금

지되는 것들도 있다(예를 들어 마약).

모든 인간이 개인의 만족을 위해 또는 복지경제학에서 얘기하는 복지증진을 위해 합리적으로 자신에게 유리한 선택만을 하는 것은 아니다. 사회구성원 중에는 자신에게 불리한 것이나 손해 볼 것을 알면서도 선택하는 사람들도 존재하며 선택할 수 없는 상황이나 조건에 처한 사람들도 많이 있다. 예를 들어 돌봄서비스가 필요한 영유아들이나 중증장애인 그리고 노인들은 자신에 만족을 주는 선택을 할 수 없을 것이며 특정 사회 및 문화 환경에 익숙하지 않은 다문화이주여성이나 이주노동자들도 자신들에게 만족을 주는 선택을 한다는 것이 쉽지 않을 수 있고, 선택을 위한 정보가 부족한 사람들일 경우 역시 만족증진을 위한 최적의 선택을 한다는 것이 어려울 수 있다.

결국, 복지경제학에서 강조하는 것은 개인적 선택이 수없이 많은 이유들로 인해 잘못된 선택일 수 있음을 인정하고 이에 대한 해결책을 찾기보다 단순히 합리적인 인간들이 자신의 이익 최대화를 위해 선택을 하고 결정을 잘 할 수 있을 것이라는 단순한 믿음에 기초한다는 것을 의미한다.

2) 만족주의

만족주의(Utilitarianism)는 우리나라에서 **공리주의**로 번역된다. 만족주의자로 가장 잘 알려진 학자는 우리나라에서 '최대다수의 최대행복(더 많이 갖는 것이 더 큰 행복)'이라는 말로 유명한 제레미 벤담(1748-1832, 영국의 철학자)이며 그는 현대만족주의의 창시자로 불려진다. 만족주의는 규범적 윤리학의 이론으로 알려져 있으며 모든 사람들의 행복과 번영을 최대화시키는 행동을 설명해 준다. 즉, 인간은 만족(utility)을 최대화하기 위해 행동한다는 것을 만족주의는 강조한다. 끈임 없는 개인의 이익창출을 강조하는 자본주의 경제이론은 곧 만족의 최대화를 강조하는 만족주의와 맥락을 같이한다고 볼 수 있다. 만족주의는 만족을 행복이나 번영과 같은 개념으로 인정한다.

만족주의는 복지경제학을 포함하여 경제학의 기본적 토대임으로 복지경제학이 만족주의에 기초해서 발전했다는 것에 이의를 제기할 수는 없다. 이는 만족주의가 복지경제학 이론의 발전과 확대에 중요한 틀을 제공했다는 것을 의미한다. 복지경제학이 사회적 만족을 최대화시키는 것을 공부하는 학문이라는 것을 인정한다면 만족주의의 중심개념인 만족의 원리와 복지경제학의 중심 개념인 사회적 만족(사회복지)의 최대화 사이의 관계는 분명히 나타난다(지은구, 2003). Rescher(1966)는 이 두 원리의 공통점을 다음과 같이 지적한다. 첫째, 더 큰 좋은 것과 그리고 두 번째, 총 부분(aggregative part) 그리고 분배부분에서의 더 큰 숫자가 그것이다. 따라서 만약 사람들이 만족의 원리에 따른다면 더 좋은 것을 더 많이 가질 것이므로 그들은 분배의 문제를 무시할 수 있다는 것이다. 이는 Bentham이 주장했었던 만족의 윤리적 문제, 즉 '더 많이 갖는 것이 더 큰 행복'이라는 정의에 의해서 지지된다. Arrow(1963)는 복지경제학이 만족주의와 심리적 쾌락주의의 결합물이라고 한다. 그에 따르면 만족주의는 공통으로 좋은 것은 개인적으로 좋은 것에 기초한다고 하며 심리적 쾌락주의는 개인적으로 좋은 것은 개인적인 욕망에 기초한다고 한다. Bohnen(1964)은 많이 갖는 것이 더 큰 행복이라는 만족주의 윤리를 정교하게 만들기 위한 시도가 복지경제학이라고 주장하였다.

Arrow(1963)에 따르면 복지경제학이 만족주의와 관련이 있음을 나타내는 하나의 이유는 바로 만족주의가 자유방임의 원리를 이끌고 있기 때문이라고 한다. 이는 복지경제학도 자유방임을 하나의 기본 원리로 받아들였다는 것을 의미함과 동시에 복지경제학의 뿌리가 자유방임에 기초한다는 것을 나타내기도 한다. 하지만 복지경제학과 만족주의의 연관을 설명하는 가장 중요한 이유는 복지경제학과 만족주의가 둘 다 욕구(needs)보다는 욕망이나 원하는 것(wants)를 강조한다는 것에 있다고 Roos(1973)는 강조한다. 만족주의 전통과 복지경제학은 모두 좋은 것이 인간이 원하는 것과 관련이 있다고 강조한다는 점이다. 결국, 만족주의 전통에 힘입어 복지경제학은 인간이 원하는 것을 분석하는 것에서부터 그 논의를 시작한다(지은구 2003).

만족주의의 가장 결정적인 한계는 만족을 표현하는데 있어 만족을 수량화하여 숫자로 표현하는 것이 어떻게 보면 불가능에 가깝다는 데 있다. 즉, 만족주의자들에게 있어 만족은 개인의 욕망이나 행복 그리고 번영과 같은 의미로 해석되어지는데 만족을 물질적인 것 즉, 돈이나 재물 등으로 수량화하여 나타내는 것은 가능하지만 만족이나 번영 그리고 행복이 이보다 훨씬 다면적인 요인들을 포함하는 개념이라고 한다면 만족을 수량화하여 나타내는 것은 어렵다고 할 수 있다. 그리고 또한 만족주의가 많이 소유하는 것에 대한 면죄부를 제공하여 자본주의에서 자본의 이익창출 및 자본축적을 위한 행동에 대해 윤리적으로 어긋나지 않는다는 점을 유포하여 사회정의 또는 분배적 정의를 무시한다는 점도 중요한 결점으로 지적된다.

3) 만족의 사람 간 비교와 상대적 박탈감

복자경제학자들이 강조하는 '만족의 사람 간 비교(Interpersonal comparisons of

utility)'는 이론적으로 가능하다. Ricardo를 비롯한 많은 경제학자들은 만족의 사람 간 비교를 통해 추가만족의 가치를 계산하려고 시도해 왔으며 이러한 시도는 사람간의 만족 함수 즉, 사회복지함수를 통해 수량화내지는 수치화하려는 끊임없는 노력에 의해서도 이해될 수 있다.

선택을 하는데 있어 가장 중요한 또는 어려운 점은 대안을 선택 또는 지적하는 것 즉, 어떠한 조건 하에서 개개인들이 그들 자신들의 복지에 대해 최상의 판단자 인지 또는 아닌지를 판단할 수 있는지가 중요한 점이 된다. 왜냐하면 이러한 판단 후에 대안을 선택할 것인지 또는 아닌지가 결정될 수 있기 때문이다. 이는 결국 자신의 결정에 대해 어떠한 근거로 판단하는가에 대한 가치판단의 문제일 수 있다. 만족의 상대적 비교개념은 가치판단이 배제되어 있는 가치배제의 경제학적 틀을 제시해주는 개념이다. 고전경제학자들은 만족을 덧붙일 수 있다고 믿었고 결국 개인적 만족으로부터 집합적 만족을 계산할 수 있다고 믿었던 것이 바로 만족의 상대적 개념 때문에 가능했다. 만족주의 원리는 더 큰 숫자가 더 좋다는 것을 증명하기 위해 덧붙임(additivity)의 개념 즉, 추가만족(additional utility)이 중요했다. 즉, 덧붙임의 핵심은 두 사람간의 만족을 비교할 수 있게 해주는 결정적인 역할을 한다는 데에 있다. 따라서 만족의 상대적 비교 개념은 사회복지에서 사용하는 상대적 박탈감 비교에서 나타나는 비슷한 문제점이 지적될 수 있는 것이다. 즉, 만족을 수치로 나타낼 수 있는지 없는지에 대한 측정수단에 대한 문제점과 개개인들의 만족에 순위(ordering)를 매길 수 있는지 등의 문제점이 나타나게 된다.

따라서 문제는 수량화된 수학적인 양의 개념으로 만족을 표시할 수 있다면 사람과 사람의 만족을 비교할 수 있지만 수량화할 수 없는 개개인들의 만족을 어떻게 비교할 수 있는가? 즉, 상대적 박탈을 어떻게 수량화해서 나타낼 수 있는가와 똑같은 문제점을 갖는다. 만약 개인적 만족을 수량화해서 나타낼 수 없다든지 또는 개개인들의 만족 순위를 알 수 없다면 결국 사회적 만족을 최대화시키는 방법을 연구하는 복지경제학은 그 이론적 기반의 취약성 때문에 많은 비판을 받았을 것이지만 복지경제학자들은 개인적 만족은 수량화할 수 있고 또 개개인들이 그들이 좋아하는 선호를 이용해서 그들의 선택에 순위를 책정할 수 있기 때문에 선택에 따른 만족에도 순위를 매길 수 있다는 만족의 상대적 비교를 기반으로 하는 만족주의는 복지경제학의 가장 중심적인 이론으로 자리잡게 되었다고 볼 수 있다.

결국 만족주의가 복지경제학의 중심이론으로 가능했던 이유는 경제학자들이 사람간의 만족을 비교할 수 있다는 것을 **추가만족**(marginal utility)이라는 개념으로 발전시켰기 때문이다. 즉 이 개념을 사용해서 개인적 복지로부터 집합적 복지를 계산할 수 있다고 본 것이다. 추가적인 만족을 계산하지 못하면 개인간 만족의 비교는 불가능하고 결국 더 많은 것이 더 좋은 것이라는 만족주의 원리도 증명할 수 없다. 추가적인 만족을 계산하기 위해서 복지경제학자들은 일반적으로 두 가지의 방안을 사용했다. 그 첫 번째는 만족주의자들이 **대체추가비율**(marginal rate of substitution: MRS)이라는 개념을 사용해서 개인과 개인간의 동등한 교환, 즉 등가교환을 설명했듯이 개인의 만족 측정이 가능하다는 것이다. 이는 즉, 만족에 대해 사람들이 매기는 순위를 가지고 만족을 측정하는 방안을 말하며 두 번째는 만족을 측정하는 측정도구를 사용해서 만족을 수치로 나타내어 개인간의 만족을 비교하는 방안이 그것이다. 이 두 방안은 만족주의를 기본으로 해서 만족의 실체를 증명하기 위한 복지경제학의 주요논점이 되었다.

4) 수치만족과 순위만족

결국 복지경제학자들은 크게 두 가지로 만족을 구체화시킬 수 있는 방안들을 설명하였는데 그 첫 번째 방안은 추가만족이 대체추가비율과 동일한 의미를 갖는다고 보고 모든 개인들은 자신들이 좋아하는 것을 알고 그것들을 선택하며 나아가 그들이 좋아하는 것들에 대해 순위를 매길 수 있기 때문에 얼마나 더 좋아하는지 등을 통한 개인적 만족순위는 곧 사회복지의 측정을 위한 이론적 틀을 제공해 준다는 것으로서 이러한 방법을 통한 만족의 측정수단을 **순위만족**(ordinal utility)개념이라고 부른다. 이러한 방안을 강조하는 복지경제학자들(Slutsky, Hicks, Allen 등이 있음)은 만족을 수치화해서 나타낼 필요가 없다고 강조한다. 이들은 개인의 만족도가 중요하지 만족의 사람간 비교는 중요하지 않다고 생각한다.

그리고 두 번째 방안은 **수치만족**(cardinal utility)개념이라고 불리는데 이는 만족을 수치로 나타내어 개인 간의 만족을 비교하는 방안이다. 수치만족 개념은 만족을 숫자로 (예를 들어 %나 비율을 이용해서 그리고 500점 또는 600점 등의 점수를 이용해서) 나타내서 사람간의 만족 비교가 가능하게 하는 측정도구를 의미한다. 이 개념을 강조하는 복지경제학자들(Barry, Boulding, Coleman, Rothenberg 등)은 만족의 수치화는 불가능하지 않으며 그리고 특히 복지경제학에서 만족의 사람 간 비교는 중요하다고 강조한다.

5) 파레토 최적

Pareto 최적(또는 파레토 효율)은 "다른 사람이 나빠지는 것 없이 어떤 사람도 좋아질 수 없는 상태" 또는 "한 사람이 더 좋아지기 위해서는 다른 사람이 더 나빠지는 결과를 초래할 수밖에 없는 상태"를 의미한다. 개인적 복지를 증진시키기 위한 해결점을 복지경제학자들은 개인적 선택을 통한 복지의 증진 즉, 선택과 복지를 동일화시키는 것에서 찾았으며 사회적 복지를 증진시키기 위한 해결점을 Pareto 최적에서 찾았다. 따라서 만족주의가 개인적 만족에 대한 이론적 틀을 제시해준다고 한다면 Pareto 최적이론은 사회적 만족을 해결하기 위한 이론적 틀을 복지경제학자들에게 가져다 주었다. 복지경제학자들은 다음과 같은 전제 하에서 개인의 만족뿐만 아니라 사회의 만족도 측정할 수 있다고 생각했다(지은구, 2003).

첫째, 개개인들이 각각의 복지를 결정하는데 있어서 최고의 판단자이다. 즉, 개개인의 복지는 그 개개인들이 증진시킨다는 것으로서 자본주의 시장경제 하에서 생산활동의 일인자로서 개개인들을 바라본다.

둘째, 사회의 복지는 오직 개인의 복지에 의존한다. 즉 개개인들의 복지가 사회복지를 증진시킨다고 본다. 개개인의 복지 즉 만족을 하나의 총체로서 바라본다.

셋째, 개개인의 복지에 영향을 끼치는 비경제적 요인(non-economic factors)들 은 경제적인 복지('economic' welfare)의 측면에서 무시될 수 있다. 경제적 복지(economic welfare)의 측면에서 고려될 수 있는 경제적 요인들(economic factors)을 Majumdar(1957)은 선택과 희소성으로 보았다.

넷째, 만약 한 개인의 복지의 증진이 다른 사람의 복지의 감소를 동반하지 않고 이루어지면 전체사회의 복지는 증진한다.

위의 조건들은 파레토 최적의 원리이자 기본전제 또는 기준으로 불린다. 위의 조건들 중에서 사회복지와 관련된 조건의 제시는 마지막 전제인 네 번째 조건에서 이루어진다. 네 번째로 파레토 최적을 구성하는 전제에는 복지경제학의 주요 목표가 사회적 만족의 최대화에 있기 때문에 사회적 만족의 최대화로서 사회복지의 증진을 바라보는 시각이 담겨져 있음을 알 수 있다.

하지만 이 네 번째 전제는 사회복지의 증진을 위해서는 사람들이 모두 어떤 서비스나 재화를 모두 좋아하든지 또는 모두 관심이 없는 상황 하에서만 성립이 가능한 전제이기 때문에 이 점이 결국 Pareto(**파레토) 최적**을 위한 전제로서의 문제점으로 부각되기도 한다. 예를 들어 철수가 사과를 좋아하고 다른 사람들도 사과를 좋아한다면 Pareto 원리에 따라 사과를 사회가 선택하는 경우 모두에게 만족을 가져다준다. 또한 철수가 사과를 좋아하고 다른 사람들은 최소한 사과를 싫어하지만 않는다면 역시 사회적 만족의 증진을 가져온다. 하지만 철수가 사과를 좋아하지만 다른 어떤 한사람이라도 사과를 좋아하지 않아서 사과를 선택하는 것 자체를 싫어한다면 사회가 사과를 선택했을 때 사회복지의 증진은 일어나지 않는다. 즉, Pareto 최적은 일어나지 않는다. 결국 모든 사회구성원들 사이에 만장일치가 일어나야 사회복지가 증진될 수 있음을 나타낸다. 즉, 파레토 최적은 사회에 있는 모든 개인이 어떤 주어진 변화(주어진 변화가 사회복지를 증진시킨다고 한다면)를 좋아하든지 또는 싫어하지 말아야 만 그 변화가 인정된다는 것을 전제하기 때문에 변화에 반대하는 사람이 아무도 없다는 모든 사람들의 만장일치를 암묵적으로 제시한다. 즉, Pareto 원리가 인정되기 위해서는 모든 사회구성원들의 만장일치가 필요한 것이다. 이에 대해 Sen(1970)은 Pareto 기준의 완전성은 어떻게 개개인들이 만장일치에 도달하는가에 달려있다고 강조한다.

위에서 제시한 Pareto 기준은 복지경제학을 규정하는데 많은 영향을 끼쳤다. 특히 복지의 개념과 범위를 규정하는데 있어 큰 영향을 미쳤다. 이 Pareto 기준이 복지경제학에 어떠한 영향을 끼쳤는지에 대해 살펴보면 다음과 같다(지은구, 2003).

첫째, 복지가 Pareto 기준에 근거해서 규정되면 복지의 범위는 매우 제한적이 된다. Pareto 기준은 복지평가의 보편적인 기준을 제시하지 않기 때문이다. 즉, 복지이론이나 복지의 다면적 측면이 고려되지 않고 복지는 단순한 개인적 만족의 범위로 국한된다.

둘째, Pareto 기준은 분배에 관한 고려를 하지 않는다. 이는 Pareto 기준이 부자의 복지가 증가하고 빈민들의 복지가 현 상태를 유지해도 총체적인 사회복지는 증가한다고 보기 때문이다.

셋째, 마지막으로 Pareto 기준은 만장일치를 어떻게 이룰 것인지에 대한 언급을 전혀 하지 않고 있다.

기본적으로 Pareto 기준에 입각한 Pareto 최적의 개념은 효율성에 대한 강조가 그 중심이며 형평성 즉, 공정한 분배에 대한 문제에는 관심을 갖지 않고 있기 때문에 Pareto 원칙의 강조는 곧 효율성과 형평에 대한 분리 내지는 형평을 복지경제학의 가치에 맞게 그 범위를 제한하는 역할을 담당한다고 볼 수 있다. 또한 Pareto 원칙은 갈등이 없이 모든 사람의 선택이 사회선택으로서 사회적 만족을 즉, 사회복지를 증진시킨다고 강조함으로써 사회과학영역에서 사회를 조화와 안정으로 바라보는 기능주의이론을 따르고 있음을 알 수 있다.

4. 복지경제학에서 복지의 의미

복지경제학에서 다루는 복지의 개념은 매우 단선적이고 단편적이다. 즉, 복지를 개인적 수준에서의 번영이나 행복 또는 물질적 조건의 충족이나 선호의 충족이나 만족 등으로 해석한다. 따라서 **복지경제학에서 복지의 단위는 개인이며 개인이 만족한 상태 개인이 행복한 상태 개인이 물질적으로 부족한 것이 없는 상태가 곧 복지가 실현된 상태라고 본다는 점**이다. 이상과 같은 복지경제학이 갖는 복지에 대한 가장 우선적인 인식은 복지경제학이 경제적 관점에서 복지를 바라본다는 점이다. 즉, 복지의 관점에서 경제학을 바라보는 것이 아니라 경제학의 한 부류로서 복지를 다룬다. 경제학의 관점에서 복지를 다룸으로 복지는 경제에 종속되는 개념으로 인식되며 경제가 증진되면 복지는 당연히 증진되는 하위조건으로 인식한다.

복지경제학에서 바라보는 복지에 대한 두 번째 인식은 복지를 물질적 측면을 강조하여 복지를 부나 기본적 생활이나 삶을 유지하기 위해 필요한 물질적 조건인 주택이나 음식 그리고 건강보호 등으로 좁게 바라본다는 점이다. 인간의 복지는 사회적 상황이나 환경에 의해서 많은 영향을 받는다. 단순히 물질적 수준의 복지뿐만 아니라 인간의 복지실현은 개인의 자아의지 실현이나 가정의 화합 또는 친구관계 그리고 사회참여나 각종 정서적 심리적 손상으로부터의 예방이나 보호 등이 모두 포함된다.

복지경제학의 복지에 대한 인식 세 번째는 복지를 만족이나 만족의 충족 또는 행복이나 번영의 충족으로 바라본다는 점이다. 복지는 개인의 만족충족이나 번영만을 의미하는 단편적인 개념이 아니다. 즉, 복지는 부와 관련이 있으며 부는 곧 만족을 증진시키는 수단으로 인식되고 복지는 부의 성장이나 개인의 욕망이나 만족의 실현으로 해석된다. 개인의 만족이 충족된 상태가 복지라고 한다면 사회배제나 차별 그리고 돌봄서비스 등은 모두 개인의 만족하지 않은 상태로 개인적 책임으로부터 위의 문제 등에 대한 원인이 발생한다.

5. 복지경제학의 한계

수치만족을 통해서건 또는 순위만족을 통해서건 개인적 만족의 측정은 곧 복지경제학자들에게 사회복지함수의 중요성에 대한 인식의 폭을 넓히게 하였으며 결국 복지경제학자들은 개인적 만족의 객관적 측정방식으로서 수학의 방정식과 같은 사회복지함수를 중요시하게 된다. 복지경제학자들에게 있어 기본적으로 수치만족이든 순위만족이든 중요한 것은 개인적 만족을 측정할 수 있다고 생각했다는 점이며 이러한 논리는 사회적 만족 즉, 사회복지의 측정도 가능하다는 이론적 지지로서의 역할을 담당하게 했다. 이는 곧 집합적 행동들에 대한 관심으로부터 개인적 행동들에 대한 관심으로의 이동을 의미했으며 복지경제학이 **'개인적 선택 또는 개인적 만족의 경제학'**이 되는 결정적인 원인을 제공해 준다. 이는 Neurath(1970)이 지적한바와 같이 만족의 개인간 비교가 가능하다고 해서 이것이 곧 상이한 사회적 순위나 이 순위들과 사람들의 복지에 대한 관련에 대한 비교가 가능하다는 것을 의미하는 것이 아니라는 점이다. 이는 다시 말해 개인적 문제가 중요시되고 사회구조의 문제들은 배제된다는 것을 의미한다.

결론적으로 복지경제학의 한계는 명확하다. 즉, 복지경제학자들은 복지를 번영(well-being) 특히, 물질적 만족을 의미하는 경제적 번영이라는 의미로 축소해서 이해하며 사회복지도 개개인의 만족에 기초한 사회의 만족의 의미로 축소해서 바라본다. 즉, 복지경제학에서 의미하는 번영은 개인의 사회적 수준에서의 번영은 배제되어 있는 물질적 수준에서의 경제적 번영만을 의미한다고 할 수 있다. 복지경제학자들이 주장하는 바를 요약하면 아래와 같다.

첫째, 복지경제학자들은 만족(utility)을 복지와 동일한 개념으로 바라본다. 따라서 개인의 만족의 합이 곧 사회의 만족 또는 사회의 복지라고 강조한다.

둘째, 복지경제학자들은 철수가 한 상품을 다른 상품보다 선호한다면, 선택한 상품은 철수에게 더 큰 만족(utility)을 준다고 생각한다. 이렇게 선호라는 개념으로 한 상품과 다른 상품의 가치를 비교한다. 또한 복지경제학은 만족이 사람마다 다를 수 있음을 주장하며 이를 '만족의 사람 간 비교(Interpersonal comparisons of utility)'를 통해 측정가능하다고 강조한다.

셋째, 복지경제학자들은 개개인들이 좋아하는 것을 선택(choice)하지만 만약 좋아하는 것이 없다면 거기에 따른 새로운 하나의 대안(a possible alternative)을 선택한다고 본다. 사회적인 선택도 똑같은 방식으로 설명한다. 따라서 복지경제학에서는 모든 사람이 만족하는 사회적 선택이 가능하다고 본다.

넷째, 복지경제학에서 평가의 기준은 효율성과 형평성이다. 복지경제학에서 강조하는 효율성은 비용대비 이익을 의미하는 비용-편익으로 나타나며 주로 **비용-편익분석**(cost-benefit analysis)을 통해 효율성의 정도를 측정한다. 즉, 만족을 위해 들어간 돈이 얼마의 만족을 가져다주었는지를 측정한다.

다섯째, 복지경제학에서 형평성(equity)은 경제학 일반에서 설명하는 형평성과 동일한 개념이다. 즉, 형평성은 평등성과는 달리 공정한 대접(fair treatment)을 의미한다. 공정한 대접은 개개인들이 공정하고 똑같이 그리고 동등하게 대접받아야 함을 강조한다. 특히, 복지경제학이 강조하는 형평성의 전제는 모든 인간이 그들의 이전 만족 상태에 상관없이 현재의 상태에서 동일하게 대접받아야 한다는 것이다. 즉, 가난한 사람이 하나를 받으면 부자도 하나를 받아야 공정한 대접이며 형평한 것이라고 복지경제학은 주장한다.

복지경제학은 여러 한계를 내포하며 이를 요약·정리하면 아래와 같다.

첫째, 복지경제학은 만족(utility)을 번영이나 행복으로 보며 이는 곧 복지와 동일한 개념이라고 생각한다. 즉, 복지경제학에서 추구하는 복지는 물질적 수준의 만족을 의미하는 것으로 복지의 다면적이고 사회적인 성격은 무시된다. 복지는 물질적 수준에서만 결정되고 증진된다기보다 정치·경제·사회·문화적인 모든 면에서 상호 영향을 받으며 심리적인 측면에서도 복지는 영향을 받는다. 노숙인에게 만족수준은 무엇일까 무엇이 이들을 만족시키는가? 물론 이들에게 복지차원에서 현금급여로서 생계급여를 제공하는 것도 중요하지만 사회심리적인 수준에서의 상담 및 기술과 교육프로그램 그리고 사회참여프로그램을 제공하고 주거복지를 제공하는 것도 중요하며 이들이 왜 노숙인이 되어야 했고 노숙인들에 대한 정부정책은 어떠한 한계가 있는지 등을 분석하는 것도 현금이나 현물 그리고 서비스급여 만큼 중요하다. 따라서 단순히 노숙인의 복지수준을 복지경제학에서 활용하는 수학적 공식의 사회복지함수를 이용하여 수치나 또는 순위로 나타내는 것은 의미가 없을 수 있다.

둘째, 복지경제학은 시장경제체제의 문제점을 등한시한다. 자본주의의 경제적 토대인 자유경쟁시장은 유일한 자원할당기구가 될 수 없음으로 이를 대체하는 새로운 자원할당기구로서 사회복지의 역할은 증대되었으며 자원할당기구인 제1부문의 정부와 비영리 및 사회경제조직 중심의 제3부문의 역할 강화는 곧 복지경제학의 기본토대인 시장을 통한 자원할당의 영역을 벗어나 새로운 분배조정양식의 등장을 촉진시켰다. 복지경제학은 분배나 자원할당의 문제점을 수학적 방식을 활용한 사회복지함수를 통해 측정하고자 노력하지만 수학적 방식으로는 자본주의 시정경제체제의 문제점과 이를 극복하기 위한 새로운 조정양식이나 분배체계의 등장을 설명하지는 못한다.

셋째, 복지경제학은 자본주의가 잉태하는 사회구조적 문제점들에 대한 분석을 고려하지 않는다. 즉. 복지경제학은 자본주의 하에서 자원배분이나 할당이 공평하게 이루어지지 않는 이유에 대해서는 해답을 찾거나 이에 대한 원인을 분석하지 않고 시장을 통한 자원할당이 모든 국민들의 복지증진을 가져오지 않을 수밖에 없음을 당연시하고 이에 대한 분석을 기초로 하는 해결책을 찾는 것이 아니라 지본주의사회의 구조적인 측면은 배제한 채 국민들이 동의할 수 있는 사회적 협력이나 협약을 통해서 임시적으로 복지문제를 해결하는 것을 추구한다. 빈곤은 사회적 계약을 통해서 해결이 이루어지지 않으며 공정이나 공평에 기초한 분배 역시 권리나 자유주의의 사상 그리고 사회정의에 대한 인식으로만 해결되는 것은 불가능하다고 할 수 있다.

넷째, 복지경제학은 정치와 경제를 분리하고 거시경제학보다 미시경제학의 측면에서 복지문제를 다룸으로서 경제학의 한계를 극복하는데 실패하였다. 복지는 정치와 경제에 의해서 많응 부분 영향을 받는다. 정치체제에 대한 분석 특히, 정치권력의 이념적 성향에 대한 분석은 경제적 측면과 밀접한 연관을 맺으면서 특정 국가의 복지수준과 분배구조에 영향을 미치고 있다. 복지경제학은 복지의 문제를 개인의 문제에서 그리고 사회복지는 사회적 수준의 의사결정에 의해서 선택적으로 이루어짐을 지속적으로 강조하고 복지의 수준을 수학적 함수를 통해 측정할 수 있음을 주장하여 복지와 정치 그리고 복지와 거시경제적 측면을 분리하도록 하여 복지를 단순화시켰다.

6. 복지경제학과 복지자본주의의 관계

복지자본주의는 국가의 복지정책이 국민들의 자원할당(소득분배)에 어떠한 영향을 미치고 있는지 그리고 복지정책이 자본주의가 파생한 빈곤 및 실업 그리고 각종 사회배제 및 차별에 어떻게 대응하여야 하고 대응하고 있는지 등을 심도 있게 다룬다. 특히 복지자본주의는 사회복지를 발전시키는데 있어 **자유주의, 보수주의** 그리고 **사회민주주의**와 같은 사상과의 밀접한 연관성을 심도 있게 분석한다. 또한 복지자본주의는 정치와 복지 그리고 자본주의가 밀접한 연관을 가지고 있음을 강조하는 **정치경제학 그리고 사회정책과 자본주의 시장경제의 문제를 분석하는 케인즈경제학**을 통해 복지자본주의를 이해하는데 중요한 이론적 토대를 지원받으며 발전하였다. 특히, **복지자본주의는 복지가 자본주의를 발전시키거나 퇴보시키는 주된 요인(독립변수)이고 자본주의는 복지에 심각한 영향을 받아 움직이는 종속변수**로서 작동함을 강조하기도 한다.

복지자본주의는 시장만이 유일한 자원할당기구라고 바라보지 않는다. 물론 사상이나 이념에 따라 시장의 역할에 대한 입장의 차이가 존재하지만 분명한 사실은 복지자본주의가 시장의 불안정성과 한계를 인정한다는 점이다. 즉, 복지자본주의는 고전파경제학이 강조하였던 자유경쟁시장의 문제점 즉, 시장의 불균등성과 불안정성 그리고 이에 수반하는 각종 사회문제의 등장을 극복하기 위한 방안으로 등장하였고 발전하였다.

복지와 자본주의가 결합한 복지자본주의 국가의 유형은 매우 다양하지만 중요한 점은 모든 자본주의국가가 정도의 차이는 있지만 복지정책을 중요한 자원할당을 위한 도구나 기구로 활용한다는 점이며 복지를 수행하기 위한 정책적 틀을 갖추고 있다는 점이다. 예를 들어 한국이나 미국 그리고 일본이나 스웨덴 등은 복지자본주의국가이며 복지정책을 중요한 자원할당 및 정책적 틀로로서 발전시키고 있다는 점이다. 물론 이념적 성향에 따라 에스핑 엔더슨이 분류한 것처럼 복지자본주의의 유형은 자유주의형, 보수주의형, 사회민주주의형 그리고 나아가 신자유주의형 등으로 구분될 수 있지만 이러한 유형의 차이는 곧 정치체계와 자본주의에 대한 시각의 차이에 근거하며 정치체계가 바뀌게 되면 유형의 차이 역시 바뀔 수 있음을 의미한다. 예를 들어, 한국이 신자유주의 복지자본주의유형에서 자유주의유형으로도 얼마든지 변화될 수 있음을 나타내준다.

또한 신마르크스이론을 적용하게 되면 복지자본주의는 자본주의의 유지·안정을 위한 수단이나 도구에 지나지 않는다. 즉, 국가는 복지정책을 통해 선도적으로 사회문제를 해결하고 예방하기 위해 노력함으로써 국민들의 자본주의의 구조적 문제에 대한 지적 및 복지요구투쟁에 대응한다. 즉, 복지혜택을 통해 시민 및 노동계급의 응집력을 분해하고 노동자들의 요구투쟁에 적극 대응함으로써 그리고 나아가 사회주의운동에 적극 대응함으로써 자본주의를 옹호하기 위한 도구로 작동한다.

반면, 복지경제학의 틀로는 복지와 자본주의가 결합하는 복지자본주의 작동의 원리를 분석하고 이해하는 것이 불가능하다. 복지경제학은 국가와 복지정책 그리고 자본주의라고 하는 거시적 개념과 분석을 거부하고 미시경제학의 틀 안에서 수학적 공식을 활용하여 사회복지함수를 통해 개인의 만족이나 복지 나아가 사회의 복지수준이나 만족을 수치로 표현하고 또한 만족(복지)의 사람 간 비교를 통해 복지를 순위로 나타내기 위해 노력하는 경제학의 한 부류에 지나지 않는다. 따라서 복지경제학은 복지자본주의나 복지에 대한 견해에서부터 여러 방면에서 상이한 점을 나타낸다. 복지경제학은 특히 복지의 수준을 숫자나 순위로 밝히고 객관화하여 나타내는데 관심을 가지며 왜 복지가 필요하고, 복지가 어떠한 영향을 미치며, 왜 복지가 부족한지 그리고 복지가 부족하면 어떠한 현상이 발생하는지, 국가는 이와 연관하여 어떠한 역할을 수행하여야 하는지 등에 대한 분석은 다루지 않으며 주된 관심영역이 아니다.

복지경제학은 복지자본주의발전에 영향을 미쳤다기보다는 미시경제학의 입장에서 복지에 대한 편협한 시각을 통해 복지수준을 측정 및 평가하는데 영향을 미쳤다. 특히 복지경제학은 개인수준의 복지에 대한 시각에서 복지정책이나 복지사업에 대한 평가분석 또는 개인적 수준에서의 복지혜택의 영향력을 효율성을 중심으로 분석하는데 영향을 주었다. 따라서 시장에 대한 분석이나 시장의 실패요인에 대한 분석 등은 복지경제학에서 의미가 없음으로 주된 관심사가 아니라고 할 수 있다.

■ 복지경제학과 사회복지경제학 그리고 복지자본주의 특성의 비교

복지경제학은 미시경제학적 입장에서 복지를 개인의 만족으로부터 해석하려는 관점을 견지하지만 사회복지경제학은 앞(제2장)에서 설명한 바와 같이 사회복지의 증진을 정치경제학적 입장에서 해석하고 국가적 단위에서 개인 및 사회의 복지를 실현시키기 위한 방안을 찾기 위해 노력하는 관점을 견지한다. 개인적 복지와 사회적 복지의 차이점에서부터 사회복지환경에 대한 분석단위 그리고 정치체제와 경제체제에 대한 분석 등의 대부분의 영역에서 복지경제학과 사회복지경제학은 상이한 입장을 나타낸다. 이들의 특성을 복지자본주의의 성격과 같이 비교해 보면 다음과 같다.

〈표 7〉 복지경제학과 사회복지경제학의 특성과 복지자본주의의 성격 비교

	복지경제학의 특성	사회복지경제학의 특성	복지자본주의 성격
특징	• 개인의 번영이나 복지를 미시경제학적으로 분석하는 경제학의 한 부류(특히, 규범주의 경제학) • 복지는 개인의 만족 또는 번영 • 개인의 복지를 숫자로 나타내고 순위로 나타내는 것에 관심이 있음 • 경제학적 토대는 미시경제학	• 국가의 사회복지 정도나 수준에 대해 사회복지학적 관점으로 분석하는 정치경제학의 한 부류 • 사회복지는 개인의 번영뿐만 아니라 사회의 질이나 번영을 추구 • 국가의 사회복지수준을 거시지표(탈상품화비율, 복지관대성비율, 사회적 지출비율, 실업률이나 빈곤율 등)를 통해 분석 • 경제학적 토대는 케인즈 경제학과 신마르크스경제학	• 복지자본주의는 국가의 복지체제 및 경제체제를 의미(복지와 자본주의의 혼합) • 복지자본주의 하에서 사회복지체제는 자원할당 체제 • 복지자본주의에서 복지 정책의 확대가 자본주의를 유지 및 발전시킴 • 복지자본주의의 경제학적 토대는 거시경제학 특히 케인즈경제학이 핵심
분석 단위	• 개인 또는 집단	• 개인, 집단, 국가 또는 사회	• 국가 또는 사회, 사회구성원
국가의 역할	• 복지경제학은 거시적 측면을 분석하지 않음으로 국가는 분석단위가 아님	• 국가는 사회복지를 증진시키고 사회문제에 대한 대응을 주도	• 국가는 복지와 자본주의를 결합하여 발전시키는데 있어 주체적인 역할을 수행
시장의 역할	• 시장은 보이지 않는 손이 작동하는 유일한 자원할당 기구 • 시장은 자기-규제적이며 균형을 스스로 찾음	• 시장은 유일한 자원할당 기구가 아니며 정부(제2부문)과 비영리조직(제3부문)도 자원할당 기구 • 시장은 자기-규제적이지 못하며 불안정 및 불균형을 내포	• 시장(제1부문), 정부(제2부문)과 비영리조직(제3부문)도 자원할당 기구 • 시장은 불균형 및 불평등을 내포
이념과의 관계	• 복지이데올리기와는 무관	• 자유주의, 보수주의, 사회민주주의 등 이념적 성향과 밀접한 연관이 있음	• 자유주의, 보수주의, 사회민주주의 등 이념적 성향과 밀접한 연관이 있음

제 3 절 합리적 선택이론

1. 합리적 선택이론 개요

복지경제학에서 복지를 설명하는 가장 대표적인 이론들이 합리적 선택이론과 사회선택이론이며 합리적 선택이론은 사회선택이론의 등장에 강력한 요인을 제공하였다. **인간은 자신의 복지향상을 위해 무엇을 어떻게 선택하여야 할까? 인간의 복지 또는 인간의 욕망이나 갈망은 어떻게 해결되는가? 자본주의경제학은 초기단계서부터 위와 같은 질문에 대답을 찾기 위해 노력하여 왔고 이에 대한 대답으로 인간의 복지충족은 개별적인 선택으로 시장을 통해 충족되어야 함을 강조하는 이론들이 등장하였다.**

합리적 선택이론(또는 이성적 선택이론, Rational choice theory)[25]은 개인을 분석단위로 설정하여 개인이 무엇을 선택하고 결정하는가를 설명하는 경제이론이다. 즉, 합리적 선택이론은 선택의 단위가 개인이다. 합리적 선택이론은 인간이 합리적이라는 전제에 기초하며 인간의 합리성(Rationality)은 곧 인간이 자기 자신의 이익을 최대화하기 위하여 경제활동을 취하는 것으로 바라본다. 이러한 "개인 단위의 경제활동을 설명하는 방법론"은 통상 **방법론적 개인주의**라고 불린다. 따라서 모든 결정권은 개인에게 있으며 개인은 자기 자신의 이익 최대화(profit maximizer)를 위해 결정하고 선택할 수 있는 존재임이 강조된다.

인간의 욕구는 다양하며 이러한 다양한 욕구를 해결하기 위한 노력들은 끊임없이 이어져왔다. 사람들은 그들의 욕구가 해결 또는 성취되기를 원하며 그리고 인간들은 그들이 욕구 하는 것 이상의 것을 더 원한다. 앞에서 설명한 바와 같이 우리나라에서는 **후생경제학**(welfare economics)이라고 번역되어진 **복지경제학**이론은 인간이 원하는 것에 그리고 나아가 그들이 가지려고 선택하는 것에 많은 관심을 갖고 그의 해결을 위해 노력해 왔다. 복지경제학에서 욕구(needs)의 측정(measure)은 사람들의 만족(people's utility)의 정도를 가지고 평가하려고 하는 경향이 있다. 사람들을 위해서 좋은 것은 무엇인가? 사람들의 만족 또는 행복을 증진시키는 것은 무엇인가? 사람들이 갖기 위해 선택한다는 측면에서 또는 만족을 성취하기 위해서 선택한다는 측면에서 그들에게 좋은 선택은 무엇일까?

---

25) 합리적 선택이론은 이성적 선택이론이라고도 불린다.

복지경제학에서는 일반적으로 평균사람들의 선호를 개인적 선호의 기준으로 삼는다. 즉, 실제하는 어떤 특정한 사람의 선호가 아니고 모든 사람의 평균적인 선호, 구체적으로 말하면 자본주의 시장체제 하에서 살고 있는 대다수 사람들의 평균선호를 다룬다. 다시 말해 복지경제학에서 평균사람들의 개인적인 선호의 기준은 곧 개인적 선택의 기준으로 활용된다. 복지경제학에서는 선택(choice)이론을 발전시키는데 있어 인간이 **합리적**(rational)이라고 규정한다. 즉, 복지경제학이 개인적 선호를 얘기하는데 있어 평균사람의 선호를 다루어야 하기 때문에 모든 인간들을 합리적인 인간이라고 그들 나름대로 규정해서 이론을 발전시켰다.

※ 인간의 합리성

인간이 합리적(rational) 이라는 것과 모든 자원이 부족하다는 것 또는 원하는 것만큼 가질 수 없다는 것이 경제학의 기본원리이다. 인간이 합리적이라는 것을 바탕으로 Sen(2000)은 자본주의 경제체제 하에서 선택을 위한 인간의 합리성 또는 이성을 강조했는데 이는 인간이 선택을 하는데 있어 합리적이라는 것을 강조함으로써 합리성(rationality)이 자본주의 경제학을 구성하는 하나의 가치로서 인간의 선택이 욕망이나 갈망(desire)에 기반 하지만 또 다른 한편으로 이러한 선택에 대한 결정은 이성적 사고에 기반 한다는 것을 강조한다. 선택은 인간 개개인들이 무엇을 좋아하는지 그리고 좋아하지 않는지를 알고 그러한 선호(preference)를 바탕으로 이루어지며 이를 통해 인간은 그들이 원하는 욕망 또는 갈망을 해결한다고 한다. 따라서 합리적 사고는 인간 개개인들이 선호하는 것을 선택하는 것을 결정하는 판단의 도구로 사용된다고 강조한다. Albelda, Drago, 그리고 Shulman(1997)은 경제학에서 의미하는 **합리성**이란 개인적 만족을 극대화시키기 위한 결정을 하기 위해 모든 가능한 정보를 사용하는 것이라고 정의한다. 따라서 합리성은 선호와 선택사이의 관계 그리고 개인적 선호를 이론적 중심개념으로 한다. 인간 개개인들은 선호를 바탕으로 선택을 하고 그 선택의 결정은 개개인들의 만족을 증진시키는 것을 기초로 이루어진다고 하는 것이 바로 경제학에서 강조하는 이성이다. 이성은 또한 복지경제학의 주요 개념인데 이성적 판단을 가진 개개인들이 원하는 것(want)을 그들 스스로 선호(preference)에 대한 순위(ordering)를 매겨 결국 선택(choice)한다는 것이며 이것이 이성적 사고 판단의 과정인 것이다. 경제학에서 강조하는 이성은 또한 개인주의적인 이성이다. 경제학에서는 다른 사람의 선호나 선택은 중요하지 않으며 자기만의 선호나 선택이 중요시된다. 따라서 개인적 합리성은 자기중심적 합리성이라고 말할 수 있다.

결국, 자본주의 시장경제에서 인간이 합리적으로 물건을 사고 팔 수 있는 판단능력을 가지고 있다는 합리성이라는 개념을 통해 이윤의 확보와 증대에 정당성을 부여받게 된다. 하지만 현실의 세계는 개인의 의지와 상관없이 합리적인 판단을 할 수 없는 상황이 존재한다. 즉, 합리적 선택이론에서는 인간의 이성적인 선택 자체를 할 수 없는 상황에 대한 고려가 이루어지지 않음으로서 계급간의 불평등한 자원 배분의 구조적 모순들이 분석되지 못하는 한계를 갖는다. 또한 인간의 개별적 속성을 고려하지 않음으로 개인의 선택이 심하게 억압. 제한 받고 있는 장애인이나 노인 그리고 아동들이 이성적이고 합리적인 판단과 선택을 할 수 없음이 고려되지 않는다.

위와 같은 복지경제학에 뿌리를 둔 합리적 선택이론에 따르면 인간의 합리적인 선호는 이행적이고 완전하여야 한다. 선호가 이행적이고 완전하다는 것은 다음과 같은 의미이다.

첫째, 이행성(transitivity): 만약 y보다 x가 선호되고 그리고 z보다는 y가 선호되면 그러면 z보다 x가 선호되어야 한다.

둘째, 완전성(completeness): 만약 y보다 x가 선호되면 y는 x보다 선호되어질 수 없다. 만약 x보다 y가 선호되면 x는 y보다 선호되어질 수 없다. 그리고 만약 둘 다 관심이 없다면 둘 다 선호될 수 없다

위의 전제조건들은 개인적 선호를 결정하기 위한 필수조건이다. 합리적 선택이론에 따르면 인간의 합리적인 선호는 이행적이고 완전하여야 한다.

2. 합리적 선택이론과 복지

합리적 선택이론에서 복지는 매우 단선적이다. 즉, 복지는 만족 또는 원함으로 해석되며 분석의 단위는 개인임으로 개인의 만족은 곧 개인의 복지를 나타내준다. 개인의 만족이 증가하면 또는 원하는 것이 충족되면 복지는 당연히 증가한다고 본다. 특히 복지나 만족은 개인이 노력을 하면 충족을 시킬 수 있다고 봄으로 복지의 결핍이나 만족의 결핍은 곧 개인적 위험이자 개인적 문제에 국한된다. 특히, **선호하는 것들을 합리적 인간은 잘 선택하게 되면 만족은 증진되고 만족이 증진된다는 것은 개인적 복지가 증진된다는 것**이라고 합리적 선택이론은 강조한다.

합리적 선택이론을 강조하는 경제학자들은 크게 두 가지로 만족을 구체화시킬 수 있는 (또는 측정할 수 있는) 방안들을 설명하였다. 첫 번째 방안은 추가만족이 대체추가비율과 동일한 의미를 갖는다고 보고 모든 개인들은 자신들이 좋아하는 것을 알고 그것들을 선

택하며 나아가 그들이 좋아하는 것들에 대해 순위를 매길 수 있기 때문에 얼마나 더 좋아하는지 등을 통한 개인적 만족순위는 곧 복지의 측정을 위한 이론적 틀을 제공해 준다는 것으로서 이러한 방법을 통한 만족의 측정수단을 **순위만족**(ordinal utility)개념이라고 지칭하였다. 이러한 방안을 강조하는 경제학자들(Slutsky, Hicks, Allen 등)은 만족을 수치화해서 나타낼 필요가 없다고 강조한다. 이들은 개인의 만족도가 중요하지 만족의 사람 간 비교는 중요하지 않다고 생각한다. 그리고 만족을 측정하는 두 번째 방안은 **수치만족**(cardinal utility)개념이라고 불리는데 이는 만족을 수치로 나타내어 개인 간의 만족을 비교하는 방안이다. 수치만족 개념은 만족을 숫자로 (예를 들어 %나 비율을 이용해서 그리고 500점 또는 600점 등의 점수를 이용해서) 나타내서 사람간의 만족 비교가 가능하게 하는 측정도구를 의미한다. 이 개념을 강조하는 경제학자들(Barry, Boulding, Coleman, Rothenberg 등)은 만족의 수치화는 불가능하지 않으며 그리고 특히 경제학에서 만족의 사람 간 비교는 중요하다고 강조한다(지은구, 2003).

합리적 선택이론에서 강조하는 만족 즉, 복지를 구체적으로 구분하면 복지는 물질적인 것이다. 따라서 개인의 복지는 물질적인 조건이 충족되어야 하며 물질적이 조건은 바로 음식, 주택, 건강보호, 또는 개인이 삶을 살아가는데 반드시 필요한 필수품들이 된다. 결국, 합리적 선택이론에 따르면 인간 개개인들은 개별적인 복지를 충족시키기 위해서 개인에게 가장 이익이 되는 것 또는 선호하는 것을 선택하게 되며 이러한 합리적 행동은 주로 시장을 통해서 구현된다고 본다.

3. 합리적 선택이론과 복지자본주의

합리적 선택이론은 복지자본주의를 지지하는 이론적 틀이라기보다는 시장자본주의를 지지하는 이론적 틀이라고 할 수 있다. 개인의 복지는 개인의 선택에 의해서 결정되며 개인은 자기 이익을 최대화하기 위하여 행동한다는 이성적 인간상이 곧 합리적 선택이론의 핵심적 논리이다. 따라서 개인이 선택할 수 있도록 다양한 재화나 서비스가 존재하여야 합리적 선택이론은 작동할 수 있음으로 시장을 통한 생산과 공급을 강조하는 자유경쟁시장은 곧 합리적 선택이론이 작동하는 토대가 된다.

합리적 선택이론에서 복지는 물질적 측면에서 '개인의 만족'이나 '개인의 만족실현의 정도'를 의미함으로 개인의 만족이 높으면 복지의 수준은 높다고 할 수 있다. 자본주의에서 시장을 통해 개인이 만족하기 위해서는 지불능력이 있어야 가능함으로 지불능력이 높으면 높을수록 개인의 복지 상태는 증진된다. 따라서 지불능력이 있으면 합리적 선택이 가능하지만 지불능력이 없다면 시장에서 개인의 만족을 충족시키는 합리적 선택은 발생하지 않을 수 있다. 이는 곧 합리적 선택이론이 지불능력과 상관없이 사회적 권리로서 복지가 제공되어야 함이 강조되어 발전한 복지국가에 대한 분석의 결여 나아가 복지와 자본주의가 결합한 복지자본주의의 원리와 기능을 분석하고 이해하는데 충분하지 않는 이론임을 의미한다.

4. 합리적 선택이론의 한계

합리적 선택이론의 한계는 인간의 본성에 대한 전제에서부터 시작된다. 즉, 합리적 선택이론에 따르면 모든 인간은 자기이익을 실현하기 위해 노력하는 **자기이익 최대자**이다. 하지만 모든 인간이 자신의 이익만을 위해 행동하는 것은 아니며 자신의 이익실현여부와 상관없이 특별한 가치나 규범 또는 책임성이나 윤리성에 기반하여 행동하는 경우도 존재한다. 또한 모든 인간이 자기에게 이익이 되는 것을 선택하는 것은 아닌데 이는 개인이 처한 개별적인 상황이나 조건에 따라 선택할 수 없는 정신적 신체적 한계를 갖는 경우나 시간적·물리적 제한이 있는 경우 등 개인의 선택권이 제한되는 경우도 수없이 존재하기 때문이다.

합리적 선택이론에서는 분석의 단위가 개인임으로 개인주의적 사고에 매몰된다는 점 역시 한계로 지적된다. 개인이 선택을 통해 만족이나 복지가 증진된다고 하는 인식은 곧 복지에 대한 개인주의적 사고 또는 개인의 만족에 기초하는 만족주의의 전통에 기초한다. 인간은 개인적 복지나 만족을 충족시키기 위해 움직임으로 전체 사회가 지향하는 공동체나 연대 그리고 협력과 같은 가치는 합리적 선택이론에 배치되는 가치에 다름 아니다. 또한 합리적 선택이론이 강조하는 복지는 물질적인 만족을 의미하는 단선적인 개념이다. 복지는 개인의 물질적 욕망이나 원함의 충족을 통해서 성취되고 향상되는 것만은 아니며 복지는 선택을 통해서(특히 시장에서의 선택) 이루어지는 것이 아니다. 복지는 개인의 번영이나 삶의 질에 영향을 미치는 다양한 사회구조적 나아가 관계나 사회참여 그리고 정서 및 심리적 요소들을 모두 포함하는 다면적 개념이다.

또한 합리적 선택이론은 시장이 유일한 자원할당 메커니즘임을 인정하여 지불능력이 있는 개인들의 만족은 곧 시장을 통해서 충족된다고 강조함으로 불평등과 불균형 나아가 경제적 양극화에 대한 원인을 개인의 책임으로만 돌리는 한계를 내포한다. 모든 인간이 합리적으로 결정하고 선택할 수 있는 능력을 균등하게 가진 것이 아니며 이러한 불균등은 곧 사회적 불균형을 설명하는 기초가 된다.

제 4 절 사회선택이론

1. 사회선택이론의 개요

사회선택이론 역시 복지경제학에서 복지를 설명하는 대표적인 이론이다. 인간 자신의 복지(이익이나 만족 또는 행복)는 자신이 선호하는 것을 (시장에서)선택함으로써 충족됨을 강조하는 합리적 선택이론의 등장 이후 개인적 선택이 집단의 선택을 대변할 수 있는가? 또는 개인들의 복지의 합이 증가하면 사회전체의 복지는 증진되는가와 개인적 선택은 집단(사회)의 선택과 동일한가? 등에 대한 대답을 찾기 위한 새로운 노력이 등장하였다. **사회선택이론(social choice theory)은 개인의 선택을 강조하는 합리적 선택이론의 한계를 극복하면서 등장하였다. 즉, 개인적 선택보다 개인들이 모인 집단적 선택이 사회의 복지증진에 더 효과적일 수 있는가를 논한다.** 특히 사회선택이론은 다음과 같은 질문 즉, 많은 사람들이 선택하는 것이 한 개인이 선택하는 것보다 더 좋은 것인가? 많은 사람들이 선호하는 것이 곧 사회가 선호하는 것인가? 많은 사람들이 선택하는 것을 사회는 선택하여야 하는가? 또는 개인적 선호의 총합이 곧 사회적 선호와 일치하는가에 대한 대답을 제공하였다고 할 수 있다. 사회선택이론은 개인적 선호, 이익, 복지의 합이 사회적 복지를 결과하는가를 분석하는 이론적 틀이라고 할 수 있으며 합리적 선택이론과의 차이점은 합리적 선택이론이 개인적 선호에 기초한 개인의 결정행동에 관심을 갖는 반면 사회선택이론은 **어떻게 개인적 선호가 집단적(사회적) 선호로 전환되는가**에 관심을 갖는다는 점이다(Sen, 2008).

사회선택이론은 투표이론과 복지경제학의 기본 요소들이 혼합된 이론으로 복지경제학의 한 분야로 분류되기도 하며 프랑스 정치학자인 Nicolas de Condorcet(1743년-1794년)와 Kenneth Arrow(1921년-2017년)가 이론을 발전시켰다고 알려져 있다. 특히 **Condorcet의 투표의 역설과 Arrow의 불가능성이론**은 사회선택이론을 설명하는 중심적인 논리를 제공한다. 사회선택이론은 사전적 정의에 따르면 개별 구성원의 견해나 이익 또는 만족이나 복지와 이들 개개인들이 모인 집단의 이익이나 견해 또는 만족이나 복지의 상호관계를 연구하는 이론으로 개인의 복지의 총합이 사회복지의 증진에 도움을 주지 않을 수 있다는 현실적인 문제에 근거한다. 즉, 투표의 역설과 같이 다수에 의해 소수의 의견이나 결정이 존중되지 못할 수 있음으로 **개인 간의 이해관계가 일치하지 않을 때 개인의 의사결정이나 이익을 존중하면서 동시에 사회 전반의 복지를 극대화하는 자원배분절차나 과정은 무엇인가를 연구하는 이론**이 사회선택이론이라고 요약할 수 있다.

합리적 선택이론에 따르면 모든 개개인들은 합리적이고 이성적이어서 개인이 합리적으로 선택할 수 있음으로 개개인들의 선택이나 만족 그리고 복지의 총합은 결국 전체 사회 구성원들의 선택이나 만족 나아가 복지를 증진시켜야 한다. 하지만, 사회집단들도 개개인들과 마찬가지로 개인적 번영을 경험할 수도 있고 또는 부족하다고 생각할 수 있다. 즉, 사회적 욕구가 개인적 욕구와 같을 수도 있고 틀릴 수 도 있다는 것을 의미한다. 개인적 선호 및 선택과 함께 복지경제학은 사회적 욕구를 충족시키기 위한 사회적 선호와 그리고 사회적 선택을 강조한다. 이는 복지경제학 자체가 사회적 만족과 복지를 최대화시키기 위한 방법으로 사회적 선호를 바탕으로 하는 선택을 그 중심이론으로 삼았기 때문이다. 결국, **개인적 선택이 집합적 선택과 같은지 또는 틀릴 수 있는지를 밝히는 것이 사회선택이론의 핵심**이 된다.

합리적 선택이론에 따르면 앞에서 설명한 바와 같이 인간의 선호는 이행적(transitive)이고 비-반사적(또는 완전성, non-reflexive)이어야 한다. 개인적 선호를 결정하기 위한 필수조건으로 제시된 이행적이고 완전한 선택기준이 사회적 선택을 (또는 집단적 선택을 위한)위한 기준으로도 사용될 수 있는가? 이를 설명하기 위해 영희, 철수, 그리고 민태의 예를 들어보기로 한다.

〈표 8〉 합리적 선택이 어긋나는 경우의 예

우선순위(order)	영희의 순서	철수의 순서	민태의 순서
높음	건강 x	주택 z	교육 y
중간	교육 y	건강 x	주택 z
낮음	주택 z	교육 y	건강 x

개인적 선택을 위한 조건의 집단적 선택으로의 적용 가능성을 검증하기 위해 영희와 철수를 하나의 집단으로 그리고 영희와 민태를 또 다른 하나의 집단으로 그리고 철수와 민태를 다른 하나의 집단으로 각각 구분한다고 가정하자. 즉

집단 A = 영희, 철수(교육보다 건강 선호, 건강>교육)
집단 B = 영희, 민태(주택보다 교육 선호, 교육>주택)
집단 C = 철수, 민태(건강보다 주택 선호, 주택>건강)

위의 표는 영희와 철수 그리고 민태가 개인적으로 선호하는 것을 우선순위별로 나타내 주고 있다. 표에 따르면 영희는 건강을 제일 선호하고 교육이 두 번째 그리고 주택을 제일 나중에 선호한다. 표에 따르면 집단 A(영희와 철수로 구성)는 교육보다는 건강을 선호한다. 그리고 집단 B는(영희와 민태로 구성) 주택보다 교육을 선호한다. 따라서 개인적 선호의 조건인 이행적 조건에 따른다면 집단 C는 주택보다는 건강을 선호해야 하는데 실제적으로는 그렇지 않다. 즉, 개인적 선택을 위한 조건에 어긋남을 알 수 있다. 표에 따르면 집단 C(철수와 민태로 구성)는 건강보다는 주택을 좋아한다. 즉 개인의 선택을 위한 순서와 그룹이나 집단의 좋아하는 선택순서는 같지 않다는 것을 보여준다. 이는 결국, 개개인들의 복지에 대한 총합(aggregation)이 사회적 복지를 만족시키지는 않을 수 있으며 개인이 원하는 복지와 사회가 원하는 복지는 틀릴 수 있다는 점을 확인시켜 주는 예이다.

개인적 선택의 기본전제인 완전성과 이행성을 만족시킬 수 있는 사회적 선택은 불가능하다는 것을 강조하는 **Arrow의 불가능성이론**(Arrow's impossibility theorem)은 위의 사실을 확인시켜 주는 이론으로서 독재(또는 강제적 방법 등)에 의하지 않고는 사회적 선호와 개인적 선호가 일치하지 않는다는 점을 이론적으로 증명한다. 다시 말해 Arrow의 불가능이론은 개인적 선호를 바탕으로 집단의 복지를 동일시할 수 없다는 것을 보여준다(Spicker, 2000). 이러한 Arrow의 불가능성이론은 선호도를 나타내는 어떤 조합도 인정 또는 받아들여져야 한다는 **제한 없는 영역(또는 보편성의 원칙,** unrestricted domain or universal domain)이라는 전제 하에서 가능하다. 하지만 실제 현실에 있어서 이론적으로 받아들여질 수 있는 가능한 조합들만이 나타나는 것은 아니다. 즉, 민수가 교육을 좋아하고 철수가 주택을 좋아하고 영희는 건강을 선호한다는 각각의 조합들이 실제 생활에서는 불가능하다. 왜냐하면 세 사람 중 두 사람이 교육을 제일 중요한 선호로 뽑을 수도 있으며 또한 사회화 과정(또는 교육)을 통해서 세 사람의 가치관과 관점이 비슷해져서 세 사람 모두 다 비슷한 선호도를 나타낼 수 있는 가능성도 있기 때문이다.

Spicker(2000)는 사회적 결속(social cohesion) 또는 연대(solidarity)을 통해서도 집

단의 선호도를 통일시킬 수 있다고 강조한다. 즉, 사회복지의 가치(연대)를 개입시킴으로서 사회적 선택 또는 그룹의 선택을 단일화할 수 있다고 본 것이다. 이는 곧 **합리적 사회선택을 위해서는 사회적 규칙이나 규범 등과 같은 기준**이 필요하고 적용되어야 한다는 것을 나타내준다. 결론적으로, **동의하고 인정될 수 있는 사회적 규칙이나 기준이 있으면 소수가 선호하지 않아도 다수가 선택하는 것에 동의할 수 있고 이것이 사회의 복지증진을 의미한다는 것이 사회선택이론의 핵심적 내용이라고 할 수 있다.**

2. 사회선택이론의 기초개념[26)]

사회선택이론은 합리적 선택이론에서 출발하였음으로 합리적 선택이론과 인간에 대한 기본전제 등 논리적인 뿌리가 같다. 즉, 모든 개개인들은 자신들이 좋아하는 것을 또는 선호하는 것을 선택할 수 있다는 것이 경제적 인간의 기본적 특성이기 때문에 사회선택이론도 개인적 선호문제에 대한 특성을 살피는 것을 그 이론적 출발점으로 삼는다. 즉, 사회선택이론은 인간이 합리적(자기에게 이익이 되는 것을 선택하고 결정할 수 있음)이라는 전제하에 합리적 개인이 분석단위임으로 방법론적 개인주의에 기초한다. 따라서 인간이 합리적으로 결정하지 못한다면 사회선택이론은 그 근거를 상실하게 된다. 개인적으로 선호하는 것을 결정하기 위해 필요한 것은 선호하는 것을 먼저 알아야 한다는 또는 찾아야 가능하다. 사회선택이론을 설명하면서 Schick(1969)는 개인들이 무엇을 선호하는지를 알기 위해서 다음과 같은 선호의 원리 또는 전제조건이 있어야 한다고 강조하였다.

첫째, 선호는 항상 개개인들과 그리고 개개인들로 구성되어 있는 사회의 선호라는 점이다.

둘째, 선호는 “보다 더 좋아한다는 것” 이상이 아니라는 점이다. x보다 y를 선호한다는 것은 다름 아니라 x보다 y를 더 좋아한다는 것이다.

위에서 설명했던 개인적 선호에 바탕을 한 사회선택을 위한 가정과 원리는 다음과 같다.

첫째, 사람들은 그들이 좋아하는 것을 알 수 있다, 즉, 판단할 수 있다(합리성의 개입): 선택(choice)

26) 본 절의 내용은 지은구(2003)의, “사회복지경제학연구”(청목출판사)의 제5장을 부분 참고하였음.

둘째, 사람들은 많은 재화나 물건, 서비스 중에서 무엇을 먼저 선택할지 즉 선호하는 것이 무엇인지를 안다: 선호(preference)

만약, 사회를 구성하는 모든 구성원들의 개인적 선호가 다 고려되고 포함되는 것이 사회적 선호라고 한다면 다시 말해 개인적 선호의 총체적 합이 곧 사회적 선호라고 한다면 여기서 개인적 선호의 총체를 지배할 수 있는 규정이나 규칙이 없다면 현실적으로 모든 개인적 선호를 다 고려하고 포함하는 사회적 선호가 존재할 수 있는가? 독재나 강제력과 같은 규정이나 규칙을 제외하고 어떻게 개인적 선호를 모두 고려 할 수 있는가? 개개인들이 사회적 선택의 결정을 위해서 동의할 수 있는 규정이나 규칙은 어떠한 조건이어야 하는가? 이에 대해 가장 일반적으로 제시할 수 있는 것은 곧 사회선택을 위한 총합의 규칙은 첫 번째로 민주적이어야 한다는 것이다. 이는 개개인들이 사회적 선택에 있어 동의를 해야 한다는 것을 의미하는데 개개인들의 동의는 만장일치를 통한 동의도 있을 수 있고 다수결을 통한 동의도 있을 수 있다.

하지만 개개인들 사이의 동의가 만장일치나 다수결에 의해서 이루어진다 해도 사회적 선택으로 인정하는 데에 문제가 있을 수 있다. 이상적으로는 만장일치를 추구하지만 현실적으로 만장일치는 불가능하며 만약 우리가 다수결을 추구한다면 다수에 속하지 않는 소수의 선호는 무시될 수밖에 없기 때문에 사회적 갈등을 유발시킬 수밖에 없다. 예를 들어 사회적 선택을 지배계급이나 또는 가진 사람의 입장만 대변해서 결정한다면 사회소외계층은 불만을 가질 수밖에 없다는 것과 같은 맥락이다. 또 개개인들이 어떤 대안보다는 또 다른 대안을 선호한다는 선호도의 강도(또는 선호도의 정도)가 사회적 선택을 하는데 반영된다면 이 역시 선택이 왜곡될 수 있으며 (선호도를 과장한다든지 하는 방법 등을 통해서) 선호도의 강도를 어떻게 측정할 수 있는지에 대한 문제도 나타나게 되고 다수결의 원칙에도 벗어나게 된다.

결론적으로 사회적 선택에 있어 중요한 것은 선택을 결정할 수 있는 규정이나 규칙이 된다. 합리적인 개인적 선택을 결정하는데 있어 필요한 규정이나 규칙은 합리적 선택이론에서 본 바와 같이 완전성과 이행성 이지만 사회는 개개인들과 같이 생각하고 비교할 수 있는 능력을 가지고 있지 않는 추상적 개념이기 때문에 선택을 결정하는데 있어 어떠한 규정과 규칙이 필요한가를 결정하는 것이 중요하다. 때때로 사회적 선택은 많은 사람들이 선호하지 않는데도 선택되어 일괄성이 결여되어 있기도 하며 또한 강제적으로 선택이 이루어져 비이성적으로 이루어지기도 한다. **사회선택이론을 지지하는 학자들은 사회적 선택이**

이성적으로 결정할 수 있는 규정이나 규칙으로 시장 또는 사회적 협의(이를 주장한 학자는 Buchanan이나 Rawls 등이 포함)를 통해서 가능하다고 주장하기도 하며 다수결원칙 중 하나인 선거를 통해서도 이루어질 수 있다고 강조하기도 한다.

3. 사회선택이론과 사회복지

어떻게 자원이 할당되고 배분되어야 하는가? 개개인과 전체 사회는 자원배분을 통해 복지를 증진시키기 위해서 어떠한 과정이나 절차를 거쳐야 하는가? 개인의 복지는 개인이 책임져야 하는가? 또는 개인의 복지는 시장을 통해서 적절히 충족될 수 있는가? 개인의 복지는 개인의 합리적 선택에 의해서 증진되는 것이 옳은 방안인가? 사회는 전체 구성원들의 복지를 증진시키기 위해서 어떠한 분배방안을 선택하여야 하는가?

합리적 선택이론과 사회선택이론에서 복지의 증진을 위해 책임이 있는 사람은 자기이익을 위해 선택을 하고 선택한 것에 대해 책임을 지는 합리적 인간으로의 개인이다. 즉, 국가나 정부 또는 사회나 불평등과 같은 사회문제의 심각성 등은 복지의 증진과 관계가 없다. 합리적 선택이론은 개인이 분석단위의 기초이고 사회선택이론 역시 개인의 선택의 합이 곧 전체 사회복지의 증진을 가져올 수 있음을 전제하여 두 이론 모두 방법론적으로는 개인주의적 입장에 기초하여 작동한다. 개인이 자기복지 또는 자기 이익을 최대화시키기 위해 노력하는 자기이익최대자라는 개념은 복지를 단순히 개인의 만족이나 욕망을 해결하는 물질적 수준으로 이해한다. 또한 복지가 증진되지 못함을 개인의 책임으로 돌리기도 한다. 사회선택이론은 결정을 위해 또는 선택을 위해 투표이론을 적용하여 아무리 민주주의 사회라고 해도 모든 사람을 충족시키는 분배는 존재할 수 없음을 논하고 이에 대한 대안으로 자본주의 경제적 질서를 파괴하지 않는 선에서 적절한 기준이나 가치를 적용하여야 함을 강조한다.

사회선택이론에서 복지는 위에서 언급한바와 같이 합리적 선택이론과 같이 개인적 단위에서의 만족이나 욕망의 실현으로 이해되며 개인의 만족의 정도가 높으면 복지 나아가 행복이 증진된다고 바라본다. 특히 복지의 수준은 물질적 수준에서 개인이 원하는 것을 의미하며 주로 개인이 원하는 것은 시장을 통해서 습득되어야 함이 전제된다. 이러한 복지를 개인의 물질적 수준에서의 만족수준으로 동일시하는 논리는 곧 고전파경제학의 한 부류인 복지경제학에서도 그대로 반복되며 만족주의(utilitarianism)[27]의 기초이다. 만족

27) 만족주의는 우리나라에서 공리주의로 해석된다.

주의는 개인의 효용 또는 만족을 중시하는 이론으로 많이 갖는 것이 행복함을 주장한 제러미 벤담(Jeremy Bentham, 1748-1832)이 대표적인 학자이다.

개인적 선택과 사회적 선택이 일치할 수도 있고 일치하지 않을 수도 있음을 보여주는 사회선택이론은 단순히 개인적 선택의 합이나 개인적 복지의 총합이 곧 사회적 수준에서 복지증진을 의미하지 않을 수 있음을 나타낸다. 다수결의 선호가 비합리적일 수 있음을 의미하는 즉, 다수에 의해 소수의 의견이 무시될 수 있음을 나타내주는 투표의 역설이나 독재나 강제력 이외에는 사회적 선호(또는 복지)를 증진시키는 방법이 존재하지 않는다는 불가능성이론은 사회선택이론을 설명하는 핵심논리이다. 개인적 선호의 합이 사회적 선호와 일치하지 않음을 극복하기 위해서 즉, 사회선택이 전체 국민들의 복지를 증진시키기 위해서는 강제력이외에 국민의 선호가 고려되는 사회선택을 위한 중요한 사회적 가치와 기준 그리고 조화가 필요하다. 즉, 사회전체의 복지가 증진되기 위해서는 또는 자원배분이 공정하게 이루어지기 위해서는 비합리적인 의사결정을 피하기 위한 적절한 규제나 규칙이 반드시 필요한 것이 사실이다. 따라서 사회의 형평성과 공평을 증진시키는 자원할당이나 복지증진을 위해서는 적절한 사회적 가치나 기준이 반드시 존재하여야 하는데 이러한 기준은 곧 개인의 합리성이나 경제적 합리성 또는 효율성이라기보다는 Sen(1970, 1982)이 강조하는 바와 같이 자유나 권리 나아가 정의일 수 있으며 복지에 대한 권리(복지권)일 수 있다. Sen은 개개인들의 복지의 합이 증가하는 것도 중요하지만 사회취약계층 즉 빈곤층의 복지를 증진시키는 것이 중요함을 강조하며 이를 위한 분배의 기준 즉, 선택의 기준은 합리성과 효율성이외에 자유, 권리, 정의 등 사회정치적 요소들도 고려되어야 함을 제기하였다. 이는 곧 개인을 분석의 단위로 하여 모든 인간은 자기의 이익 최대자라고 강조하는 인간의 합리성이라는 중요 개념이 전체 사회구성원들의 사회복지를 증진시키는 개념이나 논리라고 할 수 없으므로 이를 대체하는 새로운 절차나 기준이 필요함을 나타내준다.

4. 사회선택이론과 복지자본주의

사회선택이론이 복지에 대한 편협한 시각을 견지하고 개인의 합리성을 기초로 하는 방법론적 개인주의를 수용한다는 측면에서 한계를 지니고 있지만 복지자본주의를 이해하는데 있어 특히, 자본주의 경제체제에서 사회복지의 증진이나 향상을 위한 사회적 의사결정에 대한 방식을 이해하는데 중요한 이론적 틀을 제시하고 있다. 사회선택이론의 발전에 따라 Sen과 같은 복지경제학자들은 사회소외계층을 위한 자원할당이나 분배의 증가를 위하여 합리성이나 효율성과 같은 경제적 기준 이외에 자유나 권리(사회권이나 복지권과 같은) 그리고 사회정의 또는 Spicker(2000)가 강조한 바와 같이 사회통합(social cohesion) 또는 연대성(solidarity) 그리고 또 다른 학자들이 강조한 바와 같이 사회복지 증진을 위한 새로운 사회적 협약 등이 필요함이 강조되고 있다. 사회적 가치에 기반한 기준을 설정하여 시장에서 이루어지지 않는 또는 시장에서 배제되거나 차별받는 국민들에게 자원을 할당하는 방안을 찾는 것은 자본주의의 문제점을 해결하고 모든 국민들이 삶의 질을 개선할 수 있도록 함으로써 복지자본주의발전에 도움을 줄 수 있음은 명확하다. 하지만 사회선택이론은 자본주의 작동원리나 자본축적의 원칙 또는 시장이 가장 효율적인 자원할당 기구라는 경제학적 토대를 그대로 유지한 채 사회적 합의나 기준을 통한 분배를 요구함으로 불평등한 사회구조에 대한 원인분석이나 시장의 불균형성 등은 도외시한 채 개인복지의 증진을 강조한다는 이론적 한계를 갖는다. 사회선택이론의 한계를 보다 구체적으로 제시하면 다음과 같다.

5. 사회선택이론의 한계

Arrow를 포함하여 사회선택이론을 주장하는 복지경제학자들에 따르면 개인적 복지는 개인의 경제적 번영을 의미하며 사회복지는 사회에 있는 모든 개인의 경제적 번영을 증진시키는 것으로 이해된다. 즉, 사회선택이론은 경제적 의미의 물질적 복지에만 한정되어서 복지를 바라보며 복지의 사회적 측면이 배제되어 있다. 복지의 사회적 측면은 개인의 복지가 사회구성원들의 상호협동과 협력을 통해서 증진될 수 있으며 나아가 사회복지는 개인 간의 연대를 바탕으로 조직, 지역 그리고 나아가 사회부조, 사회연대와 통합의 중요성이 강조되어 상호관계지향적인 사회적이라는 의미가 중요하게 인식되는 것을 의미한다. 따라서 사회복지에서 사회라는 개념은 매우 중요한 개념으로서 개인적 복지에 상응하는 개념으로 사회복지가 이해되어야 한다.

사회선택이론을 주장하는 복지경제학자들이 강조하는 바와 같이 인간은 합리적이라서 개인의 복지에 책임이 있고 개인의 복지를 결정할 수 있으며 개인의 복지는 사회를 구성하는 다수의 개인들에 의해서도 향상될 수 있고 더 좋은 사회선택을 위해 사회적 합의나 규칙 또는 기준이 필요할 수 있다는 것은 모든 인간이 기본적으로 같은 선상에서 동일한 조건과 능력을 자지고 있다는 전제에서는 가능한 논리이다. 모든 인간은 선택할 수 있는 조건이 동일할 수는 없는데 이는 개인의 능력과 태어난 환경에 따라 인간의 선택권 발휘 여부는 제한을 받을 수 있고 이는 곧 자본주의사회가 가지는 고전적 문제로서 불평등의 문제에 고스란히 내재되어 나타난다. 즉, 사회경제적 불평등의 문제를 개선하지 않는 한 사회적으로 합의된 분배방식으로 사회복지를 증진시킨다는 것은 사회구조적인 문제는 등한시한 채 일시적으로 문제를 봉합하려는 치료방안이라고 할 수 있다.

또한, 모든 인간이 꼭 경제적 이익만을 위한 선택을 하는 것은 아니다. 복지경제학에 의하면 개개인들이 선호하는 것에 대한 선택의 권리가 개개인에게 있지만 모든 개인이 자신이 선호하는 것을 선택하지는 않는다. 즉, 모든 인간이 경제적으로 이익이 되는 것을 선호하고 선택한다는 전제 자체가 문제가 있다. 자기의 경제적 이익에 반하더라도 자기의 선호를 미루고 또는 포기하고 다른 사람의 선호에 바탕을 두는 선택을 하는 경우도 있다. 왜냐하면 인간은 사회적 동물이며 개인과 개인 또는 조직과 지역과의 상호 협력과 교환을 통해서 상호 발전할 수 있고 자기 자신을 둘러싼 환경에 많은 부분 의지하며 살아가기 때문이다. 결국 자기의 조직, 지역, 그리고 사회를 위해 자신의 이기적 선택을 버리고 공동의 선택을 취하는 경우가 있으며 이러한 공동의 선호를 위한 선택은 곧 사회복지의 확대와 발전에 물질적 토대를 형성하게 한다.

Arrow와 같이 복지의 본질을 개인의 투표행위나 선호에 대한 개인적 순서에 전적으로 의존해서 분석하려고 한다면 사회복지는 적전으로 개인의 행동으로 국한되고 사회복지의 증진은 개인의 경제적 복지의 증진으로 축소되게 되고 사회복지증진을 위한 사회적 합의 방식만을 찾기 위한 노력으로만 매몰되게 된다. 사회선택이론의 문제는 사회복지를 사회적 만족으로 그리고 개인적 복지를 개인적 만족으로 해석하여 개인적 만족은 즉 개인의 경제적 번영 또는 well-being이기 때문에 결국 경제적 이익을 통한 만족 또는 원하는 것의 충족은 곧 개인적 복지를 증진시키고 나아가 사회의 복지를 증진시킨다고 너무 단편적으로 사고한다는 점이다. 결국 사회선택이론에서 개인주의적 만족주의를 기반으로 하는 복지의 내용은 사회복지학에서 의미하는 복지 또는 사회복지와는 너무나 큰 거리가 있게 된다. 결국 개인적 복지를 충족시키기 위한 정당한 구조인 자유경쟁시장과 이에 따른 사회적 배제와 차별에 대한 평등의 차이를 인정하느냐가 복지경제학에서 의미하는 개인적 수준의 복지와 사회복지학에서 의미하는 사회적 수준의 복지와의 차이일 수도 있다.

사회선택이론의 한계는 합리적 선택이론이 갖는 한계를 공통으로 유지한다. 사회선택이론의 한계는 다음과 같이 정리될 수 있다.

첫째, 사회선택이론은 합리적 선택이론과 같이 방법론적 개인주의에 기초하여 복지의 증진을 논한다. 즉, 사회선택이론은 사회를 구성하는 개인의 복지가 증진되면 곧 사회의 복지가 증진된다고 간주하는 데 이러한 논리는 곧 자본축적이 정당화되는 자본주의 경제체제에서 방법론적 이상주의에 가깝다.

둘째, 시장이 가장 효율적인 자원할당기구이며 시장을 통해서 개인 및 사회의 복지가 증진된다고 전제하는 점 역시 시장의 불안정성이나 불균형 및 불평등성에 대한 논의 대신 시장에 참여하는 개인의 자기결정권만을 강조하여 시장은 누구에게나 공정하다는 비현실적인 가치를 제공한다. 현존하는 복지자본주의사회에서 시장만이 유일한 자원할당기구는 아니며 시장 이외에도 자원할당을 위한 체제로서 사회복지 시스템이나 제3부문(비영리와 사회경제부문)도 중요한 역할을 수행하고 있다.

셋째, 개인이 합리적인 의사결정권자이지만 시장에서 불균등한 분배가 발생 할 수 있으며 이는 사회적 합의나 새로운 기준 등(사회선택)을 통해서 극복할 수 있다고 강조함으로 자본주의가 갖는 사회갈등을 사회선택을 통해 해결할 수 있다는 너무 단순한 주장을 제시한다.

넷째, 자본주의를 분석함에 있어 불평등한 사회구조에 대한 원인분석이나 시장의 불균형성 등은 도외시 한 채 개인의 결정이나 사회의 결정이 불평등을 개선하고 복지의 증진을 강조한다는 점을 강조함으로 자본주의가 유발하는 사회문제의 원인과 해결에 대한 정책적 대안을 제시하지 못한다.

종합하면, 사회선택이론은 복지자본주의에 대한 분석에 있어 특히 자본주의시장의 기능을 유일한 분배장치로 인정하지만 이에 대한 불평등을 인정하고 이를 사회구성원들의 복지증진을 위한 사회적 기준을 통해 해결할 수 있음을 강조한다. 따라서 자본주의의 분배구조에 대한 근원적 해결책으로서 사회복지의 기능을 중요시하는 것이 아니라 불균형을 일시적으로 해결하기 위한 기준을 사회선택으로 선정하여 이를 통한 사회복지의 증진을 강조한다는 측면에서 복지자본주의를 해석하고 이해하는 이론으로는 부족한 측면을 가지고 있음을 알 수 있다.

제 5 절 공공선택이론[28)]

1. 공공선택이론의 개념

공공선택이론(Public choice theory) 역시 정치체제와 경제체제가 결합한 복지자본주의의 작동을 설명하는 이론으로 고려될 수 있다. 공공선택이론은 정치학영역에서 경제학의 적용에 의해서 나타난 이론으로 비시장적 결정수립(선택)에 대한 경제학적 연구라고 정의할 수 있다(지은구, 2000; Bovaird, 1996). Burtler(2012)에 따르면 공공선택이론은 정치와 정부가 어떻게 작동하는지 탐구하는데 있어 경제학의 방법과 도구를 사용하는 것이라고 강조하였다. 즉, 시장에도 생산자와 소비자 그리고 고용자와 피고용자가 있듯이 공공부문에도 정치가, 관료, 특수이익집단 그리고 투표자가 존재한다고 가정하고 이들의 형태를 경제학적으로 분석하는 이론이다. 공공선택이론은 개인이 선택하는 것이 가장 합리적이고 이성적이라는 인간의 합리성에 기초하여 발전한 이론이다. 즉, 정치가나 관료집단 그리고 투표자들이 모두 개인임으로 이들 역시 자신의 이익을 위해 선택하고 결정한다는 것이다. 특히, 공공선택이론에서 정부는 공공재를 생산하는 생산자가 되며 시민은 공공재를 소비하는 소비자라고 전제되어 공공부문(정부)의 시장화를 통해 시민 개개인의 이익을 향상시켜야 함이 강조된다. 따라서 공공부분의 시장화를 강조함으로 공공부문의 관료주의화를 강하게 비판한다고 볼 수 있다. 공공선택이론에서 강조되는 개인의 이익실현이 강조되는 시장화는 곧 효율성 및 효과성이 떨어지는 공공부문의 민영화를 위한 토대로 작동하게 되었다. 따라서 공공선택이론의 경제학적 토대는 바로 인간의 합리성 즉, 개인이 자기이익을 최대화하는 행동주체임을 강조하는 **합리적 선택이론(Rational choice theory)과 사회선택이론(Social choice theory)**이라고 할 수 있으며 공공부문을 비판함으로 작은 정부를 강조하는 이론이라고 규정할 수 있다.

결국, 공공선택이론은 정부(또는 공공부문)를 구성하는 관료들이나 정치가 그리고 투표자들이 모두 자기이익을 최대화하기 위해 선택함으로 어떤 집단이 선택 또는 결정을 하든 다른 집단들에게는 불이익을 가져다줄 수밖에 없다는 것을 강조하며 결국 선택은 자유시장논리에 따라 시장에서 대중들이 선택하도록 하여야 함을 강조한다고 요약할 수 있다.

28) 이하 내용은 지은구(2021). 사회경제론, 제6장 8절을 참고하여 수정・보완하였음.

공공선택이론이 강조되면 복지자본주의에서 국가중심의 복지나 복지국가는 축소되고, 제한적인 국가주도의 복지정책이 제공된다고 할 수 있는데 이는 공공부분이 주도하는 정책이나 제도가 비효율적이고 효과성이 떨어짐으로 민영화(시장화)를 통해 복지혜택이 다원화되어야(선택권이 다양화되어야) 개인의 만족이 증진되고 복지정책이 효율적이며 효과적이 된다고 보기 때문이다. 즉, 선택을 하기 위해서는 다양한 수의 제공기관들이 존재하여야 함으로 즉, 재화와 서비스가 다수 기관으로부터 생산 및 공급되어야 함으로 공공선택이론은 시장을 강조하는 이론이라고 할 수 있다. 특히, 공공선택이론은 대중의 선택을 강조함으로 선택권을 대중들에게 돌려주어 선택권이 실현되는 시장화를 지지하는 이론이라고 할 수 있다. 즉, 정부가 서비스를 생산 및 공급하게 되면 독점현상으로 서비스가 일률적이고 변화에 민감하지 않는 등 개인적 욕구나 사회변화에 즉각적으로 반응하는 것이 어려워 비효율적이고 비효과적일 수 있음으로 정부실패론을 강조하는 학자들은 공공선택이론을 통하여 정부가 독점하여 서비스를 생신 및 공급하는 것보다 대중들이 시장에서 본인에게 적합한 서비스를 스스로 선택할 수 있도록 하는 것이 효율적이고 효과적임을 주장한다.

Tullock(1987)은 공공선택이론의 창시자로 Duncan Black(1908-1991, 스코틀랜드의 경제학자)을 지명하였으며 Tullock 역시 Buchanan과 함께 공공선택이론의 지지자로 알려져 있다. 공공선택이론에 따르면 대중들은 우수한 재화나 서비스를 선택하는 데 있어 정부보다는 시장의 민간부분, 즉, 영리조직이 생산하는 서비스나 재화를 선택하는데 이는 시장을 통한 생산 및 제공이 우수하기 때문이라고 강조한다. 따라서 공공선택이론은 정부의 실패를 강조하는 신고전파경제학이론에 속한다고 할 수 있다. 즉, 경제적 시장실패의 대안으로 등장한 정부의 시장개입의 확대를 비판하므로 시장의 실패보다는 정부의 실패를 강조한다. 정부실패에 대한 비판은 곧 공공 및 사회서비스의 민영화를 촉진시키는 데 공공선택이론이 역할을 담당하였음을 의미하는 것이기도 하다(지은구, 2021).

공공선택이론에 따르면 정부관료들이나 선출된 정치인들이 대체적으로 자기이익을 최대화하려고 노력하는 자기중심적 사고에 빠져 있음이 강조된다. 즉, 자신들의 경제적 혜택을 최대화하려는 노력의 일환으로 예산을 최대화(비용최대화)하려고 노력한다는 점이 이론의 기본적 전제라고 할 수 있다. 또한 대중의 이익에 반하더라도 사람들은 자신들이 결정한 일을 수행하는데 이는 자신들이 무엇을 하는지에 대해서 이성적 동기부여를 가지고 있기 때문이라고 강조한다(Arrow, 1963; Becker, 1985). 공공선택이론에서는 개인의 동기부여 또는 행동이 자기만족을 최대화 또는 자신의 복지를 최대화하기 위해 나타난다는 점이 강조된다. 이는 공공선택이론의 분석단위가 개인이지 국가나 지역사회나 지역주민이 아님을 의미한다고 할 수 있으며 공공선택이론 역시 고전파경제학 이후 유지되었던 **방법론적 개인주의**와 인간의 합리성을 강조하는 큰 맥락에 놓여 있음을 의미하는 것이다.

결국, 공공선택이론은 일반 경제학이론(특히 신고전파 복지경제학 일반)이 주장하는 것과 같이 인간들이 자기이익을 실현하려는 목적을 가진 자기중심적인 이기적 인간이며 자기 자신을 위해 이성적 또는 합리적 결정을 할 수 있음이 강조되지만 정부 관료나 정치가의 자기중심적 이기주의를 특히 강조하여 정부는 정부 관료들이나 정치가들의 자기중심적 이익최대화의 희생양으로 실패할 수밖에 없음이 강조된다. 공공선택이론이 강조하는 정부실패의 요인은 크게 5가지로 요약될 수 있으며 아래와 같다(지은구, 2012).

첫째, 정치적 순환에 따른 불안정
둘째, 비용증대로 인한 비효율성
셋째, 정책의 수정 및 조정(조정된 일정)
넷째, 공공조직단위에서의 예산최대화
다섯째, 지대추구(rent seeking)[29]와 이익집단들의 부를 전환하려는 노력

정치적 순환에 따른 불안정은 선거 또는 정치환경 변화에 따른 정치적 불안정을 의미하며 비효율성은 공공조직의 비경쟁적 지위(즉, 독점적 서비스 제공)에 의해서 나타나는 비효율성으로 관료주의적 특성에서 나타나는 예산낭비와 정책이나 제도에 대한 재정적 비효율성을 나타내고 조정된 일정은 정부정책이나 제도 등에 대한 지속적인 수정과 조정에 따른 일정변경이나 기획조정을 나타내며 예산최대화는 관료 자신 또는 자신들이 속한 부서의 이익을 최대화하려는 것에만 노력을 기울여 전체 사회의 복지증진을 위한 복지서비스 제공에는 관심이 없음을 나타낸다. 즉, 관료들이 그들이 유지하는 예산의 크기에 비례해서 혜택을 받기 때문에 혜택을 증액하는 데만 관심이 있다는 것을 의미한다. 그리고 지대추구는 일반국민들의 선호나 이익에 반하는 관료들이나 정치가들의 개인적 이익을 확대하려는 노력(예를 들어 로비활동)을 의미한다(지은구, 2010; Niskanen, 1971; Leibenstein, 1966).

29) 지대추구는 경제주체들이 자신의 이익을 위해 로비와 같은 비생산적인 활동에 경쟁적으로 자원을 낭비하는 것을 의미한다. 특히 공공선택이론가들은 지대추구행위가 자원의 낭비를 가져다주는 결정적 역할을 수행하는 것으로 보고 있다.

특히, 공공선택이론은 공공과 민간사이의 관계를 설명함에 있어 **주인-대리인이론**에 영향을 주었다고 볼 수 있다. 즉, 오스트리아학파의 공공선택이론 지지자들인 Hayek나 Mises 등은 정부관료나 정치가들은 자기이익을 강조하여 혜택을 얻을 수 있지만 제한된 정보에 대한 접근만 가능하다는 것을 강조하였다. 제한된 정보에 대한 이들의 견해는 주인-대리인이론에 영향을 미쳐 주인과 대리인 사이의 정보불일치가 주인-대리인이론의 핵심적 전제조건이 되었다.

공공선택이론의 정부실패에 대한 강조점은 정부실패를 극복하기 위한 대안으로서 공공조직의 민영화를 경제 및 사회정책이 일순위로 올려놓았다. 따라서 개인주의적 선택권 강화와 민영화를 강조하는 대부분의 보수주의 경제학자들이 강조하는 강조점은 바로 공공선택이론에 근거한다고 할 수 있다. 즉, 민간조직이 공공조직보다 서비스공급과 관리적 측면에서 효율적이고 우수하다는 점을 강조하며 공공부분의 민영화를 강조하게 된다. 특히 준시장을 도입하는 데 있어 공공선택이론은 결정적인 역할을 한다. 공공선택이론가들은 정부의 실패를 극복하기 위해서는 이용자부담원칙을 강화하여야 함을 강조하였다. 즉, 공공 및 사회서비스를 제공받는 국민들에게 이용자부담원칙을 제공하게 되면 국민들은 공공서비스의 공급요구에 대해 신중해 질 수 있다고 보았기 때문이다. 바우처와 같은 시장지불수단의 도입 역시 시장경쟁을 강화할 수 있다는 측면에서 공공선택이론가들이 제시하는 정부실패극복을 위한 대안이 된다.

관료들이나 정치가들의 지대추구현상은 비생산적인 행동으로 비추어질 수 있다. 정치가나 관료들이 지속적으로 자기(또는 자기가 속한 부처)의 이익을 관철하기 위한 로비 등에 많은 시간과 예산을 투자하는 것은 국민들에게 돌아가야 하는 예산이 비생산적으로 활용되는 것을 의미하고 나아가 직접적 사회복지서비스 창출에 들어가야 하는 정부예산이 개인들의 이익을 위한 비생산적 활동으로 지출됨을 위미하는 것이므로 국가재정의 개인적 유용을 의미하는 것이기도 하다. 공공선택이론가들은 이러한 재정의 유용을 막기 위하여 서비스가 민간조직으로부터 직접 제공되는 공공 및 사회서비스의 민영화를 이론적으로 적극 찬성하게 된다.

공공선택이론이 강조하는 자유시장 중심의 자원할당과 국민 개개인들의 지불능력과 선택권을 통한 재화와 서비스 소비는 자본주의에서 보편적으로 일어나는 국민들의 소득불평등 및 빈곤과 실업을 포함하여 사회배제를 전혀 극복하지 못하고 오히려 심화시키고 있다. 특히, 정부주도의 공공 및 사회서비스시장에 민간영리시장 및 준시장을 강력하게 도입하는데 영향을 미친 공공선택이론은 개인이 가진 문제를 해결하기 위해 조직 및 서비스이용의 선택권을 강화하는 데 영향을 미쳤지만 경제력심화와 자신의 선택에 책임을 져야 하는 선택의 책임감 나아가 개인의 선택권을 강조하므로 극도의 자기중심적 사고와 개인주의 그리고 시장의 원칙에 따라 이용자부담금(자기부담금)이나 수수료 등이 증가하는데도 영향을 주었다. 즉, 질 좋은 서비스는 당연히 더 비싼 비용부담을 초래하므로 선택권부여에 따른 수익자부담원칙을 강화하여 경제적 부담능력(지불능력)에 따른 서비스의 차별을 가져다주었으며 이는 곧 이용자차별과 사회복지에 대한 보편적 권리를 선택적 특권으로 전환시키는데 영향을 주었다.

2. 복지국가와 공공선택이론

복지국가는 국가가 직접적인 방식으로 국민들의 생활안정 및 복지증진을 위해 다양한 사회복지 및 사회서비스를 제공한다. 또한 복지국가 정책결정에서의 주체는 바로 정부이며 이는 곧 시장실패에 대한 국가개입의 결과이기도 하고 증가하는 복지욕구에 대한 대응을 시장을 통해서 해결하는 것이 불가능함에 기인한다. 공공선택이론은 기본적으로 정부의 한계에 기초하며 자원할당은 정부가 주도하는 것이 아니라 자유시장이 주도한다는 고전파경제학의 기본주장을 반복한다. 복지국가에 대한 강력한 반대자였던 하이예크(Hayek)와 같은 시장경제학자에 영향을 받은 공공선택이론은 복지국가의 문제점을 강조하는 강력한 반-복지(Anti-welfare)의 이론적 틀이라고 할 수 있다. 따라서 **공공선택이론은 국가주도 또는 국가 중심의 복지정권에 대해 비판하는 보수우파의 고전 자유주의 이념을 대변**한다고 할 수 있다.

경제학과 정치학의 경계에 위치한 공공선택이론은 앞에서 설명한 바와 같이 전통적으로 비시장적 또는 집단적 형태의 의사결정과 관련이 있다. 특히, 공공선택이론은 국가행동에 대한 집단적 선택은 시장을 통한 개인의 선택보다 항상 비효율적이며 덜 만족스러운 결과를 도출함을 강조한다. 공공선택이론에 따르면 시장에서 개인이 합리적으로 의사결정하고 선택하는 것은 이익보다는 비용에 주안점을 두지만 정부나 투표자들은 정치적 시장에서 비용에 대한 고려없이 이익만을 추구하면서 의사결정을 함으로 항상 해로운 또는 최선보다는 차선책을 선택하고 결정한다는 점을 강조한다(Pierson, 1991).

따라서 공공선택이론은 비시장적이고 집합적 의사결정을 강조하는 복지국가가 얼마나 비논리적인지를 강조하는 이론이라고 할 수 있다(Pierson, 1991). 특히, 공공선택이론에 따르면 정치가와 관료 그리고 투표자들이 그들만의 이익을 대변하여 비용을 고려하지 않고 복지정책을 남발하게 되면 국가의 채무는 감당할 수 없는 수준에 이르고 이는 곧 복지국가 위기의 본질이 된다. 결국, **공공선택이론은 복지국가 발전 및 확대를 지지하는 이론이기보다는 정치가나 관료 등과 같은 특정집단이 추진하는 복지국가의 확대가 지나친 비용을 수반하고 이는 곧 비효율적인 지출임으로 특정 집단(장치가, 관료, 투표자)에 의해 주도되는 복지국가는 수정되어야 함을 강조한다고 볼 수 있다.**

3. 복지자본주의와 공공선택이론

공공선택이론은 국가의 복지확대정책을 지지하기보다는 자본주의의 고유한 기능 즉, 자유시장과 국민개개인의 합리적 의사결정과 선택권을 강조하는 이론이다. 특히, 공공선택이론은 정치가나 관료 그리고 투표자들로 구성된 집단의 집단적 행동은 곧 큰 정부와 정부지출증대를 의미하고 이는 곧 자유시장을 통한 자원할당에 대한 국가개입과 공공재 및 사회복지 재화와 서비스의 지출비용증대를 의미함으로 복지국가의 확대는 국가의 채무증가를 결과한다고 강조한다. 따라서 공공선택이론은 복지와 자본주의가 결합하는 복지자본주의보다는 자본주의 시장경제체제 강화를 그리고 복지국가의 축소를 보다 강조한다.

복지국가확대에 대한 반대와 정부의 실패를 강조하는 공공선택이론은 인간을 자기이익중심적인 극도의 이기적 인간으로 설정하였고 시장을 통한 이익실현을 위해 국민들은 자기 합리적인 선택을 할 것이라는 점을 강조한다. 또한 공공선택이론은 정부실패를 극복하기 위한 대안으로서 공공조직의 민영화를 경제 및 사회정책이 일순위로 올려놓았으며 정책의 효율성 및 경쟁을 중심적 가치로 설정하였다. 이러한 공공선택이론에 따르면 복지자본주의 그리고 복지국가의 확대는 비효율적이며 복지자본주의에서 복지정책을 강조하여 재정을 확대 지출하는 것 역시 비효율적임으로 복지국가와 함께 복지자본주의는 비효율적인 정치 및 경제체제가 된다.

4. 공공선택이론의 한계

공공선택이론의 가장 중요한 한계는 이 이론이 비이성적 또는 비경제적인 고려에 의해서 동기부여가 되는 인간의 행동을 설명하는 데 실패하였다는 점이다. 공공선택이론의 기본적 전제조건에 기초한 다음과 같은 질문들 즉, 모든 인간이 이성적인가? 그리고 모든 인간이 자기이익의 최대화를 위해서만 움직이는가? 또는 자기이익을 최대화하지 않는 인간의 행동은 비이성적인가? 등과 같은 질문에 대한 공공선택이론의 대답은 주류경제학으로 대표되는 신고전파복지경제학의 이론적 틀인 인간의 합리성과 개인주의에 대한 이론적 특성에 기초한다. 기본적으로 신고전파복지경제학이론의 문제점으로 지적되는 다음의 두 전제가 공공선택이론에도 유지되어 있다.

첫째, 모든 인간들이 합리적이므로 자기 자신의 혜택을 위한 선택과 자기결정을 할 수 있다.
둘째, 모든 인간의 동기부여나 행동은 자기 이익의 최대화와 연관이 있다.

위의 문제점들은 공공선택이론이 바로 경제적 방법론을 활용하는데 있어 **방법론적 개인주의**(methodological individualism)를 채택하였음으로 나타나는 문제들이다. 방법론적 개인주의는 개인을 분석단위로 삼는다는 것을 의미한다. 따라서 공공선택이론은 합리적 선택이론과 마찬가지로 개인의 경제적 행동은 모두 합리성에 기초하여 자기에게 이익이 되는 행동을 하는 자기이익추구적인 또는 자기이익을 최대화하기 위해 노력하는 **자기이익 최대자**(profit maximizer)라고 규정한다.

하지만 모든 인간이 자기이익을 최대화하기 위해 행동하는 것만은 아니며 모든 인간이 자신들에게 가장 적합한 선택이나 자신에게 이익이 되는 결정만을 할 수 있는 것은 아니라는 점은 공공선택이론의 가장 결정적인 한계라고 할 수 있다. 또한 공공선택이론은 정부의 실패가 정치적 실패나 관료적 실패에 의해서 나타나는 것으로 보고 있음으로 정치적 그리고 관료적 정부실패요소를 제거하고 효율성을 강화하려는 노력의 일환으로 민영화를 강조한다. 특히 공공선택이론에 따르면 민영화의 일차적 목적이 공공조직의 재정적 비효율성을 개선하는 것에 있다고 할 수 있으므로 공공서비스 전 영역에 민영화를 통한 재정적 효율성 강화라는 명목으로 이루어지는 민영화에 이론적 기초를 제공하였지만 지나친 시장경쟁의 폐해와 시장화에 따른 공공서비스의 책임성 약화라는 측면을 지나치게 간과한다는 이론적 약점을 지니고 있다.

정부관료와 정치가들의 자기이익 최대자라는 경제행동을 강조하는 공공선택이론의 이론적 토대는 국민을 포함하여 민간조직의 직원들 역시 자기 조직이나 개인의 이익을 최대화하도록 동기를 부여받을 수 있다는 점에서 한계에 직면해 있다고 볼 수 있다. 즉, 모든 인간이 합리적이며 자신들의 이익을 최대화하는 방식으로 행동하는 것은 공공부분이나 민간부분에 동일하게 적용될 수 있기 때문에 정부든 민간조직이든 모두 실패에 직면

할 수 있게 된다. 이러한 이론적 특성은 대리인의 이익최대화를 위한 행동을 강조하는 주인-대리인이론에서도 반영되어 나타난다.

위에서 지적된 두 한계 이외에 Olson(1971)은 공공선택이론이 강조하는 실천적 처방(예를 들어 시장화방안과 작은 정부를 위한 조치들)들이 기존의 정부조직구성 원리와 심한 마찰을 빚기 때문에 지나치게 이상적이라는 단점을 가지고 있으며 정부활동의 성과나 결과를 화폐가치나 시장가치로만 측정할 수 없는 경우가 존재함으로 공공재공급의 분석에 있어 자유시장논리를 직접도입하려는 공공선택이론의 방법론에 문제가 있음을 지적하였다. 결국 사회적 가치나 사회적 목적을 실현하기 위해 제공되는 국가주도의 공공서비스나 복지서비스에 대한 이익이나 효과를 단순화하여 화폐가치로 측정하고 시장가치로만 측정하는 것이 효율적이라고 단정하는 것은 공공서비스나 복지에 대한 편협한 사고가 아닐 수 없다.

결국, 공공선택이론은 경제행동주체로서 이기적 인간을 강조하는 인간에 대한 편협한 시각과 효율성을 여전히 중요한 분배 및 할당의 중요 기준으로 인정하고 있다는 점 그리고 이타주의적 인간행동에 대한 설명의 한계 등으로 협력과 조정 그리고 상호부조 등과 같은 사회연대의 가치를 크게 훼손한다는 점에서 복지와 경제와의 상관성을 이해하고 설명하는 복지자본주의이론이나 사회복지경제이론으로는 부적합한 측면을 내포하고 있다. 따라서 공공선택이론은 국가부분의 한계를 지적하므로 국가적 책임 하에 사회복지정책이나 프로그램의 효과성을 개선하고 형평성을 증대하여 보다 나은 서비스가 차별없이 모든 국민들에게 제공되도록 하는 복지국가의 전제조건이나 목적과는 거리가 있음을 알 수 있다.

이러한 공공선택이론의 한계는 곧 날로 심화되는 사회적 위험의 증가에 대한 정부의 공공 및 사회복지서비스에 대한 책임성 강화 그리고 이에 대한 국민들의 요구증대와 사회배제의 심화를 극복하기 위한 지역주민 주도의 복지시민운동이 발전하는데 영향을 주었다. 결국, 사회복지 및 사회서비스의 보편적 제공을 강화기 위해서는 국가의 책임성이나 공공성이 강화되어야 하고 이를 위해 자본주의시장경제는 수정되어야 하며 이를 위해 자본은 관리되어야 하고 자본가들도 국가와 함께 사회적 가치실현이나 사회적 목적 실현을 위해 노력하여야 한다는 논리가 등장하였는데 이는 국민들의 사회복지 및 사회서비스 혜택에 있어 차별과 배제를 가져다주는 공공선택이론의 한계에서 도출되었다고 볼 수 있다. 종합하면, **공공선택이론은 공공부문이 할당 또는 분배도구로서 특정 집단의 이익을 위해 작동함으로 분배도구를 자유경쟁시장으로 대체하여야 한다는 논리를 강조하지만 역설적으로 시장의 한계와 시장의 작동원리에 따른 자본주의의 모순 또는 문제점들을 극복하지 못하고**

확대재생산하여 이러한 문제점들을 극복하기 위해 복지와 자본주의가 결합하는 복지자본주의의 발전에 일정 정도 영향을 주었다고 볼 수 있다.

제 6 절 권력-자원이론

1. 권력-자원이론의 개념 및 원리

권력-자원이론(Power resource theory)은 자본주의사회에서 계급갈등, 계급투쟁 및 노동자계급의 힘을 강조함으로 마르크스이론에 의해서 영향을 받아 등장하였으며 본 이론의 선구자는 Korpi, Esping-Anderson, 그리고 Stephens 등으로 알려져 있다. 권력-자원이론(또는 힘-자원이론)은 정치이론으로 주요한 계급간의 권력의 분배가 다양한 정치이데올로기의 성공과 실패를 설명한다는 것을 강조한다. Korpi(1983)와 Stephens (1979)에 따르면 권력-자원이론은 상이한 경제적 계급은 상이한 정책 선호를 가진다는 것을 강조한다. 기본적으로 Korpi(1983)는 사회적 변화나 사회구조를 설명하는 새로운 모델로서 권력 자원(power resource)을 주장하였는데 권력-자원이론의 기본 전제는 사회 안에서 이루어지는 계급이나 집단 간의 자원의 분배는 기본적으로 공평 및 평등하지 않다는 것이며 자원은 조직화된 정치적 힘에 따라 또는 정치권력의 힘에 따라 상이하게 분배된다는 것이다.

Korpi에 따르면 **권력자원**이란 '개인이든 집단이든 한 행위자가 다른 행위자에게 보상을 하거나 벌칙을 부과할 수 있는 능력'을 의미한다. 권력-자원이론에 따르면 자원이란 다양한 영역으로 구성됨으로 권력자원 역시 다양한 영역으로 구성된다고 본다. 특히, 권려자원이론에 따르면 권력자원이란 다양한 영역으로 구성될 수 있지만 중요한 것은 권력자원이 인간의 삶에 중요한 영향을 미친다고 본다. 권력-자원이론에서 강조하는 가장 중요한 두 유형의 권력자원은 첫째 (경제적)자본과 생산수단에 대한 통제이고 둘째 유형의 권력자원은 노동력이나 교육, 직업기술과 같은 인적자본(human capital)이다(Korpi, 1983). 즉, 경제적 자본과 인적 자본이 중요한 권력자원의 근원이라고 할 수 있다.

권력-자원이론에 따르면 특히 자본과 생산수단에 대한 통제와 같은 자원은 인적자본에 비해 모든 사람들이 소유할 수 없음으로 희소성이 높지만 인적자본은 누구든 조금씩은 가지고 있음으로 희소성은 낮다고 할 수 있다. 예를 들어 고가의 기계나 공장과 같은 생산수단을 소유하는 자본가가 되는 것은 쉬운 것이 아니지만 교육을 통해 직업기술을 획득하는 것은 상대적으로 어렵지 않게 확보할 수 있다. 또한, 자본주의 하에서 노동시장에서 제공되는 노동력과 같은 인적자본은 그 가치가 자본(자본가)으로부터의 요구에 전적으로 의존함으로 노동력은 자체적으로 행동을 주도할 수 있는 능력이 제한적일 수밖에 없다. 통상 자본주의사회에서 인적자본은 노동시장에서 활용된다. 아담 스미스 이후로 경제학자들은 일반시장과 마찬가지로 노동시장을 노동력 상품이 판매되고 구매되는 수요와 공급법칙이 적용되는 장소로 이해한다. 하지만 인간의 노동력은 특별한 상품인데 이는 노동력이 노동력을 소유한 사람으로부터 격리될 수가 없기 때문이다. 따라서 노동력을 소유한 노동자들은 특정 시간에만 고용되며 노동력을 구매하는 구매자는 특정 시간 동안에 노동자의 능력을 활용할 권리를 갖는다. 일단 고용관계가 형성되면 노동자들은 작업장이나 또는 직장에서 그들의 노동력을 제공하여야 하며 관리자의 관리나 통제에 종속되어야 한다. 이러한 임노동관계는 사람들 사이에서 (사람에 대한)종속이나 (사람을 부리는)권위를 만들어 내었고 또한 인간이 계급으로 분화되는 기초를 제공하였다. 따라서 인적자본을 가진 노동자가 경제적 자본이나 생산수단을 소유한 자본가에게 맞서 그들의 이익을 실현하기 위해서는 조직화된 정치적 권력(힘)이 필요하다는 것이 권력-자원이론에서는 강조된다.

집단적 행동 나아가 정치적 행동을 강조하는 권력자원의 효과성은 곧 임금노동자들과 자본가와의 모순적 관계에서 노동자들의 이익을 대변하기 위한 노동조합의 발전을 설명하며 또한 왜 노동자들이 정치정당을 설립하는지를 설명한다. 따라서 권력지원이론에 따르면 조직화된 집단적 행동은 곧 권력자원의 효과성을 증진시키는 데 중요한 역할을 한다. 특히 자본주의경제체제에서 자본과 생산수단을 소유하지 못한 임금노동자들에게는 노동조합이나 정당과 같은 조직화된 힘을 갖는 것은 전략적으로 중요한 권력자원이라고 할 수 있다.

따라서 권력-자원이론은 자본주의사회에서 진보정당이나 노동조합을 통해서 획득된 노동자계급의 힘(또는 권력)이 더욱 평등주의적인 분배결과를 만들어낸다는 점을 강조한다(Kellermann, 2005). 권력-자원이론이 강조하는 평등주의적인 분배적 결과는 곧 노동자계급의 생활안정 및 복지향상을 의한 정책이나 제도를 포함한다. 권력-자원이론에 따르면 조합주의에 기반한 노동자들의 요구투쟁이 강하면 강할수록 그들의 생활안정이나 복지향상에 필요한 국가적 대응은 더욱 확대될 수 있다. 권력-자원이론을 강조하는 학자들은 강력한 노동운동을 통해서나 또는 사회주의 또는 사회민주주의 정당 등을 통해서 노동자계급의 선호가 나타나게 되면 시장에서 더 높은 임금을 받을 수 있으며, 정부의 분배정책수준은 더 높을 것이고 소득불평등은 더 낮을 것임을 강조한다(Bucci, 2018).

Pierson(1996)은 재분배적 불평등과 시장에서의 낮은 임금수준은 종종 노동조합의 강도와 연관이 있음을 주장하였다. 이러한 주장은 결국 노동조합이 노동시장에 직접적으로 영향을 미쳐야 한다는 목적과 노동계급에게 더욱 이로운 정부정책을 만들어내야 한다는 목적과 깊은 연관이 있음을 알 수 있다. 권력-자원이론은 계급동원모델(class mobilization model)이라고도 불리며 조직화된 노동자계급의 동원력이 곧 국민을 위한 복지수준을 결정할 수 있음을 강조한다. 권력-자원이론에서 강조하는 자원은 곧 정치적 자원의 동원을 의미하고 동원은 곧 노동계급의 조직화된 힘을 의미한다. Korpi(1983 in Pierson, 2000)는 노동자와 기업가(자본가) 사이의 권력자원에 대한 상이성이 곧 다음과 같은 부분에 영향을 미침을 강조하였다.

첫째, 사회에서의 분배과정: 권력자원을 누가 가지고 있는가가 곧 분배의 몫에 영향을 미침을 의미한다.

둘째, 시민들의 사회적 의식: 권력자원은 시민의식이나 시민들이 가진 열망의 수준이나 그들이 추구하는 이익에 대한 정의 등에 명향을 미친다. 예를 들어 권력자원이 약한 집단은 권력자원을 많이 가진 집단의 부정의를 수용하도록 배우거나 학습되어질 수 있다.

셋째, 사회에서의 갈등의 수준 및 유형: 권력자원은 사회에서의 갈등의 수준 및 유형에도 중요한 영향을 미친다. 예를 들어 권력자원이 약한 집단은 분배에 있어 교환관계가 정당하지 않다고 하더라도 이에 대한 대안이나 반대를 할 수 갈등이 증폭되지만 이들이 가진 권력자원이 증가하게 되면 불리한 분배관계에 대해 저항할 수 있으며 이를 시정하기 위해 노력할 수 있음으로 갈등이 줄어들 수 있다.

넷째, 사회제도의 형성과 기능: 권력자원은 또한 새로운 사회제도의 출현과 기존에 존재하는 사회제도의 기능 변화에도 영향을 미친다. 즉, 권력자원을 많이 가진 집단은 그들에게 필요한 제도나 정책을 입안하거나 기존의 제도를 그들에게 유리하도록 수정할 수도 있다.

결국, 권력-자원이론에 따르면 권력자원은 복지제도나 정책을 포함하여 다양한 사회제도나 정책 등에 영향을 미치며 사회구성원들의 인식에도 영향을 미치게 되고 사회갈등의 완화 및 심화에도 영향을 주며 사회구성원들 사이에 권력자원의 수준에 따라 분배(또는 결과)의 몫에도 영향을 미치게 됨으로 결국 강한 권력자원을 가진 집단이 어떠한 의도로 행동하는가는 전체 사회의 갈등수준, 분배의 결과, 복지제도를 포함한 사회제도 그리고 사회구성원의 사회적 인식 등에 반영된다고 할 수 있다. 따라서 사회에서 중요 집단 또는 계급 사이의 권력자원 배분(누가 더 많은 권력자원을 가지고 있는가?)은 다양한 방식으로 인간행동에 영향을 미치게 되는데 이러한 인간행동은 특히 권력의 배분만 아니라 사회구조에도 영향을 미치고 사회구조와 인간행동사이에 끊임없는 상호행동을 불러일으키게 된다(Korpi, 1983). 권력자원은 궁극적으로는 자본주의사회에서 증가하는 **사회문제**를 해결함에 있어 어떠한 대응을 할 것인가에 대해서도 영향을 미치게 되는데 이는 권력자원을 가진 집단이 사회문제에 대한 대응의 수준 및 대응방안을 결정할 수 있음을 나타낸다.

결국, 권력-자원이론에 따르면 국가는 사회에 존재하는 계급들이나 이익집단들 사이의 투쟁에 의해서 도출되는 제도적 구조체제라고 인식될 수 있는데 이는 권력자원이 강한 집단이나 계급이 국가라는 제도적 구조를 구성할 수 있기 때문이다. 제도적 구조체제인 국가를 통해서 권력자원을 가진 집단이 정당한 방법으로 사회전체를 대신해서 결정을 내리게 됨으로 이러한 결정은 곧 권력자원을 가진 특정 계급이나 집단의 이익이 반영될 수 밖에 없는 특징을 가지게 된다. 이는 제도적 구조라는 국가가 사회에서의 분배적 과정에도 영향을 미치게 됨을 의미한다.

2. 복지국가와 권력-자원이론

권력-자원이론은 상술한 바와 같이 복지국가의 발전을 설명해주는 중요한 이론 중 하나이다. 특히, 권력-자원이론은 노동동원의 강점과 역할에 초점을 맞추면서 복지국가가 채택한 사회정책에 대한 다양한 접근방법을 설명해준다. O'Conner와 Olsen(1998)은 권력-자원이론의 기본 전제가 서구 자본주의 민주국가에서의 복지의 사회적 조직의 정도는 정치적 자원의 동원(력)에 의해서 결정되고 강력하게 영향을 받는다는 점임을 강조하였다. 여기서 복지의 사회적 조직은 곧 사회복지정책이나 제도가 국가에 의해서 얼마나 조직화되어 있고 누구를 대상으로 어느 정도의 혜택을 제공하면서 운영되는가? 등을 포괄적으로 나타낸다.

권력-자원이론은 노동계급의 권력자원의 동원 정도에 따라 복지국가 발전이 크게 달라진다고 주장한다(Korpi, 1983, Giddens, 1983, Cameron, 1984, Esping-Andersen,

1985, Esping-Andersen & Korpi, 1984, Therborn, 1987). 노동계급의 권력자원 동원 정도는 첫째, 노동계급의 조직화(노조가입률) 정도, 둘째, 노동계급 내부의 결속 정도(노조조직 간의 통합 혹은 분절 정도) 그리고 세 번째로 노동계급과 좌파 정당 간의 결합 정도(좌파 정당의 지지도)로 나눌 수 있다(Korpi, 1983; 김태성, 성경륭, 2014). 따라서 노조가입률이 높고 전국적으로 통일적인 노동조합을 갖추었으며, 사회민주당과 노동운동 세력 간의 연계성이 강한 국가일수록 노동계급의 요구가 정책에 반영되어 복지국가 발전이 높게 나타나는 반면에 그러지 못한 국가들, 예를 들어, 미국 같이 노동자들의 권력자원 동원 정도가 매우 낮은 국가들은 선진국 중에서 복지국가발전이 가장 낮게 나타남을 권력-자원이론은 설명해준다(지은구, 2020).

사회민주주의정당과 함께 강력하게 조직화되어 있고 중앙 집중화된 노동조합에 의해서 발전된 스웨덴과 같은 유럽 국가들이 권려자원이론을 통해 선진복지시스템을 갖춘 복지국가로 학자들에 의해서 강조된다(Pierson, 1991). Pierson(1991)은 권력-자원이론에 기반하여 발전한 사회민주주의 복지국가의 특성을 다음과 같이 제시하였다.

첫째, 선거권의 확대
둘째, 사회민주주의정당의 등장
셋째, 강력하고 중앙화된 노동조합운동
넷째, 허약한 우파정당
다섯째, 지속되는 사회민주주의 정권
여섯째, 지속되는 경제성장
일곱째, 강력한 계급동질성과 종교, 언어, 인종에 대한 약한 분열의식

결국, 노동조합의 힘과 이를 기반으로 발전한 사회민주주의 정당의 발전과 지속적인 정권창출 등은 복지국가가 발전하는데 중요한 역할을 하였음을 알 수 있다.

3. 복지자본주의와 권력-자원이론

권력-자원이론은 복지자본주의의 구조적 문제를 분석함에 있어 자본주의의 고유한 모순인 계급간의 갈등을 중심에 놓았다. 특히 계급적으로 자본과 생산수단을 소유하지 못한 노동자들의 조직화된 정치적 힘이 강화되면 될수록 노동자들의 조건이나 상태 나아가 국

민들의 복지수준은 향상되고 강화됨을 강조한다. Bucci(2018)는 권력-자원이론의 적용을 통해서 자본주의사회 안에서 상이한 분배적 보상(결과)을 만들어내는 다양한 행위자들과 제도(예를 들어 정부정책이나 사회복지정책이나 제도)의 등장과 발전을 이해하는데 도움을 받을 수 있음을 강조하였다.

Korpi, Esping-Anderson, 그리고 Stephens 등을 통해서 권력-자원이론은 복지국가 또는 복지자본주의의 발전을 설명해주는 중요한 이론으로 자리 잡았다. 특히, 권력-자원이론은 선진산업국가 또는 선진자본주의국가에서 사회정책의 다양한 수준에서의 영향력과 특성뿐만 아니라 사회적 불평등을 조사하기 위해 활용된 접근방법으로 제시되었다(O'Conner and Olsen, 1998). 종합하면, 권력-자원이론은 복지국가가 가지는 사회문제를 자본주의 자체가 갖는 계급갈등에 기초한 불평등과 불균등한 분배문제로 규정하고 이를 해결하는 것을 통해 복지정책이강조되는 복지자본주의가 발전할 것을 강조하였다.

4. 권력-자원이론의 한계

권력-자원이론은 복지국가 및 복지자본주의의 발전을 설명해주는 유용한 이론이지만 이에 대한 비판적 관점 역시 존재한다. Rothestein과 동료들(2012)은 권력-자원이론이 사회적 계급에 기초한 정치적 동원이 왜 중요한지에 대한 설명이 충분하지 않으며 또한 복지국가들 속에서 급여의 적용범위(coverage), 외연(extension) 그리고 관대성(generosity)이 왜 다양한지에 대한 이유 역시 설명이 부족하다고 비판하였다. 즉, 국가별로 사회복지정책이나 제도 등이 동일하지 않고 다양하며(어떤 국가는 보편적 사회복지정책을 어떤 나라는 선별적 사회복지정책을 유지하며 또한 어떤 나라는 사회보험 및 공공부조 그리고 다양한 사회서비스제도가 작동하지만 어떤 나라는 사회복지관련 제도들이 부족한 경우도 존재) 그리고 서비스를 제공받는 대상자들의 범위도 다르고 대상자 선정기준 역시 상이한데 이러한 국가별 차이를 권력-자원이론은 설명하지 못한다는 것을 의미한다.

또한 Sites(1998)는 권력-자원이론이 자본주의경제체제의 구조적 힘과 자본의 동원에 의해서 발생하는 시장의 주기적 위기를 평가 절하한다고 강조한다. 이러한 비판은 곧, 자본주의를 유지 및 발전시키려는 자본의 힘과 자본주의 시장경제체제가 갖는 위험에 대한 분석이 결여되어 있음을 의미한다. 예를 들어 복지국가발전의 역사에서 비스마르크가 주도하였던 독일복지국가의 탄생은 곧 권력-자원이론보다는 자본가계급의 이익을 유지하고 자본주의를 보전하기 위한 정치적 타협물로 복지국가가 자본축적의 도구라는 신마르크스 정치경제학이 더욱 적합한 이론으로 인정받고 있다는 점에서 이러한 비판은 권력-자원이론의 명확한 한계임에 틀림없다. 권력-자원이론의 또 다른 한계는 본 이론이 젠더이슈 및 인종이슈 등에 대해 고려하지 않는다는 점이다. 현대 복지국가의 발전을 설명하는데 있어 노동계급의 힘도 물론 중요한 변수이지만 성(gender)문제나 인종문제 역시 복지국가의 특성이나 성격을 설명하는데 있어 매우 중요한 변수임에 틀림없다. 권력-자원이론의 또 다른 문제점은 현대자본주의 국가들이 가지는 사회문제의 복잡성과 다양화하는 원인과 이에 대한 분석 그리고 해결방안에 대한 보다 구체적인 방향을 제시하지 못한다는 점이다. 물론 계급갈등이 자본주의사회에서 사회문제의 근본임은 명확하지만 현대자본주의사회에서 사회문제는 계급갈등을 벗어나 매우 다양한 원인에 의해서 나타난다. 특히 노령화와 저출산이라는 신사적 위험 즉, 사회문제는 권력자원의 정도나 계급갈등이라기보다는 사회경제적 변화에 따른 현상으로 구체화되고 있으며 조직화된 정치력이 이러한 문제를 해결하는 것은 아니라고 할 수 있다.

하지만 권력-자원이론이 갖는 한 가지 명확한 사실은 복지의 수준은 정부로부터 주어지는 것이 아니라 국민들이 쟁취하는 것이라는 점이며 복지에 대한 국민으로부터 요구의 힘이 강하면 강할수록 복지에 대한 내용과 수준은 매우 다르게 나타날 수 있다는 점이고 이러한 복지의 내용과 수준 차이는 곧 복지자본주의와 복지국가의 내실이 국가별로 상이함을 설명해주는 중요한 변수일 수 있다는 점일 것이다.

제 7 절 사회투자론

1. 사회투자론의 개념 및 원리

사회투자론은 사회(복지)정책이 단순하게 쓰면 없어지는 비용이 아니라 생산을 위한 투자임을 강조하며 사회투자복지국가 또는 사회투자국가라는 용어와 함께 1990년대 이후 새롭게 등장한 개념이다. 사회투자의 기본 개념이 등장한 역사는 물론 이보다 훨씬 오래 전인 1930년대라고 알려져 있다. 즉, 사회투자의 기원은 1930년대 스웨덴의 Alva Myrdal과 Gunnar Myrdal(1934)이 저술한 “Crisis in the Population question”(Krisi befolkningsfrägan)에서 **사회정책에 대한 지출이 단순히 비용이 아닌 투자**임을 주장하면서 등장한 개념이다. 사실, 사회정책에 들어가는 지출에 대해 보수주의학자들은 단순한 비용으로만 간주하지만 사실상 경제적 생산 및 재생산을 위한 그리고 경제적 성장을 위한 투자임이 강조된다. 따라서 사회투자론은 국가가 사회복지정책을 실행하고 이에 따른 사회적 그리고 경제적 결과나 영향력이 무엇인가에 대한 질문에 대한 대답이 핵심적 내용이며 사회복지에 대한 투자가 곧 사회적 결과뿐만 아니라 경제적 결과 역시 향상시킨다고 하는 기본적 내용을 담고 있다.

Alva Myrdal과 Gunnar Myrdal(1934)은 인구통계적 변화와 경제성장 및 생산성에 대한 관심을 바탕으로 건강하고 교육받은 인구가 없으면 또는 그러한 인구를 재생산할 수 없으면 경제생산성은 유지될 수 없음을 주장하면서 사회정책이 단순한 개인적 보장이나 재분배를 위한 도구일 뿐만 아니라 효율적 생산조직을 위한 도구임을 주장하였다. 그들에 따르면 이러한 사회정책의 역할은 새로운 생산적 사회정책(productive social policy)을 의미하는 것으로 생산적 사회정책은 곧 "연대와 개인적 보장 그리고 사회적 권리에 대한 지지를 경제적 효율성과 연관하여 경제적 어려움을 극복하는 정책"으로 해석할 수 있다(Andersson, 2005).

사회투자론은 Myrdal 부부가 주장한 이후 1990년대 복지국가의 역할이나 새로운 유형을 위한 신사고 또는 전략으로 포장되어 등장하였으며 복지국가 및 복지자본주의를 발전시키기 위한 새로운 패러다임이라고 할 수 있다(Morel, et al., 2012; 2013). 즉, 자본주의를 새로운 경제체제로 이행하지 않고 복지정책을 생산적 개념으로 전환시킴으로서 복지자본주의가 갖는 한계를 극복하고 보다 발전된 복지국가를 형성하고 발전시킬 수 있다는 사고가 바로 사회투자론의 핵심적 내용이다. 특히, 사회투자론은 사회적 지출로서 교육이나 직업기술훈련 등과 같은 인적자본(human capital)에 대한 투자가 더욱 생산적인 결과를 가져다준다는 점을 강조한다. 즉, 사회적 지출이 단순한 소모성 비용지출이 아니라 생산을 창출하는 비용으로서 사회적 투자라는 점이 강조된다.

특히, 사회투자론이 사회정책영역에서 중요한 개념으로 등장한 것은 유럽연합이 2000년에 **리스본전략**을 승인하고 **유럽위원회(European Commission)가 2013년 "사회투자패키지"**를 정책적 어젠다로 수용한 것이 영향을 미쳤다. Morel과 동료들(2012)과 Esping-Andersen과 동료들(2002) 그리고 Hamerijck(2013) 등은 선진복지국가가 사회보장을 강조하는 낡은 형식에서 노동시장에 대한 대응과 후기산업사회의 인구통계적 변화에 대한 적극적 행동으로 사회투자를 강조하는 새로운 패러다임의 변화를 경험하고 있음을 주장하였다(Kuitto, 2016).

※ 리스본전략(Lisbon strategy)

유럽정상들은 2000년 3월 포르투갈의 리스본에서 2010년까지 미국과의 경제격차를 없애겠다는 목표를 설정하고 이를 추진하기 위한 발전전략을 제시하였다. 즉, 리스본전략은 유럽의회에서 채택한 전략으로 리스본어젠다라고도 불리며 유럽연합국가들의 2000년에서 2010년까지의 10년간의 발전전략을 의미한다. 리스본전략은 2010년 이후 "유럽 2030전략(Europe 2030 strategy)"으로 계승되었다.

리스본전략의 기본적인 목적은 "더 많은 일자리와 더 큰 사회포용으로 지속 가능한 경제 성장이 가능한 세계에서 가장 경쟁력 있고 역동적인 지식 기반 경제를 구축한다는 것"으로 리스본전략은 유럽경제의 낮은 경쟁력과 더딘 경제성장률의 문제를 해결하기 위하여 크게 고용, 경제개혁 그리고 사회통합 분야로 구성되어 있다. 리스본전략의 목표는 2010년까지 유럽연합국가를 더 많고 더 좋은 일자리와 사회통합정책을 가지고 지속가능한 경제성장을 통해서 세계에서 가장 경쟁력있고 역동적인 지식기반 경제를 구축하는 것이었다. 구체적인 리스본전략의 목표는 첫째, 경제적 성과, 둘째, 고용, 셋째, 조사, 혁신 그리고 교육, 넷째, 경제개혁, 다섯째, 사회통합, 여섯째, 환경이다(Ivan-Ungureanu and Marcu, 2006).

※ 유럽위원회(European Commission)의 2013년 "사회투자패키지"

유럽위원회(European Commission)가 2013년 제시한 사회투자패키지(social investment package)는 "Toward Social Investment for Growth and Cohesion: including implementing the European Social Fund 2014-2020의 보고서에 들어있는 사회투자정책을 일컫는다. 유럽위원회는 실업과 빈곤 및 사회배제를 일으키는 **경제적 위기**와 생산가능인구의 감소 및 노령화와 같은 **인구통계적 변화**에 대응하기 위한 대응으로 사회투자정책을 적극적으로 지지하고 유럽연합국들이 이에 동참하는 것을 권고하였다. 사회투자패키지의 주된 내용은 다음과 같은 5개 영역의 문제들을 해결하는 것을 포함한다.

첫째, 지속가능성과 적절성을 위한 사회정책예산
둘째, 공적지원(social assistance)과 노동 활성화 조치 사이의 강력한 연계
셋째, 아동의 욕구를 해결하기 위한 세대를 초월한 정책
넷째, 국민들의 기술과 역량의 강화
다섯째, 더욱 효율적이고 효과적인 유럽사회기금 지출

사회투자론 또는 사회투자전략은 복지국가를 위한 새로운 패러다임으로 강조하는

Morel과 동료들(2012)은 사회투자를 **사회정책을 위한 새로운 경향**으로 정의하고 사회투자의 목적이 "**낡은 기존의 복지국가에 의해서 해결되지 않은 새로운 사회적 위험을 해결하는 것**" 그리고 "**지식기반 서비스경제에 부응하는 것**"임을 제시하였다. 새로운 사회적 위험이란 노령화, 한부모, 일과 가족생활의 조화, 지속적인 직무능력의 부족, 낮은 기술과 낡은 기술의 소유에 따른 불리한 노동계약 등을 나타낸다. 그리고 지식기반 서비스경제에서 지식이란 경제성장과 생산성돌출을 위한 지식을 의미하며 지식기반 경제는 경제의 변화하는 욕구에 손쉽게 순응할 수 있으면서 그러한 변화의 동력이 될 수 있는 숙련되고 유연한 노동력에 기초하는 경제를 나타낸다.

사회투자	• 새로운 생산적 사회정책(productive social policy), 사회정책은 비용이 아닌 투자	Alva Myrdal과 Gunnar Myrdal(1934)
	• 사람에 대한 투자 • 사람들의 기술과 역량을 강화하고 사회생활과 고용으로의 완전한 참여를 지지하기 위해 설계된 정책	European Commission(2013)
	• 사회정책을 위한 새로운 경향 • 낡은 기존의 복지국가에 의해서 해결되지 않은 새로운 사회적 위험을 해결하는 그리고 새로운 지식기반 서비스경제에 부응하는 것	Morel과 동료들(2012)
	• 연대와 개인적 보장 그리고 사회적 권리에 대한 지지를 경제적 효율성과 연관하여 경제적 어려움을 극복하는 정책	Andersson (2005)

Esping-Andersen(2002)은 복지가 사회투자임을 강조하면서 시장, 가족 그리고 정부를 복지제공의 3대 중심축으로 설정하였다. 특히 그는 아동이 중심이 되는 가족정책을 사회투자로서 바라보아야 함을 주장하였다. 그에 따르면 아동의 훌륭한 인지능력이 교육적 성과나 평생교육 그리고 인생의 어떤 시점에서 발생 할 수 있는 치료개입을 위한 절대적 조건임으로 아동기 인지능력 성장에 영향을 미치는 가족정책 특히, 아동복지정책은 교육에 대한 투자 이상으로 중요한 투자임을 주장하였다. 그는 또한 사회투자로서 아동복지정책의 중요성과 함께 성평등정책(Gender equality policies) 역시 중요한 사회복지정책이자 급박한 복지개혁정책임을 주장하였는데 그에 따르면 고용에 있어 성평등이 조화롭게 일어나지 않는다면 그 사회는 아동빈곤에 대항하는 가장 효과적인 방벽을 잃게 되는 것

이라고 강조하였다. 즉, 현대사회가 직면하고 있는 (생산가능인구)노동력부족현상이나 저출산문제는 결국, 남성보다 교육수준이 높은 여성들이 아동돌봄이나 가사노동 등에 지쳐 일을 하지 못함으로써 나타나는 문제이고 또한 이는 인적자본의 낭비를 가져옴으로 성평등은 후기산업사회의 균형을 위한 핵심 축이어야 함을 의미한다. 그는 노동조건이나 노동생활의 질 역시 중요한 문제로서 열악하거나 불안전한 노동조건이나 낮은 임금의 고용 등은 아동과 가족에 부정적인 효과를 가져다주며 일자리 성장을 통한 사회포용전략에도 해를 끼치게 됨으로 노동조건향상을 위한 사회투자 역시 중요함을 주장하였다. 따라서 아동을 위한 사회적 보호정책, 청소년복지정책, 가족복지정책 그리고 소위 가족친화정책들은 모두 투자와 소비가 혼합되어 있음으로 단순한 소비지출이 아니며 사회투자를 통한 인적자본의 역량강화를 강조하는 사회포용정책이 된다.

사회투자론은 사회정책의 생산적 요소를 강조하며 사회투자가 곧 고용증가와 경제발전을 위한 기본적 요소임이 강조된다. 즉, 사회투자론은 사회정책에 대한 지출이 경제 및 고용성장을 방해한다는 신자유주의적 사고 또는 신고전파경제학적 사고에 대한 반기이며 이러한 사고를 근본적으로 바꾸게 하는 정책적 패러다임이다(Morel, et al., 2012). 사회투자론이 강조하는 사회정책은 Esping-Andersen(2002) 등 사회투자학자들이 강조한 인적자본(특히, 아동기 교육과 돌봄 그리고 평생교육 등)에 투자하는 정책과 인적자본을 효율적으로 활용하도록 돕는 정책(예를 들어 여성 및 한부모를 위한 적극적 노동시장정책을 통한 고용지원정책이나 노동시장의 불균형성을 극복하기 위한 노동시장규제정책 등이다. 사회투자론에 기초한 이러한 사회정책은 전통적으로 노동시장으로부터 배제되어온 집단구성원들의 노동시장으로의 접근성을 개선함으로써 사회포용을 증진시킨다는 점이 강조된다.

새로운 사회복지정책패러다임으로서 사회투자론이 등장한 배경에는 산업사회에서 발전한 케인지안복지국가가 후기산업사회의 등장 및 발전과 함께 새로운 사회적 위험에 대한 대응에 한계를 나타내었다는 점이며 또한 국가주도의 공급중심 복지정책의 한계와 **복지서비스제공에서 시장을 인정하는 민영화에 역시 영향**을 주었다. 사회투자론 또는 사회투자복지전략이 민영화에 영향을 주었다는 점은 국민들의 증가하는 사회적 욕구를 정부의 직접적 서비스제공만으로는 해결할 수 없음으로 인해 나타나는 한계를 극복하기 위해 민간영역의 복지관련 자원의 활용 중요성이 비영리조직을 포함하여 제3부문으로서의 사회적 경제조직과 영리기업의 사회적 책임경영 또는 기업의 사회적 책임을 통해 지역사회에 더 많은 활용 가능한 복지자원의 유입을 결과하였음을 나타낸다. 이미 자발적 조직으로부터 시작되어 발전한 비영리조직들은 지난 수세기동안 다양한 사회적 활동을 통해 사회구성원들의 복지향상을 위해 노력해 왔으며 사회적 기업과 같은 사회적 경제조직 역시 시장으로의 참여를 통한 이익을 사회에 환원하고 지역주민들의 문제를 해결하기 위해 노력하고 있으며 영리기업 역시 단순히 이익창출을 위한 조직적 노력이외에 지역사회에 대한 사회적 책임감을 통해 지역사회를 보다 안전한 사회로 발전시키기 위한 노력을 기울이고 있음은 주지의 사실이다. 이러한 활동들은 사회에 대한 투자가 곧 민간과 공공의 다양한 영역으로부터의 사회정책자원의 확대를 통한 국민들의 욕구 및 생활안정에 많은 기여를 하였음을 의미한다. 사회투자론의 등장배경을 보다 자세히 살펴보면 아래와 같다.

2. 사회투자론의 등장배경

1990년대 이후 사회투자론이 등장한 가장 **우선적인 이유**는 복지국가주의에 따른 복지재정지출증가와 이에 대한 재정적 압박으로부터 벗어나고자 하는 시도에 기인한다. 특히, 국민들의 사회적 위험을 예방 및 해소하기 위해 제공되는 각종 복지정책 중 현금혜택중심의 정책들로 인한 재정지출의 압박을 사회투자론을 강조하는 학자들은 보호적 복지국가 또는 보상적 복지정책으로 명명하고 이러한 보상적 복지정책이 복지재정지출증가와 이에 따른 국가재정의 어려움을 유발함으로 보상적 복지정책은 새로운 복지패러다임으로서 사회적 투자를 통해 생산을 유도하는 생산적 복지정책으로 전환되어야 함을 주장하였다(Kuitto, 2016). 사회투자론이 등장한 **두 번째 이유**는 바로 경제적 위기 즉, 시장의 불안정과 이에 따른 실업 증대와 사회배제현상의 심화에 기인한다. 유럽 전역에서의 지속적으로 증가하는 실업률(청년실업포함)과 빈곤의 심화와 같은 경제적 위기는 사회로부터 또는 시장으로부터 배제된 인구집단을 지속적으로 증가시켰다. 자본주의경제체제에서 지속적으로 증가하는 시장의 불안정성은 곧 빈곤의 심화와 실업문제에 대한 대응으로 기존의 수요중심의 수동적 복지정책에 대해 보다 적극적이고 새로운 방향으로의 수정을 요구하였고 이는 새로운 복지전략으로 사회투자복지정책의 도입을 의미하였다(European Commission, 2013).

사회투자론이 등장한 **세 번째 이유**는 바로 인구통계적 변화로서 현대사회에 지속적으로 증가하는 새로운 사회적 위험으로서의 인구고령화와 경제적 생산가능인구의 감소이다. 유럽 전 영역에서 공통적으로 발생하고 있는 노동인구의 감소와 함께 노인인구는 지속적으로 증가하고 있으며 이에 대한 대응은 곧 이를 해결하기 위한 기금(재정)을 지속적으로 유지하는 것과 적절한 사회보호시스템을 발견하는 것이었으며 이는 곧 사회투자정책을 강조하는 사회투자복지국가의 발전을 의미하였다. 특히, 증가하는 노인인구로 인해 유럽은 한명의 노인을 네 명이 부양하는 것에서 2040년에는 국민 두 명이 한명의 노인을 부양하는 노인부양비율의 급속한 증가를 경험할 것으로 예측되어 이에 대한 정책적 대응이 곧 미래의 유럽국가의 안정 및 지속적 발전을 위한 중요한 과제가 되었다(European Commission, 2013). 결국, 증가하는 노인인구와 노인부양비율의 증가, 생산가능인구의 감소는 곧 국가의 사회정책에 대한 지출의 적절성과 유지가능성에 심각한 위협적 요소가 되었고 또 다른 한편으로는 인구변화에 대응하는 새로운 사회정책의 등장을 견인하였다.

[그림 18] 사회투자론의 등장배경

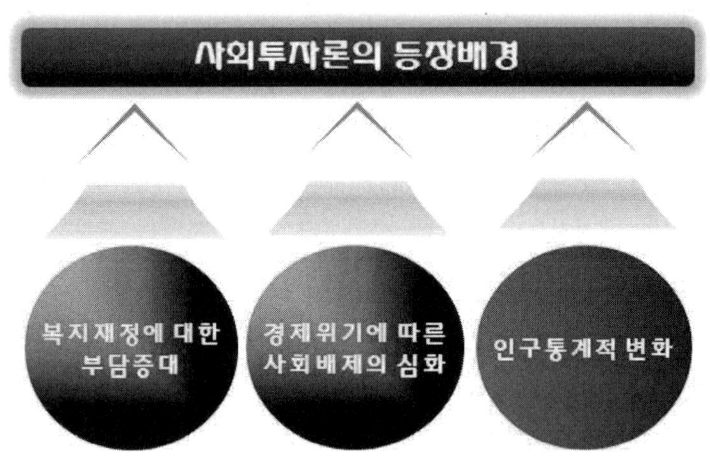

3. 복지국가와 사회투자론: 사회투자복지국가

사회투자복지국가는 사회보호와 (현금혜택)보상중심의 역할에 의해서 그동안 숨겨져 왔던 복지정책의 생산적 기능이 강조되는 국가이다(Deeming and Smyth, 2015). 사회투자론적 입장에서 복지국가는 크게 이원화되어 분류될 수 있다. 첫 번째 복지국가는 기존의 사회보험과 현금혜택 중심의 "**보호적 복지국가**"이며 두 번째 복지국가는 현금혜택 중심의 보호적 사회보장체계에서 벗어나서 인적자본 중심의 사회적 투자가 강조되는 "**사회투자복지국가**"이다(Kuitto, 2016). **보호적 복지국가는 보상적 복지국가**(compensating welfare state)라고도 불리며 실업급여, 연금, 아동 및 가족수당 등 현금혜택 중심의 사회보장제도가 중심이 되는 복지정책을 추진하는 복지국가를 의미하고 **사회투자복지국가는**

사회정책에 있어 인적자본에 대한 투자를 강조하면서 주로 인생 초기 단계에서의 사회적 투자가 미래에서 보았을 때 투자에 대한 반환금이 훨씬 크고 효과적임을 주장하면서 아동 및 가족복지정책과 성평등정책 그리고 나아가 적극적 노동정책으로서 직업훈련 및 기술연마 등 개인의 역량강화를 강조하는 복지정책들의 중요성이 강조된다. 이러한 측면에서, 사회투자복지정책은 적극적 또는 능동적 복지정책으로도 불리고 보상적 또는 보호적 복지정책은 수동적 복지정책이라고도 불린다(Bonoli, 2012; Kuitto, 2016).

사회투자복지국가는 또한 인적자본에 대한 사회적 투자를 통해 노동역량이 강화(노동생산성강화)되어 경제적 생산성이 향상되거나 생산을 유도하는 생산적 복지정책을 주로 활용한다. 사회투자복지국가가 제공하는 생산적 복지정책으로는 영유아기 교육 및 돌봄, 고등교육, 평생교육 및 훈련, 아동돌봄과 육아휴가를 포함한 여성고용정책, 활동적 노화정책, 실업문제해결을 위해 직업기술을 증진시키는 노동시장정책 등이 있다. 이는 사회투자복지국가가 생산적 복지정책을 통해 노동인구의 역량을 강화하여 이를 바탕으로 경제적 생산성을 향상시키는 것을 강조한다는 것을 의미한다. 따라서 **생산적 복지정책은 곧 노동생산성 및 노동력재생산을 위한 복지정책이 핵심이다**.

복지국가가 발전하면서 복지정책과 자본주의가 결합한 수정된 형태의 자본주의인 복지자본주의의 가장 명확한 한계는 증가하는 사회적 위험에 대한 대처방식에 있어 기존의 복지국가가 제공하였던 현금혜택 중심의 제도들이 재정적 부담으로 다가왔다는 점이다. 노인인구증가와 같은 인구통계적 변화에 따른 연금재정증가와 장기실업의 확산에 따른 실업급여의 증가 그리고 각종 돌봄과 관련된 수당(가족수당이나 아동수당 등) 등의 증가에 따라 복지혜택 중 현금혜택의 비중은 늘어나게 되었고 가족돌봄노동에 대한 부담과 인식의 변화는 저출산이라는 신사회적 문제를 도출하여 생산노동 가능인구는 줄어들고 돌봄이 필요한 인구는 증가하는 사회적 변화를 결과하였다. 이러한 인구·사회적 변화는 결국 복지국가패러다임의 변화를 야기하였고 이는 곧 유럽중심으로 사회투자복지국가의 등장을 의미하였다. 따라서 기존의 산업사회중심의 전통적 복지국가패러다임인 케인지안복지국가와 후기산업사회의 경제적 변화 및 인구·사회적 변화와 맞물려 등장한 사회투자복지국가에 대한 상호비교가 필요하다.

보상적 또는 보호적 복지국가는 "케인지안복지국가"와 같은 맥락으로 "오래된(또는 낡은) 복지국가"로 이해될 수 있다. 하지만 케인지안복지국가는 경제와 복지를 선순환적인 관계로 보며 경제성장을 위한 유효수요의 창출 및 보호중심의 사회정책을 강조한다는 점에서 사회투자복지국가와 뿌리는 같다고 할 수 있다. 하지만 케인지안복지국가는 경제의 위기

시대(경제대공황)에 복지정책에 대한 지출을 경제활성화를 위한 도구로 활용하였음으로 사회복지지출을 포함한 공공지출은 증가할 수밖에 없었음으로 복지국가의 재정위기에 대한 논란을 불러일으켰다는 점 역시 분명하다. 즉, 케인지안복지국가는 경제대공황과 같은 시장실패를 극복하기 위한 방편으로 국가의 시장개입은 필수 불가결하다고 보았으며 이를 위한 공공재정 지출을 경제안정을 위한 규제자로 보았다.

경제적 활성화를 위해 사회정책의 중요성을 강조한다는 점은 케인지안복지국가와 사회투자복지국가모델이 동일하지만 기본적으로 두 복지국가모델은 상이점 역시 존재한다. 케인지안복지국가와 사회투자복지국가(또는 생산적 복지국가)와 대표적인 차이점은 다음과 같다.

첫째, **케인지안복지국가**는 임금노동자 나아가 계급 간 타협을 강조하지만 사회투자복지국가가 강조하는 것과 같이 성평등이나 여성의 노동시장참여 그리고 아동의 복지증진이나 사회적 권리 등은 상대적으로 등한시하였다는 점이 중요한 차이점이라고 할 수 있다. 즉, 케인지안복지국가는 전통적인 가부장적 자본주의의 논리를 답습하여 가구의 주 소득원을 남성으로 상정하고 여성보다는 남성 중심의 정책을 제시하였다는 점에서 여성, 아동 그리고 가족돌봄 등의 정책을 보다 강조하는 사회투자복지국가와는 상이한 정책적 지향점을 갖는다.

둘째, **사회투자복지국가**는 케인지안복지국가와 달리 생산적 사회정책 접근방법을 모색한다는 점이다. 케인지안복지국가는 현재의 수요를 창출하고 사회적 위험에 대한 욕구를 해결하는 정책을 강조하였으며 이러한 유형의 복지정책을 수동적 복지정책이라고 할 수 있다. 수동적 복지정책의 핵심은 주로 사회보험의 유형으로 현금전이 프로그램의 발전을 통해 수요를 유지 및 증진시키는 것을 강조한다. 즉, 국민의 욕구에 현금혜택을 제공하여 수요를 창출하고 수요에 따른 필요한 서비스의 공급 및 시장의 활성화를 강조한다. 반면, 사회투자복지국가는 복지정책을 투자로 인식하여 아동의 건강이나 교육에 대한 투자나 인적자본향상을 위해 투자함으로써 현재보다 미래에 더 많은 반환금(returns)이 창출되도록 하는 복지정책이 강조된다.

케인지안복지국가 및 복지자본주의의 특징	사회투자복지국가 및 복지본주의의 특징
첫째, 케인지안복지국가는 케인즈이론에 근거하여 공급보다는 경제의 수요측면의 강조를 통한 완전고용의 조건을 지지한다. 특히, 대량소비를 증진시키기 위한 현금혜택중심의 사회보장정책을 강조한다. 둘째, 케인지안복지국가에서 경제정책과 사회정책은 시민권리 특히 복지권과 밀접하게 연관되어 있다. 셋째, 케인지안복지국가는 경제와 복지를 선순환관계로 보며 현금혜택 중심의 사회복지정책의 강화가 수요 및 소비를 창출함을 강조함으로 복지지출증대는 필연적이다. 넷째, 케인지안복지국가는 국가가 시장의 실패를 교정할 수 있음을 강조하며 국가와 시장이 혼합하는 혼합경제를 지지한다. 즉, 혼합경제(시장에 대한 통제를 행하는)는 국가제도에 의해서 형성됨이 강조된다.	첫째, 사회투자복지국가는 사회투자론에 근거하여 생산적 복지정책을 강조하다. 특히, 현금혜택중심의 복지정책보다는 인적자본에 대한 투자를 통해 가족 및 개인의 복지를 향상시키도록 하는 사회보장정책을 강조한다. 둘째, 사회투자복지국가는 성평등정책과 여성, 아동 그리고 가족돌봄 등의 사회서비스정책을 강조한다. 셋째, 사회투자복지국가는 노동인구를 대상으로 적극적 노동시장정책을 통해 노동생산성강화를 통한 경제적 생산성강화를 강조한다. 넷째, 사회투자복지국가는 복지국가의 복지지출증대에 대한 대안으로 등장하였다.

Morel과 동료들(2012)은 사회투자복지국가를 복지혜택에 대한 보상적 지출과 사회투자지출을 중심으로 네 유형으로 구분하여 제시하였는데 가장 사회투자복지정책 및 보상적 복지정책을 위해 지출을 많이 하는 국가는 스웨덴을 중심으로 하는 노르딕국가들이었으며 가장 사회투자지출 포함하여 보상적 복지지출을 적게 하는 국가로는 미국을 제시하였다. 결국, Esping-Anderson(1990)의 복지국가구분에 의한 사회민주주의복지국가인 노르딕국가들은 사회투자와 사회중심의 이중적 정책을 지지함을 알 수 있으며 미국과 같은 자유주의복지국가는 사회투자 및 사회보호에 대한 정책적 지출이 모두 적음을 알 수 있다. 따라서 사회투자에 많은 지출을 하는 국가는 노르딕모델이며 적게 지출하는 국가는 자유주의적 모델이 된다(Deeming and Smyth, 2015). Morel과 동료들(2012)이 제시한 사회투자복지국가 유형을 그림으로 나타내면 아래와 같다.

[그림 19] 사회투자복지국가 유형

		사회투자 복지지출	
보상적 복지지출		–	+
	+	전통적 보상적 복지국가시스템	보호와 증진을 동시에 강조하는 이중적(사회보호 및 사회투자) 복지국가
		남부 유럽 및 유럽대륙국가	**노르딕 국가**
	–	숨겨진 복지국가	생산적 인적자본에 대한 투자를 강조하고 보호적(보상적) 복지지출은 낮은 복지국가
		미국	**영국**

자료: Morel과 동료들(2012), p. 358에서 재인용

4. 사회투자론과 복지자본주의

사회투자가 자본주의 문제점들을 해결하고 보다 발전된 복지를 기반으로 하는 복지자본주의체제를 결과할까? 즉, 사회투자론에 입각한 복지국가가 자본주의가 갖는 고유한 문제들을 극복하면서 사회발전 및 사회의 질의 향상을 가져다 줄 수 있을까? 사회투자론과 복지자본주의는 어떠한 연관을 가지고 있는가? 2000년대 인적자본향상을 위한 사회투자와 이를 통한 생산성향상 및 고용과 경제성장을 강조하는 사회투자론은 복지자본주의 안정 및 발전을 위한 새로운 복지전략으로 주목받았다. 하지만 사회투자론은 분배를 통한 복지자본주의 안정 및 자본주의의 문제점들을 해결하기 위한 복지정책을 강조한다기보다 인적자본에 대한 투자와 노동력재생산을 통한 경제성장에 기초하여 자본주의발전을 추구하는 복지정책을 강조한다. 이는 사회투자론이 사회정책을 기반으로 하는 경제성장을 강조한다는 것을 의미한다.

복지자본주의발전은 자본주의가 구조적으로 내포한 다양한 사회문제를 복지정책을 통해 해결하기 위한 복지패러다임이다. 따라서 자본주의의 발전을 위해서는 경제성장도 물론 필요하지만 사회 주변에서 발생하고 있으면서 국민들의 생활에 부정적 영향을 미치는 사회적 위험에 대한 예방과 해소를 위한 노력은 기본적 토대이다. 하지만 사회투자론은 이러한 자본주의사회의 구조적 문제들에 대한 해결에 있어 미온적이다. 자본주의가 생성

하는 각종 사회문제는 빈곤과 실업으로부터 폭력과 학대 그리고 각종 중독과 자살, 극도의 개인주의 그리고 노령화와 저출산에 따른 사회적 재생산구조 붕괴, 돌봄인구의 폭발적 증가 등 다양하며 이러한 자본주의가 잉태하는 문제들은 인적자본에 대한 투자를 통한 고용증가를 통해서만 해결되는 문제들이라고 보기 어렵다. 즉, 자본주의가 갖는 사회적 위험이나 사회문제들이 반드시 사회투자전략을 통한 복지정책을 통해서 해결되는 것이 아니라는 점은 분명한 사실이다.

사회투자정책이 효과적인 가족복지정책이고 고용증가를 통한 생산성향상과 경제성장을 가져다 줄 수 있을 것이라는 점은 명확하지만, 사회투자론은 여성이나 실업자들을 위한 역량강화와 인적자본향상을 통한 **노동력 재생산**이라는 측면만을 강조하는 경향이 있다. 사회투자론이 노동력재생산을 강조하게 되면 현금혜택 중심의 노동의 탈상품화를 위한 제반 정책들은 경제성장을 위한 중심적인 복지정책으로부터 소외될 수 있다. 사회적 보호 중심의 복지정책 그리고 연금이나 실업수당 또는 가족수당이나 기본소득과 같은 현금서비스를 제공하는 복지정책들은 낡은 복지정책이라고 할 수 없다. 복지정책이 제공하는 복지혜택은 현금 및 현물 그리고 다양한 전문적인 서비스 등을 모두 포함하며 대상자들의 욕구 및 상황에 따라 혜택은 다양하게 제공되어야 한다. 물론 보호만 하는 것보다 역량강화를 통해 스스로 문제를 해결하도록 하는 것이 중요할 수 있지만 이는 모든 국민들 또는 모든 복지서비스 수급자들에게 동일하게 적용될 수 없는 기준이다.

아울러 보상적 복지국가나 보호적 복지국가나 낡은 복지국가와 대비되어 새로운 복지국가가 곧 사회투자복지국가라고 규정하는 것은 적합하지 않다. 성평등과 인적자본향상을 통해 노동력을 안정적으로 재생산하고 이러한 노동력재생산구조가 결국 가족의 재생산 및 사회적재생산을 공고히 한다는 것은 곧 사회투자론이 자본가 중심의 자본주의경제체제를 공고히 하는 친 자본주의적 성향을 나타내는 것이라고 할 수 있다. 결국, 사회투자론은 인적자본향상을 바탕으로 하여 자본주의경제체제를 유지·발전시키는 정책적 패러다임으로 작동함으로 자본주의의 고유한 모순들을 해결하는 복지정책으로의 한계는 명확하다고 할 수 있다. 복지자본주의에서 새로운 또는 다각적인 유형의 복지보다 자본주의체제의 활성화에 보다 집중한 노동력재생산을 위한 정책적 패러다임이 곧 사회투자론이 강조하는 복지국가 또는 복지자본주의이다. **종합하면 사회투자론은 복지보다는 자본주의의 논리를 보다 강조하는 또는 성장이라는 자본주의 논리를 바탕으로 복지를 강조하는 이론적 틀**을 지닌다고 할 수 있다.

5. 신자유주의와 사회투자론

사회투자론은 사회보호나 현금혜택보다는 인적자본에 대한 투자를 통한 생산적 복지정책을 강조하지만 신자유주의가 강조하는 세금감면과 정부축소 및 복지지출축소와 시장에 대한 탈규제를 통한 경제적 생산성향상을 위한 정책을 지지하는 것은 아니다. 물론 신자유주의론과 사회투자론의 동일한 논리는 두 이론이 모두 생산성향상 및 경제성장을 강조한다는 것에 있지만 방법과 전략은 매우 상이하다. 가장 우선적으로 지적될 수 있는 두 이론의 차이점은 사회투자론의 경우 아동 및 가족복지정책과 성평등 그리고 인적자본에 대한 투자정책을 강조하는 반면 신자유주의는 국민들의 역량강화나 인적자본에 대한 투자보다는 오로지 경제성장을 위한 사회복지지출 축소 및 시장에 대한 탈규제와 경쟁에 기초한 인간노동에 대한 상품화를 보다 강력하게 추진한다는 점이다.

신자유주의는 노동력의 **상품화**(commodification)가 곧, 자본의 이익 창출 및 경제성장을 위한 하부토대임을 강조함으로 인간노동은 상품화의 대상이고 노동력이라는 상품에 대한 자본의 착취를 자본에 대한 탈규제정책으로 묵인한다. 하지만 사회투자론은 인간노동의 상품화보다는 **재상품화**(re-commodification)를 강조하며 노동력을 착취의 대상이라기보다는 인간은 노동력향상을 위한 투자의 대상이라고 간주한다. 즉, **상품화와 재상품화는 곧 신자유주의와 사회투자론의 가장 극명한 인간노동에 대한 차이점**이라고 할 수 있으며 신자유주의는 시장의 탈규제와 노동에 대한 통제를 통해 노동의 상품화를 보다 강화하는 정책적 패러다임을 구축하여 시행하고 사회투자론은 인적자본에 대한 교육 및 기술훈련 등과 같은 인적자본에 대한 투자를 통해 인간의 역량을 강화하는 정책적 패러다임을 구축하여 시행한다는 차이점이 있다. Jenson(2012)은 **사회투자(정책)**가 케인지안사회정책과 차이점은 **케인지안사회정책은 소득(소득창출) 및 일자리창출 및 보호(실업방지를 위한)에 집중**하며 신자유주의사회정책과의 차이점은 **신자유주의 사회정책이 인간노동의 상품화와 탈규제**를 보다 강조함을 지적하였다. 노동상품화에 대한 규제를 축소하게 되면 인간노동에 대한 착취와 고임금노동과 저임금노동 그리고 정규직 및 비정규직 등과 같은 노동시장의 분리 및 이원화가 고착화되고 국민들은 지속적으로 노동시장으로부터 배제되며 국가의 인적자본에 대한 투자는 노동시장에 대한 개입이자 불필요한 비용으로 간주된다.

결국, 1970년대 중반이후 중동전쟁(이란-이라크전쟁)으로 인한 오일쇼크와 미국의 베트남전 패배 등의 요인으로 인한 경제적 대혼란의 시대(인플레이션과 디플레이션이 혼재된 스태그플레이션의 시대)에 등장한 신자유주의는 복지국가의 축소를 가져다준 결정적인 요인을 제공하였지만 1990년대 사회투자론은 이러한 신자유주의적 복지축소에 따른 국민들의 삶의 위협 및 빈곤과 실업의 확대 재생산 그리고 인구 구조적 변화 등에 대한 대응의 일환으로 확산되었다(Morel, et al., 2012).

6. 사회투자론의 한계

1990년대 이후 사회투자론이 사회투자국가나 사회투자복지국가 또는 복지국가(복지자본주의)의 발전을 위한 사회투자접근방법 등으로 소개되어 전략적 복지정책으로 인정받았지만 이에 대한 한계 역시 명확하다. **가장 우선적으로 지적되는 한계**는 사회투자론이 보편적 복지국가로의 발전에 필연적으로 등장하는 복지국가의 재정적 위기를 극복하는 방안으로 등장한 전략이라는 점이다. 즉, 사회투자론이 복지국가의 재정적 압박을 강조하는 보수주의학자들과 같은 맥락에서 등장하였으며 단지 사회투자론은 이를 극복하기 위해 등장한 새로운 복지전략이라는 점이다. 복지국가를 반대하는 대부분의 보수주의학자들의 복지국가의 위기나 한계에 대한 가장 강력한 논리는 바로 복지국가가 재정적으로 한계에 도달할 것이며 사회적 지출의 증가는 곧 경제성장에 부담으로 작동할 것임으로 재정지출을 줄이는 것이 경제적 성장 및 자본주의가 발전하는데 있어 유일한 해답이라는 점을 강조한다. 하지만 정부의 복지에 대한 재정적 지출의 증가 없이 탈상품화하는 복지국가를 건설한다는 것은 현실적으로 불가능에 가깝다. 또한 복지지출의 증가가 경제성장에 역효과를 가지고 온다는 증거보다 경제성장에 긍정적인 영향을 미친다는 경험적 증거가 이미 객관적인 사실로 입증되는 측면에서 본다면 복지지출이 국가에 부담이 됨으로 복지정책을 사회투자정책으로 전환하는 것이 복지국가발전에 도움이 된다는 것은 복지국가반대에 대한 보수주의적 논리가 세련화되어 등장한 것일 수 있다. 자본주의의 모순에 따른 경제정책의 실패와 시장의 실패로 파산하는 국가는 존재하지만 복지재정지출 증가로 파산하는 국가는 존재하지 않는다는 점은 명확한 사실이다.

두 번째 한계로 지적되는 것은, 사회투자론이 모든 복지국가에 보편적으로 적용되는 복지국가 발전전략이 아니라는 점이다. 복지자본주의의 토대나 복지국가들의 정치적 경제적 그리고 사회적 토대는 매우 상이하다. 사회투자론이 복지국가발전을 위한 전략으로 작동하기 위해서는 복지국가의 기본적 토대가 잘 갖추어져 있는 경우가 유리하다. 즉, 사회투자론은 사회민주주의형 복지국가와 같이 복지에 대한 국가적 차원에서의 다양한 정책들이 모든 국민들에게 적용되어 작동하면서 새로운 사회문제를 극복하는 차원에서 등장한 전략으로 그리고 사회적 지출이 GDP에서 차지하는 비중이 30%를 넘어서 지속적으로 상승하면서 재정적 압박으로 이를 해결하면서 복지정책의 토대를 전환하고자 하는 경우는 적용될 수 있는 접근방안이라고 할 수 있다. 하지만 복지국가의 물적 토대가 약하고 노인 및 장애인 그리고 실업자들에 대한 혜택과 아동 및 가족수당 등 각종 현금혜택이 부족하여 노동의 상품화가 개인 및 가족의 소비를 결정하는 국가인 경우는 사회투자에 근거한 복지전략은 실패할 가능성이 높다. 사회투자론은 인적자본에 대한 투자가 기본이지만 인적자본의 역량이 강화되기까지 들어가는 시간과 비용은 국가적 차원에서 보장되어야 한다는 점에서 그리고 당장 사회적 보호와 돌봄이 시급한 국민들에 대한 사회보장정책이 촘촘하게 작동하지 않는 한 사회투자론은 사회적 효과를 담보하기 어렵다는 점에서 한계가 있는 복지전략이라고 할 수 있다.

세 번째 한계로, 사회투자론이 복지정책의 경제적 역할과 기능을 축소하는 이론으로 이용당할 수 있다는 점 역시 한계이다. 즉, 사회투자론을 통한 인적자본에 대한 투자가 곧 경제적 성과에 긍정적인 역할을 제공한다는 점이 강조되면 보편적 복지혜택과 기본소득 정책 등과 같은 사회복지정책강화를 통한 성장과 분배의 선순환 패러다임이 복지자본주의를 발전시킨다는 논리는 약화되고 사회복지에 들어가는 사회적 비용은 곧 경제성장을 위해 들어가는 생산적 비용이아니라 소비지출이라는 점이 강조될 수 있다. 자본주의가 유지되고 발전하는 가장 중요한 토대는 바로 복지정책의 강화에 따른 결과물로서 복지와 자본주의가 결합한 복지자본주의이다. 복지자본주의가 발전하지 않았다면 자본주의경제체제는 붕괴되었을 가능성이 높다는 점에서 복지정책은 곧 복지국가발전을 위한 토대이자 자본주의발전을 위한 토대이다. 따라서 현금혜택 중심의 각종 수당정책에 대한 투자는 곧 국민들의 소비지출을 향상시키고 이는 곧 생산성 증진에 직접적인 요인이 되어 경제가 살아나는 선순환적 관계라는 점에서 지속적인 현금혜택 중심의 복지정책의 확대는 **낡은 복지정책의 확대**가 아니라 곧 **'탈상품화하는 복지국가'를 실현시키는 강력한 정책**이라는 점은 명확하다.

사회투자론의 **네 번째의 한계**로 지적되는 것은 위의 세 번째 한계에서 확대된 논리로서 사회투자복지국가가 결국 복지국가가 지향하는 **탈상품화보다는 재상품화를 강조함으로써 국민들을 노동시장에서 역량강화를 위해 지속적으로 스스로 노력하여야 하는 대상으로 바라보다는 점**이다. 탈상품화하는 복지국가는 각종 혜택에 대한 자산조사 등과 같은 자격기준을 폐지하거나 최소화하고 나아가 기본소득과 같은 보편적 복지정책을 확대하며, 각종 돌봄 및 사회서비스를 국가가 직접 제공하고 관리하며, 국민들에게 자신의 노동을 팔지 않아도 일정 소득을 제공하여 기본적인 생활을 보장함으로 국민들에게 더 많은 자유시간을 허락하여 국민들이 스스로 역량강화 및 문화와 여가생활을 영위하도록 하는 국가를 의미한다. 하지만 사회투자론은 국민들을 탈상품화가 아닌 재상품화하도록 하는 것을 강조한다. 즉, 인적자본에 대한 투자 및 훈련이나 재교육 등 적극적 노동시장을 강조함으로써 국민들이 지속적으로 시장에 편입되고 시장에 의해서 삶이나 생활이 영향을 받도록 함으로 사회투자복지국가의 복지정책들은 탈상품화하는 복지국가의 방향에 걸맞지 않는다는 한계를 내포한다.

종합하면, 탈상품화하는 복지국가는 국민들이 필요로 한다면 노동을 하지 않아도 기본적인 생계가 유지 및 보장될 수 있도록 하는 제도적 뒷받침이 필요하다. 또한 사회투자론이 강조하는 적극적 노동시장정책의 핵심은 고용을 확대하는 것이지만 고용이 어떠한 고용인지에 대한 고민은 고려되지 않았다. 즉, 노동 또는 일자리의 질이 중요하다. 낮은 임금의 장시간 노동, 비정규직, 시간제노동 등 노동을 통해 지속적인 상품화 나아가 인간의 기본적 생존권이 보장되지 않는 일자리는 곧 새로운 빈곤층으로 명명되는 근로빈곤층(working poor 또는 under-class)만을 생산할 것이며 노동시장은 지속적으로 질 좋은 일자리와 질 낮은 일자리의 노동으로 이원화되어 사회배제현상은 증대할 가능성이 높다. 또한 사회정책의 경제적 요소 즉, 생산적 요소만이 강조된다면 사회정책의 기본적 소명으로서 공동체성이나 평등성 그리고 형평성 등과 같은 사회적 영역의 요소들을 통한 사회적 기여 즉 사회적 가치의 실현 등과 같은 중요한 요소는 지속적으로 등한시될 가능성이 존재한다. 또한 사회투자론은 현존하는 빈민들에 대한 기본적 정책을 제시하지 않는다. 복지자본주의사회에서 빈곤은 사회정책이 해결하여야 하는 기본적인 영역으로 빈곤의 원인은 매우 다면적으로 장기적 실업이나 낮은 임금 등은 다양한 요인들 중에 하나에 지나지 않는 요인이다. 빈곤을 해결하기 위해서는 인적자본에 대한 기술교육과 같은 투자정책도 중요하지만 일자리 질 개선을 위한 정책, 기본적 생계유지를 위한 소득보조정책, 건강 및 주거복지정책, 정서 및 심리적 안정을 위한 정책과 사회참여정책 등 다양한 영역에서의 종합적인 정책 등이 필요하다.

제 8 절 사회경제론[30)]

1. 사회경제론의 개념

사회경제론(social economy theory)은 자본주의시장경제가 만들어내는 실업이나 빈곤과 같은 사회문제들을 극복하기 위하여 제3부문(the third sector)인 비영리조직 및 사회경제조직의 자원할당기능을 강화하고 지역사회 및 사회구성원들의 복지를 중요한 정책적 어젠다로 설정하여 추진하는 것을 강조하는 이론적 틀로서 건강하고 착한자본주의를 기초로 복지자본주의를 발전시키는데 있어 중요한 토대를 제공한다. 특히, 사회경제론은 자본주의의 붕괴가 아닌 자본주의의 수정을 요구하며 방법론적으로는 새로운 자원할당기구의 활용과 사회문제해결을 통한 사회구성원들의 복지의 증진이 자본주의의 문제점을 극복하는 것을 가능하도록 함을 주장한다.

일반적으로 사회경제는 공공부분(제1부문, 정부)도 아니고 민간부분(제2부문, 시장)도 아닌 정부(또는 국가)와 시장사이에 위치해 있어 제3부문이라고 알려져 있다. 사회경제는 정부로부터의 관리나 통제를 받지 않으면서 민주주의를 증진시키고 개인과 가족의 욕구와 사회문제를 해결하기 위하여 활동을 수행하는 비영리 및 사회경제조직들로 구성되어 있다. 제3부문 또는 비영리사회복지조직이나 사회경제부문을 구성하는 사회경제조직은 사회적 기업이나 협동조합과 같은 조직들로 국가가 홀로 대응하지 못하거나 채우지 못하는 부분을 떠맡고, 사회적 혜택(social benefits)을 성취하기 위하여 노력함으로 종종 국가로부터 재정을 포함하여 다양한 지원을 받기도 한다. 사회경제론은 이러한 사회경제부문의 발전을 통하여 국가가 해결하지 못하는 시장의 문제점 및 사회문제를 해결하고 나아가 복지국가 및 건강한 복지자본주의의 발전을 도모하는 이론적 틀이다. 즉, **사회경제론은 비영리 및 사회경제조직을 포함하는 제3부문의 활동과 기능을 설명하며 제3부문의 활동이 자본주의가 내재한 문제를 극복하고 사회구성원들의 복지증진을 위해 핵심적인 역할을 수행함을 강조하는 이론이라고 할 수 있다.**

사회경제를 가장 쉽게 이해할 수 있는 개념적 정의는 사회경제가 "연대에 기초한 경

30) 사회경제론과 관련된 이하의 내용은 지은구(2021), "사회경제론"(공동체출판사)에서 부분 발췌하여 수정 및 보완하였다.

제"라는 것으로 사회경제는 기본적으로 다양한 조직과 기업으로 구성되며 공동의 가치를 공유하고 성취하기 위해 노력한다. 지금까지 연구자들에 의해서 제시된 사회경제의 개념은 크게 낡은 개념(old concept)과 신개념(new concept)으로 구분될 수 있으며 낡은 개념은 사회경제를 이를 구성하는 협동조합 등과 같은 경제조직으로 구분하는 조직적 측면을 강조하는 개념이고 신개념은 사회경제를 경제의 한 부문 또는 공공부문과 민간부문 이외의 제3부문으로 구분하는 것이다. 즉, 사회경제를 조직으로 바라보는 관점은 미시적 시각이라 할 수 있고 사회경제를 경제의 한 부문으로 인식하는 관점은 거시적 관점이라고 할 수 있다. 사회경제개념을 낡은 개념과 신개념을 구분하는 이유는 사회경제론의 등장과 발전 이후 사회경제는 조직적 측면이 아니라 사회의 자원할당을 책임지는 제3부문 경제라는 관점이 주도하고 있고 이러한 관점이 바로 사회경제론의 핵심적 개념을 이루기 때문이다.

Amin과 동료들(2002)은 사회경제가 "사회적 욕구를 해결하기 위해서 조장된 비영리 행동"을 의미한다고 강조하였고, Molloy와 동료들(1999)은 사회경제가 "지역주민들에게 잠재적 능력을 발휘할 수 있도록 하는 그리고 지역사회가 지역경제를 재생할 수 있는 모든 단계에 개입할 수 있도록 하는 기회를 제공하는 광범위한 행동을 포함한다"고 강조하였다. 이들이 제시하는 광범위한 행동들에는 일자리 창출이나 지역주민의 기본적 욕구해결을 위한 사회복지증진과 같은 노력 등이 포함된다. Moulaert & Nussbaumer(2005)은 사회경제가 경제의 한 부분임을 강조하였는데 그들은 사회경제가 지속 가능한 방식으로 인간의 기본 욕구를 충족시키기 위해 민주적 협력과 상호주의 원칙에 따라 경제 기능을 구성하며 높은 수준의 평등과 분배를 보장하고 필요할 때 재분배를 조직하는 "경제의 일부"임을 주장하였다. 또한 Nasioulas(2015)은 사회경제가 "사적 수단을 포함하고 사회적·집단적 또는 공공의 목적을 추구하는 경제 활동의 총합, 공공과 민간 사이의 제3경제 부분"임을 제시하여 시장을 통해서 집단 및 공공의 이익을 추구하는 제3부문(the third sector)임을 강조하였다. 또한 Ferreira와 동료들(2019) 역시 사회경제를 '협력과 협동 그리고 상호주의에 기반하여 경제활동을 하는 조직들로 구성된 제3부문으로 불리는 영역'으로 규정하고 있다.

자본주의 경제체제하에서 자원의 할당은 주로 시장을 통해서 이루어지지만 시장을 통한 자원의 할당이 어려운 경우 또는 특정한 재화에 대해서는 국가가 개입하여 자원을 할당하게 된다. 사회경제는 이러한 시장(민간부분)을 통한 할당과 국가(공공부분)를 통한 할당에 대한 대안으로 등장하였다고 볼 수 있다. 특히, 사회경제는 시장에 대한 적극적 개입을 통하여 **지역사회문제 및 지역사회의 발전**을 추구함으로써 시장으로의 참여를 통해 이익을 추구하지만 시장을 통해 생성된 이익의 분배는 상호호혜의 원칙하에 사회경제조직을 구성하는 구성원이나 지역사회에 재분배하는 특징이 있다(Laville, 1994; Godbout, 2000). 결국, 사회경제론은 자본주의 시장경제의 발달과 함께 자기이익중심의 시장경제가 지역에서 사회배제와 차별을 심화시킴으로써 지역사회에서 배제된 집단이 증가하고 개개인들의 삶이 더욱 어려워지고 있음에 주목하고 이를 극복하기 위한 대안으로서 비영리조직 및 사회경제단위들의 **연대와 상호호혜, 공동체, 재분배, 그리고 사회복지와 사회봉사와 사회정의** 등을 중요한 핵심적인 가치로 삼는다(Moulaert and Ailenei, 2005).

사회경제부문(제3부문)은 민간부문(제2부문)이나 공공부문(제1부문)과 다른 내용과 작동원리를 갖는다. 즉, 사회경제부문은 이익을 추구하고 자본을 축적하는 민간부분이나 국민들에게 필요한 공공재를 제공하는 공공부문이 아니라 이익을 추구하지 않으면서 지역사회나 지역주민의 문제해결을 통한 발전과 욕구해결을 통한 기본적 상태의 개선을 위한 광범위한 행동을 나타내고 이러한 행동을 추진하고 수행하는 사회적 기업과 협동조합을 포함하는 다양한 사회경제조직으로 구성되어 있다. Austin과 동료들(2012)은 사회경제부문의 조직들이 상업적 활동을 통해서 이윤을 창출하고 창출된 이윤을 사회복지향상을 위한 사회적 활동에 재투자하는 속성을 가진다고 강조하였다.

결론적으로 사회경제는 "민간과 공공사이의 새로운 부문 또는 경제의 제3부문"이고 "사회복지향상 즉, 지역사회문제해결과 발전 및 지역주민들의 욕구를 해결하기 위해 노력하는 그리고 자본이나 개인의 이익을 추구하지 않는 다양한 활동"을 의미한다. 여기서 다양한 활동이란 직업훈련이나 교육, 일자리 창출, 주거문제 해결, 사회복지혜택이나 서비스 제공 그리고 환경문제 개선 등이 포함된다. 따라서 사회경제는 공공부분과 민간부분을 대체하는 자원할당을 위한 새로운 부문(sector)이자 이를 실현하기 위하여 자본의 이익을 추구하지 않는 다양한 활동을 포함하는 수단(means)으로서 기능한다고 할 수 있다. 결국, 사회경제론은 이러한 사회경제부문의 기능과 역할 그리고 작동원리 및 성취하려는 목적과 추구하는 가치를 설명해 준다.

2. 사회경제론의 목적 및 작동원칙

1) 사회경제의 목적

사회경제가 추구하는 목적은 **이윤창출**과 **사회복지향상**으로 양립적이다. 즉, 사회경제론은 사회경제부문에 소속된 조직들이 이윤창출이라는 경제적 목적과 사회복지증진이라는 사회적 목적을 동시에 성취하기 위해 노력한다. 사회적 기업과 같은 사회경제조직들은 일차적으로 사회복지증진을 목표로 설립되었으며 이러한 사회복지증진이라는 사회적 목적을 성취하기 위해 시장에서 이익창출이라는 기업모델을 적용하여 운영한다. 특히, 사회경제조직은 빈곤으로부터의 탈피나 빈곤경감 그리고 부의 불평등이나 환경적 폐해와 같은 인간의 사회적 번영이나 사회복지에 부정적인 영향을 미치는 사회문제를 해결하는 것을 일차적 목적으로 하며 이러한 목적을 성취하기 위해 상업활동을 통해 확보한 이익을 다시 사회복지향상을 위한 사회적 활동을 위해 재투자한다(Austin, et al., 2012). 따라서 사회적기업과 같은 사회경제조직들은 순수하게 보면 상업적 조직도 아니고 비영리조직도 아니며 명확하게 구분하면 영리를 추구하는 상업조직과 비영리조직의 혼합이라고 할 수 있다(Ebrahim, et al., 2014). 또한 사회복지조직과 같은 비영리조직들은 정부의 한계를 극복하기 위해 시장에서 이익을 창출하지는 않지만 정부의 활동에 대한 보완자이자 정부의 협력자나 조력자 때로는 비판자로서 국가가 해결하지 못하는 다양한 지역사회문제해결 및 지역주민들의 욕구해결을 위해 노력하는 조직이다.

사회적 기업과 같은 사회경제조직의 이윤창출목적은 사회적 경제조직들의 지속가능성을 의미하는 것으로서 이윤창출을 통한 지속가능성은 사회복지향상과 같은 사회적 미션 성취를 위한 기본 전제조건이기도 하다. 사회적 기업이나 사회적 협동조합과 같은 사회경제조직들은 재화와 서비스를 직접 생산하고 판매하여 확보한 이윤으로 임금과 같은 생산비용을 소비하고 또한 사회복지향상을 위한 비용으로 소비한다. 또한 사회복지조직과 같은 비영리조직들도 자체 충당금이나 기부금 그리고 정부와의 계약을 통해 지역주민들에게 서비스를 생산 및 제공한다. 따라서 사회경제조직이 유지 및 지속 가능한 비용이 확보되지 않게 되면 사회복지향상이라는 사회경제의 목적 실현가능성은 약화된다.

2) 사회경제의 작동원칙

사회경제는 지역사회 발전과 시장으로부터 배제되고 중심부로부터 벗어나는 외곽에 위치한 사람들 사이를 연결해준다. 이를 위해 사회경제는 경제와 사회적 행동 간의 사이를 연구한다. 특히, 사회경제는 어떻게 소비자행동이 사회적 규범이나 윤리, 인본주의 철학 등에 영향을 받는가를 분석한다. 특히 사회경제는 사회경제적 문제들을 해결하려는 새로운 방안들을 찾기 위한 욕구와 그동안 민간영리부분과 공공부분에 위해 무시되었던 욕구를 만족시키기 위해 발전하였다. 사회경제는 지역사회를 포용적 사회로 만들고 번영하며 강력하고 유지될 수 있도록 하기 위해 영리를 추구하지 않는다는 목적을 해결책으로 활용한다. CWES(1990) 그리고 Defourny와 Develtere(1999)에 따르면 특히 사회경제는 다음과 같은 작동원칙 즉, 행동원칙을 포함하는 민간조직들로 구성된다.

첫째, 이익을 창출하는 것이 아니고 회원이나 지역사회 주민들에게 봉사하는 조직 목표
둘째, 자발적 관리
셋째, 민주적 의사결정과정
넷째, 소득의 분배에 있어 자본보다 개인과 노동자의 우위

EESC(2012)는 사회적 기업, 자발적 조직 그리고 비영리조직 등과 같이 사회경제를 구성하는 조직들이 갖는 공동의 원칙을 다음과 같이 제시하였다.

첫째, 공공부분의 한 부분도 아니며 공공부분에 통제되지도 않는 민간영역의 조직이다.
둘째, 공식적으로 조직화된 법적 지위를 갖는 조직이다.
셋째, 스스로 그들의 모든 행동들을 조직화하고 통제하며 지배구조를 선택하거나 해고할 수도 있는 자발적 의사결정구조를 갖는 조직이다.
넷째, 참여에 대한 아무런 의무가 없는 가입이 자유로운 회원자유조직이다.
다섯째, 회원들 간에 초과된 이익이나 이윤의 분배는 조직 안에서의 회원들의 활동에 따라 이루어진다.
여섯째, 개인이나 가족 등의 욕구를 해결하기 위해 경제적 활동을 추구하는 조직이다. 따라서 사회경제 조직들은 자본을 위한 조직이 아니라 사람을 위한 조직이다. 그들은 자본을 위해 일하지 않는다.
일곱째, 민주적 조직이다. 모든 결정은 민주적으로 그리고 참여에 의해서 이루어진다.

Lévesque과 Niance(2000)는 사회경제가 다음과 같은 5개 원칙을 포함하며 연대, 자

율성, 시민의식에 기초하여 경제적 주도력을 갖는 체계 또는 조직으로 구성됨을 강조하였다.

첫째, 이익을 추구하기보다는 지역사회와 회원들에 대한 일차적인 서비스
둘째, 자율적인 관리
셋째, 민주주의적 의사결정구조
넷째, 이익재분배, 자본보다는 작업, 그리고 사람에 대한 우선권
다섯째, 참여, 임파워먼트, 개인적 그리고 집합적 책임성의 원칙에 기초한 운영

또한 European Standing Conference of Co-operatives, Mutual Societies, Associations and Foundations(CEPCMAF)은 2007년 아래와 같은 7개의 사회경제의 원칙을 정리하여 제시하였다.

[그림 20] CEPCMAF이 제시한 사회경제의 원칙

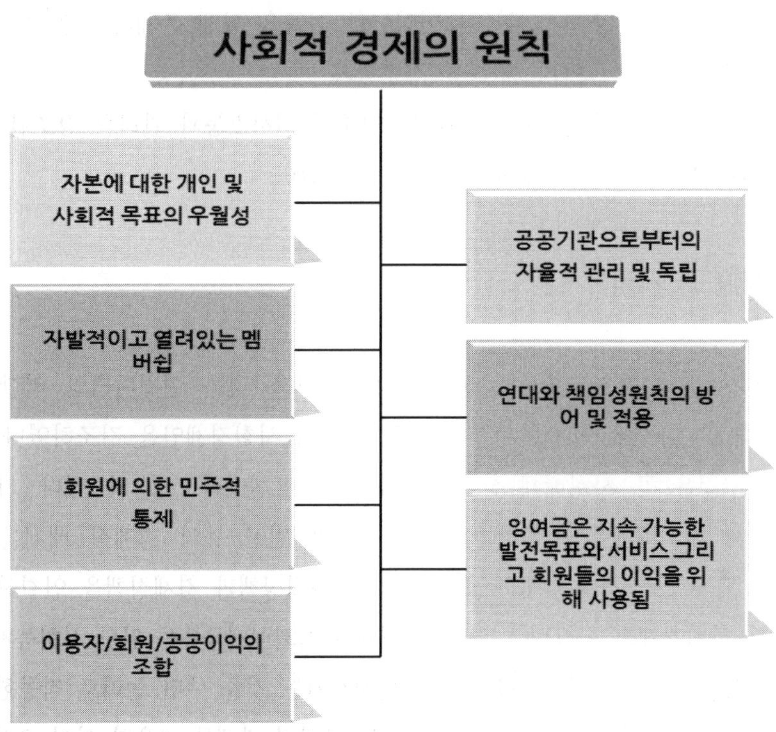

자료: http://www.amice-eu.org/userfiles/file/2007_08_20_EN_SE_charter.pdf, 2007, 지은구, 2021. p. 33에서 재인용

자본주의 시장경제체제가 심화·확대되면서 실업이나 소득불평등 등과 같은 요인에 의해 나타나는 경제적 배제는 국민들을 사회적으로 고립시키고 약하게 하며 결국 동질성의 손실, 사회적 인식의 결여, 도덕적 고뇌와 같은 사회문제를 일으키게 하므로 불이익을 당하는 사람을 돕는 사회연대성 뿐만 아니라 민주적 의사결정과 같은 직접적 정치영역까지 포괄하는 사회경제의 원칙은 지역사회통합을 위한 가장 강력한 체계이자 도구라고 할 수 있다. 결국, 사회경제는 사회적, 경제적으로 배제되어 있는 개인이나 집단구성원들을 포용하는 지역사회통합을 위한 경제적 행동이며 나아가 정치·사회적 행동이라고 할 수 있다. 따라서 원칙적으로 사회경제는 주체적이며 능동적인 생산과 분배를 강조함으로써 욕구에 있는 사람들이 단순히 수동적으로 혜택을 받는 사람들이라고 보지 않으며 그들 스스로 그들의 운명을 함께 개척하는 성숙한 시민사회의 일원으로 바라본다. 사회경제가 사회·경제적으로 배제되어 있는 개인이나 집단구성원들을 포용하는 지역사회통합을 위한 경제적 행동이라는 입장을 견지하면서 위에서 제시된 사회경제의 일반원칙들을 종합하여 살펴보면 아래와 같이 정리될 수 있다.

첫째, 사회경제는 이익창출이 자본의 이익이나 만족을 위해 존재하지 않고 회원 및 지역주민과 사회의 이익이나 만족을 강조한다.
둘째, 사회경제는 모든 회원들이 참여하는 민주적 의사소통과 관리를 강조한다.
셋째, 사회경제는 연대 및 집합적 책임성을 강조한다.

3. 사회경제론과 사회복지

Jenson(1998)은 사회경제가 사회정책과 경제정책을 잇는 연결다리의 역할을 한다고 주장하고 사회포용(inclusion)의 가장 중요한 영역이 사회경제임을 강조하였다. 사회포용을 강조한다는 것은 곧, 사회배제 심각성의 또 다른 표현이라고 할 수 있다. 자본주의 시장경제체제에서 사회배제를 구성하는 소득불평등과 빈곤 등의 경제적 배제를 극복하기 위한 정책적 대안이 곧 사회경제의 실현이 된다. 사회정책과 경제정책을 연결하는 중요한 연결고리로서 사회경제의 중요성은 곧 **사회경제가 사회배제극복을 위한 사회복지정책을 통해 경제적 안정을 유지하여 복지자본주의를 발전시키는 것을 주된 논리로 작동한다는 점**을 각인시켜 준다. 지은구(2021)는 **사회경제와 사회복지의 관계를 다음과 같이 요약하여 제시하였다.**

첫째, 가치지향성의 측면에서 사회복지와 사회경제가 추구하는 가치는 동일함으로 공동의 가치지향성을 추구한다. 사회경제가 성취하려는 가치가 곧 실업문제해결, 빈곤으로부터의 탈피나 빈곤경감 그리고 부의 불평등이나 환경적 폐해와 같은 사회적 번영이나 사회복지에 부정적인 영향을 미치는 사회문제를 해결하는 것을 강조하는 사회적 가치이고 이를 실현하기 위하여 시장에서 획득한 경제적 가치를 도구로 활용한다는 측면에서 사회경제의 실현(행동)과 사회복지의 향상은 직접적인 관계를 갖고 있다. 이러한 현상은 사회경제가 재등장한 이후 더욱 강화되었다고 할 수 있다.

둘째, 목적지향성의 측면에서 사회경제는 국가가 해결하지 못하는 사회복지 및 사회서비스를 제공함으로써 국민의 사회서비스욕구 및 서비스격차를 줄이는 역할을 수행한다. 역사적으로 보면 스웨덴과 같은 스칸디나비아복지국가는 사회적 기업과 같은 사회경제조직들이 사회소외집단구성원들의 욕구를 해결하기 위해 즉, 사회배제집단의 사회복지향상을 위해 설립되고 운영되었다. 예를 들어 스웨덴이 아동돌봄을 위한 국가의 서비스제공자역할을 제한하고 축소하자 협동조합과 같은 부모중심의 돌봄조직들이 등장하여 아동돌봄서비스를 대체하기 위해 노력하였다(Borzaga and Defourny, 2001; Fazzi, 2010). 또한 이탈리아와 포르투갈 그리고 스페인과 같은 유럽국가에서도 노동시장으로부터 차별받은 집단구성원들에게 국가로부터 해결되지 않는 축소된 사회서비스제공을 극복하기 위해 사회경제조직들이 설립되고 운영되었다고 알려져 있다(Fazzi, 2010). 위와 같은 사회경제의 등장과 목적 등에 대한 연구들을 살펴보면 결론적으로 사회경제와 사회복지향상은 가장 직접적인 관계를 가진 개념이며 나아가 사회경제와 사회경제조직의 목적이 사회복지향상에 맞추어져 있음을 잘 설명해준다. 이러한 사회경제의 '사회복지욕구충족가'의 역할은 곧 지역주민들이 해결하지 못한 사회적 욕구를 사회경제부분의 조직들이 해결함을 의미하는 것으로 Lloyd(2007)은 사회경제의 욕구충족가역할을 강조하면서 사회경제를 **'서비스 차이-충족가(service gap-filler)'**로 지칭하였다.

자본주의사회에서 지역사회 및 지역주민들에게 부정적인 위협을 주는 그리고 지속적으로 증가하는 다면적이고 복합적인 문제를 해결하기 위한 국가의 노력은 폭증하는 국민들의 욕구에 비해 상대적으로 제한적일 수밖에 없음은 주지의 사실임으로 이를 해결하기 위한 즉, 국가가 해결하지 못하는 서비스의 갭(gap, 차이)을 충족시키기 위해서 사회복지향상을 목적으로 하는 사회경제론에 입각한 사회경제조직의 활동은 지지받고 확대되어야 한다.

사회경제가 재등장하여 발전하는 데 있어 영향을 미친 결정적 요소 중 하나는 사회경제가 바로 사회복지를 강조한다는 점이다. 복지(또는 복지시스템)와 사회경제가 결합한 것은 역사적으로 보면 1970년대 이후이다. 즉, 사회경제에 대한 개념이 새롭게 재등장한 것은 1970년대 이후이며 이 시기에 사회경제는 복지와 결합하여 재등장하였다. 사회경제는 소외와 전통적 민간부분(제2부문)이나 공공부분(제1부문)으로는 국민들의 욕구 및 문제 해결이 불가능하다는 사회·경제적 위기에 대한 대응으로 등장하였다. 특히, 2차 세계대전 이후 기간 동안 프랑스의 활동가들은 사회경제의 노동조합이나 상호부조조직이나 자발적 협회를 **복지시스템으로의 참여자나 파트너**로 인식하기 시작하였다. 그리고 1970년대 이후 사회경제는 복지국가의 재정적 위기에 대한 부담을 극복하기 위한 대안이자 대량생산시스템(포디즘)의 붕괴에 대한 대응으로 등장하였다(Moulaert and Ailenei, 2005; Lipietz, 2003; Amin, 2002)고 알려져 있다.

즉, 사회경제의 재등장은 사회경제가 단순히 경제적 영역이 아닌 국민의 사회적 욕구해결을 위한 사회복지 재화와 서비스의 생산과 제공 등의 영역으로까지 영역확대를 하였음을 의미한다. 사회경제조직들이 국가를 대신해서 또는 국가가 제공하여 왔던 복지서비스를 제공함으로써 지역공동체성을 회복하고 지역사회구성원들 간의 사회적 유대감의 건설을 통하여 지역사회의 번영 및 주민들의 집합적 번영을 추구함으로써 사회경제가 본격적으로 사회복지와 결합하게 되었다. 나아가 1980년대와 1990년대의 **실업률의 지속적인 증가와 복지시스템의 사회적 안전망으로서의 역할 상실** 등은 사회경제에 대한 관심이 증가하도록 하는 요인이 되었다.

특히, 국가의 재정적 부담 및 복지욕구에 대한 국가적 대응의 한계로 국가에 의해 무시되었던 국민들의 욕구를 해결하기 위한 대안으로 사회경제는 다양한 서비스를 제공함으로써(Bouchard et al., 2000) 사회경제는 본격적으로 혼합복지시대에 복지시스템 또는 복지제공의 한 축으로 등장하였다. 구체적으로 사회경제의 사회복지서비스 생산 및 공급을 위한 역할은 아래와 같다.

> "사회경제는 공공부분의 사회복지 재화와 서비스 생산 및 공급에 대한 한계를 극복하기 위한 대안으로 이익이 창출되지 않아 민간기업이 진입을 꺼리는 사회복지영역에서도 기업 활동을 적극적으로 수행하여 국민들의 사회적 욕구를 충족시키기 위해 노력한다."

사회경제가 사회복지 및 사회서비스를 생산 및 공급하는 또 다른 결정적인 이유는 **사회복지서비스의 품질**(quality) **향상**에 있다. 공공부분의 서비스 제공 한계에 의해 민간부분도 사회복지서비스를 생산 및 공급하는 복지혼합의 시대에 있어 민간기업이 사회복지서비스를 제공하는 목적인 사회적 가치실현이 아닌 시장가치 실현이므로 민간기업들은 사회복지서비스의 생산 및 공급을 통해 이익을 창출하기 위해 노력한다. 이러한 이익창출을 위한 기업 활동은 시장영역에서는 당연한 논리이다. 하지만 서비스의 질 향상이나 개선보다는 자본의 논리에 따라 이익창출에 대한 개인의 탐욕을 내세운다든지 또는 기업 활동의 모든 목적을 이익창출로만 집중하게 되면 이는 곧 복지서비스인력에 대한 착취 그리고 복지서비스에 대한 재투자 및 품질 향상을 위한 비용지출거부 등과 같은 사회복지 재화와 서비스 상품화를 통한 이익구조 정착으로만 귀결된다. 이러한 측면에서 **구체적으로 사회경제의 사회복지서비스 생산 및 공급을 위한 역할은 아래와 같다.**

> “사회경제는 사회(복지)서비스 영역에서 민간기업과 함께 재화 및 서비스를 생산 및 공급하지만 창출된 이익을 서비스의 질적 수준향상을 위해 재투자하거나 사회경제조직 직원들이나 지역사회에 반환함으로써 사회(복지)서비스의 질적 수준향상을 선도할 수 있어 국민들의 사회복지서비스 질 향상이라는 사회적 욕구를 해결하기 위한 노력을 기울인다.”

4. 사회경제론과 복지자본주의

사회경제론은 사회복지정책과 경제정책을 연결하여 복지자본주의를 발전시키고자 하는 이론적 틀이다. 특히, 사회경제부문 즉, 제3부문은 민간부문 및 공공부문과 함께 자원할당을 위한 경제의 한부분이다. 사회경제가 자본주의 경제체제에서 복지와 자본주의를 동시에 책임지는 부문으로 작동하는 데 있어 가장 중요한 원칙 즉, 복지자본주의 작동을 위한 원칙은 기본적으로 사회경제의 지속가능성과 발전을 담보하는데 필요하다. 시장이라는 자원할당기구와 달리 사회경제를 구성하는 조직들은 시장에 참여하면서도 기본적인 상호호혜와 연대성에 기초하여 이익을 지역주민들 및 회원과 나아가 지역사회의 발전을 추동하기 위해 반환하며 재투자하기 위해 노력한다. 이익을 사회에 재투자하고 이익을 주민 및 지역사회에 환원하기 위한 노력은 반드시 자본가의 자본축적논리와는 달라야 한다. 이는 **“자본의 사유화”**가 아니라 **“자본의 사회화”**가 핵심적인 사회경제의 원칙이자 복지강화를 통해 자본주의를 발전시키고자 하는 복지자본주의의 사회경제적 원칙임을 의미한다. 자본의 사회화는 **이익의 주민 및 사회로의 재투자 내지는 환원을 강조**하는 사회경제가 움직이는 데 있어 기본적인 작동원리 또는 원칙이라고 할 수 있다. 복지자본주의에서 사회경제가 작동하기 위한 기본원칙으로 제시되는 것은 첫째, **상호호혜**와 둘째, **자본에 대한 사회적 통제(자본의 사회화)**이며 여기에 한 가지 원칙을 덧붙이면 세 번째 원칙은 **재분배원칙**이다(Restaki, 2006; Laville, 1994; Godbout, 2000). 이 세 원칙은 사회경제론 하에서 복지자본주의가 발전하도록 하는데 있어 중요한 사회경제적 원칙 또는 논리로 작동할 수 있다.

■ 상호호혜

복지자본주의발전을 위한 사회경제(또는 사회경제조직)의 원칙은 상호호혜이다. 사회경제조직들은 그들이 목적하는 바가 경제적인 것이든 사회적인 것이든 간에 상관없이 이를 성취하기 위해 노력한다. 특히, 사회경제조직들은 개인적 기여가 상호 호혜적이도록 그리고 혜택이 공유되도록 노력한다. 예를 들어 사회경제조직이 제공하는 서비스가 서비스를 이용하는 사람에게도 혜택을 주며 서비스를 제공하는 사람에게도 혜택을 가져다주도록 한다는 점이다. 즉, 사회경제조직은 일자리를 창출하여 일자리가 없는 주민들에게 소득보장을 통한 혜택을 제공하고 이들이 제공하는 서비스는 큰 이익을 창출하는 것이 목적이 아니므로 양질의 서비스가 지역주민들에게 제공되도록 노력하게 된다. 또한 사회경제조직이 재화와 서비스를 제공하여 지역사회구성원들로부터 창출한 이익은 지역사회구성원들을 위해 지역사회로 환원됨으로써 사회경제조직은 상호호혜를 기본 원칙으로 작동하게 된다. 따라서 사회경제의 가장 중요한 목적은 집단 상호 간에 혜택을 가져다주는 **상호 집합적 혜택의 증진**이라고 할 수 있다.

상호호혜의 목적은 사회구성원(인간)들을 서로 묶어 주는 것 즉, **연대성**이라고 할 수 있다. 연대성은 복지국가의 작동원칙이자 복지국가가 추구하는 가치이기도 하다. 상호호혜는 인간행동의 합리성 즉, 인간이 자기만족을 최대화하기 위해 행동한다는 인간행동의 기본 한계점을 보다 폭넓게 이해하도록 하는 데 영향을 주었다. 즉, 인간은 자기만족을 최대화하기 위해 행동하기도 하지만 또 다른 한편으로는 감정적이고 정신적인 측면에서 자기에게 만족이나 이익을 주지 않아도 사회적 관계로 인해 행동을 한다는 점이다. 따라서 상호호혜는 인간 사이를 그리고 공동체나 지역사회를 강하게 묶어주는 가치이자 태도라고 할 수 있다. 상호호혜적 거래(사회적 거래)에서는 단순히 특정 재화와 서비스가 교환되는 것이 아니라 선한 의지나 선함의 표현 그리고 타인을 돕기 위해 준비된 사람들이 교환된다고 할 수 있다

■ 자본의 사회화(자본에 대한 사회의 통제)

자본축적을 일반화하려는 자본에 대한 통제는 곧 자본가에게 집중되어 있는 자본의 할당이나 분배에 대한 통제 즉, 자본의 소유화에 대한 통제를 의미한다. 단순히 축적된 자본의 할당이나 분배를 자본가의 양심에 의지하거나 또는 시장의 균형법칙(수요와 공급의 법칙)에 의존하는 것은 자본에 대한 통제를 포기하는 것과 다름없다. 자본가의 인간이나 사회에 대한 개인적 사고나 인식이 사회에 대한 반환을 고취시키기는 한다. 하지만 자본가는 기본적으로 자신의 자본축적이 가능한 범위 내에서 남는 잉여자본을 반환하는 것이므로 반환은 자본축적을 위한 자본가의 행동에 전혀 지장을 주지 않는다. 시장 역시 자본가나 판매자 또는 생산자에게 유리한 구조이므로 정보의 불균형 및 자본을 독식하는 수확체증의 법칙 등이 실현되는 불균형적인 구조를 타파하지 않는 이상 지속적으로 구매자나 일반대중들은 시장으로부터 배제되는 배제메커니즘으로 작동할 가능성이 크다고 볼 수 있다.

자본이 더 많은 자본을 창출하는 것이 정당한 것으로 인정되는 자본주의 경제체제에서 자본이 스스로 양심적으로 움직인다는 것은 비현실적이다. 또한 시장 역시 자본을 양심적으로 움직이게 하는 기구가 아니라 자본이 더욱 더 많은 자본을 축적하도록 돕는 기구에 불과하다. 따라서 복지자본주의하에서 **자본이 친사회적인 성향(자본의 사회화)** 즉, 자본이 시장을 통해 사회구성원들을 배제하지 않고 사회에 더 많은 창출된 이익을 반환하는 행동을 하도록 하기 위해서는 **자본에 대한 사회적 통제는 필연**적이다. 자본주의 사회에서 자본이 사회문제를 전적으로 예방 내지는 제거하지는 못하지만 최소한 사회문제를 확대·재생산하지는 못하도록 또는 지역사회에 만연한 사회문제를 해결하기 위한 노력을 기울이도록 하여야 한다.

■ 재분배원칙

소득재분배 또는 재분배원칙은 사회경제가 실현하려는 사회혁신을 통한 사회정의 구현이라는 사회적 미션과 일치하는 원칙이다. Moulaert와 Alienei(2008)는 사회혁신의 경제적 의미가 '사회정의를 생산과 할당시스템 속으로 소개하는 것'이라고 주장하였는데 이는 곧 사회정의가 생산과 할당시스템에서 실현될 수 있도록 하는 것을 의미한다고 할 수 있다. **'사회정의를 생산과 할당시스템에서 실현될 수 있도록 하는 것'**이라고 정의하면 자본주의 생산과 자원할당시스템을 수정 및 보완하기 위해서는 반드시 소득재분배가 이루어져야 한다. 특히, 소득재분배원칙은 지나친 이익추구 및 시장에 대한 집중이 지역사회주민 및 지역사회에서 자원의 불균형을 초래하고 경제적 불평등 및 사회배제를 초래한다는 기본적 인식에서 출발한다. 시장은 이익추구를 위한 독점과 과점 및 정보 불균형 그리고 경쟁과 자기이익만을 추구하는 개인주의를 바탕으로 움직이므로 시장은 부를 축적한 소수의 성공한 사람 이외에 지속적으로 배제되고 차별받는 다수의 사람들을 양산한다. 따라서 시장의 불평등한 자원할당을 재조정하기 위하여 사회경제는 소외되고 차별받는 그리고 소득이 불안정하거나 일자리를 갖지 못한 사람들에게 소득보장과 이익의 할당 등의 재분배원칙을 통해 균형적으로 이익 또는 부가 재분배되어 시장을 통한 사회배제가 약화되고 지역사회의 주민들이 공생하면서 안정적인 생활을 발판으로 지역사회가 발전하는 것을 강조한다.

자본주의 경제체제에서 분배 즉, 자원할당기구는 시장이다. 시장주의자들에게 있어 시장은 자본주의 경제체제에서 유일한 자원할당기구로서 이해되며 자유경쟁시장 곧 자유롭게 사고 팔며, 상호 간에 경쟁하는 시장은 시장주의자들이 꿈꾸는 이상적인 시장의 원리이다. 하지만 불행히도 자본주의가 봉건주의 경제체제를 무너뜨리고 탄생한 이후부터 지금까지 시장경제학자들이 꿈꿔왔던 완전한 자유경쟁시장은 아이러니하게도 한 번도 작동한 적이 없다고 할 수 있다. 즉, 시장은 실패를 경험하면서 지속적으로 수정되어 왔으며 유일한 자원할당메커니즘에서 자원할당의 역할을 공공부문과 제3부문으로 이양하면서 지금도 수정과 보완을 지속하고 있다. 즉 자유경쟁시장은 시장주의자들에 있어 이상형이며 시장은 자원할당 나아가 분배를 위한 새로운 기제(에를 들어 사회경제와 같은 경제의 한 부분)를 도입하고 이와 경쟁하면서 보완하고 발전한다고 할 수 있다.

종합하여 사회경제를 복지자본주의측면에서 살펴보면 사회경제는 "**사회적 자원할당체계이자 재분배를 위한 메커니즘**"이다. 즉, 사회경제는 민간부문과 공공부문사이의 경제의 제3부문이고 "지역사회의 발전 및 지역주민들의 욕구를 해결하기 위한 자본이나 개인의 이익을 추구하지 않는 다양한 활동"을 의미한다. 사회경제는 경제의 한 부분에서 사회적 가치를 실현하기 위해 사회소외계층이나 실업자들을 위한 일자리 창출, 주거문제 해결, 사회서비스 제공 등의 서비스 제공을 위한 수단이자 도구로서 기능을 한다. 따라서 복지자본주의발전의 맥락에서 사회경제는 사회복지와 마찬가지로 사회소외계층이나 일반 국민들의 번영을 증진시키고 사회적 욕구 및 문제를 해결한다는 사회적 가치실현을 위해 계획된 일련의 개입이나 조직화된 행동을 의미하면서 시장을 대체하는 "**혜택-할당 메커니즘**"으로 작동한다.

5. 사회경제론의 한계

사회경제론은 복지자본주의의 논리와 마찬가지로 복지와 자본주의가 결합하여 복지자본주의를 발전시킬 수 있음을 강조한다. 특히, 자본의 사회화와 재분배원칙 및 상호호혜의 원칙하에 새로운 자원할당기구이자 혜택-할당메커니즘(benefit-allocation mechanism)으로 작동하여 국민들의 사회적 욕구를 해결하고 건강한 지역사회 나아가 선진복지국가시스템을 구축할 수 있음을 강조하지만 아직까지 합의된 개념이 존재하지 않는 등 여러 한계점 역시 존재한다. 사회경제론이 갖는 한계점들은 다음과 같다.

첫째, 사회경제론이 비영리조직 및 사회경제조직의 활동을 강조함으로 정부의 사회적 위험해결에 대한 책임성약화 및 공공서비스 확대를 위한 재정증가 필요성 등에 대한 논리를 침해할 수 있다는 문제점이 있다.

둘째, 학자들에 따라 그리고 유럽과 북미 등 지역에 따라 사회경제에 대한 개념과 영역에 대해 다양한 해석들이 존재한다는 것도 한계로 지적된다.

셋째, 사회적 기업과 같이 시장에 진입하여 경제활동을 하는 사회경제조직들의 자립가능성보다는 시장유지가능성이 자본의 논리(예를 들어, 독점이나 수확체증의 법칙)로 침해받을 수 있어 이에 대한 국가적 차원에서의 안정적인 정책적 지원이 필요하다는 점 역시 한계로 지적된다.

넷째, 유럽에 비해 미국을 포함한 다른 지역의 사회경제에 대한 시민들의 인식이 낮은 점 역시 한계로 지적된다. 사회경제에 대한 시민의 인식이 낮게 되면 사회경제조직의 활성화에 장애로 작동하게 된다. 즉, 자본주의가 지속적으로 발전하면서 지나친 경쟁으로 인한 개인주의와 물신주의 등의 강조되면 공동체나 협동과 협력과 같은 사회적 가치에 대한 중요성이 시민들에게 중요한 가치로 인식되지 않을 수 있으며 이는 곧 사회적 목적 실현이라는 사회적 가치지향성을 강하게 내포하고 활동하는 사회경제조직의 활동에 장애로 작동하게 된다.

결국, **자본축적 및 자본의 사유화를 통해 지속적으로 확대되는 자본주의의 모순과 이에 대한 대처를 중요한 가치로 설정하여 활동하는 비영리 및 사회경제조직의 근거 및 작동방식을 설명하는 사회경제론은 자본주의문제를 극복하기 위해 복지를 결합하고 더욱 나아가 제3**

부문의 활동을 통해 자원할당의 주체로 나서는 것을 강조한다는 특성을 지닌다. 하지만 사회경제론은 위의 한계에서 지적된바와 같이 아직 사회경제의 영역이나 개념에 대한 다양한 해석이 존재하고 사회경제나 제3부문에 대한 국민들의 인식의 폭이 좁으며 시장에서 살아남기 위해 자본의 논리 및 수확체증의 법칙에 대응하기 위한 정부적 차원에서의 지원 정책이 필요하다.

제 9 절 복지자본주의 이론의 비판적 고찰

복지자본주의는 수정된 정치경제체제이며 이의 발전은 복지정책을 통해서 그리고 복지정책을 수행하는 정치권력에 의해서 영향을 받는다. 따라서 자본주의와 정치권력과의 관계를 분석하는 정치경제학은 복지자본주의에서 복지재화와 서비스의 생산 및 분배를 분석하는데 중요한 틀이 된다. 즉, **정치경제학은 복지자본주의를 설명하는 하나의 이론이기보다는 복지자본주의를 이해하고 해석하는데 있어 기본적인 토대이자 복지국가체제와 자본주의체제를 동시에 분석하는데 도움을 주는 틀이다. 이는 곧 복지자본주의가 정치경제학적 틀 안에서 분석되어야 함**을 나타낸다.

본 연구에서는 복지자본주의의 토대인 정치경제학적 틀 이외에 복지자본주의를 이해하기 위한 다양한 이론들을 소개하였다. 소개된 이론들은 모두 복지와 자본주의를 동시에 분석하는 이론들이며 자본주의를 유지 및 발전시키기 위한 토대로 복지를 설명하기도 하고 자본주의 문제점을 극복하는 대안으로 복지를 설명하기도 한다. 또한 이론들에 따라 복지정책을 정책적 우선순위로 설명하는 이론과 복지정책보다는 경제정책을 중요한 정책적 어젠다로 설정하는 이론들도 있다. 여기서 설명된 이론들은 앞에서 설명한 바와 같이 정치적으로는 보수주의적 시각과 경제학적으로는 고전파 또는 신고전파경제학에 기초한 이론들이 있으며 또 다른 한편으로는 진보주의적 시각과 경제학적으로는 케인즈주의나 신마르크스주의에 기초한 이론들이 있다.

자본주의경제학에 뿌리를 둔 합리적 선택이론이나 사회선택이론 그리고 공공선택이론은 자본주의의 중요가치인 선택이라는 개념을 활용하여 개인의 선택과 시장의 선택이 곧 개인 및 사회복지의 증진을 강화하고 자본주의시장경제체제를 발전시키는 길임을 강조한다. 합리적 선택이론은 개인의 만족증진이 곧 개인의 복지증진을 의미한다고 강조하여 복지를 개인적 수준에서 그리고 물질적 수준에서 이해하는 한계를 지닌다. 사회선택이론은 합리적 개인이론에서 보다 발전된 논리로서 사회복지를 증진시키기 위해서는 사회취약계층에 대한 지원이 필요하고 이를 위해 사회적 협의나 기준을 설정하여 적용하는 것을 강조하였지만 이 역시 자본주의의 문제점에 대한 분석없이 전체 사회복지가 증진됨을 주장하여 복지지본주의가 유지 및 안정적으로 발전하기 위한 이론적 대안으로서는 부족한 면을 가진다. 공공선택이론은 정부의 선택이나 국가제공의 복지혜택이 곧 효율성을 약화시키며 개인의 복지를 증진시키는데 한계를 갖게 됨으로 개인의 복지는 시장에서 이루어져야 함을 주장하여 국가중심의 복지자본주의발전을 설명하는데 결정적 약점을 지닌다.

[그림 21] 복지자본주의 이론적 배경

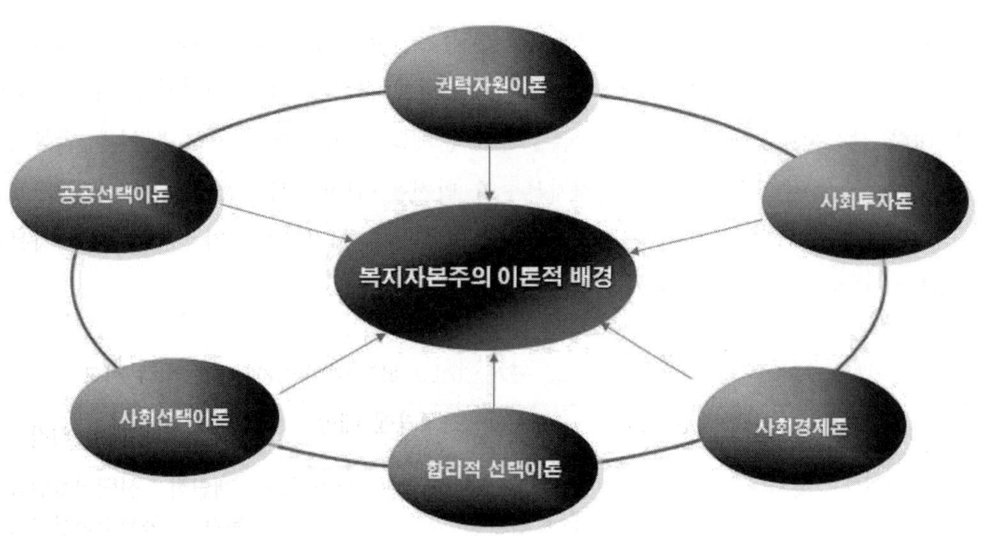

권력-자원이론, 사회투자론 그리고 사회경제론은 자본주의에 대한 문제점을 분석하고 이를 극복하기 위한 토대로서 복지정책의 중요성을 강조한다는 특징을 지닌 이론들이다. 자본주의 작동원리는 자본축적의 원리이며 임노동관계를 기초하여 발전하였다. 따라서 자본주의는 노동력을 상품화하여 경제발전을 위한 토대로 삼았으며 이러한 논리는 곧 노동력을 착취하고 노동력을 배제하여 소외시키는 현상을 초래하여 자본주의가 발전할수록 노동소외와 배제 그리고 이를 바탕으로 하는 다양한 사회문제가 폭증하는데 영향을 미쳤다. 자본주의는 이러한 문제를 자체적으로 극복하는데 한계를 가져왔으며 이는 곧 권력-자원이론이나 사회경제론 그리고 사회투자론과 같은 복지정책을 강화하도록 하는 이론들이 발전하는데 영향을 주었다. 권력-자원이론은 집단화된 조직적 힘이 곧 복지의 수준을 향상시킴을 논리적으로 제시하여 복지자본주의의 정치경제적 틀을 보완하는데 영향을 주었다. 사회경제론은 자본의 사회화와 재분배정책 그리고 상호호혜와 형평, 공동체지향성 등과 같은 사회적 가치를 유지하면서 자본주의가 발전할 수 있음을 주장한다. 사회투자론은 케인즈경제학에 기본을 둔 복지국가의 정책을 아동과 여성 그리고 가족중심으로 전환하도록 하는데 영향을 미치었으며 노동자에 대한 역량강화를 강조하는 인적자본에 대한 투자정책이 소득보장 중심의 복지정책을 보완하는데 효과가 있음을 주장한다.

여기서 소개된 이론들을 중심으로 복지자본주의를 정치경제학적 시각에서 해석하고 이를 발전시키기 위해서는 자본주의의 작동원리와 사회복지의 작동원리를 모두 정확하게 인지하고 적용할 줄 알아야 한다. 또한 경제를 지속적으로 개인적 측면으로 그리고 부의 축적과 성장이라는 측면으로만 강조하는 것은 지양되어야 한다. 그리고 정치와 경제는 분리될 수 없음으로 정치경제학적 측면에서 복지자본주의를 설명하는 이론들은 재해석되어야 한다. 누가 복지요구를 하는가? 누가 복지에 대한 결정을 하는 결정권을 가지고 있는가에 대한 분석에서부터 시작하여 자본주의의 문제를 정확하게 인지하고 이를 극복하기 위한 복지정책을 수립하는 것은 복지자본주의 발전을 위한 기본 소양이다. 아래의 표는 위에서 제시된 복지자본주의를 설명하는 이론들을 복지, 시장 및 국가 그리고 복지자본주의에 대한 시각을 중심으로 재정리한 것이다.

〈표 9〉 복지자본주의이론들을 복지, 시장 및 국가 그리고 복지자본주의에 대한 시각 비교

		복지에 대한 시각	시장 및 국가에 대한 시각	자본주의에 대한 시각
경제중심	합리적 선택이론	• 복지는 물질적 번영이나 만족 즉, 개인적 이익, 만족, 원함이 곧 복지 • 복지는 개인적 수준에서 선택을 통해 이루어짐 • 복지는 물질적 측면에서 '개인의 만족'이나 '개인의 만족실현의 정도를 통해 측정가능	• 시장은 유일한 자원할당기구 • 시장을 통한 개인의 선택권의 실현이 곧 복지증진 • 국가는 시장의 조력자	• 개인적 선택권실현을 통한 복지수준향상이 곧 자본주의를 발전시킴 • 자본주의는 수정될 필요가 없음
	사회선택이론	• 개인의 만족이나 복지 총합이 사회의 복지를 증진시킴. 최선의 사회선택이 곧 복지증진 • 사회구성원들의 만족	• 시장이 자원할당기구이며 선택의 장 • 사회적 협의나 동의를 통해 자원할당이 이루어질 수 있음	• 개인적 복지수준향상이 곧 전체 사회복지를 증진시키고 나아가 자본주의사회를 안정시킴

		또는 복지를 충족시키기 위한 최선의 규칙이나 기준에 대한 선택 필요	• 국가는 선택을 위한 사회적 규정이나 기준을 제시 및 운영	
	공공선택이론	• 대중의 이익이 곧 복지	• 국가의 자원할당은 비효율적이며 시장이 유일한 효율적 자원할당기구	• 시장에 참여한 다양한 주체들의 이익추구를 위한 노력이 자본주의를 발전시킴
복지중심	**권력-자원이론**	• 복지는 단순한 개인의 번영이나 만족이 아니며 사회문제해결을 위한 도구 또는 사회제도이자 체제 • 복지는 권리이며 권력이나 요구투쟁으로 확대됨	• 시장은 자본주의의 구조적 모순을 잉태 • 시장의 문제는 정치권력을 통해서 관리되고 수정되어야 함 • 노동조합이나 국가의 정치권력이 시장의 왜곡된 분배문제를 시정	• 자본주의는 사회문제의 근원 • 자본주의의 문제는 복지제도나 정책을 통해서 극복됨
	사회투자론	• 복지는 지출이 아닌 투자 • 복지의 강화는 경제적 어려움 극복 및 경제발전을 위한 토대 • 복지는 국민의 역량강화 및 인적자원에 대한 투자를 통해 확대	• 국가는 생산적 복지정책 즉, 적극적 노동시장정책 및 인적자본을 위한 사회투자정책을 운영 및 확대하여야 함	• 자본주의의 문제는 국가의 적극적인 노동 및 인적자본 강화를 위한 정책을 통해서 극복됨
	사회경제론	• 복지는 사회경제발전을 위한 토대 • 복지는 사회문제 또는 자본주의문제를 해결하기 위한 사회체제 • 사회배제해결 및 국민들의 사회적 욕구해결을 위한 실천방안으로 사회복지필요	• 시장은 불안정하고 불평등을 조장 • 시장을 대체하는 새로운 자원할당기구로서 사회경제조직 또는 제3부문이 중요 • 국가는 제3부문을 지원하는 조력자 • 제3부문은 국가의 복지서비스한계를 극복하기 위한 복지서비스제공자	• 자본주의는 국민들의 복지를 축소시킴 • 자본주의의 문제는 새로운 자원할당기구를 통해 극복됨 • 시장자본주의의 문제는 연대를 바탕으로 하는 사회경제활성화를 통해 극복되며 이는 곧 사회문제해결 및 국민들의 복지증진을 의미

제 6 장

복지자본주의의 사상

복지자본주의는 복지정권의 이념적 성향에 따라 매우 다른 발전경로를 갖는다. 통상 복지국가를 운영하는 복지정권의 이념적 성향은 크게 보수주의, 자유주의, 사회민주주의 등으로 구별되며 이념적 성향에 따라 복지의 수준 및 내용 등은 크게 영향을 받는다. 모든 복지자본주의국가가 동일한 복지의 수준을 갖는 것은 아니며 이러한 국가별 복지의 수준별 격차를 이해하기 위해서는 당연히 정권적 차원에서 지향하는 이념적 틀을 이해하는 것이 필수적이다. 본 장에서는 복지자본주의의 복지수준에 영향을 미치는 이념적 성향에 대해 알아본다.

제 1 절 복지자본주의의 이념적 틀

복지자본주의는 특정 국가의 사회구조와 밀접한 연관을 가지고 있다. Esping-Anderson(1990)은 복지자본주의를 유형화[31]하면서 복지국가의 정치 및 사회구조가 여러 특성들로 구조화되어 있다고 강조하며 이를 사회계층화(social stratification)라고 명명하고 사회계층화는 곧 특정 국가의 사상 즉, 이데올로기에 많은 영향을 받을 수 있음을 주장하며 복지자본주의를 자유주의이념 및 보수주의이념으로부터 영향을 받은 복지정권(welfare regime)과 사회민주주의이념에 사회구조가 영향을 받은 복지정권으로 구분하여 유형화하였다.

복지자본주의의 등장 및 발전 그리고 작동에 영향을 미친 사상 또는 이념으로는 자본주의의 등장에 결정적인 영향을 준 (고전)자유주의와 자본주의를 안정화시키기 위해서는 복지제도와 정책이 중요함을 드러낸 현대 자유주의, 복지국가를 적극 옹호하는 사회민주

31) 유형화(typology)는 복지국가들을 집단화하여 구분하는 것을 의미

주의 그리고 자본주의의 전통과 제도를 통해 사회 안정을 추구했던 보수주의가 대표적이다. 복지자본주의를 설명하고 이해하는데 영향을 준 이념 또는 사상은 시기적으로 보수주의 고전자유주의, 현대자유주의, 신마르크스주의와 신자유주의 등으로 대변되며 각각의 이념 또는 사상은 각자 상이한 개념 및 논리로 복지자본주의를 설명한다. 아래의 그림은 복지자본주의를 설명하는 이념들을 나타내준다.

[그림 22] 복지자본주의의 이념적 틀

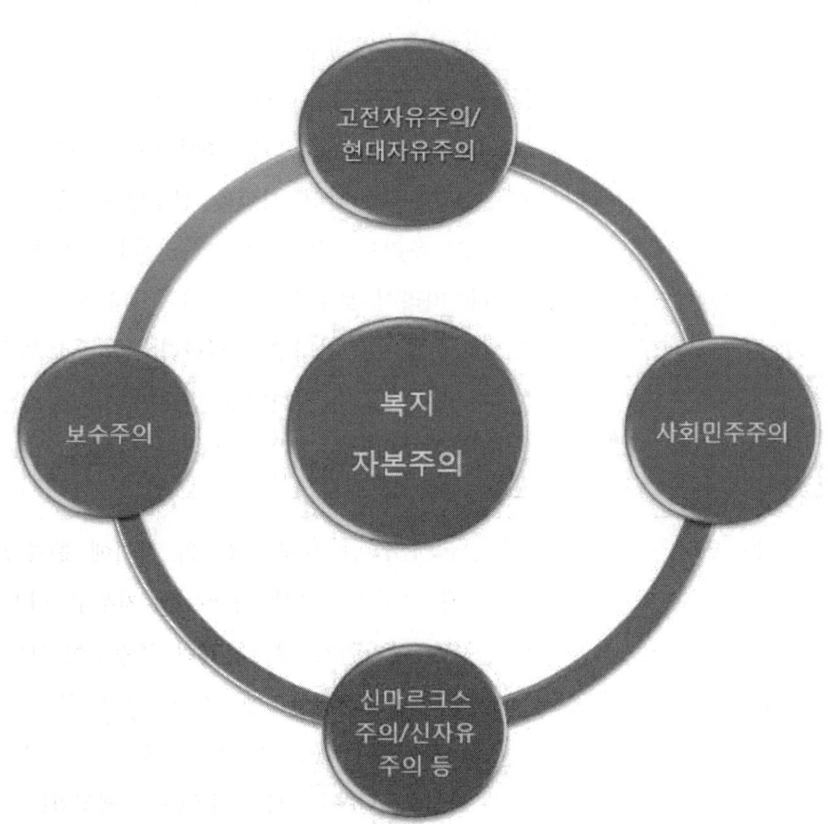

제 2 절 보수주의

1. 보수주의 개관

보수주의(conservatism)는 기존의 전통과 사회제도(가족, 정부, 종교, 시장 등)가 존속되고 나아가 증진되는 것을 강조하는 정치·사회사상이다. 보수주의는 종교와 소유권 그리고 의회정부와 같은 일련의 제도들을 보존하는 것과 전통으로의 복귀를 추구한다(Oxford Dictionary of Politics, 2009). 따라서 보수주의는 추상적이고 이상적인 것보다는 역사적으로 내려온 역사적 산물(전통)이나 살았던 경험을 선호한다. 즉, 보수주의는 역사와 문화는 수세대간에 축적된 그리고 우리를 인도하는 지식저장소라고 생각하며 전통의 문화적·역사적 연속성을 강조한다. 따라서 보수주의는 자유주의나 사회민주주의 그리고 마르크스주의가 모두 추상적으로 사회를 이해한다고 비판한다. 특히, 보수주의는 기존 제도가 점진적으로 진화하며 안정과 연속성을 유지한다고 믿으며 사회정의는 사회질서가 안정적으로 유지되고 균형적인 상태를 지속하게 되는 것을 의미한다고 생각하였다(Fitzpatrick, 2001).

보수주의라는 용어가 처음 등장한 것은 1818년 프랑스혁명의 시기에 쫓겨났던 부르봉왕가의 복귀 즉, 부르봉왕정복고시기에 프랑스혁명의 정책들을 지우고 다시 왕정시대의 정책들이 원상복귀 되던 시기 프랑스 작가이자 정치가였던 프랑수아르네 드 샤토브리앙(François-René, vicomte de Chateaubriand)에 의해서라고 알려져 있으며(https://en.wikipedia.org/wiki/Conservatism), 대표적인 보수주의학자는 영국의 정치사상가인 Burke(Edmund Burke, 1729-1797)로서 그는 귀족들의 책임있는 지도력을 강조하며 프랑스혁명을 반대했다.

※ 프랑수아르네 드 샤토브리앙

프랑수아르네 드 샤토브리앙(François-René, vicomte de Chateaubriand)은 프랑스대혁명을 반대했던 왕정파의 일원으로 1768년 9월 4일 생말로에서 태어나 1848년 7월 4일 파리에서 사망한 프랑스의 작가이자 정치가이다. 샤토브리앙은 프랑스 낭만주의의 선구자 중 한 명으로, 불문학에서 위대한 이름을 남긴 이들 가운데 하나로 평가받는다.

그는 프랑스 대혁명 때 반혁명군에 참가하였다가 1793년부터 영국에서 혹독한 망명시절을 보냈다. 파리로 돌아온 후 1801년에 《아탈라》를, 1802년에는 나폴레옹의 보호 아래에서 《르네》가 수록된 《기독교의 정수》를 발표했다. 이 작품들의 대성공으로 인해 샤토브리앙은 프랑스 낭만주의의 시작을 화려하게 알렸다. 이어서 1809년에 《순례자들》, 1826년에 《나체즈 족》이 포함된 《전집》을 발간하고 1844년에는 《랑세의 삶》을 출판했다. 샤토브리앙은 1817년 이후 《무덤 너머의 회상》을 30여 년에 걸쳐 집필했다. 또한 샤토브리앙은 왕정파의 일원으로서 두 번의 장관직과 영국 대사를 비롯한 세 번의 대사직을 수행하기도 했다. 1848년 80세의 나이로 사망하기까지 루이 16세 치하, 프랑스 대혁명, 나폴레옹 치하, 왕정복고 등의 극심한 정치적.사회적 변화 속에서 정치가로, 작가로 파란만장한 인생을 살았다. “샤토브리앙처럼 될 것, 그렇지 않으면 아무것도 아니다”라고 빅토르 위고가 말했을 정도로 당대의 젊은이들과 후대에 많은 영향을 주었다 (https://ko.wikipedia.org/wiki/%ED%94%84%EB%9E%91%EC%88%98%EC%95%84%EB%A5%B4%EB%84%A4_%EB%93%9C_%EC%83%A4%ED%86%A0%EB%B8%8C%EB%A6%AC%EC%95%99)

보수주의의 **인간에 대한 시각**은 인간이 이성적으로 행동한다는 자유주의시각과는 달리 인간은 불완전하고 결점을 가지고 있으며 비이성적일 수 있음으로 개인의 자유보다 인간의 행동이 규제될 수 있는 공동의 도덕적 틀이나 사회질서가 유지되는 것을 더욱 선호한다. 또한 인간은 열정과 욕망에 지배를 받으며 이기적이고 비이성적이며 폭력적 경향이 있다고 강조한다. 따라서 인간의 폭력적 본능을 억누르기 위하여 전통적인 제도(학교, 종교, 가족 등)와 나아가 정부와 법이 필요하다고 믿는다. 즉, 사회제도로부터의 훈육이나 교육이 없으면 어떠한 자유에 대한 책임이나 윤리적 행동도 존재하지 않을 것이라고 생각했다. 즉, 개개인들이 시장에 참여하는 것은 자유이며 정부의 개입없이 개인은 시장에서 부를 창출할 수 있지만 인간은 철저하게 자신의 행동에 책임을 질 수 없음으로 국가에 의해서 유지되는 법과 질서 그리고 사회제도들이 필요하다.

보수주의의 **사회에 대한 시각**은 사회 역시 불완전하고 복잡하며 유기적으로 조직화되었다고 바라봄으로 기능주의이론(특히 체계이론)과 연관이 있음을 알 수 있다. 보수주의에 따르면 사회는 독립적인 인간 개개인들이 밀접하게 상호 연결되어 있는 살아있는 유기체이다. 사회에는 **서열**이 존재하며 사람들은 사회의 서열 속에서 그들의 위치에 부합하는 기능을 수행하는 것이 중요하고 사람들 스스로 서열에 적합한 기능을 수행하게 되면 사회는 잘 기능한다고 강조 한다. 또한 사회는 급진적으로 변화하지 않으며 사회개혁은 필요하지만 기존의 사회질서를 유지하고 보존하는 것이 중요하며 사회는 점진적으로 개선되어 나가야 한다고 믿는다. 따라서 사회변화에 대한 혁명적 사고나 운동은 지지되지 않는다(Taylor, 2007).

사회문제에 대한 보수주의의 시각은 사회질서가 파괴되거나 유기적인 체계에 균열이 생기게 되면 발생하게 된다고 보며 사회무질서가 문제임을 강조한다. 즉, 보수주의에 따르며 사회문제는 사회구조적으로 발생하지는 않는다. 따라서 빈곤이나 실업 등은 개인의 능력이나 지식 또는 기술부족에 기인한다. 보수주의자들은 빈곤이 사회에 존재하는 것을 인정하며 빈곤은 국가나 사회적 개입이 아니라 부자, 자선가나 박애주의자들의 자선활동을 통해서 극복될 수 있고 극단적인 빈곤 만 정부가 개입하는 것이 정당하다고 주장한다. 또한 자본주의가 불평등을 조장하고 불완전하다는 것을 인정하지만 자본주의경제체제는 점진적으로 수정될 수 있음으로 급진적인 방식을 통한 변화를 거부한다.

정부에 대한 보수주의의 시각은 정부가 봉사자이지 국민을 통제하는 주인행세를 하면 안 된다는 것이다. 즉, 정부의 책임은 최소한의 역할을 하면서 국민들의 기존 삶의 방식을 유지하도록 하는 것에 있다(https://www.britannica.com/topic/conservatism/). 특히, 정부가 경제·사회적 현실에 개입하는 것은 의미가 없다고 강조한다. 즉, 정부가 임금이나 가격 또는 지대나 소득정책 등에 개입하는 것은 위험한 행위가 된다.

국가에 대한 보수주의의 시각은 국가가 현재의 상태를 유지하고 사회질서를 보존하기 위해서 반드시 필요하다고 본다. 특히, Burke(1774, 1791)는 국가와 같은 정치체제가 정치적인 현명한 기질을 가진 그리고 충분한 부와 문명화된 미덕을 만들어 낼 수 있는 여유가 있는 소수의 계몽화된 사람들에 의해서 통제되어야 한다고 믿었다. 이러한 특권화된 소수 집단에 의해서 이루어진 정치체제인 국가는 대중들의 여론에 따르는 것보다 훨씬 중요한 판단을 잘하고 대중을 잘 지배할 것이라고 생각했다. 특히, 보수주의는 1930년대 경제대공황을 겪으면서 불황을 다시 경험하지 않기 위해서는 국가가 기본적인 역할을 수행하여야 한다고 강조하였다(Fitzpatrick, 2001).

따라서 **경제적 측면에서**, 보수주의는 자본주의 경제체제를 방어하지만 시장에 대한 정부의 개입을 지지한다. 시장이 보이지 않는 손에 의해서 움직이며 자기 규제적이라는 자유주의사고와는 달리 시장의 불완전성을 극복하기 위해서 국가는 시장을 규제해야 한다고 주장한다. 보수주의는 자본주의경제체제를 유지하기 위해서는 반드시 국가의 경제에 대한 개입이 필요하다고 강조한다. 보수주의자인 Gilmour(1978)에 따르면, 자본주의는 사람들이 그들 자신을 위해 일하게 하며 그들의 경제적 운명을 스스로 통제할 수 있도록 하고 재산을 축적할 수 있도록 하는 장점을 가지고 있다고 강조하였지만 또 다른 한편으로 정부와 기업이 협력하는 것과 경제에 대한 정부의 개입은 필요하다고 주장하였다. 결국, 국가는 여러 장점을 가진 자본주의를 보호하기 위해서 경제에 개입하게 된다. 즉, 국민 대중에게 자본주의가 안정적으로 작동하기 위해서 정부개입은 필연적이 된다.

※ 보수주의와 민족주의(nationalism)

19세기 산업화가 확대 발전하면서 전통적인 보수주의는 상업적 마인드를 지닌 중간계급의 등장과 새롭게 부상한 노동자계급의 낡은 제도에 대한 도전으로 그 지위를 점차 잃어갔다. 특히, 서유럽에서 1830년과 1880년 사이에 보수주의 정당은 계속된 선거에서 자유주의에 패배하자 권력을 지속적으로 유지하기 위한 방편으로 애국을 강조하는 민족주의 감성을 이용하였다.

보수주의와 민족주의와의 결합 즉, 민족주의 감성을 권력유지를 위해 가장 적극적으로 활용한 사람은 독일 프러시안 공화국시대에 제상인 비스마르크(Bismark)이다. 비스마르크가 이끄는 프러시아의 보수주의 정당(Conservative Parties)은 19세기 중반 덴마크, 오스트리아 그리고 프랑스와의 전쟁을 성공적으로 수행하기 위하여 민족주의 감성을 적극 활용하여 1871년 프러시아왕조로 독일을 통일하는데 성공하였다. 특히 비스마르크는 권력을 유지하기 위한 방편으로 사회민주당의 노동자계급에 대한 지지를 약화시키기 위하여 약 20년에 걸쳐 사회보장제도(연금과 실업보험 등)를 구축하여 복지국가로 진입하는데 영향력을 행사하였다. 비록 비스마르크의 사회복지정책 도입은 지주계급이자 자본자계급인 융커계급의 독점적 지의를 보존하기 위한 것이었지만 계급갈등을 약화시키고 독일의 사회통합을 이끄는 데 영향을 미쳤다.

※ 보수주의와 기독교 민주주의(Christian Democracy)

19세기 말 산업화의 발전과 노동계급의 폭발적 증가는 정치로의 노동계급의 적극적인 개입을 유도하였다. 이 당시에 로만카톨릭(Roman Catholic)을 포함한 대부분의 교회의 성직자들은 자유주의개혁가들과 사회주의로 무장한 노동자계급으로부터 공격을 당하게 된다. 이에 대한 대응으로 카톨릭 성당은 교황 레오 13세(재직기간,

1878-1903)를 중심으로 적극적 대응을 하기 시작하였는데 이는 곧 기독교 민주주의 등장을 낳았다. 교황 레오 13세는 교회의 제도를 보호하기 위하여 사회적 교리를 제시하였는데 그가 제시한 교리는 곧 교회의 전통적인 교리에 노동자계급을 신앙으로 유도하기 위해 사회정의정책을 결합하는 것이었다. 이러한 사회적.정치적 교리중심의 운동을 기독교 민주주의라고 부른다. 기독교 민주주의자들은 기독교 사회 건설을 위한 기초로 사적소유권을 강조하는 보수주의를 선호하였으며 또 다른 한 편으로는 부자들이 가난한 사람들을 돌봐야 함을 주장하였다. 결국, 기독교 민주주의는 사적소유권을 보호하는 법적 구조와 축적된 이익을 도덕적으로 활용하는 자선적 방식을 선호한다.

2. 보수주의와 복지자본주의

보수주의에 있어 **복지**는 자유주의와 마찬가지로 개인의 만족이나 복지를 의미하고 개인의 복지는 일부의 경우를 제외하고 개인에게 책임이 있음이 강조된다. Gilmour(1978)는 인간 개개인들이 자신들의 욕구(복지)를 만족시키는 주체임을 강조하였다. 즉, 빈곤층(가난한 사람들)을 위한 복지는 국가가 (제공하는)책임지는 것을 인정하지만 전반적인 사회구성원들의 복지는 그들 스스로 해결하는 것이 정당하다고 생각했다. 특히 보수주의는 복지정책이나 사회복지서비스가 사회무질서(social disorder)를 피하기 위해서 필요하다고 강조한다(Fitzpatrick, 2001). 즉, 보수주의는 복지에 대한 책임은 개인에게 있으며 개인이 복지를 최대화시키는 주체이지만 사회질서를 유지하는 선에서 국가의 복지정책은 의미가 있음을 인정한다고 볼 수 있다.

복지국가에 대한 시각에 있어, 보수주의는 국가의 역할 및 필요성을 인정하는 것과 마찬가지로 복지국가에 대해서도 그 역할 및 필요성을 인정한다. 즉, 복지국가가 자본주의 경제체제 또는 자본주의사회의 안정을 유지시키고 국민들을 돌보는 역할을 하는 메커니즘이라고 인정한다(Taylor, 2007). 즉, 보수주의자들은 자본주의라는 경제체제가 기회와 부의 불평등을 조장하고 불완전하므로 사회구성원들을 보호하고 그들이 제대로 된 기능을 발휘할 수 있도록 국가가 복지서비스를 제공하는 것은 필요함을 인정한다. 하지만 보수주의자들은 국가가 과도한 힘(power)을 갖는 것은 경계한다. 즉, 보수주의가 복지국가의 설립 및 유지를 지지하지만 복지국가가 기업 활동이나 시장경제에 부정적인 영향을 주는 것은 경계한다. Gilmour(1978)는 복지국가가 완전하게 보수주의와 병립할 수 있다고 주장하면서 복지국가는 보수주의가 강조하는 **보수적 제도**(conservative institution)라고 설명한다. 그는 복지국가가 영국에서는 과도하게 강조되어 국민 개개인이 스스로 욕구를 만족시키는 것을 방지하고 지출이 증가되며 경제에 해를 주고 자유를 위협하지만 복지국가의 관료적이고 권위주의적인 속성을 줄이는 등 복지국가를 손을 보게 되면 복지국가는 빈곤층의 복지욕구를 충족시키면서 발전할 수 있다고 믿었다. 결국, 복지국가에 대한 보수주의의 시각은 자본주의체제를 안정적으로 유지하기 위한 복지국가의 책임성을 인정하지만 제한적이어야 한다는 것이다.

보수주의는 또한 **상호부조조직이나 비영리조직과 같은 민간에 의한 복지서비스제공을 인정하는 복지민영화 또는 복지혼합**에 기초를 제공한다. 보수주의 전통의 가부장적인 속성(paternalistic feature)에 따르면, 국가가 복지서비스의 기본적 틀을 제공하는 것은 정당하며 또한 복지서비스가 자선조직이나 자선적 활동에 의해서 대체되는 것 역시 필요하다. 즉, 보수주의는 국가가 복지서비스제공과 협력에 대한 역할을 수행하여야 하지만 공동의 선을 향한 책임성의 관점에서 자전조직들이 빈곤층을 보호하고 돌보는 것 역시 중요하다는 점을 분명히 한다(Taylor, 2007).

보수주의의 **자본주의에 대한 시각**은 사적소유권을 강조하는 자본주의를 보호하지만 고전파 자유주의자들이 강조하는 바와 같이 자본주의가 과도하게 자기이익을 강조한다고 생각한다. 따라서 경제체제인 자본주의를 수정 및 개혁하면 더욱 효율적이고 국가 전체의 이익을 위해 작동하도록 할 수 있다고 강조한다. 따라서 보수주의자들은 정치체제인 복지국가와 경제체제인 자본주의와의 결합인 **복지자본주의는 필연적 결과물이며 수용되어야 하고 이를 통해 전체 사회가 안정적으로 유지될 수 있음을 인정한다**고 볼 수 있다.

결국, 보수주의가 바라보는 복지자본주의는 자본주의가 산출하는 불평등과 같은 문제를 해결하기 위하여 국가가 시장에 대한 규제를 유지하면서 빈곤층에게 국가에 의한 복지제공이 최소한의 선에서 유지하고 자선활동을 하는 자선조직들의 복지서비스제공을 위한 노력을 고취시켜 자선조직과 같은 민간부분에게 복지제공의 일부를 전가하여 민간과 국가가 함께 공공선의 이익을 위해 노력하는 것이라고 할 수 있다. 따라서 **복지민영화**에 대한 토대는 바로 보수주의 복지제공으로부터 기인한다고 볼 수 있다. 특히, 보수주의는 사적소유권과 같은 자본주의 전통을 유지하면서 자본주의가 위험에 빠지지 않도록 하기 위하여 **국가가 최소한의 복지제공을 허락하는 것을 용인함으로 보수주의자들이 강조하는 복지자본주의는 자본주의를 유지·보존하기 위한 수단으로 복지제도가 이용된다는 것**에 있다. 따라서 보수주의는 복지에 대한 개인의 책임을 강조하고 자본주의를 유지·안정화시키기 위해 최소수준에서 복지서비스를 제공하며 부족한 부분은 자발적 민간영역을 통해 서비스를 제공하는 **혼합형 복지자본주의**를 강조한다.

3. 보수주의 자본주의모델: 앵글로-색슨 자본주의모델

자본주의도 여러 모델로 구분된다. 자본주의모델은 아담 스미스와 같은 고전파 경제학자들을 중심으로 하는 보수주의사상의 **앵글로-색슨**(Anglo-Saxon model) **자본주의모델과 국가의 시장개입과 복지의 국가적 책임을 강조하는 현대자유주의사상을 기초로 하는 라인자본주의 모델 등이 대표적이다.** 물론, 같은 앵글로-색슨 자본주의모델 국가라고 하더라도 복지국가의 물적 토대는 상이하게 나타난다. 예를 들어 대표적인 앵글로-색슨 자본주의모델인 영국은 미국보다 세금이 높으며 GDP에서 차지하는 사회적 지출(사회복지비용) 역시 미국보다 훨씬 많이 지출하고 있지만 현대자유주의사장에 기초하는 **라인자본주의모델**을 따르는 독일이나 프랑스보다는 낮다.

앵글로-색슨모델은 **앵글로-색슨 자본주의모델**이라고도 불리며 미국의 시카고학파에 의해서 1970년대 출현하였고 영국, 미국, 캐나다, 뉴질랜드, 호주 등의 영어를 사용하는 국가들이 가지고 있는 자본주의모델이다. 하지만 앵글로-색슨모델의 뿌리는 18세기 아담스미스를 필두로 하는 고전파 경제학의 고장인 영국이라 할 수 있음으로 다음 절에서 소개되는 **고전 자유주의**(classical liberalism) 역시 앵글로-색슨모델의 자본주의에 기초한다고 할 수 있다(Sapir 2006). 특히, 앵글로-색슨자본주의모델은 1980년대 영국의 대처(대처리즘, 12년 집권)와 미국의 레이건행정부(레이건노믹스, 8년 집권)에서 발전하였으며 주요 경제학적 이론기반은 1970년대 스태그플레이션을 통제하지 못한 케인즈경제학의 실패이후 재등장한 아담스미스의 고전파경제학 그리고 밀턴 프리드만의 통화주의와 슘페터경제학의 신고전파경제학이다. 따라서 보다 정확하게 표현하면, 앵글로-색슨 자본주의모델은 **보수주의사상과 고전 자유주의사상을 대변하는 자본주의모델**이라고 할 수 있다.

앵글로-색슨모델은 인플레이션을 통제하기 위한 가장 효율적인 방안은 시장에 대한 탈규제와 자원활용을 위해 화폐의 공급양을 관리하는 것을 강조하였다(Konzelmann, 2010; Konzelmann et all, 2011; Martin, 1985). 앵글로-색슨(자본주의)모델의 특징은 낮은 세금과 낮은 수준의 규제 그리고 공공부분을 통한 최소한의 공급(또는 제공)이다. 특히 앵글로-색슨(자본주의)모델은 강력한 사적소유권을 선호하며 낮은 무역장벽과 기업활동의 용이성 등을 강조한다. 특히, 고전파경제학이 주장하였던 시장의 '보이지 않는 손'과 같은 자기규제적 특성을 지지하여 시장에 대한 국가개입축소와 탈규제를 강조한 것은 경쟁시장이 분배적 정의와 경제적 복지를 제공하는 균형적인 메커니즘으로 기능하기 때문이라는 신념에 근거한다(Konzelmann et all, 2011). 국가의 거시정책은 주로 경제성장, 완전고용, 가격안정 등에 초점이 맞추어져 있다.

사회복지정책에 대한 앵글로-색슨모델은 최소한의 국가제공 및 민영화(나아가 시장화)를 통한 민간기업의 돌봄 및 사회서비스제공의 확대를 주도하였다. 물론, 모든 앵글로-색슨자본주의모델 국가들이 동일한 수준의 사회복지제도 및 복지서비스를 제공하고 있는 것은 아니다. 예를 들어 미국은 영국에 비해 사회서비스 및 복지프로그램에 대해 더 적은 정부지출을 하고 있다. 또한 세금비율도 영국에 비해 미국이 더 적다.

앵글로-색슨(자본주의)모델에 대한 비판은 주로 이 모델이 시장경쟁을 통한 개인 및 민간기업의 이익을 강조함으로 2008년 금융시장붕괴와 같이 시장의 불안전성을 극복하지 못하며 고용불안을 확대하고 사회불평등과 빈곤을 조장하며 사회서비스를 축소한다는데 있다(Davis, 2009).

제 3 절 자유주의

1. 자유주의 개관

자유주의(liberalism)는 **개인의 자유와 통치(또는 지배)에 대한 동의 그리고 법 앞에서의 평등**에 기초한 사상(Dunn, 1993)이자 정치·사회철학으로 계몽주의사상가이자 철학자인 존 로크(John Locke, 1632-1704)가 자유주의의 아버지라고 알려져 있다. **사회계약(social contract)**에 기초하여 로크는 모든 인간은 삶, 자유, 재산에 대한 자연적 권리를 가지고 있으며 정부는 이러한 인간의 권리를 침해해서는 안 된다고 주장하였다(Locke, 1689, Second Treatise of Government). 자유주의의 사전적 정의는 "개인의 권리와 선택의 자유를 최대화하는 것을 정치 목적으로 하는 신념"이다(Concise Oxford Dictionary, 2009). 자유주의는 일반적으로 자유시장, 자유무역, 정부 역할의 제한, 인권과 시민권 등을 포함하는 개인의 권리, 언론의 자유, 출판 및 집회의 자유, 종교의 자유, 자본주의, 민주주의, 성평등, 인종평등, 국제주의(internationalism) 등을 지지한다(Wolin, 2004).

자유주의가 강조하는 통치(또는 지배)에 대한 동의란 기본적으로 정부나 국가에 대한 시각을 의미하는 것으로서 Hobbs(Thomas Hobbes, 1588-1679, 영국의 철학자)와 같은 초기 자유주의자들은 개인들이 타인으로부터 해를 당하지 않도록 하기 위해 즉, 개인을 보호하기 위해 정부가 필요함을 주장하였는데 이는 곧 개인의 자유를 보장하기 위해 정부가 존재하고 개인은 곧 정부로부터 지배를 받는 것을 동의하고 인정한다는 것을 의미하며 이는 곧 사회계약론의 기본 사고라고 할 수 있다. 물론 자유주의는 또 다른 한편으로는 정부가 개인의 자유를 침해하지는 않아야 함을 주장한다. 이를 근거로 대표적인 미국의 자유주의자인 Paine(Thomas Paine, 1737-1809)은 정부가 '필요악(necessary evil)'이라고 주장하였다.

자유주의는 특히, **계몽주의시대**에 정치철학자 및 경제학자들에 의해서 지지되었으며 절대왕권과 왕의 권위, 유전적 특권, 국교와 전통적 보수주의 규범 등을 법의 지배와 의회민주주의로 대체하는 것을 추구하였다. 자유주의는 또한 자유시장과 자유무역을 조장하기 위하여 교역금지, 왕족의 독점 및 무역독점 등을 종식시키는 것을 주장하였다. 결국, 자유주의는 봉건주의에서 자본주의로 경제체제가 이행되는 시기에 개인의 자유로운 경제활동을 보장하고 사적소유권과 이익창출을 위한 자유시장을 강조하는 자본주의발전을 위한 초석이 되는 사상으로서 중요한 역할을 하였음을 알 수 있으며 자유주의사상이 없는 자본주의는 생각할 수도 없고 현대의 시기에도 자유주의사상은 뿌리 깊게 자리 잡고 있다고 할 수 있다. 따라서 **자유와 사적소유권은 자유주의를 설명하는 기초적인 개념**이라고 할 수 있다.

※ 계몽주의 시대(Age of Enlightenment)

계몽주의시대는 17세기와 18세기 유럽에서 일어났던 지식운동이자 철학운동으로 이성의 시대(Age of Reason)라고도 불린다. 계몽주의는 행복추구, 이성 중심사고, 감각적 경험 등을 기본적 지식의 원천으로 삼으며 자유, 진보, 입헌정부, 정교분리, 관용, 협동 등과 같은 사상을 강조한다(Milan, 2010).
https://en.wikipedia.org/wiki/Age_of_Enlightenment

※ 고전 자유주의와 현대 자유주의

자유주의는 크게 **고전 자유주의(classical liberalism)**와 **현대 자유주의(modern liberalism 또는 New liberalism)**로 구분된다. 현대 자유주의는 **사회적 자유주의(social liberalism)**로도 불린다(Fitzpatrick, 2001; Taylor, 2007). 고전 자유주의(주로 19세기 활동)와 현대 자유주의(주로 20세기 활동)의 구분은 바로 시장질서에 기초한 사적소유권과 개인적 자유의 관계에 대한 시각에 크게 의존한다. 즉, **고전 자유주의**는 시장이 균형가격을 통해 스스로 공급과 수요를 결정함으로 자기 규제적이라고 믿었고 정부의 개입은 국민의 안전보장과 같은 경찰이나 군대유지 등과 같이 최소한으로 유지되어야 한다고 생각하였다. 따라서 고전자유주의는 시장에 대한 국가개입의 최소화 및 시장의 자율적 기능을 강조하며 자유방임주의라고도 불린다.

현대 자유주의는 새로운 자유주의, 수정된 자유주의라고도 불리며, 복지국가와 사회정의가 강조되고 시장질서에 기초한 개인적 자유와 사적소유권에 대한 도전으로 등장하였다(Paul, Miller and Paul, 2007). 특히, 현대 자유주의는 고전 자유주의와 다음과 같은 점에서 상이한 의견을 제시한다. 첫째, 현대 자유주의는 19세기 후반과 20세기 초반 균형가격을 강조하였던 자유시장의 능력이 의문시 되었을 때 등장하였다. 높은 실업으로 시장의 균형이 작동하지 않고 시장에 기초한 사적소유권이 불황으로 도전받으면서 고전 자유주의가 강조하였던 시장질서에 기초한 안정적이고 자유로운 사회는 의심을 받게 되었다. 둘째, 자유시장에 대한 신념이 약화되면서 경제생활을 감독하는 수단으로서 정부에 대한 신념이 증가하여다는 점이다. 즉, 고전 자유주의는 정부의 시장개입을 기본적으로 반대하지만 현대 자유주의는 시장불균형을 극복하기 위하여 정부의 시장에서의 관리 감독에 대한 역할이 중요함을 인정한다는 점이다. 셋째, 현대 자유주의는 사적소유권이 불공정한 사회, 힘(power)의 불평등을 고취시킨다고 바라본다는 점이다.

자유주의의 **인간에 대한 시각**은 모든 개인은 이성적 또는 합리적(rational)으로 행동한다는 것이다. 합리적 인간은 자유주의가 강조하는 자유이념을 뒷받침하는 근거로서 인간은 스스로 자신들에게 유리한 것이 무엇인지를 스스로 알 수 있으며 자기이익을 최대화하고 자신의 복지를 최대화하기 위해 스스로 선택 및 결정할 수 있고 이를 위해 스스로 노력한다고 전제한다. 즉, 자유주의자들에게 있어 인간은 비용을 최소화하고 이익을 최대화하기 위하여 이성적으로 움직이는 경제적 동물로 전제된다. 따라서 모든 개인들은 다른 누구보다도 그들 자신들이 스스로 이익이 무엇인지를 알고 있음으로 경제활동에서 그의 이익이 정부로부터 침해받지 않아야 함을 강조한다.

※ 인간의 사적 이익추구활동에 대한 고전 자유주의자들의 시각

Hunt(1981)에 따르면 과거 기독교의 가부장적 윤리는 자본주의체제의 원동력인 취득행위에 대해 엄격하게 비난했었다고 한다. 따라서 사적 이윤을 정당화시켜 주는 논리인 개인주의(individualism), 이윤추구 등 자본주의의 핵심 윤리를 정당화시켜 줄 수 있는 새로운 철학적, 이데올로기적 바탕이 필요했다. 프로테스탄트 교리와 새로운 개인주의(윤리)철학은 이 새로운 이데올로기를 위한 바탕을 제공한다. 프로테스탄트윤리와 개인주의 철학에 기초한 새로운 관점은 자본가들의 이윤추구를 위한 더 많은 자유와 시장에서의 더 적은 정부의 간섭을 강조한다. Weber(베버, 1992)의 "프로테스탄트 윤리와 자본주의 정신(*The protestant ethic and the spirit of capitalism*)"은 이러한 새로운 자본주의 윤리를 이론적으로 뒷받침해 주는 교과서로서의 역할을 하였다. Weber는 금욕주의와 절제의 중요성을 강조하고 하나님이 교환과 시장의 제도를 만들었다고 주장함으로써 소비에 대한 엄격한 제약과 자본의 축적을 정당화시켜 주는 계기를 마련해 준다. 또한 새로운 개인주의 (윤리)철학은 이기적 동기야말로 인간을 움직이게 하는 주된 동기라고 주장하여 이기적인 취득행위를 정당화였는데 대표적인 학자로는 Hobbes를 들 수 있다. Hobbes(홉스)는, *"leviathan"*에서 '인간의 모든 동기는 인간유기체적인 생명운동을 증진시키는 것에 대한 욕망에서 비롯된다'라고 주장하였으며 그는 인간을 자기이익을 추구하는 기계적 창조물이기 때문에 그들의 이익과 보호에 열심이라고 개인적 자기이익을 강조한다(Heap, et al, 1992; Girvetz, 1963). 결국 새로운 경제체제로서 자본주의를 지탱하였던 철학적 윤리적 개념들은 자본주의 경제학을 형성하고 구성하는 경제적 가치로서 자리잡게 되었다(지은구, 2003).

자유주의의 **사회에 대한 시각**은 사회가 유기체(organism)라는 체계주의적 관점에 기초한다. 자유주의자인 Hobhouse(1911)는 인간 개개인들은 사회에서 집합적 삶을 살아가기 때문에 사회라는 전체 체계가 국민 개개인들로 구성된 체계라고 강조하였다. 즉, 그에 따르면 개개인들은 사회에 영향을 받는데 특히, 시민으로서 상호행동하면서 사회로부터 영향을 받는다. 따라서 자유주의자들에게 있어 사회의 모든 부분들은 일정 정도 상호의존적으로 비추어지며, 사회의 한 부분이 다른 부분들과 상호 행동없이 일방적으로 전체 사회에 중요한 영향을 미치지는 않는다(Taylor, 2007). Hobhouse(1911)는 사회가 사람들 사이의 상호관계 속에서 형성된 집합적 삶과 집합적 특성을 가지고 있음을 강조하면서, 사회개혁은 사회와 격리되어 있는 곳에서는 절대 발생하지 않는데 이는 사회부분들은 사회적 유기체로서 다른 부분들과 상호 연결되어 있기 때문이라고 주장하였다. 특히, 자유주의자들은 사회의 각 부분들은 타 부분과 함께 발전이 이루어지며, **'사회라는 유기체가**

성숙하고 발전하기 위해서는 사회적 유기체의 이익을 대변하기 위한 국가의 노력이 필요하다'라는 점을 강조하였다(Taylor, 2007).

따라서 자유주의자들의 **사회문제**에 대한 시각은 문제가 격리나 배제 등으로부터 구조적으로 발생하며 특히 시장의 불완전성은 배제를 일으키는 중요 요인이라고 본다는 점이다. 자유주의자들은 시장으로부터의 배제나 차별이 곧 자유를 속박하고 불평등을 조장함으로 불평등을 해결하고 사회정의를 실현하는 것이 중요하다고 주장한다. 정의(justice)를 강조하였던 현대 자유주의자인 롤스(Rawls, 1996)는 모든 시민들이 사상의 자유뿐만 아니라 모든 민주적 과정에 참여할 수 있는 권리를 포함하는 일련의 자유에 대한 동등한 권리를 가지고 있어야 한다고 주장하였다. 특히, 그는 빈곤층이 자유에 대한 동일한 권리를 가지고 있지만 이 권리를 그들의 잠재력을 충족시키는데 활용할 수 있게 하는 능력(자본이나 자산 등)을 적게 지니고 있어 불평등이 발생하고 이를 해결하기 위해서는 이들의 자유를 신장시킬 필요가 있다고 주장하였다. 특히, 빈곤층과 같은 사회계층에 나타나는 불평등은 자본주의가 만들어 낸다고 현대 자유주의자들은 생각하였다(Taylor, 2007). 특히 평등에 대한 시각에 있어 현대 자유주의자들은 결과의 평등보다는 기회의 평등을 더욱 강조하는 경향이 있다.

※ 롤스(Rawls)의 사회정의론[32)]

현대 자유주의학자인 롤스는 자본주의사회에 만연한 불평등의 존재를 인정하였지만 불평등을 해결하는 방안으로 정의(justice)를 전면에 내세워 분배적 정의(distributive justice)가 평등성을 확보하는 중요한 원칙으로 자리 잡게 하는데 영향을 미쳤다. 즉, 자본주의 경제체제가 양산하는 불평등을 인정하고 극복하는데 있어 계급문제나 자본주의경제체제에 대한 문제제기보다는 사회적으로 배제된 집단들 즉, 사회빈곤계층에 대한 분배문제를 개선함으로써 사회불평등은 개선될 수 있음을 주장하였다. 이러한 롤스의 주장은 자본주의와 불평등이 내재적으로 정당하지 않은 것이 아니라 중요한 것은 자본주의와 불평등의 유형과 공정원칙의 요구에 대한 응답여부라고 생각했던 그의 생각에 의존한다. 즉, 자본주의의 내재적 모순이나 불평등구조를 인정하고 이를 해결하기 위한 수단으로 공정의 원칙이나 정의의 원칙 또는 분배의 원칙을 제시하였다는 점이다.

지은구(2003)는 Ralws의 정의론이 정의에 대한 도덕적 측면을 강조한다고 주장하며, Ralws의 정의론은 제도(institutions)의 일차적 목적이 사회정의의 실현이라는 원리에서 출발한다고 강조하였다. 즉, 롤스는 부의 불평등한 분배는 정의롭지 못한 것이며 이러한 부의 불평등한 분배는 사회정의에 의한 분배원칙에 의해 극복되어진다고 주장한다. 그의 정의론의 핵심은 제도가 개인적 만족을 보장함으로써 사회적 만족 즉, 사회복지가 증진된다는 것이다. 즉, 그는 개인적 만족의 증진이 곧 사회적 만족의 극대화를 이룩한다는 고전경제학자들과 만족주의자들의 주장에 그 이론적 기초를 같이 하고 있음을 알 수 있다. 그들과의 차이점은 **고전경제학자들과 만족주의자들이 시장이 개인적 만족을 증진시킬 수 있는 유일한 메커니즘이라는 것을 강조했다면 Ralws는 제도를 통해서 개인적 만족이 증진될 수 있다고 본다는 점이다.**

Rawls의 정의론은 기본적으로 **자유롭고 평등한 인간들** 사이의 공평한 사회적 협조의 체제로서의 사회에 대한 개념에서부터 출발한다. 즉, 그의 정의론은 기본적으로 인간이 자유롭고 평등한 조건을 기본으로 하는 정치적 개념으로부터 출발하며 이 정의론을 그는 현대 입헌 민주주의(a modern constitutional democracy)의 기본구조라고 주장한다. Rawls에 의하면 **공정으로서의 정의**가 민주사회를 위한 정의의 정치적 개념으로서 사용되기 때문에 공평으로서의 정의는 입헌민주체제와 공적인 전통의 정치적 제도에 구체화되어 있는 기본적인 직관적 사고를 이끌어 냈다고 한다(Rawls, 1985).

Rawls는 인간을 전 생애를 통해서 사회의 완전한 협조를 위한 구성원으로서의 시민으로 규정한다. 결국 그의 인간론에서 인간의 지위와 위치는 완전히 무시되고 인간은 단순한 협조를 위해 존재하게 된다. 모든 인간이 자본주의 사회구조에서 같은 지위와 위치에 속해있지 않으며 그들이 속한 지위나 위치에 따라 그들이 가지고 있는 사회에 대한 인식도 달라 질 수 있는 것이다. 즉, 그는 인간을 단순히 사회협조의 성원으로서의 시민으로 바라보는 자유방임적 사고를 견지한다. 따라서 그의 정의론은 결국 모든 인간이 사회적 협약 또는 사회적 협조(social cooperation)하에서 평등하고 자유롭다는 자유방임적 개인관에 기초한다고 보여 진다. 즉, 모든 시민을 자유롭고 평등한 사람들로서 본다(Rawls, 1971; 1985). 그는 도덕적 힘, 이성의 힘 그리고 이러한 힘들과 연결된 판단과 사고의 측면에서 인간을 자유롭다고 바라보았으며, 완전히 협조하는 사회 구성원으로 되기 위해 필요한 수준을 위해 이러한 힘을 갖는다는 측면에서 평등하다고 보았다.

사회에 대한 시각에 있어 그는 협조의 공정한 체계로서 사회를 바라보며 시민으로서의 인간은 규범적(normal)이고 완전히 사회에 협조하는 구성원이 되기 위해 노력하기 위한 모든 능력을 가지고 있다고 주장한다. 그는 만족주의(utilitarianism)에 대한 하나의 대안으로서 입헌 민주주의를 제시하는데 그에 의하면 기존의 민주주의적 사회가 자유(liberty)와 평등(equality)의 가치가 일치하지 않는 갈등구조 하에서 만연하면서 분배적 정의가 이루어 질 수 없는 조건을 가지고 있다고 보았다. 따라서 그에 의하면 입헌 민주주의란 사회적 협조를 통한 일치(agreement, 특히 political 동의)를 통해서 자유와 평등이 보장되는 제도적 형태를 의미한다. 그는 일치가 사회적 협약을 통해서 가능하다고 본다.

Ralws는 협상의 주체인 협상자들(negotiators)을 무시의 장막 안에 위치시키게 되면 그들은 그들 자신들에 관한 지식 밖에 모르기 때문에 그들은 그들의 이익을 추구는 하지만 그들의 이익과 다른 사람들의 이익을 비교할 수 없기 때문에 사회를 위해 즉, 총 만족의 증진을 위해 나아가 사회정의를 실현하기 위해 협상에 매진할 수 있다고 주장한다.

Ralws가 강조한 무시의 장막은 다음과 같은 예를 들어 설명할 수 있는데 만약 비행기가 납치되고 비행기 안에 누가 탑승하고 있는지를 모르는 상황에서는 우리는 한사람의 생명이라도 더 건지기 위해 노력하며 설사 탑승객들의 일부를 잃더라도 납치자들의 요구가 완전히 수락되지는 않는다는 전제를 설정할 수 있지만 만약 탑승자들 중에 우리의 가족이나 친구, 친척이 탑승해 있다는 사실을 알고 있다면 그들을 구하기 위해 우리는 어떤 것이라도 할 것이기 때문에 협상자들이 무시의 장막에서 아무것도 모르는 상황에서 협상하는 것이 사회의 만족과 정의를 위해 필요하다고 그는 믿는다. 그는 무시의 장막 안에서 이익을 추구하는 이러한 협상을 정의의 원칙인 도덕적 정당성으로 간주하며 이러한 협상이야말로 이성적(rational)이고 공정(fair)하다고 믿는다. 따라서 그의 정의는 **공정으로의 정의(justice as a fairness)**라고 불린다. 그는 모든 사람의 자유 liberty를 최대화시키기 위한 정의의 원칙으로 다음을 강조한다(Rawls, 1971; 1985; Drake, 2001).

첫째, **자유원칙**: 인간 개개인들은 모든 사람을 위한 비슷한 체제와 일치하는 동등한 기본적 권리와 자유를 갖는 완전히 적절한 체제에 대한 동등한 권리를 갖는다. 이를 **자유원칙**이라고 부르는데 모든 개개인들은 동등한 권리를 갖으며 협상자들은 중요한 재화들을 분배하고 그리고 개개인들은 자신들이 불이익을 받거나 착취되는 어떠한 분배의 원리도 거절할 수 있다는 것을 의미한다.

둘째, **상이성 원칙**: 사회적 그리고 경제적 불평등은 첫째, 기회의 공평한 평등이라는 조건 하에서 모든 사람들에게 열려있는 지위나 자리에 의해 조정되며 둘째, 사회에서 가장 적게 이익을 받은 사람들에게 가장 큰 혜택을 줌으로서 조정된다. 이를 **상이성 원칙**이라고 부르는데 사회적 그리고 경제적 불평등이 존재하며 그 결과 불평등이 불이익을 받은 모든 사람들에게 가장 큰 혜택 또는 이익이 될 수 있고 그리고 기회의 공평한 평등조건 하에 모든 사람들에게 열려있는 지위나 직종(positions and offices)에 귀속되어 있다는 것을 의미한다. 상이성 원칙에서 그는 두 가지 조건 즉, 모든 사람의 이익과 모든 사람에게 열려 있다는 점을 강조했다.

위의 원칙들을 Ralws의 분배를 위한 원리로 인식할 수 있는데 그에 의하면 공평한 사회에 대한 토론에 참석한 참석자들에 의해 동의되어진 분배원칙들은 우선순위가 있다고 한다(Lund, 2002). Lund(2002)는 위의 원칙들을 다음과 같이 정리했다.

그에 따르면 Ralws의 분배원칙들이 갖는 의미는 첫째, 모든 개인들은 동등한 권리를 갖으며, 둘째, 사회적 경제적 불평등이 있고 그 결과 가장 불이익을 당한 사람들에게는 가장 큰 혜택이 있으며 그리고 셋째, 모든 사람은 기회의 공평한 평등조건 하에 있다는 것이다.위의 원칙을 구현하기 위한 구체적인 방법으로서 Rawls는 동의 또는 협조를 강조한다. 다시 말해 Ralws가 주장하는 공정으로서의 정의(justice as a fairness)의 목적은 이 개념이 자유롭고 동등한 사람으로 보여 지는 시민들 사이의 정치적 동의를 의도하려는 하나의 기초로서 작동할 수 있다는 데 있다. 즉, 인간이 자유롭고 평등하기 때문에 인

간들이 공평으로서의 정의에 대한 동의 또는 일치를 유도하기 위한 전제로서 사용된다는 것을 의미한다

지은구(2003)는 자본주의를 신본하면서 공정한 정의를 통해 불평등을 해소할 수 있다고 주장한 Ralws의 정의론에서 나타나는 인간과 사회 그리고 공정에 대한 그의 시각에는 다음과 같은 문제점들이 내포하고 있다고 지적하였다.

첫째, Ralws의 정의론은 인간과 사회에 대한 그의 시각에 있어서 사회적 갈등을 배제하고 동의와 협조를 기초로 안정과 균형을 강조하는 기능주의적 관점에 치우쳐져 있다.

둘째, 자본주의 사회의 축적과 그에 따른 부의 편중을 배제하고 있다

셋째, 인간의 소외현상을 어떻게 설명할 것인가? 자본주의가 내재한 인간의 소외를 부정하고 있다. 노동과정으로부터의 소외, 노동대상으로부터의 소외, 생산물로부터의 소외, 사회로부터의 소외, 가정으로부터, 지역으로부터의 소외 자기 자신으로부터의 소외가 모두 무시된다.

넷째, 사회적 협조의 당사자가 누구인가에 대한 구체적인 대상에 대한 설명이 부족하다. 과연 노동자와 자본가사이의 공평한 이익을 위한 분배적 정의가 가능한가?

다섯째, 롤스는 모든 인간이 탄생과 더불어 자유롭고 평등하다고 전제하지만 반드시 그런 것은 아니다. 모든 인간이 탄생과 함께 똑같은 출발점에서 공평하고 자유롭게 출발하는 것은 현실적으로 불가능하다. 인간의 차별성과 개별성 등이 무시된다.

여섯째, 자유롭고 평등한 인간을 억제하고 통제하는 체계(system)들이 자본주의사회에 만연되어 있음을 간과하고 있으며 이를 어떻게 극복할 수 있는지에 대한 분석이 무시되었다.

자본주의를 지지하고 자유시장을 강조했던 아담 스미스나 죤 스튜어드 밀, 리카르도 등 대부분의 고전파 자본주의 경제학자들은 자유주의적 사상을 지닌 학자들이라고 할 수 있다. 자유주의의 **시장에 대한 관점**은 정부가 규제하지 않는 자유경쟁시장이 유일한 자원할당 도구라고 생각했다는 점이다. 물론 시장의 불완전성에 기초하여 시장에 대한 정부규제를 주장한 케인즈 같은 현대자유주의학자들의 등장으로 정부의 시장규제(개입)에 대한 시각은 자유주의 내에서도 구분된다. 즉, **시장에 대한 자유주의적 시각은 고전 자유주의와 현대자유주의에 따라 상이하며 고전자유주의는 정부의 시장개입을 반대한 반면 현대자유주의는 시장의 불균형과 불평등 및 불완전성을 극복하기 위하여 정부가 시장에 적극 개입하여야**

32) 롤스의 정의론에 대한 보다 자세한 내용은 지은구(2003), 사회복지경제학연구(청목출판사)를 참조하길 바람.

함이 강조된다. 특히, 경제대공황을 극복하는데 있어 영국의 경제학자인 케인즈는 시장이 자율적으로 균형가격을 찾지 못하고 과잉공급으로 재고가 쌓여 실업자가 만연함으로 고전파 자유주의 경제학자들과는 달리 수요가 공급을 창출함을 강조하고 돈의 흐름을 막지 않기 위해 절약이나 저금보다 소비가 더욱 중요하며 재정부족을 감안하더라도 재정을 확대하여 공공일자리를 창출하고 국민들의 생활안정을 위해 사회복지정책을 확대하여야 함을 강조하며 정부의 시장개입을 주장하였다. 현대 자유주의자들은 시장이 창출하는 주요한 문제를 아래와 같이 제시하였다.

첫째, 시장은 많은 사람들이 창출된 부(wealth)로 부터 혜택을 취하는 것을 실패하도록 하며 부가 소수의 자본가에게 축적되고 많은 사람들을 빈곤하게 만든다.
둘째, 산업혁명에 의해 확대된 생산체계로 인해 만들어진 재화와 서비스는 점점 노동자들의 임금으로는 소비할 수 없는 상품과잉을 불러일으켜 시장을 주기적으로 불황이 오도록 한다.
셋째, 생산수단을 소유한 자본가들은 경제적 힘(power)을 획득하여 점점 정부에게 영향력을 행사하고 시장에서 자유경쟁을 제한하여 독과점을 불러일으키며 시장에 대한 사회개혁을 방해하게 된다.

자유주의의 **정부에 대한 시각**은 정부가 필요악이라는 점이다. 즉, 타인으로부터 개인의 삶을 보호하기 위해 필요하지만 또 다른 한편으로는 개인의 자유를 침해할 수 있음이 강조된다. 즉, 법이나 경찰 등은 개인의 삶과 자유를 보호하기 위해 필요하지만 정부의 힘이 강해지면 개인의 자유를 침해할 수 있다고 본 것이다. 따라서 자유주의는 정부가 힘을 남용하는 것을 막고 개인의 자유를 보호하는 것을 강조한다. 특히, 고전파 자유주의자들에 비해 현대 자유주의자들은 정부의 주요 과업이 개인이 자유롭게 살아가는 것을 방해하는 방해물들을 제거하는 것이며 방해물들은 주로 빈곤, 질병, 차별, 무지 등이라고 강조하고 정부는 이들을 제거하기 위하여 노력하여야 함을 주장하였다. 특히, 현대 자유주의는 유럽에서 자본주의 경제체제를 유지하기 위해 정부가 사회복지정책을 적극 도입하도록 하였으며 그리고 미국에서는 복지국가정책을 강조했던 뉴딜정책과 연합하여 **복지국가**가 발전하는데 많은 영향을 미쳤다. 따라서 현대 자유주의자들에게 있어 정부는 공립학교와 병원을 건설하고 욕구가 있는 사람들에게 필요한 서비스를 제공하며 노동자들의 건강과 복지개선을 위해 노동조건을 개선하며 힘이 없는 사회구성원들과 빈민들이 자유롭게 생활하도록 공적 지원을 강화하여야 함이 제기되었다. 결국, 고전 자유주의가 강조했던 정부의 역할은 최소한의 자유를 침해하지 않는 선에서의 개입으로부터 현대 자유주의는 인간의 삶을 번영시키고 복지를 증진시키는 데 있어 정부의 책임과 역할이 확대되어야 함을 제시하였다.

자유주의의 **국가에 대한 시각은** 정부에 대한 시각과 동일한 측면을 가지고 있다고 할 수 있다. 즉, 자유주의자들은 국가가 전체 사회복지 증진이나 사회적 번영 그리고 국민 개개인의 복지증진을 위하여 일정 정도 역할을 하여야 한다는 것이다. 물론 국가의 역할에 대한 시각 역시 고전파 자유주의자들과 현대 자유주의자들의 견해에는 상이성이 존재한다. 초기 고전파 자유주의자들은 국가의 역할을 국민들의 자유와 생활안정을 침해하지 않는 선에서 최소한으로 유지되어야 함을 주장하였지만 19세기 이후 시장의 불안정성과 배제와 차별 그리고 빈곤 등이 증가함을 지켜보면서 현대 자유주의자들은 국가의 역할을 보다 강조하게 된다. 즉, 지역공동체(사회의 이익)의 개인의 이익 사이에 균형을 위하여 국가가 역할을 하여야 함을 주장하였다. 자유주의자들의 시각에서, 국가는 소수보다는 대중들에게 기회를 제공할 수 있도록 그들의 자유를 발전시키는데 노력을 하여야 하며, 특히, 기회와 결과의 불평등이 확산되지 않도록 하고 자본주의경제체제를 안정화시키기 위하여 노력하여야 하며 자본주의경제의 불안정성에 대해 보상할 수 있도록 체계를 갖추어야 함이 강조된다(Taylor, 2007).

경제적 측면에서 자유주의는 개인의 자유로운 경제활동으로의 자유와 사적소유권이 강조된다. 자유주의 경제이론은 아담 스미스, 세이, 밀 등 고전파 경제학자들에 의해서 지지되었는데 아담 스미스는 국가의 정책, 부의 분배, 물가요인, 경제행동에 대한 동기부여 등은 모두 부를 최대화하기 위하여 존재함을 주장하였다. 또한 그는 이타주의보다 자기이익추구가 재화와 서비스의 이익창출을 위한 생산을 통해 사회의 부를 최대화할 수 있다고 생각했으며 수요, 공급, 가격, 그리고 경쟁은 정부의 규제로부터 자유로워야 한다고 주장하였다. 시장은 스스로 균형가격을 찾는다는 그가 강조했던 '보이지 않는 손'은 자기규제적인(self-regulating) 시장 및 경제작동의 원리라고 볼 수 있다.

1840년대 이후 경제정책을 지배했던 **만족주의**(utilitarianism, 우리나라에서는 공리주의로 해석)는 경제적 자유주의의 실행에 있어 정당성을 부여했다. 만족주의는 무언가가 가치가 있다는 것은 행복(만족)이 증진될 수 있을 때를 의미한다고 주장하며, 인간은 많이 가지면 많이 가질수록 행복하다는 것을 강조한다. 대표적인 만족주의 정치경제학자는 '최대 다수의 최대 행복'을 강조하였던 제러미 밴담(Jeremy Bentham)이다.

※ 만족주의(utilitarianism, 공리주의)의 사회복지적 한계

인간 개개인들은 자신들이 가지고 있는 모든 가능한 정보를 가지고 최선을 다해서 그들이 갖기를 선호(preference)하는 것, 원하는 것(want)을 갖으려고 하며, 만족(utility)을 최대화시킬 수 있는 가능한 행동들을 찾는다고 전제한다. 따라서 자본주의 하에서 자유주의자들이나 고전파 경제학자들이 강조하였던 이성이라는 것이 어떤 것을 선택하는데 있어 하나의 가치로서 존재한다. 하지만 원하는 것을 갖고 노력하고 선호하는 것을 선택하려고 하는 것이 자유주의 경제학에서 언급하는 이성적인 인간의 행동인 것만은 아니다. 어떤 인간은 건강한 삶의 유지를 돈 버는 것보다 더 우선시하기도 하고 또 어떤 인간은 음악활동을 통한 즐거움을 돈 버는 것보다 훨씬 가치 있는 일이라고 생각하기도 한다. 따라서 경제학에서 얘기하는 것처럼 인간의 행동이 결국 이성적인 행동에 기초하며, 개인적 만족 (individual utility)은 단지 경제적 활동을 통해서만 최대화하는 것만은 아니라고 할 수 있다(지은구, 2003).

Bentham(utilitalian, 공리주의자 또는 만족주의자) 은 최대로 많이 가지는 것이 최대의 행복이라고 강조했다(the greatest numbers, the greatest happiness). Bentham의 논리는 숫자가 많으면 행복하다, 즉 많이 가지는 것이 최대행복이라는 것으로서 개인적 만족을 최대화하는 경제학의 가치에 부합하는 논리를 제공해준다. 즉 이 논리에 의하면 사람들이 더 많은 잉여가치 즉 이윤을 창출하는 행위가 정당화되는 것이다. 재화를 더 많이 가지는 것이 과연 모든 인간의 행복을 보장하는가? 더 많이 갖는 것이 인간의 만족(satisfaction)이나 행복(happiness)을 완전하게 보장한다면 그리고 자본주의에서 그것이 가능하다면 자본주의 하에서 사회복지는 확대 발전될 수가 없었다. 즉, 누구나 원하는 것을 만족할 만큼 소유할 수 있다면 자본주의경제체제에서 국가적 개입으로서의 사회복지체계는 존재가치가 사라지게 된다는 것을 의미한다.

경제적 생산을 통해서 얻어진 총 만족(total utility)분에서 소수 자본가가 너무 많은 부분을 차지함으로써 한편으로 사회불평등이 심화되고 각종 사회문제가 확대 재생산되어 자유주의 경제학의 논리로는 이 문제를 해결할 수 없게 되자 사회복지가 경제에 개입하여 총 만족(total utility)을 일편에 너무 치우치지 않게끔 공평하게 분배하도록 하는 각종 서비스와 프로그램을 확대하게 되는 것이 역사적으로 복지국가의 발전 및 사회복지가 발전 확대되는 분기점이었으며 복지와 자본주의가 결합하는 복지자본주의의 기본 토대가 되었다. 따라서 자본주의 경제체제에서는 최소한의 개인적 욕구 또는 개인적 만족 나아가 행복은 사회복지서비스나 프로그램을 통해서 보장받게 되며 추가적 만족(marginal utility)을 지속적으로 추구하려는 인간이 이기적 행동은 사회복지의 가치인 연대(solidarity)와 평등 (equality) 그리고 사회정의(social justice)에 의해 일정부분 통제되기도 한다(지은구, 2003).

2. 자유주의와 복지자본주의

자유주의자들의 복지에 대한 기본 시각은 복지가 개인적 수준에서 이루어지며 개인들의 복지가 향상되면 곧 사회복지는 향상될 수 있다고 생각했다는 점이다. 특히, **고전 자유주의자들**과 **현대 자유주의자**들의 복지의 제공이나 복지에 대한 시각은 상이한 측면을 가지고 있음을 알 수 있다. 고전 자유주의의 **복지제공이나 복지**에 대한 시각은 개인의 복지는 개인이 책임지며 **복지는 만족이나 행복과 동일한 개념**으로 이해된다는 점을 강조한다. 즉, 고전 자유주의자들은 만족이 곧 복지이고 개인적 복지는 개인이 책임지는 것을 강조했으며 현대 자유주의자들은 자본주의경제체제에서 시장이 불평등을 조장하고 불균형하다는 것을 인정하고 이를 극복하기 위해 사회적 수준에서의 복지체계를 작동시키는 것을 강조하였다.

현대 자유주의자들은 개인에게 발생하는 문제는 역시 사회에서도 발생할 수 있음으로 이는 사회적 수준에서 해결되어야 한다는 점을 인정하였다는 점이다(Taylor, 2007). 즉, 빈곤은 개인에게도 부정적인 영향을 미치지만 사회에도 부정적인 영향을 미침으로 국가가 적극적으로 개입하는 것이 중요한 역할임을 강조하였다. 즉, **복지국가에 대한 시각**에 있어 고전 자유주의보다 현대 자유주의가 그 중요성을 적극 인정하고 자본주의 경제적 토대를 유지 및 안정화시키고 시장의 불안정성을 극복하기 위해 복지정책을 확대·제공하는 복지국가를 선호하였다고 할 수 있다. Hobhouse(1911)는 개인의 권리는 공동의 이익이라는 측면에서 매우 중요하며 공동의 이익은 곧 모든 사회구성원들의 복지에 크게 의존함을 주장하였는데 그는 국가가 빈민들을 위한 복지혜택을 제공하고 교육체계를 구축하며 병원을 유지하여야 하는 등의 책임을 가지고 있다고 생각하였으며, 국가는 국민들이 건강하게 자기관리를 잘 할 수 있는 조건을 보장하는 것이 중요한 역할임을 주장하였다. 영국 복지국가의 기초를 닦는데 도움을 주었던 비버리지보고서를 작성한 비버리지 등과 같은 영국의 현대 자유주의자들과 미국의 현대 자유주의자들 역시 복지제공에 대한 국가역할의 중요성을 강조하였다. 미국의 경우 존슨행정부가 추진하였던 '빈곤과의 전쟁(The War on the poverty)'을 통해서도 확인할 수 있다. 미국 대통령인 존슨은 빈곤이 단순한 하나의 요인으로 발생하지 않으며 실업, 열악한 주거, 불충분하거나 부적절한 교육, 열악한 건강상태 등 다양한 요인에 의해서 발생함을 인정하면서 이를 해결하기 위해 열악한 주거문제해결, 적절한 교육 제공, 직업훈련 등과 같은 사회프로그램을 통해서 극복될 수 있다고 인식하였다.

고전 자유주의보다는 현대 자유주의가 복지와 자본주의가 결합한 **복지자본주의**의 이념적 토대를 제공했다고 볼 수 있다. 즉, 현대 자유주의자들은 사회에 만연한 빈곤을 예방하거나 감소시키기 위해서 국가는 자본주의 경제를 규제하여야 할 의무가 있다고 생각했다는 점이다(Taylor, 2007). **보수주의자들과 다른 점**은 자발적 조직 등을 통한 복지민영화나 시장화를 통한 복지제공보다는 국가의 복지제공에 대한 책임을 더욱 강조하였다는 점이다. 즉, 사회전반의 공동의 복지를 증진시키기 위한 국가가 주도하는 사회정책의 중요성을 잘 인식하고 있었다는 점이다. 특히, 최소수준의 복지제공보다는 공동의 이익을 추구하고 사회가 안정하기 위한 수준에서 복지서비스가 제공되어야 한다는 점에 대한 인식을 가지고 있었다는 점이다.

현대 자유주의는 복지정책과 자본주의가 결합하는 복지자본주의를 옹호하고 적극 지지하지만 **복지자본주의에 대한 시각의 한계 역시 명확하다**. 즉, 현대 자유주의는 자본주의 경제체제를 유지하기 위한 방편으로 수정된 자본주의 형태로 복지제공의 국가적 책임을 강조했다고 볼 수 있다. 이는 현대 자유주의가 자본가들의 이익창출을 통한 자본축적활동의 정당성은 인정하면서 시장의 불안정성과 불평등을 극복하기 위한 대안으로 정의와 복지국가를 강조하여 복지자본주의를 유지하려고 한다는 점을 의미한다. 다시 말해 자유시장과 자본을 통제하지 않는다면 불평등과 시장의 불안정성은 수정되지 않는다는 점은 인정하지만 자유시장을 거부하거나 자본을 통제하지 않으면서 빈곤이나 불평등과 같은 위험이나 사회문제는 곧 국가적 대응체계인 사회복지제공을 통해 해결하는 자유주의적 시각에서의 복지자본주의를 작동시킨다는 점이다. 즉, **자유주의가 작동시키는 복지자본주의는 복지정책을 강조하면서 복지를 통해 불평등의 일부를 제거 내지 개선하면서 자본주의를 안정화시키기 위한 도구로서 복지자본주의를 정치체제와 경제체제를 유지하는 강력한 토대로서 활용한다는 점이다.**

3. 자유주의 자본주의모델: 라인 자본주의모델

라인모델(Rhine model)은 현대 자유주의사상을 반영하는 자본주의모델이다. 라인자본주의모델은 라인강에 인접한 스위스, 오스트리아, 독일, 프랑스 등의 국가들이 갖는 자본주의 특성들이 비슷하다고 하여 이름이 붙은 자본주의 모델이다. 라인자본주의모델은 앵글로-섹슨 모델과는 대비되어 설명되곤 하는데 이는 라인자본주의모델이 개인의 성공과 이익보다는 집단의 성공과 이익, 단기적 이익보다는 장기적 기획과 동의에 기반한 결정 등을 중요시하기 때문이다(Albert, 1992). 특히, **라인자본주의모델은 사회적 시장경제라고도 불리는데** 이는 사회적 시장경제의 특징들인 권력분담과 협력 및 동의에 의한 기업관리, 평등주의와 공동체 그리고 국가의 시장에 대한 개입을 적극적으로 지지하는 사회적 시장 그리고 국민들에게 더욱 확대된 사회보장제도 등의 요소들을 내포하고 있기 때문이다.

라인자본주의모델의 주요 요소는 자유시장을 인정하지만 시장에 대해 국가가 수동적이고 비규제적이지 않고 적극적으로 개입한다는 것과 사회보장체계로서 연금, 보편적 건강보험, 실업보험, 돌봄서비스 등을 강조한다는 점이다. 라인모델이 강조하는 사회정책의 목표는 소득성장에 따른 균형있는 분배와 복지, 주거, 교육, 고용정책을 추진하는 것이다. 이와 같은 라인자본주의모델의 요소들은 결국 자유경쟁시장이 만들어 내는 각종 위험이나 불안정성을 줄이는 역할을 한다는 점이 강조된다(Roman Herzog Institute, 2011).

아담 스미스, 하이예크, 프리드만 등과 같은 학자들의 사고에 기반하여 구축된 앵글로-섹슨 자본주의모델과 대비하여 라인자본주의모델을 제시하였던 Albert(1992)는 라인모델이 공적으로 조직화된 사회보장의 기반을 바탕으로 더욱 형평하고 효율적이며 덜 폭력적인 모델이라고 주장하였다. 라인자본주의모델은 가장 관대한 복지시스템과 복지혜택을 제공하며 높은 수준의 노동조합비율, 다양한 이해관계자들을 고려하는 정책과 사회정의를 추구하는 장기적 관점의 거시경제정책을 추진한다. 따라서 라인자본주의모델은 사회공평과 사회정의에 대한 소명감이 매우 높은 복지를 강조하는 자본주의모델이라고 할 수 있다. 노르딕모델인 스웨덴도 라인모델에 포함되기도 하는데 이는 라인자본주의모델과 노르딕자본주의모델이 높은 노동조합비율 등 일부 비슷한 요소를 공유하기 때문이다.

제 4 절 사회민주주의

1. 사회민주주의 개관

사회민주주의(social democracy)는 정치적 민주주의와 자본주의의 틀 안에서 사회정의를 증진시키기 위한 개입을 지지하는 이념이자 사상으로 19세기 등장한 이후 전후 유럽을 중심으로 발전하였다. 사회민주주의는 자유민주주의의 틀 안에서 안정적이고 점진적인 개혁을 활용하여 자본주의경제를 집합주의적 통제의 유형으로 전환하려는 사상이라고 할 수 있으며(Fitzpatrick, 2003), 사회정의를 증진시키기 위한 사회·경제적 개입을 지지한다. 즉, 사회민주주의는 자본주의를 인간화하고 자본주의가 연대적이며 평등적이고 민주적인 결과물을 만들어 내는 것을 추구한다고 할 수 있다(Weisskopf, 1992).

자본주의를 인간화한다는 것은 자본주의경제체제가 불평등과 불안전성을 기반으로 인간을 지속적으로 배제 및 차별함으로 자본주의는 개혁되어야 져야 한다는 것을 의미하는 것으로서 사회민주주의는 자본주의문제점을 극복하기 위한 방법으로 **생산수단을 국가가 소유하는 것보다는 국가의 규제와 복지정책을 적극 옹호하**며 분배적 정의를 강조한다. 특히 사회에서 창출된 부의 분배는 누진세(progressive tax)와 확대된 복지국가프로그램을 통해 해결하려고 노력하며 정부와 노동자 그리고 사용자 간의 협력의 가치를 중요하게 생각한다. 사회민주주의는 유럽의 노동당(독일 사회민주당, 프랑스사회주의당, 스웨덴 사회민주당, 영국의 노동당, 이탈리아 민주당 등)과 사회주의운동 및 노동운동을 통해서 발전하였으며 1999년 당시 유럽연합 15개국 중 12개국에서 사회민주당이 의회권력을 차지한 다수정당으로 확대되었다(Fitzpatrick, 2003).

사회민주주의는 **자본주의 자체를 반대하거나 종식시키는 것이 아닌 자본주의 경제체제를 인정하면서 자본주의가 만들어 내는 불평등과 같은 사회문제를 정치적 민주주의와 복지정책을 통해 해결하려는 사상**이라고 이해할 수 있다. 사회민주주의는 모든 사회구성원들을 위한 경제적 규제와 소득재분배정책을 수단으로 활용하며 기회의 평등보다는 결과의 평등을 강조한다. 사회민주주의자들은 자본주의가 연대와 자유 그리고 평등을 인도할 수 있도록 하는 조건을 만들어 내고자 노력한다. 또한 사회민주주자들은 점진적이고 평화로운 방식으로 자본주의의 영향력을 줄이기 위해 그리고 자본주의의 대안을 찾기 위해 노력하였는데 그들에 따르면 국가가 점진적으로 경제에서 역할을 수행하면 즉, 자본주의 안에서 자본주의를 수정 및 개혁시키면 급진적이거나 혁명적 방식이 아닌 점진적인 방식으로 사회주의의 기초를 설립할 수 있다고 생각하였다(Webb, 1889; Taylor, 2007).

사회민주주의자들의 **인간에 대한 시각**은 모든 인간이 기본적 권리를 가지고 있으며 특히 개개인들이 공동체 속에서 발전하고 함께 생활하면서 자기 자신을 개발하고 성장시킬 있는 주체적 능력을 고양시킬 수 있다고 본다. 즉, 인간은 사회에서 고립되어 있는 존재가 아니며 질서가 유지된 집합주의 사회에서 그들 자신의 잠재성을 향상시키고 상호 존중받으면서 살아간다고 강조한다(Taylor, 2007). 따라서 사회민주주자들은 인간을 사회 안에서 개별화되고 개인화된 주체로 바라보기보다 사회적 관계 속에서 상호 행동하는 주체로 바라본다.

사회민주주의자들의 **사회에 대한 시각**은 경제나 시장에 대한 시각과 동일하게 사회가 개혁될 수 있다고 본다는 점이다(Taylor, 2007). 즉, 그들은 사회가 개인의 성취를 방해하는 방해물(특히, 불평등과 같은 문제)을 가지고 있지만 불평등을 개선시키고 줄일 수 있으며 국가는 사회가 조화롭고 평등하도록 할 수 있다고 강조한다. 따라서 사회민주주의자들은 경쟁보다는 조화와 화합이나 협력을 조성하는 사회를 건설하기 위해 노력한다고 볼 수 있다. 특히, 사회민주주의자들은 협력사회가 시장메커니즘으로부터 오는 것이 아니라 기회와 물질적 부가 **사회정의**의 원칙에 부응하여 분배되는 사회에서 발생한다고 주장하였다(Taylor, 2007). 즉, 사회민주주자들은 자본주의사회에 내제되어 있는 **사회문제의 본질**은 곧 불평등과 사회부정의임으로 이를 바로 잡기 위하여 사회정의를 지지하는데 사회정의는 결과의 평등과 분배적 정의를 통해서 실현되어야 함을 강조함으로 평등주의적 정의가 중요한 실천목표가 된다.

사회민주주의자들의 **정부에 대한 시각**은 정부가 인간 개개인들이 스스로 삶의 목적을 성취할 수 있도록 사람들을 지원하여야 한다는 점을 강조한다. 즉, 정부는 국민들의 삶의 목적성취에 방해가 되는 위험이나 위기와 같은 사회문제들을 제거하여야 하며 성공을 성취할 수 있도록 기회를 제공하기 위하여 노력하여야 한다(Commission on Social Justice, 1993). 사회민주주자들은 이러한 정부의 노력이 곧 국민의 복지를 증진시키는 것이라고 주장한다(Taylor, 2007). 특히, **국가에 대한 시각**에 있어 사회민주주의자들은 국가가 대중의 이익실현을 위해 존재한다고 생각하였음으로 국가는 자본가계급의 이익을 보호하는 것이 주된 임무가 아니라 사회적 부정의를 해소하고 조화롭고 통합된 사회를 건설하는데 역량을 쏟아야 한다고 강조하였다.

사회민주주자들은 **복지국가**를 강력하게 지지하였는데 이는 복지국가가 자본주의가 창출해내는 사회문제나 역경을 국민들에게 복지를 제공함으로써 완화시킬 수 있다고 믿었기 때문이다. 따라서 사회민주주의자들이 주축이 된 노동당 정부는 사회복지제공에 대한 국가의 역할을 강조하면서 전후 영국을 복지국가로 발전시키는데 중요한 역할을 수행하였다. 따라서 Anthony Crosland(1956) 같은 사회민주주의자들에 있어 복지국가는 중요한 사회변화를 추진하고 반영하는 정치적 신념이었다. 비록 사회민주주의자들에 있어 **복지국가는 평화롭고 점진적인 방식으로 더욱 정의로운 사회를 구축하기 위한 타협물이지만, 자유시장 자본주의와 이를 극복하기 위한 혁명적 활동의 혼란을 피하도록 돕고 전체 사회를 보다 혜택 받은 사회로 발전시키기 위한 성취물**로 비춰졌다. 특히, 자본주의 병폐로부터 사회를 구하기 위해서 사회민주주의자들은 복지서비스를 국가가 직접 제공하는 것이 중요함을 강조하였는데 그들은 복지제공을 국가가 책임지는 복지국가를 연대를 확장시키고 불평등을 감소시킬 수 있는 메커니즘이라고 보았기 때문이다. 결국 사회민주주의는 복지국가가 국민들을 선별하지 않는 보편주의에 기초하여 사회적 욕구를 해결하기 위해 국가가 직접 복지서비스의 확대 제공하는 복지국가의 한 유형이면서 정치체제라고 바라본다.

사회민주주의자들의 **시장에 대한 시각**은 시장을 전적으로 신뢰하지 않음으로 시장을 보호하거나 지지하는데 관심을 가지지 않는다는 점이다(Taylor, 2007). 특히, **자유경쟁시장**은 인간을 지속적으로 배제하고 불평등을 조장함으로 수정되고 극복되어야 한다고 주장한다. 특히, 사회민주주의자들은 자유경쟁시장을 근간으로 하는 자본주의가 개인의 이익창출에 대한 동기를 강조함으로써 사회정의와 평등수준을 개선하기 위한 정책의 중요성을 간과한다고 비판한다. 따라서 시장에 대한 국가의 규제는 당연한 것으로 여겨지며 시장의 불안정성과 불평등성을 통제하기 위한 자본의 통제와 시장경제의 국유화를 추진하기도 한다. 시장에 대한 사회민주주자들의 시각은 곧 경제적 시각에 반영되어 잘 나타난다.

경제적 측면에서 사회민주주의자들은 국가가 경제에서 중요한 역할을 수행하여야 한다고 주장하며 경제를 대중의 통제와 대중의 소유 속으로 놓게 할 수 있다는 점을 강조한다(Taylor, 2007). 따라서 일부 사회민주주의자들은 경제를 국가가 운영하는 국유화정책을 추진하는 것을 주장하는데 1945년에서 1951년대 **영국의 노동당정부**는 영국 전체 경제의 약 20%를 국유화였다. 사회민주주의자인 MacDonald(1905)는 국가가 공동의 이익에 부응하도록 산업을 국유화하는 것을 통해서 그리고 산업의 이익을 재분배하는 것을 통해서 사회를 통합시킬 수 있다고 생각하였다. 이 당시에 영국 노동당은 사회민주주자들의 주도하에 복지국가를 강력하게 추진하였다고 알려져 있다. 물론 모든 사회민주주의자들이 경제의 국유화를 찬성한 것은 아님으로 국유화는 논쟁점이라고 할 수 있다. 예를 들어 사회민주주의자인 Marquand(1988)는 산업에 대한 통제와 공적 소유는 관리하기가 어렵고 비효율적임을 주장하였는데 특히, 그는 국가가 민간부분을 규제하고 지원하는 것이 의미가 있음을 강조하였다. 사회민주주의자인 에스핑-엔더슨(Esping-Anderson, 1985)에 따르면 사회민주주의의 강점은 완전고용을 유지하는 것을 돕기 위하여, 높은 투지를 유지하기 위하여 그리고 경기순환을 통제하는 것을 돕기 위하여 국가가 경제를 규제할 수 있는 힘과 능력을 가진다는 점이라고 주장하였다. 통상 경제적 측면에서 사회민주주의의 자본주의 모델은 노르딕모델로서 노동자와 기업가간에 협력과 타협을 강조하는 사회적 협조주의(social corporatism)가 강조된다. 특히, Whyman(2005)은 사회민주주가 추구하는 자본주의 모델은 **노르딕모델**의 특징을 갖는다고 강조하였다.

사회민주주의는 현대 사회주의 또는 서구 사회주의의 가장 일반적인 형태로 인식되고 있고 **민주적 사회주의**(Democratic Socialism)의 개량적 입장으로 인식되기도 한다. 사회민주주의 가장 기본적인 세 특징은 첫째, 정당행위 및 투표에 대한 정당한 권리 등을 의미하는 **민주주의** 둘째, 케인즈경제학을 기초로 하는 국가에 의해 **규제되는 시장경제** 셋째, 사회복지혜택에 있어 욕구에 따라 보편적 서비스를 제공받을 수 있는 동등환 권리를 보장하는 **복지국가**라고 할 수 있다(Badie et al., 2011).

※ 민주적 사회주의(Democratic Socialism)와 사회민주주의

사회민주주의를 논할 때 민주적 사회주의 역시 많이 등장함으로 민주적 사회주의와 사회민주주의에 대한 차이점을 이해하는 것도 필요하다. 사회민주주의는 민주적 사회주의의 한 부류(개량적 분파)라고 알려져 있다. 민주적 사회주의는 사회가 소유하는 경제 속에서 정치적 민주주의를 지지하는 정치철학이다(Busky, 2000). 즉, **민주적 사회주의는 탈중앙화된 계획적 사회주의경제의 형태로서 시장사회주의(market socialism)경제 속에서 노동자들의 자체적인 관리와 직장민주주의 그리고 경제적 민주주의를 강조**한다(Anderson, 2007; Edelstein, 1993). 민주적 사회주의는 자본주의가 내재적으로 자유, 평등, 연대 등의 가치와 양립할 수 없으며 이러한 가치는 오로지 사회주의사회의 실현을 통해서만 이룩될 수 있음을 강조하며(Alt et al., 2010), 특히, 사회주의의 실현은 혁명적 또는 개혁적 정치를 통해서 모두 가능함을 주장한다. 민주적 사회주의는 **시장자본주의가 실질적인 사회정의를 실현하는 것에 실패**하였음으로 자본주의 문제점들을 해소하기 위해서생산수단의 집합적 소유로 사적소유권을 전환시키고 산업민주주의의 유형으로 경제적 영역에서 민주주의를 확대하는 등과 같은 사회주의생산양식으로 지본주의생산양식을 대체하여야 함을 강조한다(Eatwell & Wright 1999, p. 80; Anderson & Herr 2007, p. 447; Schweickart 2007, p. 448; Alt et al. 2010, p. 401). 결국, **민주적 사회주의는 정치적 민주주의와 함께 생산수단을 집단이 소유하고 통제하도록 하여(생산수단의 사회화) 사회주의경제를 확보하는 것을 강조**함을 알 수 있다.

따라서 민주적 사회주의는 사회민주주의의 한 유형으로서 혁명적 방식을 거부하고 자본주의에 대한 점진적인 수정이 사회주의로 전환하도록 하는 토대를 제공할 것이라는 사회민주주의와는 다름을 알 수 있다. 즉, **민주적 사회주의는 혁명적 방식이든 개혁적 방식이든 사회주의경제가 도래할 것을 강조**한다는 차이점이 있음을 알 수 있다. 또한 사회민주주의는 복지정책을 강조하지만 민주적 사회주의는 상대적으로 복지정책보다는 자본주의경제체제의 전환을 위한 경제정책을 보다 강조한다는 특징이 있다. 민주적 사회주의가 강조하는 사회복지는 모든 국민들을 대상을 하는 특수한 또는 기본적인 욕구가 모두 성취되는 복지체제로서 이는 곧 사회주의사회를 위한 기본적인 토대가 된다. 사회적 민주주자들은 복지국가가 시장자본주의를 극복하면 달성될 수 있다고 보았다(Fitzpatrick, 2001). 따라서 복지자본주의는 민주적 사회주의자들에게 있어서 수정된 형태의 자본주의로서 자본주의의 문제점을 극복하지 못함으로 극복되어야 하는 대상이 된다.

2. 사회민주주의와 복지자본주의

사회민주주의자들은 개인의 복지보다 불평등이 개선되어 만인이 동등하게 대접받는 전제 사회구성원들의 복지를 강조한다. 따라서 사회민주주의자들은 평등주의자(egalitarian)의 시각을 유지한다. 특히, 사회민주주의자들은 국민들의 복지 및 사회의 복지를 증진시키기 위해 사회정책의 주도성을 강조하였는데 이는 사회의 복지향상이 개인의 자선이나 기부행위 또는 자유시장의 자원할당을 통해서는 결코 이루어지지 않을 것이라고 보았기 때문이다. 따라서 사회민주주자들은 더욱 공평한 사회를 건설하고 사회적 욕구를 해결하도록 하기 위하여 국가가 경제를 통제하여야 함을 강조한다. 따라서 사회민주주의는 복지국가를 적극 지지하며 국가의 사회적 욕구에 대한 대응의 필요성을 인정한다.

사회민주주의자들은 기본적으로 자본주의가 불공정을 조장하고 불평등을 조장함으로 공정하지 못하다고 본다. 따라서 **자본주의**가 더욱 **인간적이고 더욱 공정한 경제체제**로 대체되어야 한다고 주장한다. 따라서 자본주의의 비인간인 속성과 불평등을 조장하는 방식을 수정하기 위하여 자본을 통제하고 자본을 국유화하는 것을 강조한다. 즉, 사회민주주의 복지국가는 복지와 자본주의가 결합된 **복지자본주의**를 인정하지만 자본주의는 수정되어야 하고 특히 자본에 대한 통제는 필연적이라고 강조하며 국가의 복지제공은 더욱 확대되어야 한다고 주장한다. 결국 사회민주주의자들은 복지를 더욱 강화하여 국가가 복지제공을 책임지면서 자본주의 시장경제에 국가가 적극 개입하고 일부 산업을 국유화하는 복지자본주의를 강력하게 지지한다고 할 수 있다. 따라서 사회민주주의자들이 강조하는 복지자본주의는 점진적이고 개혁적인 사회주의방식으로 이행하기 위한 전 단계로서 국가 복지제공이 강화되고 자유시장이 통제되는 복지자본주의라고 할 수 있다.

결국, 사회민주주의 복지국가는 복지자본주의 중에서 국민들의 사회적 욕구를 국가가 직접 해결하려고 하는 사회복지정책을 강력하게 추진함으로 고전 또는 현대 자유주의나 보수주의 복지국가의 복지자본주의보다 가장 보편적이면서 평등지향적인 사회를 건설하기 위해 노력한다. 즉, 사회민주주의 복지자본주의는 자본주의가 가진 문제를 국가 주도의 경제 및 사회복지정책을 통해서 해결하려는 특징을 가진다.

종합하면, 사회민주주자들은 국가가 복지혜택에 대한 사회적 권리를 보장한다면 더욱 공평하며 평등한 사회가 만들어질 수 있음을 강조함으로 국민의 복지혜택을 확대하는 국가중심의 복지혜택확대를 통한 복지국가의 발전을 강조한다. 따라서 자본주의가 수정되고 개혁되는 것을 강조하는 사회민주주의자들에게 있어 복지자본주의는 국가 중심의 복지확대를 통한 자본주의의 수정 내지는 개혁을 의미한다. 복지 또는 복지혜택에 대한 권리는 주거, 건강, 교육 그리고 사회서비스 전반에 대한 국민들의 보편적 권리를 의미하며 이 권리는 곧 복지자본주의를 위한 사회적 토대로 작동하게 된다.

3. 사회민주주의 자본주의모델: 노르딕 자본주의모델

노르딕모델(Nordic model) 또는 노르딕자본주의모델은 사회민주주의사상이 발전된 덴마크, 노르웨이, 아이슬란드, 스웨덴, 핀란드의 노르딕인종의 국가들이 공동으로 가지고 있는 문화적 전통을 공유하면서 동시에 경제정책과 사회복지정책을 중요시하는 자본주의의 한 유형으로 분류된다(Fellamn et al., 2009). 특히, 노르딕모델은 자유시장경제의 기초 하에서 확대된 복지국가와 다양한 수준의 단체교섭(collective bargaining)을 포함한다. 따라서 노르딕모델은 노사간의 협력과 타협이 강조된다. 통상 노르딕모델은 노동조합비율이 매우 높은 특징을 가지고 있다(2023년 4월 기준 노동조합조직률 스웨덴, 65.2%, 덴마크, 67%, 핀란드, 58.8%, 노르웨이 50.4%, 아이슬란드, 91.4%, 한국 12.4, 미국, 10.3%, OECD data set).

노르딕자본주의모델은 정치적으로는 사회민주주의를 지지하는 정당이 높은 지지를 받으며 단원제입법부를 가지고 있고 선거제도는 비례대표제를 유지하고 있다. 사회민주주를 표방하는 덴마크, 핀란드, 스웨덴의 사회민주당과 핀란드의 노동당은 최근 투표율이 하락하고 있지만 2000년도까지 최대 40%에서 최소 23% 이상의 지지율을 가지고 있었다(Brandal et all., The Nordic Model of Social Democrcy, 2013).

노르딕모델은 보편주의복지국가를 지지하며 공공부분(교육, 정부, 건강영역)에서 일하는 고용인들의 비율이 전체 노동인구의 약 30% 정도를 차지하고 있고 노사정간에 합의와 타협을 강조하는 조합주의체계가 발달되어 있다. 2020년을 기준으로 노르딕모델의 국가들은 불평등조정인간개발지수(inequality-adjusted Human Development Index, IHDI), 글로벌평화지수(Global Peace Index) 그리고 유엔의 세계행복보고서(World

Happiness Report)에서 가장 행복한 국가순위 등의 영역에서 상위 10개국 안에 모두 포함되어 있다.

종합하면, 노르딕모델은 지정학적으로 북유럽지역에 거주하는 인종으로 공동의 문화적 유산을 공유하는 국가인 스웨덴, 아이슬란드, 핀란드, 노르웨이, 덴마크의 자본주의 성격을 지칭한다. 특히, 노르딕모델은 1930년대 사회민주주가 유럽에서 확산될 때 발전하였으며 2차 대전 후에 전 세계로부터 주목을 받았다. 노르딕모델국가들은 대부분 보편주의를 선호하는 복지국가체제(Simon, 2015; Dolvik et al., 2015)이며 사회조합주의(Social Corporatism)와 시장중심의 혼합경제 그리고 사적소유권에 대한 소명감을 기초로 하여 다양한 수준에서의 단체협상과 포괄적 복지국가를 지지한다(Martin, 2018). 물론 사회복지영역에서의 민영화와 시장에 대한 규제를 제한하는 정책들이 최근 노르딕국가들에게서 나타나고 있지만 여전히 사회투자와 공공 및 사회서비스를 강조한다는 측면에서 다른 자본주의모델과는 차별점이 있다.

제 5 절　마르크스주의

1. 마르크스주의 개관

마르크스주의는 마르크스와 엥겔스로 대표되는 전통 **마르크스주의**(Marxism)와 전통마르크스이론과 변증법적 유물론의 한계를 인지하면서 등장한 **신마르크스주의**(Neo-Marxism)로 구분된다. 마르크스주의(Marxism)는 자본주의가 수정되어야 하는 것이 아니라 극복되어야 하며 이를 위해 새로운 경제체제를 필요로 한다는 점이 강조되지만 신마르크스주의는 자본주의문제를 극복하는데 있어 혁명적 방식이 아닌 새로운 방식으로의 해결을 모색한다. 특히, 복지자본주의입장에서 복지에 대한 대중의 항의가 본격적으로 시작되면서 혁명이나 폭력적 방식으로 문제를 해결해 나가는 것을 강조하는 마르크스주의와 새로운 방식으로 문제를 해결하는 것을 강조하면서 등장한 신마르크스주의의 입장은 구분된다. 신마르크스주의는 1970년대 복지국가의 성격 및 위기논쟁에서 자본의 축적양식과 국가독점자본의 논리를 비판하는 마르크스정치경제학적 입장을 견지하며 발전하였다. 마르크스주의와 신마르크스주의에 대해 간략하게 살펴보면 아래와 같다.

(1) 마르크스주의

마르크스주의자들에게 있어 자본주의는 사회문제의 근본이며 이를 해결하기 위한 복지정책은 곧 자본가계급을 유지하는 도구이자 자본주의사회를 유지하도록 하는 통치체계에 다름 아니다. 따라서 마르크스주의자들에게 있어 대중들이 원하는 또는 필요한 복지나 욕구를 충족시키는 유일한 방법은 복지정책을 강화하여 자본주의를 발전시키는 수정된 자본주의의 복지자본주의가 아니라 국민들이 필요한 욕구를 필요한 만큼 충족시키는 새로운 경제체제의 도래(공산주의)에 기초하여야 함을 주장한다. 따라서 마르크스주의에 있어 자원할당 즉, 분배는 대중의 욕구에 따라 이루어져야 하며 이를 위해서는 욕구에 따른 분배를 인정하지 않는 자본주의경제체제는 극복되어야 함이 강조된다.

마르크스주의에 따르면 자본주의라는 경제체제는 기본적으로 결함을 가지고 있으며 과잉생산과 과소소비 그리고 높은 실업은 자본주의가 산출하는 기본적인 문제임이 강조된다(Marx, 1867). 즉, 자본주의 산업화의 산물인 대량생산으로 상품은 넘쳐나는데 이를 소비할 소비능력은 줄어들고 결국 상품은 재고로 쌓이고 이를 해결하기 위해 기업가는 노동자를 해고하여 대량실업은 만성적이 된다는 것이다. 마르크스주의는 자본주의체제가 생산수단의 사적 소유권에 기초하며 사적소유권은 곧 생산수단을 소유한 계급과 생산수단을 소유하지 못해 생산수단을 소유한 계급에 자신의 노동을 판매하는 계급사이의 사회적 분업을 창출하였다고 주장한다. 사회적 분업은 곧 사회가 자본가계급과 노동자계급으로 구분되는 계급화를 의미한다. 이러한 계급화는 자본가와 노동자의 관계를 임금관계로 단순화하며 자본주의체제는 이러한 자본과 노동사이의 임금관계를 기초로 하게 된다. 마르크스(1844)는 이러한 임금관계가 곧 자본가계급이 노동자를 착취하고 비인격화하며 노동에 대한 통제권을 박탈하게 하는 결정적인 요인이라고 주장하였다. 또한 그는 자본가들이 시장에서 서로 경쟁하면서 임금은 더 적게 그리고 기계에는 더 많이 지출하면서 언제든 값싼 노동자를 고용할 수 있도록 실업을 증가시킨다고 강조하였으며 동시에 자본가들은 시장에서 그들의 이익을 증가시키기 위해 다른 기업들과 합병을 하며 결국 생산수단은 소수의 자본가에게 집중되고 결국 노동자들의 상태는 지속적으로 악화된다고 강조하였다.

마르크스주의자들에게 있어 자본축적과 노동에 대한 탄압이 일상화된 자본주의사회가 사회경제정책을 통해서 수정되고 점진적이고 평화로운 방식으로 새로운 경제체제로 이행될 것이라는 사회민주주의자들의 주장은 자본의 논리를 과소평가한 것이며 비현실적이 된다. 또한 전통을 중시하며 자본주의 체제를 옹호하는 보수주의나 자유주의 역시 자본축적을 정당화하는 자본가계급을 위한 사상에 지나지 않게 된다. 따라서 마르크스주의자들은 자본주의가 생산수단을 공동으로 소유하는 체제로 대체되어야 한다고 생각했는데 이는 곧 소수의 손(자본가계급)에 경제적 힘(권력)을 유지시키도록 하는 것보다 공동체에게 경제적 힘을 이양시키는 것이 바람직하다는 그들의 희망을 대변한다. 사회민주주자들은 생산수단의 국가소유(즉, 국유화)를 지지하지만 마르크스주의자들은 노동자계급이 그들의 삶을 그들 스스로 통제하도록 역량을 강화하는 것을 보다 강조한다. 따라서 마르크스주의자들은 국가가 개입하여 복지정책을 통해 복지를 증진시키고 나아가 국가가 평화롭고 점진적인 방식으로 노동자들의 영구적이며 안정적인 복지증진을 위해 노력한다는 것은 자본주의를 폐지시키지 않는 한은 불가능하다고 주장한다(Taylor, 2007). 결국, 마르크스주의자들은 사회민주주의가 자본주의와 사회주의의 중간 정도에 위치해있다고 보며 사회민주주의는 자본주의체제에 대해 직접적인 방식이나 혁명적인 방식으로 대항하기보다 노동자들을 설득하기 위해 설계되었다고 비판한다.

마르크스주의는 기회의 평등보다는 **결과의 평등**을 강조한다. 이는 기회의 평등이 착취당하는 노동자들이 빈곤과 불평등으로부터 벗어나는데 있어 도움을 주지 못한다고 생각하기 때문이다. 즉, 기회가 같다고 해서 생산수단을 소유한 자본가계급과 노동자계급이 동일한 평등의 과실을 얻을 수는 없다고 본다. 또한 마르크스주의자들은 진정한 **사회정의**는 자본주의가 붕괴되어야만 이룩될 수 있다고 생각했으며 자본주의 하에서 사회정의는 실현될 수 없다고 강조하였다. 특히, 마르크스는 고타강령비판(1875)에서 사회정의는 공산주의체제(communist system)에서 실현될 수 있음을 주장하였는데 이는 공산주의사회가 '능력에 따른 분배가 아닌 욕구에 따른 분배가 이루어지는 사회'이기 때문이라고 생각했다. 즉, 자본주의는 시장을 자원할당의 중요한 도구로 인정하고 시장을 통한 자원의 할당은 욕구보다는 지불능력이 중요한 할당의 기준임으로 자본주의 시장경제는 기본적으로 불평등과 사회부정의를 양산하게 된다.

(2) 신마르크스주의

자본주의의 불안정성은 복지자본주의를 통해서 극복되는 것이 아니라 변혁적 방법으로 새로운 경제체제에 의해서 대체되어야 함을 강조하였던 마르크스 사후 마르크스의 정치·경제사상을 계승한 마르크스주의자들은 새로운 집단을 형성하여 활동하였는데 이들은 **신마르크스주의자**(Neo-Marxist)로 불리며 주로 1970년대 이후에 등장하였다. 신마르크스주의자인 Miliband(1973)는 경제에 대한 국가개입이 사적기업에 의해서 지배당한 자본주의체제의 특성을 전환시키지는 못한다고 주장하였는데 이는 곧 국가개입의 확대를 통해 자본주의를 수정할 수 있다고 하는 수정자본주의에 대한 기본적인 회의론이라고 할 수 있다. 결국, Miliband에게 있어 자본주의는 단순히 자본가계급의 이익을 보장하기 위한 국가개입에 의해서 탄생한 것 이상도 이하도 아닌 것이라고 이해할 수 있는데 이는 자본주의가 착취와 억압과 비인간화를 기본으로 하는 체제이고 실질적으로 인간을 위한 환경을 만드는 것은 불가능함으로 인본주의적 자본주의를 만들기 위해 시도하는 것보다 차라리 자본주의를 폐지시키는 것이 중요하다는 그의 주장을 뒷받침한다(1977).

한편 Offe(1984)와 같은 신마르크스주의자는 자본주의국가가 **자본축적과 사회조화**의 증진(정당화)이라는 두 기본적인 기능을 한다고 보며 사회조화의 증진은 복지국가 즉, 국가가 제공하는 사회복지서비스를 통해 해결한다고 강조한다. 즉, 사회복지 재화와 서비스가 자본주의의 사적자본을 위해 직접 이익을 창출하지는 않지만, 사회조화를 위해 사용된다고 보는 것이다(지은구, 2006). 이러한 관점에 따르면 **복지국가는 자본의 안정화 및 자본축적을 정당화하기 위한 그리고 사회조화를 증진시키는 도구**에 지나지 않는다. 따라서 신마르크스주의자들의 관점에 따르면 사회복지는 자본의 측면에서 다음의 두 속성을 갖는다. 첫째는 자본의 이윤창출을 위해 노동자들에게 최소의 생활조건과 노동재생산의 물질적 조건을 제공함으로써 노동생산성을 유지 내지는 확대하는 속성을 지니며, 두 번째는 계급의식의 생성과 발전에 따른 노동운동의 발전이 자본주의 경제체제의 테두리를 벗어나지 않도록 하기 위해서 사회복지를 확대 재생산하게 되는 속성을 지닌다는 것이다(지은구, 2006).

이러한 신마르크스주의자들의 관점에 따르면 자본주의 하에서 사회복지는 양면성을 갖게 된다. 즉, 사회복지는 국민들의 욕구를 해결하기 위해 다양한 사회서비스(social services) 또는 사회프로그램을 제공하기도 하지만 한편으로는 사회통제를 위한 수단으로 작용된다. Burghart와 Fabricant(1987)는 신마르크스주의적 관점으로 국가가 자본의 영향력에 대한 지원을 강화시키기 위해 사회복지사를 노동자계급의 태도와 행동을 누그러트리고 변화시키는데 사용한다고 주장한다. 즉, 국가가 노동통제를 위해 사회복지사들을 이용만하고 정당한 대접을 하지 않으려고 하는 논리는 이러한 사회복지에 대한 사회통제적 성격에 의해서 설명될 수 있다. 즉, 사회복지의 사회통제적 성격은 자본주의국가의 제한적인 사회복지비 지출과 국민들의 욕구해결을 중심으로 하는 사회복지체계를 변화시키려는 의지의 결여 그리고 사회복지노동자의 저임금화를 설명해주는 이론적 토대를 제공해준다. 결국 이러한 사회복지의 양면성은 사회복지사들이 현 사회복지체계 하에서 그들의 역할에 대한 억제(역할억제, role strain)와 과다한 노동 등에 의해 정신적, 육체적으로 탈진화가 가장 빠르게 일어나는 노동을 형성할 수밖에 없게 되는 원인을 설명해준다고 볼 수 있다.

신마르크스이론에 따르면 사회통제의 대변인으로서 사회복지사는 사회복지사가 갖추어야하는 실천윤리와 임무 그리고 역할에 대해 국가로부터 억제를 받게 되는데 이는 사회복지예산삭감이나 프로그램의 축소 그리고 사회복지노동에 대한 자원봉사와 자선적 의미의 강조 그리고 사회문제해결에 있어 개인적 치료를 강조함으로써 일어난다. 따라서 이러한 사회복지의 사회통제적 성격에 대처하기 위해 사회복지사들은 불이익을 받은 지역 또는 집단 또는 피지배집단을 위한 사회조건을 개선시키고 복지지출을 증대시키기 위한 지역복지운동과 사회운동 특히 산업복지 실천운동과 조직화에 참여해야하는 필요성이 제기된다.

2. 마르크스주의의 인간 및 사회와 국가에 대한 관점

마르크스주의의 인간에 대한 시각은 기본적으로 인간은 창조적이며 사회 및 경제적 정황 속에 놓여져 있다는 것이다. 즉, 인간이 사회에 속해 있으며 사회 속에서 발전한다고 본다. 특히 마르크스주의는 인간에 대한 분석에 있어 인본주의적 시각과 함께 인간의 욕구에 대한 분석에서부터 인간의 본질을 설명한다. 즉, 인간은 기본적으로 욕구를 충족하기 위해 노력하며 생산수단은 이러한 인간욕구를 충족시키는 가장 기본적인 대상이라는 점을 강조한다. 따라서 인간은 생산수단을 통해서 의식주와 같은 기본적인 욕구를 충족하는데 특히, 인간은 노동을 통해서 스스로 인간답게 되며 생산적인 존재로서 행동한다고 생각하였다. 인간이 스스로 인간화하는 자연적인 본질은 창조적인 행동(노동)으로 인간은 창조적인 행동을 통해 자유의지를 성취함과 동시에 자연의 주인임을 인식하게 된다고 강조한다(Marx, 1884, 경제철학 소고).

인간은 자유의지를 가지고 있지만 마르크스주의자들은 기본적으로 부정적 자유보다는 긍정적 자유를 더욱 강조한다. 즉, 부정적 자유는 자본가계급의 이익과 연관이 있다고 비판한다. 특히 부정적 자유는 부르조아의 자유에 대한 개념으로 타인에게 해가 되지 않는 한에서 우리가 희망하는 것을 무엇이든 할 수 있는 권리를 준다는 의미에서 개인을 사회와 격리시키며 타인을 자기 자신의 자유 실현을 위한 방해물로 간주한다고 비판한다. 즉,

무엇이든 자신이 하고 싶은 것을 얻기 위해서 즉, 자유를 실현하기 위해서는 사회에서 타인이 무시되는 것이 좋다는 점이 강조된다. 따라서 부정적 자유는 우리는 타인에게 해가 되지 않는다고 무엇이든 우리가 원하는 것을 하면서 살 수는 없다는 점 그리고 우리는 사회 속에서 공동의 목적을 위해 타인과 협력하고 협조하면서 살아간다는 점이 무시된다. 결국, 사적소유권이 인정되는 자본주의사회에서 생산수단을 소유한 자본가의 이익축적활동은 타인에게 해를 주지 않는 정당한 것으로 인정되지만 소수 자본가의 이익차출활동은 궁극적으로 다수의 사람들에게 소외와 착취를 기본으로 경제적 불안정성과 불평등을 가져다준다는 점을 마르크스주의는 강조한다. 따라서 사회의 이익보다는 자본가의 이익만을 강조하는 부정적 자유개념은 마르크스주의자들에게 정당하지 않은 자유로서 부정된다.

마르크스주의의 **사회에 대한 시각**은 사회에는 상이한 관심을 가진 계급이 상이한 이익을 위해 충돌함으로 기본적으로 갈등이 내재해 있으며 이러한 갈등은 곧 불평등이나 빈곤과 같은 사회문제를 만들어 낸다고 생각한다. 마르크스주의자들은 자본주의사회에서 **사회문제**는 영원히 해결될 수 없음을 강조한다. 즉, 국가의 적극적 개입으로 일시적으로 사회문제가 감소할 수는 있어도 빈곤이나 불평등과 같은 자본주의사회가 잉태하는 사회문제는 자본주의사회가 종식되어서야 완전히 해결될 수 있다고 믿는다.

마르크스주의의 **국가에 대한 시각**은 국가가 자본주의 사회를 지탱하고 유지시키기 위한 자본가계급의 대리인의 역할을 한다고 본다. 즉, 국가는 자율성을 가지고 있지 않은 지배계급의 도구이며 특히, 국가는 자본주의가 창출하는 각종 위험을 줄이기 위하여 노력함으로 지배계급의 이익이 국가를 오염시켰다고 주장하는데 이는 부르조아계급이 그들의 재산을 보호하기 위하여 국가를 이용한다고 믿었기 때문이다. 즉, 마르크스는 국가가 부르조아를 위한 계급억압도구라고 비판하였다. 따라서 마르크스는 사회주의에서 국가는 폐지되어야 하며 계급특권으로부터 자유로운 새로운 공동의 구조를 만들어야 한다고 주장하였다(Marx, 1871). 특히, 레닌(Lenin, 1917)은 국가가 자본주의에서 공산주의로 이행할 때는 필요하지만 노동자들이 스스로 통제권을 갖게 되면 없어질 것이라고 주장하였다. 따라서 마르크스주의자들에게 있어 국가는 문제를 만들어 내는 문제아이지 문제를 해결하는 해결책은 아니게 된다.

이러한 국가에 대한 시각은 곧 **복지국가에 대한 관점**에서도 반영되어 나타난다. 마르크스주의의 **복지국가**에 대한 시각은 복지국가를 **자본주의의 제도**로 본다는 점이다. 즉, 마르크스주의자들은 복지국가란 지배계급이 복지라는 정책과 제도를 통해 노동자계급을 달래고 자본가계급의 이익을 확대시키기 위해 설계된 자본주의 제도에 불과하다. 노동자계급에게 실업보험이나 건강보험과 각종 사회보험이나 사회복지혜택을 제공함으로써 복지국가는 자본가계급이 노동자들에게 그들의 노동가치에 맞게 적절한 임금을 지급하여야 하는 필요성을 줄이게 된다고 마르크스주의자들은 주장한다(Pfaller, Gough and Therborn, 1991; Dearlove and Saunders, 1984). 즉, 복지국가는 산업사회에서 위험에 처한 노동계급에게 일시적인 처방을 내릴 뿐이지 근본적인 처방은 될 수 없다고 생각한다. Pfaller, Gough 그리고 Therborn(1991)에 따르면 복지국가는 사회 및 산업 갈등을 줄이는 것을 돕는다는 전제하에 경제성장기간 동안에 지배계급이 재정을 지출함으로써 세계대전 후 발전하였음으로 경제가 부양되는 기간에는 복지국가에 대한 수요가 적절한 수준에서 유지될 수 있다고 주장하였지만 1970년대와 같이 경제가 불황으로 접어들게 되면 복지국가에 대한 수요는 줄어들게 되고 복지국가는 부담으로 다가오게 된다고 강조하였다. 마르크스주의는 기본적으로 자본주의와 복지국가는 내재적으로 불안정하다고 생각했다. 특히, 복지국가는 발전 및 확장 단계에서 지출이 증가하기 때문에 복지국가를 유지하는 것이 어렵다고 생각했다. 마르크스의 복지국가에 대한 회의적 관점은 복지국가의 재정적 위기를 분석했던 Offe(1984)에 의해서도 확인되는데 그는 복지국가가 자본주의와 파괴적 관계를 유지할 수밖에 없음으로 장기적 관점에서 복지국가는 자본주의와 공존할 수 없다고 주장하였다. 특히, 그는 복지국가가 자본주의가 양산하는 불평등과 불안정성과 같은 문제를 제거하는 것이 아니라 문제를 보상한다는 그릇된 이데올로기(false ideology)를 양산하기 때문에 비효과적이고 억압적이라고 보았다. 따라서 마르크스주의에 따르면 복지국가는 자본주의가 양산하는 불평등문제의 원인을 제거하지는 못하며 불평등 증상들을 치료하거나 축소시키기 위해 작동하는 체제가 된다. 결국 시장의 불안정이나 불평등문제는 자본주의경제체제에서 새로운 경제체제를 통해서만 극복될 수 있는 것으로 복지국가는 새로운 이행체제로의 접근을 가로막는 방해물이 된다.

결론적으로 보면, 신마르크스주의를 포함하여 마르크스주의의 **복지국가**에 대한 시각은 이중적이다. 즉, 마르크스주의자들은 복지국가가 자본주의사회가 내포하고 있는 계급갈등이나 빈곤 등의 문제를 해결하는데 있어 일시적으로 영향력을 행사할 수 있지만 궁극적으로는 소수의 자본가계급이익이나 자본주의경제체제의 유지를 위해 활용된다고 본다는 점이다(Offe, 1984; George and Wilding, 1994). 결국, 마르크스주의의 시각에서 복지국가는 산업 갈등을 줄이고 자본가들에게 기업이익창출활동을 보호하는 안전장치를 제공하기 위해 작동함으로 복지국가가 작동하여 갈등을 줄이고 사회적 위험을 줄이게 되면 자본주의의 폭락은 그만큼 지체된다고 볼 수 있음으로 복지가 자본주의의 몰락을 방지하는 중심 역할을 수행한다고 볼 수 있다.

3. 마르크스주의와 복지자본주의

마르크스주의자들에 따르면 복지에 대한 권리는 정치·경제체제에 의해서 보장되는 것이 아니라 또는 국민들의 자선활동이나 평등에 대한 인식으로부터 오는 것이 아니라 **자본자계급의 자기이익을 위한 행동을 막거나 없애는 것**에서 부터 온다. 즉, 그들은 복지에 대한 권리가 자본가계급의 이익 최대화를 보호하고 숨기기 위한 책략에 불과하다고 주장한다(Taylor, 2007). 이는 곧, 복지에 대한 권리를 강조하는 복지국가가 자본주의체제가 정당하며 모든 사람들의 이익을 위해 만들어졌다는 환상을 사람들에게 심어줌으로 복지국가는 자본주의를 유지·보호하기 위한 **거짓이데올로기**에 지니지 않는다는 마르크스주의자들의 시각에 다름 아니다.

마르크스주의의 복지에 대한 시각은 국민들의 복지에 대한 욕구가 자본주의체제에서는 충족될 수 없다고 본다는 점이다. 즉, 국가는 사회복지의 증진을 위해 노력하는 것이 아니라 자본가계급의 이익을 보호하기 위해 작동함으로 사회복지 증진을 위한 노력은 계급갈등을 봉합하는 수준에서 이루어지게 된다. 따라서 국가는 자본주의체제의 정당성을 확보하고 보호하기 위한 수준에서 노동자계급을 달래기 위해 복지정책을 제공하게 되며 이는 곧 마르크스주의의 시각에서 바라본 복지자본주의에 대한 내용이라고 할 수 있다. 즉, 마르크스주의자들에게 있어 **복지자본주의**는 복지제공을 통해 사회불평등 및 계급갈등을 완화하고 자본주의의 정당성을 유지 확보하며 나아가 자본가계급의 착취구조를 보호하기 위한 정치·경제체제에 다름 아니다.

따라서 복지국가와 자본주의가 결합한 복지자본주의는 실업이나 빈곤 등의 사회문제를 일시적으로 완화시키지만 자본주의에 내재된 계급갈등이나 불평등 문제를 제거하지는 못하고 자본주의를 보호 및 영속시키기 위한 자본가계급의 술책에 지나지 않게 된다. 마르크스주의자들은 완전한 복지가 달성되기 위해서는 자본주의체제의 사회복지정책을 통해서가 아니라 즉, 복지자본주의가 아니라 새로운 경제체제의 이행없이는 불가능하다고 믿었다. 결론적으로 **마스크스주의자들에게 있어 복지자본주의는 복지정책을 앞세워 계급갈등을 완화시키고 자본주의체제를 유지 및 보호하기 위한 술책이자 정치·경제적 수단**에 지나지 않는다.

제6절 신자유주의

1. 신자유주의 개관

신자유주의(Neo-Liberalism)는 고전 자유주의로의 단순한 회기가 아닌 **고전 자유주의와 극우보수주의가 결합**된 새로운 사상이자 하나의 경제사상이라고 알려져 있다. 즉, 자유주의라는 용어를 사용하지만 기존의 **고전 자유주의보다 더욱 우경화된 사상**이라고 할 수 있다. 특히, 신자유주의는 국가의 복지제공 또는 복지국가에 대한 부정적 시각을 가지고 있음으로 자본주의이지만 복지와 자본주의의 결합인 복지자본주의에 가장 소극적인 사상이라고 할 수 있다. 역사적으로 신자유주의라는 용어는 1970년대 후반 새로운 정치시상으로 급부상하기 전 1898년 프랑스 경제학자인 Charles Gide가 이탈리아 경제학자인 Maffeo Pantaleoni의 경제적 신념을 소개하면서 처음 사용되었다고 알려져 있으며 이후 1951년 밀튼 프리드만(Milton Freedman)이 그의 책 "신자유주의와 전망(Neo-liberalism and its prospects)"을 통해서 본격적인 정치·경제사상으로 소개하였다. 신자유주의를 강조한 대표적인 학자로는 하이예크(Friedrich Hayek)와 프리드만 등이 있다. 신자유주의는 기본적으로 자유기업, 경쟁체계, 강력하고 공정한 국가, 가격메커니즘에 대한 우선권 등을 강조한다. 특히, 신자유주의는 1970년대 후반부터 부각되기 시작한 '자본의 세계화(globalization of capital)' 흐름에 기반한 경제적 자유주의 중 하나로 19세기의 고전 자유주의 즉, 자유방임적인 자유주의의 결함에 대하여 국가에 의한 정책개입의 필요성을 인정하면서도, 시장의 자율성 및 자본주의 자유 기업의 전통을 지키고 사회주의에 대항하려는 사상으로 발전하였다.

신자유주의의 강조점	• 자유방임주의의 현대적 부활이라고 알려진 신자유주의의 강조점은 작고도 강한 정부를 바탕으로 시장을 권력적으로 확장하는 정책을 선호하며 노동시장의 유연성을 강조하고 자본의 세계화전략에 맞게 국가 간의 자유무역을 주장하며 사회복지(혜택)는 최소수준에서 제공되어야 한다는 점 등이다.

신자유주의는 1970년대 중반 이후 이란과 이라크의 전쟁으로 인한 오일쇼크와 미국의

베트남전쟁패배 등의 여파로 세계경제가 실업과 물가인상을 동시에 겪는 스태그플레이션에서 벗어나지 못하는 시기에 이를 극복하기 위해서 그리고 케인지안복지국가의 재정확대에 따른 재정적 위기 등을 극복하는 사상으로 레이건(Reagan) 행정부의 미국과 마가렛 대처(Margaret Thatcher) 수상의 영국을 중심으로 발전하였다. 대처는 고전 자유주의 정신을 계승하고 자유시장의 미덕을 증진시키기 위해 노력하였다. 특히 그녀는 부자로부터 가난한 사람에게 부를 재분배하는 것보다 생산을 고취시키는 것이 더욱 중요하다고 주장하였으며 생산이 고취된다면 낙수효과(Trickle down Effect)로 모든 국민들이 혜택을 받는다고 주장하였다. 즉, 그녀는 생산이 고취되어 부가 창출되면 소비가 증대되고 이는 곧 가난한 사람을 위한 일자리를 창출할 수 있다고 생각하였다. 따라서 영국의 대처정부는 기업가들에게 부담이 되는 세금을 줄이고 경제에서 국가의 기능을 축소하며 국유화된 기업을 민영화하고 실업자들을 그들이 스스로 방식을 찾을 수 있도록 두어야 함을 강조하였다(Durham, 1989; Heywood, 1992).

따라서 신자유주의는 시장에 대한 국가 개입증대라는 현대 복지국가의 경향에 대하여 반대하며 자유시장을 강조하는 경제적 자유방임주의 원리의 현대적 부활을 지향하는 사상적 경향이라고 할 수 있다. 신자유주의는 민영화, 탈규제, 세계화, 자유무역, 경제와 사회에서 민간부분의 역할을 증대시키기 위하여 정부지출의 엄격함과 축소 등을 포함하는 사회·경제정책을 지지함으로 자유시장 자본주의를 지지하는 자유주의보다 더욱 강력하게 친-자유 시장(pro-free market)을 강조한다. 특히, 고전적 자유주의가 국가개입의 전면적 철폐를 주장하는데 비해, 신자유주의는 강한 정부를 배후로 시장경쟁의 질서를 권력적으로 확정하는 방법을 취한다. 신자유주의는 1980년대의 영국 대처 정부에서 보는 것처럼 국가가 권력기구를 강화하여 치안과 시장 규율의 유지를 보장하는 '작고도 강한 정부'를 추구한다. 특히, 시카고학파인 밀턴 프리드먼과 오스트리아학파인 하이에크와 같은 신자유주의 경제학자들은 **경제적 자유가 정치적 자유와 개인의 자유로 이어진다고 강조하였다**(지은구, 2003).

또한 신자유주의를 지지하는 **로버트 노직**(Robert Nozick)은 불평등과 이의 해결을 위한 분배문제에 있어서 사적소유권을 인정함으로써 정의가 실현되고 분배문제가 해결된다고 주장하였다. 즉, 사적재산의 도덕적 입장(즉, 개인의 부의 축적을 자연권으로서 생각하는)을 옹호한다. 그는 개인적 부의 축적은 자본주의에서 도덕적으로 정당하며 나아가 개인적 부의 축적에 따른 사유권을 정당하게 지킴으로써 분배문제는 해결되고 사회정의는 이룩된다고 생각하였다. 즉, **노직의 정의론**은 자연권으로서 사유권만 정당하게 지키고 따르면 도덕적으로 공평한 사회는 이룩된다고 보는 것이었다(지은구, 2003).

※ 신자유주의자 노직(Nozick)의 정의론

로버트 노직은 미국 하버드대학의 철학교수였다. 노직은 국가가 부와 기회를 재분배할 권리를 갖고 있지 않으며 그러한 국가의 노력은 곧 개인의 권리를 침해하는 것이라고 주장하였다(Nozick, 1980). 특히, 개인적 부의 축적은 자본주의에서 도덕적으로 정당하며 나아가 개인적 부의 축적에 따른 사유권을 정당하게 지킴으로서 분배문제는 해결되고 사회정의는 이룩된다는 Nozick의 정의론은 정의의 법제화이론(entitlement theory of justice)이라고도 불린다. 그의 정의론은 또한 소유의 정의론(justice in holdings)이라고 불리기도 하며 이 소유의 정의에는 세 가지 중요한 요소가 포함된다(지은구, 2003).

첫째, 습득의 정의(justice). 소득을 통해서 이루어지는 소유
둘째, 이전의 정의. 정당하게 획득된 부의 상속을 통해서 이루어지는 소유
셋째, 조정의 원리. 정부는 불법적으로 획득된 소유에 대해 재분배할 수 있으며 이러한 재분배를 통해서 이루어지는 소유

Nozick의 신자유주의적인 정의론은 다음의 전제에 기인한다.

첫째, 자유시장이 철저하게 유지 보존되어야 한다는 점
둘째, 정부는 고전파 경제학자들이 주장했던 것과 같이 최소한으로 시장에 개입할 수 있다는 점
셋째, 정부에서 부과하는 세금은 부도덕하고 심지어 사람들이 정당하게 시장에 참여함으로써 획득한 부를 불법적으로 강탈하는 부도덕한 제도라는 점. 그리고 나아가 사람들을 정부를 위해 강제적으로 일하도록 그들의 시간을 보내게 하는 노예로 만들게 한다고 비판한다는 점

결론적으로 Nozick의 사회정의론은 다음과 같은 특징을 갖는다.

첫째, 개개인들은 그들 자신들의 재산을 인정받는다는 것이고
둘째, 개개인들은 다른 사람들에게 재산을 자발적으로 이전할 수 있게 인정받는다는 것이고
셋째, 국가의 개입은 엄격히 제한 받아야 한다는 것이다(Drake, 2001).

Nozick의 정의론에 대한 비판은 다음과 같다.

> 첫째, 합법적으로 획득한 부를 통해서도 빈곤으로부터의 탈피가 이루어지지 않는 사회 구조적인 문제에 대한 분석이 결여되어 있다.
> 둘째, 합법적인 부와 불법적인 부의 축적에 대해 구별할 수 있는 명확한 기준이 없다.
> 셋째, 자유경쟁시장이 비합법적인 부의 축적을 유지 또는 강화, 확대하고 있다는 분석에 대한 정확한 분석이 미흡하다.
> 넷째, 사회정의의 실체가 또는 분배를 통한 정의 구현의 실체가 도덕적 권리로서의 자연권인 사유권의 보장을 통해서 어떻게 구체적으로 이룩될 수 있는 것인지에 대한 내용이 결여되어 있다.
> 다섯째, 국가의 조세정책이 부의 불평등한 분배에 개입하여 수직적 또는 수평적 재분배를 통해 노동력의 시장으로의 유입을 보장 내지는 확대시킴으로서 시장의 기능을 오히려 강화한다는 측면 등의 조세정책과 시장에 대한 다면적 차원 등을 통한 분석이 결여되어 있다.

신자유주의자들은 사회민주주의나 현대 자유주의자들이 강조하는 개개인들 사이의 차별성이나 불평등을 해소하기 위한 노력 등은 모두 지나치게 과장되었다고 강조한다(Taylor, 2007). 신자유주의자들은 인간 및 사회를 하나의 유기체라고 보며 인간이 사회유기체 안에 놓여 있으며 사회는 개개인의 기회를 향상시키기 위하여 사전에 결정된 방식에서 개선될 수 있다고 강조한다. 특히 사회는 개인들로 구성되어 있음으로 개인이 향상된다면 당연히 사회는 향상됨으로 신자유주의의 **인간 및 사회에 대한 시각**은 개인을 자유롭게 두게 되면 사회가 점진적으로 발전한다는 것이라고 할 수 있다. 즉, 신자유주의자들은 인간을 스스로 자신의 삶을 통제할 수 있는 존재로 생각하였다. 신자유주의자들이 신봉하는 사회적 가치는 **개인주의와 자조**(self-help)이며 개인을 분석의 중심으로 한다. 또한 정부의 재분배를 위한 개입이나 자유시장에서 실패한 사람들을 위한 기회를 제공하여야 한다는 생각에 대해서는 부정적인 시각을 견지하였다. 즉, 개인들이 타인과 경쟁하면서 스스로 진보하고 사회에서 생존한다고 믿었음으로 신자유주의자들은 평등이나 집합주의 사고를 거부한다. 이러한 신자유주의사상은 곧 케인지안복지국가에 대한 거부이며 시장과 개인의 경쟁력을 통한 자원할당이나 분배를 보다 강조하는 슘페터의 영향을 받아 등장한 **슘페토리안 근로연계**(workfare)**국가**(또는 근로연계복지국가)로의 전환을 의미하였다.

신자유주의자들은 복지국가가 지나치게 사회문제를 해결하기 위해 또는 사회적 욕구를 해결하기 위해 복지제공을 확대할 필요가 없다고 강조하는데 이는 사회문제가 경제적 불안정성 등과 같은 사회구조적으로 발생하는 것이 아니고 **개인의 실패**로부터 나타나기 때문이라고 생각하기 때문이다. 신자유주의자들은 타인에 비해 상대적으로 더 많은 권력과 부를 소유한 사람이 존재한다는 점을 인정하였음으로 불평등을 인정한다고 볼 수 있다. 즉, **불평등은 개인의 실패에 따라 발생하는 자연적인 현상이며 개인의 책임성은 존중받아야 한다고 믿었는데 이러한 신념은 존엄과 자기 존중을 위해서 자유와 독립성이 매우 중요한 가치라고 믿었기 때문이다**(Taylor, 2007).

신자유주의는 **경제적 측면**에서 정부가 시장경제에 개입하는 것을 반대한다. 즉, 신자유주의자들은 자본주의는 스스로 자신을 구제할 수 있음으로 국가가 경제에 과도하게 개입하는 것은 정당하지 않다고 주장한다. 따라서 신자유주의자들은 복지국가를 강조하고 국가의 개입을 강조했던 케인즈식 현대 자유주의는 아담 스미스로부터의 교훈을 잃었다고 비판한다. 신자유주의자들에 있어 자본주의는 자기 규제적이고 고용주들은 이익을 창출할 자유를 가짐으로 국가의 경제에 대한 개입은 곧 자연 질서를 파괴하는 것이며 국가의 힘을 과도하게 활용하는 것이 된다. 따라서 신자유주의자들에 있어 자본주의가 불안정하고 활력을 잃을 수 있는 것은 자연적인 것인데 이이를 극복한다고 국가가 경제에 개입을 하게 되면 자유를 위협하는 것이고 경제의 장래에 해를 미치는 것이 된다.

신자유주의의 **정부 및 국가에 대한 시각**은 국가가 사회적 욕구를 해결하기 위해 대응하고 서비스를 제공하기보다 제한된 기능과 역할을 수행하여야 한다고 강조한다는 점이다. 즉, 개인이 스스로 소득을 창출할 수 있음으로 과도하게 국가가 개인의 삶에 개입하는 것을 반대한다. **복지국가에 대한 신자유주의자들의 사고**는 고전 자유주의자들과 유사하다. 즉, 복지국가는 존재하여야 하지만 필요한 경우에만 공동의 이익을 위해서 개입하여야 함을 주장한다는 점이다(Taylor, 2007). 특히 신자유주의자들은 복지국가가 사회적 욕구를 해결하기 위해 개입하게 되면 개인이 주도력을 가지고 욕구를 해결하는 기회를 박탈하게 되며 국가에 개인이 더욱 의존하게 만든다고 주장한다. 따라서 신자유주의자들은 개인의 자유를 손상하지 않는 선에서의 복지국가를 인정하지만 복지국가가 개인의 자유를 손상한다면 이는 곧 중요한 위협이라고 주장하였다.

특히, 신자유주의 경제학자인 하이예크는 자원재분배에 개입적인 정부는 개인의 선호를 무시함으로 자유를 손상시킨다고 주장하였다(Hayek, 1959). 신자유주의자들은 국민들의 복지에 대한 권리는 곧 타인의 비용으로 복지혜택을 받는다는 것임으로 복지에 대한 권리 역시 부정한다. 복지에 대한 권리 대신에 그들은 개개인들이 스스로 그들 자신이 처한 상황이나 그들 자신의 욕구를 해결할 수 있는 방식을 찾을 수 있다고 주장한다. 따라서 신자유주의자들은 복지국가의 복지제공은 가능한 축소되어야 하고 국가는 개인이 스스로 보상을 받을 수 있도록 하여야 하며 개인과 가족의 복지를 스스로 책임지는 것은 정당함을 주장하였다.

종합하면, 신자유주의는 1930년대 경제대공황 이후 20세기 중반을 풍미했던 케인즈주의가 1970년대 들어 오일쇼크와 스태그플레이션 등을 통해 약발이 다했다는 평가를 받으며 한계가 나타나자, 그 경제적 대안으로 급부상한 사상이며, 1970년대 스태그플레이션, 저생산성, 혁신 저하 등 막장경제의 피로감에 따라 확산되기 시작했다. 1980년대 들어서 미국의 레이건과 영국의 대처정부가 들어서면서 전 세계적으로 대세가 되었다(지은구, 2003). 신자유주의는 1970년대 후반의 스태그플레이션을 화폐의 양을 조절하는 통화주의 정책으로 극복하였음으로 통화주의(Monetarism)는 신자유주의경제정책의 주된 경제이론이라고 할 수 있다. 신자유주의는 특히, 자유시장을 기초로 하여 세금감소, 사회복지서비스 시장화 그리고 경제적 효율성 증대를 강조하면서 복지국가의 재정지출확대에 대한 반대급부로 급부상하여 사회복지정책이 비용에 비해 편익(이익)이 부족하다면 폐지되거나 축소되어야 함을 주장하였다. 또한 사회정의와 불평등문제는 부의 축적을 통해 사적소유권이 인정되면 저절로 확보됨으로 국가는 사회정의를 위한 정책적 개입을 자제하여야 한다는 점이 강조된다.

신자유주의는 1970년대 후반부터 2000년대 중반까지 약 30여년에 걸쳐 선진국의 경제적 부흥을 이끌어내 끝내 소련 등 공산주의 국가들을 몰락시키고 전 세계적으로 자본주의 흐름을 주입시키는 효과를 이끌어내었다. 국내에서도 1997년 외환위기의 극복 수단으로서 본격적으로 신자유주의적 경제정책을 들여오기 시작했고, 이에 대한 비판의 목소리는 소수에 불과했다. 그러나 서브프라임 모기지 사태로 촉발된 2007-2008년 세계 금융위기가 터지면서 그 한계가 드러나기도 하였다. 이후 책임론이 대두하며 신자유주의 사상에 대한 각종 비판과 반대의 소리도 나왔고, 일각에서는 금융위기 이후 신자유주의가 몰락한 것처럼 여기기까지 했다. 그러나 노동의 유연성을 강조하고 경제정책과 시장의 순기능과 자유무역을 강조하는 신자유주의경제정책은 현재도 유효하며 시장의 가격을 결정하는 보이지 않는 손은 아직까지 가장 강력한 경제학 이론이다. 우리나라에서 신자유주의의 기원은 대체로 IMF사태가 발생된 김영삼 정부의 후반기부터이며 주로 노동 시장의 유연화(노동자들의 해고와 감원을 더 자유롭게 하는 것), 작은 정부, 자유시장경제의 중시, 규제 완화, 자유무역협정(FTA)의 중시 등의 형태로 나타났다(지은구, 2021).

2. 신자유주의와 복지자본주의

신자유주의의 복지에 대한 시각은 개인이 개인의 복지를 책임진다는 것을 강조하는 것으로서 개개인들은 자신의 삶에 대한 통제권을 가지며 스스로 통제할 수 있어야 하고 개인의 삶이나 복지를 국가에 의존하지 말고 스스로 해결하는 것을 강조한다는 점이다(Taylor, 2007). 따라서 신자유주의 복지제공의 핵심정책은 바로 국가직접제공을 줄이고 복지제공을 민간에게 떠넘기는 민영화 또는 시장화이다. 신자유주의자들은 국가가 복지를 직접 제공하는 것을 반대하며 영리기업들을 복지시장으로 유입시켜 복지가 시장에서 교환되도록 하는 정책을 추진한다. 즉, 상업적 시장을 통해서 또는 내부시장 또는 준시장이라는 개념을 이용하여 복지서비스가 시장을 통해서 교환되도록 하는 정책을 지지한다. 신자유주의자들은 **개인의 선택과 경쟁**을 강조하며 기본적으로 복지재화와 서비스가 시장에서 교환되면 개인들의 선택권이 확대된다고 주장하며 시장에서 제공자들이 복지서비스를 선택받기 위하여 경쟁함으로 복지서비스의 품질은 시장의 기능을 통해서 일정 수준이상을 유지할 것이라고 생각한다.

신자유주의자들은 복지공급이 시장의 논리로 그리고 복지소비 역시 시장의 논리로 해결되어야 하다고 믿는다. 이는 복지자본주의가 국가의 재정을 어렵고 하고 국민들의 세금을 증액시키며 기업들의 투자 의지를 감소시키고 나아가 복지혜택이 국민들의 노동 의지를 꺾는다(근로동기저하론)는 신자유주의자들의 복지에 대한 사고에 기반한다. 즉, 복지자본주의가 과도한 복지를 제공함으로 국민들은 노동을 통한 생계유지가 아닌 복지혜택을 통한 생계유지를 선택하고 복지에 대한 정부지출 확대는 곧, 자본주의 경제발전이 아닌 자본주의경제에 부담으로 작동한다고 강조한다.

결국, 신자유주의자들에 따르면, 자유시장에 기초한 자본주의는 개인의 복지를 증진시키는 유일한 경제체제임으로 수정될 필요가 없으며 오히려 시장에 대한 정부의 과도한 개입이나 복지제공확대 등과 같은 정책은 적합하지 않음을 강조한다고 볼 수 있다. 따라서 신자유주의자들이 생각하는 수정된 형태의 자본주의는 복지자본주의가 아닌 과거로 회기된 자유경쟁시장을 강조하는 자본주의에 다름 아니며 **개인의 복지는 개인이 책임지는 (복지)자본주의**를 강조한다. 결론적으로 신자유주의자들은 자본주의가 모든 개개인들의 복지를 책임지는 유일한 체제임으로 **복지자본주의라는 용어보다는 자유시장 자본주의가 더 선호되는 개념**이라고 할 수 있다.

개인의 복지를 개인이 책임지는 가장 강력한 사회경제정책은 곧 노동유인정책이다. 즉, 신자유주의자들은 근로동기를 자극하면 모든 국민들이 복지에 대한 의존없이 스스로 복지를 책임질 수 있다고 강조함으로써 복지와 근로(work)를 결합시켰다. 이러한 사고는 곧 근로복지라는 개념을 탄생시켰으며 일(고용)이 곧 복지라는 복지의 단순화를 통해 모든 사회문제가 해결될 것이라는 단면적 생각을 의미하였다. 따라서 신자유주의자들은 '일하는 빈곤층(working poor)'을 거부하며 일자리의 질 즉, 임시직, 비정규직, 기간제, 시간제, 임금격차 등과 같은 기준은 중요하지 않으며 단순히 일자리라면 이는 곧 복지임을 강조한다. 이는 곧 **복지자본주의가 노동시장의 분화 및 노동의 우연성을 기초로 하는 근로-연계 자본주의**(workfare capitalism) **또는 근로연계복지자본주의**로 간주됨을 의미한다. **고용(일자리)이 곧 복지라고 하는 일-복지(근로연계복지)에 대한 사상**은 신자유주의 경제학자인 슘페터에 의해서 강조되었으며 Jessop(2000)은 이러한 국가를 슘페토리안 근로연계복지국가라고 지칭하였다.

※ 신자유주의 경제학자 슘페터: 근로연계(work-fare)복지국가의 등장

Schumpeter(1883-1946)는 오스트리아의 경제학자로서 생존 당시에는 Keynes와 달리 그리 크게 경제학적 후광을 받지는 못하였지만 1980년대 이후 신자유주의적 사상과 복지국가의 쇠퇴와 함께 경제학적으로 일-복지(또는 근로연계복지, workfare)에 대한 강조가 두드러지면서 새로운 후기포디즘사회의 경제학적 배경을 설명해주는 경제학적 조류로 자리 잡았다고 할 수 있다. Schumpeter는 경쟁(competitiveness)을 Ricardo나 List, 그리고 Keynes와 달리 영속적인 혁신으로 개입하기 위해 집합적 그리고 개인적 능력을 개발시키는 것에 의존한다고 보았다(Jessop, 2000)[33]. 경쟁을 능력개발과 연결시킴과 함께 Schumpeter는 경쟁이 **혁신(innovation)**을 증진시키기 위해 자원을 할당하는 역동적인 효능에 의존한다는 것을 강조하였으며 혁신은 경제가 더욱 효과적으로 경쟁할 수 있도록 하며 경제성장을 위한 방향과 속도를 바꿀 수 있다고 바라보았다. 따라서 그는 능력개발을 통한 경쟁확보, 경쟁확보를 통한 혁신 그리고 혁신을 통한 경제성장을 강조하였다고 볼 수 있다. 결국 경쟁에 대한 그의 사고는 근로복지(workfare)가 등장하는데 경제적 토대를 제공하였다고 볼 수 있다. 이러한 그의 경제적 사고는 1912년 저술하였던 경제발전이론(*Theory of economic development*)에 잘 나타나 있는데 그의 경제발전이론은 이윤추구를 위하여 기업가가 행하는 새로운 생산방법과 새로운 상품개발 등의 기술혁신이 경제성장을 위해 중요함을 강조한 것이라고 할 수 있다.

Schumpeter의 경제이론을 계승한 Schumpeterian경제학은 경쟁과 혁신을 강조하고, 세계경제를 위해 열려있는 경제를 보다 강조하며 통화주의를 포함하여 신고전파경제학이 강조하였던 공급중심의 경제정책을 강조한다는 특징을 지닌다. 즉, 경쟁의 기초인 능력중심, 경제적 세계화, 그리고 공급중심의 시장정책을 강조하였다. 능력중심은 개개인이 생존하기 위해서 또는 노동시장에서 살아남기 위해서는 일하는 것은 당연한 의무이며 능력을 고양시킴으로서 노동시장에서 살아남고 자신도 생존할 수 있음을 강조하여 당연한 권리로서의 복지에 대한 혜택(복지권)으로부터 자신이 살아남기 위해서는 당연히 일을 하여 스스로 생존하여야 함을 강조하는 **근로연계복지**로의 복지에 대한 가치전환을 시도한 것으로 볼 수 있다. 결국 근로복지는 노동자들의 노동력재생산구조를 능력개발, 경쟁력확보를 통한 시장으로의 개입, 그리고 시장개입에 따른 임금확보와 자체생존력확보를 기본구조로 하기 때문에 복지 자체가 노동력재생산을 위해 기능함을 전면적으로 부인하는 개념임을 알 수 있다. 이는 복지혜택의 사회적 임금으로서의 역할을 부인하는 것을 의미한다고 볼 수 있으며 나아가 사회복지정책을 경제정책에 종속시키는 의도라고 할 수 있다. Schumpeterian경제학의 공급중심의 시장정책은 Keynesian경제학의 수요중심 정책이 국가의 시장으로의 적극적인 개입을 통해서 이루어진 것과는 달리 시장의 실패를 협력을 중심으로 하는 정치, 사회, 그리고 경제적인 지배메커니즘의 연계를 더욱 강화함으로써 수정할 수 있음을 강조한다. 또한 한 국가 중심의 경제 그리고 사회정책수립의 규모에서 규모가 정해져 있지 않은 열려 있는 경제형태로의 전환을 강조하였다.

결국, Schumpeterian경제학은 기본적으로 Keynesian 경제학이 역동적 경제성장에 어려움을 겪었으며 이에 대한 극복은 첫째, 자본의 기능과 연관해서, 공급측면을 강조하는 상대적으로 열린 경제에서 영속적인 혁신과 유연성(flexibility)을 증진시키고 그리고 경쟁을 강화함으로써 가능하며 둘째, 사회적 재생산과 연관해서, 사회정책을 노동시장의 유연성(flexibility)과 경제적 경쟁으로 종속시키는 근로-복지를 강화함으로써 가능하고 셋째, 한 국가의 정책결정규모에서 열린 경제를 강조하여 한 국가를 벗어나는 다른 공간의 규모와 수평행동(수평네트워크와 같은)의 중요성을 강조함으로써 가능하며(이것이 규모의 상대화라고 불린다) 넷째, 정책전달과 연관해서, 국가가 보증하는 경제 사회정책을 제공하는데 있어서 비-국가적(non-state) 정책전달메커니즘의 중요성을 강조함으로써 가능하다는 점이 강조된다. 특히, 국가를 뛰어넘는 비국가적 정책전달메커니즘의 강조는 세계화의 경제적 기초를 제공하였다(지은구, 2006).

33) Ricardo는 경쟁이 가장 풍요롭고 값싼 생산요소를 착취하고 이 요소를 내포한 상품을 다른 상품과 교환하는 것(즉, 비교우위)에 의존한다고 보았으며 List는 경쟁을 이미 유용한 과정과 상품 속에서 자원을 할당하여 효율성을 성장시키는 것으로 바라보았고 Keynes는 노동자를 포함하는 자원의 완전고용을 통해 경쟁이 이룩되는 것으로 바라보았다(Jessop, 2000).

슘페토리안 근로연계복지국가 및 복지자본주의의 특징은 다음과 같다(지은구, 2006).

슘페토리안 근로연계(복지)국가 복지자본주의의 특징
첫째, Scumpeter는 자본주의경제가 창조적 파괴의 풍랑을 구성한다고 강조했다. Keynes 주의자에게 있어 경제의 목적은 장기적인 거시경제의 안정을 강조하는 것인데 반해 슘페터가 강조하는 경제는 경쟁이라는 이름하에 유연성과 혁신의 영속성으로 성격이 규정된다. 따라서 Schumpeterian 경제학에서는 경제와 노동시장의 불안정이 중요한 원칙이 되었으며 노동시장이 안정되면 경제가 잘 작동한다고 보았다. 이는 슘페토리안 근로연계복지국가가 왜 고용을 가장 중요한 경제정책이자 사회복지정책으로 강조하는지를 설명한다. 둘째, 슘페토리안 근로연계복지국가에서 기업의 욕구와 권리가 개인의 욕구와 권리에 우선함으로 복지 또는 번영(well-being)의 주요 원천은 고용(employment)이라는 점이 폭넓게 강조된다. 따라서 국민들의 복지에 대한 권리 즉, 복지권은 무시되며 경제정책에 복지정책은 종속되고 기업에게 부담이 되는 사회적 분담금이나 기여금(기업부담의 사회보험비용 등)과 같은 사회적 임금의 축소가 강조된다. 셋째, Schumpeterian 근로연계복지(workfare)국가는 사회정책이 경쟁적인 유연성의 요구에 종속되어 있다는 측면에서 복지보다는 근로복지에 더 많은 관심을 나타낸다. 따라서 실업을 해결하기 위한 노동시장정책의 핵심적인 정책인 고용정책이 복지를 해결하는 모든 것으로 비추어진다. 사회정책에서 정부의 수요측면의 개입을 덜 강조하며, 노동자와 시민을 동등하게 간주하고 노동자를 시장의 불안정을 포용하는 역동적이고 위험을 취하는 기업가로 거듭나게 하여 노동자의 공급을 개선하는 것이 더욱 강조된다. 따라서 소득계단의 맨 아래 있는 사람들(빈곤층)은 근로복지(workfare) 정책에 의해서 경쟁력을 잃은 사람들로 간주된다(King, 1995, 1999). 즉, 빈곤층이 위험부담을 거부하고 능동적으로 일하지 않았기 때문에 소득이 낮을 수밖에 없게 된다고 강조한다. 결국 일(노동)을 하지 않고 요구하는 것은 비윤리적인 것으로 간주된다. 넷째, 슘페토리안 근로연계복지국가에서는 국가의 역할이 덜 강조된다. 특히, 국가와 영리기업 및 자발적 부분(비영리조직)이 국가의 역할을 대신하여 서비스를 제공하는 것을 강조함으로 복지영역에서의 준시장화나 시장화를 강조하게 된다. 다섯째, 중앙정부 차원에서 국가의 사회.경제정책은 첫째, 위로는 국제적 조직(예를 들어 IMF, WTO, The World Bank 등)과 같은 단체에 의해서 둘째, 밑으로는 지방분권에 따른 지방정부의 규모나 역할에 의해서 셋째, 옆으로는 경계를 뛰어넘는 영리 및 다양한 민간조직들의 활동에 의해서 무의미하게 되었음이 강조된다.

슘페토리안 근로연계복지국가는 신자유주의사상 특히 슘페토리아를 비롯한 그의 추종

자들의 주장으로 대변되는 복지국가에 대한 사고를 의미한다. 근로연계복지국가의 가장 핵심적인 내용은 큰 정부로 대변되는 정부의 재정적 지출을 줄이고 시장자본주의에서 살아남기 위한 가장 핵심적인 부분으로 국민 개개인들의 역량강화 및 기업들의 혁신적인 사고와 행동을 강조한다는 점이다. 슘페토리안 근로연계복지국가는 보편적 복지국가의 쇠퇴를 의미하며 복지권의 약화와 노동시장의 유연성 그리고 세금축소 등 자본축적을 위한 기업활동에 대한 보장 등을 핵심적인 내용을 하는 후기포디즘사회 또는 후기산업사회에서 복지자본주의를 설명하는 중요한 틀이라고 할 수 있다. 슘페토리안 근로연계복지국가가 내포하는 한계를 비판적 관점에서 설명하면 아래의 표와 같다.

※ Schumpeterian의 근로연계(workfare) 복지국가 한계
Schumpeterian의 근로연계(workfare)복지국가는 사회복지적 측면에서 다음과 같은 문제점들을 지니고 있다(지은구, 2006). 첫째, **고용 또는 일을 복지와 동일시할 수 없다.** 고용은 실업에 대처하는 국가의 노동시장정책 중에 하나이다. 국가는 실업이라는 사회문제를 해결하기 위해서 다양한 실업대책을 제공하게 되었으며 이러한 실업대책으로는 일자리 창출 즉, 고용의 확대, 실업급여제공, 다양한 기술교육 제공 등의 서비스를 제공한다. 따라서 일 또는 고용은 복지가 제공하는 다양한 혜택 중에 하나에 지나지 않는다고 할 수 있다. 복지에 대한 욕구는 다양하며 직장, 일, 또는 고용은 다양한 욕구 중에 하나일 뿐이다. 즉, 고용이 복지라는 일-복지 만능주의는 사회적 욕구의 다양성과 사회문제의 복잡성 그리고 다양성 그리고 이에 대한 대책으로서의 사회복지 재화나 서비스의 복잡성과 다양성을 등한시하여 근시안적 사회문제해결에 대한 대책을 가져다주는 역효과를 낳을 수 있다. 둘째, 고용(근로)을 강조하는 것은 고용이 빈곤을 탈피하게 하는 가장 확실한 방법이라는 것을 전제하는 것이라고 볼 수 있지만 현실적으로 **고용이 빈곤한 사람들을 빈곤으로부터 탈출할 수 있게 해주는 유일한 해결책이라고 볼 수 없다.** 예를 들어 노동의 질에 상관없는 일자리를 제공한다고 해서 빈곤층에 있는 사람들이 빈곤으로부터 벗어나는 것은 아니다. 문제는 어떠한 고용이냐 하는 것이 중요하다고 할 수 있다. 금재호(2004)의 연구에 따르면 우리나라 빈곤가구의 절반이상이 취업자가 있는 일하는 빈곤(working poor)가구라고 한다. 이는 고용이 빈곤을 해결해 주는 것이 아니라 고용 그 자체보다 어떤 고용 또는 일자리냐 하는 일자리의 질이 더 중요하다는 것을 보여준다. 자본주의 하에서 모든 사람들에게 원하는 직업이나 직무가 제공될 가능성이 매우 제한적이기 때문에 그리고 대부분 일자리가 없는 사람들은 낮은 기술의 사람들이 대부분이기 때문에 결국 일-복지를 강조하는 경우 후기산업사회의 직업구조상 빈곤계층들에게 낮은 기술의 변두리 직업이 제공될 가능성이 크고 결국 낮은 임금을 받는 저임금노동을

구성하게 되어 저임금 소의계층을 형성하여 빈곤의 고착화와 상대적 박탈감은 더욱 증대될 가능성이 높고 그 결과 사회적 갈등은 증폭될 가능성이 크다.

셋째, **근로연계복지는 모든 사람을 보편적 사람으로 규정하는 자본주의 경제학의 인간에 대한 가치를 강조하는 이데올로기적 술책**에 지나지 않는다고 볼 수 있다. 자본주의경제학에서 인간은 모두 합리적으로 생각하고 결정한다고 하는 합리성이 강조되는데 이러한 인간의 합리성에 대한 가치가 일복지에도 고스란히 담겨져 있다고 할 수 있다. 즉, 모든 사람이 모두 일자리를 유지하고 확보할 수 있는 기술경쟁력을 가질 수 있다는 보편성이 강조되지만 현실적으로 인간은 개별화된 특성을 지니고 있으며 개인이 놓여 있는 사회, 정치, 경제적 환경에 따른 개인적 차이에 따라 기술경쟁력을 유지 확보할 수 있고 없고가 결정될 수 있다. 따라서 기술경쟁력이 없는 사람에게 일자리가 제공되는 것은 결국 사회적 지출로서 본다면 단순히 사회복지적 차원에서의 하나의 혜택이 제공되는 것에 지나지 않기 때문에 큰 의미가 없다고 볼 수 있다. 중요한 것은 일자리가 아니라 개별적 특성에 맞는 복지서비스가 제공되어야 한다는 것이며 이러한 개별화된 특성에 맞는 복지서비스가 제공되어야 사회적 지출에 대한 낭비가 제거될 수 있으며 효과적인 사회적 지출로서 인정받게 된다는 점이다.

따라서 근로연계복지에 의해서 나타나는 위의 문제점들을 사회복지적 측면에서 극복하기 위해서는 다음과 같은 점들이 반영되는 대안들에 대한 고려가 반드시 필요하다.

첫째, 단순하게 단순 저임금 일을 제공하는 것보다 욕구를 가지고 있는 대상자들의 욕구를 파악하여 다양한 욕구해결을 위한 프로그램을 복합적으로 제공하여 일과 생활의 질에서 안정을 찾을 수 있도록 하는 것이 무엇보다도 중요하다. 예를 들어 일이 필요한 사람들에게 안정적인 일자리를 가질 수 있는 기술을 포함하는 직업교육 그리고 직업교육기간 동안의 보조금지급과 생활안정을 위한 사회서비스 등을 동시에 제공하는 욕구에 따른 서비스제공이 필요하다. 결국, 다양한 수준에서의 복합적이고 상호 지원적인 프로그램의 제공이 무엇보다도 필요하다고 할 수 있다.

둘째, 근로-복지에 대한 강요보다는 불안정한 고용구조를 없애는 것이 더욱 시급하다. 즉, 계약직, 임시직 고용을 없애고 고용의 안정을 가져다주는 것이 중요하다. 즉 고용의 질을 개선하는 것이 무엇보다도 중요하다고 할 수 있다. 이는 곧 노동시장의 분절이나 이중노동시장을 통해 지속적으로 노동을 착취하는 노동시장의 구조적 문제에 대한 해결책이 없으면 근로-복지에서 의미하는 일자리는 불안정하고 저열한 일자리에 불과함을 의미한다.

셋째, 낮은 기술의 노동자들이 충분히 삶의 질을 보장받을 수 있는 수준의 최저임금의 현실적 증액이 필요하다. 또한 노동력을 상품화하여야 하는 국민들의 삶의 질을 보장하기 위한 충분한 노동력재생산구조로서 노동력탈상품화를 위한 국가의 각종 수당제도나 소득보장제도 등과 같은 다양한 복지제도가 필요하다. 예를 들어 기본소득(basic income)정책은 하나의 방안으로 보편적 수준에서 국민들의 생활안정에 도움이 되는 노동력 탈상품화를 위한 강력한 사회복지제도이다.

제 7 절 복지자본주의에 대한 이념적 성향 분석

경제체제로서의 자본주의가 국민들의 삶의 질과 복지향상을 위해 사회복지정책을 제공하는 정치체제로서의 복지국가와 결합한 복지자본주의는 현재 모든 자본주의사회의 정치경제적 체제이다. 물론 모든 자본주의국가가 동일한 복지제공의 수준을 가지고 있지 않으며 동일한 수준의 경제수준을 가지고 있지 않음으로 복지자본주의의 수준이나 유형은 나라마다 다르다고 할 수 있다. 복지국가를 추구하는 자본주의국가인 한국은 미국과 다르며 미국 역시 스웨덴과는 다른 복지자본주의체제라고 할 수 있다. 예를 들어 경제수준에 따라 선진국과 후진국을 나누는 것처럼 복지수준에 따라 선진복지국가 또는 후진복지국가라고 구분되기도 한다. 자본주의가 문제점을 극복하면서 수정되어 발전하는 것처럼 복지국가 역시 수정되면서 발전하고 있다. 경제가 발전하였지만 복지가 발전하지 않는 복지자본주의국가도 존재할 수 있으며 반대로 경제가 발전하지 않았는데 복지는 발전한 복지자본주의국가도 존재한다.

국가의 복지수준을 결정하는 것은 역사적으로 이념 또는 사상이 중요한 역할을 수행하였다. 즉, 국가의 복지수준을 결정하는 것은 자본주의 경제체제에서 이념 또는 사상에 많은 영향을 받았다고 할 수 있다. **보수주의**는 국가의 최소수준에서의 복지제공 그리고 개인 나아가 가족과 친척 그리고 자선적 조직 등의 역할이 복지제공에 중요한 역할을 수행함을 강조하며 **고전자유주의**는 개인의 복지에 대한 책임을 강조하며 복지가 시장의 자원할당역할을 통해서 일정 정도 해결될 수 있다고 믿었다. 또한 **현대자유주의**는 국가의 복지제공의 필요성을 확대시키는데 중요한 역할을 수행하였으며 **사회민주주의**는 권리로서의 보편적 복지서비스가 제공되는 복지국가의 확대·발전에 정치적 토대를 제공하였다.

결론적으로 자유주의와 보수주의 그리고 사회민주주의는 모두 복지자본주의를 인정하지만 그 정도의 차이는 분명히 존재한다. 특히 고전 자유주의의 경우는 복지국가가 발전하기 전에 등장하였음으로 복지정책을 강조하는 복지국가와 자본주의가 결합한 복지자본주의에 대한 기본적 사고는 존재하지 않지만 현대 자유주의는 복지국가를 적극적으로 확대하여 자본주의의 문제를 극복하기 위해 노력하였음으로 복지자본주의의 기본적 토대가 된다고 할 수 있다. 또한 사회민주주의는 복지국가를 가장 적극적으로 옹호하며 복지정책을 통해 인간화된 자본주의 나아가 보편적 복지가 중심이 되는 새로운 형태의 경제체제로 이행될 가능성을 제시하였음으로 가장 확고한 복지자본주의의 옹호자라고 할 수 있다. 한편 신자유주의와 마르크스주의는 모두 복지자본주의를 부정내지는 비판하는데 그 이유는 판이하다. 즉, 신자유쥬의자들은 가장 보수적인 유형의 복지자본주의를 주장하며 국가의 최소한의 복지제공을 강조하고 마르크스주의자들은 복지자본주의가 자본주의를 공공히 하거나 자본축적을 정당화시키려는 술책에 지나지 않음을 강조한다. 즉, 일부 신마르크스주의자들은 자본주의사회에서 복지의 보편적 권리나 욕구에 따른 복지제공은 결코 이루어지지 않을 것이며 새로운 경제체제로의 이행만이 국민들의 복지권 및 욕구에 따른 복지가 이루어지는 유일한 방법임을 주장한다. 아래의 표는 복지자본주의를 설명해주는 이념을 주요 개념을 중심으로 분류한 것이다.

〈표 10〉 복지자본주의 이념 비교

기준	보수주의	자유주의	신자유주의
시장	• 자유경쟁시장을 선호하지만 국가는 시장을 어느 정도 규제하여야 함을 강조 • 특히, 자본주의경제체제를 유지하기 위해서는 반드시 국가의 시장개입이 필요함을 인정 • 결국, 시장의 불완전성을 극복하기 위해서 국가는 시장을 규제해야 한다고 주장	■ 고전 자유주의 • 자유경쟁시장은 이성적 인간의 자유가 실현되는 장소 • 시장은 스스로 문제를 해결할 수 있는 능력을 가져 자기 규제적임. 따라서 시장에 대한 국가개입은 불필요 • 정부가 규제하지 않는 자유경쟁시장이 유일한 자원할당 도구 ■ 현대 자유주의 • 시장은 주기적으로 불황이 오며 불안정함을 강조 • 시장이 자율적으로 균형가격을 찾지 못하고 과잉공급으로 재고가 쌓여 실업자가 만연함으로 이	• 자유시장에 기초한 자본주의는 개인의 복지를 증진시키는 유일한 경제체제임으로 수정될 필요가 없음 • 기본적으로 국가의 시장개입 반대. 시장에 대한 정부의 과도한 개입이나 복지제공확대 등과 같은 정책은 적합하지 않음 • 자유주의보다 더욱 강력하게 친-자유 시장(pro-free market)을 강조 • 개인의 선택과 경쟁을 강조하며 기본적으로 복지재화와 서비스가 시장에서 교환되면 개인들의 선택권이 확대된다고 주장하며 시장에서 제공자들이 복지

		를 해결하기 위해 정부의 시장개입 필요	서비스를 선택받기 위하여 경쟁함으로 복지서비스의 품질은 시장의 기능을 통해서 일정 수준이상을 유지할 것이라고 생각
자본주의	• 자본주의는 사람들이 그들 자신을 위해 일하게 하며 그들의 경제적 운명을 스스로 통제할 수 있도록 하고 재산을 축적할 수 있도록 하는 경제체제	■고전 자유주의 • 자본주의를 자원할당을 위한 유일한 경제체제로 지지하고 자유시장을 강조 ■현대 자유주의 • 자본주의를 지지하지만 자본주의사회가 창출하는 문제를 예방하거나 감소시키기 위해서 국가는 자본주의 경제(시장)를 규제하여야 할 의무가 있다고 생각	• 자유시장에 기초한 자본주의는 개인의 복지를 증진시키는 유일한 경제체제임으로 수정될 필요가 없으며 오히려 시장에 대한 정부의 과도한 개입이나 복지제공확대 등과 같은 정책은 적합하지 않음을 강조
사회문제	• 사회문제는 사회구조적으로 발생하지는 않음 • 빈곤이나 실업 등은 개인의 능력이나 지식 또는 기술부족에 기인 • 빈곤은 국가나 사회적 개입이 아니라 부자, 자선가나 박애주의자들의 자선활동을 통해서 극복될 수 있고 극단적인 빈곤 만 정부가 개입하는 것이 정당	• 사회문제가 격리나 배제 등으로부터 구조적으로 발생 • 특히 자본주의 시장의 불완전성은 배제를 일으키는 중요 요인 • 빈곤층과 같은 사회계층에 나타나는 불평등은 자본주의가 만들어 낸다고 현대 자유주의자들은 생각. 특히, 빈곤층은 능력(자본이나 자산 등)을 적게 지니고 있어 불평등이 발생하고 이를 해결하기 위해서는 이들의 자유를 신장시킬 필요가 있다고 주장	• 사회문제가 경제적 불안정성 등과 같은 사회구조적으로 발생하는 것이 아니고 개인의 실패로부터 나타남을 강조 • 불평등은 개인의 실패에 따라 발생하는 자연적인 현상 • 사회문제를 해결하기 위해 또는 사회적 욕구를 해결하기 위해 복지제공을 확대할 필요가 없음
국가	• 국가는 현 상태를 유지하고 사회질서를 보존하기 위해 필요 • 국가는 소수의 계몽화	■고전 자유주의 • 국가는 필요악. 국민들의 자유와 생활안정을 침해하지 않는 선에서 최소	• 국가가 사회적 욕구를 해결하기 위해 대응하고 서비스를 제공하기보다 제한된 기능과 역할을 수행

	되고 미덕이 갖추어진 소수집단에 의해 이루러진 정치체계	한으로 유지되어야 함을 주장 ■ 현대 자유주의 • 사회의 이익과 개인의 이익 사이에 균형을 위하여 국가가 역할을 하여야 함을 주장 • 국가는 소수보다는 대중들에게 기회를 제공할 수 있도록 그들의 자유를 발전시키는데 노력을 하여야 하며, 특히, 기회와 결과의 불평등이 확산되지 않도록 하고 자본주의 경제체제를 안정화시키기 위하여 노력하여야 하며 자본주의경제의 불안정성에 대해 보상할 수 있도록 체계를 갖추어야 함을 강조	하여야 한다고 강조 • 개인이 스스로 소득을 창출할 수 있음으로 과도하게 국가가 개인의 삶에 개입하는 것을 반대 • 국가가 권력기구를 강화하여 치안과 시장 규율의 유지를 보장하는 작고도 강한 정부를 추구 • 사회정의와 불평등문제는 부의 축적을 통해 사적소유권이 인정되면 저절로 확보됨으로 국가는 사회정의를 위한 정책적 개입을 자제하여야 한다는 점이 강조된다.
복지국가	• 복지국가는 보수적 제도로서 역할 및 필요성 인정 • 복지국가는 자본주의사회체제의 안정을 유지시키고 국민들을 돌보는 역할을 하는 메커니즘 • 사회구성원들을 보호하고 그들이 제대로 된 기능을 발휘할 수 있도록 국가가 복지서비스를 제공하는 것은 필요하지만 민간영역(자발적 조직 등)의 복지제공을 위한 역할이 중요함을 강조 • 자본주의체제를 안정적으로 유지하기 위한 복지국가의 책임성을 인정하지만 제한적이어야 한다	• 고전 자유주의자보다 현대 자유주의자들은 복지제공에 대한 국가역할의 중요성을 강조 특히, 복자국가의 중요성을 적극 인정 • 복잡한 사회문제를 해결하기 위해 국가는 사회(복지)프로그램을 제공하여야 할 책임이 있음을 강조 • 자본주의 경제적 토대를 유지 및 안정화시키고 시장의 불안정성을 극복하기 위해 복지정책을 확대.제공하는 복지국가를 선호	• 복지국가는 축소되고 제한되어야 함을 주장. 즉, 국가개입이 증가하는 복지국가의 경향에 반대 • 자유주의자돌과 비슷하게 하지만 제한적 형태로 복지국가는 존재하여야 하지만 필요한 경우에만 공동의 이익을 위해서 개입하여야 함을 주장 • 복지국가가 사회적 욕구를 해결하기 위해 개입하게 되면 개인이 주도력을 가지고 욕구를 해결하는 기회를 박탈하게 되며 국가에 개인이 더욱 의존하게 만든다고 강조 • 개인의 자유를 손상하지 않는 선에서의 복지국가를

	는 것		인정하지만 복지국가가 개인의 자유를 손상한다면 이는 곧 중요한 위협이라고 주장
복지	• 복지는 개인의 만족을 의미하며 복지의 수준은 개인이 만족하는 정도로 인식(만족의 정도) • 인간은 개인의 복지를 만족시키는 주체임으로 개인의 복지는 개인이 책임	■ 고전 자유주의 • 개인의 이익최대화가 곧 복지 • 개인의 복지는 개인이 책임지며 복지는 만족이나 행복과 동일한 개념 ■ 현대 자유주의 • 자본주의경제체제에서 시장이 불평등을 조장하고 불균형하다는 것을 인정하고 이를 극복하기 위해 사회적 수준에서의 복지제공 인정 • 개인에게 발생하는 문제는 역시 사회에서도 발생할 수 있음으로 이는 사회적 수준에서 해결되어야 한다고 강조하여 개인적 복지에서 사회구성원을 위한 사회복지 중요성 인정	• 개인이 개인의 복지를 책임진다는 것을 강조하며 개개인들은 자신의 삶에 대한 통제권을 가지며 스스로 통제할 수 있어야 하고 개인의 삶이나 복지를 국가에 의존하지 말고 해결하는 것을 강조 • 신자유주의의 복지제공의 핵심정책은 바로 국가직접제공을 줄이고 복지제공을 민간에게 떠넘기는 민영화 또는 시장화
복지 자본주의	• 최소수준의 복지정책을 제공하는 복지정책과 자본주의가 결합하는 복지자본주의 인정 • 사회무질서를 해결하기 위해 즉, 사회안정을 위해 복지와 자본주의가 결합하는 것이 필요함 • 자선활동을 하는 자선조직(비영리 조직포함)들의 복지제공을 위한 노력을 고취시켜 자선조직과 같은 민간부분에게 복지제공의 일부를 전가함으로 국가중심의 최소수준	■ 고전 자유주의 • 시장이 유일한 개인의 복지와 욕구를 만족시킴으로 복지자본주의는 곧 시장자본주의의 발전을 의미 ■ 현대 자유주의 • 자본가들의 이익창출을 통한 자본축적활동의 정당성은 인정하면서 시장의 불안정성과 불평등을 극복하기 위한 대안으로 사회정의와 복지국가를 강조하여 복지와 자본주	• 복지자본주의는 불필요 • 복지는 개인의 노력을 통해서 시장에서 성취되는 것임으로 자유시장자본주의가 중요 • 수정된 형태의 자본주의는 복지자본주의가 아닌 과거로 회기된 자유경쟁시장을 강조하는 자본주의에 다름 아니며 개인의 복지는 개인이 책임지는 자본주의를 강조 • 복지 자본주의보다는 자유시장 자본주의가 더 선호되는 개념

	의 복지에 개인과 민간이 참여하는 민영화를 기반으로 하는 혼합형 복지자본주의 기초 제공	의가 결합되는 복지자본주의 중요성 및 필요성 인정 • 복지(복지국가)를 자본주의 유지를 위한 경력한 토대로 활용. 따라서 복지자본주의를 강력하게 옹호	

기준	사회민주주의	마르크스주의(신마르크스주의)
시장	• 시장을 전적으로 신뢰하지 않음으로 시장을 보호하거나 지지하는데 관심을 가지지 않으며 국가에 의해 규제되는 시장을 강조 • 자유경쟁시장은 인간을 지속적으로 배제하고 불평등을 조장함으로 수정되고 극복되어야 한다고 주장 • 시장에 대한 국가의 규제는 당연한 것으로 여겨지며 시장의 불안정성과 불평등성을 통제하기 위한 자본의 통제와 시장경제의 국유화를 추진하기도 함	• 자본주의 시장은 자본축적과 노동탄압의 주범 • 자본가들이 시장에서 서로 경쟁하면서 임금은 더 적게 그리고 기계에는 더 많이 지출하면서 언제든 값싼 노동자를 고용할 수 있도록 실업을 증가시킨다고 강조 • 자본가들은 시장에서 그들의 이익을 증가시키기 위해 다른 기업들과 합병을 하며 결국 생산수단은 소수의 자본가에게 집중되고 결국 노동자들의 상태는 지속적으로 악화된다고 강조 • 자본주의는 시장을 자원할당의 중요한 도구로 인정하고 시장을 통한 자원의 할당은 욕구보다는 지불능력이 중요한 할당의 기준임으로 자본주의 시장경제는 기본적으로 불평등과 사회부정의를 양산
자본주의	• 자본주의가 개인의 이익창출에 대한 동기를 강조함으로써 사회정의와 평등수준을 개선하기 위한 정책의 중요성을 간과한다고 비판 • 자본주의는 불공정을 조장하고 불평등을 조장하므로 공정하지 못함 • 자본주의를 인간화하고 자본주의가 연대적이며 평등적이고 민주적인 결과물을 만들어 내는 것을 추구	• 자본주의는 억압구조이자 사회문제의 근본으로서 사회문제를 증폭시킴 • 자본주의는 자본가계급의 이익창출을 위해 작동 • 자본주의라는 경제체제는 기본적으로 결함을 가지고 있으며 과잉생산과 과소소비 그리고 높은 실업은 자본주의가 산출하는 기

		본적인 문제
사회문제	• 사회문제는 자본주의에 내재되 있음 • 자본주의가 양산하는 불평등과 사회 부정의가 곧 사회문제 • 자본주의 경제체제가 불평등과 불안전성을 기반으로 인간을 지속적으로 배제 및 차별	• 사회에는 상이한 관심을 가진 계급이 상이한 이익을 위해 충돌함으로 기본적으로 갈등이 내재해 있으며 이러한 갈등은 곧 불평등이나 빈곤과 같은 사회문제를 만들어 냄 • 자본주의사회에서 **사회문제**는 영원히 해결될 수 없음 • 국가의 적극적 개입으로 일시적으로 사회문제가 감소할 수는 있어도 빈곤이나 불평등과 같은 자본주의사회가 잉태하는 사회문제는 자본주의사회가 종식되어서야 완전히 해결될 수 있음을 강조
국가	• 국가가 대중의 이익실현을 위해 존재 • 국가는 자본가계급의 이익을 보호하는 것이 주된 임무가 아니라 사회적 부정의를 해소하고 조화롭고 통합된 사회를 건설하는데 역량을 쏟아야 한다고 강조	• 국가는 자본주의 사회를 지탱하고 유지시키기 위한 자본가계급의 대리인 • 국가는 자율성을 가지고 있지 않은 지배계급의 도구 • 국가는 폐지되어야 하며 계급특권으로부터 자유로운 새로운 공동의 구조를 만들어야 한다고 주장 • 국가는 문제를 만들어 내는 문제아이지 문제를 해결하는 해결책은 아님
복지국가	• 복지국가가 자본주의가 창출해내는 사회문제나 역경을 해결할 수 있다고 주장 • 사회복지제공에 대한 국가의 역할을 강조 • 욕구에 따라 보편적 서비스를 제공받을 수 있는 동등환 권리를 보장하는 복지국가 옹호 및 강조	• 복지국가에 대한 시각은 이중적. 즉, 복지국가가 자본주의사회가 내포하고 있는 계급갈등이나 빈곤 등의 문제를 해결하는데 있어 일시적으로 영향력을 행사할 수 있지만 궁극적으로는 소수의 자본가계급이익이나 자본주의경제체제의 유지를 위해 활용된다고 강조 • 복지국가는 자본주의가 양산하는 불평등과 불안정성과 같은 문

		제를 제거하는 것이 아니라 문제를 보상한다는 거짓 이데올로기(false ideology)를 양산하기 때문에 비효과적이고 억압적임 • 복지국가란 지배계급이 복지라는 정책과 제도를 통해 노동자계급을 달래고 자본가계급의 이익을 확대시키기 위해 설계된 자본주의 제도 • 복지국가는 산업 갈등을 줄이고 자본가들에게 기업이익창출활동을 보호하는 안전장치를 제공하기 위해 작동함으로 복지국가가 작동하여 갈등을 줄이고 사회적 위험을 줄이게 되면 자본주의의 폭락은 그만큼 지체된다고 강조
복지	• 개인의 복지보다 불평등이 개선되어 만인이 동등하게 대접받는 전제 사회구성원들의 복지를 강조 • 국민들의 복지 및 사회의 복지를 증진시키기 위해 사회정책의 주도성을 강조 • 사회의 복지향상이 개인의 자선이나 기부행위 또는 자유시장의 자원할당을 통해서는 결코 이루어지지 않음 • 복지에 대한 권리는 주거, 건강, 교육 그리고 사회서비스 전반에 대한 국민들의 보편적 권리를 의미	• 복지에 대한 권리가 자본가계급의 이익 최대화를 보호하고 숨기기 위한 책략에 불과하다고 주장 • 국민들의 복지에 대한 욕구가 자본주의체제에서는 충족될 수 없음을 강조 • 복지에 대한 권리는 자본자계급의 자기이익을 위한 행동을 막거나 없애는 것에서 부터 옴을 강조
복지자본주의	• 복지자본주의는 자본주의의 문제를 적극적인 복지정책의 확대를 통해 해결하려는 정치 및 경제체제 • 복지와 자본주의가 결합된 복지자본주의를 인정하며 자본주의는 수정되어야 하고 특히 자본에 대한 통제는 필연적이라고 강조하며 국가의 복지제공은 더욱 확대되어야 한다고 주장 • 국가복지제공이 강화되고 자유시장이 통제되는 복지자본주의 강조 • 복지자본주의는 자본주의가 가진 문	• 복지자본주의는 국민의 복지욕구 및 사회적 요구를 달래고 자본주의사회를 보호 및 유지시키기 위한 제도 • 복지자본주의는 복지제공을 통해 사회불평등 및 계급갈등을 완화하고 자본주의의 정당성을 유지 확보하며 나아가 자본가계급의 착취구조를 보호하기 위한 정치.경제체제임 • 복지자본주의는 실업이나 빈곤

	제를 국가 주도의 경제 및 사회복지정책을 통해서 해결하려는 특징을 가짐	등의 사회문제를 일시적으로 완화시키지만 자본주의에 내재된 계급갈등이나 불평등 문제를 제거하지는 못하고 자본주의를 보호 및 영속시키기 위한 자본가계급의 술책 • 완전한 복지가 달성되기 위해서는 자본주의체제의 사회복지정책을 통해서가 아니라 즉, 복지자본주의가 아니라 새로운 경제체제의 이행을 통해서만 가능

제 7 장

복지자본주의와 시장

시장은 복지자본주의의 물적 토대이며 자본주의가 작동 및 발전하도록 하는 가장 강력한 사회적 기구 또는 자원할당기구이다. 통상 시장은 상업적 시장 또는 경제적 시장을 의미하며 과거에서부터 존재하여 왔고 미래에도 존재할 수밖에 없는 자원할당을 의한 경제부분이다. 자본주의사회에서 자원할당을 위한 경제부분은 시장이 큰 부분을 차지하지만 정부와 비영리조직 등도 자원할당을 책임지는 경제부분이다. 즉, 자본주의 경제체제 작동을 위한 도구이자 수단으로서 시장은 통상 경제적 시장을 의미하지만 자원할당을 위한 기구는 반드시 경제적 시장만이 존재하는 것은 아니다. 공공의 이익과 사회적 목적 실현을 위해 제공되는 공공재와 사회재 등 다양한 재화가 발달하면서 이들 재화와 서비스의 할당을 위한 시장도 발전하였다. 이러한 시장을 사회적 시장(social market)이라고 부른다. 복지자본주의에서 시장은 사적재의 교환을 위해 필요한 경제적 시장과 공공재 및 사회재의 할당을 위한 사회적 시장 등이 결합되어 있다.

시장은 초기자본주의의 등장과 함께 완전자유경쟁시장을 추구하였지만 시장은 불안정성과 불균형성으로 자본주의의 사회적 위험 또는 사회문제를 양산해내는 요인으로 작동하였다. 주기적으로 찾아오는 시장의 실패는 곧 시장의 자유를 규제하고 정부의 시장에 대한 개입을 강화하여 현재의 자본주의경제체제에서 완전자유경쟁시장은 이상적으로만 가능하지 현실에서는 존재하지 않는다고 할 수 있다. 경제적 시장의 한계를 극복하기 경쟁을 강화하면서 형평성을 유지하기 위해 준시장이 등장하기도 하였으며 지나친 경쟁과 배제를 극복하기 위한 자원할당기구로서 사회적 시장의 발전은 곧 경제적 시장과 준시장 그리고 사회적 시장이 섞여서 혼합적으로 자원할당을 책임지는 혼합시장이 등장하도록 하였다. 또한 경제적 시장인 자유경쟁시장의 한계를 극복하기 위한 사회경제적 모델로서 사회적 시장경제(사회자본주의)가 등장하고 발전하는 데에도 영향을 주었다. 본 장에서는 복지자본주의의 경제적 시장과 사회적 시장 그리고 경제적 생산과 사회적 생산과의 관계 등을 설명하고 분석한다.

제 1 절 사회적 시장

1. 사회적 시장이란?

사회적 시장은 **"공공의 이익이나 사회적 목적으로 제공되는 재화와 서비스가 교환이 이루어지는 장소"**를 의미한다. 특히, 사회적 시장에서 공공재, 사회재 그리고 가치재 등의 교환이 이루어지며 사적재는 일반적 시장인 경제적 시장에서 교환이 이루어진다. 일반적으로 **공공재**(public goods)는 정부를 통해 직접 국민들에게 제공됨으로 일반적으로 우리가 알고 있는 공간적 의미의 시장이 형성되지 않는 것처럼 보인다. 하지만 분명히 공공재에 대한 설명이나 이에 대한 홍보 그리고 이를 신청하기 위한 장소 그리고 급여로서 현금이든 현물이든 서비스가 제공되는 장소(예를 들어 주민센터) 등이 존재함으로 교환을 위한 시장이 형성된다. 물론 이러한 시장은 경제학일반에서 다루는 자유경쟁시장이 아니며 이러한 시장은 이윤창출 및 개인적 욕망이나 원함의 충족을 위해 화폐적 가치로 교환이 이루어지는 경제적 시장과는 다르므로 자유경쟁시장이나 경제적 시장과 구별하여 사회적 시장이라고 불린다.

사회적 목적을 성취하기 위해 제공되는 **사회재**(social goods) 역시 경제적 시장에서 교환이 이루어지는 것이 아니라 사회적 목적을 가진 비영리조직 등에 의해서 교환(재화와 서비스의 제공)이 이루어짐으로 제3부문의 조직들이 제공하는 재화와 서비스가 제공자와 이용자 간에 교환이 일어나는 장소로서 사회적 시장이 존재한다. 사회적 시장은 복지관과 같은 복지시설이 될 수도 있으며 복지관이 운영하는 나눔가게나 푸드뱅크가 될 수도 있다. 역사적으로 자선활동이나 자원봉사활동 등은 모두 개인의 이익이 아닌 이타적인 행동으로 사회의 이익을 위해 제공되며 자발적 조직을 통해서 이루어졌는데 여기서 자발적 조직은 곧 서비스가 주민들에게 직접 제공되고 교환되는 교환의 장으로서 사회적 시장이라고 할 수 있다.

사회적 시장(Social Market)**은 경제적 생산보다는 사회적 생산을 그리고 분배 및 자원의 재할당**을 강조한다. 따라서 사회적 시장은 자원할당을 위한 경제적 시장과 동일한 경제의 한 단위이자 생산을 위한 토대가 된다. **사회적 생산은 "사회적 목적성취나 가치의 실현 그리고 국민들의 삶의 질이나 사회의 질**(social quality)**을 충족 및 개선시키기 위한 생산"**을 의미한다. 즉, 사회적 생산은 국민들의 복지욕구 및 사회문제해결을 통한 삶의 질과 사회의 질을 개선시키기 위해서 생산되는 공공재 및 사회적 가치를 실현시키기 위해서 생산되는 사회재와 가치재를 생산하는 것을 의미한다. 공공재 및 사회재 등은 모두 재화와 서비스임으로 이를 생산하고 교환할 장소가 당연히 필요하다. 국민들의 사회적 시장에서 표출되는 사회적 욕구에 의해서 사회적 생산의 정도가 결정되어 생산이 이루어지며 생산된 재화와 서비스는 사회적 시장을 통해서 국민들에게 제공된다.

국민들에게 사회적 목적을 위해 생산되는 사회적 생산으로서 공공재와 사회재 그리고 가치재로서의 사회복지 재화와 서비스는 사회문제에 대한 대응 그리고 국민복지증진 및 국민들의 삶의 질을 개선시킨다. 특히, 사회복지 재화와 서비스(또는 benefits)는 **탈상품화**를 위해 제공되며 사회적 시장에 의해서 조정되고 관리된다(Herrmann, 2012). 이는 곧 사회적 시장에서는 국민들의 탈상품화를 위해 사회적 시장의 작동원리인 사회적 소비 및 분배를 목적으로 하는 재화와 서비스의 교환이 이루어짐을 의미한다. 이것이 곧 "**사회적 시장 작동 메커니즘**"이다(지은구, 2018). **탈상품화**는 복지국가가 추구하는 이상적 상태를 나타내며 복지국가는 탈상품화를 위해 노력하고 있다. 상품화는 경제적 시장에서 이루어지며 탈상품화는 사회적 시장을 통해서 이루어진다.

사회적 시장은 또한 **분배와 소비의 동등한 중요성**을 강조하는데 여기서 소비는 단순한 상품의 소비나 생산으로 전환되지 않는 소비가 아닌 노동력 재생산을 위한 소비임으로 생산적 소비(productive consumption)라고 규정할 수 있다. 즉, **노동력 재생산이라는 측면에서 사회적 시장은 국민들에서 재화와 서비스를 공급함으로써 분배적 정의가 실현되는 도구이자 국민들의 생산을 위한 소비 즉, 생산적 소비가 발생하는 공간이다**. 사회재와 공공재는 분배와 생산적 소비를 목적으로 사회적 시장을 통해 제공되며 사회적 시장을 통해 제공되는 사회재와 공공재의 소비는 국민의 복지수준 및 사회의 질의 수준을 향상시킴으로 사회적 시장에서 제공되는 사회적 생산과 복지국가의 수준은 밀접한 관계를 가지고 있다고 할 수 있다. 특히, 사회복지 재화와 서비스는 국가에 의해서 제공되는 공공재이고 특정 개인의 만족이 아닌 모든 국민들에게 안전하고 건강한 삶을 목적으로 제공되는 목적재이자 사회적 시장에 의해서 제공되는 사회재이며 사회적 가치를 실현시키기 위해 제공되는 가치재임으로 이러한 사회복지 재화와 서비스의 소비를 통해 국민복지의 수준은 향상된다.

종합하면, **사회적 시장은 경제적 시장과는 달리 사회적 가치실현을 위해서 제공되는 재화와 서비스가 교환되는 장소이면서 동시에** 사회적 목적성취를 위해 생산 및 제공되는 공공재나 사회재(social goods)의 교환이 이루어지는 장소이다. 사회적 시장에는 공공 및 비영리조직을 포함한 제3부문의 조직들이 참여하며 사회적 시장에서는 경제적 생산보다는 사회적 생산이 그리고 국민의 생활안정 및 복지증진을 위한 분배 및 자원의 할당이 강조된다. 결국, **사회적 시장은 경제적 시장과 마찬가지로 복지자본주의사회에서 자원의 분배 및 할당을 위한 메커니즘이자 분배적 정의가 실현되고 생산적 소비가 이루어지는 사회적 장치이자 배열이 된다. 사회적 시장의 중요성은 국민의 탈상품화를 위해 사회적 소비 및 분배를 목적으로 재화와 서비스가 교환되는 장소**라는 점에 근거한다. 국민들의 탈상품화를 위해서는 상품화하지 않아도 기본적인 생활이 유지될 수 있는 필요한 재화와 서비스가 국민들에게 제공되어야 한다는 측면에서 국민들이 없어서는 안 되는 필요한 재화와 서비스가 제공되고 교환되는 사회적 시장은 곧 국민들의 탈상품화가 실현되는 장소이기도 한다.

사회적 시장	• 사회적 가치실현을 위해서 제공되는 재화와 서비스가 교환되는 장소 • 사회적 목적성취를 위해 생산 및 제공되는 공공재나 사회재(social goods)의 교환이 이루어지는 장소 • 국민들에서 재화와 서비스를 공급함으로써 분배적 정의가 실현되는 도구이자 국민들의 생산을 위한 소비 즉, 생산적 소비가 발생하는 공간 • 국민들의 탈상품화가 실현되는 장소

2. 사회적 시장의 작동원리

사회적 시장에서 재화와 서비스는 상품으로 개인의 지불능력에 의해서 교환이 이루어지는 것이 아니라 무료 또는 지불능력에 따른 최소한의 요금으로 교환이 이루어짐으로 탈상품화를 통해 교환이 이루어지는 교환의 장소이다. 즉, **사회적 시장에서 교환의 기준은 지불능력이 아니라 복지에 대한 권리나 또는 국가의 사회적 책임이나 의무**이다. 따라서 가장 우선적인 경제적 시장의 작동원칙은 지불능력의 원칙이지만 사회적 시장의 작동원칙은 권리 즉, 사회권(social rights) 또는 복지권(Welfare rights)이 된다. 복지국가가 등장하고 사회권의 발전으로 국민의 사회복지에 대한 욕구가 증가하면서 이에 대한 교환의 장소로서 사회적 시장은 당연히 발전하게 되었다. 지불능력원칙이 작동하면 당연히 지불능력의 유무에 따라 시장에서의 배제와 차별은 당연히 존재하여 지불능력이 없는 사람은 시장으로의 개입 자체가 불가능하고 재화와 서비스의 선택은 곧 지불능력에 따라 이루어진다. 반면, 사회권 또는 복지권이 발전하게 되면 국민들이 해결하지 못하는 욕구해결을 위한 대안으로 정부나 자발적 조직인 비영리나 사회경제조직(제3부문조직)들이 공공재나 사회재를 생산하여 공급함으로 재화와 서비스의 선택은 경쟁이나 배제 없이 보편적으로 이루어진다.

[그림 23] 시장의 작동원칙

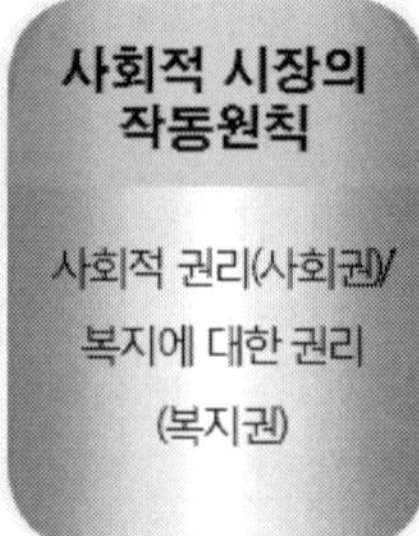

따라서 사회적 시장은 경쟁과 배제없이 필요한 상품(재화와 서비스)을 국민들에게 제공하는 **탈상품화 공간**으로서 작동한다. 즉, **사회적 시장은 국민들의 탈상품화가 이루어지는 공간적 장소이자 탈상품화를 위해 필요한 기본적인 재화와 서비스가 제공되는 공간적 장소이다. 사회적 시장을 통해 상품화하지 않은 국민들에게 필요한 재화와 서비스가 공급 및 제공됨으로 사회적 시장은 자원할당 및 분배를 위한 도구이자 사회적 생산 및 공급이 이루어지는 수단**이고 탈상품화가 실현되는 장소라고 할 수 있다. 탈상품화는 노동의 상품화에 기초함으로 **노동의 상품화와 이에 대한 대응으로서의 노동의 탈상품화 그리고 탈상품화**에 대해 살펴보기로 한다(지은구, 2021).

3. 사회적 시장과 노동의 상품화 그리고 탈상품화

Marx가 제시한 바와 같이 자본주의시장경제체제는 임노동관계에 있는 노동자계급의 생활 및 삶에 위협적인 요소로 작동한다(지은구, 2021). 즉, 노동자들은 삶을 유지하기 위해 필요한 생존수단(재화나 서비스)의 교환을 위해서 자신의 노동력을 판매하여야 하므로 노동을 상품화하여야 하고 이는 곧 노동력을 끊임없이 상품화하여 팔아야만 생존이 가능하도록 하는 잠재적 기제로 작동하게 된다(Huo et al., 2006). 노동자들은 시장에서 노동력을 상품화하지 않으면 소득창출이 불가능하고 이는 곧 기본적인 생활이 유지되지 못함을 의미함으로 어떠한 상황에서도 쉬지 않고 지속적으로 노동력을 상품화하면서 부단한 삶을 살아가게 된다.

노동의 상품화에 의해서 자본주의는 발전하였지만 노동의 상품화는 또한 인간노동을 상품화함으로써 인간의 자본에 대한 종속과 지배를 정당화하고 상품가치에 비례한 소득과 소비를 정당화하여 상품성을 잃은 사회구성원들의 시장으로부터의 배제를 정당화하는 기제로 작동하였다. 노동의 상품화는 어떤 것이든 자신이 원하는 것이나 자신의 만족을 위한 것들은 모두 스스로의 노동을 통해서 획득할 수 있다는 환상을 불러주어 가치적 측면에서 경쟁과 개인주의를 중요시하도록 하여 결국, 연대와 협력, 공동체주의와 같은 가치를 훼손함으로써 사회자본의 형성에 급격한 방해요소로 작동하여 사회구성원들이 자기 자신이외에는 아무도 믿지 않고 스스로 고립되는 사회적 고립의 일상화에 기여하였다. 아무리 노동을 하고 자신의 노동을 높은 가치로 판매하기 위해 노력하여도 기본적인 삶의 유지가 어려운 많은 국민들은 결국 무능력자, 패배자, 실패자와 같은 낙인이 찍혀 물질적인 어려움뿐만 아니라 정신적, 심리적인 고통을 겪으면서 하루하루를 어렵게 살아가게 된다(지은구, 2018).

임-노동관계를 기본으로 하는 자본주의에서 노동의 상품화는 당연한 논리이지만 노동의 상품화는 많은 국민들에게 삶의 질 및 복지의 증진에 영향을 미치는 요소임에 틀림없다. 인간은 스스로 노동을 상품화하여 화폐가치가 부여된 임금을 통해 노동을 판매하여 생활을 영위해 나가고 상품화를 통해 제공받은 임금을 통해 다시 자신의 노동을 상품화하기 위해 노동력을 재생산하기 위한 상품을 구매하여 소비하는 과정을 거치며 하루하루를 살아간다. 상품화가 될 수 없는 노동능력이나 상품화가 불가능한 노동능력을 가진 사람들은 그리고 건경과 돌봄 등과 같은 주어진 상황으로 상품화를 할 수 없는 사람들은 노동시장으로부터 배제되며 국가는 이들을 위한 최소한의 생계유지를 하도록 하기 위해 그들에게 필요한 복지를 제공한다. 여기서 복지는 권리가 아니며 생존을 위한 도구나 수단에 지나지 않는다. 하지만 복지는 생존수단이 아니며 인간의 기본적 삶의 영위를 보장하는 권리이다. 노동을 판매하여야만 살아가는 것이 가능한 것이 아니라 노동을 판매하지 않아도 기본적인 삶이 보장되는 것이 복지국가이자 복지사회임으로 필요하다면 노동을 판매하지 않아도 국민들의 기본적인 삶이 유지될 있도록 국민 개개인의 기본적 생활 및 삶의 질이 보장되는 것이 중요하다(지은구, 2018).

Esping-Andersen은 복지국가가 발전하기 위해서는 노동의 탈상품화 그리고 복지국가의 탈상품화가 필수적인 요소임을 강조하였다. **노동의 탈상품화는 '노동자들이 또는 국민들이 자신의 노동을 시장에 팔지 않고도 또는 시장에 의존하지 않고도 기본적인 삶이 유지 가**

능한 상태'라고 정의할 수 있다(지은구, 2021, 2018). 탈상품화개념을 보다 자세히 살펴보도록 한다.

1) 탈상품화[34)]

탈상품화는 복지국가의 수준을 결정짓는 중요한 기준이다. Esping-Andersen(1990)은 탈상품화를 복지자본주의국가의 유형을 규정짓기 위한 기준으로 활용한 대표적인 학자로 알려져 있다. 탈상품화는 Esping-Andersen에 의해서 복지자본주의국가를 설명하는 중요 개념으로 등장하였으며 일반적으로 **'개인이나 가족이 시장에서의 성과(performance)와 상관없이 일상적이고 사회적으로 수용할 수 있는 수준을 유지할 수 있는 정도'**를 나타내지만 본래는 노동의 탈상품화로부터 발전된 개념이다(지은구, 2018).

본래 탈상품화라는 개념을 처음 사용한 학자는 폴라니(Polanyi, 1944)이다. 그는 마르크스(Marx)의 영향을 받아 자본주의는 노동자를 교환을 위해 생산되는 다른 상품들과 마찬가지인 하나의 상품으로 취급한다고 강조하였다. 그는 노동자가 교환을 위해 생산되고, 이것을 유지하는 것(노동의 상품화를 유지)이 사회를 파괴로 인도할 수 있으므로 현실의 사회가 또는 시스템이 생존할 수 있는지 또는 생존할 수 없는지를 확인하기 위해서 노동의 탈상품화를 측정하는 것이 필요하다고 강조하였다(Holden, 2003). 오페(Offe, 1984)는 탈상품화를 **'시장관계로부터 멀어지는 또는 자유로워지는 증가하는 수의 사회적 영역과 집단'**으로 정의하였다. 또한 Offe는 탈상품화에 대해서 언급하면서 노동력은 다른 상품과는 다르기 때문에 노동력을 향상시키고 보존할 수 있도록 해주는 노동시장에서는 교환되지 않는 그리고 상품화되지 않은 지원체계를 필요로 한다고 강조하였는데 이는 곧 탈상품화가 시장에서 상품화되지 않는 지원체계로서 확대해석한다면 노동력을 보존하고 향상시킬 수 있도록 돕는 탈상품으로서의 사회복지혜택을 의미한다고 볼 수 있다(Holden, 2003).

위에서 언급한바와 같이 탈상품화에 대한 이러한 해석을 현대복지자본주의국가를 이해하기 위해 활용한 대표적인 학자는 Esping-Andersen이다. 그는 탈상품화를 강조하면서 인간의 종속(특히 인간의 시장에 대한 종속)을 규정짓는 가장 결정적인 기제로서 탈상품화를 강조하였으며 **사회정책은 곧 인간의 시장에 종속을 약화시킬 수 있고 나아가 개개인 그들의 삶을 통제할 수 있도록 하는 공간을 제공한다**는 점을 강조하였다(Esping-Andersen, 2000). 특히, 그는 **탈상품화를 인간의 복지가 시장에 의존하는 정도**로 파악하

34) 이하의 탈상품화에 대한 논의는 지은구(2021). '사회경제론', 지은구(2018), '복지국가와 사회의 질'에서 부분 발췌하였음.

고 이를 측정하기 위하여 탈상품화지수를 제시하여 복지국가를 유형화하였다. Esping-Andersen(1990)은 탈상품화를 두 개의 관련된 내용을 갖는 개념으로 정의하였다. 그에 따르면 탈상품화는 **첫째, 일반적 복지, 소득, 노동의 잠재적 상실 없이 시민들이 자유롭게 필요하다고 생각한다면 노동에서 손을 뗄 수 있는 것, 둘째, 개인이나 가족이 시장참여에 의존하지 않고 사회적으로 수용될 수 있는 기본적인 삶의 수준을 유지할 수 있는 정도**라고 정의하였다. 그의 정의를 보면 탈상품화는 국민들이 필요하다면 노동시장에 의존하지 않고도 기본적인 삶이 유지될 수 있는 정도를 나타낸다고 볼 수 있으며 확대해석하면 **탈시장화가 곧 탈상품화의 조건이 된다고 볼 수 있다. 즉, 그는 탈상품화가 첫째, 재화와 서비스가 권리로서 제공될 때 둘째, 시장에 의존하지 않고도 사람들이 기본적인 삶이 유지될 때 발생한다고 보았다.**

탈상품화를 이해하기 위해 상품화에 대한 Marx의 전제를 살펴보면, Marx(1970)는 인간은 기본적으로 **물질적 욕구와 사회적 욕구**를 지니고 있다고 강조하였다. 그는 생물학적 욕구가 음식, 주택 등 기본적으로 삶을 유지하기 위해 반드시 소비하여야 하는 필수품을 그리고 사회적 욕구는 **인간이 자기-의식(self-consciousness)을 개발하고 획득하기 위하여 그들의 작업을 창조적으로 그리고 협력하여 수행하려는 것**이라고 설명하고 자본주의경제 체제에서의 노동의 상품화는 기본적으로 이러한 인간의 욕구 해결을 원천적으로 봉쇄한다고 비판하였다. 즉, 그에 따르며 욕구해결을 위한 노동은 기본적 삶을 유지하기 위한 물질적 존재수단이고 또 다른 한편으로 인간창의성을 위한 수단이라는 양면성을 갖는다. 자본주의 사회에서 물질적 욕구를 해결하기 위해서 인간은 그들의 노동력을 시장에서 판매하여야 삶을 유지할 수 있는 기본적인 재화와 서비스를 소비할 수 있다. 따라서 물질적 욕구를 충족시키기 위한 그들의 능력은 항상 불안정한데 이는 노동의 상품화가 전적으로 고용주에 의해서 임금고용관계를 유지하여야만 가능하기 때문이다. 물론 고용의 수준에 따라서 물질적 욕구의 수준이 해결되지 못하는 경우(낮은 임금의 열악한 고용수준)도 존재한다. 또한 노동의 상품화는 기본적으로 임금노동자가 자기실현과 자기창의성 개발을 위한 시간과 노력을 기울이는 것을 불가능하도록 만든다. 노동이나 작업을 통해서 자신의 잠재성을 개발하고 자기실현을 달성하는 것 즉, 작업을 통한 창의성개발이 인간으로서의 사회적 욕구이지만 이러한 보편적 인간욕구로서의 자기계발과 자기실현은 노동이 상품화되고 인간이 노동과정과 노동수단으로부터 소외되면서 즉, 노동의 상품화를 통해서 불가능하게 되었다고 할 수 있다.

탈상품화는 "시장을 통해 노동을 팔지 않아도 기본적인 생활이나 삶이 유지되는 것"이라고 할 수 있다. 결국, 탈상품화는 삶의 질 나아가 사회의 질 향상의 전제조건 중 하나라고 규정할 수 있음으로 복지국가의 탈상품화는 복지의 증진을 위한 기본 전제조건으로 작동한다. **복지국가의 탈상품화는 국민들이 노동을 하지 않아도 기본적인 생활을 영위하는 것이 가능하도록 국가가 국민들에게 필요한 재화와 서비스를 제공함으로써 실현된다.**

2) 탈상품화하는 복지국가

Esping-Andersen(1990)은 탈상품화하는 복지국가란 "시민들이 직장(일자리), 소득 또는 일반적 복지의 손실과 상관없이 그들 자신들이 필요하다고 인식하면 직장으로부터 자유롭게 벗어날 수 있는 것이 최소의 조건인 국가"임을 강조하였다. 본 연구에서는 탈상품화를 시장에 의존하지 않고 상품 즉, 재화와 서비스를 권리로서 제공받을 수 있는 정도로 정의하였음으로 결국, **탈상품화하는 복지국가란 '시민들이 필요에 의해 노동에 대한 시장 강제성으로부터 자유로운 체제'**라고 할 수 있다. 또한 탈상품화하는 복지국가에서는 노동력에 대한 노동자들의 의존성을 줄이고 하나의 권리로서 부가적인 소득을 제공하는 사회정책이 발전하게 됨으로 복지혜택은 사회적 권리로서의 작동하게 된다. 즉, **탈상품화하는 복지국가는 국민들이 필요한 생존수단을 시장으로의 참여가 아닌 사회적 권리로서 국가로부터 제공받는 체제**라고 규정할 수 있다.

따라서 탈상품화하는 복지국가에서 국민들의 기본적인 삶이 유지되도록 하기 위해서는 국가의 노동시장에 대한 개입의 정도가 높아야 하며 특히, 국민들이 필요하다면 시장으로의 참여 없이도 삶의 유지가 가능한 복지에 대한 혜택을 제공받을 수 있도록 사회의 질의 수준이 높아야 한다. 결국, 탈상품화하는 복지국가는 시장에 의존하지 않고도 국민들이 기본적인 삶을 유지하는 것이 가능하고 노동시장에 참여하여도 열악한 노동조건 때문에 기본적인 삶의 유지가 어려운 국민들에게도 기본적인 삶의 유지가 가능하도록 하는 체제라고 할 수 있다.

3) 탈상품화의 성격

Esping-Andersen은 탈상품화를 소비적 측면(소비의 탈상품화) 즉, 기본적 삶을 유지하기 위해 필요한 것을 나타내는 의미로 활용하여 복지자본주의국가의 유형화를 시도하였지만 기본적으로 탈상품화는 두 가지 성격 즉 **소비의 탈상품화와 자기실현의 탈상품화**라는 의미를 동시에 내포하는 개념이다. 이는 탈상품화가 단면적 개념이 아니고 다면적 개념임을 의미한다. 그리고 복지국가의 탈상품화는 국민들이 노동을 하지 않아도 기본적인 생활을 영위하는 것이 가능하도록 국가가 서비스와 재화를 제공함으로써 실현된다. 소비의 탈상품화와 자기실현의 탈상품화 이외에도 상품화는 또한 **사회적 권리의 실현**으로서도 설명되어질 수 있다. 권리의 탈상품화는 탈상품화가 곧 국민의 사회적 권리임을 지지한다.

[그림 24] 탈상품화의 성격

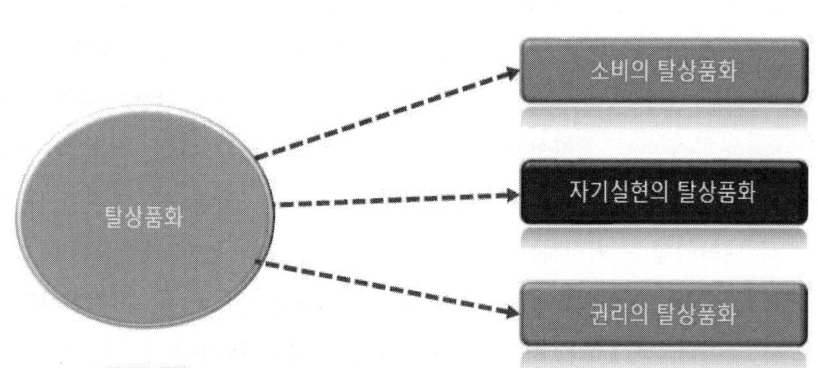

(1) 자기실현 또는 자기계발로서의 탈상품화

국민 또는 노동자가 자기실현(self-realization)이나 자기계발(self-development)을 하기 위해서는 노동의 탈상품화가 전제되어야 한다. 이는 자기실현이나 자기계발이 노동의 상품화에 영향을 받음으로 자기실현을 위해서는 노동의 탈상품화가 중요함을 나타내준다. 노동자 나아가 국민들에게 있어 자기실현과 자기계발은 이를 위해 시간을 투자하여야 가능하다. 즉, 적절한 교육과 훈련 그리고 인적자본을 위한 투자에 의해 자기실현과 개발이 이루어진다. 결국 탈상품화는 자기실현을 위한 기본적 토대로서 작동함을 알 수 있다. 노동의 탈상품화의 정도가 낮으면 또는 복지국가의 탈상품화가 낮으면 당연히 국민들은 자기실현이나 자기계발을 위한 투자를 하는 것이 불가능하다. 국민들이 하루하루 생활하면서 얼마나 많은 시간과 돈을 그들의 숙련도와 사회적 기능을 향상시킬 수 있도록 돕는 자기실현과 자기계발을 위한 교육과 훈련에 투자할 수 있는가는 곧 탈상품화의 정도에 많은 영향을 받는다고 볼 수 있다. Marx(1970)가 강조한 바와 같이 자본주의사회에서 노동의 상품화에 기초한 임금노동은 인간창의성을 제한한다. 즉, Marx(1970)에 따르면 인간은 노동(작업)을 하면서 자기창조를 실현하지만 자본주의사회에서 노동시장에 상품화된 노동을 판매하는 노동자들은 창조적인 행위로서 그리고 자기 자신을 위한 노동을 하는 것이 아니라 판매를 목적으로 그리고 기본적인 삶을 유지하는 것을 목적으로 노동을 수행함으로 노동과정으로부터 점차 소외되고 시장에 종속되는 과정을 겪는다. 따라서 자기실현은 탈상품화에 의존한다고 할 수 있다.

탈상품화는 **경제정책에서 사회정책중심으로 국가기획의 방향을 전환하여 노동시장에 종속 또는 의존되어 있는 국민들의 기본적 삶과 사회의 질을 유지·보장하고 향상시키기 위한 정책적 패러다임을 제시**한다. 물질적 부의 창출을 위해 자신의 삶을 시장에 종속시킨 국민들은 스스로 시장에서의 생존을 위하여 경쟁력을 강화시키기 위해 노력하게 되며 개인의 경쟁력은 곧 시장으로부터의 보상 또는 자신의 임금을 결정짓는 중요한 잣대로 작용하게 됨으로 시장에 종속된 노동은 노동을 통한 자기실현이나 창의성을 위한 노동이 아니라 단순히 생존만을 위한 노동으로 전락하게 된다. 하지만 탈상품화를 통해 국민들이 생존을 위해 필요한 상품이나 서비스를 시장을 통해서가 아니라 국가가 구매하고 교환할 수 있도록 돕는 사회정책적 패러다임을 제시하게 된다면 이는 곧 노동을 통한 자기실현과 더불어 함께 잘 살 수 있도록 하는 공동체지향적인 **사회적 노동**(social labor)을 수행하는데 중요한 요건으로 작동할 것이다. 대표적인 **사회적 노동으로는 사회봉사활동**을 들 수 있다.

사회복지정책이 인간창의성을 지지하는가 아니면 방해하는가? 탈상품화가 국민들의 시장에 대한 의존을 줄이는 것이고 사회복지정책을 통해서 국민들이 반드시 필요한 것을 소비하고 교환하게 하는 것임으로 탈상품화는 인간창의성과 자기실현을 위한 노력이 가능하도록 만드는 기제로 작동할 수 있다. 자기실현을 위한 탈상품화의 정도를 측정하기 위한 지표로서 Room(2000)은 고용수준(정규직과 비정규직 등), 장기실업률, 직무만족도, 직무이동, 교육제공회수, 직무훈련참여비율 등을 제시하였다. 장기간의 실업은 당연히 고용인들의 숙련도를 낮추고 작업능력을 약화시키는데 직접적인 원인을 제공한다는 것은 많은 연구에 의해서 입증되었으며(OECD, Employment Outlook, 2017), 자기실현이나 자기계발을 위한 교육기회나 훈련 등의 제공여부와 제공횟수도 중요하고 또한 교육기회나 훈련의 참여가 제한적이면 직무에 대한 만족도가 낮아질 것임은 당연하다고 볼 수 있다. 또한 직무이동은 새로운 직장으로 이동하는 것을 나타내며 이 역시 직장에 대한 만족과 불만족 그리고 더 좋은 직장으로의 이동가능성을 나타내는 지표로서 직장의 직원들에 대접의 정도를 측정하기 위한 지표로서 활용될 수 있다. 뒤르켕(1964)은 전문화를 자기계발을 위한 도구로서 제안하였는데 전문화는 새로운 지식과 숙련된 기술을 위한 자기계발을 위한 노력없이는 불가능하다고 할 수 있다. 기업에서 제공하는 기업복지적 측면에서 제공되는 교육과 훈련 등의 자기계발을 위한 투자나 노력 등은 모두 자기실현을 위한 탈상품화의 일환으로 간주될 수 있다.

(2) 소비의 탈상품화

소비의 탈상품화는 소비의 상품화와 대비되는 개념으로서 **"국민들이 기본적인 삶을 유지하기 위해 필요한 재화와 서비스를 시장을 통하지 않고 소비할 수 있는 능력의 정도"**를 나타낸다. 노동의 상품화를 통해 자신의 노동을 판매하여 임금으로 소비하는 것이 아니라 기본적 권리에 의한 혜택으로서 국가에 의해서 재화와 서비스를 제공받아 소비하는 것을 나타낸다. 국가에 의해서 제공되는 재화와 서비스의 소비는 주로 현금혜택과 현물혜택 및 전문적 서비스혜택으로 이루어진다. 대표적인 소비의 탈상품화에 포함되는 소비가 국가에 의해서 제공되는 현금혜택으로는 사회적 임금으로서의 기초소득과 기초노령연금 그리고 각종 수당 등이 있고 전문적 서비스혜택으로 정서·심리 서비스, 의료서비스 그리고 현물혜택으로는 무상급식 등이 있다.

자본주의사회에서 시장을 통하지 않고 소비할 수 있는 능력이 없으면 모든 인간은 인간다운 생활을 영위하는 것이 불가능하다. 따라서 복지국가는 탈상품화를 전제로 하여 인간다운 생활을 유지할 수 있는 인간의 기본적인 권리를 강조함으로써 혜택으로서의 복지재화와 서비스의 제공을 통해 국민들의 소비력을 강화시키는 역할을 한다. 생산이 없으면 소비가 없지만 소비가 없어도 생산이 없는 것은 당연한 이치이다. 복지국가는 소비의 탈상품화를 통하여 **소비의 사회화**를 이룩하기 위하여 노력한다. 소비의 **사회화는 국가에 의해서 이루어지는 소비능력향상 곧 "소비를 복지로 바라보는 입장"을 의미한다. 소비는 고용관계에서 임금이나 소득을 통한 단순한 상품의 소비가 아닌 탈상품화를 통한 소비 즉 기본적 삶의 유지를 위한 소비를 사회가 책임지는 소비의 사회화를 의미한다.** 따라서 복지는 단순한 소비가 아니며 생산을 위한 그리고 탈상품화를 위한 기본적인 토대로서 작동한다. **소비로서 복지를 강조함은 결국 노동이나 일자리로 복지를 강조하는 신자유주의적 복지관이 아닌** 또는 단순히 노동을 상품으로 바라보는 관점이 아닌 노동을 상품화하지 않아도 기본적인 삶의 유지가 가능한 소비의 사회화를 의미한다.

(3) 권리로서의 탈상품화

탈상품화하는 복지국가에서는 노동력에 대한 노동자들의 의존성을 줄이고 기본적 권리로서 부가적인 소득을 제공하는 사회정책이 발전하게 됨으로 탈상품화는 **사회적 권리**(social right)의 강화 내지는 시민들이 시장의존성으로부터의 벗어나 있는 정도를 나타내는 개념이라고 할 수 있다. 다시 말해 사회적 권리의 측면에서 보면 **탈상품화는 반드시 지불되어야 하고 교환되어야 하는 재화나 서비스 또는 상품이라기보다 권리로서 상품을 바라**

보는 것 또는 바라보는 과정으로 해석되므로 탈상품화된 재화나 서비스 즉, 상품은 시장으로부터 제공되는 것이 아니라 국가에 의해서 제공되는 것이라고 할 수 있다. 예를 들어 고속도로 사용요금을 제거하여 모든 국민들이 무료로 고속도로를 이용하도록 하는 것은 대표적인 탈상품화의 예라고 할 수 있다. 따라서 탈상품화는 복지주의(welfarism)내지는 복지국가발전의 정도를 나타내주는 기준이 될 수 있다. 따라서 탈상품화를 종합적으로 정리하면 "**시장에 의존하지 않고 상품 즉, 재화와 서비스를 권리로서 제공받을 수 있는 정도**"라고 할 수 있다. 복지혜택이 상품화되어 있는 정도가 높다는 것 즉, 복지혜택의 상품화는 복지혜택이 권리로서가 아니라 시장을 통해서 제공되는 수준이 높다는 것 또는 복지혜택이 시장에서 제공된다는 것을 의미한다. 결국, 복지프로그램의 상품화는 복지프로그램이 시장을 통해서 제공되는 것을 의미한다. 따라서 상품화는 시장화와 밀접한 연관이 있으며 사적부분(시장)을 포함한 민간과 공공영역에서 복지가 제공되는 복지혼합(welfare mix)과도 밀접한 연관이 있음을 알 수 있다.

사회복지에 부여된 사회적 권리의 도입은 본격적으로 노동의 탈상품화를 강화시키는 요소로서 작동하였다. 즉, 복지국가는 국민들이 생존을 위해 시장에 의존하는 정도를 약화시키고 국민들에게 필요한 서비스와 기본적 삶을 유지하는 것을 시민의 권리로 인정하면서 노동은 급격하게 탈상품화되었다(Esping-Andersen, 1990). 따라서 국민들이 시장을 통해서가 아니라 국가의 혜택을 통해 기본적인 삶을 유지하는 것이 가능해진 것은 곧 복지혜택이 국민들이 기본적 권리로 인식된 사회권의 발전이 큰 역할을 하였다고 할 수 있다. 따라서 사회적 권리로서 복지혜택 (즉, 현금과 현물을 포함한 복지재화와 서비스)을 제공받는다는 것은 국가가 복지를 권리로서 인정한다는 것을 의미한다. 곧 인간의 기본적 권리에 대한 부정은 복지의 부정을 의미하며 이는 반복지국가 또는 잔여적 복지의 전형을 이룬다.

(4) 탈가족화와 탈상품화

탈가족화와 탈상품화의 관계 역시 탈상품화를 이해하는데 있어 중요하다. 봉건주의에서 자본주의로 발전과 함께 사회문제가 본격적으로 확대·발전하면서 이에 대한 적극적 대응으로서의 복지국가가 등장하였지만 여전히 초기 복지국가 발전단계에서는 사회구조적으로 발생하는 문제를 개인책임 특히 가족이 책임지도록 하는 자선적이고 잔여적 복지이데올로기는 여전히 유효하였다. 복지서비스를 가족의 책임에서 사회의 책임으로 전환하는 탈가족화는 복지국가의 발전단계에서 매우 중요한 개념으로 등장하였으며 특히 여권주의발전과 함께 중요한 복지국가발전의 전제조건이 되었다. 탈가족화는 "**가족구성원에 대한 복지서비**

스 즉, 돌봄의 책임이 가족으로부터 국가나 사회의 책임으로 전환되는 것"을 의미한다. 특히 Esping-Andersen(2000)은 탈가족화가 탈상품화를 구성하는 다면적 영역임을 주장하였다. 그의 견해에 따르면 탈상품화를 구성하는 하나의 요인이 곧 탈가족화가 된다.

탈상품화의 기존 전제가 사회정책을 통해 시장으로부터의 인간의존을 줄이는 것이고 또한 인간 개개인들에게 그들의 삶을 스스로 통제하는 공간을 더 많이 만들어 주는 것이다(Esping-Andersen, 2000). 하지만 의존은 시장에 대한 의존만이 존재하는 것이 아니라 가족에 대한 의존도 존재한다. 전통적으로 보면 결혼한 여성의 복지는 남편의 복지로부터 기인한다. 가구의 주 소득원이 남편인 전통적인 가족에서 여성은 남편의 복지에 의존하게 되며 결혼의 유지가 곧 여성복지를 결정하는 중요 요소였다. 특히 개인의 복지와 가족의 책임이 강조되는 복지국가 발전 이전의 전통적인 사회에서 나이 많은 부모의 돌봄은 자식에 의해서 제공되고 나아가 성인자식들 역시 부모나 형제들에게 의존하게 되는 것이 당연시되어 왔다. 따라서 **가족화는 곧 시장의존을 줄인다는 측면에서(가족이 책임을 짐으로 시장에 대한 의존이 줄어든다는 측면) 초기복지국가의 대안으로 작동하였다. 하지만 돌봄으로부터의 여성의 해방과 가족구성원들의 인간다운 삶을 유지할 수 있도록 하는 삶의 기회는 복지책임성에 대한 탈가족화된 양에 의존**한다. 즉, 얼마나 가족의 복지에 대한 책임이 가족의 책임으로부터 벗어나 있는가 하는 정도가 바로 탈가족화의 핵심적 요인이다. 아동과 나이 들고 병든 부모의 돌봄에 대한 책임은 여성이나 가족에게 있지 않으며 선진화되고 역동적인 복지국가는 여성의 사회참여와 경제적 독립을 향상시키는 것을 필수적인 조건으로 함으로 탈가족화는 복지국가발전을 위한 가장 중요한 전제조건 중에 하나라고 할 수 있다. 결국, 탈가족화는 국가에 가족의 복지가 의존하는 정도라고 정의할 수 있다. 따라서 **시장에 대한 의존을 줄이는 탈시장화와 가족에 대한 의존을 줄이는 탈가족화는 모두 국가의 책임을 강조하는 탈상품화를 구성하는 중요 요소**임에 틀림없다.

(5) 탈상품화의 구성요소

이상에서 살펴본 바와 같이 탈상품화는 노동시장으로부터의 개입이나 부착없이 권리로서 기본적인 삶이 보존 및 유지되는 것을 나타냄으로 탈시장화라는 요소와 가족구성원의 돌봄이나 보육의 책임이 가족으로부터 사회나 국가의 책임으로의 전환이 강조됨으로 탈가족화의 요소를 구성하고 마지막으로 탈상품화를 통해서 국민들은 사회적 관계 안에서 사회행동을 하면서 스스로 자기를 실현할 수 있는 기회를 가질 수 있음으로 자기실현이라는 다면적 구성요소를 가진다.

[그림 25] 탈상품화 구성요인

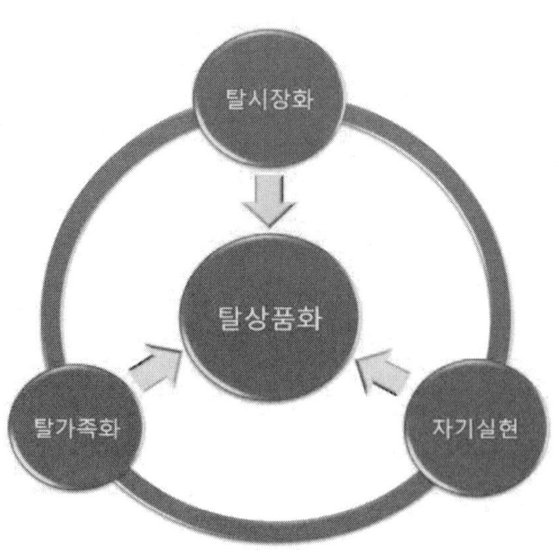

* 지은구. 2018. p. 130, 그림 4-1에서 재인용

※ 탈상품화와 기본소득(Basic income): 착취의 용인이냐 아니면 배제의 극복이냐?

보편적 급여로서 모든 국민들에게 조건없이 지급되는 기본소득은 '탈상품화하는 복지국가'에 있어 가장 중요한 소득보장정책이다. 기본소득의 아이디어는 1918년 영국의 학자인 Russell이 그의 책에서 "필수품을 사기 위해 적절한 양의 소득은 국민들이 일을 하든 하지 않든 모든 국민들에게 보장되어야 하다"고 주장하면서 등장하였다. Van Pariji(2004)을 기본소득을 "자산조사나 근로여부와 상관없이 모든 사회구성원들에게 정치공동체에 의해서 지불되어야 하는 소득"이라고 정의하였다.

기본소득의 필요성은 크게 세 요인으로 구분될 수 있다. 기본소득이 필요한 가장 중요한 원인은 바로 **소득양극화에 따른 불평등**이다(Van Parijs, 2000). 자본주의의 경제가 지속적으로 성장하면 당연히 자원은 국민들에게 골고루 할당될 것이라는 기대를 갖게 하지만 현실의 자본주의경제체는 자본의 집적과 집중(고도화) 및 축적원리에 따라 소득을 많이 창출하는 국민들과 그렇지 못한 국민들 간의 소득격차를 지속적으로 확대하여 국민들은 상대적 박탈감 및 사회배제는 확대되어 갔다. 소득불평등의 심화는 곧 자본주의경제체제를 위협하는 가장 강력한 사회적 위험요인으로서 이에 대한 복지국가의 대응으로 기본소득정책이 등장하였다. 기본소득이 필요한 두 번째 이유는 바로 **실업(일자리)문제**이다(Van Parijs, 2000). 자본주의는 발전하고 있지만 실업은 해결하지 못하고 있으며 실업문제는 곧 국민들을 시장으로부터 배제하는 한 요인으로 작동하고 있다. 일자리부족과 이에 따른 실업문제 그리고 소득불평등은 곧 자본의 축적을 지지하느냐 배제를 극복하기 위한 사회복지정책을 지지하느냐에 대한 담론을 형성하였으며 이에 대한 가장 강력한 국가적 대응 또는 사회복지적 대응은 곧 모든 국민들을 포용하기 위한 사회포용정책으로서 기본소득을 제공하도록 하는 정책적 어젠다로 발전하였다. **기본소득이 필요한 세 번째 이유**는 복지권의 발전과 이를 위한 탈상품화정책의 필요성 때문이다. 즉, 민주주의발전에 따른 시민의식의 성장과 복지국가발전에 따른 복지권리의식의 강화가 국민들의 노동력재생산과 가족 및 사회재생산을 위해 탈상품화정책을 지지하면서 자연스럽게 탈상품화를 위한 정책으로 기본소득을 지지하게 되었다는 점이다.

노동을 하지 않는데 왜 국가가 국민들에게 일정 소득을 지급하여야 하는가? 라는 해묵은 논쟁은 기본소득이 첫째, 국민의 기본적 복지에 대한 권리 또는 사회적 권리를 존중하기 위한 가장 확실한 사회보장정책이면서 사회배제와 사회차별을 극복하는 가장 확실한 소득보장정책이고 둘째, 시민사회의 시민으로서 국민들이 스스로 소득창출에 대한 부담없이 자유시간을 영위하며 문화.여가활동 및 사회봉사와 사회참여활동을 증진시킬 수 있도록 하는 사회복지정책이라는 측면에서 그 당위성을 보장받고 있다. 특히, 기본소득은 국민들의 탈상품화를 위한 가장 선도적인 정책이다. 자본주의가 유지되기 위한 가장 중요하고 기본적인 전제는 국민의 노동력재생산을 위한 사회정책이 확보되어 있어야 한다는 점이고 노동력재생산을 위해서 기본적인 생활을 위해 필요한 소비능력향상을 위한 소득을 임금소득과 별개로 국가가 제공하는 것이 중요하다는 점이다. 특히 신사회적 위험으로 가족재생산이 어려운 현 자본주의사회에서 출산 및 돌봄에 대한 국민들의 부담을 덜어주기 위해서는 기본소득이 중요한 역할을 하게 된다. 국민들의 세금이 경제성장과 복지향상을 위해 사용되어야 함으로 세금으로 충당되는 기본소득은 소비를 창출하여 생산유발효과를 가지며 국민들의 기본적 생활 및 노동력 및 가족 나아가 사회재생산에 도움을 주는 가장 강력한 탈상품화를 위한 사회복지정책이라고 할 수 있다.

4. 과소생산과 과소소비 그리고 사회적 시장

사회적 시장은 국민들에게 반드시 필요한 특정 재화와 서비스에 대한 과소공급 및 과소소비가 발생하지 않도록 하는 규제자이다. 경제적 시장에서 이윤창출이 보장되지 않는 특정 재화와 서비스에 대한 과소생산 및 과소공급은 일상적으로 발생한다. 국민들에게 없으면 안 되는 필요한 재화와 서비스가 과소생산 및 과소공급이 발생한다면 국민들의 생활 및 삶은 심각한 위험에 놓이게 된다. 경제적 시장 즉, 자유경쟁시장에서 판매자 또는 생산자는 이윤이 창출되는 생산물인 경우 생산 및 공급을 확대하거나 이윤이 창출되는 일정수준으로 생산을 유지할 가능성이 높다. 하지만 **투자에 비해 비용지출이 많거나 또는 제한된 이용자들의 소비로 과소소비(under consumption)가 발생하는 생산물의 경우 생산은 제한적으로 이루어져 과소생산(under production)이 발생하게 된다.** 또한 특정 재화와 서비스가 반드시 국민들의 안전한 생활 및 복지증진향상을 위해 필요하지만 막대한 투자비용에 비해 이윤이 창출되지 않는다고 한다면 이 역시 과소생산이 발생하게 된다. **과소생산은 곧 과소공급을 의미한다.**

국민들에게 반드시 필요한 재화와 서비스이지만 과소생산이나 과소소비가 발생하여 기업이 외면함으로 경제적 시장에서 교환이 이루어지지 않는 경우, 국가와 사회조직들은 국민의 생활안정 및 공공의 이익을 위하여 재화와 서비스를 생산 및 제공하게 되는데 이러한 재화는 대표적으로 공공재와 사회재에 속한다. 즉, 공공재와 사회재는 시장에서 발생하는 과소생산 및 과소소비문제를 해결하여 국민들이 필요한 재화와 서비스가 적재적소에 제공되도록 하는 기능을 가지고 있다. 결국, 정부 즉, 제1부문에서 제공되는 공공재와 마찬가지로 제3부문에서 사회적 가치나 사회적 목적을 성취하기 위해 제공되는 사회재 또는 가치재 역시 제2부문인 영리조직들이 비용보전이나 이윤창출 부족 등의 이유로 제공하지 않는 재화와 서비스를 생산 및 공급하는 기능을 가지고 있음으로 공공재와 사회재의 할당 및 분배가 이루어지는 사회적 시장은 국민들에게 필요한 재화와 서비스가 과소생산 및 과소공급이 발생하지 않도록 예방하는 순기능 역할을 한다. 특히, 사회복지 재화와 서비스와 같은 사회재나 공공재 등은 모두 사회적 시장을 통해서 교환이 이루어짐으로 사회적 시장은 국민들에게 필요한 욕구를 해결하기 위해 지불능력이나 이윤보전에 상관없이 제공하기 위해 노력함으로 재화와 서비스가 과소생산 및 과소소비가 이루어지지 않도록 작동한다(지은구, 2021).

◆ **과소생산(공급)과 과소소비**

- 필요한 재화와 서비스가 필요한 만큼 생산(공급) 및 소비되지 않는 경우
- 경제적 시장은 국민들의 욕구와 상관없이 이윤 중심으로 생산이 발생하여 이윤이 창출되지 않는 특정 재화와 서비스가 과소생산 및 과소공급이 발생

◆ **사회적 시장을 통한 과소생산(공급)과 과소소비 문제 해결**

공공재가 시장에서 제공되지 못하는 가장 대표적인 이유는 과소소비(underconsumption)와 과소공급(undersupply) 때문이다(Eger, 2005). 일반적으로 공공재의 사용은 국민들에게 지불능력에 상관없이 그리고 추가비용을 수반하지 않으며 비경쟁적이다. 따라서 국민 누구나 지불능력에 상관없이 사용할 수 있고 가격이 정해져 있지 않은 비경쟁적인 공공재에 가격을 책정하게 되면(즉, 시장에서 교환을 위해 가격을 책정하게 되면)

그 재화는 소비가 적게 일어나게 된다. 즉, 국민의 입장에서 공공재는 비경쟁적이므로 누구나 원한다면 경쟁 없이 서비스를 제공받아야 하지만 서비스이용에 이용료를 지불하여야 한다면 국민들의 입장에서는 당연히 소비를 줄이게 될 것이고 소비를 줄이게 되어 과소소비가 일어나게 되면 과소소비는 과소생산을 유발하게 된다. 또한 재화를 생산하는 데 일정 비용이 지불된다고 했을 때 생산자의 입장에서 생산비용이 보장되지 않는다고 한다면 생산을 확대하기보다는 최소한의 생산만을 유지하든지 또는 생산을 줄이게 되어 과소(생산)공급이 발생하게 된다.

공공재의 과소공급과 과소소비는 (경제적)시장실패를 설명하는 주요 요인으로 지적된다. 왜냐하면 반드시 필요한 재화와 서비스가 시장을 통해 비용을 보전받지 못하거나 이윤창출이 되지 않게 되면 과소공급이 발생함으로 이를 방지하기 위해서 국민들에게 필요한 재화와 서비스를 공공재로서 제공하게 되고 그러한 공공재가 많으면 많을수록 시장에서의 교환이 이루어지는 재화와 서비스는 제한적이 되고 원활한 교환이 발생하지 않음으로 자유경제시장은 실패하게 된다. 서비스를 생산하고 공급하는 입장에서 과소소비와 과소공급이 발생하는 경우 생산을 축소할 수밖에 없고 이런 재화인 경우 이윤창출이 어려움으로 시장에서 교환된다는 것은 불가능할 수 있다. 따라서 공공재와 연관된 시장실패의 가장 확실한 두 요인은 과소소비와 과소공급이라고 할 수 있다. 결국, 경쟁이 없는 공공재는 시장에서 제공되는 경우 과소공급과 과소소비가 발생할 수 있으므로 시장에서 제공되는 것은 시장실패의 요인을 제공한다.

공공재는 과소공급 및 과소소비를 극복할 수 있는 재화인데 이는 공공재가 특정 집단의 이윤을 창출하는 것을 목적으로 하는 경제적 시장이 아닌 공공의 이익이나 사회적 목적 실현을 위해 작동하는 사회적 시장을 통해서 교환이 이루어지는 재화이자 서비스이기 때문이다. 따라서 사회적 위험으로부터 자유롭지 않은 특정집단에게 반드시 제공되어야 하는 재화와 서비스는 과소생산 및 과소소비의 문제로부터 자유로운 사회적 시장을 통해 교환이 이루어져야 한다. 복지자본주의 시대에 국민의 욕구는 개별적이며 특화되어 나타남으로 개별화된 특정 국민들의 욕구를 해결하기 위해서는 과소공급과 과소소비로부터 자유로운 사회적 시장은 발전하게 된다.

특히, 공공재가 발전하게 되면 사회적 시장 역시 발전하는 것은 당연한 논리가 된다. 이는 정부가 제공하는 사회복지재화와 서비스에도 동일하게 적용된다. 정부가 제공하는 공공재로서 사회복지 재화와 서비스는 특정 집단에게만 서비스가 제공되는 경우가 많아 과소소비가 일어날 가능성이 매우 크고 또한 서비스생산에 들어가는 비용이 보전되지 않거나 이윤이 창출되지 않는 경우가 많아 과소생산(공급) 문제가 발생할 가능성 역시 크다. 따라서 시장을 통한 공공재로서의 사회복지 재화와 서비스 제공은 매우 제한적으로 이루어질 수밖에 없게 된다. 시장에서는 과소공급과 과소소비가 일어나는 재화에 대해서 생산을 거부할 것이므로 국가는 다양한 집단들에게서 나타나는 사회복지욕구를 충족시키고 국민들을 보다 건강하고 안정적인 삶을 유지.발전시키도록 하기 위해서 과소공급과 과소소비의 문제로부터 자유로운 공공재로서의 사회복지 재화와 서비스를 제공하는 것은 당연한 책무라고 할 수 있다.

5. 사회적 시장의 한계

사회적 시장은 국민들에게 필요한 자원을 할당하는 자원할당을 위한 도구 또는 기구로서 경제적 시장의 단점을 보완한다. 즉, 자본주의 경제적 시장이 지불능력의 원칙에 의해서 작동함으로 사회적 시장은 지불능력을 가지지 못한 국민들에게 반드시 필요한 재화와 서비스를 생산 및 소비할 수 있도록 도우며 반드시 필요하지만 이윤창출이 보장되지 않아 생산이 이루어지지 않는 특정 재화와 서비스(과소생산)에 대해 생산 및 공급이 이루어지도록 함으로써 국민생활의 어려움을 해결하고 사회의 전반적인 질을 향상시키는데 일정한 역할을 수행한다.

하지만 사회적 시장은 경제적 시장인 자유경쟁시장과는 달리 기본적으로 경쟁이 작동원칙이 아님으로 경쟁시장이 갖는 장점을 갖지 못한다. 즉, 경쟁을 통한 재화와 서비스의 품질개선이나 서비스개발에서 이용자들의 의사반영 즉, 적극적 대응이나 국민 개개인들의 상황에 적합한 재화와 서비스개발에 제한적이라는 한계를 갖는다. 물론 이러한 한계는 유연성과 전문성을 장점으로 하는 비영리조직을 포함한 제3부문 조직의 사회적 시장으로의 등장과 발전으로 인해 많이 상쇄되었다. 하지만 사회적 시장은 통상 정부나 제3부문조직이 재화와 서비스를 생산 및 공급함으로 재정능력에 따라 재화와 서비스가 생산 및 공급된다는 한계 역시 내포한다. 사회적 시장이 갖는 한계를 지적하면 다음과 같다

첫째, 서비스품질개선노력이나 적극적인 서비스대응 부족; 정부가 독점하여 서비스를 제공하는 경우 재화나 서비스에 대한 품질개선노력은 경제적 시장의 경쟁을 통한 품질개선노력이나 소비자주권의식에 따른 이용자선택권이나 이용자들에 대한 적극적인 대응 등에 한계를 나타낼 수 있다.

둘째, 국민들의 개별적 상황에 적합한 서비스 공급 및 제공 한계: 평균적인 보편적 성격의 서비스가 제공되는 경우 모든 이용자들의 욕구에 맞는 재화와 서비스를 공급하는데 한계를 나타낼 수 있다.

셋째, 정부재정능력이나 제3부문의 재정능력에 따른 제한적인 재화와 서비스생산 및 공

급: 사회문제의 다면성과 복잡성 그리고 이에 영향을 받은 국민들의 사회서비스에 대한 욕구증대 등에 기인한 복지재정지출의 한계는 대부분의 복지자본주의가 동일하게 갖는 어려움으로 이를 극복하기 위한 방안으로 제3부문 조직과의 협력이나 협약 또는 복지혼합방식의 시장화를 추진하게 된다.

제 2 절 경제적 시장

1. 경제적 시장

시장은 과거에도 존재하였으며 지금도 존재하고 미래에도 존재할 교환을 위한 수단이자 사회적 기구이다. 원시공산사회나 봉건주의시대에도 시장은 존재하였으며 자본주의에서 시장은 더욱 발전된 모습으로 진화하였다고 할 수 있다. 자본주의가 붕괴하고 또 다른 경제체제가 도래한다고 해도 어떤 형태로든 시장은 생존할 가능성이 매우 크다. **자본주의 경제체제에서 시장은 통상 경제적 시장**을 의미하며 경제학에서는 경제적 시장을 자유시장(free market)을 의미하는 용어로 이해된다. 시장은 또한 개인의 이익창출이 아닌 사회적 가치실현을 위해서 교환이 이루어지는 사회적 시장과 대비되는 용어로 상업적 시장(commercial market)이라고도 표현된다. 따라서 경제적 시장이든 상업적 시장이든 모두 자유시장을 의미한다고 볼 수 있다. 자유시장은 현실의 세계에서는 존재하지 않는 이상적인 시장이다. 특히, 자본주의경제체제에서 자유시장은 이론적으로만 존재하며 시장의 자유는 제한되어져 왔고 지금도 여전히 제한적이다. 아담 스미스와 같은 초기 자본주의 경제학자들이 강조하였던 자유시장이 왜 이상적으로만 존재하는지를 설명하면 다음과 같다. 먼저 시장은 다음과 같은 원리가 작동하여야 한다(Burch, 1999; 지은구, 2003).

시장의 작동 조건	• 노동의 분업: 노동이 분업화되어야 교환을 위한 더 많은 잉여생산물이 만들어 진다. • 교환을 위한 공동의 수단(예를 들어 화폐) • 가격결정 수단: 생산물의 가격을 결정짓는 수단(예를 들어 노동시간, 즉, 동일한 노동시간이 소요된다면 같은 가격으로 책정될 수 있다)

위의 조건이 충족되면 시장은 작동하게 되지만 위의 조건은 필수조건이고 자유시장의 특성을 나타내지는 않는다. 자본주의경제체제에서 강조하는 자유시장의 조건에 대해 Ledyard(1991)는 다음과 같이 제시하였다.

첫째, 시장이 성공하기 위해서는 다양한 수의 많은 시장이 존재하여야 한다.
둘째, 시장에서 생산자와 소비자가 경쟁적으로 활동하여야 한다.
셋째, 시장이 성공하기 위해서는 균형(예를 들어 균형가격)이 존재하여야 한다.

위의 조건을 보면 **경쟁과 균형가격**이 자유시장의 성공에 있어 매우 중요한 조건이 됨을 알 수 있다. 위의 시장의 조건이 충족되어 작동하면 기본적으로 자유시장은 작동할 수 있다. 특히, 자유시장의 가장 중요한 작동원리는 균형가격이 존재하여야 한다는 것인데 균형가격은 수요와 공급의 자연법칙에 의해서 이루어진다고 초기 경제학자들은 강조하였다. 따라서 가격은 수요와 공급의 균형을 유지하는 규제자라고 할 수 있다. 즉, 유효한 상품의 수보다 수요가 많아지게 되면 그 상품의 가격은 상승하게 되고 상품가격이 오르게 되면 구매자들의 구매욕은 낮아지게 되어 수요가 줄어들게 됨으로 자연스럽게 가격에 의해서 수요와 공급의 균형이 이루어진다는 것이다. 경제학자들이 강조하는 자유시장의 특성은 다음과 같다(지은구, 2013; Burch, 1999).

첫째, 순수한 선택: 즉, 선택이 특권의식, 애국심, 충성심, 사회적 개입 등에 의해서 영향을 받으면 안 된다.
둘째, 자기 자신의 이익: 결정을 위한 자기 자신만의 독자적 기준은 바로 자기이익이다.
셋째, 작업, 기업, 무역의 자유: 즉, 생산할 권리, 그리고 제재, 선호, 차별 없이 어떤 물건도 팔 수 있는 권리가 있어야 한다.
넷째, 열려있는 경쟁: 즉, 생산자나 판매자가 정부의 규제나 무역통제 같은 제한 없이 경쟁할 수 있어야 하며 이러한 의미에서 독점이나 과점은 경쟁을 무력화하는 시장실패의 결정적인 요인이 된다.
다섯째, 자유롭고 정보가 공유된 소비자 선택: 즉, 강제나, 제한, 그리고 사기 없이 사려고 하는 물건에 대해 완전한 정보를 가지고 판매자로부터 원하는 것을 살 수 있는 상태가 필요하다.
여섯째, 계약의 자유: 즉, 서로의 약속들을 묶을 수 있는 권리가 있어야 한다.

일곱째, 구매자사이의 그리고 판매자 사이의 동등한 힘: 즉, 구매자는 판매자를 선택할 수 있고, 판매자는 한 사람의 구매자에게만 의존하지 않는 동등한 힘이 있어야 판매와 구매는 균형 있게 경쟁적으로 일어나게 된다.

위에서 지적된 자유시장의 특성에 덧붙여 보다 구체적인 자유시장의 특성으로 자본주의 경제학(특히, 고전파 경제학)에서 강조하는 자유시장의 작동원리 및 특성은 아래와 같이 정리될 수 있다(지은구, 2013).

첫째, 상품가격이 시장을 통해서 일정해야 한다.
둘째, 가격과 상품의 질에 대한 완벽한 정보가 공유되어야 한다(예를 들어 동일한 상품을 다른 가게에서도 판매한다는 정보 없이 한 군데의 가게에서만 가격을 보고 구입하는 경우 경쟁은 불완전하게 된다).
셋째, 기본적으로 일정 수 이상의 판매자와 구매자가 있어야 한다(예를 들어 신발가게가 한 군데만 있다든지 또는 컴퓨터회사가 한 군데만 있으면 경쟁은 일어날 수 없다).
넷째, 한 사람의 구매자나 판매자가 가격을 바꿀 만큼 충분하게 사거나 팔지 않아야 한다(예를 들어, 독점이 허용되지 말아야 한다, Gregory and Ruffin, 1994).
다섯째, 비슷한 상품이 있어야 한다(예를 들어 값비싼 특정 브랜드의 신발과 비슷한 저렴한 가격의 신발을 판매하는 판매자가 많이 있어야 선택권이 확대되고 경쟁이 발생하게 된다).

하지만 위와 같은 조건과 특성을 모두 지닌 자유시장은 자본주의 경제체제 등장 이후 지금까지 등장하지 않았으며 오히려 자본주의의 발전과 함께 시장은 불안정성과 불균형으로 각종 규제와 함께 지속적으로 수정되고 국가의 개입을 허용하여 현재까지도 자유시장의 특성을 지닌 시장은 이상적으로만 존재할 뿐이다. 자유시장의 작동논리와 특성에 대한 찬성과 반대 입장을 정리하여 제시하면 다음과 같다(Burch, 1999).

〈표 11〉 자유시장의 찬성과 반대

	찬성	반대
안정성	• 시장은 오랜 기간 동안 자기규제체계를 통해 균형과 예측가능성을 유지하여 왔음. •	• 시장은 반복적으로 되풀이되는 순환주기에 따라 실업이나 파산과 같은 예기치 않은 곤경과 고난을 양산하였음
욕구에 대한 대응	• 수요는 소비자에 의해서 표현되는 욕구의 결정자임	• 인간의 욕구는 구매능력에 의해서 무시됨
효율성	• 모든 생산은 수요에 기초하며 경쟁은 비효율성을 없앰	• 자유시장은 생산을 사회적 우선순위에서 개인의 선택으로 전환시킴으로 사회적으로 비효율적임(즉, 사회의 필요에 따라 생산되는 것이 아니고 개인의 선택으로 생산됨으로 비효율적임)
유연성	• 시장은 자동적으로 변화에 대응함	• 시장은 변화에 느리게 반응함. 급격한 환경 및 기술변화에 대한 대처능력이 약하며 개인에게 큰 비용을 초래시킴.
공정	• 시장은 근면함과 주도력에 보상함으로 공정함	• 시정은 근본적으로 불공평함. 시장이 발생시키는 장애에 대해 어떤 책임감도 가지지 않음
사회적 책임과 도덕성	• 시장의 확산과 경쟁이 비윤리적 행동과 현명치 않은 결정의 효과를 제한하기도 하고 유지하기도 함 •	• 시장의 경쟁과 갈등은 협력, 상호지지, 공공의 이익에 대한 소명감에 대한 비용에 의해서 상쇄됨
자유	• (간섭없이 자유롭게 선택할 수 있는 또는 개인이 선택함에 있어 간섭이 없는)부정적 자유(negative liberty)를 양산함	• 특히, 노동자계급의 긍정적 자유(positive liberty, 노동자들이 자유의지로 행동할 수 있는 능력)를 말살시킴
동기부여	• 경쟁과 자기이익이 가장 강력한 동기유발자 •	• 시장은 소수의 승리자가 아닌 대중 다수와 사회적 기부행위 등을 낙담시킴

2. 경제적 시장과 사회적 시장의 차이

자원의 할당이나 재분배가 이루어지지 않으면 어떤 경제체제에서도 인간이 생산 및 소비활동은 심각한 어려움에 봉착하게 되고 심한 경우 삶을 유지하기 어렵게 된다. 과거부터 자원할당은 공공(public)과 민간(private)영역에서 이루어져 왔다. 공공은 제1부문으로 불리며 주로 정부의 직접적인 행동을 통한 자원할당을 의미하고 민간은 이윤창출을 목적으로 하는 영리기업중심의 경제부분을 의미한다. 하지만 과거부터 존재하여 왔던 상호부조를 기본으로 하는 시민사회나 자발적 조직 그리고 비영리조직과 사회적 경제조직의 발전 및 확대로 자원할당은 비영리조직과 사회적 경제조직 등을 중심으로 하는 제3부문이 빠르게 성장하였다.

전통적으로 가족이나 친척을 통한 서비스 지원과 같은 비공식부문을 제외하고 시장을 명확하게 사회적 시장과 경제적 시장으로 구분하면 사회적 시상에서 활동하는 조직은 정부조직과 비영리조직을 포함한 사회경제조직 등이고 영리창출을 목적으로 하는 경제적 시장에서 활동하는 조직은 대부분의 영리조직이 포함된다. 사회경제조직은 시장에서 이윤을 창출하지만 창출된 이윤을 사회경제조직의 지속가능성을 확보하고 사회적 목적을 위해 활용함으로 사회적 시장에서 활동하는 조직이라고 할 수 있다.

[그림 26] 자원의 할당과 사회적 시장과 경제적 시장

사회적 시장				경제적 시장
제1부문 (공공부문)	제3부문			제2부문(영리부분)
세금에 기초하여 정부가 직접적으로 제공하는 재화와 서비스의 교환	가족이나 친척을 통한 비공식적인 지원(비공식적 부문)	자발적 조직이나 비영리조직을 통한 재화와 서비스의 교환	사회경제조직과 같은 사회적 목적을 위해 이윤을 추구하는 기관을 통한 재화와 서비스 교환	이윤을 추구하는 영리기업이 생산하는 재화와 서비스의 교환

경제적 시장과 사회적 시장의 가장 큰 차이점은 **사회적 시장이 사회적 가치 또는 사회적 목적을 성취하는 것을 추구한다는 점이고 경제적 시장은 이익창출 즉, 경제적 가치를 추**

구한다는 점이다. 위의 그림에 나타난 바와 같이 경제를 구성하는 부분은 크기 제1부문인 공공부문과 제2부문인 영리부문 그리고 1980년대 이후 급속도로 성장한 자발적 조직 및 비영리조직과 협동조합 등에 기초한 제3부문이며 제1부문과 제3부문은 추구하는 가치가 같아 재화와 서비스의 분배와 할당이 사회적 시장을 통해서 이루어지며 이윤창출인 영리를 추구하는 경제적 시장과는 구분된다.

시장을 전통적인 자원할당을 이한 기구로 이해한다면 시장을 통한 자원할당은 경제적 시장과 사회적 시장으로 이원화된다. 경제적 시장은 전통적인 시장을 의미하며 이윤창출을 목적으로 재화와 서비스의 교환이 이루어지는 장소이고 사회적 시장은 이윤창출이 아니라 사회적 목적실현을 위해 재화와 서비스의 교환이 이루어지는 장소이다. 아래의 그림은 시장에 대한 구분으로 사회적 시장과 경제적 시장을 구분한 것이다.

[그림 27] 시장의 구분

결론적으로 보면, 자원을 할당하는 경제의 부문으로 구분하면 크게 자원할당은 제1부문인 정부를 통한 자원할당과 영리기업이 중심인 제2부문을 통한 자원할당 그리고 제3부문을 통한 자원할당으로 크게 삼분된다. 여기서 **사회적 시장은 제1부문과 제3부문을 통해 자원이 교관되는 시장을 의미하며 경제적 시장은 제2부문에서 자원이 교환되거나 할당되는 것을 의미한다.**

[그림 28]　자원할당 경제부문에 따른 시장 구분

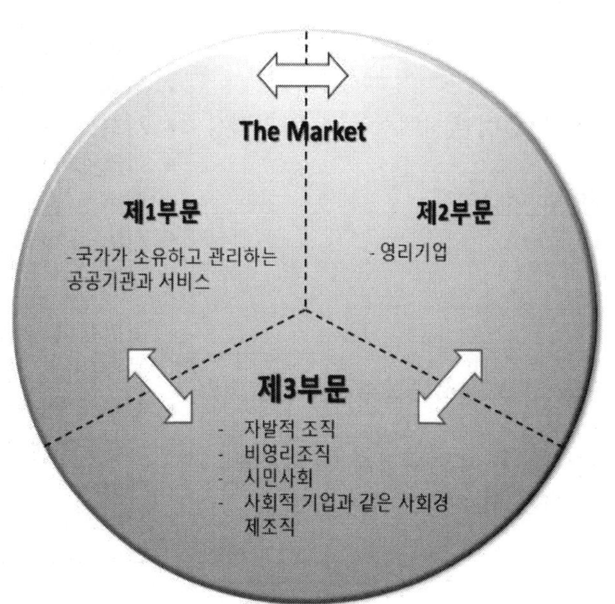

Gilbert와 Terrell(2005)은 경제적 시장에서 개인적 능력, 개인적 주도력 그리고 이윤창출을 위한 욕망과 생산성 등에 기초해서 재화와 서비스가 할당되지만 **사회적 시장**에서 재화와 서비스는 일차적으로 사회적 책임이나 의무감, 공동의 보장(보안)을 향한 소망, 자선이나 박애주의, 이타적 감성이나 재정적 필요성에 따라 할당된다고 강조하였다. 아래의 표는 경제적 시장과 사회적 시장을 구분하여 비교한 것으로 두 시장의 차이점을 나타내준다.

〈표 12〉 경제적 시장과 사회적 시장의 비교

	경제적 시장	사회적 시장
가치	• 경제적 가치 • 개인주의	• 사회적 가치 • 공동체주의
작동원리	• 개인적 이익창출 • 개인의 원함이나 욕망 실현 • 경쟁과 선택	• 국민의 생활안정 • (사회적) 욕구해결 • 협력과 조정
제공기준	• 지불능력의 여부	• 욕구 또는 사회적 권리
재정	• 개인의 경제적 지불능력	• 국가 또는 자발적 조직이나 비영리조직의 재정능력
전달	• 시장(제2부문)	• 제1부문(공공부분)과 제3부문

혜택	• 현물, 전문적 서비스	• 현물, 전문적 서비스
장점	• 다양한 선택권(선택주의)과 자기결정권 • 개인의 이익실현	• 보편적 권리(보편주의) • 비용부담 없음 • 사회적 이익실현 • 과소소비가 발생해도 재화와 서비스 공급 • 서비스 제공의 지속성 및 안정성
단점	• 특정 재화와 서비스의 과소생산 및 과소공급 • 지불능력에 따른 이용자 선별(차별) • 제공자와 이용자 간 정보비대칭	• 국민들의 개별적 상황에 적합한 서비스 제공 한계 • 정부재정능력이나 제3부문의 재정능력에 따른 생산 및 공급 제한 • 서비스품질개선노력이나 적극적인 서비스대응 부족

제 3 절 경제적 시장의 유형

경제적 시장은 통상 상업적 시장(commercial market)과 동일한 의미를 가지며 **경쟁**과 **배제**를 중요한 작동원리로 삼는다. 경쟁과 배제를 주요 작동원리로 움직이는 시장은 개인적 가치로 **선택**과 **자율성**이 강조된다. 선택과 자율성이 강조되는 것은 자유경쟁시장의 기본적 가치가 적용된다는 것으로서 초기 고전파 경제학자들이 강조하였던 자유경쟁시장에서 선택권을 가진 개인의 자유의지에 따라 재화와 서비스의 교환이 이루어짐을 의미하는 것이다. 따라서 시장은 경제적 시장, 상업적 시장 그리고 자유경쟁시장 등으로 불리며 시장을 통해서 생산수단을 소유한 자본가는 이익을 창출하고 지불능력을 가진 개개인들은 경쟁에 놓인 상품들을 자유의사에 따라 구매하여 욕망을 충족하게 된다.

초기 자본주의의 시대에 시장은 순수한 사적재가 교환되는 시장 즉, 순수시장(pure market)만이 존재하였지만 자본주의가 분화 발전되면서 시장 즉, 경제적 시장 또는 상업적 시장은 순수한 시장과 준시장(내부시장) 그리고 혼합시장으로 분화되어 지금에 이르고 있다. 시장 즉, 상업적 시장이 분화되었다고는 하지만 기본적인 작동원리인 경쟁과 배제가 모든 시장의 유형에서 존재한다는 측면에서 시장의 구분은 의미가 없을 수도 있다.

즉, 경쟁과 배제가 작동하는가를 상업적 시장과 사회적 시장을 구분하는 기준으로 삼는다면 그리고 이에 덧붙여 조금이라도 지불능력의 원칙이 작동하는가를 기준으로 작용한다면 순수시장과 준시장 그리고 혼합시장은 모두 상업적 시장의 범위에 포함되게 된다. 사회적 시장과는 구분되는 상업적 시장의 유형들을 구체적으로 살펴보기로 한다.

[그림 29] 경제적 시장의 유형

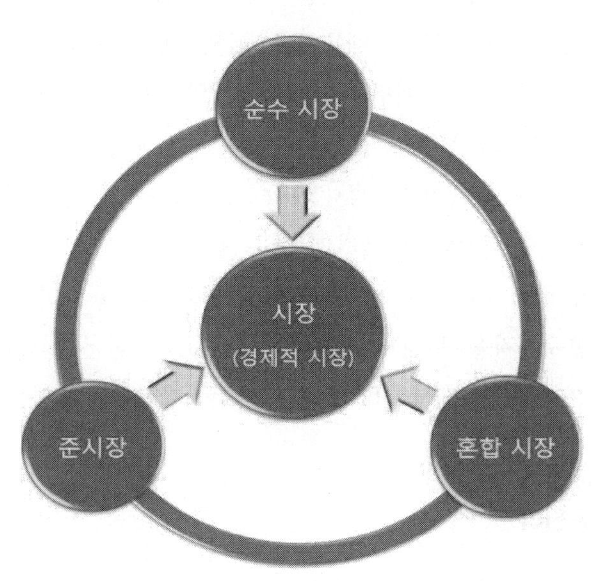

1. 순수시장

1) 순수시장이란?

순수시장(pure market)[35]은 곧 고전파 경제학자들이 주장하였던 이익창출을 목적으로 경쟁적이고 배제적인 재화와 서비스가 교환이 이루어지는 장소를 의미하며 자유경쟁시장을 의미하기도 한다. 순수시장은 앞서 언급한 바와 같이 상업적 시장(commercial market) 또는 경제적 시장(economic market)이라고도 불리며 주로 사적재(private goods)의 교환이 이루어지는 장소이다. 시장에서 생산수단을 소유한 자본가들은 상품 생산 또는 재화와 서비스의 공급을 오로지 이익창출을 목적으로 수행하며 지불능력을 가진 자유의지를 가진 개개인들은 자기 이익 최대화를 위해 그들의 지불능력을 활용하여 원하

35) 순수시장은 이하 내용에서 시장으로 총칭함.

는 상품을 확보하고 소비하게 된다.

순수시장은 사적인 재화와 서비스만 교환이 이루어지는 공간이자 장소이다. 순수시장을 결정짓는 주요 기준은 경쟁과 배제이다. 즉, 순수시장에서는 주로 경쟁적이고 배제적인 사적재가 교환이 이루어지므로 순수시장만이 작동하는 복지자본주의국가는 존재할 수 없고 존재하지도 않는다. 순수시장만으로는 다양한 재화와 서비스의 생산과 공급이 불가능한데 이는 곧 자본주의가 발전하고 복지자본주의로 수정・발전되면서 더욱 다양한 특성을 가진 재화와 서비스가 창출되었기 때문이다. 특히, 공공재나 사회복지서비스 같은 사회재 등의 발전은 곧 순수시장이 쇠퇴하는데 결정적인 역할을 하였다. 즉, 고전파경제학자들에게 있어 초기 자본주의 시장은 공공재가 발달하지 않았음으로 주로 사적재의 교환만이 이루어졌음으로 순수시장(자유경쟁시장)을 의미하였지만 공공재의 분화・발전으로 시장 역시 분화・발전하게 되었다. 19세기와 같은 초기 자본주의 시대에 공공재는 도로나 경찰, 항구 등과 같이 극히 제한적이었으며 사회재는 발전하지 못하였고 대부분이 재화와 서비스는 사적재로 순수시장을 통해서 교환이 이루어졌다. 물론 현대의 복지자본주의 시대에서도 교환은 많은 부분 순수시장을 통해서 이루어지지만 그 역할과 기능은 많은 부분 축소되고 있다.

2) 순수시장의 작동원리

시장의 가장 중심적인 논리는 바로 **경쟁과 선택**이다. 사회복지 재화와 서비스의 선택에 있어 이용자들은 여러 선택을 하게 된다. 이용자들의 선택 유형은 **첫째, 제공기관의 선택**(예를 들어 요양기관의 선택, where), **둘째, 제공인력의 선택**(예를 들어 요양보호사의 선택, who), **셋째, 서비스의 선택**(예를 들어 요양보호사가 제공하는 다양한 서비스의 선택, what), **넷째, 시간의 선택**(예를 들어 약속시간의 선택, when) 그리고 **마지막으로 의사소통의 방법이나 접근통로의 선택**(예를 들어 대면을 통한 서비스나 전화를 통한 서비스의 선택, how)등으로 구성되어 있다(Le Grand, 2007; 지은구, 2021). 따라서 이용자의 선택은 위의 모든 유형의 선택을 포함하는 것이라고 할 수 있다. 특히, 선택의 논리에 따르면, 선택한 것에 대한 책임은 선택한 사람에게 있음으로 선택은 신중하고 현명하게 이루어져야 하는데 시장은 기본적으로 국민들이 합리적임으로 자신이 무엇을 선택할 것 인지를 인식하며 선택한 것에 대해서는 자신이 책임질 수 있음을 강조하는 인간의 합리성이 기본적 원리로 강조된다(지은구, 2016).

사회복지 재화와 서비스의 생산 및 공급에 있어 경쟁은 서비스를 제공하는 제공기관들 사이에 발생한다. 이용자들이 특정 제공기관이나 제공인력 또는 서비스를 이용하도록 동기 부여하는 것이 바로 경쟁의 논리이다. 경쟁은 오로지 한 제공기관만이 사람들이 원하는 서비스를 가지고 있는 독점적 서비스나 단일서비스와는 정반대의 경우로서 제공기관들은 자신들이 제공하는 서비스가 사람들로부터 선택받을 수 있도록 노력하여야 하며 사람들로부터 선택받지 못한 제공기관 또는 서비스는 경쟁시스템에 의해 시장으로부터 축출되는 과정을 겪는다. 따라서 더 많이 선택받기 위하여 제공기관들은 노력하여야 함으로 국가독점에서 나타나는 비효율성, 비효과성 그리고 비응답성의 문제점들은 경쟁을 통해 어느 정도 해소될 수 있음을 시장은 강조한다.

3) 순수시장과 정부의 한계

사회복지 재화와 서비스 생산 및 공급을 시장이 책임지는 순수시장은 자원을 할당하는 제1부문(the first sector)인 정부의 실패에 기초하며 시장의 작동원리는 국민들에게 다양한 서비스를 선택할 수 있는 선택권의 실현과 제공기관들 사이의 경쟁을 강조하게 된다. 이는 곧 정부의 한계 또는 실패를 강조하는 정부실패론과 대중들은 이성적이므로 선택할 수 있는 능력을 소유하고 있어 대중들이 알아서 선택하도록 하는 것이 대중의 복지 실현에 도움이 된다는 대중의 이익 실현 논리가 적용된다는 것을 의미한다. 따라서 경쟁과 선택이외에 시장이 작동하는 데 있어서 나타나는 특성은 정부실패와 대중이익실현논리이다. 자기 이익은 자기가 최대화한다는 자기이익최대화의 주체로서 대중의 이익실현은 인간의 합리성에 기반하며 자본주의 경제가 작동하도로 하는 철학적·경제학적 토대가 된다. 또한 정부실패론은 자원할당에 있어 정부의 한계를 극복하기 위해 시장이 다시 강조되는 민영화 나아가 시장화가 재등장하는 계기를 제공하였다.

사회복지 재화와 서비스를 시장에서 제공하는 것이 효율적이고 효과적이라는 시장화를 강조하는 학자들의 이론적 토대는 바로 **정부실패론**에 근거한다. 공공재를 비롯한 사회복지 재화와 서비스의 출현과 확대는 바로 시장실패를 설명하는 요인이었지만 공공재 및 사회복지 재화와 같은 사회재에 대한 국민수요증대와 국가독점제공에 따른 비효율성 및 비효과성 등은 국가에게 재정적 부담이 되어 공공 및 사회복지 재화와 서비스 생산 및 공급을 시장이 책임지도록 하는 순수시장이 다시 등장하는 계기가 되었다. 재화와 서비스 공급에 있어 정부가 실패하는 이유들을 정리하면 다음과 같다(지은구, 2016; Savas, 2000).

첫째, 비효율성, 과다한 직원의 수, 낮은 생산성
둘째, 비전문성과 낮은 품질의 재화와 서비스
셋째, 정부의 지속적인 부채증가와 손실의 증가
넷째, 조직 관리기법의 부재
다섯째, 국민에 대한 비응답성
여섯째, 시설과 장비의 유지능력 부족
일곱째, 필요한 자본투자를 위한 불충분한 자금
여덟째, 과도한 수직적 의사결정구조
아홉째, 낮은 마케팅능력과 시대에 뒤쳐진 재화나 서비스
열 번째, 부처별로 사업별로 다양하면서 상호 일치하지 않는 목적
열한 번째, 국민생활과 사회현실을 고려하지 않은 잘못 인도되거나 관련없는 공공기관의 미션
열두 번째, 활용이 적고 성과가 낮은 예산투입
열세 번째, 관료들의 불법적인 행동 그리고 부패와 도난

위와 같은 요인들은 순수시장을 강조하는 학자들에게 공공 및 사회복지 재화와 서비스가 정부가 생신 및 공급하는 경우에도 나타나게 됨으로 시장을 통한 사회복지 재화와 서비스 생산 및 공급에 있어 시장을 강화하여야 한다는 논리적 근거를 제공한다.

4) 순수시장에서의 사회복지 재화와 서비스

순수시장은 사적재의 교환이 이루어지는 장소임으로 순수시장에서 사회복지재화와 서비스는 모두 사적재로 생산 및 공급됨을 의미한다. 국가가 생산 및 공급하는 공공재는 아담 스미스나 밀스 등과 같은 초기 고전파 경제학자들이 강조한 바와 같이 최소수준에서 국민들의 안전 및 경제적 인프라 구축 등과 같은 경찰, 군대, 등대나, 항구, 도로와 같은 기본적인 서비스를 제외하고 모두 순수시장을 통해 사적재로 교환이 이루어진다. 즉, 국민들은 필요한 것을 시장을 통해 구입하여야 하고 마찬가지로 국민들의 기본적 욕구와 사회적 욕구를 충족하기 위해 생산 및 공급되는 사회복지 재화와 서비스 역시 오직 순수시장을 통해서만 교환이 이루어지게 된다.

시장에서 사회복지 재화와 서비스가 사적재로 교환이 이루어짐으로 지불능력이 없는 국민들은 교환에서 배제된다. 즉, 사회복지재화와 서비스는 가격이 매우 상이하게 책정되

어 품질이 좋은 복지서비스와 품질이 좋지 않는 서비스의 선택은 전적으로 자유의지가 아닌 지불능력으로 결정된다. 따라서 모든 국민들이 원하는 것을 구매할 수 있을 정도로 구매능력을 가지고 있다면 순수시장은 자원을 할당하는 중요한 역할을 수행하게 되지만 반대로 국민들의 구매능력이 차이가 있다고 한다면 순수시장은 자원할당에 있어 차별과 배제를 양산하는 결과를 초래하게 된다.

시장을 통한 사회복지 재화와 서비스 생산 및 공급은 이를 담당하는 제공기관의 경쟁과 이용자의 선택권이 강조된다. 즉, 구매력(지불능력)을 가진 이용자들이 시장에서 선택권확보를 통해 자신에게 가장 적합한 선택을 구사하여 욕구를 해결하며, 사회복지 재화와 서비스 제공의 책임은 정부실패론에서 강조되는 비효율적인 정부로부터 뛰어난 지식과 기술력을 가진 민간영리조직에게 이양되어 이용자들은 민간조직이 제공하는 서비스를 선택함으로 조직들 간의 경쟁이 서비스의 품질을 향상시켜 정부의 민간영리조직의 조직관리에 대한 부담 및 관리 필요성은 사라지게 된다. 즉, 사회복지 재화와 서비스 생산 및 공급의 관리는 시장을 통해서 자연적으로 이루어짐으로 국가는 사회복지 재화와 서비스 생산 및 공급의 관리에 필요한 인적·물적 자원을 줄일 수 있게 된다(지은구, 2016).

공공재적 성격을 가진 사회복지 재화와 서비스가 시장을 통해 제공되어야 한다는 가장 결정적인 배경은 바로 사회복지 재화와 서비스의 국가직접제공에 따른 재정지출증가에 대한 부담과 조직이나 이용자 관리기법이 우수한 민간영리조직을 통해 서비스를 제공하게 함으로 공공조직의 비효율성을 극복하고 효과성을 강화하기 위한 대안적 성격이 강조되면서부터이다. 특히 시장은 서비스의 구매를 전적으로 개인의 지불능력으로 제한한다는 측면에서 국가의 공공성 및 사회적 목적 실현을 위한 노력을 등한시한다는 특징을 가지고 있다. 즉, 순수시장을 통해 개인의 복지는 개인이 책임져야 되는 것이고 개인의 복지증진은 곧 총 사회의 복지를 증진시킨다는 합리적 선택이론(이성적 선택이론)이나 공공선택이론 등이 시장을 통한 사회복지 재화와 서비스 생산 및 공급의 이론적 틀이다.

〈표 13〉 순수시장에서의 사회복지 재화와 서비스 교환의 특징

순수시장에서의 사회복지 재화와 서비스 교환의 특징
• 사회복지 재화와 서비스 생산과 공급의 결정은 수익창출여부이다. • 사회복지 재화와 서비스 생산과 공급의 목적은 자기 이익 최대화이다. • 국민들은 사회복지 재화와 서비스의 대가를 지불할 수 있는 지불능력을 가진 소비자가 된다. • 사회복지 재화와 서비스의 질적 양적 수준은 전적으로 이용자들의 경제적 능력과 연관

되어 제공된다.
- 이용자들의 개별적 특성을 고려하는 재화와 서비스의 제공여부는 재화와 서비스의 가격에 의해 결정된다.
- 이용자들의 화폐적 가치로 표현되는 지불능력은 국민들에게 지급되는 국가의 현금혜택(cash benefit)을 기본으로 한다.
- 추가서비스나 보충서비스의 제공은 이용자의 조건이나 상태보다는 이용자 개개인들의 추가부담능력에 전적으로 의존한다.
- 사회복지 재화와 서비스 이용자와 제공자(판매자 또는 제공기관)의 관계는 신뢰와 믿음과 같은 사회자본이 아닌 단순히 경제적 가치(이윤)로 측정되는 서비스판매자와 서비스구매자이다.
- 제공기관 간 경쟁은 조직생존의 필수법칙이다.
- 사회복지 재화와 서비스 생산 및 공급에서 시민참여는 불필요하며 전적으로 시장의 수요(demand)에 기초한다. 또한 이윤을 창출할 수 있을 정도 이상의 수요가 없으면 공급도 없으며 가격결정은 수요에 근거한다.
- 사회복지 재화와 서비스의 선택 결과(outcome)에 대한 책임은 전적으로 서비스를 선택한 개인에게 있다.

5) 사회복지 재화와 서비스의 시장에서의 교환과 실패

시장의 실패는 시장을 통해서 자원의 균형적인 할당이 이루어지지 않을 때 발생한다. 시장으로부터의 차별과 배제는 균형적인 할당이 발생하지 않을 때 즉, 불균형과 불평등 등이 발생하는 현상을 설명하는 개념이라고 할 수 있다. 시장 즉, 자유경쟁시장이 실패하는 일반적인 이유는 첫째, 시장이 성공하기 위해서는 다양한 수의 많은 시장이 존재하여야 하는데 시장의 수가 적다든지 둘째, 시장에서 생산자와 소비자가 경쟁적으로 활동하여야 하는데 비경쟁적인 독점이나 과점이 일어난다든지 셋째, 시장이 성공하기 위해서는 균형(예를 들어 균형가격)이 존재하여야 하는데 정보의 불균형 등으로 인해 균형이 존재하지 않게 되면 결국은 시장은 실패하게 된다고 할 수 있다(Ledyard, 1991). 또한 판매자와 구매자 이외에 제3자가 혜택과 비용을 떠안게 되어 외부효과가 나타나는 경우 그리고 교환의 장치인 시장 이외에서 재화와 서비스가 공급되는 경우 즉, 국가가 공공재를 제공하는 경우도 역시 시장실패의 요인을 설명한다. 즉, 과소공급이 발생할 수 있는 재화와 서비스가 균형적으로 할당되지 않음으로 시장에서 국민들은 균형적으로 소비를 할 수 없게 된다(지은구, 2010).

시장은 탈중앙화된 사회복지 재화와 서비스의 생산과 공급, 국민들의 자기결정권 실현, 그리고 국가에게 서비스 생산 및 공급에 따른 거래비용을 거의 의무화하지 않는다는 점에서 장점을 가지고 있지만 시장중심으로 사회복지 재화와 서비스의 생산 및 공급이 발생함으로 국가의 국민에 대한 공공성 및 책임성 약화라는 비난에 직면한다. 사회복지 재화와 서비스가 순수시장에서 교환되는 경우 발생할 수 있는 위와 같은 시장의 문제점은 첫째, 시장이 자기-규제적이지 못함으로 발생하는 문제, 둘째, 시장의 확대가 비영리조직 등과 같은 제3부문의 조직들에게 부정적인 영향을 미칠 수 있다는 점, 셋째, 국민의 세금이 공공성강화나 책임성강화가 아닌 영리기업의 이익창출을 위해 활용된다는 점, 넷째, 사회복지 재화와 서비스의 특성(성격) 즉, 사회재로서의 특성과 일반적인 재화와 서비스의 특성인 사적재의 성격이 다름으로 나타나는 문제, 다섯째, 시장의 개인주의 속성으로 인한 서비스교환에 있어 사회적 관계지향성의 상실문제, 그리고 여섯째, 경쟁으로 인해 야기되는 문제 등이 한계점으로 지적되기도 한다. 이들 문제점들의 구체적인 내용은 다음과 같다(지은구, 2016; Johnson, 1990).

(1) 시장의 자기-규제적이지 못함으로 나타나는 문제

시장은 자기-규제적(self-regulating)임으로 사회복지 재화와 서비스의 생산 및 공급을 책임지는 기업을 관리하거나 통제하기가 어렵다. 즉, 시장에서 사회복지 재화와 서비스의 양과 질을 규제하고 통제하는 것이 현실적으로 불가능하다는 점이다. 시장은 본질적으로 이익창출을 위해 소비자를 배제하고 차별함으로 강력한 감독이나 규제가 필요하지만 시장이 이익창출을 위한 행동을 정당화하고 또한 규제를 완벽하게 할 수 있는 방안을 고안하는 것은 어려우며 효과적인 관리방안을 고안하는 것이 비용부담문제를 야기함으로 시장을 통한 사회복지 재화와 서비스 생산 및 공급에 있어 서비스의 양과 질의 규제는 전적으로 시장의 자기-규제적 특성에만 맡기게 되어 사회복지 재화나 서비스의 양과 질에 대한 규제나 통제가 어렵게 된다. 만약 국가가 사회복지재화와 서비스의 생산량 및 품질에 관여하려면 시장에 개입하는 방안이 유일함으로 자유경쟁시장의 원리는 사라지게 된다.

(2) 시장의 확대가 비영리조직의 활동에 미치는 부정적인 측면

시장은 사회적 시장에서 활동하는 제3부문의 비영리조직 활동에 부정적인 영향을 준다.[36] 시장에서는 영리조직들이 정부의 재정을 확보하기 위해 경쟁을 하기도 하지만 때때로 비영리조직들과도 경쟁을 한다. 매년 이루어지는 전체적인 재정지원의 총량은 한정되어 있고 재정지원을 원하는 기업이나 기관의 수는 증가함으로 재정확보를 위한 경쟁에 있어

36) 시장이 비영리조직에 미치는 부정적 영향에 대해서는 다음절(제4절)에서 보다 구체적으로 살펴보기로 한다.

전담직원이나 전담부서 또는 홍보나 마케팅활용능력에서 영리조직에 비해 재정적 · 인적으로 열악한 비영리조직의 활동에 부담으로 작동하게 된다. 또한 조직 간 경쟁심화로 인하여 조직 간 협력과 조정이라는 비영리조직의 가치가 사라짐으로 시장은 제3부문에 속해있는 비영리조직의 활동에 부정적인 영향을 미친다. 이는 비영리조직들이 '사회적 가치실현'이라는 미션을 유지하기 위해 시장으로부터 사업을 철수하거나 인적 물적 자본이 튼튼한 영리조직들의 사회복지 사업 진입으로 인한 비영리조직들의 계약 실패 등의 요인을 제공한다.

(3) 국민 세금이 공공성확대보다 영리기업의 이윤창출목적에 활용된다는 점

국가의 재정이 시장에서 기업의 이익창출에 이용된다. 시장을 통해 생산 및 공급이 발생하고 구매능력을 가진 국민들이 시장을 통해서 사회복지 재화와 서비스를 구매한다고 해도 구매능력의 원천 즉, 재원은 국가가 국민들에게 제공한 현금혜택인 경우 현금혜택은 전액 국민들의 세금으로 조성됨으로 국가재정이 영리기업의 이윤창출의 원천으로 작동하는 일이 발생한다. 국가의 재정은 공공성강화나 국민들의 안전과 삶의 질 개선을 위한 목적으로 활용되어야 하는데 일부 영리기업들이 국가의 재정으로 이익창출을 실현하게 되면 이는 곧 국가가 국민생활보장보다 자본의 이익보장에 종속됨을 의미하게 된다. 즉, 시장은 국가재정의 영리기업으로의 유입을 정당화함으로 국민의 세금이 영리기업의 이윤창출실현을 위한 재정원천의 역할을 한다는 점에서 비판을 받는다.

(4) 사회복지 재화 및 서비스와 일반상품과의 차이에서 나타나는 한계

지은구(2010)에 따르면 사회복지 재화와 서비스(사회재)와 일반서비스(사적재)의 가장 큰 차이점은 첫째, 사회복지 재화와 서비스는 개인적 이윤만을 창출하기 위해 생산 및 공급되지 않는다는 것이고 일반서비스 즉, 사적재는 개인적 이윤을 창출하기 위해 생산 및 공급이 이루어진다는데 있으며 둘째, 사회복지 재화와 서비스는 순수사적재와 달리 경쟁과 배제를 통해 소비의 불균형을 만들어내지 않는지만 사적재는 경쟁과 배제를 통해 국민들을 배제 내지는 차별한다는 점이다.

사회복지 재화와 서비스는 국민들의 사회적 권리의 보장과 사회적 가치의 실현이라는 사회적 동기를 실현하기 위해 제공됨으로 개인적인 원함이나 이윤창출만의 동기를 실현하기 위해 제공되지는 않는다. 사회복지 재화와 서비스가 이윤을 생성하는가 아니면 이윤을 생성하지 않는가는 그 생산의 주체가 어디인가에 의해서 결정된다. 즉, 이윤을 추구하는 민간단체(기업)가 복지서비스의 생산과 분배를 책임지고 있다면 복지서비스는 상품으로서 시장경쟁체제 하에 놓여 있다는 것을 의미하고 이는 곧 복지서비스가 소비의 불균형을 만들 수 있는 사적재라는 것을 의미한다. 따라서 이러한 경우라면 복지 상품(재화와 서비스)은 일반 상품과 동일하게 시장체제 하에서 경쟁되어지고 배제되어진다는 측면에서 분석되어져야 한다. 하지만 사회복지 재화와 서비스는 재화적 성격상 시장에서 나타나는 소비의 불균형에 의해 영향을 받은 사람들의 소비를 증진시켜 소비불균형을 예방 및 치료하기 위하여 제공되기 때문에 소비의 불균형으로 인하여 나타날 수 있는 국민들의 기본적 삶을 위협하는 위험요소들을 예방하거나 극복하는데 일정 정도의 역할을 담당하게 된다.

국가나 이윤을 추구하지 않는 제3부문의 비영리조직에 의해 사회복지 재화와 서비스의 생산과 분배가 이루어진다면 복지 재화와 서비스는 이윤을 추구하지 않는 사회재로서 가치재나 공공재의 특성을 갖는다. 복지서비스의 시장경쟁체제로의 편입은 곧 복지서비스를 통한 이윤창출이 인정되고 개인의 욕구에 따른 서비스의 충족이 아니라 개인의 경제적 능력에 따라 복지서비스가 선택되어지는 즉, 서비스를 위해 경쟁하고 배제한다는 의미에서 공공재적 성격을 갖는 사회복지 재화와 서비스 본질의 전이(전환)를 의미한다. 즉, 사회복지서비스가 개인적 선택의 여부에 따라 개인적으로 취사가 가능해지는 상품으로서 시장에서 경쟁력을 생명으로 한다는 것을 의미하며 본인부담능력에 따라 이용자를 배제하며 가격의 높고 낮음에 따라 즉, 복지서비스에 얼마를 지출하느냐에 따라 복지서비스의 질과 양이 결정된다는 것을 의미한다. 이러한 현상은 배제와 경쟁을 강조하는 사적재의 교환이 주가 되는 자유경쟁시장에서 일어나는 보편적 현상으로서 소비의 양극화가 일어나는 주된 요인으로 작동한다.

사회복지 재화와 서비스가 시장경제 하에 편입되는 경우에 있어 나타날 수 있는 장점은 첫째, 다양한 서비스가 출현하여 국민들의 선택의 폭을 넓히는 것과 둘째, 대량 생산이나 제공에 의해서 서비스가격이 낮아질 수 있다는 점 등이다. 하지만 대량생산에 의한 서비스가격하락은 곧 복지 재화와 서비스 품질 저하를 의미할 수 있다. 단순한 소비의 개인적 만족(individual utility)을 추구하는 일반 상품과는 달리 사회적 만족(social utility)을 추구하는 즉, 모든 인간의 공통적인 욕구를 다루는 그리고 인간의 본성 즉, 인간성(humanity)을 다루는 사회복지영역에서의 질 낮은 복지 재화와 서비스의 제공은 곧 인간성 파멸의 사회적 동의를 인정하는 결과를 초래할 수 있다. 또한 다양한 상품의 출현으로 소비자의 선택의 폭이 확대된다는 점에 있어서도 다양한 상품의 개발과 출현이 시장을 통해서 이루어지는 경우 이윤을 바탕으로 하기 때문에 이윤이 확보되지 않는다면 어느 기관도 사회복지시장에 뛰어들지 않는 점에서 이윤의 확보를 위해 복지 재화와 서비스 가격의 조정은 필연적이며 결국 복지수요자의 빈익빈 부익부라는 사회문제가 확대 발전하게 되어 자본주의시장경제의 모순이 그대로 사회복지 시장에도 전이될 수 있다(지은구, 2006).

사회복지 재화와 서비스는 사회적 가치실현을 목적으로 하는 사회재로서 가치재이며 공공재 즉, 공공상품 또는 공공서비스로서의 속성을 가지고 있다. 사회복지 재화와 서비스가 상품이라고 하는 것은 자본주의 경제체제 하에 시장에서 이루어지는 모든 거래는 상품거래라는 경제적 원리에 충실하게 따르는 것으로 이러한 관점에서 본다면 순수시장에서 복지 재화와 서비스는 분명히 상품이다. 하지만 복지상품은 시장에서 자발적인 교환을 통해 생산과 분배가 이루어지는 일반 상품과 다른 국가개입이라는 조정양식을 필요로 한다는 점에서 일반상품과는 차이가 있다. 사회복지 재화와 서비스의 생산과 분배는 기본적으로 국민의 욕구에 기반하며 복지국가의 규범적 정당성인 사회권, 분배적 정의, 사회적 연대 등과 같은 목적에 부합하는 사회적 가치의 실현을 추구한다는 점에서 단순히 제공자의 이윤을 추구하는 일반상품의 생산과 분배와는 다르다고 할 수 있다.

원칙적으로 사회복지 재화와 서비스가 시장을 통해서 교환되기 위해서는 먼저 경쟁과 배제를 통해 소비의 불균형이 일어나면 안 된다는 것이 기본 원칙이라고 할 수 있다. 경쟁과 배제를 통해 소비의 불균형(정보의 불균형과 이용자선별을 포함하는)이 일어나게 되면 그 서비스는 순수사적재이지 더 이상 사회적 가치를 실현하는 가치재가 아니기 때문이다. 순수사적재가 사회적 가치를 실현하기 위하여 제공된다고 한다면 순수사적재는 본래의 특성을 상실하게 되며 그 순간부터 비순수사적재로 전환된다. 사회적 가치나 목적을 실현하기 위하여 국가가 공급을 하고 서비스는 대리인(제공기관)을 통하여 제공하든 아니면 국민이 직접 서비스를 선택하여 이용하든 중요한 것은 사회복지 재화와 서비스는 배제와 경쟁이 없는 순수공공재적 성격을 가지는 서비스이다. 물론 공공재나 사회복지 재화와 서비스의 발전 및 다양화로 인하여 특정 공공재나 사회복지 재화와 서비스가 복지재정의 한계나 선택적 복지혜택으로 인해 일정한 자격기준이 있는 경우 약간의 배제나 경쟁이 발생할 수 있는 비순수공공재나 비순수사적재의 유형으로도 생산 및 공급될 수 있지만 기본적으로 모든 공공재를 포함한 사회복지 재화와 서비스는 사회적 가치실현이나 사회적 목적의 실현을 위해 제공되는 되는 사회재라는 속성은 변하지 않는다.

사회복지 재화와 서비스가 일반 사적재를 판매하고 구매하는 자유경쟁시장에서도 교환이 가능한가? 결론적으로 얘기하면 당연히 가능하다. 하지만 재화적 성격을 구분하는 배제와 경쟁이라는 두 기준을 엄격히 적용한다면 사회복지 재화와 서비스가 자유경쟁시장에서 교환되면 배제와 경쟁이 동시에 발생할 수 있고 교환의 목적이 개인적 이윤의 창출에 기여하게 된다. 자유경쟁시장에서 사회복지 재화와 서비스를 생산하고 공급하는 가장 큰 이유는 개인적 이익실현 또는 만족에 있다고 볼 수 없다.

사회복지 재화와 서비스는 앞에서 정의한 것과 같이 사회구성원들을 사회적 위험으로부터 예방, 치료하고 그들의 삶의 질을 보호 및 증진시킨다는 사회적 가치의 실현 또는 사회적 목적을 성취하기 제공하는 공공재적 성격을 내포하고 있는 사회재(social goods)이자 가치재(여기서 가치는 사회적 가치를 의미, value goods)이다. 따라서 사회복지 재화와 서비스가 사적 이익을 창출하는 목적으로 자유경쟁시장에서 교환되는 경우에는 복지에 대한 권리나 시민권 등이 교환의 기준이나 작동원칙이 되지 않고 오로지 지불능력(구매력)만이 교환의 기준이 됨으로 국민들 사이에 구매력 편차에 따라 소비의 불균형이 발생하게 된다. 소비의 불균형 이외에도 기업들은 이익창출목적으로 시장에 개입하게 됨으로 이익이 발생하지 않는 서비스는 공급하지 않거나 공급을 축소하여 사회복지 재화와 서비스의 과소공급 및 과소생산 문제가 발생하는 등 국민생활복지향상이나 삶의 질 향상과는 거리가 먼 시장작동기제로 인해 국민들이 사회적 위험이나 사회적 돌봄으로부터 배제나 차별을 당하게 되는 일이 발생하게 된다.

따라서 사회복지 재화와 서비스가 소비의 불균형이 발생하여도 상관없고 과소공급이 발생하여도 문제가 없는 즉, 사회적 생산과 사회적 교환이 강조되는 재화와 서비스가 아니라고 한다면, 사회복지 재화와 서비스는 시장에서 교환이 가능한 재화라고 할 수 있다. 하지만 이미 설명한 바와 같이 사회복지 재화와 서비스는 국민의 기본적 권리충족과 차별과 배제로부터 고통을 당하는 국민들을 보호하기 위해 그리고 그들의 삶의 질 향상 및 생활안정을 위해 생산 및 공급되는 재화이자 서비스임으로 전적으로 자유경쟁시장에서만 교환이 일어나도록 할 수 없으며 일어나지도 말아야 함을 알 수 있다. 이는 사회복지 재화와 서비스가 사회적 가치를 추구하는 사회적 가치지향성을 추구하는 재화로서 경제적 가치를 추구하는 일반 재화와의 차이를 통해서도 이해될 수 있다.

(5) 사회복지 재화와 서비스, 누가 판매하고 누가 구매하는가?: 관계지향성의 한계

순수(경제적)시장에서 누가 생산하고 왜 생산하는지에 대한 해답은 곧 생산할 수 있는 자원을 가지고 있는 사람이 자신들의 이윤창출을 목적으로 생산한다는 것이며 또한 누가 교환하는가는 교환을 할 수 있는 능력이 있는 사람이 교환에 참여하여 교환을 통해서 자신들의 만족이나 원함을 충족시킨다는 점이다. 따라서 자유경쟁시장에서 교환의 참여자가 누구인가는 중요하지 않으며 '교환할 재화나 서비스 그리고 경제적 능력을 보유하고 있는가?' 만이 중요한 점이 된다. 시장이 다수 존재하지 않은 경우나 대체상품을 포함하여 재화나 서비스가 다수존재하지 않은 경우 경쟁은 발생하지 않으며 과점과 독점이 발생하고 교환가격은 균형가격을 상실하게 될 가능성이 매우 높다. 또 시장에 참여하는 교환 당사자(판매자와 구매자) 간에 생산적 그리고 경제적 부담능력이 차이가 난다면 시장의 배제적 특성으로 인하여 시장에서 배제되는 사람들이 많이 생겨나게 되고 이는 소비의 불균형을 일으키는 가장 큰 요인으로 작동하게 된다. 시장에 참여하는 이유가 단순히 개인적 만족의 충족이라면 배제와 경쟁으로 인한 손해를 개인적으로 감수할 수밖에 없게 된다.

■ 누가 구매하는가?

자유경쟁시장을 강조하는 경제학자들의 대부분은 배제보다 경쟁을 강조하는 경향이 있다. 효율성, 선택권 그리고 응답성 등 경쟁의 장점들이 주로 주장되지만 시장이 가지고 있는 가장 중요한 속성인 차별 및 배제가 인간 및 사회환경에 미치는 악영향에 대해서는 언급을 주저한다. 특히, 시장은 단순히 재화와 서비스의 생산과 교환에만 관심이 있으며 누가 왜 판매하고 구매하는지 등에는 관심이 없다. 즉, 누가 교환하고 왜 교환하는지 등은 중요한 질문이 될 수 없으며 단순히 구매력의 여부와 선택권의 실현 여부 즉, 자기결정권이 있으면 교환은 발생하게 된다는 점만이 강조된다. 누가 왜 사회복지 재화와 서비스가 필요한지를 무시하고 오직 개인적 부담능력과 자기결정권 구사 능력으로만 교환이 발생하는 시장은 곧 인간의 자기중심적 사고를 기반으로 하는 개인주의적 속성을 강화하여 인간을 **고립과 이기적 인**간으로 고착화할 가능성이 높아진다.

사회복지 재화와 서비스가 필요한 사람들은 물론 국민 모두일 수 있지만 특정 욕구를 가진 특정 집단의 사람일 수도 있다. 특정 욕구를 가진 특정 집단에 속한 국민일 경우 이에 대한 지속적인 관심과 고려는 반드시 필요하다. 또한 인간은 사회적 동물임으로 사회적 관계 속에서 타인과 상호행동하면서 스스로 그들의 존재가치를 부여받으며 생활하고 급변한 사회환경에 영향을 받는다. 개개인들은 모두 동일한 개인이라도 처한 상황과 조건은 다를 수 있음으로 이에 대한 고려는 사회복지 재화와 서비스라는 자원할당의 관계 속에서 반드시 확인되는 것이 필요하다. 즉, 단순히 **지불능력과 선택권** 실현 여부만이 교환의 기준이 될 수 없음을 의미한다. 따라서 일반 사적재와 달리 누가 그리고 왜 사회복지 재화와 서비스를 필요로 하는지는 교환과정에서 반드시 고려되어야 하는 속성이다.

■ 누가 판매하는가?

시장에서 누가 판매하고 왜 판매하는가? 즉, 누가 생산하고 왜 생산하는지에 대한 대답은 매우 단순하다. 자본주의 경제체제에서 자본을 소유한 즉, 생산할 수 있는 자원을 가지고 있는 사람이 생산을 할 것이며 생산은 자신들의 이윤창출을 목적으로 이루어진다는 것이다. 시장에서 지역사회번영과 발전을 위해서, 또는 사회의 질 향상을 위해서 생산하고 판매하는 사람은 존재하지 않으며 대부분 투입된 자본에 대비하여 더 많은 이익을 창출하는 것을 생산하고 판매하게 된다. 결국, 시장에서는 사회번영이나 국민들의 욕구를 충족시키기 위해서 생산하고 공급한다기보다 시장의 논리 및 자본의 논리에 따라 이익이 창출되는 것을 자본과 생산수단을 소유한 생산자가 생산하고 판매하게 됨으로 국민들의 욕구충족이나 사회적 욕구충족보다는 개인적 욕구충족이 더 강력한 생산동기 유발자이다. 생산 및 공급하는 사람이 경제적 가치에만 매몰되어 있으면 경제적 자본 즉, 부의 창출은 가능하겠지만 모두 신뢰하는 건강한 사회나 사회적 위험으로부터 보호받는 사회자본의 창출과 개인 및 사회의 번영과 사회복지의 증진은 실현가능하지 않게 된다.

(6) 사회복지 재화와 서비스 경쟁의 문제

경쟁이 항상 서비스의 품질을 일정 수준으로 유지되도록 하고 더 좋은 품질을 보장하는 것은 아니다. **경쟁은 서비스의 질 하락을 유도할 수 있다는 점 역시 시장의 문제점으로 지적될 수 있다**. 제공기관 간 경쟁으로 일시적으로 또는 단기간에 기관들은 품질이 좋은 서비스를 제공할 수 있지만 장기적으로는 서비스를 제공하는 제공기관에게 이익을 가져다주어야 한다는 자본의 논리에 의해서 품질은 곧 가격과 동일한 대접을 받게 된다. 즉, 품질이 좋은 서비스는 당연히 가격이 높게 책정될 수밖에 없는 것이 시장의 논리이자 자본의 논리이다. 만약 시장에서 품질이 낮은 서비스와 품질이 높은 서비스가 같은 가격으로 교환된다면 당연히 품질이 높은 서비스를 이용자들이 선택할 것임으로 품질이 높은 서비스의 시장 점유율이 높아지게 된다. 시장점유율이 높아진다는 것은 동일한 가격대의 품질이 낮은 서비스가 시장으로부터 즉, 이용자들로부터 배제된다는 것을 의미하고 이것은 품질이 높은 서비스가 시장을 독식하는 시장 독점이 발생함을 의미한다. 일단 품질 좋은 서비스의 시장 점유율이 높아지게 되면 제공기관은 당연히 그동안 지출되었던 비용을 보전받기 위하여 서비스가격을 상향하거나(가격인상) 서비스의 품질을 다시 낮추는 서비스품질저하현상이 나타나게 된다.

이 경우 이용자들은 그 서비스를 대체할 수 있는 다른 서비스를 시장으로부터 만족할

만한 가격에 구입하기 위해 노력할 것(비슷한 품질의 가격이 낮은 대체상품구입)이고 대체상품을 구입하지 못한다고 한다면 기존의 서비스를 이용할 수밖에 없게 된다. 즉, 대체상품이 없다고 한다면 할 수 없이 기존의 서비스를 지속적으로 이용하게 되어 이용자들의 비용부담은 상승하게 된다. 이는 경쟁이 서비스가격을 낮추고 품질을 향상시키는 것이 아니라 경쟁이 서비스의 품질을 향상시키지만 이는 곧 가격에 반영되어 질 낮고 값싼 서비스는 구매능력이 낮은 이용자가 그리고 질 좋고 비싼 서비스는 구매능력이 높은 소비자가 구매하게 되어 경쟁이 곧 배제와 차별을 양산하게 됨을 의미한다. 또한 **제공기관은 서비스품질향상을 위해 들어간 시장점유에 대한 비용을 보전받기 위한 한 방편으로 기관인력을 축소하는 인력감축을 강행하기도 하는데 인력감축은 곧 서비스 유지 및 관리에 문제점을 가져오게 하여 서비스의 품질을 낮추게 하는 요인**으로 작동하게 된다.

6) 순수시장과 복지자본주의

자본주의가 시장에 의해서 작동함으로 자본주의의 경제적 토대는 시장이다. 하지만 경쟁과 배제가 시장을 움직이는 중요한 논리임으로 경쟁과 배제의 논리는 곧 국민들의 시장으로부터의 차별과 배제를 극복하기 위한 사회복지 재화와 서비스의 발전 그리고 이의 교환을 위한 새로운 시장의 탄생을 의미하였다. 즉, 순수시장의 작동원리가 곧 복지자본주의 등장배경을 설명해준다. 예를 들어 사회적 돌봄이 필요한 국민들은 대부분 경쟁을 할 수 없는 국민이거나 경쟁으로부터 살아남기 어려운 국민들일 수 있기 때문에 경쟁이 강조되는 순수시장에서의 교환은 의미가 없다. 또한 배제는 지불능력에 따른 배제를 의미함으로 지불능력을 가지고 있지 않거나 지불능력이 낮은 수준의 국민들은 항상 질좋은 서비스의 확보와 소비로부터 배제된다. 순수시장의 이러한 배제와 경쟁의 기준은 순수시장이 국민들의 기본적 욕구 및 자원할당을 위한 유일한 기구가 아니어야 함을 의미한다. 결국, 자본주의 경제학자들이 강조하는 자유경쟁시장이나 경쟁과 배제가 작동하는 순수시장은 불안전성과 불균형 그리고 불평등을 수반하는 기제로서 순수시장의 문제점을 극복하기 위한 수정된 자본주의인 복지자본주의가 발전하는데 영향을 주었다. 즉, 순수시장의 경쟁과 배제적 논리는 곧 복지와 자본주의가 결합하는 복지자본주의를 가져다 준 근거를 제공한다.

시장과 복지자본주의의 관계는 시장이 만들어내는 빈곤과 실업과 같은 경제적 차별과 배제를 극복하기 위해 복지제공을 강화하는 복지자본주의를 통해 극복한다는 점에서 양면적이다. 즉, 자본주의는 시장을 통한 자원할당이 강조되는 경제체제이며 개인의 복지는 개인이 책임지는 것이 복지충족의 원칙이지만 시장의 불안정성과 불평등성이 지속적으로 확대되면서 시장의 문제를 극복하기 위한 방안으로 사회복지 재화와 서비스를 국가가 정책적 방식으로 제공하는 복지자본주의가 발전하였다. 즉, 시장을 통해서만 생산 및 공급되는 사적재의 많은 부분이 사회복지 재화와 서비스라는 이름으로 국가가 직접 제공하는 공공재나 국가나 개인의 영리를 추구하지 않는 제3부문의 조직들이 사회적 목적을 실현하기 위해 제공하는 사회재로 전환되면서 시장은 복지자본주의가 발전하면서 그 영역을 많은 부분 상실하게 되었다.

예를 들어 유럽에서 국민들의 주거복지를 목적으로 설립된 사회주택이 등장하면서 사적재로서의 주택은 공공재나 사회재로서의 사회주택으로 전환되고 시장에서만 교환되지 않고 사회적 시장을 통해서도 교환되는 것이 가능하게 됨으로 주택시장은 그만큼 축소되었다. 즉, 복지자본주의 발달로 시정의 영역이 과거에 비해 점차 그 영역이 줄어들게 된다는 것은 시장을 통해서만 자원할당이 일어나지 않고 정부나 제3부문의 사회적 시장을 통해서도 교환이 일어나 순수시장은 그만큼 영역이 줄어든다는 것을 의미한다. 이는 곧 복지정책 확대와 자본주의가 결합하는 복지자본주의의 발전을 의미한다.

[그림 30] 시장과 복지자본주의의 관계

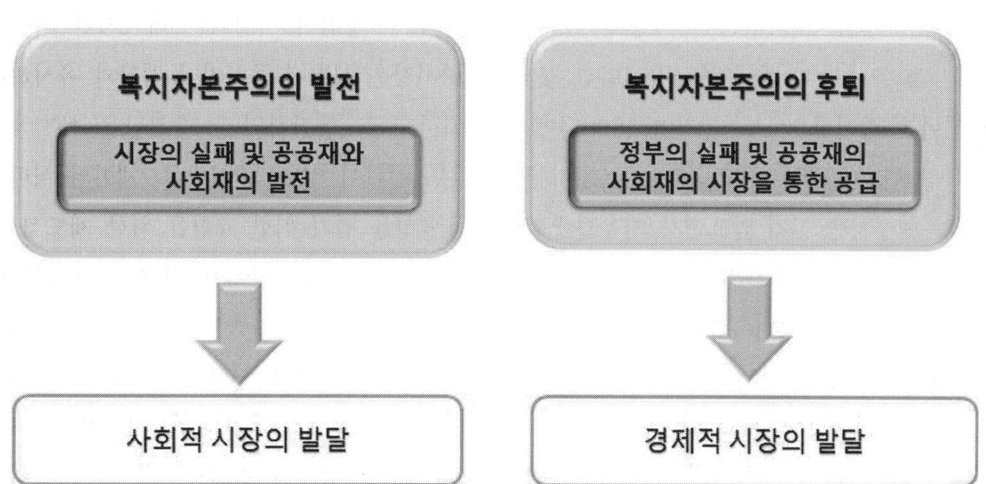

하지만 반대로 정부실패로 말미암아 공공재가 정부를 통해서 제공되지 않고 시장을 통해서 생산 및 공급되는데 영향을 미친 시장화(marketization)는 공공재의 시장으로의 전입을 의미하고 공공재가 시장에서 교환이 발생하는 사적재로 전환됨을 의미함으로 시장의 영역이 공공재의 진입으로 그만큼 확대되었다는 것을 의미한다. 이는 곧 복지자본주의

의 후퇴를 의미하는 것이다.

결론적으로, 국민들의 보편적 복지와 복지에 대한 시민의 권리가 강조되는 복지자본주의가 발전하면 다양한 복지서비스가 경제적 시장보다는 정부와 제3부문 조직들이 참여하는 사회적 시장을 통해서 제공되어 사회적 시장이 발전하며 이와 반대로 복지에 대한 책임이 개인이나 가족에게 있으며 최소수준의 복지와 선별적 복지가 강조되는 복지자본주의에서는 복지서비스가 시장을 통해서 제공되는 경제적 시장이 활성화된다. 모든 복지자본주의 국가가 동일한 규모나 비율로 경제적 시장과 사회적 시장을 구성하지는 않으며 나라별로 복지자본주의 시장의 규모는 상이하다. 특히, 사회적 시장과 경제적 시장 즉, 일반시장의 구성 비율은 국가별로 복지에 대한 사상과 이념에 많은 부분 영향을 받는다. **사회민주주의이념이 강한 노르딕 자본주의국가는 사회적 시장이 발전하였으며 신자유주의 사상이 강한 영·미식 앵글로-색슨 자본주의국가는 상대적으로 경제적 시장이 발전하였다.**

2. 준시장

1) 준시장이란?

준시장(Quasi-market)은 시장의 한 유형이다. 순수 상업적 시장과는 다르지만 비슷한 원리가 작용하기 때문에 준시장이라고 불린다. **준시장은 시장에 준하거나 시장과 유사하다고 하여 유사시장**으로도 불리며 1990년대 영국에서 처음 등장하였다. 준시장은 복지국가가 등장 한 이후 등장하였음으로 복지자본주의와도 연관이 있다. 준시장은 '**재화와 서비스 제공의 형평성을 잃지 않으면서 자유경쟁시장의 효율성을 얻기 위한 교환을 위한 제도적 구조**'라고 할 수 있다(지은구, 2009). 전통적으로 효율과 형평은 상이한 경제적 그리고 사회적 가치를 의미하며 효율성은 시장을 통해서 그리고 형평성은 국가의 개입을 통해서 이루어지는 것으로 알려져 왔다. 이러한 전통적인 견해는 시장이 형평성을 파괴하기 때문에 국가가 개입하여 형평성을 유지한다는 복지국가의 이념적 틀이라고 할 수 있다. 사회복지 재화와 서비스생산 및 공급은 준시장화라는 정책적 고려에 의해서 부분적으로 수정되었으며 수정의 가장 큰 부분은 바로 형평성이라는 사회적 가치 또는 목적을 유지하면서 경제적 효율성을 담보하는 것이 가능하며 이러한 가능성의 토대는 바로 준시장이라는 영역을 통해서 가능하다는 점의 강조였다(지은구, 2009).

Le Grand과 Bartlett 등은 건강돌봄(health care)의 제공(provision)과 구매(purchasing)를 분리하는 이분화를 강조하였으며 이러한 이분화는 바로 준시장을 의미하는 것이었다. 영국 건강서비스영역에서의 준시장은 병원들로 하여금 더 많은 환자를 확보하고 정부재정보조금을 더 많이 확보하기 위하여 더 낮은 비용의 서비스를 구매자에게 제공함으로 경제적 효율성이 증대되었다고 하는 경험적 근거를 제공하였다. 영국건강서비스(NHS)의 재정은 국민의 세금이 원천이었으며 국민들은 무료로 서비스를 제공받는다는 점은 준시장이 도입되기 이전과 이후가 같으며 차이점은 준시장을 통해서 병원들은 더 많은 이용자를 확보하여야 국가의 재정보조금을 더 많이 지원받을 수 있다는 점이었다(지은구, 2016).

2) 준시장의 작동원리

준시장은 시장에 준함으로 시장은 아니지만 시장의 원리가 공동으로 적용된다는 특징이 있다. 즉, 시장의 작동원리이자 사적재의 기준 중 하나인 **경쟁**이 발생하고 시장의 가치인 이용자들의 **선택**이 적용된다는 점에서 **경쟁과 선택이라는 시장의 가치와 원리가 작동하여 시장과 비슷하다고 하여 준시장**이라고 불린다. 영국에서 준시장이 등장한 이유는 전액 국민의 세금으로 국민들의 지불능력과 상관없이 보편적 건강서비스를 제공하는 국민건강서비스(National Health Service, NHS)의 재정지출 증가와 서비스독점에 따른 비효율성에 있다.

NHS가 병원(제공기관)들이 경쟁하지 않아도 정해진 이용자들이 찾아오게 되고 국민들은 정해진 병원에 가야 함으로 선택권이 없어 서비스가 비효율적으로 제공되고 건강서비스가 필요한 국민들의 수요가 지속적으로 증가하여 재정지출이 급격하게 증가하자 이를 방지하고 서비스의 효율성을 높이는 방안으로 선택과 경쟁의 시장원리를 적극 도입하여 의료시장은 준시장화가 이루어졌다(지은구, 2016). 즉, 국민들이 병원을 선택하여 찾아가게 되고 병원들은 더 많은 이용자들을 확보하기 위하여 경쟁을 하게 됨으로 효율성이 개선될 것이라는 기대가 곧 준시장의 도입배경이다.

준시장은 시장의 논리인 경쟁과 선택을 중심으로 작동함으로 작동원리는 경쟁과 선택이다. 즉, 준시장은 공공재의 성격을 가진 건강서비스영역에서 시장의 논리를 적극 도입하여 국민들의 건강형평성은 유지하면서 효율성은 강화하는 방안으로 도입되었다고 할 수 있다. Le Grand는 준시장모델이 경쟁과 선택을 강조하여 형평성이 더욱 강화될 것이라고 주장하였다. 그는 중간계급이나 상층계급이 주로 이용하였던 의료시설을 하위계급들도 선택할 수 있고 의료서비스제공기관들이 더 많은 이용자를 확보하기 위하여 경쟁을 함으로 하위계급이용자들의 요구에 대해 더 빠르게 응답할 수 있음으로 하층계급이 더 좋은 의료서비스를 제공받을 수 있어 형평성이 강화된다고 보았다(Cooper and Le Grand, 2010).

즉, 국민들의 건강에 대한 형평성은 유지되면서 병원들은 보조금을 위해 경쟁을 하는 **시장의 기제인 경쟁이 도입**되었다. 1997년 노동당은 건강보호영역의 준시장을 더욱 확대하였는데 이는 건강보호영역에서 준시장이 의료에 대한 국민들의 형평성은 유지하면서 효율성을 확보하는데 어느 정도 긍정적인 영향력을 가져다주었다는 평가에 기인한다. 하지만 영국의 준시장은 **이용자선별의 문제**(cream-skimming)를 가져다주었는데 이는 더 좋은 서비스를 제공하는 병원 등의 기관에 더 많은 이용자들이 몰리게 되고 이 경우 병원들은 이용자들 선별하여 서비스를 제공하게 된다는 것을 의미하였다. 영국의 준시장은 이용자선별이라는 문제 외에도 서비스를 제공하는 기관이 다양하지 않은 경우 경쟁이 나타나지 않아 경제적 효율성의 효과는 없다는 점 그리고 행정 및 관리운영비의 증가를 가져다주어 이 역시 경제적 효율성에 반하는 효과를 가져다주었다는 점 등의 문제점이 나타났다.[37]

준시장이 가장 활성화되어 있는 국가는 전 세계적으로 영국이라고 할 수 있다. 미국이나 다른 유럽국가들은 준시장보다는 영리를 추구하는 기업의 사회서비스영역으로의 참여를 인정하는 시장을 활용하였다. 상업적 시장에서는 사회적 가치가 중요하지 않으며 시장의 가치인 이윤추구가 중요하다. 반면 준시장은 시장기제인 경쟁과 선택을 강조하지만 이러한 시장기제의 도입이 형평성이라는 사회적 가치를 실현한다는 측면에서 모든 재정을 국가가 책임지고 개인적 구매력은 실현되지 않는다는 점에서 엄밀히 구분된다고 할 수 있다. 준시장의 도입은 준시장을 위한 전제 조건 성립여부와 밀접한 연관이 있다. Le Grand와 Bartlett(1993)은 준시장화가 성공적으로 운용되기 위한 조건으로 다음과 같은 점들을 강조하였다.

첫째, 기관들이 경쟁을 할 수 있을 정도의 수와 질이 담보되어야 하며 정부가 적절하게 생산과 재정을 규제하고 소비자가 시장에 참여할 수 있는 시장구조가 필요하다.
둘째, 정보의 비대칭성이 없어야 한다.
셋째, 거래비용이 기존의 정부공급비용보다 낮아야 한다.
넷째, 소비자들에 대한 선별이 일어나지 않아야 한다.

37) http://en.wikipedia.org/wiki/Quasi_market.

이들이 지적한 조건을 포함하여 준시장이 복지자본주의 국가들의 사회복지영역에서 성공하기 위해서는 반드시 다음과 같은 전제조건이 필수적이라고 할 수 있다(지은구, 2016; 윤영진 외, 2009).

첫째, 준시장의 도입 목적이 사회적 목적의 실현에 부합하는가?
둘째, 서비스혜택에 있어 형평성이 개선되는가?
셋째, 경쟁을 할 수 있을 정도의 기관과 다양한 서비스들이 존재하는가?
넷째, 서비스의 생산과 공급의 전 과정에 대한 국가의 통제와 관리가 가능한가?
다섯째, 이용자들에게 정보비대칭문제가 발생하는가?
여섯째, 이용자에 대한 선별이 일어나는가?
일곱째, 준시장이 국가의 복지재정을 축소시키는 것은 아닌가?
여덟째, 이용자들의 부담능력이 서비스에 영향을 주는가?

결국 영국의 준시장 실패의 예에서와 같이 준시장화를 통하여 사회복지서비스제공에 따른 효율성과 형평성이 강화되도록 하기 위해서는 위와 같은 전제조건의 확립은 필연적이라고 할 수 있다. 하지만 **준시장모델은 정보불균형문제와 이용자선별 그리고 제공기관의 독점 등과 같은 준시장실패요인이 완전히 사라지지는 않음**으로 이를 극복하기 위한 새로운 교환기구의 등장을 필요로 하였다(지은구, 2016).

3) 준시장과 일반 시장의 차이점

준시장과 일반 시장(경제적, 상업적 시장 또는 순수시장)의 차이점은 **국민(또는 이용자)의 지불능력원칙이 적용되는가**이다. 일반 자유경쟁시장에서 교환을 하기 위해서는 반드시 화폐가치로 표현되는 지불능력이 있어야 가능하지만 **준시장에서는 서비스에 대한 재정을 국가가 전액 부담함으로 국민들은 지불능력과는 상관없이 원하는 기관을 선택하여 서비스를 제공받을 수 있다는 점에서 준시장과 일반 상업적 시장은 차이점**이 존재한다. 통상 이러한 차이점은 형평성의 실현이라는 측면에서 비교되는데 경제적 시장은 개인의 지불능력이 교환의 기준이 됨으로 배제와 차별이 존재하지만 준시장은 지불능력이 제공의 기준이 아님으로 보편적으로 많은 국민들이 서비스를 제공받을 수 있어 형평성이 보존된다.

또한 준시장의 장점은 경쟁과 선택인데 이는 시장의 작동원리와 동일함으로 준시장과 시장의 차이점은 배제에서 찾을 수밖에 없다. 즉 시장과 준시장에서 모두 배제가 발생하면 두 시장은 같은 시장이라고 규정되어야 한다. 하지만 시장에서는 배제가 발생하고 준시장에서는 배제가 발생하지 않는다고 한다면 이는 복지자본주의의 새로운 할당 기구로 준시장이 인정받을 수 있음을 나타내준다. 하지만 준시장에서도 배제는 발생한다. 기관들은 특정 서비스에 대해 재정을 국가가 책임진다고 해도 국가재정이 동반되지 않는 추가 서비스에 대한 부담능력이 있는 국민들을 더 선호하므로 배제는 자연스럽게 발생하게 된다. 결국 준시장에서 기관들은 지불능력이 가진 이용자들을 선호하는 **이용자선별**현상이 발생하게 된다. 또한 한 기관으로 너무 많은 이용자들이 몰리게 되면 이용자들에 대한 선별이 발생할 수 있음으로 이 역시 이용자배제를 일으키는 요인이 된다. 그리고 자기결정권을 행사할 수 있을 정도의 인지능력이 가지고 있지 않은 국민들은 역시 선택에 있어 배제를 경험하게 되며 이는 곧 **정보비대칭**으로 특정 집단의 국민들에게는 서비스이용에 제한이 발생함을 나타내준다. 결국, 준시장은 시장에서 발생하는 정보비대칭과 이용자선별문제가 해결되지 않음으로 시장과 차이가 없는 시장의 또 다른 유형에 불과하게 된다.

물론 준시장 도입이 영국 건강서비스재정지출을 줄이는데 큰 기여를 하지 못하고 단순히 시장기제를 도입함으로 공공재의 상업화를 부추겼다는 비판도 존재한다. 즉, 공공재의 영역에서 시장의 기제가 작동하는 준시장이 성립되었다는 것 자체가 민영화를 확대하도록 하는데 영향을 준 것으로 평가되고 있으며 준시장모델이 효율성을 가지고 왔다는 경험적 증거 역시 입증되지 못하였다는 비판 즉, 효율성과 형평성이 개선되었다는 경험적 근거를 제시하지 못하였다는 비판을 넘어서지는 못하였다(지은구, 2016). 준시장은 국가가 독점적으로 서비스를 제공하는 제공자의 역할을 포기하여 민간기관들이 경쟁하여 서비스를 제공하도록 함으로 시장이 형성되어 경쟁이라는 시장의 특징적 요소가 강조되지만 전통적인 시장과는 달리 준시장이라고 부르는 이유는 다음과 같은 **수요와 공급 측면에서 시장과 준시장의 차이점**에 기인한다(Le Grand, 1991).

공급측면에서 보면, 일반 시장에서 서비스제공자나 기업들 사이에는 자신의 이익을 최대화하기 위한 경쟁이 있다. 따라서 모든 독립적인 기업이나 제공자들은 소비자를 확보하기 위해 경쟁을 하여야 한다. 따라서 시장에서 서비스의 공급은 이윤을 창출해 내는 정도, 이윤창출을 목적으로 하는 제공기관들의 수 그리고 소비자의 수요 등에 의존하지만 준시장에서 사회복지재화와 서비스를 제공하는 제공기관들은 모두 이익실현만을 목적으로 하는 기관들이 아니며, 또한 개인에 의해 사적으로 소유된 기관들도 아니기 때문에 이익만을 추구하며 서비스를 공급하지는 않는다는 차이점이 있다. 즉, 정부와 서비스계약을 위해 경쟁하는 비영리조직의 경우 조직의 목적이 이익최대화에 있지 않으며 사회적 목적 실현을 우선적 가치로 간주함으로 서비스의 공급은 전적으로 경제적 가치에만 의존하지 않는다.

수요측면에서 보면, 일반 시장에서 소비자의 구매력은 화폐가치로 표현되지만 준시장에서는 소비자의 구매력이 화폐가치로만 표현되는 것이 아니라 지정된 예산의 유형이나 특정한 서비스만 구매할 수 있는 정부가 보증하는 자격이나 권리 등으로 표현된다. 결국, 시장에서 수요는 소비자의 개인적 구매력으로 표현되지만 준시장에서 사회복지에 대한 국민들의 수요 및 공급은 사회복지재정을 책임지는 국가의 재정력에 크게 의존하게 된다. 아래의 표는 수요와 공급측면에서 시장모델과 준시장모델의 차이점을 나타내 준다(지은구, 2016).

〈표 14〉 수요와 공급측면에서 시장모델과 준시장모델의 차이점

	시장	준시장
공급	• 모든 기업이나 기관들은 자신들의 이익을 최대화하기 위해 노력함으로 이윤을 창출 정도, 이윤창출을 목적으로 하는 제공기관들의 수 그리고 소비자의 수요 등이 공급을 결정한다.	• 국가의 재정 능력이 국민의 서비스공급을 결정한다.
수요	• 서비스의 수요는 전적으로 시장을 통해서 결정되며 수요가 있는 서비스에 대한 선택은 전적으로 소비자들에 의해서 결정된다. • 개인적 구매력이 수요를 결정한다.	• 국가의 재정 능력이 국민의 서비스수요를 결정한다.

* 지은구(2016). p, 156에서 재수정

4) 준시장에서의 사회복지 재화와 서비스

준시장에서 사회복지 재화와 서비스는 공공재이자 사회재이다. 시장에서 교환이 이루어지지만 지불능력원칙이 적용되지 않음으로 국민들은 사회복지 재화와 서비스 이용의 권리가 주어지며 보편적으로 서비스를 이용할 수 있다. 이는 준시장에서 제공되는 사회복지 재화와 서비스가 국민들의 번영과 삶의 질 향상과 같은 사회적 목적을 실현하기 위해 제공되기 때문이다. 즉, 사회복지 재화와 서비스가 공공재 또는 사회재로서 교환이 이루어짐으로 교환의 조건은 개인의 지불능력이 아닌 권리 또는 자격의 여부이다. 자격이나 권

리를 가진 국민들은 모두 교환에 참여할 수 있으며 적당한 서비스를 제공받는다. 다만 국민들은 서비스 선택에 있어 자기결정의 능력 또는 선택권을 행사할 수 있어야 함으로 자기결정권은 준시장에서 중요한 원리이다.

준시장에서 교환되는 모든 재화와 서비스는 국가의 재정에 의존하여 공급됨으로 국가의 재정능력은 준시장 작동의 또 다른 원리이다. 자기결정권과 함께 서비스의 보편성과 형평성 역시 준시장에서 중요한 가치로서 모든 국민들은 필요한 사회복지재화와 서비스를 원하는 기관에서 제공받을 수 있지만 제공기관은 스스로 국민들로부터 선택받아 서비스를 제공받을 수 있음으로 기관 간 경쟁은 사회복지 재화와 서비스의 품질향상에 영향을 미칠 수 있음이 강조된다. 즉, 사회복지재화와 서비스의 품질은 전적으로 제공기관들에 의해서 유지 및 관리될 수 있음으로 다수의 제공기관들이 준시장을 형성하여 활동하여야 준시장은 작동할 수 있다.

하지만 국민들의 자기결정권이나 선택권이 실현될 수 없거나 선택할 수 있는 기관의 수가 제한적이면 준시장은 사회복지 재화와 서비스의 할당 즉, 자원할당에 있어 차별과 배제를 양산하는 결과를 초래하게 된다. 따라서 사회복지 재화와 서비스 제공을 위한 준시장 성공의 중요 요소는 서비스가 정부나 특정 기관에 전유되어 국민들의 선택권이 침해받으면 안 된다는 점과 국민들에게 추가부담이나 비용전가 등 지불능력으로 배제가 발생하지 않아야 한다는 점이다.

〈표 15〉 준시장에서의 사회복지 재화와 서비스 교환의 특징

준시장에서의 사회복지 재화와 서비스 교환의 특징
‣ 준시장에서 교환되는 사회복지 재화와 서비스는 공공재이자 사회재이다. ‣ 사회복지 재화와 서비스 생산과 공급의 결정은 국가의 재정능력에 의존한다. ‣ 사회복지 재화와 서비스 생산과 공급의 목적은 형평성과 효율성 증진이다. ‣ 국민들은 사회복지 재화와 서비스를 선택하고 이용하는 이용자이다. ‣ 사회복지 재화와 서비스의 질적 양적 수준은 전적으로 국가의 재정 및 관리 능력에 따라 그리고 경쟁기관들의 관리능력에 따라 결정된다. ‣ 이용자들의 사회복지 재화와 서비스 결정은 자기결정권 즉, 선택권으로 이루어진다. ‣ 제공기관 간 경쟁은 조직생존의 필수법칙이다. ‣ 사회복지 재화와 서비스의 선택 결과(outcome)에 대한 책임은 전적으로 서비스를 선택한 개인에게 있다.

5) 준시장과 복지자본주의

복지자본주의 하에서 경쟁과 배제가 순수시장을 움직이는 중요한 논리라고 한다면 준시장은 경쟁은 하되 배제하지 않는 즉, 경쟁과 국민들의 자기결정권 즉, 선택이 중요한 논리이다. 준시장의 작동원리가 자본주의시장의 자원할당이 만들어 내는 다양한 문제를 극복할 수 있는지에 대해서는 논란이 존재한다. 복지자본주의는 복지제공을 통해 자본주의의 문제를 극복하기 위한 체제임으로 준시장을 통한 복지제공이 자본주의의 문제를 줄여주고 나아가 극복한다고 한다면 준시장은 자원할당을 위한 중요한 도구로서의 역할을 수행할 수 있을 것이다. 하지만 **준시장이 작동하면서 국민들의 지불능력에 따라 서비스의 편차가 존재한다든가 또는 자기결정권을 행사할 수 없는 국민들(예를 들어 인지능력이 낮아 돌봄이 필요한 노인이나 중증장애인 그리고 아동 등)에게 준시장이 또 하나의 차별적 기제로 작동할 수 있음**은 주지의 사실이다. 자기결정권을 행사할 수 없는 인지능력을 가진 중증장애인들에게 있어 선택권을 주는 것보다 필요한 서비스나 욕구를 파악하여 적절한 시기에 적절한 품질의 서비스를 보편적으로 제공하는 것이 더 중요할 수 있다.

또한 사회복지 재화와 서비스에 대한 국민들의 욕구가 매우 상이하다고 한다면 이 다양한 서비스를 모두 국가가 전적으로 재정을 책임지고 시장을 형성하여 제공하는 것은 비현실적이다. 즉, 사회복지 재화와 서비스의 과소공급과 과소소비는 준시장의 원활한 작동을 방해한다. 공급이 과소하게 되면 경쟁보다는 독점이 발생하거나 또는 필요한 서비스가 제공되지 못하는 현상이 발생하게 된다. 이는 곧 과소공급에 따른 준시장의 문제점이다. 또한 소비가 너무 적게 발생한다면 이 역시 경쟁이 발생하는 것을 막게 된다. 소비하는 국민들이 제한적인데 기관 간 경쟁이 발생하는 것은 어렵다. 즉, 소수의 국민들을 위해 다수의 기관이 경쟁하는 것은 비현실적이며 기관 간 경쟁은 불가능하여 이 경우 과소소비문제로 제공기관이 등장하지 않을 수도 있으므로 이용자들의 선택권의 실현과 기관 간 경쟁은 발생하지 않는다. 즉, 소수의 인원이 필요한 서비스를 제공받기 위해서는 준시장의 작동이 원활하지 않을 수 있다. 이 경우는 기관 간 경쟁보다는 국가가 서비스를 직접제공하거나 제3부문의 비영리조직들이 서비스를 직접 제공하는 것이 바람직하다.

국가의 재정부담능력 역시 준시장의 작동을 설명해주는 기제이다. 시장과 달리 준시장에서 국민들은 구매능력과 상관없이 서비스제공기관을 선택하여 서비스를 제공받을 수 있다. 하지만 모든 서비스를 국민들이 원하는 만큼 제공할 수 없다는 것은 현실이다. 복지재정은 지속적으로 증가하고 있지만 모든 국민들이 원하는 만큼 복지재화와 서비스를 제공하는 복지재정이 충분한 복지자본주의의 작동은 **자본과의 타협**을 통해서만 가능하기 때문이다. 자본주의가 자본 및 생산수단을 소유한 소수의 자본가가 이익창출을 목적으로 재화와 서비스를 생산 및 판매하는 경제체제이므로 자본주의를 유지하는 한에서 복지자본주의국가들은 복지재정을 활용할 가능성이 높음으로 준시장의 성장은 극히 제한적이며 이는 곧 준시장에서 복지재정의 한계를 극복하기 위하여 국가가 준시장보다는 순수시장을 선호하거나 아니면 제공되는 재화와 서비스를 제한하여 특정 제화와 서비스만을 준시장에서 제공되도록 할 수 있다는 것을 의미한다. 즉, 국가의 세금으로만 제공되는 보편적 건강서비스나 교육서비스 등은 모두 준시장을 통한 서비스제공이 가능하다. 하지만 사회기여금으로 재정이 충당되는 사회보험이나 본인부담금이 존재하는 사회서비스의 경우는 준시장은 작동하기 어렵다. 우리나라의 사회서비스는 추가부담이나 본인부담금 등이 존재하여 전액 정부의 재정으로만 서비스가 제공되지 않음으로 준시장이 형성되기 어렵다.

사회서비스가 본격적으로 도입된 2007년 이후 우리나라 사회서비스시장은 재정적 측면에서 국가의 사회서비스재정과 국민들의 부담능력으로 이루어짐으로 순수시장이나 사회적 시장에서 서비스가 선택 및 제공되어 시장이 혼합되어 있다. 우리나라 사회서비스시장을 준시장이라고 규정하지 못하는 이유는 **우리나라의 경우 사회서비스이용자들은 자기부담금을 지불하여야 하며 추가적인 서비스가 필요한 경우 추가비용부담 역시 개인적 부담으로 지불하여 국가재정으로만 사회서비스가 작동하지 않기 때문이다.**

준시장은 복지자본주의에서 자원을 할당하는 시장의 기형적 형태로 등장하였다. 준시장은 영리기업이나 비영리기업들이 모두 재화와 서비스를 생산 및 제공할 수 있음으로 기관 간 경쟁은 기본적으로 수확체증의 법칙에 따라 비영리조직에게 불리하게 작용할 수 밖에 없다. 즉, 경쟁이라는 원리가 자본이 많아 충분한 기술과 서비스를 보유하거나 제공하는 기관을 선택할 가능성이 높다. 즉, 준시장의 경쟁논리가 자본주의에서는 자본이 적은 기관을 선택하지 못하도록 배제하는 배제메커니즘으로 작용할 가능성이 존재한다는 것을 의미한다.

결론적으로, 준시장은 복지자본주의에서 자원을 할당하는 하나의 방안으로 도입되어 경제적 가치인 효율성을 강화하여 국가의 재정부담을 덜고 국민들에게 선택권을 부여하여 자기결정권을 강화한다는 논리로 활용되었다. 하지만 준시장은 정보비대칭문제 및 이용자선별문제를 통해 형평성논란을 불러일으켰으며 자기결정권에 대한 왜곡 등의 한계를 넘어서지 못하였다. 또한, 마르크스주의자나 신마르크스주의자들에게 있어 준시장은 공공재이나 사회재인 사회복지 재화와 서비스가 시장에서 교환이 이루어지도록 하는 방안으로 자본주의를 유지·안정화시키는 도구에 지나지 않으며 공공재나 사회재를 지불능력에 따라 교환하도록 하는 상업화를 위한 교두보로서 작용하고 또한 국가의 재정을 이유로 사회복지 재화와 서비스를 민간에게 전이시키는 술책에 지나지 않는다고 비판받았다(지은구, 2016).

3. 혼합시장

1) 혼합시장이란?

순수시장(경제적 시장), 준시장 그리고 사회적 시장들 중 하나 이상의 시장들이 혼합되어 있는 것을 혼합시장이라고 부른다. 현 복지자본주의 시대에서 시장은 하나 이상의 시장이 혼합되어 있는 혼합시장으로 구성 및 운영되어 있는 것이 보편적이다. 즉, 자원의 할당이 경제적 시장이나 사회적 시장 등 하나 이상의 시장이 혼합되어서 이루어짐을 의미한다. 순수시장과 사회적 시장이 혼합되어 있어도 혼합시장이며 순수시장과 사회적 시장 그리고 준시장이 혼합되어 있어도 혼합시장이다. 사회적 시장(social market)만을 통해 서비스가 생산 및 공급되는 복지자본주의국가는 존재하지 않으며 순수시장(또는 상업적 시장)을 통해서만 복지재화와 서비스가 생산 및 공급되는 복지자본주의 국가도 존재하지 않는다. 따라서 복지자본주의성격을 논함에 있어 하나 이상의 시장들의 역할을 분석하는 것은 중요한 기준이 될 수 있다.

혼합시장(mixed market)은 모든 재정이 개인의 구매능력에 의존하여 사회복지 재화와 서비스의 생산과 소비가 이루어지며 완전한 개인의 부담능력으로 사회복지의 선택권이 실현되는 경제적 시장과는 달리 국가의 재정적 부담으로 인한 공공재의 제공 및 교환 그리고 사회적 목적실현을 목적으로 하는 사회재가 제공 및 교환되는 사회적 시장 그리고 효율과 형평을 강조하였던 준시장 등이 혼합되어 있는 시장을 의미함으로 현대 복지자본주의에서 가장 일반적인 시장의 형태를 설명해 준다.

혼합시장을 통하여 국민들은 필요로 하는 재화와 서비스를 소비한다. 특히, 개인의 경제적 부담능력에 따라 혼합시장에서 국민들은 필요한 재화와 서비스를 선택할 수 있게 된다. 즉, 경제적 부담능력이 취약한 국민들은 사회적 시장을 통해 서비스를 제공받으며 경제적 부담능력이 높은 국민들은 경제적 시장을 통해서 필요한 재화를 소비할 수 있게 된다. 혼합시장이 발전하는 이유는 경제적 시장이든 사회적 시장이든 또는 준시장이든 국민들이 필요로 하는 재화와 서비스가 하나의 시장을 통해서 공급되고 소비되는 것이 불가능하기 때문이다.

예를 들어 우리나라의 노인장기요양보험 또는 지역사회서비스사업(예를 들어 노인장기요양서비스, 노인돌보미사업, 장애인활동보조사업, 산모 신생아 돌보미사업 그리고 가사간병서비스 사업 등) 등의 경우, 대부분 국가가 이용자들에게 서비스를 선택할 수 있는 재정을 지원함과 동시에 이와 별도로 본인부담금이나 추가부담금이 발생하고 본인부담금과 추가발생금은 전액 본인의 경제적 능력으로 충당하여야 서비스가 제공되며 또한 경제적 부담능력을 가진 국민들은 동일한 서비스를 영리를 추구하는 민간제공기관이 참여하는 경제적 시장을 통해서도 구매할 수 있음으로 사회적 시장과 경제적 시장이 혼합된 혼합시장이 주된 교환의 장이라고 할 수 있다. 즉, 혼합시장은 복지 재화와 서비스의 제공주체가 다양하게 이루어진 복지혼합(welfare mix)의 시대에 가장 적합한 자원할당방식이라고 할 수 있다.

2) 혼합시장의 작동원리

혼합시장은 국가 재정의 일부와 개인의 경제력 즉, 구매능력 또는 부담능력이 함께 사회복지재정을 부담하며 서비스의 교환이 일어나는 시장이다. 즉, 국가가 전적으로 재정을 보장하는 준시장이나 공공재나 사회재가 교환이 발생하는 사회적 시장과는 달리 혼합시장은 국가재정과 개인적 구매력이 사회복지 재화와 서비스의 양과 질을 결정한다. 국가재정과 개인의 경제적 부담능력이 부담능력을 구성한다는 특징 이외에 혼합시장은 정부조직, 비영리조직 그리고 민간영리조직이 사회복지 또는 사회서비스시장을 구성하여 재화와 서비스를 생산 및 공급한다는 특징이 있다. 혼합시장에서는 당연히 조직 간 경쟁이 인정되며 개인적 부담능력이 있는 국민들은 선택권을 행사하여 자신에게 적합한 서비스를 선택할 수 있다.

혼합시장에서 재화와 서비스의 양과 질은 전적으로 소비자들의 욕구나 수요에 의존하지 않는데 이는 경제적 시장과 사회적 시장의 주체인 영리기업과 국가 및 제3부문 조직들이 사회복지 재화와 서비스의 전달을 생산 및 공급하는 주체적인 역할을 담당함으로 재화와 서비스의 양은 기본적으로 국가재정의 능력과 함께 개인의 선택권을 실현하기 위한 개인의 경제적 능력에 동시에 의존하기 때문이다.

3) 혼합시장에서 사회복지 재화와 서비스

혼합시장에서 사회복지 재화와 서비스의 생산 및 공급의 가장 중요한 특징으로 지적될 수 있는 것은 **첫째**, 사회복지의 생산과 공급의 책임이 전적으로 경제적 시장에 맡겨지는 것이 아니고 국가와 제3부문 조직이 동시에 공급을 책임진다. **둘째,** 사회복지 재화와 서비스를 공급함에 있어 민간조직(영리 및 비영리조직)이 참여하는 시장에 공공조직이 참여하여 서비스를 공급함으로 공공조직이 전적으로 공급을 책임지는 것으로부터 자유롭다는 점 역시 혼합시장의 특징이다. **셋째,** 사회적 시장은 정부 및 비영리조직의 재정이 허락하는 범위에서 사회복지 재화와 서비스 생산과 공급의 양을 결정하지만 이용자의 본인부담금 역시 서비스 생산과 공급을 부차적으로 결정하는 요소임으로 경제적 이익 역시 사회복지 재화와 서비스 생산과 공급의 양을 결정한다는 점은 혼합시장의 특징이라고 할 수 있다. **마지막으로** 공공조직을 포함하여 민간 비영리 및 영리조직이 함께 시장을 형성하여 사회복지 재화와 서비스를 제공한다는 점은 기관 간 경쟁이 작동한다는 것을 의미함으로 서비스의 질과 내용을 선택하는 국민들의 선택권은 향상되고 서비스의 질이나 내용 역시 지속적인 향상이 이루어질 수 있다.

〈표 16〉 혼합시장에서의 사회복지 재화와 서비스 교환의 특징

혼합시장에서의 사회복지 재화와 서비스 교환의 특징
‣ 사회복지 재화와 서비스 생산과 공급의 결정은 정부, 상업적 시장, 사회적 시장에 의존한다. ‣ 사회복지 재화와 서비스 생산과 공급의 목적은 공공성, 연대, 형평성, 효과성과 효율성 증진 등 다면적 성격을 내포한다. ‣ 국민들은 사회복지 재화와 서비스를 선택하고 이용하는 서비스이용자이다. ‣ 사회복지 재화와 서비스의 질적 양적 수준은 전적으로 국가의 관리 능력과 기관들의 관리능력에 따라 결정된다. ‣ 이용자들의 사회복지 재화와 서비스의 결정은 권리와 자기결정권 등으로 이루어진다. ‣ 제공기관들 사이에는 협력과 조정 그리고 경쟁의 관계가 공존한다. ‣ 사회복지 재화와 서비스의 선택 결과에 대한 책임은 전적으로 서비스를 선택한 개인에게 있다.

4) 혼합시장과 복지자본주의

현대 복지자본주의의 가장 큰 특징은 사회복지 재화와 서비스의 생산 및 공급이 혼합시장을 통해서 이루어진다는 점이다. 즉, 대부분의 복지자본주의국가들에서는 사회복지 재화와 서비스가 사회적 시장을 통해서 또는 사회적 시장이나 경제적 시장을 통에서 생산 및 공급되는 것이 현실이다. 국가별 사회복지 재화와 서비스 제공의 큰 차이점은 사회적 시장

과 경제적 시장에서 제공되는 사회복지 재화와 서비스의 공급량의 차이가 어느 정도인지에 달려 있다고 할 수 있다. 예를 들어 미국과 영국 등은 사회적 시장, 경제적 시장 그리고 준시장 등의 혼합시장이 발달되어 있지만 스웨덴과 같이 일부 복지국가에서는 여전히 사회적 시장이 복지공급을 책임지는 대표적인 시장이다.

시장이 어떻게 혼합되어 사회복지 재화와 서비스가 국민들에게 할당 및 분배되는가는 복지자본주의의 이념적 성향 그리고 정치정당의 유형 및 민주주의 발전 정도나 사회권과 시민권의 인식정도 그리고 노동조합이나 시민운동의 정치적 역량 등이 많은 영향을 미친다. 또한 자본주의의 발전 정도 역시 시장의 혼합에 영향을 미친다. 국가가 전적으로 국민들이 필요로 하는 공공재나 사회복지 재화나 서비스를 직접 생산 및 공급하는 것이 국가 재정적 측면에서 부담으로 다가오면서 이를 극복하기 위한 하나의 대안이 곧 복지제공의 주체가 다양화되는 복지혼합이고 복지혼합은 결국 혼합시장을 통에서 생산 및 공급되게 된다. **복지자본주의에서 복지혼합은 복지제공의 주체가 국가(제1부문), 시장(제2부문) 그리고 비영리 및 사회경제조직(제3부문)을 통에서 제공되는 것을 의미하며 혼합시장은 복지 재화와 서비스가 사회적 시장이나 경제적 시장 등을 통해서 제공되는 것**을 나타내준다.

제 4 절 시장화와 제3부문의 관계

1. 시장화와 제3부문 조직

제3부문(the 3rd sector)은 사회적 목적의 실현 또는 사회적 가치지향성을 목적으로 하는 자발적 조직과 시민사회, 비영리조직 및 사회경제조직이 모두 포함되는 경제영역으로 정부의 제1부문과 영리기업중심의 제2부문과 함께 자원을 할당하는 중요한 경제의 한 부분이다. 사회복지 재화와 서비스의 생산 및 공급을 영리기업이 주도하게 된다면 이는 곧 **시장화**(marketization)를 의미하고 시장화는 곧 제3부문의 일부조직들도 시장으로 진입하여 재화와 서비스를 교환할 수 있음을 나타낸다. 특히 복지혼합이 발생하게 되면 복지서비스는 순수시장(경제적 시장)과 사회적 시장 등을 포함하는 혼합시장에서 동시에 교환이 가능하게 되고 시장도 순수시장과 준시장 등으로 분화되어 복지서비스가 교환될 수 있어 매우 다양한 시장방식으로 복지 재화 및 서비스가 교환이 이루어진다. 시장화가 발생하게 되어 혼합시장방식에서 제3부문 특히 비영리조직이 사회복지 재화와 서비스를

제공 및 공급하게 됨으로 제3부문은 사회적 목적성취 또는 사회적 가치창출이라는 조직 목적 성취를 위한 활동에 혼란이 발생할 수 있다.

제3부문 조직이 순수시장인 자유경쟁시장에 진입하여 경쟁을 통해 서비스를 공급하는 경우 사회경제조직이나 비영리조직 등은 모두 **목적불일치**(goal displacement) **현상**이 발생할 가능성이 있다. 즉, 사회서비스제공이나 취약계층 일자리창출, 지역사회발전과 지역 주민들의 삶이 질 개선 등과 같은 사회적 가치실현이나 사회적 목적성취를 위해 활동하는 제3부문 조직들이 경제적 가치창출을 위해 활동하는 기업들과 경쟁을 하면서 사회적 가치지향성이 점차 상실되고 경제적 가치(이익창출)를 우선하는 가치혼란을 겪으면서 목적불일치현상이 발생함을 의미한다.

자유경쟁시장은 일정 수준의 자본을 소유한 이익창출을 원하는 어떤 조직들도 자유롭게 진입할 수 있다. 즉, 조직운영 목적이 사회적 가치창출이라고 해도 시장진입에는 문제가 없으며 당연히 이익창출을 위해 서비스를 생산 및 공급할 수 있다. 물론 사회적 가치를 지향하는 제3부문의 조직의 경우 영리를 추구하지 않음으로 시장에서 창출된 이익을 사회적 목적을 위해 지역사회반환 내지는 목적사업을 위해 사용되어야 함은 당연하다. 하지만 시장에 진입하게 되면 제3부문의 조직들은 경쟁에 매몰될 수 있고 더 많은 이익창출을 위한 조건이나 상황에 직면하여 사회적 가치지향성을 잃고 경제적 가치를 추구하는 행동을 할 수도 있다. 이런 경우 제3부문의 가치인 연대와 협력, 조정, 포용 그리고 평등 등은 경쟁과 선택 그리고 배제 등과 같은 가치로 전환되는 **가치혼란**(value confusion)이 발생하게 된다. 제3부문 조직들이 시장에 진입하는 경우 가치혼란과 목적불일치는 가장 경계하여야 하는 현상이다.

2. 시장화가 제3부문 비영리조직에 미치는 부정적 영향

사회복지의 생산과 공급이 시장에 의해서 주도되면 시장에서 영리조직과 함께 비영리조직들도 그들이 제공하는 서비스가 선택받을 수 있도록 **경쟁**하게 된다. 사회복지 재화 및 서비스 생산 및 공급에 있어 (순수)시장은 기업가주의에 대한 강조와 이익실현 및 개인적 만족을 강조함으로 국가의 책임성이나 시민권, 공공이익을 위한 집합적 행동이나 공동체, 연대 등과는 양립할 수 없는 측면을 가지고 있다. 특히, 시장은 형평성이나 사회적 정의나 분배적 정의와 같은 민주주의적 가치와는 전적으로 양립하지 못하는 측면을 가지고 있다(Eikenberry and Kluver, 2004). Salamon(1997)은 시장을 통해 서비스를 제공하는 것이 비영리부문의 시장화를 가속화시킨다고 강조하였는데, 시장화는 Eikenberry와 Kluver(2004)에 따르면 비영리조직의 단기간 생존에 도움을 주지만 장기간 생존에는 부정적 요인으로 작동한다고 한다. 특히, 그들은 시장화가 비영리조직이 시민사회를 더욱 튼튼하게 구축하려는 노력에 부정적 영향을 가져다줌으로 인해 시민의식(citizenship)이나 민주주의에 해를 가져다준다고 강조하였다.

기본적으로 자원할당의 기제로서 시장은 비영리조직이 더욱 유연한 자원의 흐름을 갖도록 하고, 효율성의 증대와 이용자의 욕구해결 능력의 향상, 정당성의 증진 그리고 서비스에 대해 더 큰 책임성을 가져다 줄 수 있지만(Aspen Institute, 2001), 비영리조직의 지역사회에 대한 주요 공헌이나 기여에 대한 지불을 상쇄할 정도의 혜택을 가져다주는 것은 아니다. 특히, Eikenberry와 Kluver(2004)는 비영리조직의 본래적 기능 즉, 지역사회를 보다 건강하게 하고 지역사회를 보다 강하게 하는 역할이 시장화에 의해서 축소되고 있음을 강조하면서 비영리조직의 가치지도자, 서비스제공자와 옹호자, 그리고 사회자본형성가의 역할에 시장화가 부정적 영향을 미치고 있음을 주장하였다.

[그림 31] 복지자본주의 자원할당에 있어 제3부문의 역할

Salamon(1997)은 비영리조직이 시민사회를 성숙시키는 방식을 크게 네 개의 역할로 제시하였는데 첫째는 가치인도자의 역할이며 둘째는 서비스제공자의 역할 셋째는 옹호자의 역할

이고 마지막이 사회자본형성가의 역할이다. 비영리조직은 Salamon(1997)이 제시한 것과 마찬가지로 사회복지 재화와 서비스의 제공에 있어 그동안 사회적 가치를 실현시키는 가치인도자로서 역할을 수행하여 왔으며 지역주민과 서비스수혜자들을 지지 및 옹호하고 그들의 역량을 강화시키기 위하여 그에 맞는 적절한 서비스를 제공하여 왔으며 신뢰와 믿음 등 사회적 자본을 구축하기 위하여 노력하여왔다. 하지만 시장제공모델을 통해 사회복지영역에 시장화가 이루어지면서 형평성이나 사회적 정의나 분배적 정의와 같은 민주주의적 가치의 실현을 위해 노력해왔던 비영리조직의 역할이 위협받고 있다. 즉, 시장화의 토대인 시장을 통한 서비스의 전달이 이루어지면서 비영리조직의 본래적 역할이 위협받고 있다고 할 수 있다.

시장제공에 따른 사회복지영역의 시장화 나아가 상업화는 사회적 가치를 지향하는 비영리조직들에게 목적과 미션 그리고 임무선언과 조직행동이 상호 상반되는 목적불일치의 현상을 가져다주었으며 사회복지 재화와 서비스제공의 일차적 우선순위가 사회취약계층의 욕구파악을 통한 즉각적 대응에서 부담능력의 여부 또는 지불능력의 여부가 되도록 하였고, 수입이 되지 않는 모든 지역사회활동의 축소 내지는 폐지 그리고 조직 간 상호행동보다는 생산성 향상을 위한 조직홍보 및 조직 성과관리에 더 많은 시간과 노력을 지출하도록 하였다. 상업적 수익창출, **(계약을 위한)경쟁**, 기업가주의 그리고 새로운 기증자의 영향력과 같은 시장화의 새로운 경향이 비영리사회복지조직의 중심 역할인 가치인도자, 서비스제공자와 옹호자, 사회적 자본 형성가의 역할에 어떠한 부정적 영향을 주었는지를 살펴보면 다음과 같다.

1) 비영리조직 가치인도자의 역할에 대한 부정적 영향

비영리조직은 가치 지향적이다. 비영리조직은 사회적 가치를 추구하며 사회적 목적을 성취하기 위해 노력하는 사회적 단위이다. 비영리조직이 사회적 가치를 추구한다는 것은 바로 비영리조직의 가치지도자로서의 역할을 의미한다. Jeavons(1992)에 따르면 비영리조직은 추종자나 자금제공자에게 종교적, 도덕적, 철학적 그리고 사회적 가치를 제공하는 것이 일차적 존재의 목적이다. 즉, 비영리조직은 지역주민들 또는 시민들이 요구하는 특별한 사회적 기대에 직면해 있으며, 어떻게 시민들의 기대를 성취할 것인지가 중요한 조직목적이 된다. 일반영리조직과 달리 비영리조직은 공공의 이익을 대표하는 의무를 가지고 있기 때문에 무엇이 법적으로 타당한 것인지 그리고 무엇이 옳은 것인지를 고려해야만 한다(Hodgkin, 1993). 따라서 비영리조직은 영리조직과 파트너의 관계를 형성할 때나 기업의 생산품에 대한 보증을 하거나 판매를 할 때 항상 옳고 진실하다는 평판을 유지하여야 하는 것이 중요하다(Young, 2002; Pratt, 1997).

시장 확대방안을 수립하고 서비스개발에서 화폐가치를 강조하며, 이익창출을 위해 위험을 감수하고, 다른 기간과 경쟁체제를 구축하는 등의 일반영리기업들이 추진하는 전략들은 지역사회주민들의 참여 의식을 고취시키고, 역량을 강화하며 제공하는 모든 서비스의 이해관계자들을 고려하여야 하는 가치인도자로서의 비영리조직과는 어울리지 않는 전략이라고 할 수 있다(Alexander and Weiner, 1998). 사실 비영리조직에 흐르는 내재적 가치는 조직임무선언(mission statement)에 담겨져 있다. 만약 비영리조직이 조직임무선언에 흐르는 가치에 맞지 않게 영리기업과 협력관계를 형성하고, 수익창출을 위해 노력하며, 비영리조직의 지도자들이 이윤을 만들기 위해 기업가주의(또는 기업가정신, entrepreneurship)의 행동양식에 맞게 활동할 때 비영리조직의 임무선언은 위협을 받게 될 것이다. 즉, 비영리조직에 관련이 있는 지역주민, 자원봉사자, client 및 가족, 기부금 제공자, 회원, 정부관료 및 직원 등 모든 이해관계자들의 요구를 충족시키기 위해 노력하여야 하는 당위성을 내포하고 있는 조직임무선언을 유지 보존하기가 어려운 상황에 직면하게 된다(Young, 2002).

영리를 추구하는 조직의 목적과 비영리조직의 임무선언 또는 목적이 일치한다는 것은 가능하지 않음으로 비영리조직이 영리를 추구하기 위해 시장에 참여하는 순간부터 비영리조직의 행동은 비영리조직이 설정한 목적이나 임무선언과는 일치하지 않는 목적불일치 현상이 만연하게 될 것이고 이는 모든 이해관계자들에게 가치혼란을 가져다줄 것이다. 이러한 가치혼란은 시장 친화적이고 기업가주의로 무장한 비영리조직이 이익을 창출하기 위한 행동을 시작하면서 불거질 것이며 결국 비영리조직은 임무선언의 수정이나 영리조직의 설립이나 영리조직으로의 전환 등 보다 적극적으로 시장개입 강화 방안을 모색하게 될 것이며 결국 비영리조직의 임무선언을 충실히 반영하는 조직의 활동은 이익을 창출하지 않는 비효율적인 활동으로 치부될 것이다.

비영리조직이 계약경쟁에 뛰어드는 경향 역시 비영리조직에게는 조직운영을 경쟁적이고 성과중심의 계약조건을 충족시키는 시장 중심 운영체제로 나아가도록 하는 역할을 한다. Ryan(1999)과 Bush(1992)에 따르면 계약경쟁은 비영리조직이 그들의 미션이나 조직목적과 타협하고 자선적이고 개혁적인 정신을 경쟁만이 살길이라는 기업가정신으로 전환하도록 이끈다. 모든 조직이 화폐가치를 쫓는 행동을 추구한다면 지역사회의 건강과 안정을 책임지고 지역주민들의 삶의 안정과 공동의 번영과 복지를 추구하는 사회적 가치의 실현은 누구에 의해서 인도될 것인가? 결국, 제3부문 조직들의 가치인도자로서의 역할상실은 시장화에 대한 우선적인 부정적인 효과라고 할 수 있다.

2) 비영리조직 서비스제공자의 역할에 대한 부정적 영향

Salamon(1997)은 비영리조직이 사회·경제적 문제를 해결하는 그리고 집합재적 서비스를 제공하는 최전선에 위치해 있다고 강조하였다. Salamon의 언급이 아니더라도 비영리조직은 수세기에 걸쳐 어떤 지역사회에서든 사회문제에 대해 시민들이 주의를 갖도록 하는 중요한 역할을 수행해 왔으며 다양한 사회서비스를 제공하여 사회문제 및 욕구를 해결하기 위해 노력하여 왔고 나아가 지역사회의 변화를 추진하는 첨병의 역할을 수행하여 왔다. 하지만 비영리조직의 위와 같은 사회문제 및 사회적 욕구해결을 위한 서비스제공자의 역할은 시장화를 추구하는 환경에 의해서 도전받고 있다.

특히, 비영리조직 간 또는 비영리조직과 영리조직 간의 서비스제공을 둘러싼 계약경쟁은 서비스에 대한 조직의 집중을 약화시키는데 영향을 줄 수 있다. Alexander, Nank 그리고 Stivers(1999)는 정부가 민간조직과의 계약을 강조하는 것이 서비스제공 및 전달에 들어가야 하는 노력이나 비용이 성과(performance)나 결과(outcome)측정, 문서화, 자금지출 등에 대한 관리를 강조하는 노력이나 비용으로 전환되도록 조장한다고 비판하였다. 시장제공모델의 도구로 2007년 이후 도입된 우리나라 사회서비스시장의 전자바우처의 경우도 바우처카드관리를 위해 직접적 사회서비스제공과 관련이 없는 관리비용으로 1년에 매년 인건비 포함하여 약 400억원 정도를 지출하고 있다.

Alexander(1999)는 비영리조직이 직면한 계약환경이 비영리조직에게 지불될 수 있는 그리고 지불보증을 받을 수 있는 서비스와 결과가 측정될 수 있으며 문서화될 수 있는 서비스를 제공하도록 하고 또한 중병이나 만성적 욕구를 가지고 있는 사람들에 대한 서비스나 결과를 쉽게 측정할 수 없는 지역사회를 위한 서비스 제공에 대한 의지를 축소시킨다고 주장하였다. 또한 Adams와 Perlmutter(1991) 그리고 Ryan(1999)은 계약을 위한 경쟁이 지역사회를 위해 서비스를 지속적으로 제공하는 것을 적은 수익창출사업으로 비영리조직들이 인식하게끔 한다고 주장하였다. 이러한 연구자들의 시장화를 위한 도구로서 계약경쟁이 비영리조직의 서비스제공에 대한 순수한 의미를 퇴색하게 하여 직접적 서비스를 위해 들어가는 노력과 비용을 엉뚱한 곳으로 지출하도록 하여 비효율성을 강화시키면서 동시에 비영리조직들이 계약권확보를 위해 쓸데없는 시간과 노력을 들이게 되며 이는 곧 비영리조직의 서비스제공 및 확대에도 부정적인 영향을 준다는 것을 의미한다.

또한 시장화는 비영리조직들이 서비스를 제공함에 있어 주민들의 욕구해결이나 기본적 권리확보를 위한 서비스제공보다 이익이 창출되는 영역으로 서비스영역을 설정하고 서비스를 제공하여 국민들의 서비스욕구충족해결 부족 및 일부 이익이 창출되지 않는 서비스의 경우 생산 및 공급을 주저하게 만드는 요인으로도 작동하게 한다. 이는 곧 특정 서비스의 과소공급을 발생하게 하여 서비스부족현상을 만들어 국민들의 기본적 욕구해결 및 권리충족이 해결되지 않도록 하는 부정적인 영향을 주게 되는 요인으로 작동한다.

3) 비영리조직의 옹호자 역할에 대한 부정적 영향

비영리조직은 지역주민들의 권리를 대변하고 옹호하고 방어해주는 활동가의 역할을 수행하여 왔다. 즉, 지역주민 개개인이나 가족, 집단과 나아가 조직이나 지역사회전체의 어려움을 해결하고 그들의 이익을 대변하고 보호하며 방어하는 옹호활동과 이를 통한 지역주민 개개인 나아가 지역사회의 역량을 강화시키기 위한 활동을 지속적으로 수행하여 왔다. 하지만 비영리조직의 위와 같은 지역주민들을 위한 옹호자의 역할은 시장화를 추구하는 환경에 의해서 도전받고 있다. 즉, 비영리조직이 상업적 수익창출을 위한 행동에 들어가면서 수익창출에 영향을 주지 않는 옹호활동은 바람직한 활동으로 인식되지 않고 있으며 빈민을 포함하는 사회소외계층을 위한 옹호활동보다는 서비스에 대한 대가를 지불할 수 있는 **지불능력이 있는 사람들에 대한 개별화된 서비스제**공으로 서비스영역이 이동하게 된다. 즉, 사회문제영향의 정도나 욕구수준의 정도가 아니라 지불능력의 정도가 서비스제공의 기준으로 자리잡게 된다. 이와 관련하여 Rosenman, Scotchmer, 그리고 VanBenshoten(1999)은 상업적 이윤추구가 비영리조직이 서비스를 제공하기 어려운 client를 솎아내는 역할에 대한 강력한 동기를 부여하게 된다고 주장하였다. 또한 그들은 상업적 수익창출에 의존하는 비영리조직의 경우 추가적 비용을 유발하는 보충적 서비스를 제공하지 않을 것이며(즉, 추가적 비용이 추가적 이익을 보장하지 않으면 어떤 보충적 서비스도 제공되지 않을 것이며), 지역사회전체에 대한 이슈보다는 개인적 이슈를 다루는 서비스제공에 집중할 것이라고 강조하였다. Alexander, Nank 그리고 Stivers(1999)의 연구에 따르면, 시장친화적인 비영리조직은 사회소외계층에 대한 서비스제공이나 옹호와 교육 그리고 조사와 같은 활동보다는 client의 개인적 수요를 해결하기 위한 서비스제공에 집중하는 경향이 높았다.

또한 앞에서 설명한 서비스제공권을 확보하기 위해 조직간 벌어지는 계약을 위한 경쟁은 비영리조직의 지역주민을 위한 옹호활동에도 부정적인 영향을 준다. 즉, 지역주민을 위한 교육과 옹호를 위한 서비스에 들어가는 비용과 시간을 줄이도록 하는데 영향을 준다는 것을 의미한다. 옹호활동은 사회서비스를 제공하는 지역사회에 기반을 둔 모든 비영리조직의 지역사회개발을 위한 기본적 활동전략이다. 옹호활동을 통해서 비영리조직들은 지역주민들로부터 지원과 지지를 받고 또한 옹호활동을 통해서 지역주민들의 역량은 강화된다. 하지만 계약을 위한 경쟁으로 계약권을 확보하기 위해 비영리조직들은 경쟁에 불리하게 작용하는 옹호를 위한 서비스를 축소하거나 폐지하는 경향이 증가하고 있다(Scloot, 2000). 이는 비영리조직의 옹호나 지역사회변화를 위한 프로그램이 설자리가 점점 없어진다는 것을 의미하고 자금을 지원받을 수 있는 지불능력이 있는 이용자가 있는 사업이 더욱 증가한다는 것을 나타낸다.

4) 비영리조직의 사회자본형성가 역할에 대한 부정적 영향

지금까지 비영리조직은 신뢰와 상호호혜를 기본으로 하는 사회자본을 형성하고 유지하는데 중요한 역할을 수행해 왔다. 특히, 정부조직이나 영리조직보다 비영리조직은 신뢰, 협력, 상호지지 등과 같은 사회적 규범을 창출하는 데 있어 더욱 효과적으로 활동하여 왔는데(Backman and Smith, 2000) 이러한 사회적 규범은 모두 사회자본을 형성하는 구성요인이다. 비영리조직의 시장화를 위한 행동은 특히 두 영역에서 사회자본에 영향을 미치게 되는데 그 영역은 다음과 같다(Eikenberry and Kluver, 2004).

첫째, 시장화는 비영리조직이 전통적인 이해관계자들과 관계를 긴밀히 유지하여야 할 필요성을 적어지게 만든다(Backman and Smith, 2000). 과거 비영리조직의 생존전략은 지역주민, 자금제공자, 기부자, 서비스이용자, 자원봉사자, 회원, 그리고 다른 지역조직과 같은 이해관계자들과 긴밀한 관계를 유지하고 이들과 신뢰를 바탕으로 하는 네트워크를 구축하고 유지하는 능력에 의존하는 것이었다(Eikenberry and Kluver, 2004). 특히, 이들과 구축된 사회적 네트워크는 사회문제를 해결하고 집합적 행동을 추구하는데 있어 결정적인 지지 및 지원의 역할을 수행하였다. 하지만 비영리조직이 시장화를 추구함과 함께 상업적 이익과 기업가주의에 의존하면서 이익창출에 도움이 되지 않는 네트워크를 건설하여야 하는 필요성은 줄어들게 되고 이는 곧 시민의 조직결정 및 서비스과정에 대한 참여활동을 약화시키는데 영향을 주었다(Aspen Institute, 2001). 시장화의 추진으로 비영리조직에게 이해관계자이었던 기부자나 회원 등은 서비스이용자나 소비자가 되었으며 조직은 이들과 네트워크를 구성하는 것으로부터 그들에게 더 많은 재화와 서비스를 판매하기 위한 기회를 창출하는 것에 더 중점을 두게 되었다(Eikenberry and Kluver, 2004). 정부계약권을 따기 위한 비영리조직과 영리조직들을 포함한 경쟁도 역시 비영리조직의 네트워크활동에 위협을 주는 요소로 작동하였다. 즉, 정부와의 경쟁은 협조적 네트워크를 구축하는 것보다도 비영리조직들이 영리조직을 포함하여 비영리조직들과도 경쟁하도록 하였으며 나아가 계약경쟁에 대한 관심증대는 자원봉사영역의 가치를 절하시키고 홍보나 마케팅과 같은 전문적 경쟁영역에 대한 관심을 집중시키도록 하였다(Alexander, Nank and Stivers, 1999; Ryan, 1999).

둘째, 시장화에 개입된 비영리조직들은 사회자본에 소비할 만한 자원 및 시간을 가지고 있지 않을 뿐더러 있다고 해도 소비할 만한 필요성을 가지지 못한다. 정부계약을 위해 비영리 및 영리조직들과 경쟁하는 것이 심해지면 질수록 비영리조직들은 더욱 경쟁력있는 경쟁자가 되고 싶어하지 시민참여를 강화하는 노력은 등한시할 수밖에 없다. 본래 비영리조직은 사회서비스를 제공할 뿐만 아니라 사회를 보다 건강하게 만들기 위해 노력하는 것이 임무이지만 이러한 의무감은 경쟁에서 살아남아야 한다는 압박으로 인해 사라지게 되고 경쟁력을 강화하는 관리기법만이 주요한 조직관리기법으로 강조된다. Backman과 Smith(2000)는 비영리조직들에게 자원봉사프로그램이 비용효과적이지 못하다는 이유로 사라지고 있다고 비판하였으며 Adams와 Perlmutter(1991)는 비영리조직의 이사들이 지역주민이나 자원봉사자들에서 기업경영자나 관리책임자 등으로 교체되고 있다고 비판하였다.

시장확대에 따른 비영리조직의 시장화전략은 결국, 비영리조직이 견지하여야 하는 사회적 가치인도자, 서비스제공 및 국민권리 옹호자 그리고 사회자본형성가로서의 역할에 부정적 영향을 주고 있음을 알 수 있다. 아래의 표는 시장화가 비영리조직에 가져다주는 부정적 영향을 정리한 것이다.

〈표 17〉 비영리조직의 역할에 대한 시장의 부정적 영향

가치인도자로서의 역할상실	서비스제공자로서의 역할상실	국민권리옹호자로서의 역할상실	사회자본 형성가로서의 역할상실
• 사회적 가치에 기초하는 목적과 미션이 사라진다. • 경쟁이 자선정신을 대체한다.	• 서비스를 제공하는데 있어 지불능력이 없는 사회취약계층의 어려움들을 고려하지 않는다.	• 사회취약계층을 보호하고 대변하기 노력하는 것이 아니라 지불할 수 있는 사람을 보호하기 위해	• 전통적 이해관계자나 네트워크에 의존할 필요가 적어진다. • 시민의 참여가 사라진다.

• 조직의 미션은 성과에 기초한 계약과 일치되게 조정된다. • 사회적 기대와 조직목적의 상이성이 나타난다. • 이익이 창출되지 않으면 조직미션과 연관되는 행동이라도 수행하지 않는다.	• 추가비용이 창출되지 않는 서비스는 제공하지 않는다. • 지역욕구보다는 소비자의 수요를 강조한다. • 서비스전달의 비용에서 홍보와 관리에 대한 강조가 증대한다. • 측정될 수 있는 보상 가능한 서비스제공이 강조된다. • 이익이 발생하지 않는 지역사회를 위한 서비스에는 더 적게 지출한다. • 규모가 큰 서비스 제공기관에 힘이 집중된다. • 이익이 되지 않는 서비스는 제거된다. • 오직 이익이 되는 시장으로만 진입한다.	노력한다. • 이익이 발생하지 않는 옹호(옹호활동이나 행동)프로그램이나 사업은 계획되고 실행되지 않는다. • 옹호를 위한 기관간 협력이나 조정 등과 같은 노력은 이익실현이라는 기회비용상실을 의미한다.	• 지역사회보다는 수입창출을 강조하는 이사들이 모집된다. • 조직상호주의적 네트워크활동이 위협받는다. • 자원봉사자들의 활동이 평가절하된다. • 사회적 자본을 보다 강화하는 것 대신에 최저선 만이 강조된다.

Eikenberry와 Kluver(2004)는 비영리조직의 시장화전략이 가져다주는 부정적인 영향을 이해하는 것이 비영리조직의 행정가에게 있어 매우 중요하다는 것을 강조하였는데 그들에 따르면 특히 아래와 같은 점들을 깊이 인식하고 이해하여야 한다.

첫째, 비록 시장화가 공공 및 비영리조직에게 각각 다르게 나타나지만, 사적시장가치에 대한 강조는 결국 두 조직에 부정적 영향을 가져다 줄 것이라는 점을 비영리조직의 행정가는 인식하여야 한다. 먼저 **공공조직**에게 있어 소비자들의 개별적 이익을 만족시키는 것과 기업가주의에 대한 강조는 참여를 강조하는 민주적 시민정신과는 양립할 수 없으며, 공공이익 실현을 위한 집합적 행동이나 책임성에 대한 강조와도 양립할 수 없다(Box et al., 2001; DeLeon and Denhardt, 2000; Denhardt and Denhardt; 2000; Box, 1999; King and Stivers, 1998). 특히, 시장모델은 사회정의와 형평과 같은 민주주의적 이상이나 사회복지의 가치를 고려하지 않는다(Terry, 1998). 또한 **비영리조직**에게 있어 상업적 이익창출이나 기업가주의, 계약경쟁 등과 같은 시장화경향은 가치인도자, 서비스 제공자 및 옹호자, 사회자본형성가 등과 같은 비영리조직의 시민사회로부터의 역할을 포기하는 것과 같은 것이다.

둘째, 많은 공공학자들은 시민과 공공행정과의 협조적 관계가 합당하고 효과적인 공공행정을 위해 매우 필요하다고 믿는다(Denhardt and Denhardt; 2000; Box, 1998 King and Stivers, 1998; McSwitte, 1997; Stivers, 1994). 학자들은 특히, 시민들에게 공공정책이슈를 다루기 위해 필요한 기술이나 지식을 제공하고 열려 있는 정책결정을 제공하는 것을 강조하여 왔다(Box et al., 2001). 또한 비영리조직은 민주사회를 위한 학교나 실습소로 인식되어 왔는데 이러한 공공조직과 비영리조직의 역할이 시장모델에 의해 위협받고 있다(Alexander, Nank and Stivers, 1999)는 점 역시 비영리조직 행정가들은 깊이 인식하여야 한다.

셋째, 시장화의 영향과 민주주의 안에서 비영리조직의 역할을 이해하는 것 역시 비영리조직의 행정가에게 매우 중요하다. 비영리조직에게 있어 효율적이고 효과적인 서비스전달을 성취하는 것은 중요하지만 이에 못지않게 굳건한 민주사회를 유지하고 창조하는 것 역시 매우 중요하다. 따라서 비영리조직의 행정가는 그런 사회에 대한 기여행동의 능력을 비영리조직이 유지하고 키워나갈 수 있도록 노력하여야 한다. 특히, 조직 사이의 지나친 경쟁을 조장하는 것보다 비영리조직들 사이의 협력과 조정을 위한 노력을 지지하고 유지하도록 하기 위하여 노력하여야 한다. **협력과 조정**은 비영리조직이 보유하여야 하는 강력한 특성이라고 할 수 있다. 비영리조직이 함께 노력하고 행동할 때 시민참여를 촉발시키고 서비스제공과 옹호에 집중할 수 있으며 그들만의 가치를 유지할 수 있으며 그들의 역량은 강화된다(Semel, 2001).

결국, 비영리조직에게 있어 시장화전략은 조직과 조직 사이에 상호지원과 지지를 바탕으로 통합적이고 체계적인 서비스가 제공되는 것을 가로막게 되는데, 이러한 장벽의 가장 중심적인 가치는 바로 협력보다는 경쟁이 중요하다고 하는 시장의 가치라고 할 수 있다. 경쟁은 비영리조직 나아가 시장에서 서비스를 생산 및 공급하는 모든 조직에게 있어 조직생존에 직접적인 영향을 주는 가장 확실한 지표로 비추어지며 협력은 경쟁을 가로막는 또는 경쟁을 위해 불필요한 조직활동이 되어 조직이익창출을 위해 가장 강력하게 제거하여야 하는 표적(target)활동이라고 간주된다.

3. 복지자본주의와 시장: 향후 전망

복지자본주의에서 자원할당을 경제의 부문으로 구분하면 공공부문을 통한 자원할당과 민간영리부문을 통한 자원할당 그리고 제3부문인 비영리부문 및 사회적 경제부문을 통한 자원할당 등으로 크게 삼분됨을 알 수 있으며 재화와 서비스의 교환을 위한 사회적 기구인 시장으로 구분하면 시장은 이윤창출을 위한 판매를 목적으로 재화와 서비스가 교환이 이루어지는 일반적인 시장 즉, 경제적 시장과 이윤창출이 아닌 사회적 생산 및 사회적 재생산 그리고 사회적 배제 및 차별극복과 공동체지향성 등 사회적 목적을 실현하기 위해 재화와 서비스의 교환이 이루어지는 사회적 시장 등으로 구분된다. 또한 시장은 사회적 시장과 경제적 시장의 특징을 살리면서 등장한 경쟁과 형평을 강조하는 준시장과 여러 자원할당을 의한 시장이 혼합된 혼합시장 등으로 구분된다. 이를 표로 나타내면 다음과 같다.

〈표 18〉 복지자본주의 시장 구분

자원할당을 위한 경제부문으로 구분	• 제1부문(공공부문, 정부), 제2부문(민간영리분문, 시장), 제3부문(비영리 및 사회적 경제부문)
재화와 서비스의 교환을 위한 사회적 기구인 시장으로 구분	• 경제적 시장, 준시장, 사회적 시장 그리고 혼합시장

복지자본주이가 발전하면서 시장은 보다 복잡하게 발전하였다. 시장의 가장 고전적인 의미는 자유경쟁시장으로 국민 개개인들은 자유롭게 자신의 능력에 따라 자신이 선호하는 것을 시장에서 선택하고 자신의 욕망이나 만족 나아가 복지를 증진시키는 활동을 수행해 왔다. 하지만 자유의지와는 별개로 경쟁은 시장에 참여한 수많은 사적기업이나 판매자들에게 이익창출과 자본축적을 위한 토대로 작동하여 다양한 재화와 서비스가 지불능력에 따라 선택되어질 수 있도록 하였으며 지불능력에 따른 선택은 결국 시장에 참여하는 이용자들을 선별하고 차별하는 기제로 작동하게 되었다. 시장이 중요한 자원할당을 위한 기제로 작동하리라고 믿었던 초기 고전파경제학자들은 시장의 차별논리에 따라 국민들이 시장으로부터 배제되고 차별받으며 시장에 참여한 판매자들이나 사적 기업들의 이기심과 이익창출을 위한 이기적 활동이 결국 독과점과 정보비대칭 등 수많은 시장의 실

패요인을 가져온다는 것을 인지하게 되었다. 시장이 유일한 자원할당기구로 활동함으로써 시장의 불안정성과 불균형 그리고 시장의 작동원칙에 따라 소외되어 시장에서 지불능력이 없어 자원을 확보하는 것이 불가능한 수많은 국민들을 양산시켰고 이는 곧 경제적 또는 상업적 시장 이외의 자원할당기구로서 제1부문인 정부와 제3부문이 자발적 조직에 뿌리를 둔 비영리조직과 사회경제조직들이 등장하고 발전하는데 영향을 주었다.

복지자본주의 경제체제에서 더 이상 시장(경제적)이 유일한 자원할당기구가 아니며 국민들에게 자원을 배분하고 할당할 새로운 조정양식으로서 정부와 제3부문 조직이 참여하여 사회적 생산 및 공급을 통해 국민들에게 필요한 자원을 배분하는 사회적 시장이 작동하게 되었으며 시장의 장점(경쟁과 선택)을 살리면서 지불능력의 한계를 극복하고 국가재정을 통해 국민들의 소비형평성을 강조하는 준시장이 등장하였다. 복지자본주의에서 국민들에게 필요한 재화와 서비스는 다양한 시장을 통해 생산 및 공급이 이루어진다. 특히, 복지자본주의국가들에게 있어 자원할당은 대부분 혼합시장을 통해 이루어진다고 해도 과언이 아니다. 대부분의 복지자본주의 국가들은 정도의 차이가 있지만 경제적 시장과 사회적 시장이 공존하여 자원을 할당 및 분배하고 있으며 경제적 시장의 단점을 극복하고 국민들에게 공종하고 공평하게 더 적합한 재화와 서비스를 생산 및 공급하기 위하여 준시장과 같은 새로운 자원할당방식을 개발하고 점검하면서 다양한 시장이 혼합된 혼합시장방식으로 자원을 분배 및 할당하기 위해 노력하고 있다.

제 5 절 사회적 시장경제

1. 사회적 시장경제의 개념

자본주의 한 유형 또는 모델로 사회적 시장경제(social market economy)라고도 불리는 사회자본주의(social capitalism) 유형이 등장하였다. 사회적 시장경제와 사회자본주의는 동일한 개념으로 이해되며 자본주의에서 수정된 새로운 사회경제적 배열이나 복지자본주의 사회의 한 모형이라고 할 수 있다. 사회적 시장경제는 자유시장 경쟁체제하에서 국가의 개입을 인정하며 사회통합과 사회복지의 증진을 국가의 중요한 운영목적으로 강조한다. 따라서 자유경쟁시장을 강조하는 자본주의 경제체제 틀 안에서 사회통합 또는 복지의 증진이나 복지국가를 위해 선도적인 역할을 수행하는 경제체제는 바로 사회적 시장경제 또는 이를 구현하는 사회자본주의모델이라고 할 수 있다. 사회적 시장경제는 유럽연합이 추구하는 사회모델(social model)로 강조되기도 하였다(Ebner, 2006)

사전적 정의에 따르면 **사회적 시장경제는 사회자본주의**(social capitalism)외에 **라인자본주의**(Rhine capitalism model)모델과도 동일한 개념으로 이해되며 20세기 중반 독일에서 발전되었다. Müller Armack(1966)은 사회적 시장경제가 사회적으로 관리되는 시장경제라고 강조하였다. 즉, 시장메커니즘이 시장의 실패와 시장의 불안정성으로 사회적 위험을 초래하고 사회통합을 저해함으로 시장경쟁의 효율성은 사회정책을 통해 사회적 균형의 도덕적 가치와 균형을 이루도록 관리되어야 한다는 점이 강조된다(Müller Armack, 1998).

사회적 시장경제는 특히, 자유방임(laissez-faire) 시장경제와는 반대의 개념이며 경제체제제로서의 사회주의와도 완전히 다른 개념이다. 사회적 시장경제는 자유경쟁자본주의 경제체제를 인정하면서 동시에 사회복지정책을 강조한다. 즉, **자본주의 시장 안에서의 공정한 경쟁이 이루어지도록 국가는 시장을 규제하고 복지제공을 통해 복지국가를 발전시키기 위해서 노력하는 사회경제적 모델이 곧 사회적 시장경제이고 사회자본주의**이다. Van Kersbergen(1991)은 사회적 시장경제보다는 사회자본주의라는 용어를 강조하면서 복지자본주이라는 용어와 같이 사회자본주의는 사회개입을 위한 제도적 배열이라고 주장하고 사회자본주의가 특히, 기독교 민주주의(Christian Democracy)에 기초한다고 강조하였다. 그에 따르면 사회자본주의는 사회정책이 일차적 사회적 안전망으로 작동하면서 자본주의 시장의 폐해를 수정 및 보완하는 것을 기본적인 소명으로 한다.

European People's Party(EPP)가 2009년 개최하였던 '세계 사회적 시장경제회의'의 자료에 따르면 사회적 시장경제는 공평한 발전없이 효율성만을 강조한 고전자유주의 그리고 효율성에 대한 고려없이 공평한 발전만을 강조한 사회주의에 대한 대안과 동등한 기회를 가진 시장의 효율성을 결합한 개념이라고 제시하였다(EPP, 2009). 또한 Van Hook(2004)은 사적기업에 대한 규제와 공정경쟁을 위한 국가개입 그리고 저실업과 노동조건개선 및 사회복지와 공공서비스 확대를 위한 사회정책의 결합이 곧 사회적 시장경제라고 제시하였다. Hasse와 동료들(2008) 역시 사회적 시장경제를 "연대와 정의 그리고 자유의 원칙하에 사회적 균형요소를 포함하는 자유시장에 기초한 경제질서"라고 정의하였다. Wrobel(2012)은 사회적 시장경제를 "시장에서의 공정한 경쟁과 복지국가를 설립한 사회정책과 자유시장자본주의경제체제가 결합한 사회경제적 모델"이라고 강조하였다.

〈표 19〉 사회적 시장경제 개념정리

Economics Dictionary. The Economist	자본주의 시장 안에서의 공정한 경쟁이 이루어지도록 국가는 시장을 규제하고 복지제공을 통해 복지국가를 발전시키기 위해서 노력하는 사회경제적 모델
Van Kersbergen (1991)	사회정책이 일차적 사회적 안전망으로 작동하면서 자본주의시장의 폐해를 수정 및 보완하는 것을 기본적인 소명으로 하는 제도적 배열
European People's Party(2009)	사회적 시장경제는 공평한 발전없이 효율성만을 강조한 고전자유주의 및 효율성에 대한 고려없이 공평한 발전만을 강조한 사회주의에 대한 대안과 동등한 기회를 가진 시장의 효율성을 결합한 개념
Van Hook(2004)	사적기업에 대한 규제와 공정경쟁을 위한 국가개입 그리고 저실업과 노동조건개선 및 사회복지와 공공서비스 확대를 위한 사회정책의 결합
Hasse와 동료들(2008)	연대와 정의 그리고 자유의 원칙하에 사회적 균형요소를 포함하는 자유시장에 기초한 경제 질서
Wrobel (2012)	시장에서의 공정한 경쟁과 복지국가를 설립한 사회정책과 자유시장자본주의경제체제가 결합한 사회경제적 모델

사회적 시장경제에서 경제 또는 경제성장은 국민들의 복지증진을 위한 토대로서 기능함으로 국가의 사회정책 활성화를 위해 경제정책은 수단적 역할을 수행한다. 사회적 시장경제는 자유 가격 시스템과 사유재산을 기반으로 하는 자유시장경제이지만, 자유시장 결과로 인한 사회적 불평등을 해결하기 위해 포괄적인 사회복지시스템과 효과적인 공공서비스를 통해 경쟁시장의 폐해를 해소하기 위한 정부의 활동 즉, 사회(복지)정책을 지지한다 (Turner, 2008). 특히, 사회적 시장경제는 **분배주의**와 **질서자유주의**(ordo-liberalism)의 틀 안에서 작동하는데 분배주의는 빈곤 및 사회불평등을 사회정책의 강조를 통해서 국민들에게 혜택 즉, 재화와 서비스를 제공함으로 실현하려고 노력하고 질서자유주의는 시장경제의 질서를 자유주의가치를 통해서 유지하는 것을 의미한다. 질서자유주의는 자유방임주의에 반대되는 개념으로 **기독교 민주주의**(Christian Democracy)에 뿌리를 둔다. 즉, 사회적 시장경제는 자본주의와 사회주의가 갖는 문제점들을 극복하기 위해 중간 지점에서 제3의 방식 또는 제3의 길로서 새로운 자원할당을 위한 방식을 제안한다.

※ 질서자유주의(ordo-liberalism)

질서자유주의는 자유주의의 독일식 유형으로 1930년대에서 1950년대 사이 발전하였다고 알려져 있으며 대표적인 학자로는 독일의 경제학자인 Walter Eucken 등이 있다. 질서자유주의는 국가가 자유시장을 보장하는 것을 강조한다. 이는 곧 국가가 자유시장이 유지되도록 규제를 하는 것을 허락하는 것을 의미함으로 국가의 시장에 대한 개입을 원천적으로 반대하는 자유방임주의와는 그 맥락이 상이함을 알 수 있으며 고전자유주의나 신자유주의와도 상이함을 알 수 있다. 특히, 질서자유주의는 국가가 경쟁시장에 개입하여 적절한 규제를 하지 않게 되면 특정 기업의 독과점형태가 나타나게 되어 시장의 원칙은 깨지게 되고 건강한 경쟁은 작동하지 않게 됨을 강조한다. 따라서 국가는 사장에서 건강한 경쟁이 발생하도록 하는 책임을 갖게 된다(Megay, 1970). 질서자유주의는 만약 독과점이 횡행하게 되면 이는 곧 시장경제뿐만 아니라 좋은 정부를 붕괴시킨다고 강조한다(Massimiliano, 2010). 질서자유주의는 독일에서 2차 세계대전 이후 발전한 사회적 시장경제에 영향을 주었다고 알려져 있다.

※ 기독교 민주주의(Christian Democracy)

기독교민주주의는 정치사상으로서 19세기 유럽에서 카톨릭 사회교리(catholic social teaching, CST)의 영향을 받아 등장하였다. 카톨릭 사회교리는 인간존중과 사회를 위한 공동의 선을 추구한다. 기독교민주주의는 현대 민주주의사상과 인권존중이나 사회정의와 같은 전통적 기독교 가치가 결합된 사상이다(Vervliet, 2009). 특히, 기독교민주주의자들은 경제적으로 시장을 그 자체가 목적이 아니라 보다 광범위한 사회적 목적을 달성하고 사회적 결속을 유지하기 위해 부를 창출하는 수단으로 간주하며 사회적 시장경제를 지지하는 것으로 알려져 있다(Adams, 2001). 기독교 민주주의는 문화, 사회 그리고 도덕적 이슈에 대해서는 중도 우파적 입장을 취하며 경제와 노동, 시민의 권리, 외교정책 그리고 환경에 대해서는 중도 좌파적 성향을 갖는 것으로 알려져 있다(Vervliet, 2009). 또한 기독교 민주주의자들은 자유시장과 질서자유주의의 가치를 주장하기도 한다(van Haute and Close, 2019).

사회적 시장경제라는 용어를 1946년 처음 제시하였던 독일의 경제학자인 Alfred Müller-Armack(1901-1978)은 자유경쟁시장의 개념에 친숙하면서 동시에 중앙에서 통제되는 사회주의경제방식에 대한 대응이 사회적 시장경제라고 강조하였다. 특히 그는 사회적 시장경제가 자유와 정의의 가치를 존중 및 유지하기 하기 위해서 자유시장의 원리에 사회적 균형의 원리를 결합하는 것이라고 주장하였다(Eisel, 2012). 특히, 사회적 시장경제를 강조하는 학자들은 2000년대 중반 세계경제를 위험에 빠트린 금융자본주의의 위기는 곧 높은 세금과 국민의 부채를 증진시키고 이는 곧 복지국가의 복지지출에 대한 삭감을 동반하는데 이는 곧 규제받지 않는 자본주의 때문이며, 규제받지 않은 자본주의는 모든 국민의 부와 경제적 실패를 수반한다고 주장한다. 특히, 규제받지 않은 시장이 곧 금융시장의 붕괴를 야기했다고 강조한다(Loannidis, 2011; Wrobel, 2012; Eisel, 2012).

사회적 시장경제를 강조하는 학자들에 따르면 사회적 시장경제의 정치적 우선순위는 다음과 같다(Eucken, 1982; Esping-Andersen, 1996; Esping-Andersen, 2000; Loannidis, 2011).

첫째, 국민들에게 추가교육에 대한 접근을 보장한다.
둘째, 사회보험시스템을 구축한다.
셋째, 지적재산권과 같은 이슈들을 보장한다.
넷째, 국가들과의 자유무역에 대한 공정한 접근을 보장한다.
다섯째, 국민개개인들이 자발적인 책임감을 형성하도록 하는 메커니즘을 구축한다. 특히, 국민들은 계급에 상관없이 자가 자신을 발전시킬 수 있는 동등한 기회를 보장받는다.

종합하면, **사회적 시장경제는 "단순하게 시장의 한 유형인 사회적 시장을 의미하는 것이 아니라 사회경제체제"**를 의미한다. 한편으로 사회적 시장경제는 신자유주의나 사회주의에는 반대하지만 고전자유주의가 강조한 자유경쟁시장에 대한 고유한 권한을 인정하고 특히 시장이 자원할당을 위한 도구라는 점을 강조한다. 하지만 다른 한편으로는 경쟁시장의 문제점들을 인지하면서 이를 극복하기 위해서는 국가의 시장에 대한 규제가 필요함을 인정하며 시장의 불평등문제 및 국민들이 갖는 복지증진 및 번영을 위해서는 사회복지정책을 강화하여야 한다는 점을 강조하고 이를 위해서 경제적 부의 창출을 강조한다. 따라서 사회적 시장경제는 **"시장에 대한 규제를 기반으로 하여 사회의 부를 분배 및 소비할 수 있도록 기회를 제공하여 모든 국민들의 복지를 증진시키는 것을 목적으로 한다"**고 할 수 있다. 특히, 사회민주주의가 강조하는 바와 같이 사회적 시장경제는 점진적인 방식으로의 사회주의로의 발전을 모색하지 않는다는 특징을 갖는다.

2. 사회적 시장경제의 작동원리

사회적 시장경제는 앵글로-섹슨 자본주의모델과 사회민주주의(Social Democracy)의 성공적 결합이라고도 불린다. 사회적 시장경제의 주요 작동원리는 기본적으로 **경제적 자유와 사회보장**을 기본 축으로 한다. 따라서 국가는 높은 경제성장, 낮은 실업, 낮은 인플레이션, 좋은 노동조건과 사회복지와 공공서비스의 균형을 유지하기 위해 노력한다. 사회적 시장경제의 작동원리는 다음과 같다.

첫째, 사회적 시장경제는 사적소유권, 자유로운 무역, 자유로운 가격결정 및 재화의 교환과 같은 자유경쟁시장의 요소들을 지지한다. 또한 사회적 시장경제에서 사적기업에 대한 규제와 공정한 경쟁을 위한 국가의 개입은 시장작동의 기본적인 중심원리이다. 특히, 사회적 시장경제는 주요한 작동원리로 유연한 가격시스템(flexible price system)을 강조한다. 자본주의사회에서 희소한 자원의 할당은 유연한 가격시스템을 통해서 이루어져야 하며 이를 위해서는 반드시 자유경쟁이 필요하다고 주장한다(Wrobel, 2008, 2012). 유연한 가격시스템은 수출이나 가격에 대한 제한, 독점 등을 제한하는 것을 포함한다.

둘째, 사회적 시장경제는 자유시장경제를 지지하지만 국가의 역할은 수동적이지 않으며 적극적으로 규제정책을 수행한다. 특히, 연금보험, 건강보험, 실업보험과 같은 사회보장정책을 주요한 작동요소로 강조한다. 사회보험기여금은 국가와 개인 그리고 기업주가 공동으로 부담한다. 특히, 사회보장정책에는 고용, 주택정책을 포함하여 부의 불평등문제를 해결하기 위한 소득분배정책이 포함된다. 이러한 사회복지정책들은 사회적 시장경제에서는 곧 자유시장경제가 야기하는 문제에 대한 해결책을 의미한다. 특히, 사회적 시장경제는 모든 사람을 위한 복지를 강조하는데 이는 부와 소득의 공정한 분배를 통해서 가능하다고 믿는다(Wrobel, 2008, 2012).

결국, 사회적 시장경제는 자유경쟁시장을 선호하지만 자유경쟁시장이 독과점과 같은 시장실패요인에 의해서 영향을 받으며 또한 분배문제 등과 같은 불평등문제를 야기함으로 이를 극복하기 위해서는 국가의 시장에 대한 개입과 사회복지정책을 통한 국민복지증진 향상을 동시에 추진하는 것이 중요함을 강조한다. 특히 국가의 경제정책은 국민의 욕구해결 및 복지증진을 위해 작동하여야 한다고 주장한다. EPP(2009)는 사회적 시장경제의 중심축을 다음과 같이 제시하였다.

첫째, 개인적 자유, 개인적 책임, 사적인 자율성 그리고 다른 한편으로는 강력한 시민사회에 스며든 힘 있는 이익집단과 국가

둘째, 경쟁이 자유로운 시장, 생산수단의 사적 소유, 자유로운 가격결정, 계약의 자유와 사적 책임, 독점 및 힘의 남용에 대한 통제, 자유로운 국제무역, 화폐안전성. 자유시장은 오로지 법적 규정과 같은 공동의 규정이 명확히 지켜지는 것을 의미

셋째, 연대, 인간존엄, 상호호혜와 지속가능성의 원칙하에 사회정의 및 사회평화를 위한 사회정책 강조

넷째, 미래 인류의 조화로운 발전을 위해 공동이 유산으로 신뢰를 유지하고 발전시키는 것을 강조

결국, 사회적 시장경제의 작동원리를 그림으로 나타내면 다음과 같다.

[그림 32] 사회적 시장경제의 작동원리

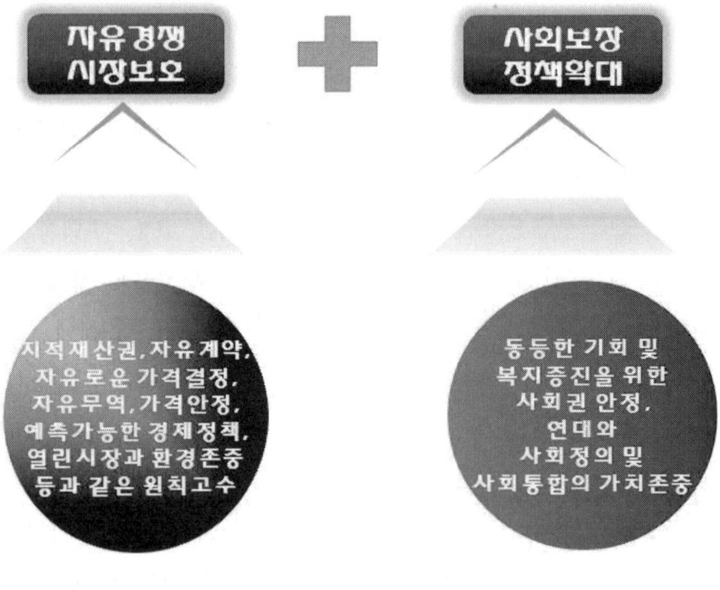

3. 사회적 시장과 사회적 시장경제

사회적 시장과 사회적 시장경제는 상이한 개념이다. 즉, **사회적 시장은 시장의 한 유형**을 나타내는 개념이며 **사회적 시장경제는 보다 거시적으로 사회모델 또는 사회경제체제**를 나타냄으로 사회자본주의라고도 불린다. 본 연구에서는 시장을 크게 일반적인 시장으로 경제적 시장과 공공재나 사회재가 교환이 이루어지는 것을 강조하는 사회적 시장으로 구분하여 제시하였다. 경제적 시장이든 사회적 시장이든 시장은 곧 재화와 서비스가 교환이 이루어지는 수단이라는 점에서는 동일한 의미이지만 경제적 시장에서는 개인적 부의 창출이 이루어지지만 사회적 시장에서는 공평한 분배문제의 해결을 통한 사회복지의 증진이 강조된다. 따라서 **분배주의가 강조되는 사회적 시장경제는 사회적 시장에 기초**한다고도 할 수 있지만 사회적 시장경제가 곧 사회적 시장을 의미하는 것은 아니라고 할 수 있다. 따라서 자원할당의 도구로서 사회적 시장이 잘 구축되어 있으면 당연히 경제체제로서 사회적 시장경제가 발전하게 된다.

4. 사회적 시장경제의 현황

사회적 시장경제는 주로 유럽 국가들에서 적용되는 자본주의모델이다. 유럽 국가들이 어느 정도 사회적 시장경제를 활용하는지에 대한 연구들을 보면 현재 사회적 시장경제가 가장 활발히 운용되는 국가는 전통적인 선진복지국가라고 할 수 있는 스웨덴과 덴마크 등이다. Davidescu(2017)는 유럽연합 28개 국가를 대상으로 사회적 시장경제의 수준(또는 정도)을 확인하기 위한 양적연구를 진행하였다. 이 연구에서 사회적 시장경제를 나타내는 자료는 총 15개 사회지표로서 이 지표를 크게 4개로 구분(효율적 시장할당, 효율적 재산권, 경제 및 생태적 지속가능성 그리고 사회포용)하여 조사하였다. 아래의 그림은 Davidescu가 제시한 유럽국가들의 사회적 시장경제의 수준을 나타낸다. 사회적 시장경제 지수가 0-40점은 미약한 수준, 40-70점은 중간정도 수준 그리고 70-100점은 높은 수준으로 점수가 높을수록 사회적 시장경제가 발전한 국가를 나타낸다. 이 연구결과에 따르면 유럽연합 28개 국가의 사회적 시장경제의 수준은 51.78인 것으로 나타났으며 사회적 시장경제가 가장 활발한 국가는 아일랜드, 독일, 에스토니아, 덴마크, 핀란드 그리고 스웨덴인 것으로 나타났다.

[그림 33] 유럽 28개 국가의 사회적 시장경제 수준 비교

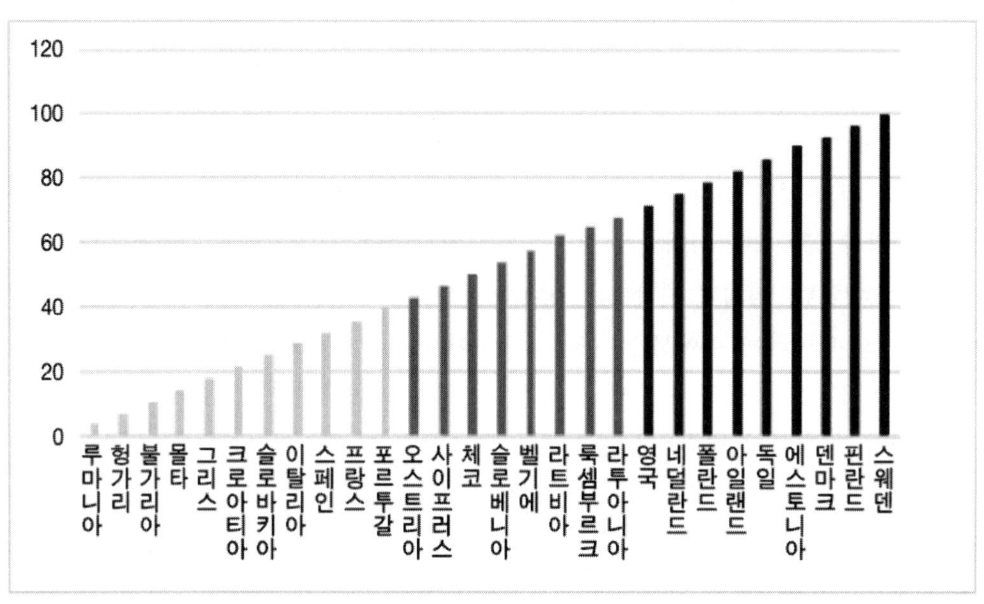

* 자료: Davidescu(2017)을 참고하여 재작성

이외 Helfer(2015)는 정치적 제도 평등, 경제적 제도 평등 그리고 사회적 제도 평등 등 3개의 영역으로 구성된 사회적 시장경제지수를 개발하여 유럽국가들의 사회적 시장경제에 수준을 측정하였는데 이 연구에 따르면 역시 스칸디나비아국가들이 사회적 시장경제지수가 가장 높은 것으로 나타났다. 또한 Van Suntum과 동료들(2012a, 2012b)은 총 44개의 사회지표를 활용하여 OECD국가들의 사회적 시장경제수준을 측정하였으며 이 연구에서도 스웨덴이 가장 높은 사회적 시장경제를 유지하고 있는 것으로 나타났고 Shupe(2012, 2013) 역시 EU국가들을 대상으로 사회적 시장경제수준을 측정하였는데 이 연구에서는 스웨덴, 독일, 네덜란드 그리고 영국의 사회적 시장경제수준이 가장 높은 것으로 나타났다. 노르딕자본주의국가들이 사회적 경제지수가 높은 것은 이들 국가들에게서 시장에 대한 국가개입과 평등 및 사회포용 등에 대한 제도나 정책들이 발전한 당연한 결과라고 보여진다.

제 6 절 사회적 시장경제와 복지자본주의

1. 사회적 시장경제와 사회복지

사회적 시장경제가 사회통합 및 사회복지정책을 강조한다는 점은 복지자본주의체제에서 주목할 만하다. 특히, 국민복지증진 및 사회번영을 위해서 경제가 노력하여야 한다는 것을 강조하였다는 점은 복지를 경제에 종속시키는 경제적 사고에 대한 반대적 사고라고 할 수 있다. 사회적 시장경제가 강조하는 사회복지정책은 불평등을 해소하기 위한 다양한 정책들을 포괄함으로 포괄적 복지정책을 시행하는 것을 선호한다고 볼 수 있다. 즉, 사회적 시장경제에서 사회복지정책은 불평등해소를 통한 사회통합이나 사회포용을 위해 활용된다. 따라서 연금이나 건강 그리고 실업보험과 같은 강제적 사회보험은 사회적 안전망으로서 필수적인 제도이며 소득보장을 위한 공공부조제도나 가족수당 등과 같은 각종 수당제도 등도 국민의 복지증진향상을 위한 필수적인 제도들이다. 이러한 제도들을 통한 소득재분배는 분배주의에 입각한 사회적 시장경제의 가장 강력한 정책적 대안이다. 특히, 노인, 장애인 그리고 실업자 등과 같은 자유시장에 참여할 수 없는 국민들의 시장참여를 보장하기 위한 사회복지 및 공공서비스를 제공하는 것은 사회적 시장경제가 강조하는 기본적인 사회보장정책이다. 또한 개인적 역량강화와 이를 통한 경쟁력은 고용창출을 유도한다는 것이 사회적 시장경제가 강조하는 노동정책이다. 하지만 사회적 시장경제는 국민들의 보편적 사회서비스에 대한 욕구분출, 중독과 정신건강 등 사회문제의 다양성과 복잡성에 대한 대응 그리고 한가족, 다문화, 고령화와 저출산이라는 신사회적 위험에 대한 적극적 복지정책에는 미흡한 측면을 가진다.

2. 사회적 시장경제와 복지자본주의

사회적 시장경제는 사회경제적 모델 또는 사회경제체제로서 복지자본주의의 한 유형이라고 할 수 있다. 즉, 자본주의모델을 앵글로-색슨모델, 노르딕모델 그리고 라인자본주의모델 등으로 구분하면 사회적 시장경제는 라인자본주의모델에 속한다. **라인자본주의모델과 노르딕모델과의 차이점은 라인자본주의모델이 사회보장시스템의 확충과 사회적 시장경제를**

강조하여 공정경쟁을 위한 국가의 시장개입을 적극적으로 지지한다는 점이고 노르딕모델은 사회민주주의이념을 바탕으로 보편적 복지와 노사간의 협력과 타협을 보다 강조한다는 점이며 동일한 점은 두 모델이 사회보장정책을 강조한다는 점이다. 앵글로-색슨 모델과의 차이점은 라인자본주의모델이 국가의 시장개입과 복지정책을 중요한 정책적 일순위로 강조한다는 점이다.

사회적 시장경제(라인모델)와 노르딕모델이 사회의 복지와 번영 그리고 국민들의 복지를 보다 강조한다는 측면에서 사회복지정책의 발전을 가져다주는 자본주의모델인 것은 확실하다. 특히, 스웨덴이나 스위스, 프랑스, 독일 등과 같은 국가들에서 사회적 시장경제가 발전한 것을 보면 알 수 있다. 즉, 사회적 시장경제는 복지를 통한 자본주의강화모델이라고 할 수 있다. 노르딕국가들이 갖는 사회경제 그리고 문화적 특성을 고려하여 구분되는 **노르딕모델은 사회적 시장경제의 비율이 높음으로 스웨덴과 같이 노르딕국가이면서 동시에 라인모델에 포함되는 국가들이 존재한다.**

유럽연합은 2000년 3월 포르투갈 리스본에서 회의를 통해 **리스본전략**(Lisbon strategy)을 발표하였는데 이 협약에서는 사회적 시장경제를 유럽 국가들이 발전할 수 있는 가능한 사회모델(social model)로서 인정하고 이를 강조하였다(Felice, 2015).

3. 사회적 시장경제의 한계

사회적 시장경제는 복지자본주의의 다양한 모델 중에서 사회(복지)정책을 보다 강화하면서 지본주의경제를 발전시키는 사회경제모델이지만 여러 한계들을 내포한다. 특히, 자유경쟁시장이 작동하도록 공정한 경쟁을 위한 국가개입을 강조함으로 사회적 시장경제에 대한 비판은 주로 자유경쟁시장에 대한 지지와 관련되어 있다. 자유경쟁시장과 사회통합의 가치가 과연 공존할 수 있는가는 사회적 시장경제가 해결하여야 하는 가장 핵심적인 논쟁점이다. 사회적 시장경제가 가지는 한계는 다음과 같이 정리될 수 있다.

첫째, 사회적 시장경제는 자유경쟁시장의 논리를 인정하며 이에 대해 연대와 형평 등을 통해 극복하려는 자유시장에 기초한 경제질서라고 할 수 있다. 따라서 사회적 시장경제의 주요한 문제점은 자유경쟁시장이 갖는 문제점 및 이를 극복하기 위한 사회구조적인 측면의 대안들이 분석되고 제시되지 못한다는 점을 우선적으로 지적 할 수 있다. 시장의 불안정성 및 불평등성은 자본주의경제체제가 갖는 고유한 문제점이다. 시장의 실패는 자유로운 경쟁이 부족하여 오는 것이 아니라 오히려 과도한 자유경쟁이 시장의 실패를 부추긴다. 시장의 실패는 일부 기업의 독과점행태 때문에 오는 것만이 아니다. 자본의 집적과 집중은 자본축적의 논리를 설명해 주는데 이는 곧 더 많은 자본은 더 많은 이익을 추구하게 되고 이는 곧 수확체증의 법칙으로 자본이 자본을 낳는 결과를 초래하게 됨을 설명한다. 따라서 자본의 논리가 강화되면 사람의 논리는 줄어들게 되고 결국 사람은 자본이 판을 치는 지불능력이 강조되는 시장에서 점점 소외되는 현상이 줄어들지 않게 된다. 이는 곧 시장의 문제를 극복하기 위한 사람 중심의 경제체제가 필요함을 나타내준다. 날로 심각해지는 빈곤, 실업 그리고 소득양극화 등과 같은 사회경제적 불평등의 원인은 바로 시장이라는 점은 자본주의경제체제가 갖는 약점으로 시장의 문제점을 근본적으로 극복하기 위해서는 시장 이외의 자원할당기구로서 정부나 비영리 및 사회경제조직과 같은 제3부문의 역할이 중요하지만 사회적 시장경제를 강조하는 학자들의 주장에서는 정부의 자원할당 및 제3부문의 자원할당에 대한 적절한 대안 제시가 부족하다. 아무리 발전한 자본주의국가라고 해도 시장이 유일한 자원할당기구로 작동하는 것은 아니라는 점은 명확하다.

둘째, 사회적 시장경제는 사회경제적 불평등을 인정하고 이를 극복하기 위한 대안으로 사회복지정책을 강조하고 사회적 가치로서 기회의 평등과 연대 그리고 사회정의를 주장하지만 불평등 및 연대와 사회정의에 가장 강력한 부정적 요인은 바로 과도한 경쟁이라는 점을 무시한다. 기회가 평등하다고 결과가 평등한 것은 아니다. 인간은 기본적으로 개별적 특성이 다르며 주어진 조건이나 환경 역시 상이하다. 부의 대물림이나 능력의 한계는 기울어진 운동장에서 경기를 하는 운동선수와 같은 결과를 가져다주며 아무리 경쟁을 통해 자원을 확보하고 싶어도 모든 사람이 동일한 결과를 가질 수 없음으로 사람마다 상이한 결과를 가져다준다. 따라서 불평등을 가져다주는 사회구조적인 문제를 해결하지 못한다면 사회보장정책은 불평등의 원인을 해결하는 정책이 아님으로 불평등은 지속적으로 확대될 것이며 이는 곧 계급 간, 계층 간 갈등을 일으켜 사회통합이나 포용에 걸림돌로 작동할 것임은 명확하다.

셋째, 사회적 시장경제는 자유경쟁시장으로의 참여를 중요한 어젠다로 설정하여 자유경쟁시장이 작동하도록 국가가 규제를 하고 자유경쟁시장에 참여하지 못하는 사람들에 대한 사회보장정책을 강화함으로 분배문제는 해결될 수 있고 국민들의 복지는 증진된다고 바라본다. 즉, 사회적 시장경제를 강조하는 학자들은 사회문제를 자유경쟁시장의 오작동과 이에 따라 수반되는 경제적 불평등 문제 등으로 좁게 바라본다는 한계를 갖는다. 자본주의가 발전하면서 사회문제 역시 복잡하고 다양하게 발전하고 있다. 과거에는 빈곤과 실업 그리고 연금과 같은 소득보장이나 건강문제 등이 대표적인 사회문제였지만 현재에는 위의 문제들을 포함하여 아동, 노인 및 장애인 등에 대한 가족돌봄문제를 포함한 사회서비스에 대한 욕구분출, 급증하는 중독과 자살 및 정신건강문제, 성평등문제, 가족구성변화에 따른 한부모가정과 다문화가정문제, 이민자 및 이주노동자문제 그리고 고령화와 저출산 문제 등 사회문제가 급변하고 있음으로 사회적 시장경제는 사회문제를 확대재생산하는 자본주의시장경제의 구조적 문제를 해결할 수 있는 구체적인 방안을 모색할 필요가 있다.

제 8 장

복지자본주의 사회복지 재화와 서비스의 유형 및 성격

국가에 의해서 제공되는 복지혜택(또는 급여, benefits)은 크게 현금, 현물 그리고 (전문적)서비스로 구분된다. 복지혜택 중 현금은 사회적 임금으로서 소득과 같은 역할을 하며 현물과 서비스는 곧 복지자본주의 생산체제에서 교환을 위한 재화(goods)와 서비스를 의미함으로 이에 대한 성격을 규명하고 이해하는 것은 중요하다. 현금을 제외하고 복지자본주의국가에서 제공하는 사회복지 재화와 서비스는 공공재인가? 아니면 사회재(또는 가치재)인가? 복지자본주의에서는 재화와 서비스의 생산 및 분배가 경제의 제2부문인 시장과 제1부문인 정부 그리고 제3부문인 비영리 및 사회경제조직에 의해서 혼합적인 방식으로 이루어진다. 특히, 복지자본주의에서의 재화와 서비스는 복지정책의 발전으로 인한 사회복지 재화와 서비스 제공의 확대로 공공부문뿐만 아니라 제3부문에서도 다양한 사회복지 재화와 서비스가 제공됨으로 사회재의 발전이 급속도로 이루어진다는 특징이 있다. 사회복지 재화와 서비스는 대부분 공공재로서 또는 사회재로서 제공되는 것이 일반적이며 일부 시장을 통한 제2부문에서의 사적재로의 제공도 이루어지고 있다. 따라서 복지자본주의에서 생산 및 소비 또는 분배되는 사회복지 재화와 서비스의 성격을 이해하는 것도 복지자본주의 작동 및 원리를 이해하는데 도움이 된다.

제 1 절 사회복지 재화와 서비스의 공공재적 성격

1. 공공재의 개념 및 유형

공공재(Public goods)는 공공의 이익 실현을 위해 정부가 제공하는 재화와 서비스를 총칭하며 일반적으로 배제하지 않고 경쟁하지 않는 재화를 의미한다. 공공재는 또한 사회적 목적 실현을 추구함으로 사회재(social goods)이면서 동시에 국민에게 제공되어 집합적으로 소비됨으로 집합재(collective goods)라고도 불린다(Oakland, 1987; 지은구 외, 2005; 지은구·김은정, 2010). 가장 대표적으로 공공재를 설명할 때 등장하는 것이 도로나 등대이다. 등대는 모든 어선들에게 도움을 주며 서비스를 받기 위해 경쟁을 하지 않고 배제하지도 않으면서 안전하게 해안에 접근하도록 돕는 역할을 한다. 특정 사람이 다른 사람의 접근을 제한다든지(배제성) 또는 한 사람이 다 가지고 다른 사람이 사용할 수 있는 이용도를 줄어들게 하면(경쟁) 이는 곧 순수한 의미에서 공공재라고 할 수 없다.

McNutt(1996)은 공공재가 비배제적이고 비경쟁적이면서 동시에 사적 소유가 인정되지 않는 재화적 성격을 갖는다고 강조하였다.[38] 예를 들어, 사회복지법인 소유의 땅에 국가에 의해 설립된 요양원은 공공재로서 사적소유권이 인정되지 않는다. Kallhoff(2011)은 공공재를 기본적으로 활용할 수 있는 조건(기본 활용성)과 열려있는 접근 조건을 만족시키는 재화라고 정의하였다. 여기서 기본 활용성이란 비경쟁성을 의미하며 언제든지 사람들이 같은 유형 및 같은 양의 재화를 활용 가능하여야 한다는 조건을 나타내고 열려있는 접근조건은 곧 비배제성을 의미하는데 이는 재화에 대한 접근을 규제하는 진입장벽이 타인을 배제하지 않거나 잠재적 수혜자의 기준을 구속하지 않는 것을 나타낸다.

새뮤얼슨(Samuelson, 1954)은 공공재가 "한 사람의 소비가 다른 사람들의 소비에 영향을 주지 않으면서 공동에게 즐거움을 주는 재화"라고 정의하여 공공재의 **집합적 소비재화**의 의미를 강조하였다. 따라서 공공재는 **집합적-소비재**(collective consumption goods)라고도 불린다. 비경쟁은 곧 공공재의 집합적 소비의 성격을 나타내주는 개념으로 공공재는 한 사람이 소비를 하여도 다른 사람이 추가적인 비용없이 추가적인 소비를 할 수 있는 재화라는 것을 나타낸다(Holcombe, 1997). 또한 공공재가 **사회재**의 의미를 갖는 이유는 바로 공공재가 개인적인 이익(사적 이익)을 추구하는 것이 아니라 공공의 이익을 추구한다는 성격에 기인한다. 사전적 의미에서 공공(Public)이란 "공동체(community)와 관련이 있는 또는 공동체에게 봉사하는" 이라는 의미를 갖음으로 공공

---

38) McNutt(1996)은 공공재와 사적재를 구별하는 기준으로 첫째, 사적재는 소비에 있어 경쟁적이고 배제적인 두 측면을 모두 충족 시켜야 하며 둘째, 사적재는 소유권이 인정되고 공공재는 소유권이 인정되지 않는다는 점을 강조하여 소유권의 유무를 재화의 성격을 구분 짓는 기준으로 제시하였다. 자본주의 시장경쟁체제에서 공공재는 특히 소유권 또는 재산권(property rights)을 인정하지 않는 것을 특징으로 한다. 따라서 소유권이 인정된다 함은 공공재와 사적재를 구분할 수 있는 가장 큰 구별점이 될 수 있다. 결국, 사유권이 인정되지 않는 재화와 서비스는 모두 공공재의 성격을 띠는 재화나 서비스로 분류할 수 있는데 특히 McNutt은 소유권이 인정되지 않는 정부로부터 제공되는 공공재는 비경쟁적인 그리고 비배제적인 두 성격 중에 한 쪽만을 충족시킨다면 공공재로서 구분할 수 있음을 강조하였다. 결론적으로 McNutt의 입장에서 보면 공공재와 사적재의 가장 큰 차이점은 소유권의 유무이며 그리고 사적재는 누구든 지불할 능력이 있는 사람에게만 판매되기 때문에 배제적이고 사적재가 가격체계의 영향을 받아 경쟁적이라는 점이 특징이라고 할 수 있다(지은구 외, 2010).

재는 개인의 사적 이익을 추구하는 사적재와 달리 공공의 이익을 위해 제공되는 재화는 곧 공공재의 성격을 갖는다고 할 수 있다(Holcombe, 1997).

결국, 공공재가 집합재 그리고 사회재라고 불리는 이유는 공공재가 개별구성원이 아닌 사회구성원 전체의 이익을 위해 그리고 집합구성원 전체에게 즐거움 및 도움이 되는 재화와 서비스를 제공한다는 측면 때문이다. 공공재는 또한 **가치재**(merit goods 또는 value goods)의 성격 역시 포함한다. 공공재가 가치재적 성격을 띠는 것은 공공재가 공동의 가치, 공익의 가치 그리고 사회의 가치를 성취하기 위해 제공되는 재화와 서비스의 성격 때문이다. 하지만 공공재가 바로 사회재와 동일한 것이 아님으로 이에 대한 구별 역시 중요하다. 즉, 공공재가 사회재에 포함되지만 모든 사회재가 공공재인 것은 아니다. 즉, 공공재의 제공 주체가 공공 또는 정부가 된다면 제3부문인 비영리조직에서 제공하는 재화와 서비스는 사회적 목적을 위해 제공되며 많은 사람들에게 즐거움을 주는 재화이지만 국가가 제공하는 재화는 아니기 때문에 공공재라고 할 수 없으며 사회재라고 분류하는 것이 적절하다.

종합하면, 사회재는 제공 주체가 정부가 아니며 정부를 포함한 제3부문의 조직 역시 제공 주체라는 점에서 다르고 사회가 추구하는 올바른 방향 즉, 사회적 목적이나 사회적 가치를 지향한다는 점에서 제공목적 역시 공공재보다는 폭넓게 해석될 수 있다는 점에서 다르다. 예를 들어 등대나 도로는 많은 사람들이 필요한 그리고 공동에게 도움을 주는 정부에 의해서 제공되는 공공재이지만 연대, 평등, 집합주의나 공동체, 사회정의 등과 같은 사회가 추구하는 사회적 가치나 목적의 성취여부와는 관계가 적음으로 단순히 사회재라고 구분하는 것은 어렵다고 할 수 있다. 하지만 정부에 의해서 제공되는 사회서비스 중 돌봄서비스(지자체가 운영하는 공립요양원 등)는 국민들의 삶의 질 개선이나 노인복지의 향상 등 사회적 목적을 추구함으로 사회재이다. 이러한 구분은 공공재가 자본주의가 발전하고 복지자본주의가 도래하면서 다양한 유형으로 분화·발전하였음을 나타내준다.

복지자본주의가 발전하면서 공공재의 유형도 다양화되었다. 현재는 공공재가 경쟁하면서 배제도 하지만 공공재인 경우도 존재하여 매우 다양한 유형으로 분화·발전하였다. 따라서 비경쟁과 비배제가 곧 공공재의 유일한 기준이라고는 할 수 없다. 즉, 비경쟁과 비배제를 유지하는 공공재는 **'순수공공재'**라고 불리며 일반적으로 **국가공공재**가 해당된다. 국가공공재는 순수공공재이면서 특정한 국가에서만 활용된다. 경쟁과 배제라는 두 기준이 지켜지지 않지만 공공재인 경우를 **'비순수공공재'**라고 한다. 예를 들어 경쟁은 있지만 배제는 하지 않는 공공재를 **공동재**라고 하고 경쟁은 없지만 배제를 하는 공공재는 **지역공공**

재라고도 하며 특정회원에게만 서비스가 제공되는 공공재를 요금재(tool goods) 또는 **클럽공공재**라고도 한다. 이외에 공공재는 여권이나 국제적으로 유용한 지식을 의미하는 **국제공공재**, 많은 사람들이 동시에 이용하는 **혼잡공공재**와 공공재와 사적재의 기능을 동시에 갖는 **혼합공공재** 등이 있다. 무료고속도로는 경쟁과 배제가 없지만 국가공휴일 같은 특정 연휴에는 이용하는 사람이 많음으로 아침 일찍 이용하려고 경쟁하게 되고 너무 많은 차량이 동시에 진입하지 못하도록 배제하기도 하는 혼잡공공재이다. 공영방송은 분명한 공공재이지만 공영방송에 광고를 하고자 하는 광고주들은 좋은 시간에 광고를 위해 경쟁하고 상업방송(광고)을 통해 이익을 추구하며 우리나라의 경우는 방송을 시청하기 위해 시청료를 지불함으로 배제도 존재하는 혼합공공재적 성격을 갖는다.

현대사회에서 다양한 공공재의 출현은 공공재의 유형을 지속적으로 확대하였다고 할 수 있다. 특히 비순수공공재의 출현은 공공재가 배제나 경쟁을 동시에 충족시킬 수도 있지만 두 기준을 모두 다 충족시킬 수 없음을 나타내기도 한다. 우리나라의 고속도로는 국민들의 편의를 위하여 국가의 재정이 투입되어 설립되었지만 요금을 부과하여 배제적 성격을 띠는 동시에 출퇴근시간이나 명절 때는 진입이 제한되는 경쟁적 성격을 띠고 있는 대표적인 요금재이면서 혼잡공공재로서 원하면 누구든지 사용할 수 있는 공공재라고 할 수 없다. 또한 바다에 있는 고기는 누구나 잡을 수 있음으로 배제하지는 않지만 누구는 잘 잡고 누구는 못 잡을 수 있고 누군가 주변 고기를 다 잡아버리면 누구는 적게 잡을 수밖에 없음으로 경쟁이 발생한다. 이러한 공공재는 공동재(common goods)라고도 한다.[39] 결국 공공재는 공공부문을 통해서 제공되는 재화와 서비스로서 공공재의 구분은 경쟁과 배제라는 두 기준이 어느 정도 재화의 성격에 반영되어 있는가의 반영 정도(degree)가 중요하다고 할 수 있다(지은구 외, 2005).

공공재를 구별짓는 기준으로서 배제와 경쟁이 절대적 기준이 될 수 없지만 모든 공공재는 공동의 또는 집단의 모든 사람이 즐길 수 있는 재화와 서비스라고 할 수 있음으로 **"집단 또는 공동의 구성원들에게 도움을 주며 이익을 가져다주는가?"는 곧 공공재와 사적재의 중요한 구별점**이 될 수 있으며 여기에 부수적으로 비경쟁과 비배제의 기준을 상황에 맞게 적용하는 것이 중요하다.

경제의 제1부문인 정부는 시장으로부터 배제된 또는 국민들을 위해 반드시 필요한 재화를 비경쟁과 비배제의 기준을 선택적으로 적용하면서 국민들에게 집합적으로 제공하는

---

39) 보다 자세한 공공재에 대한 논의는 지은구 외. 2010. 사회복지서비스와 이용자재정지원방식(나눔의 집)을 참조하길 바람.

역할을 함으로 공공재를 정의함에 있어 정부가 제공하는 재화를 공공재로 좁게 해석할 수도 있지만 정부가 제공하는가 즉, 제공주체가 누군가가 중요하다기 보다 시적 이익을 취하지 않으면서 집합적 소비가 이루어지고 공공의 이익을 위해 제공된다고 한다면 공공재의 범위에 포함된다고 넓게 해석하는 것이 올바른 해석이라고 할 수 있다.

2. 공공재로서의 사회복지 재화와 서비스

자원할당을 책임지는 제1부문인 국가(정부)로부터 제공되는 모든 사회복지관련 혜택은 국민생활의 안정과 복지증진이라는 공공가치의 실현이나 공공의 이익을 목적으로 제공된다는 측면에서 공공재라고 할 수 있다. 즉, 모든 **사회복지혜택 즉, 사회복지 재화와 서비스가 공공재인 것은 아니지만 국가에 의해서 개발되고 제공되는 사회복지 재화와 서비스는 공통의 가치실현이나 국민들을 대상으로 하는 집합적 제공(collective provision)이라는 특성을 나타냄으로 공공재적 성격을 나타내는 재화와 서비스**라고 할 수 있다. 따라서 정부(공공부문)가 국민들의 삶의 안정과 사회문제에 대응하기 위하여 국민들을 위해 공공서비스의 일환으로 사회복지서비스를 제공하는 경우 사회복지서비스는 당연히 공공서비스의 기능 즉, 공공재의 역할을 수행한다.

사회복지 재화와 서비스의 공공재적 성격을 구분하면 우리나라에서 제공되는 기초연금과 각종 사회서비스 등 소득·자산조사를 통해 서비스가 제공되는 재화는 모두 클럽공공재적 성격을 갖는다. 국민연금이나 건강보험과 같이 소득·자산에 따른 기여금의 여부에 의해서 서비스가 제공되는 경우도 클럽공공재라고 할 수 있다. 하지만 모든 국민이 아니고 특정 지역의 국민들에게만 혜택이 제공되는 출산장려금과 같은 서비스인 경우는 지역공공재적 성격을 갖으며 모든 국민들에게 보편적으로 기본적인 생활을 영위할 수 있도록 일정한 소득을 제공하는 기본소득의 경우는 국가공공재적 성격의 서비스이다. 우리나라의 경우 8세 미만의 모든 아동들에게 보편적으로 제공되는 아동수당 그리고 65세 이상에게 제공되는 교통복지적 차원의 노인지하철무임서비스 등은 대표적인 국가공공재적 성격을 갖는 서비스이다. 기초연금의 경우 65세 이상의 모든 노인이 혜택을 받는 서비스가 아니고 소득자산조사에 의해 수급자격이 정해짐으로 배제성을 띤 클럽공공재적 성격을 갖으며 장애수당 역시 국민기초생활보장 수급자와 차상위계층 중 중증장애인이 아닌 경우에 지원을 받아 배제성을 갖는 클럽공공재라고 할 수 있다. 중증장애인에게 지급되는 장애인연금 역시 소득인정액 기준을 적용함으로 클럽공공재적 성격을 갖는다. 사회서비스의 경우는 지자체가 직접 기획하고 제공하는 경우는 지역공공재적 성격을 갖으며 소득·자산조사를 통해 수급자격 및 본인부담비용이 결정되는 서비스인 지역사회서비스투자사업, 산모·신생아건강관리지원사업 등은 배제성을 가진 클럽공공재라고 할 수 있다. 또한 등급에 따라 서비스의 유형이 결정되는 노인장기요양보험제도의 장기요양서비스 역시 클럽공공재적 성격을 갖는다.

〈표 20〉 공공재의 유형과 사회복지 재화와 서비스

		경쟁	배제	예	사회복지재화와 서비스의 예
순수공공재		X	X	등대, 도로	
공동재		O	X	바다에 있는 고기	
국가공공재		X	X	경찰, 국방	기본소득(basic income), 아동수당
국제공공재		X	X	여권, (국제적으로 유용한)지식	
지역공공재		X	O	라디오지역방송 (대구방송 등)	지자체별로 기획되고 제공되는 출산장려금, 청년수당, 사회서비스 등
비순수공공재	클럽공공재 (또는 요금재)	X	O	자격이 있는 회원에게만 제공되는 것	생계급여, 기초연금(65세이상 노인) 국민연금, 장애인연금, 건강보험, 산재보험, 실업급여, 장애수당, 근로장려금 요양돌봄서비스, 보육서비스 노인일자리사업(사회참여활동사업) 지역사회서비스투자사업 등 각종 사회서비스
	혼잡공공재 (congestive)	O/X	O/X	무료고속도로	무료독감예방주사
	혼합공공재 (mixed)	O/X	O/X	상업광고를 하는 공영방송(KBS 등)	

자료: 지은구·김은정, 2010. p. 32, 표 2-2에서 재수정

통상, 공공재는 공공서비스가 대표적이지만 사회문제에 대한 대응 그리고 복지증진과 국민들의 삶의 질 향상을 위해 국가에 의해 기획되고 제공되는 사회복지관련 재화와 서비스 역시 공익을 위해 제공됨으로 넓게 보면 공공서비스에 포함되는 공공재의 특성을 가진다. 하지만 공공재의 분화발전과 함께 사회복지 재화와 서비스 역시 순수공공재(또는

국가공공제), 혼잡공공재, 클럽공공재, 지역공공재 등과 같이 배제와 경쟁과 같은 기준이 적용되는 경우도 존재한다.

종합하면, 사회복지 재화와 서비스의 공공재적 성격은 국가 재정을 통하여 재화나 서비스가 공공의 가치실현 나아가 사회적 가치 또는 사회적 목적을 실현시키기 위하여 집단적으로 제공된다는 점이며 재화의 성격을 구분짓는 배제나 경쟁이라는 기준은 사회복지 재화와 서비스의 공공재적 성격을 나타내는 결정적 기준이 될 수 없다. 공공재로서 사회복지재화와 서비스가 특정 집단만을 위해 제공될 수도 있으며 국가재정의 한계 때문에 서비스가 일시적으로 제공되는 경우도 있을 수 있기 때문에 특정 사회복지서비스는 배제적 성격을 나타내기도 하고 또한 일부 재화와 서비스는 경우는 예산의 제한 등과 같은 이유로 경쟁을 통해서 제공되는 경우도 있을 수 있지만 기본적으로 어떠한 경우라도 사회복지서비스 제공의 목적은 사회구성원들을 사회적 위험으로부터 예방 및 보호하고 그들의 기본적인 삶의 질을 유지 보존한다는 공공가치의 실현 나아가 사회적 가치의 실현 또는 사회적 목적의 성취에 있다는 점은 사회복지 재화와 서비스의 공공재적 특성을 대변한다.

3. 공공재의 속성[40)]

공공재는 집합적 소비를 통해 국민들이 경쟁을 하지 않아도 소비의 양에 상관없이 필요한 재화를 소비할 수 있도록 하며, 시장과는 달리 지불능력에 상관없이 반드시 필요한 재화에 대해 국가가 공급을 책임짐으로 공급량에 상관없이 국민들의 필요에 따라 제공된다는 비배제성을 갖는다. 위와 같은 공공재의 일반적 성격 이외에 시장의 특성과 연관하여 공공재만이 갖는 성격이 존재한다. 즉, 공공재는 시장에서 교환이 이루어지지 않는 명백한 이유가 존재하며 또한 공공재는 자본주의 경제체제에서 지속적으로 발전할 수밖에 없는 이유가 존재한다. 이에 대해 자세히 살펴보기로 한다.

1) 과소공급과 과소소비로 나타나는 시장의 실패 문제 해결

경제적으로 설명하면 공공재가 시장에서 제공되지 못하는 이유는 **공공재가 비효율적**이기 때문이다. 즉, 단순하게 설명하면 공공재가 이익을 창출하지 못하기 때문이며 달리 표

---

40) 지은구 외. 2010. 사회복지서비스와 이용자재정지원방식(나눔의 집). 제2장을 수정 및 부분 발췌하였음.

현하면 공공재가 이익을 창출하는 재화나 서비스가 아니기 때문이다. 공공재가 비효율적이라는 측면을 구체적으로 살펴보면, Trogen(2005)은 첫째, 공공재의 비경쟁성이 국민들의 진짜 선호를 숨기도록 하기 때문에 비효율적이며 둘째, 공공재는 무임승객을 만들어내기 때문에 비효율적이라고 설명한다. 공공재가 무임승객을 만들어 낸다는 무임승차론은 공공재의 비배제성 때문에 나타나며 이미 많은 보수주의 경제학자들이 공공재무용론을 강조하면서 주장되었던 논리이다. 한편 공공재가 국민들의 진짜 선호를 숨기도록 하기 때문에 비효율적이라는 것은 공공재로부터 혜택을 받은 국민들이 공공재의 혜택에 대해 보상이나 보답을 하여야 한다는 부담감 때문에 공공재에 대한 선호를 숨기므로 공공재 제공이 제한될 수 있다는 점에서 비효율적이라는 것을 의미한다. 한편 앞장의 시장관련 내용에서 설명한 바와 같이 Eger(2005)는 공공재가 시장에서 제공되지 못하는 이유로 첫째, **과소소비**(underconsumption) 둘째 **과소공급**(undersupply)을 지적하였다. 이는 곧 공공재가 과소공급과 과소소비에 대한 문제점 없이 제공될 수 있는 재화라는 특성을 나타낸다.

공공재는 가격을 지불하지 않으며 공공재의 사용은 추가비용을 수반하지 않고 비경쟁적이다. 가격을 지불하지 않는 비경쟁적인 재화에 가격을 책정하게 되면(즉, 시장에서 교환을 위해 가격을 책정하게 되면) 그 재화는 소비가 적게 일어나게 된다. 즉, 비경쟁적인 재화에 가격을 책정하게 되면 과소소비가 일어나게 되고 과소소비는 재화의 과소생산이라는 경제적 비효율성을 야기한다. 국민의 입장에서 공공재는 비경쟁적이므로 누구나 원한다면 경쟁없이 서비스를 제공받아야 하지만 서비스이용에 이용료를 지불하여야 한다면 국민들의 입장에서는 당연히 소비를 줄이게 될 것이고, 소비를 줄이게 되어 **과소소비**가 일어나게 되면 과소소비는 과소생산을 유발한다(지은구 · 김은정, 2010).

또한 비경쟁적인 재화에 가격을 책정하지 않는 것도 재화를 제공하는 동기를 만들어내지 못한다. 즉, 비경쟁적인 재화를 만드는 데 일정 정도의 자금이 쓰여졌다고 했을 때 자금이 회수되지 않는다면 재화를 만드는 입장에서는 생산을 줄이게 되어 과소생산이 일어나게 된다. 다시 말해 공공재이지만 재화를 생산하는데 일정 비용이 지불된다고 했을 때 생산자의 입장에서 생산비용이 보장이 되지 않는다고 한다면 생산을 확대하기보다는 최소한의 생산만을 유지하든지 또는 생산을 줄이게 되어 **과소공급**이 발생하게 된다. **과소소비와 과소공급은 시장실패의 가장 확실한 요소라고 할 수 있다.** 서비스를 생산하고 공급하는 입장에서 과소소비와 과소공급이 발생하는 경우 생산을 축소할 수밖에 없고 이런 재화인 경우 소비가 증가하지 않아 이윤창출이 어려움으로 시장에서 교환된다는 것은 불가능할 수 있다.

결국, 가격으로 배제하지 않고 경쟁이 없는 공공재는 시장에서 특정집단에게 특정 양만을 제공되는 경우 과소공급과 과소소비가 발생할 수 있으므로 시장에서 제공되는 것은 시장실패의 요인을 제공한다. 기본적으로 공공재에 추가부담을 책정하는 것은 정책적 고려점이라고 할 수 없지만 과소소비를 방지하거나 공공재 제공을 확대하기 위해서 이용료부과나 세금부과 또는 추가 사용에 대한 추가 부담비 부과 등의 방식이 사용될 수도 있다. 또한 공공적 목적을 지닌 가치재적 성격을 띠는 공공재를 시장에서 공급이 이루어지도록 하고 시장을 통해서 추가선택이 가능하도록 하는 방식도 공공재 제공의 확대를 위하여 사용될 수 있는 방안이다.

2) 자본주의발전에 따른 공공재의 확대

자본주의 발달 이후 역사적으로 공공재는 더욱 확대되었다고 볼 수 있다. 만약 공공재가 사회에 불필요하다고 인식되었다면 공공재는 사라졌겠지만 공공재의 유형에서도 입증된 바와 같이 공공재는 다양한 성격을 띠는 재화로 더욱 발전하고 있다. 배제와 경쟁은 더 이상 공공재의 성격을 구분 짓는 기준이라고 할 수 없으며 배제와 경쟁이라는 기준에 상관없이 매우 다양한 공공재가 출현하여 지금에 이르고 있다. 공공재가 발전하는 이유를 설명하면 다음과 같다(지은구 · 김은정, 2010).

첫째, 재화의 기본적 본질 자체가 배제와 소비(또는 경쟁)에 영향을 주는 기술의 발달 또는 변화하는 상황으로 인하여 변화되었다는 사실이 공공재의 발달을 설명하는 첫 번째 이유이다. 앞에서 설명한 바와 같이 공공재는 경쟁과 배제라는 고전적 기준과 상관없이 **변화하는 다양한 재화의 성격**에 따라 매우 다양하게 구분되고 있다. 지역재, 공동재, 요금재, 혼잡재, 혼합재 등 자본주의의 발전과 함께 제공되는 서비스의 다양화와 함께 그 성격이 변화하면서 발전되고 있다. 공영방송, 상업광고가 있는 공영방송, 케이블방송 등 재화의 다양한 유형의 변화가 공공재의 발전에 영향을 미쳤다고 할 수 있다.

둘째, 공공재발전의 두 번째 이유는 **공동재**(common-pool goods)를 보존하여야 한다는 필요성 또는 욕구 때문에 나타났다. 지구온난화와 수질이나 대기오염 또는 고래, 북극곰이나 반달곰 등과 같은 멸종동물 등의 등장은 결국 공공재의 한 유형으로서 공동재의 유지 보전과 발전을 가져다주었다.

셋째, 공공재발전의 세 번째 이유는 사적재 또는 개인재가 **집합적 소비를 나타내는 공공재로 전환**되면서 나타났다. 이전에는 사적재였지만 국민의 세금에 기초한 국가의 재정 부담으로 재화가 제공되면서 사적재가 공공재로 성격이 변화하는 경우가 등장하게 되면서 사적재가 대거 공공재로 전환되어 공공재가 발전하게 되었다. 예를 들어 과거에는 개인적 경비로 사용하던 서비스가 국가재정지원으로 전환되는 경우는 모두 이에 해당되는데 대표적인 서비스가 청소서비스라고 할 수 있다. 자기 집 앞에 버려진 쓰레기는 자기가 돈을 들여 치우게 되면 개인적 소비로서 부담은 개인에게 전가되지만 현재 대부분의 국가는 쓰레기처리를 정부재정지원 또는 정부부서에서 주도적으로 수행하여 공공재적 성격을 띠게 되었는데 이와 유사한 집합적 소비를 기본으로 하는 공공서비스가 자본주의의 발전과 함께 발전하게 되었다 (Savas, 2000).

넷째, 복지국가의 발전과 함께 국민들의 복지증진 및 복지욕구해결을 위해 다양한 영역에서 제공되는 **사회복지서비스의 발전** 역시 공공재가 발전하는 한 이유를 설명한다. 사회적 위험을 예방, 치료하여 국민들의 기본적 삶을 유지할 수 있도록 하기 위한 국가의 사회적 목적을 실현하기 위하여 사회복지서비스는 여러 방면에서 다양한 방식으로 제공되고 있다. 국가가 공급을 책임지고 제공되는 사회복지서비스는 영리목적으로 민간기관에서 제공되는 서비스와는 달리 공공재적 성격을 가지고 있다. 특히 신사회적 위험에 대한 국가적 차원에서의 대응으로 아동, 노인, 장애인들에 대한 돌봄서비스가 중요한 사회복지서비스의 영역으로 인정되면서 민간기업에서 시장을 통해 제공되었던 돌봄서비스가 공공재의 특성을 가지는 서비스로서 발전하게 되어 사회복지서비스영역은 매우 다양한 영역으로 분화발전하게 되어 공공재의 발전을 가속화시키고 있다. 사회적 목적 실현을 위해 제공되는 서비스는 가치재라고도 불린다(Savas, 2000). 따라서 사회복지 및 사회서비스는 공공적 성격을 가지는 **가치재**라고 분류할 수 있다[41].

결국, 자본주의의 발전과 함께 다양한 재화와 서비스가 등장하게 되었으며 공공재도 초기 자본주의시대와는 다르게 매우 다양한 유형과 특성으로 변화·발전하게 되었다. 특히, 복지와 자본주의가 결합한 복지자본주의의 발전과 함께 공공재의 분화발전과 사적재의

41) 정부에 의해서 제공되는 사회서비스와 같은 공공재의 가치재적 성격에 대해서는 다음절에서 보다 자세히 다루도록 한다.

분화발전 그리고 사회재로서 공공재의 특성을 가지고 있는 사회적 목적 성취를 위하여 제공되는 사회복지 재화서비스의 발전 등은 모두 공공재발전의 원인을 설명하는 요인이 된다.

4. 공공재의 한계

자본주의가 발전하면서 경쟁하지 않으며 배제하지 않는다는 원칙을 지닌 고전적 정의의 공공재는 수정하여 발전하여 왔다. 지역공공재나 클럽공공재들은 지역주민의 여부나 시민여부 또는 회원여부 등에 따라 재화와 서비스의 할당을 제한하지만 주민들을 위해 공익적 목적으로 제공됨으로 공공재에 포함된다. 공공재는 사적재나 사회재에 비해 몇 가지 한계들을 내포한다. 공공재가 갖는 한계는 다음과 같다.

첫째, 가장 강력한 공공재의 한계로 지적되는 것은 비경쟁성에 따른 서비스의 질적 수순 저하의 문제이다. 공공재는 국가에 의해서 독점적으로 제공됨으로 경쟁이 없거나 제한적이라고 할 수 있다. 경쟁이 제한적이라는 점은 재화와 서비스에 대한 내용이나 질(quality)에 대한 꾸준한 보완이나 개선 노력이 부족할 수 있음을 나타내준다.

둘째, 공공재가 갖는 두 번째 한계는 선택권의 제한이다. 공공재는 국가가 재화와 서비스를 결정하여 제공함으로 재화와 서비스선택에 대한 선택권이 국민들에게 부여되지 않는다. 따라서 선호하지 않는 재화나 서비스가 제공되는 경우 국민들의 재화나 서비스의 활용가능성은 낮아지게 된다.

셋째, 공공재의 세 번째 한계는 서비스의 전문성 결여에 대한 문제이다. 제3부문인 비영리기관에서 제공되는 사회재의 경우 전문인력이 서비스를 제공할 수 있음으로 전문적인 서비스가 제공될 수 있으며 사적재 역시 이윤창출을 위해 전문인력이 서비스를 제공할 수 있지만 공공재는 전문성이 결여된 공무원이나 관료들이 서비스를 직접 제공함으로 서비스에 대한 지식이나 기술에 있어 전문성이 결여될 수 있다.

넷째, 공공재의 한계로 지적되는 네 번째 한계요인은 비유연성이다. 재화와 서비스는 국민 및 사회변화에 민감하게 반응하여 제공에 있어 변화에 유연하게 대처하여야 하지만 공공재는 공공부문의 경직성을 갖는 관료적 관리로 인하여 변화에 유연하게 대처하지 못한다는 단점을 갖는다. 제3부문에서 제공하는 사회재나 특히 제2부문에서 제공되는 사적재는 국민들의 반응에 따라 재화나 서비스의 내용이나 특성을 수시로 점검하여 수정할 수 있는 유연성을 가지지만 정부가 제공하는 공공재는 조직유연성이 약해 국민들의 요구나 사회변화에 민감하게 반응하는 것이 어렵다.

위와 같이 정부가 제공하는 공공공재의 한계에 대한 일반적인 논의 이외에 일부 경제학자들은 공공재가 무임승차를 방조한다고 강조한다. Trogen(2005)은 공공재가 무임승객을 만들어내기 때문에 비효율적이라고 설명한다. 공공재가 무임승객을 만들어 낸다는 무임승차론은 공공재의 비배제성 때문에 나타나며 이미 많은 보수주의 경제학자들이 이익을 창출하지 않는 공공재의 무용론을 강조하면서 주장되었던 논리이다. 이에 대한 비판적 시각은 다음과 같다.

＊ 무임승차론 비판

현재 한국에서 65세 이상의 노인들에게 지하철은 순수공공재이다. 경쟁도 없으며 지불능력으로 배제하지도 않는다. 경제학자들은 인간이 합리적 또는 이성적이라고 주장한다. 인간 개개인들은 무엇을 선호하는지를 알며 그리고 선호하는 것을 결정할 수 있다는 측면에서 인간은 합리적이고 이성적이라는 것이다. 또한 경제학에서 인간 개개인들은 사회적 악이 되든 안 되든지에 상관없이 이익이 되는 것 또는 자기가 갖은 것 이상을 원하고 결국은 이것이 무임승차문제를 야기한다고 봄으로써 인간의 본성에 대해 매우 이기적 측면을 강조한다. 인간이 이성적이라고 한다면 무임승차문제는 사회적 협조와 규정 등을 통해 충분히 해결할 수 있다는 전제에서 출발해야 한다. 무임승차에 대한 문제는 무임승차가 모두 나쁜 것만은 아니며 사회적 폐해를 끼치지 않는 한에서 인간의 이성적 판단에 따라 결정될 문제이고 그리고 만약 무임승차가 대다수 사회구성원의 복지에 심대한 폐해를 가져다준다면 이 역시 사회적 규정이나 규칙을 통해 합리적으로 수정되고 조정되어야 한다는 점이다. 다시 말해 무임승차문제에 따른 사회적 폐해가 줄어들지 않는 경우는 법적인 제도나 장치 등을 통해 규제할 수 있는 다양한 방법들이 사용될 수 있다(지은구, 2003).

지하철 무임승차도 마찬가지이다. 노인들에게 지하철의 무임승차가 가져다주는 소소한 행복이나 지하철이용을 위해서는 많이 걸어야 함으로 건강한 노년에 도움이 된다는 노인건강유지혜택 그리고 여러 장소를 마음껏 갈 수 있음으로 다양한 사회기관이나 각종 모임 등 사회참여활동이 증진될 수 있다고 하는 사회참여혜택 등의 다양한 개인 및 사회에 가져다주는 혜택은 화폐가치로 환산하기가 어려움으로 단순히 지하철운임이라는 화폐가치를 비용으로만 가치를 책정하는 것은 한계가 있다. 만약 65세 이상 노인들의 지하철 무임승차로 인하여 지하철이 만성적자에 허덕인다는 것이 사실이라면, 정부는 이에 대한 비용을 부담하여야 하는 것이 당연하다. 지하철무임승차가 노인들에게 가져다주는 심신건강혜택에 대한 이익은 등한시한 채 65세 이상 이용노인을 모두 기대비용으로 이윤이 창출되지 않는다고 문제 삼는 것은 순전히 경제적 논리에 다름 아니다.

지하철은 노인들의 탑승여부에 상관없이 정시에 도착을 하고 정시에 출발함을 반복하는 국민들을 위한 대중교통수단이다. 즉, 지하철은 공익을 목적으로 하는 공공재이다. 지하철을 이용하는 노인들의 수가 현격하게 많아 지하철편수를 증편하여야 하고 이에 따른 비용이 유발된다면 이에 대한 부담은 국가가 지는 것이 옳다. 하지만 지하철 편수의 증가에 노인이용자 수가 유의미한 영향을 미치지 않는다면 지하철비용부담에 대한 책임을 전적으로 노인에게 전가하는 것은 옳지 않다. 노인들에게 지하철운임 비용을 전가하게 되면 이는 곧 복지제공에 대한 개인 및 사회적 혜택이나 이익은 등한시 채 비용부담을 복지혜택에 돌리는 것에 다름 아니다. 공공의 이익실현을 위해 반드시 존재하여야 하는 공공대중교통수단은 당연히 공공재여야 한다. 대중교통수단은 노인뿐만 아니라 국민이면 모두가 경쟁과 배제없이 이용할 수 있어야 한다. 최소한의 비용이나 무료로 시민들이 마음껏 이용할 수 있어야 하는 것은 당연하다. 만약, 공공재 이용에 이익창출을 강조하는 비용편익을 대입하게 되면 국민들이 납세하는 세금에 대한 비용편익분석도 당연히 함께 이루어져야 한다. 과연 우리 국민들은 자신이 부담한 세금만큼의 복지혜택을 누리고 있는가?

국민들이 국가에 지불한 비용(세금)만큼 복지혜택(welfare benefits)을 누리고 있는지를 비용편익분석(cost-benefit analysis)으로 계산하기는 어렵지만 우리나라 복지비지출수준을 GDP에서 차지하는 사회적 지출비 수준으로 확인하면 아쉽게도 2023년을 기준으로 OECD가입국 중 가장 낮은 사회적 지출수준으로 멕시코나 칠레와 비슷한 실정임으로 우리나라는 국민들이 생산활동에 대한 노력에 비해 국가로부터 복지혜택을 적게 받는 나라임을 알 수 있다. 또한 2022년을 기준으로 총 정부지출비를 국민1인당비용으로 계산된 OECD자료를 보면 우리나라는 국민1인당 정부지출비로 약 17,811$를 지출하고 있는 것으로 나타났는데 이는 OECD 평균 1인당 정부지출비 약 23,881$보다 6,000달러 이상 낮으며 가장 높은 지출을 하고 있는 룩셈부르크(약 56,356$)에 비해 약 3배 이상 적은 지출을 하고 있는 것으로 나타났다(https://data.oecd.org/gga/general-government-spending.htm). 이는 곧 정부재정기반인 국민들로부터 거두어들인 세금을 통해 지출되는 국민1인당 정부지출비가 다른 국가들에 비해 턱없이 낮은 수준임을 나타내는 것으로 우리나라 국민들은 자신들이 매년 납부하는 세금총액에 비해 어느 정도의 혜택을 정부로부터 제공받는지에 대한 비용편익분석결과는 지출하는 비용대비 편익이 적은 수준이라는 점을 간접적으로 나타내준다.

제 2 절 사회복지 재화와 서비스의 사회재적 성격

1. 사회재의 개념 및 속성

사회재는 통상 공동재(common goods)라고도 불리며 사전적 정의에 따르면 물이나 공기, 건강보호, 돌봄이나 사회서비스와 같이 **"많은 사람들에게 혜택을 주는 것(재화)"**이다. 사회재를 역사적으로 추적하면 **사회 전반이나 개인들에게 긍정적인 영향을 주는 것으로 자선활동이나 박애활동이 뿌리**라고 할 수 있다.[42] 따라서 자발적 조직이나 비영리조직이 제공하는 모든 서비스나 재화는 사회재라고 할 수 있다. 현대적 의미에서 사회재(social goods)는 **"사회적 재화와 서비스를 나타내며 사회적 목적을 성취하기 위해 국가 또는 비영리부문 등 제3부문에서 제공되는 재화와 서비스"**를 의미한다. 사회재는 사회적 가치를 증진시키는 사회적 목적을 가짐으로 "가치재"라고도 불린다. 여기서 가치라는 의미는 경제적 가치나 화폐가치를 의미하는 것이 아닌 사회가 추구하는 가치로서 포용, 통합, 평등, 연대 그리고 공동체 등과 같은 사회적 가치를 의미한다.

가치재(merit goods)[43]는 Musgrave(1957, 1959)에 의해서 처음 제시된 개념으로 그는 가치재를 지불능력이나 지불의지보다는 개인이나 사회가 이익(혜택)을 가져야 한다고 판단되는 재화 즉, 교육이나 건강서비스와 같이 삶의 질을 개선하기 위해 정부에 의해서 제공되는 재화나 서비스를 가치재라고 주장하였다. 이는 곧 공공재 중 사회적 목적을 위해 제공되는 일부 재화는 가치재임을 의미한다. 또한 Savas(2000)는 **"소비자의 지불능력과 상관없이 사회적 판단이나 사회적 결정에 따라 소비가 이루어지는 재화와 서비스를 가치재"**라고 정의하였는데 이러한 가치재의 개념을 적용하면 재화와 서비스가 사회적 결정(판단)에 따라 사회적 목적이나 사회적 가치의 실현을 위해 제공된다면 이는 곧 사회를 위해 무엇이 옳고 그른 것인지에 대한 가치 지향적 판단에 근거한 사회적 목적이나 가치의 실현을 의미함으로 사회포용, 국민복지증진향상이나 사회적 위험해소 등을 위해 제공되는 사회복지관련 재화와 서비스는 모두 가치재(value goods)적 성격을 나타낸다. 따라

42) www.investopia.com/terms/s/social__good.asp

43) Merit goods을 우리나라에서는 가치재라고 부르지만 가치재가 사회적 목적이나 사회적 가치의 실현을 위해 그리고 사회적 판단에 의해서 제공된다는 점에서 본 저서에서는 가치재를 Value goods으로 총칭하도록 한다.

서 사회적 가치의 실현 또는 사회적 목적의 실현을 위한 재화를 가치재라고 이해한다면 가치재는 옳고 그름에 대한 가치판단에 근거하여 제공되는 재화라고 할 수 있다.

국가가 직접 국민들에게 제공하는 공공재는 공공의 이익과 사회의 이익을 위해 제공됨으로 대표적인 사회재이자 가치재에 속하며 사회복지증진을 위해 제1부문(정부)과 제3부문(비영리 및 사회경제부분)에서 제공되는 모든 재화와 서비스 역시 사회적 목적달성을 위해 제공되는 경우 사회재이자 가치재가 된다. 영리조직이 생산한 재화라고 해도 비영리조직이 사회적 목적을 위해 국민들에게 제공하면 사회재가 된다. 따라서 사회재는 공공재보다 범위가 넓음을 알 수 있다. 결국, 사회재는 사회적 목적의 실현이나 사회적 가치의 실현을 위해서 제공되는 재화와 서비스임을 알 수 있다.

통상 사회재의 제공은 비영리조직이나 사회경제조직과 같은 사회적 가치나 사회적 목적을 성취하는 것을 조직운영목적으로 설정하여 운영되는 조직 즉, 제3부문 조직에 의해서 이루어지지만 반드시 제3부문으로 국한되는 것은 아니다. 만약 공공재가 지역사회의 발전이나 사회문제해결과 같은 사회적 목적을 성취하기 위해 제공된다면 이는 넓은 의미에서 사회재에 포함된다고 할 수 있다. 즉, **공공재는 제공의 범위가 국가와 같은 제1부문으로 제한적이지만 사회재는 제공영역이 제1부문도 포함할 수 있음**을 나타낸다.

[그림 34] 사회재와 공공재의 특성비교

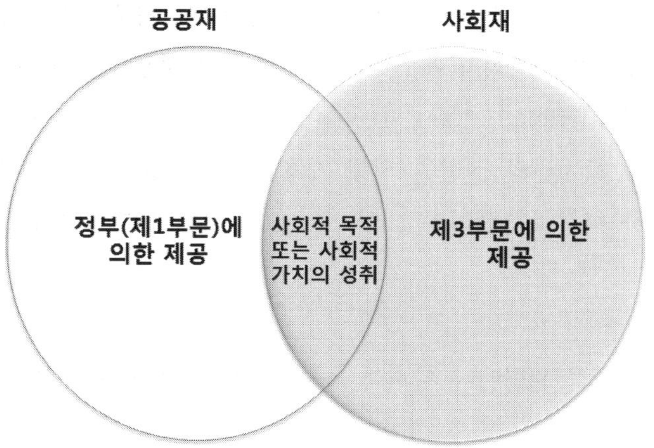

사회재는 공공재와 같이 기본적으로 “비경쟁성과 비배제성의 조건에서 제공되는 상품”을 나타내며(Musgrave, 1969; Screpanti, 2004) 동시에 반드시 사회적 목적이나 사회적 가치의 성취를 위해 제공되어야 한다는 전제조건을 가지는 상품이다. 즉, 사회재는 지불능력이 교환의 조건이 될 수 없으며 지불능력이 없다고 소비로부터 배제되지도 않는다.

이는 제공자가 재화를 제공하는 목적이 이윤창출에 있지 않기 때문이다. 만약 사적재가 이윤창출이 목적이 아닌 사회적 가치창출을 목적으로 제공된다고 한다면 이 역시 사회재에 포함된다고 할 수 있다. 예를 들어 임금님표 여주쌀은 시장에서 교환되는 사적재이기도 하지만 이윤창출목적이 아닌 사회적 목적을 위해 제공된다고 하면 이는 곧 사회재의 특성을 갖는다고 할 수 있다. 따라서 제공주체는 사회재를 설명하는 유일한 결정요인이 될 수 없다. 사회재는 또한 한 사람의 재화에 대한 소비가 다른 사람의 재화에 대한 소비를 줄이지 않는다는 비경쟁성의 성격을 가진다. 따라서 이용자들은 다른 사람이 재화를 갖지 않도록 높은 가격을 책정하고 지불할 필요가 없다.

Musgrave(1959)는 사회재가 "**사회적 원함**(social wants)을 만족시키기 위한 것"으로 정의하였는데 이는 곧 **사회재가 사회적 욕구나 사회적 원함을 해결하기 위한 재화와 서비스**라는 것을 의미한다. 따라서 사회재는 사회적으로 필요로 하는 것으로 기본적으로는 비배제성과 비경쟁적 성격을 갖는다. 사회재가 사회적 원함을 해결한다는 측면에서 **개인적 원함**(individual want)을 해결하는 사적재와는 성격이 상이함을 알 수 있다(Screpanti, 2004). Musgrave(1959)는 사회적 원함은 반드시 지불능력에 상관없이 모든 사람들에 동시에 소비가 발생할 수 있어야 한다는 것을 강조하였다. 사회재와 달리 사적재는 시장에서 개인이 원하는 만큼 원하는 것을 개인적 지불능력이 허용하는 범위에서 소비할 수 있다. 하지만 개인적 원함을 충족시키는 사적재와 달리 사회재는 **사회적 원함**을 해결하기 위하여 집단적 수준에서 소비가 이루어진다. 즉, **사회재는 지불능력과 상관없이 모든 국민들이 갖는 사회적 원함이나 사회적 욕구를 해결하기 위해 제공되는 상품**이라고 할 수 있다. 사회재는 또한 마샬(Marshall, 1950, 1982)이 제시하였던 사회적 권리 즉, 사회권이나 복지에 대한 권리인 복지권의 실현을 위해 제공되는 재화라는 측면에서 권리의 실현 역시 사회재의 중요한 특성 중 하나라고 할 수 있다. 사회재의 일반적 특성은 기본적으로 다음과 같다.

첫째, 사회재는 사회적 원함이나 사회적 욕구를 해결하기 위해 모든 국민들을 대상으로 제공 및 공급된다.
둘째, 사회재는 공공재와 마찬가지로 양과 질을 측정하는 것이 어렵다.
셋째, 사회재는 집단이나 특정 사람들에 의해서 동시에 그리고 함께 소비된다.
넷째, 사회재는 지불능력으로 사람을 배제하지 않는다.
다섯째, 개개인들은 사적재만큼 자유롭지는 않지만 재화와 서비스의 질과 종류에 대한 선택권을 갖는다.

여섯째, 재화와 서비스에 대한 지불은 수요나 소비에 연관되어 있지 않다.

일곱째, 할당에 대한 결정(또는 분배에 대한 결정)은 사회적 필요나 국민들의 욕구에 기반한 조직의 제공능력에 의해서 우선적으로 이루어진다.

여덟째, 사회재는 강제성이 있는 공공재와 달리 개인이 재화를 소비할지 말지를 결정할 수 있다.

사회재가 사회적 목적이나 사회적 가치의 실현을 위해서 또는 사회적 원함이나 사회적 욕구를 해결하기 위해서 제공되는 재화와 서비스라는 것은 사회재를 다른 재화와 구분하는 중요한 기준이지만 비배제성이나 비경쟁성은 반드시 유지되어야 하는 필수적인 사회재의 기준은 아니다. 이는 공공재유형의 발전에서 살펴본 바와 같이 공공재이지만 배제적이고 경쟁적인 특징을 같는 공공재가 등장하고 있는 것과 같이 사회재 역시 사회적 목적을 성취하기 위해서 특정집단에게만 제공될 수도 있으며 소득·자산조사를 통해 차별적으로 제공될 수도 있고 재정적 취약성 때문에 경쟁적으로 제공될 수도 있기 때문이다.

특히, 사회재는 공공재와는 달리 조직유연성과 전문성이 강한 비영리조직에 의해서도 제공된다는 점에서 공공재가 갖는 재화적 단점 즉, 전문성이 약하며 서비스품질에 있어 사적재에 비해 열악하다는 점을 극복하는 **장점**을 갖는다. 반면, 사회재의 단점은 재화의 지속적인 제공여부가 불확실하다는 점이다 이는 공공재가 재정지출에 대한 **한계**를 갖는 재화라는 점과 일맥상통한다. 사회재는 공공재와 같이 국가재정으로 제공되기도 하고 기부금이나 회비 등에 의해서 제공되기도 함으로 재정적 여력은 유연할 수 있지만 기부금이나 회비의 경우 미래에 대한 예측가능성이 적다는 한계를 가짐으로 재화의 생산에 있어 제한이 될 수 있다.

종합하면, 사회재는 공공재를 포함하며 사회적 목적을 성취하거나 사회적 가치의 실현을 위해 제공되며 사회적 원함이나 사회적 욕구를 해결하기 위해 제공되는 재화를 나타낸다. 결국, 사회재는 재화의 성격상 이윤을 추구하지 않음으로 경제적 생산이라기보다는 **사회적 생산**(social production)을 통해 공급 및 제공되고 집단적으로 소비(사회적 소비)가 일어나는 재화라고 할 수 있다. 즉, 사회적 목적을 실현 및 성취하고자 하는 재화적 성격을 갖는 사회재는 사회적 생산과정을 거쳐 만들어진다. 여기서 사회적 생산과정은 사회적 목적 실현을 위한 재화 및 서비스의 생산과정을 의미한다.

2. 사회재의 필요성

사회재는 공공재와 사적재의 한계를 극복할 수 있는 대안으로 중요한 특성을 지닌다. 따라서 사회재의 필요성은 우선적으로 공공재의 부족이나 한계에 기초하는데 이는 국민의 사회적 욕구를 국가가 전적으로 공공재를 통해 해결할 수 없음에 기인한다. 공공의 이익을 위해 제공되는 공공재도 사회적 가치를 실현시키는 것을 목적으로 할 수 있음으로 넓게 보면 사회재 안에 포함되지만 사회재를 생산하고 전달하는 가장 핵심적인 자원할당의 부문은 정부보다는 바로 제3부문이라고 할 수 있다. 공공재는 재화의 제공범위를 국가직접제공으로 한정 지으면 국가가 직접 제공한다는 공공재의 한계는 역시 국가의 재정능력에 전적으로 의존한다는 점이다. 즉, 국가는 국민들이 필요로 하는 욕구를 해결하기 위해 공익을 위한 재화인 공공재를 확대 생산하기 원하지만 공공재 생산의 한계는 곧 국가의 재정능력과 일치함으로 국민들의 욕구를 무한대로 충족시키는 공공재를 생산 및 공급한다는 것은 불가능하다. 또한 공공재의 한계는 공공조직 관리의 관료적 특성으로 인한 유연성부족과 전문성부족으로 서비스의 질이 제2부문이나 제3부문에서 제공되는 서비스에 비해 낮을 수 있다는 점 역시 한계로 지적된다. 또한 국가독점으로 인해 국민(이용자)의 입장에서 제공되는 서비스에 대한 선택권이 부족하다는 선택권의 제한 역시 공공재가 갖는 한계이며 사회재는 선택권이 공공재에 비해 다양할 수 있음으로 선택권 확대 역시 공공재에 대한 사회재의 장점이라고 할 수 있다. 이러한 공공재의 한계는 곧 제3부문의 사회적 목적성취를 위한 활동을 통해 상쇄될 수 있으며 이는 곧 사회재의 존립기반 및 필요성으로 작동한다.

사회재가 발전할 수밖에 없는 사회재의 필요성은 사적재의 한계에 의해서도 명확하게 드러난다. 즉, 사적재는 이익창출에 도움이 되지 않는 재화에 대한 **과소공급**과 소비가 이익창출에 안정적으로 유지되지 않는 **과소소비**가 발생하는 경우 공급 및 제공이 제한적이라는 특징이 있으며 시장으로의 참여와 교환이 보장되는 지불능력이 유일한 기준이라고 할 수 있다. 이는 곧 반드시 필요한 재화이지만 이익창출이 실현되지 않는 적은 집단에게 필요한 재화나 투자에 비해 이익이 창출되지 않는 경우 공급을 줄이게 되는 과소공급문제를 극복하기 위한 재화가 필요함을 의미하는 것으로서 이러한 사적재의 한계는 곧 사회재의 발전 및 필요성을 대변해 준다. 또한 사회재는 사적재와는 달리 **정보불균형**이 발생할 가능성이 적음으로 국민들이 제공되는 서비스에 대해 보다 정확한 정보를 바탕으로 이용할 수 있다. 비영리조직과 같은 제3부문의 조직들은 재화나 서비스 제공 목적이 이윤창출에 있지 않음으로 이에 대한 정보를 공개하는데 있어 어려움이 없다. 따라서 국민들은 재화와 서비스의 성격과 특성 그리고 제공과정이나 절차 등에 대한 정확한 정보를 소개받을 수 있어 서비스효과성과 만족도는 향상될 수 있다.

3. 사회재의 작동원리

1) 개인적 자유와 개인적 선택의 확대 그리고 사회행동

사회재의 할당 및 분배의 기준은 개인의 지불능력인 경제력이 아닌 헌법이 보장하는 사회적 권리 즉, 사회권으로서 대부분 국가의 재정이나 비영리조직의 부담금이나 기부금 등으로 재원이 충당되는 재화와 서비스가 곧 사회재이다. 따라서 우리나라에서 국고보조금으로 비영리조직이나 사회조직들이 제공하는 모든 사회서비스는 사회재이다. 개인부담능력이 아닌 국가나 사회조직의 부담금 등으로 운영되는 사회재의 작동원리는 일차적으로는 비경쟁성과 비배제성에 있지만 이외에도 사회재를 움직이는 작동원리는 다음과 같이 지적될 수 있다.

첫째, **사회재는 개인적 선택에 대한 제한을 축소 내지는 소멸하도록 하는 원리가 있다**. 자유시장에서 개인적 선택권은 중요하다. 개인의 지불능력에 따라 국민들은 다양한 상품(재화와 서비스)에 대한 선택권을 행사하여 자신들이 선호하는 것을 확보하게 된다. 하지만 시장에서 개인적 선택권 행사의 기준은 곧 개인의 경제적 능력으로 한정됨으로 경제력을 가지지 못한 국민들에게 있어 시장에서의 선택권실현은 이루어질 수 없다. 즉, 개인적 선택권이 자유경쟁시장에서는 지불능력에 의존하여 심하게 제한받게 된다. 하지만 사회재의 제공은 개인적 지불능력에 의존하지 않음으로 개인적 선택권의 제한은 사라지게 된다. 비경쟁과 비배제를 속성으로 하는 다양한 사회재가 제공되면 될수록 국민들의 선택권은 그에 상응하여 확대될 수 있음을 의미한다. 사회재이든 공공재이든 선택할 수 있는 재화와 서비스가 많이 제공된다는 것은 곧 국민의 입장에서 더욱 확대된 선택권을 의미한다. 결국, 사회재는 "개인적 능력에 따른 분배나 할당이 아닌 개인적 욕구에 따른 분배나 할당이 가능하도록 작동하며 더 확대된 개인적 선택"을 나타낸다.

둘째, **사회재는 개인적 자유가 확대되도록 하는 원리가 있다**(Screpanti, 2004).

Screpanti(2004)는 사회재가 선택을 하는데 있어 재정능력에 대한 제한을 없애주고 개인적 자유를 확대해 준다고 강조하였으며 국민들은 사회재를 통하여 헌법적 자유와 사회적 권리를 즐길 수 있음을 주장하였다. 자본주의사회에서 개인적 자유의 확대는 시장에서의 자유(선택을 위한 자유의지의 실현)만을 의미하는 것은 아니다. 투표의 자유, 집회 및 결사의 자유 등 자유민주주의사회에서는 국민들에게 정치권과 함께 다양한 자유를 허락한다. 특히, 복지국가에서 국민들은 복지에 대한 권리로서 헌법이 보장하는 기본적 생활에 대한 안정을 누릴 자유 그리고 복지혜택을 누릴 자유 즉, 사회권을 부여받고 이를 실현한다. 또한 사회재를 제공받은 국민들은 기본적으로 획득한 사회재를 활용함으로 재화를 생산하는데 들어가는 시간을 보다 자유롭게 활용할 수도 있다(**자유 시간 확대**). 즉, 사회재가 개인의 노동에 대한 자유 그리고 사회활동을 위한 자유를 허락한다. 특히, 사회재는 다양한 국민들의 삶의 안정 및 질 개선을 위한 다양한 재화를 제공함으로써 개인이 필요한 재화나 서비스를 확보하기 위해 필요한 시간을 줄여 개인의 사회활동이나 자기계발 등의 자유를 확대시키는 역할을 담당한다. 곧 사회재가 인간에게 자유시간의 확대를 허락함으로 인간은 사회재를 통해 보다 자유로우며 즐거운 삶을 영위할 수 있게 된다.

셋째, **사회재는 시민들의 욕구투쟁이나 노동계급의 투쟁에 영향을 받아 확대된다**. 이는 곧 사회재를 위한 시민사회의 요구나 시민들의 투쟁이 기본적으로 국가의 공공재 확대 그리고 복지재정 확대에도 영향을 줄 수 있으며 이는 곧 시민사회단체나 비영리조직의 사회재의 공급량 확대에도 영향을 줄 수 있음을 나타내준다. 결국, 사회재의 공급확대를 위해서는 국민들의 사회적 행동은 기본이며 정치적 행동 역시 필요하다고 할 수 있다. 시민행동이나 정치적 행동을 통한 사회재의 재정확대와 공급확대를 위한 지원 등을 위한 제도나 정책의 실현 그리고 입법에도 영향을 미칠 수 있다.

결국, 사회재의 작동원리는 "**능력에 따른 분배가 아닌 욕구에 따른 분배**"를 통해 개인들에게 자유 시간을 확대하도록 허락하고 선택권을 다양화도록 돕는다는 점 그리고 시민들의 사회적 행동이나 정치적 행동에 따라 사회재의 공급량은 확대될 수 있다는 것으로 특징지을 수 있다. 결국, 사회재는 사회를 위한 생산 즉, "사회적 생산방식을 통해 사회적 상품(social products)을 할당하여 국민들의 삶의 질 및 사회의 질을 개선시키는 역할"

을 수행하게 된다.

2) 과소공급과 과소소비 한계 극복

앞에서 설명한 바와 같이, 사회재는 공공재와 비슷하게 지불능력의 여부로 국민들을 배제하지 않으며 제공자나 이용자가 지나친 경쟁없이 서비스를 제공하거나 공급받을 수 있다. 특히 이윤창출목적이 아님으로 이윤이 창출하지 않는 재화나 서비스를 공급하지 않으려고 하는 재화와 서비스의 과소공급현상을 사전에 방지할 수 있으며 수요(소비)가 적어도(과소소비) 사회적 목적의 성취를 위해 제공됨으로 욕구에 따라 재화와 서비스를 제공받을 수 있다는 장점이 있다. 과소공급과 과소소비에 따른 재화와 서비스의 제공 한계는 자유시장에서는 흔히 발생하지만 이에 대한 피해는 고스란히 국민들에게 전가된다. 즉, 필요한 서비스가 필요한 만큼 공급 및 제공되어야 함에도 불구하고 자유시장에서는 이윤창출이 목적임으로 이윤창출이 보장되지 않는 재화와 서비스의 공급 및 제공은 이루어지지 않게 되어 필요한 서비스를 이용하거나 구매하지 못하게 된다.

자유시장에서 **과소공급**현상 즉, 재화와 서비스의 공급 및 제공이 이루어지 않는 이유는 재화나 서비스가 필요한 사람들이 너무 적어(**과소소비**) 이윤창출이 어렵거나 시장의 확대가능성이 적어 투자비용을 보전받기 어려운 경우 등 다양하다. 예를 들어 노인장기요양서비스의 경우 노인인구의 증가 및 돌봄이 필요한 노인들의 지속적이 증가로 상업적 시장이 확대되고 있지만 중증장애인활동지원서비스(사업)의 경우는 이용자의 수가 제한적이고 서비스의 강도가 높으며 서비스이용자와 제공자간에 관계지향성[44]이 매우 높은 이유 등으로 상업적 시장에서 교환이 이루어지지 못하고 주로 사회적 시장을 통해서 서비스가 제공되고 있다. 중증장애인활동지원사업의 경우 과소공급 및 과소소비가 발생하는 영역이라 이윤창출을 목적으로 교환이 이루어지는 시장이 형성되지 않는다고 해서 국가나 비영리부문이 서비스를 제공하지 않는다고 한다면 중증장애인을 포함하여 국민들의 복지증진은 물론이고 삶의 질 개선은 요원하게 된다.

3) 사회적 공급과 사회적 소비의 증진을 통한 사회적 욕구해결

사회재의 기본적인 작동원리는 시장을 통한 수요와 공급법칙에 따라 공급과 소비가 이

44) 제공자와 이용자 사이에 관계지향성이 높다는 것은 한번 인연이 맺어져서 돌봄인력과 중증장애인이 서비스를 제공하게 되면 제공자와 이용자의 관계는 단순히 서비스를 주고받는 관계가 아닌 사회복지의 가치 및 인본주의 가치가 개입되어 서비스가 교환되어 깊은 사회적 관계가 형성됨을 나타낸다. 따라서 중증장애인활동지원사업에서는 쉽게 영리기업이 개입하는 것이 어려우며 상대적으로 돌봄인력을 교체하거나 제공기관을 교체하는 경우 역시 상업적 시장과 달리 발생하지 않게 된다.

루어지기보다 사회적 수요와 사회적 공급의 법칙에 따라 공급과 소비가 이루어진다는 점이다. 즉, 사회재의 작동원리는 시장이 창출하는 자본의 논리와 이윤창출의 논리에 상관없이 지역사회나 사회구성원들이 필요로 하는 또는 사회문제해결을 위한 사회적 욕구해결과 관련이 있다. 이는 곧 국민들의 재화에 대한 과소공급과 과소소비문제를 해결하기 위하여 공공재가 제공되는 것과 마찬가지로 사회적 욕구를 해결하기 위하여 국가와 마찬가지로 사회적 공급과 사회적 소비의 욕구에 따라 재화가 생산 및 공급된다는 것을 의미한다.

지역사회의 안정과 사회구성원들의 복지증진이나 사회문제해결등과 같은 이유로 사회적 공급과 사회적 소비가 필요하다고 한다면 사회재는 생산 및 공급이 이루어져야 하며 이를 통한 사회적 소비가 원활하도록 재화와 서비스가 공급되어야 한다. 특정 집단의 욕구를 넘어 전체 사회구성원들의 욕구충족을 위한 공급은 정부의 공급만으로는 재정적 한계 등의 이유로 부족하므로 이를 극복하기 위한 방안은 곧 제3부문의 공급을 강화하여 공급을 확대하고 소비를 증진시키는 것이라고 할 수 있다. 정부가 모든 사회적 욕구해결을 위한 재화를 공급하고 소비를 증진시키는 노력을 기울인다는 것은 복지국가의 당연한 책무라고 할 수 있지만 국가의 재정적 한계는 곧 특정 재화와 서비스에 대한 공급부족 및 이에 따른 소비부족을 유도하므로 제3부문의 사회적 공급과 사회적 소비창출을 위한 노력은 곧 복지자본주의가 갖는 복잡하고 다면적인 사회문제를 해결하는데 있어 중요한 사회재의 작동원리라고 할 수 있다.

4. 사회재의 생산: 사회적 생산이란?

사회재의 생산은 사회적 가치나 목적을 성취하기 위해 국민들에게 필요한 재화와 서비스로서 사회재를 생산하는 것을 의미한다. 사회재는 본인부담능력의 기준으로 국민들을 배제하지 않으며 일반적으로 경쟁을 하지 않아도 제공될 수 있는 재화와 서비스로서 주로 제3부문 조직들의 사회적 생산의 과정을 통해서 공급된다. 사회재는 사회적 생산과정을 통해서 공급이 이루어짐으로 사회의 욕구와 사회구성원인 국민들의 욕구에 따라 생산 및 공급의 양이 결정될 수 있다. 따라서 사회적 생산방식은 사회적 원함이나 사회적 욕구에 따른 분배 및 자원의 재할당을 강조하며 사회적 생산방식은 복지국가의 발전 및 복지자본주의의 발전을 위해서 생산되는 공공재 및 사회적 가치를 실현시키기 위해서 생산되는 사회재와 가치재를 생산하는 것을 의미한다.

5. 사회재와 복지자본주의 생산방식

복자자본주의에서 사회재는 사회적 생산방식을 통해 생산 및 공급된다. 자본주의는 경제체제이지만 복지국가는 경제체제가 아니고 복지자본주의를 토대로 하는 국가체제이다. 즉, 복지국가는 복지자본주의를 경제적 토대로 하여 국민들의 복지증진을 위해 노력하는 국가체제이다. 따라서 복지국가는 자본주의 생산양식을 수정한 **복지자본주의 생산방식**을 고수한다. 특히 복지국가는 직접적인 경제적 생산보다는 사회적 생산과 소비(분배)를 통해 국민들의 삶의 질을 개선하고 인간다운 생활을 보장하기 위해 노력한다. 복지국가는 사회적 생산방식으로 국가중심으로 사회복지 재화와 서비스를 생산하고 제공하는 생산방식을 강조하지만 최근 국가중심복지생산방식의 부담으로 인하여 국가부분과 제3부문과의 혼합 나아가 민간부분과의 혼합적 생산방식을 통해 복지재화와 서비스를 제공하는 방식으로 발전하고 있다. 복지국가는 **새로운 생산 및 소비(분배)를 위한 방식이라기보다는 공공재 및 사회재를 통해 시장실패에 대응하고 국민들의 사회적 차별과 배제에 대응하기 위해 국가가 주도적으로 사회복지 재화와 서비스를 생산 및 제공하는 국가부분을 강조하는 체제**이다(지은구, 2021).

복지국가는 국민들에게 경제적 생산 및 소비방식이 아닌 사회적 생산과 소비 및 분배방식을 통해서 국민들 특히 소외받고 차별받는 국민들의 생활보장 및 삶의 질을 사회적 수준에서 향상시키기 위해 노력한다. 즉, 복지국가는 직접적인 소득창출을 위한 경제적 영역보다는 재분배를 강조하는 사회 및 경제정책을 통하여 국민들의 생활을 보장하는 국가체제이다. 또한 복지국가는 국민들의 삶의 질을 경제적 토대를 바탕으로 하는 사회적 생산 및 재생산 방식을 통해 사회적 수준에서 해결하기 위해 노력한다. 사회적 생산은 사회적 목적 실현을 위해 비영리조직과 사회경제조직 그리고 국가가 재정을 투입하여 창출하는 생산을 의미하며, 사회적 소비는 사회적 목적 실현을 위해 제3부문조직이나 국가의 재정을 통해 생산된 재화와 서비스가 국민복지향상을 위해서 이루어지는 소비를 의미한다. 사회적 생산은 **'사회적 목적 성취를 위해 국가 및 사회가 창출하는 생산'**으로 주로 자원의 창출보다는 자원의 지출을 통해서 이루어진다. 복지국가는 국가가 재정을 투입하여 국민들이 필요로 하는 재화와 서비스를 생산하여 제공하고, 국민들의 사회적 소비를 통해 삶의 질을 향상시키기 위해 노력한다. 국가재정투입에 의해 이루어지는 사회적 생산은 자본가에 의해 이윤창출을 목적으로 시장에서 교환이 이루어지고 이윤이 창출되는 생산이 아니며 국가가 재정을 투입하여 국민들의 생활안정을 위해 창출하는 생산이고 이윤을 창출하지 않는 생산을 의미한다. 즉, 사회적 생산과 사회적 소비는 분명한 사회적 가치지향성과 사회적 목적을 지닌다(지은구, 2021).

따라서 사회적 생산과정을 거쳐 제공되는 재화와 서비스는 사회적 목적을 성취하기 위한 공공재이자 사회재라는 성격을 갖는다. 특히 사회복지 재화와 서비스는 자본주의 시장경제가 만들어낸 불평등과 사회적 배제를 조정하는 사회재 또는 공공재의 성격을 강하게 띤, 사회적 생산(social product) 과정을 통해 산출된 "사회적 생산물"이다. 사회배제를 지양하고 불평등 구조를 개선하기 위해 생산 및 제공되는 다양한 사회적 생산물(예를 들어 돌봄서비스)들은 국민들의 노동력을 재생산하고 보전함으로써 국민들이 시장에서 경제적 생산과정에 능동적으로 참여하도록 돕는다. 결국 사회적 생산물을 소비하는 사회적 소비는 국민들의 사회배제현상을 개선하고 노동력을 재생하여 노동력을 보전하고 재생산하는 소비이다. 따라서 사회적 생산과 사회적 소비는 직접적인 경제적 생산유발효과를 지닌다. 결국, 사회적 생산이 활성화되면 사회적 소비 역시 활성화되며 부수적으로 소비는 곧 경제적 생산을 창출하도록 영향을 미친다. 따라서 복지국가의 작동양식은 곧 사회재를 생산하기 위한 사회적 생산과 사회적 소비를 통한 국민복지 증진이 된다(지은구, 2021).

6. 사회복지 재화와 서비스 그리고 사회재

복지자본주의사회 또는 복지국가에서 일정 수준의 사회복지 재화와 서비스가 제공되지 않는다면 인간은 재생산이나 생산을 할 수 없게 된다. 이는 사회복지 재화와 서비스가 곧 인간의 노동력을 재생산하기 위해 필요한 필수적인 요소이기 때문이다. 특히, 사회보장이나 소득보장은 인간다운 삶을 유지하기 위한 그리고 노동력을 재생산하기 위한 최소한의 요건이며 시민행동과 사회적 참여를 위한 기본조건이다. 사회복지 재화나 서비스와 같은 공공재나 사회재를 생산하는 사회적 생산이 한줌의 자본가를 위한 자본축적을 의미하지 않고, 불평등을 바로잡고 건강한 사회를 만들기 위한 생산을 의미하는 것이라면 곧 '사회적 생산(social production)'은 복지국가발전을 위한 물질적 조건이자 토대이며 동시에 복지자본주의의 물질적 조건이자 토대가 된다고 할 수 있다.

복지국가는 사회적 생산을 통한 분배 및 자원의 재할당을 강조한다. 사회적 생산은 국민들의 복지증진을 향상시키기 위한 생산이다. 사회적 생산은 사회적 욕구해결 및 사회문제해결 나아가 국민복지향상을 위한 공공재와 사회적 가치를 실현시키기 위한 사회재 및 가치재를 상품으로 생산한다. 국민들에게 사회적 목적을 위해 생산되는 사회적 생산으로서 공공재와 사회재 그리고 가치재로서의 사회복지 재화와 서비스는 국민들의 삶의 질을 향상시킨다.

공공재와 사회재적 성격을 갖는 사회복지 재화 및 서비스는 노동력 탈상품화를 위해 제공되며 사회적 시장에 의해서 조정되고 관리된다(Herrmann, 2012). **사회적 시장**은 **'사회적 소비 및 분배가 이루어지는 장소'**이다. 사회적 시장에서는 국민들의 탈상품화를 위해 사회적 시장의 작동원리인 사회적 소비 및 분배를 목적으로 하는 재화와 서비스의 교환이 이루어진다. 이것이 곧 **사회적 시장 작동메커니즘**이다. 사회적 시장은 곧 분배와 소비의 동등한 중요성을 강조하는데 여기서 소비는 단순한 상품의 소비나 생산으로 전환되지 않는 소비가 아닌 노동력 재생산을 위한 소비이므로 생산적 소비(productive consumption)라고 규정할 수 있다. 사회복지 재화와 서비스로 대표되는 사회재나 공공재는 분배와 생산적 소비를 목적으로 사회적 시장을 통해 제공되며 사회적 시장을 통해 제공되는 사회재와 공공재의 소비는 국민들의 삶의 질 수준을 향상시키므로 사회적 시장에서 제공되는 사회적 생산물과 복지자본주의 및 복지국가의 수준은 밀접한 관계를 가지고 있다고 할 수 있다. 결국, 사회복지 재화와 서비스는 국가에 의해서 제공되는 공공재이고 특정 개인의 만족이 아닌 모든 국민들에게 안전하고 건강한 삶을 목적으로 제공되는 목적재이자 사회적 시장에 의해서 제공되는 사회재이며 사회적 가치를 실현시키기 위해 제공되는 가치재이므로 이러한 사회복지 재화와 서비스의 생산과 소비를 통해 복지국가의 질(quality) 수준은 향상된다(지은구, 2021).

경제적 시장과 사회적 시장의 차이점은 **경제적(상업적) 시장**은 우리가 알고 있는 일반적인 시장을 의미하며 이윤창출을 목적으로 경쟁과 선택을 통해 참여자의 이익이 보장되는 시장을 의미한다 한편 **사회적 시장**은 사회적 생산물로서의 공공재나 사회재 등의 교환이 이루어지는 공간으로서 이윤창출이 목적이 아닌 사회적 목적이나 사회적 가치의 실현을 목적으로 교환이 이루어지는 공간이다. 사회재가 경제적 시장을 통해서 교환이 이루어지게 되면 사회배제메커니즘이 작동하여 사회적 목적을 성취하기가 어렵게 됨으로 통상 공공재를 포함하여 사회재는 경제적 시장에서 교환이 이루어지지 않는다. 지역사회 어디에서도 볼 수 있는 경제적 시장에 비해 사회적 시장은 공간적 의미로 눈에 잘 보이지 않지만 존재한다. 예를 들어 지역사회복지관은 사회내로서 재화와 서비스를 기획하고 생산하며 이용자들에게 직접 제공하여 이용자와 제공자 사이에 교환이 이루어짐으로 사회적 시장의 역할을 담당하기도 한다.

■ 사회재와 자유시간

국민들에게 허용된 자유시간(free time)이 사회재 또는 공공재일까? 소득의 축소없이 늘어난 개개인들의 자유시간은 국민들의 삶의 질이나 행복감 또는 만족을 향상시키는 요소일 수 있다. 사회복지 재화와 서비스가 사회적 목적을 성취하기 위해 제공됨으로 사회재인 것과 마찬가지로 국민들에게 허용된 자유시간 역시 사회재적 성격을 갖는다. 특히 국가에 의해서 국민들에게 배제없이 경쟁없이 자유시간이 허락된다면 이는 공공재적 성격도 갖게 된다. 자유시간이 사회재인가에 대해 의문을 가질 수 있다. 만약, 임금이 줄어들지 않고 주5일 노동에서 주 4일 노동이 이루어진다면 또는 하루 1시간 씩 노동시간이 줄어든다면 국민들은 하루 또는 한 시간을 자유시간으로 그들이 원하는 것을 즐길 수 있다. 허락된 자유시간은 국민들의 재충전을 위해, 가족을 위해 또는 휴식이나 타인과의 교제나 교류, 자기계발이나 문화.여가활동, 사회봉사 나아가 사회참여활동 등 다양하게 자유시간을 활용할 수 있어 개인은 물론 가족에게나 사회에 이득이 된다. Screpanti(2001, 2004)는 자본주의 생산의 통제하에서 생산활동에 고용되어 있는 시간이 아니라 그들이 일하지 않는 시간이 자유시간이며 임금으로부터 자유로운 시간이 곧 자유시간이라고 강조하였다. 임금으로부터 자유로운 시간이라는 의미는 임금은 줄어들지 않고 노동시간이 줄어들게 되는 시간을 의미하며 법에 의해 국민들에게 자유시간이 권리로서 제공되는 경우 이는 곧 특별한 의미의 사회재라고 할 수 있다(Screpanti, 2004). 자유시간이 모든 국민들에게 경쟁없이 배제하지 않고 제공된다면 이는 명백한 공공재라고도 볼 수 있다.

자본가나 고용주의 입장에서 직원들에게 허락된 자유시간은 생산을 위한 시간을 줄이고 비용을 증가시킨다고 생각할 수 있지만 자유시간은 업무에 대한 집중을 높이고 업무능력을 고취시키며 자아존중감 및 직장에 대한 소명감이나 국가에 대한 신뢰 등이 강화될 수 있어 노동력재생산과 가족 및 사회재생산 향상에 도움을 주는 특별한 사회재라고 볼 수 있다. 또한 자유시간은 노동임금이 줄어들지 않고 노동시간이 줄어드는 것임으로 노동의 탈상품화를 위해 중요하다.

제 3 절 사회복지 재화와 서비스의 사적재적 성격

1. 사적재의 특성

우리는 자본주의가 발전하면서 사적재의 홍수 속에 살고 있다고 해도 과언이 아니다. 사적재(Private goods)는 상업적 시장 즉, (경제적) 시장에서 경쟁과 배제의 작동 원칙

하에 교환되는 재화와 서비스이다. 사적재는 자본과 생산수단을 소유한 자본가의 이윤창출을 목적으로 생산이 이루어지며 소비자의 입장에서는 지불능력의 원칙에 따라 개인의 만족이나 복지의 충족이 실현되는 재화를 의미한다. 일반적으로 사적재는 시장을 통해서 교환이 이루어지는 소비에 있어 경쟁이 있고 배제가 있는 재화와 서비스를 의미한다. 음식과 옷 등이 대표적인 사적재이다. 즉, 캔 음료수는 한 사람이 마시게 되면 동일한 캔 음료수를 다른 사람이 마시는 것은 불가능하여 경쟁적이며 또한 지불하지 않은 사람은 캔 음료수를 마실 수 없기 때문에 배제적이다. 시장에서 구입하는 상품은 대체적으로 사적재이다. 즉, 사적재는 시장에 적합한 재화라고 할 수 있다(지은구 외, 2011).

사적재의 작동원리는 **소유권**에 기초한다(Powell, 2008). 이는 사적재가 지불하지 않는 사람에게 재화가 할당되는 것을 막기 위한 최소한의 권리로서 재화를 소유한 소유주는 소유권에 기초하여 다른 사람으로부터 재화를 보호하기도 하고 타인에게 재화를 판매 또는 양도하여 소유권을 넘기기도 한다. 따라서 사적재는 사회재가 사회권의 실현을 강조한다는 측면에 비해 소유권을 통해 교환을 보장받는다. 자본주의가 발전하는데 있어 소유권의 인정과 국가의 사적소유권의 보장을 위한 활동이나 행동은 곧 사적재의 발전을 가져다주었다. 사적재의 또 다른 작동원리는 경제적 자원은 희소하다는 희소성의 법칙에 근거한다는 점이다. 경제적 자원으로서 사적재는 희소함으로 이를 확보하기 위한 경쟁은 필수불가결하며 당연하다는 점이 강조된다. 사적재의 일반적 성격은 다음과 같다.

첫째, 사적재는 개인적 원함이나 욕망 또는 갈망을 해결하기 위해 개인을 대상으로 제공 및 공급된다.

둘째, 사적재는 상대적으로 공공재나 사회재와 달리 양과 질을 측정하는 것이 손쉽다.

셋째, 사적재는 오직 한사람만을 위해 소비될 수 있다.

넷째, 사적재는 지불능력으로 사람을 배제한다. 즉, 지불능력이 없는 사람은 배제되기 쉽다.

다섯째, 사적재는 일반적으로 재화와 서비스의 질과 종류에 대한 선택권을 갖는다.

여섯째, 재화와 서비스에 대한 지불은 수요나 소비에 연관되어 있다.

일곱째, 할당에 대한 결정(또는 분배에 대한 결정)은 시장메커니즘에 의해서 이루어진다(주로 수요공급법칙).

결국, 사적재는 일상생활을 하면서 필요한 상품으로서 시장에서 교환이 이루어지며 교환의 조건은 지불능력으로 지불된 상품에 대해서는 소유권이 인정되며 사적재의 가격메커니즘은 희소성의 법칙에 의거하여 책정될 수 있음을 기본으로 한다. 또한 희소한 자원에 대해 경쟁하는 것은 당연한 행동으로 이해된다. 따라서 사적재는 시장에 참여할 수 없는 사람들에 대한 배제를 당연시함으로 사회배제메커니즘이 기본 동력으로 작동한다.

2. 사적재의 유형

사적재는 순수사적재와 비순수사적재로 구분되는 혼합사적재, 외부효과가 있는 사적재 그리고 공적으로 제공되는 사적재 등이 있다. 사적재의 유형을 구분하여 설명하면 다음과 같다(지은구 · 김은정, 2010).

1) 순수사적재

순수사적재는 개인재(individual goods)라고도 불리며 경쟁과 배제라는 두 기준이 모두 작동하는 즉, 배제가 가능하면서 개인적으로 소비에 있어 경쟁이 있는 재화를 의미한다. 시장에서 구매할 수 있는 대부분의 재화는 사적재로서 사적재가 시장에 가장 적합한 재화라고 할 수 있다. 사적재도 공공재와 마찬가지로 경쟁적이고 배제적인 기본속성을 지닌 순수사적재외에 다양한 사적재가 등장하였다(Hymam, 2002; Robbins, 2005). 일반적으로 사적재는 소비에 있어 경쟁적이고 배제적인 재화를 의미하지만 경쟁과 배제의 두 속성이 희석화되는 비순수 사적재가 있음을 의미한다. 이러한 비순수사적재로는 외부효과가 있는 사적재, 혼합사적재, 공공에서 제공되는 사적재 등이 있다(Trogen, 2005).

2) 외부효과가 있는 사적재

사적재의 큰 단점 중 하나가 바로 외부효과이다. 외부효과가 발생하게 되면 판매자와 구매자 양자 사이에 발생하는 거래에서 제3자가 비용을 부담하다든지 또는 혜택을 받게 된다. 거래 당사자 이외에 제3자가 혜택을 받게 되면 제3자는 아무런 경쟁 없이 혜택을 받으므로 경쟁이라는 사적재의 기준은 사라지게 되며 거래 당사자 이외에 제3자가 비용을 부담하게 되면 제3자는 교환에서 배제당하지 않았음에도 비용을 부담함으로 배제라는 사적재의 기준은 사라지게 된다. 외부효과(특히 부정적 외부효과)가 나타나는 경우 시장은 실패하게 되고 정부는 시장에 개입하게 된다. 즉, 상품가격에 외부효과를 상쇄시키는 가격을 반영하지 않아 외부효과에 반영되지 않은 가격을 제3자가 지불하는 경우가 가장 대표적인 부정적 외부효과이다. 따라서 직접적 거래당사자가 아닌 제3자가 가격을 지불함으로써 즉, 거래가 완전한 배제를 하지 않아 제3자가 개입되기 때문에 순수사적재의 성격을 상실하게 된다. 외부효과가 발생하는 사적재는 대표적으로 오염처리시설을 설치하지 않고 생산된 오염상품이 있다. 이 경우 요염상품의 직접적 구매자가 아니고 제3자인 국민들이 환경오염을 처리하기 위한 비용을 부담하게 되어 비용을 떠안게 된다.

3) 혼합사적재

혼합사적재는 사적재이지만 공공재의 역할을 수행하는 사적재를 나타낸다. 즉, 사적재이지만 공공재의 기능을 동시에 갖는 재화와 서비스가 혼합사적재이다. 혼합사적재는 외부효과가 있는 사적재와도 구분될 수 있는데 혼합사적재는 긍정적 외부효과만을 만들어내기 때문이다. 예를 들어, 코로나 예방주사가 시장에서 교환된다면 경쟁도 있고 배제도 있는 사적재이지만 코로나예방주사를 보편적으로 국민들에게 제공하면 이 경우 코로나예방주사는 경쟁도 없고 배제도 없는 공공재가 되고 코로나예방주사를 맞은 국민들은 더 이상 코로나를 전염시키지 않게 되어 코로나예방주사는 혼합사적재가 된다.

4) 공적으로 제공되는 사적재

국민들에게 정부가 사적재를 제공하는 경우도 있다. 이러한 경우는 특히 사회복지서비스 영역에서 발생할 수 있다. 예를 들어 정부가 시장에서 거래되는 일반미를 특정 국민들에게 제공한다든지 또는 민간주택을 저소득국민들에게 제공한다고 했을 때, 일반미 또는 민간주택은 모두 사적재로서 경쟁적이고 배제적인 상품임에 틀림없지만 음식이나 주택은 국민들의 기본적 삶을 유지하기 위해 반드시 필요한 재화임으로 국민들에게 사회적 목적을 실현하기 위하여 국가가 필요한 사람들에게 제공한다는 의미에서 사적재에 공적개입이 실현되어 사적재의 본래의 성격을 상실하게 된다. 이러한 경우 사적재는 틀림없지만 특정 기준에 부합되는 국민들에 재화가 제공됨으로 인해 사적재의 특성은 희석된다. 따라서 공적목적으로 제공되는 사적재는 공공재의 특성을 내포하게 된다(지은구 · 김은정, 2010).

3. 사적재의 특성별 유형분류

위에서 설명한 바와 같이, 경쟁과 배제가 사적재를 구분 짓는 절대기준이 될 수 없다는 것을 알 수 있다. 아래의 표는 사적재를 순수사적재, 외부효과가 있는 사적재, 혼합사적재, 공적으로 제공되는 사적재를 중심으로 유형화한 것이다.

〈표 21〉 사적재의 유형과 특성

	경쟁	배제	예
순수사적재	o	o	옷, 음료수 등
외부효과있는 사적재	x / o	x / o	오염상품
혼합 사적재	x / o	x / o	예방주사
공적으로 제공되는 사적재	x / o	x / o	정부재정으로 제공되는 의류나 생필품

※ 자료: 지은구 외(2010). 사회복지서비스이용자재정지원방식. p, 41, 표 2-3에서 재인용

공공재와 사적재의 다양한 유형에서 본바와 같이 순수공공재와 순수사적재를 제외하면 공공재와 사적재를 명확히 구분한다는 것은 현실적으로 매우 어렵다는 것을 알 수 있다. 공적 목적을 위해서 제공되는 경우 사적재는 경쟁하고 배제하는 재화의 성격을 잃어버리게 되며 공공재도 마찬가지로 요금공공재와 지역공공재 등으로 분화하면서 경쟁과 배제라는 사적재의 특성이 나타난다. 이는 사회재의 경우도 마찬가지이다. 결국 사적재와 공공재 그리고 사회재의 구분을 위한 가장 중요한 기준은 **재화나 서비스가 사회적 목적 실현을 위해 제공하는가**에 크게 의존하게 되고 경쟁과 배제는 재화의 특성을 나타내는 속성으로서의 지위를 상실하게 된다고 할 수 있다. 예를 들어 공공재의 개념을 앞에서 정의한 바와 같이 공공부문을 통해서 제공되는 모든 재화와 서비스로 규정한다면 사적재라고 해도 공공부문을 통해서 제공되면 공공재가 될 수 있다. 또한 사적재가 국가의 공급에 전적으로 의지하여 제공된다고 한다면 공적목적으로 제공되는 사적재가 될 수 있다.

4. 사적재의 한계

사적재의 한계는 명확하다. 가장 우선적으로 지적되는 **사적재의 한계**로는 과소공급 및 과소소비에 대한 문제점을 유발하여 국민들에게 필요한 재화와 서비스를 적재적소에 제공하지 못한다는 점이다. 일반적으로 사적재의 사용은 개인적 원함이나 선호의 수준에 따라 상이한 비용을 수반하며 경쟁적이다. 따라서 개인적 선호가 부족하고 경쟁을 유발하지 않는 재화는 소비가 적게 일어나게 된다. 과소소비는 재화를 생산하는 생산자나 자본가의 입장에서 지속적으로 이윤이 창출되지 않음으로 비효율적인 생산이 되며 이는 곧 재화를

과소생산하는 원인이 된다. 이러한 과소소비는 국민의 입장에서 이익이 창출되지 않지만 반드시 필요한 재화에 대한 생산을 줄이는 과소생산을 의미한다. 하지만 이익이 지속적으로 창출되지 않아 생산자가 생산을 줄이든지 생산을 하지 않아도 되는 재화인 경우는 문제가 없지만 일부 국민들에게는 반드시 필요한 재화와 서비스인 경우 또는 재화에 대해 지불할 수 있는 지불능력이 부족한 경우는 반드시 소비가 이루어져야 함으로 곧 공공재나 사회재의 등장 및 발전을 야기하게 된다.

지불능력이 없는 국민들에게 재화와 서비스이용에 이용료를 지불하여야 한다면 국민들의 입장에서는 당연히 소비를 줄이게 될 것이고 소비를 줄이게 되어 과소소비가 일어나게 되며 과소소비는 과소생산을 유발하게 된다. 반면, 생산자나 자본가의 입장에서 재화에 가격을 책정하지 않는 것은 재화를 제공하는 동기를 만들어내지 못한다. 즉, 재화를 만드는 데 일정정도의 자금이 쓰여 졌다고 했을 때 자금이 회수되지 않는다면 재화를 만드는 입장에서는 생산을 줄이게 되어 과소생산이 일어나게 된다. 다시 말해 재화를 생산하는데 일정 비용이 지불된다고 했을 때 생산자의 입장에서 생산비용이 보장이 되지 않는다고 한다면 생산을 확대하기보다는 최소한의 생산만을 유지하든지 또는 생산을 줄이게 되어 **과소공**급이 발생하게 된다. 따라서 사적재의 과소소비와 과소공급은 시장실패의 가장 확실한 요소라고 할 수 있다. 사적재를 생산하고 공급하는 입장에서 과소소비와 과소공급이 발생하는 경우 생산을 축소할 수밖에 없고 이런 재화인 경우 시장에서 교환된다는 것은 불가능할 수 있다.

두 번째의 한계로는 사적재의 경우 개인적 지불능력에 따른 소비로 불평등 문제가 발생할 수 있다는 점을 들 수 있다. 이는 곧 사적재의 제공기준이 지불능력이 있는 사람과 지불능력이 없는 사람 그리고 지불능력에 따른 소비의 격차 등을 발생시키면서 사회적으로 국민들을 시장으로부터 배제하는 사회배제메커니즘으로 작동한다는 점을 의미하며 이는 곧 사적재가 원천적으로 사회배제메커니즘을 일으키는 요인임을 나타내준다. 사적재의 사회배제메커니즘은 자본주의경제체제에서 소득의 양극화에 따른 사회경제적불평등을 야기하는 가장 강력한 요인이다.

공공재 및 사회재의 발전은 곧 이러한 사적재의 한계를 극복하기 위한 대체재로서의 역할이 강화되고 있음을 나타내준다. Caporaso와 Levine(1992)에 따르면 시장에서 개인의 지불능력에 따라 교환을 통해 사고파는 것이 가능하지 않은 또는 그것에 저항하는 재화나 서비스가 존재한다. 공공재와 사회재적 성격의 사회복지 재화와 서비스는 아래의 세 번째 분류에 속한다(지은구 외, 2010). 첫 번째는 우정, 사랑, 존경과 같이 사고파는 것이 재화의 기쁨을 침해하는 것이 있다. 미소를 돈을 주고 사고 사랑을 시장에서 돈을 주고 산다는 것이 아무리 우리가 자본주의 시장경제체제 하에서 살고 있다고 한다 해도 인간의 가치를 침해하여 논리적으로 적절하지 못한 것으로 인식된다. 두 번째는 인간의 고결함과 그리고 한편으로는 친구와 가족 그리고 다른 한편으로는 경제적 주체들 사이의 관계를 규정하는 상이한 규범과 관련된 재화도 시장에서 교환이 이루어지는 것이 제한적이다. 예를 들어 매춘이나 사람의 장기매매 또는 돈을 받고 유죄를 무죄라고 변론하는 변호사의 노동 등은 모두 사회의 규범과 윤리에 어긋나는 재화로서 기능한다. 세 번째는 공동의 가치 또는 집합적 제공(collective provision)과 연관이 있는 재화가 있다. 등대나 고속도로, 사회서비스나 교육, 의료서비스 등의 재화가 여기에 해당된다. 공공의료혜택을 예로 들어보자(우리의 예는 국민건강보험). 이 경우 개개인들은 정부가 사회에 있는 모든 사람들이 의료혜택을 받을 수 있도록 보장하는 것을 원한다. 이 경우 시장경제에서 통용되는 재산(property) 또는 소유물보다는 오히려 사회체제의 한 구성원이라는 것 즉, 시민권(citizenship)이 있다는 것이 의료혜택을 받는데 있어 필요하다. 즉, 의료서비스라는 공공재 또는 사회재의 소비를 위한 결정적 요소가 바로 그 사회구성원이냐 아니면 그렇지 않느냐가 결정한다. 따라서 사회보험 중 가장 보편적 서비스로서 대한국민은 누구나 동등한 의료서비스혜택을 제공받을 수 있다.

제 4 절 사회복지 재화와 서비스의 혼합적 성격

1. 사회복지 재화와 서비스의 개념

복지와 자본주의가 결합된 복지자본주의를 안정적으로 움직이게 하는 동력은 무엇보다도 국민들의 자원할당을 책임지는 제1부문(정부)과 제3부문(비영리 및 사회경제조직)의 발전 그리고 국민들이 기본적 생활을 유지 및 안정시키기 위해 제공되는 재화와 서비스로서의 사회복지 재화와 서비스의 발전이라고 할 수 있다. 복지자본주의가 발전하면서 매우 다양한 사회복지영역에서의 재화와 서비스가 국가(정부)에 의해서 또는 초기자본주의 시대 이후로 자발적 조직과 비영리조직들에 의해서 제공되어져 왔다. 사회재와 공공재에서 다루었듯이 사회복지의 증진을 위해서 제공되는 사회복지 재화와 서비스는 그 특수한 성격으로 인하여 일반적 시장이라기보다는 국가부문을 포함하는 **사회적 시장**(social market, 주로 제1부문과 제3부문의 재화와 서비스 교환의 장소)에서 제공되는 것이 일반적이며 시장화나 민영화의 영향을 받아 제2부문이 개입한 혼합시장이나 준시장을 통해서 제공되기도 한다. **복지자본주의의 발전으로 사회복지 재화와 서비스는 자본주의를 안정적으로 유지 및 견인하고 복지국가를 발전시키는 중요한 역할**을 수행한다. 이는 곧 사회재 및 가치재적 성격을 갖는 사회복지 재화와 서비스가 공공재 및 사적재의 한계를 극복하고 보다 안정적인 복지자본주의를 위한 수단으로서 국민들의 삶의 질 및 사회의 질을 개선하기 위한 토대로서 작동함을 의미한다.

사회복지 재화와 서비스의 성격을 분석하기 위해서는 먼저 사회복지 재화와 서비스에 대한 개념을 명확히 정리하여야 한다. 사회구성원들의 사회복지증진을 위해 제공하는 사회복지 재화와 서비스의 성격을 이해하기 위해서는 구체적으로 사회구성원들의 기본적 욕구를 해결하기 위해서 제공되는 사회복지 재화와 서비스가 무엇인가에 대한 이해가 반드시 필요하다. 즉, 사회복지 재화와 서비스가 무엇인지를 정의하여야 사회복지 재화와 서비스가 가지고 있는 성격을 분석할 수 있다.

인간은 자신들의 삶을 유지 발전시키기 위해서 수많은 다양한 재화와 서비스를 필요로 한다. 삶의 유지를 위해 필요한 음식이나 의류, 건강서비스, 또는 주택 등과 같은 기본적 재화와 서비스에서부터 삶의 직접적 유지와는 관련이 없지만 삶의 질을 개선하기 위해 전문교육이나 기술 등과 같은 다양한 재화와 서비스를 필요로 한다. **"사회복지 재화와 서비스는 그 속성상 인간의 기본적 삶의 유지와 직접적인 연관이 있는 재화와 서비스"**라고 할 수 있다(지은구 외, 2010). Friedlander(1955), Wickenden(1965), Rescher(1972), Martin과 Zald(1981), Reid(1996), Popple과 Leighninger(2002), 지은구(2003) 등과 같은 사회복지학자들의 사회복지에 대한 정의를 종합하면 사회복지는 사회구성원들의 번영(well-being)을 위해 사회적인 책임 하에 구성원들이 기본적으로 욕구하는 것들을 제공하기 위한 조직화된 행동체계로서 법이나 제도 그리고 프로그램을 의미하고 제도나 프로그램은 이를 위해 국민들에게 필요한 사회복지 재화나 서비스를 제공하게 된다. 따라서 위의 사회복지에 대한 정의에 비추어 대입하여 보면 사회복지 재화와 서비스는 다음과 같은 개념적 특징을 가진다.

첫째, 사람들에게 번영을 가져다주기 위해 계획된 일련의 재화나 서비스

둘째, 위험에 처해있는 사람들의 번영을 증진시키고 인식된 사회문제에 대응하기 위한 재화나 서비스

셋째, 삶과 건강에 있어 만족할만한 표준을 성취하기 위해 개인과 집단을 돕기 위해 설계된 재화와 서비스

넷째, 욕구에 있는 사람들을 돕기 위한 재화와 서비스

다섯째, 사회적 욕구를 충족시키기 위한 조항들을 강화시키고 보장하기 위한 재화나 서비스,

여섯째, 육체적이고 물질적인 복지보다 더 광범위하며, 번영의 중요한 측면인 사람과 사람과의 서로간의 상호관련과 가족 구성원이나 친구들, 그리고 직장과 관련된 개인적인 관련까지도 포괄하는 재화와 서비스

일곱째, 인간 개개인들이 필요로 하는 욕구를 충족시키는 체제를 기반으로 하는 번영을 위해 제공되는 재화와 서비스

여덟째, 정치경제학적 의미를 적용하여 해석하면 사회적 차별과 배제를 조정하기 위해여 제공되는 재화와 서비스

결국, 사회복지 재화와 서비스는 사회구성원들이 필요로 하는 욕구를 충족시키는 개인이나 사회의 번영을 위해 제공되는 재화와 서비스이며 사회구성원들의 번영을 위해 사회적인 책임 하에 기본적으로 욕구하는 것을 제공하는 재화와 서비스를 의미한다고 할 수 있다(지은구, 2006). 사회복지 재화와 서비스를 사회구성원들의 번영을 위해 사회적인 책임 하에 구성원들이 기본적으로 욕구하는 것들을 해결하기 위해 제공되는 서비스라고 정의하면 사회복지 재화와 서비스는 사회구성원들의 번영을 위해 사회적인 책임 하에 사회구성원들이 기본적으로 욕구하는 것을 해결하기 위해 제공되는 실천적인 수단이자 도구가 된다(지은구, 2006). 특히 사회복지 재화와 서비스의 제공은 국민들을 사회적 위험으로 예방하고 기본적 삶이 유지 보장될 수 있도록 하는 것이 가장 중요한 목적이 된다. 따라서 **"사회구성원들 개개인들에 영향을 주는 사회적 위험요소를 제거 또는 예방하고 모든 구성원들이 기본적 삶과 보다 안전한 삶을 유지 보장하기 위해 제공되는 모든 재화와 서비스"**는 사회복지 재화와 서비스영역에 포함될 수 있어 사회복지 재화와 서비스의 종류는 매우 다양할 수밖에 없다. 결국, **사회복지 재화와 서비스를 정의하는데 있어 국가 또는 제3부문 조직들이 제공한다는 점 그리고 사회적 목적을 실현하기 위해 제공한다는 점이 매우 중요하다고 할 수 있다.**

사회복지 재화와 서비스는 크게 현금, 현물 그리고 서비스로 분류되는데 이중 현금은 현물(재화)과 서비스를 구매할 수 있는 소비능력 또는 지불능력을 개선 내지는 강화하기

위해 제공됨으로 정확한 사회복지 재화와 서비스는 현물로서의 재화와 전문적 서비스가 대표적이다. 사회복지 재화로는 의류물이나 식료품 나아가 주택까지 다양하며 서비스로는 돌봄서비스, 보건의료서비스, 정서지원서비스, 심리・상담서비스 등 매우 다양하다.

■ 사회복지 재화와 서비스의 복지외부효과
사적재를 다루면서 외부효과 특히 직접적 판매자와 구매자가 아닌 제3자가 비용을 부담하여야 하는 부정적 외부효과에 대해 설명하였다. 지은구(2003)는 사회복지 재화와 서비스 역시 혜택으로서 이를 제공받는 국민들에게 긍정적인 외부효과를 만들어 냄을 제시하였고 이를 복지외부효과라고 명명하였다. 즉, 재화나 서비스를 제공받은 직접적인 당사자 이외에 제3자에게도 혜택이 발생하게 됨을 의미한다. 예를 들어 중증장애인활동지원사업을 제공받은 장애인 당사자들은 서비스를 통해 일상생활안정과 정서.심리적 안정이라는 효과를 가질 수 있으며 직접적 서비스당사자는 아니지만 서비스를 제공받는 장애인 가족 역시 동일한 혜택을 누릴 수 있고 나아가 지역주민들 역시 장애인들의 생활안정이 지역사회연대 및 공동체성향상에 도움이 되는 혜택을 누릴 수 있어 하나의 사회서비스가 개인을 넘어 가족과 지역사회에 긍정적인 효과를 창출하게 됨을 알 수 있다.

1) 사회복지 재화와 서비스의 공공재적 특성

사회복지 재화와 서비스는 공공부문이 제공하게 되면 당연히 공공재이다. 하지만 사회복지 재화와 서비스는 공공부문 뿐만 아니라 비영리나 사회경제조직 등 제3부문의 조직들도 사회적 목적이나 사회적 가치를 성취하기 위한 목적으로 제공함으로 단순히 공공재의 성격을 넘어 사회재로서의 성격도 갖는다. 따라서 제공기관이 어디인가에 따라 사회복지 재화와 서비스는 그 분류가 다르게 나타날 수 있다. 지역사회복지관에서 제공하는 재화와 서비스인 경우는 사회재적 성격을 그리고 주민센터(행정복지센터)에서 제공되는 경우는 똑같은 재화라고 할지라도 공공재적 성격을 갖게 된다. 특히, 사회복지 재화와 서비스가 공공기관에서 제공되는 경우 재화 및 서비스에 대한 국민들의 선택권이 없고 서비스의 질에 대한 수정 및 보완이 이루지지 않는 서비스가 제공될 가능성이 있으며 국민들의 욕구에 따른 개별적 서비스제공에 대한 문제점 등이 나타날 수 있다. 반면 비영리조직과 같은 제3부문에서 동일한 사회복지 재화와 서비스가 제공되는 경우 사회재로서의 성격을 갖고 위에서 지적된 공공재적 성격의 문제점들이 개선된 재화와 서비스가 제공될 가능성이 높다. 이는 제3부문 조직들이 갖는 전문성과 조직유연성에 따른 결과라고 할 수 있다.

2) 사회복지 재화와 서비스의 사적재적 특성

사회복지 재화와 서비스가 사적재로 제공된다고 하면 이는 곧 개인사업자나 영리기업이 이윤창출을 목적으로 사회복지 재화나 서비스를 제공함을 의미한다. 공공서비스전달체계와 비영리부문의 전달체계가 국민들의 증가하는 욕구를 해결하는데 있어 부족함을 나타내면서 민영화 내지는 시장화라는 이름으로 복지 재화나 서비스가 시장을 통하여 제공되는 일이 발생하였다. **경제적 시장**의 목적은 이윤창출에 있음으로 사회복지 재화와 서비스는 국민들의 욕구충족과 동시에 제공자의 이윤을 보전 내지는 보장하여야 하는 특성을 지니게 된다. 복지자본주의의 발전은 한편으로는 공공재 및 사회재적 성격을 갖는 사회복지 재화와 서비스의 발전을 가져다주었지만 또 다른 한편으로 사적재적 성격을 띠는 사회복지 재화와 서비스의 시장교환이라는 특성을 동시에 만들어 냈다.

2. 사회복지 재화와 서비스의 성격[45)]

사회복지 재화와 서비스는 앞장에서 설명한 바와 같이 공공재이면서 사회재이자 가치재로서의 속성을 간직한 재화이자 서비스이기도 하지만 사적재적 성격을 가지고 있다. **사회복지 재화와 서비스가 사적재적 성격을 갖는다는 것은 시장을 통해서 배제하고 경쟁하는 배제와 경쟁의 기준이 사회복지 재화와 서비스에서도 적용 가능하기 때문에 나타난다.** 즉, 사회복지 재화와 서비스는 공공재와 사적재에 대한 구분점인 배제와 경쟁이라는 속성이 완전히 유지되는 재화는 아니다. 특히 사적재도 사회복지 재화와 서비스로서 활용될 수 있기 때문에 사회복지 재화와 서비스는 성격상 사회적 목적의 실현이라는 가치적이고 공공적 성격을 강하게 내포하고 있지만 경쟁도하고 배제도 이루어지므로 서비스 자체가 순수공공재(또는 공공재)라고는 할 수 없다.

사회복지 재화와 서비스는 사업의 내용과 그 용도에 따라 유형별로 순수 공공재나 경쟁 공공재에 포함되기도 하고 지역 공공재로 분류되기도 한다. 사적재 또한 국민들의 삶의 질 향상이나 기본적 삶을 유지·보전하기 위한 사회복지 재화와 서비스로 제공되는 경우도 있어 사회복지 재화와 서비스의 유형은 매우 광범위한 스펙트럼을 갖는다. 사회복지 재화와 서비스 중에서 **공공재**의 성격을 갖는 재화 또는 서비스는 보편성을 원칙으로

45) 이하의 내용은 지은구·김민주(2021) "복지국가론" 제5장의 일부 내용을 수정 및 보완하였음.

모든 국민들에게 제공되는 대부분의 사회복지 재화와 서비스들이 포함되는데 대표적으로는 건강보험을 들 수 있다. 건강보험은 누구나 배제 없이 가입할 수 있으며 경쟁 없이 서비스를 제공받는다. 그리고 **지역 공공재**로는 거시적인 측면에서 대상자들의 자격을 제한하는 국민기초생활보장법에 의해서 제공되는 기초소득보장이나 국민연금 그리고 고용보험에 의해 제공되는 실업급여, 산업재해보상법에 의해 제공되는 산재보험급여 등이 있고 미시적인 측면에서는 지역복지관에서 제공되는 자격기준을 갖춘 대상자들에게 제공되는 사회프로그램들의 서비스들이 대부분 지역 공공재에 포함된다고 할 수 있다. 동시에 국민건강서비스나 연금과 같은 사회보험은 국민들이 보험료를 지불하여야 함으로 **클럽공공재**의 성격도 지닌다. 그리고 **경쟁 공공재**는 보건복지서비스로서 지역복지관에서 예산이나 인원 등의 제한으로 선착순에 의해 제공되는 무료예방접종이나 무료컴퓨터교실 등의 각종 교육, 문화여가프로그램 등의 서비스가 있을 수 있다. 무료예방접종 등과 같은 서비스는 인원 또는 예산이 제한적이어서 서비스는 공공적 성격을 띠지만 서비스를 제공받기 위한 경쟁이 필요한 서비스라고 할 수 있다.

일반적으로 사회복지 재화와 서비스는 지역 공공재적 성격과 경쟁 공공재적 성격을 동시에 내포하는 서비스로도 존재다. 예를 들어 서비스가 무료로 선착순으로 제공되지만 서비스를 제공받기 위해서는 일정 나이기준이나 소득기준을 갖는 경우의 프로그램 등이 여기에 속한다. 일정 나이 이상의 노인들에게 무료로 제공되는 인원제한의 문화교실이나 저소득 실업자들에게 제공되는 직업자활, 자활기술프로그램 등은 모두 여기에 해당되는 서비스라고 할 수 있다. 사적재 또한 사회복지재화나 서비스로 제공된다. 예를 들어 시장에서 구입할 수 있는 임금님표 여주쌀이 복지관이나 행정복지센터를 통해 저소득가구에게 제공된다고 했을 때 여주쌀은 시장을 통해서 교환이 이루어지기 때문에 엄밀하게 보면 사적재이지만 쌀을 구매할 수 없는 집단에게 사회적 목적을 가지고 공급되기 때문에 공공적 성격을 띠는 사회재이자 사회적 가치실현을 위한 가치재로서 구분할 수 있다. 예를 들어 바우처를 통하여 특정 서비스인 돌봄 서비스를 제공받는다고 했을 때 돌봄 서비스는 시장을 통해서도 구매할 수 있지만 국가가 바우처를 특정 집단에게 제공하는 경우 바우처가 돌봄 서비스를 받을 수 있음을 보장하므로 비용을 부담할 수 없는 집단에게 돌봄서비스는 **사회적 목적을 실현하는 사회재이자 가치재**라고 할 수 있어 바우처는 사회적 목적과 사회적 가치를 실현시키는 도구로서 작용한다. 사회복지 재화와 서비스를 사적재적 특성과 공공재적 특성으로 분류하고 사회적 목적 달성이라는 사회적 가치의 실현과 복지외부효과 등의 특성을 포함하여 분류하면 아래의 표와 같이 구분된다.

〈표 22〉 사회복지 재화와 서비스의 재화적 성격

사회복지 재화와 서비스의 재화적 성격	
공공재적 성격	• 공공성확보를 위하여 국가에 의해서 생산 및 제공된다는 특성 • 이윤을 창출할 수 없는 서비스가 많아 시장에서 제공되었을 경우 서비스 과소소비와 과소공급이 발생할 가능성이 있어 국가가 개입하여 서비스를 생산 및 제공한다는 특성 • 경쟁 및 배제없이 특히, 국가재정에 의해 개인적 지불능력에 상관없이 욕구에 따라 재화와 서비스가 제공된다는 특성
사적재적 성격	• 시장이 창출한 재화와 서비스이지만 교환당사자 이외의 많은 사람들에게 긍정적 외부효과를 창출한다는 서비스의 특성 • 시장이 창출한 재화와 서비스이지만 사회적 목적(불평등완화나 위험예방 또는 축소 등과 같은)을 실현하기 위하여 정부나 제3부문의 비영리조직 등에서 제공되는 재화와 서비스로서의 특성 • 특정 재화와 서비스는 사적재와 같이 경쟁적이기도 하고 특정 기준을 설정하여 배제하기도 하지만 기본적으로 공공의 이익이나 국민들의 복지증진을 위해 제공된다는 특성
사회재 및 가치재적 성격	• 사회적 가치나 사회적 목적을 성취하기 위하여 사회적 판단이나 사회적 결정에 따라 생산 및 공급이 이루어진다는 재화와 서비스의 특성

* 지은구 · 김민주(2021) "복지국가론" p. 144, 표 5-1에서 재수정

위의 표에서 설명한 바와 같이 **사회복지 재화와 서비스는 공공재적 성격, 사적재적 성격 그리고 사회재 및 가치재적 성격을 동시에 가지고 있다.** 경쟁이 있고 때로는 배제도 있는 사적재이지만 공적목적으로 제공되는 경우 또는 복지외부효과를 만들어내는 경우 등은 모두 비순수사적재적 특성을 가지는 사회복지 재화와 서비스를 나타낸다. 또한 공공재적 특성을 가지고 있는 경우도 경쟁이 있을 수 있고 배제도 있을 수 있어 비순수공공재적 성격을 가지고 있으며 사회적 목적의 실현이나 사회적 판단 또는 사회적 결정에 따라 소비가 결정되는 경우는 사회복지 재화와 서비스의 사회재나 가치재적 성격을 나타내며 비순수사적재와 비순수공공재 등은 모두 이 분야에 포함된다. 결국 순수공공재와 순수사적재를 제외하고 나면 모든 비순수사적재와 비순수공공재는 경쟁이 있고 배제도 있을 수 있지만 사적재적 성격과 공공적 성격을 띠는 가치재로서 사회복지 재화와 서비스를 구분할 수 있다. 우리나라의 사회보장기본법은 사회보장제도를 사회보험제도, 공공부조제도 그리고 사회서비스제도로 구분하여 제시하고 있다. 사회복지의 3대 분야인 사회보험, 공공부조 그리고 사회서비스영역에서 제공되는 급여(benefits)의 유형인 사회복지 재화나

서비스의 특성에 대해서 살펴보면 다음과 같다.

3. 사회복지 재화와 서비스의 유형별 특성

복지국가가 국민들의 삶의 질 보장 및 개선 그리고 사회의 질 개선을 위해 생산 및 제공하는 재화와 서비스를 총칭하여 사회복지 재화와 서비스라고 부를 수 있지만 기본적으로 사회복지영역은 크게 사회보험과 공공부조 그리고 사회서비스영역으로 구분된다. 따라서 사회복지영역에서 제공되는 모든 재화와 서비스(사회보험, 공공부조 그리고 사회서비스영역에서 제공되는 현금 및 현물서비스(cash benefit/in-kind of benefit) 그리고 전문적 서비스를 사회복지 재화와 서비스라고 부르기로 전제한다면 사회복지 재화와 서비스는 크게 현금과 현물 그리고 (전문적)서비스로 구분될 수 있으며 모든 사회복지영역에서 현금과 현물 그리고 전문적 서비스가 혼용되어 제공되고 있다. 구체적으로 사회복지 재화와 서비스는 인간을 대상으로 제공되는 교육이나 의료 서비스 등과 같이 서비스 자체가 전문적인 대면기술이나 사례관리 등의 무형의 서비스와 음식이나 생활시설 같은 생계보호서비스나 시설보호 등의 현물서비스가 모두 사회복지 재화와 서비스에 포함된다. 연금이나 아동수당 등에서 제공되는 급여는 모두 현금서비스이다. 종합하여 사회복지 재화와 서비스를 구분하면 **현금서비스, 현물서비스 그리고 전문적 서비스** 등으로 구분될 수 있다. 사회복지의 영역별 재화와 서비스 구체적 특성은 아래와 같이 구분될 수 있다.

1) 사회보험

사회보험은 국민에게 발생할 수 있는 사회적 위험에 국가가 보험방식을 통해 대처함으로써 국민의 건강과 소득 등을 보장하는 제도이다(사회보장기본법, 제3조). 사회보험영역에서 사회복지 재화와 서비스는 주로 국민연금이 제공하는 현금과 건강보험이나 노인장기요양보험이 제공하는 전문적 서비스가 주종을 이룬다. 건강보험의 경우 제공되는 서비스는 의료서비스가 주종을 이루며 국민연금의 경우는 국민들의 노후소득을 보장하는 것이 제도의 목적이므로 현금서비스가 대표적인 서비스이다. 고용보험과 같은 경우는 실업급여와 같은 현금서비스와 함께 적극적 노동시장정책을 위해 일자리창출, 직업훈련이나 교육 등과 같은 전문적 서비스가 제공되기도 한다. 산재보험의 경우는 재해에 따른 소득상실의 보장이 주된 목적이므로 현금서비스가 주종을 이루며 노인장기요양보험과 같은 경우는 의료서비스와 돌봄서비스 등의 전문적 서비스가 주종을 이룬다. 또한 건강보험이나 노인장기요양보험에서 중증질환노인들을 위한 보호용구(예를 들어 휠체어나 기저귀 등)를 현물로 제공되는 경우도 존재한다. 따라서 사회보험에서는 현금 이외에 현물과 전문적 서비스가 사회복지 재화와 서비스로 제공된다.

2) 공공부조

공공부조는 국가와 지방자치단체의 책임하에 생활유지능력이 없거나 생활이 어려운 국민의 최저생활을 보장하고 자립을 지원하는 제도(사회보장기본법, 제3조)로 최저한도의 생활을 보장하기 위해 일정한 기준에 따라 현금(생계급여, 주거급여, 교육급여 등)이나 현물 그리고 서비스 등을 지원한다. 우리나라 공공부조제도는 대표적으로 국민기초생활보장법에 의해서 수급권자에게 제공되는 현금서비스와 의료보호법에 의해서 제공되는 의료서비스(전문적 서비스)로 크게 이원화된다. 2008년부터 제공되고 있는 기초노령연금은 나이와 자산이라는 기준을 충족시키면 현금서비스가 제공되는 공공부조적 성격과 기초소득의 성격을 띠는 현금서비스이다. 국민기초생활보장법에 따라 제공되는 저소득주민을 위한 취업교육 및 자활사업 등에서 제공되는 서비스 역시 대부분 전문적 서비스이다. 또한 공공부조제도의 수급권자인 저소득층 주민들에게 행정복지센터나 복지관 등에서 제공되는 쌀이나 김치 그리고 의복 등과 현물서비스도 존재함으로 공공부조제도에 의해서 제공되는 사회복지재화와 서비스는 현금, 현물 그리고 전문적 서비스가 혼합해서 제공된다는 특성을 지니고 있다.

3) 사회서비스

사회서비스는 국가·지방자치단체 및 민간부문의 도움이 필요한 모든 국민에게 복지, 보건의료, 교육, 고용, 주거, 문화, 환경 등의 분야에서 인간다운 생활을 보장하고 상담, 재활, 돌봄, 정보의 제공, 관련 시설의 이용, 역량 개발, 사회참여 지원 등을 통하여 국민의 삶의 질이 향상되도록 지원하는 제도이다(사회보장기본법, 제3조). 사회서비스영역에서 제공되는 재화와 서비스 역시 현금과 현물 그리고 전문적 서비스로 구분될 수 있다. 특히 전문적 서비스는 욕구를 가진 개별 국민들을 대상으로 이루어지는 돌봄(care service)서비스가 주종을 이룬다. 하지만 돌봄서비스 이외에도 심리안정 및 정서지원서비스, 개별상담 및 집단상담, 사례관리 등과 같은 전문적 서비스 그리고 국민들에게 필요한 재화(예를 들어 사적재로 공급되는 보청기나 휠체어, 귀저기 등)를 제공하는 현물서비스도 일부 포함된다. 모든 아동 및 청소년들에게 보편적으로 제공되는 무상급식도 대표적인 현물이다. 현금서비스로는 사회적 목적 실현을 위해 보편적 성격을 띠고 제공되는 아동수당과 장애수당 등이 있다. 특히 최근에 제공되는 사회서비스 바우처사업에서 제공되는 전자바우처는 명확한 현금은 아니지만 이용자가 지정된 액수만큼 서비스를 이용할 권리가 주어지므로 현금같이 사용할 수 있다는 특성을 지니지만 지정된 서비스와만 교환이 이루어지는 재화적 성격을 가지고 있다.

4. 사회복지 재화와 서비스의 재화적 성격

사회복지 재화와 서비스는 정도의 차이는 있지만 국가의 재정이나 국민의 기부금으로 지원된다는 특징을 갖는 공공성의 실현 및 공공의 이익실현을 위해 제공되는 공공재이자 국민들의 사회문제해결 및 삶의 질 향상 등과 같은 사회적 목적 실현을 위한 사회재이고 연대, 공동체, 사회포용 등과 같은 사회적 가치실현을 위해 제공되는 가치재이다. 사회복지 재화와 서비스는 공공영역에서 공공부조, 사회보험 그리고 사회서비스제도를 통해 제공되며 제3부문 조직으로부터는 사회적 목적성취와 사회적 가치실현을 위해 각종 사업이나 프로그램을 통해 제공되는 재화나 서비스이다.

국민기초생활보장제도에 의해서 제공되는 **생계급여**는 대표적인 현금서비스이지만 신청주의와 선별주의에 의해 자산조사를 통해 급여자격을 심사하여 서비스를 제공하므로 배제성을 띠고 있고 국가 전체적으로 서비스가 제공되어 급여자격을 획득하고 있으면 누구에게나 서비스가 제공되므로 소비에 있어 경쟁이 없는 공공재이면서 지역에 국한되지 않으므로 국가공공재적 성격을 띤다. **장애수당** 역시 지역에 국한되지 않고 국가 전체적으로 장애등급 판정을 받은 장애인에게만 현금서비스혜택을 제공하므로 배제성을 갖지만 일단 장애등급(경증)판정을 받으면 소비에 경쟁 없이 누구나 일정한 현금혜택을 제공받으므로 국가공공재적 성격을 나타낸다. **국민연금**에서 제공되는 현금서비스(노령연금) 역시 자신이 지불한 기여금이 있어야 혜택을 받으므로 배제성을 갖는 서비스이지만 국가 전체적으로 연금가입자에게는 특정금액의 연금을 지불하는 소비에 경쟁이 없는 국가공공재적 성격을 갖는다.

우리나라에서 65세 이상 노인들에게 제공되는 기초연금(기초노령연금)은 외국에서 제공되는 기초소득(basic income)과는 차이가 있다. 예를 들어 유럽(예를 들어 프랑스의 경우)에서 제공되는 기초소득은 자격기준 없이 모든 국민들에게 일정액의 혜택을 제공하는 것으로서 경쟁도 없고 배제도 없는 순수공공재적 성격을 강하게 내포한다. 하지만 우리나라의 기초(노령)연금은 자산조사를 거친 노인으로만 대상을 제한하고 있어 배제성을 갖는 국가공공재적 성격의 현금서비스이다. 고용보험에 의해 제공되는 실업급여 그리고 산업재해보상법에 의해 제공되는 산재보험급여 등은 현금서비스이지만 직장에 소속되어 있어야 서비스를 제공받을 수 있으므로 배제가 있는 클럽(또는 지역)공공재적 성격을 띤다.

전문적 서비스로서 가장 대표적인 것이 노인장기요양보험과 건강보험에서 제공되는 돌봄 및 의료서비스이다. 의료서비스는 지역에 한정되지 않고 누구에게나 동일한 의료서비스를 제공하는 국가공공재이지만 소정의 기여금(본인부담금)을 납부하지 않으면 서비스가 중단될 수 있으므로 배제적 성격을 갖는 클럽공공재(즉, 요금을 지불한 집단에게만 서비스가 제공되는 요금재)라고 할 수 있다. 또한 의료시장이 활성화되어 있음으로 개인사업자(개업의사)에 의해서 사적재로서의 의료서비스를 구매할 수도 있다.

사회서비스사업 중 하나인 지역사회서비스투자사업의 아동학습지원서비스나 지역종합사회복지관에서 저소득 독거노인이나 장애인들에게 제공하는 도시락배달서비스는 전문적 서비스이거나 현물서비스로서 아동학습지원서비스는 아동학습능력향상을 위한 학습지원 및 정서함양을 위한 전문적 서비스가 제공되고 도시락배달서비스는 가정에 고립되어 있는 노인이나 장애인에게 식사를 가정으로 배달하여 주는 현물서비스이다. 학습지원과 도시락배달은 사적재적 성격을 갖지만 특정 지역의 주민들에게 사회적 목적(예를 들어 도시락배달서비스의 경우 고독감제거 및 최소 영양상태 유지)을 가지고 제공되는 서비스로서 지역공공재와 사회적 목적을 가진 사회재이고 가치재적 성격을 담고 있다. 정서적 지지서비스 역시 민간 심리상담소에서도 제공되는 사적재와 동일한 성격을 가질 수 있지만 지역공공재적 성격과 특정 사회적 목적(자존감 및 사회성향상)을 실현하기 위하여 제공된다는 측면에서 역시 사회재 또는 가치재적 성격을 나타내는 사회적 목적을 가진 사회재로 구분할 수 있다. 특히 학습지원서비스나 정서적 지지서비스는 서비스대상자뿐만 아니라 대상자 가족 나아가 지역사회에게도 긍정적인 외부효과를 가져다주는 사회재이다.

제3부문에 해당되는 사회복지관과 같은 사회복지법인운영 조직이나 비영리 자발적 시민조직들이 제공하는 사회적 목적 및 사회적 가치실현을 위해 제공되는 대부분의 사회복지 재화나 서비스의 경우 역시 대부분 현물이나 전문적 서비스로서 사회재이자 가치재이다. 하지만 모든 국민들에게 공동으로 제공되는 것이 아니라 특정 지역에 거주하여야 하며 일부 서비스의 경우는 기준에 부합하여야 서비스가 제공되는 지역공공재 및 클럽공공재적 성격을 띤다. 예를 들어 노인종합복지관에서 서비스를 제공받기 위해서는 회원으로 가입하여야 하며 일부 서비스의 경우는 참가비(또는 수업료)도 납부하여야 한다.

사회서비스의 한 유형인 보육서비스는 대표적인 대인 돌봄 서비스(personal care

service)로서 국가가 제공하는 대표적인 공공재적 성격을 나타내는 서비스이다. 즉, 보육서비스는 지역에 구분 없이 전체 국가의 국민을 대상으로 보육서비스가 필요한 모든 가정에 제공되어야 하는 국가공공재적 성격을 나타낸다. 거동이 불편한 장애인이나 노인에게 제공되는 이동목욕서비스의 경우 민간시장에서 제공되는 이동목욕서비스는 과소소비로 인해 존재하지 않으므로 시장에서 구입할 수 없는 공공재적 성격을 갖는 현물서비스이다. 즉, 이동목욕서비스는 민간이 서비스를 제공하는 경우 서비스단가가 맞지 않아(서비스이용자 수의 부족에 비해 노동 강도가 높고 이용시설의 단가가 높음) 이윤을 추구하지 않는 국가나 제3부문 조직이 서비스를 제공하여야 하는 공공적 특징을 갖는 서비스로서 예산과 목욕차량 등에 제한이 있어 원하는 모든 사람이 서비스를 제공받을 수 없는 경쟁적 성격을 갖고 특정 지역에만 서비스가 이루어지므로 지역공공재적 성격을 갖는다. 이는 일부 지자체에서 시행하고 있는 대중목욕탕운영사업도 같은 이치이다. 지자체가 자체 재정을 투입하여 책임을 갖고 기획하고 제공하는 모든 사회서비스사업은 해당 지역에서 서비스가 제공됨으로 지역공공재적 성격을 띠는 서비스이면서 지역주민들의 삶의 질 향상이나 사회적 위험으로부터의 예방이나 문제해결이라는 사회적 목적 실현과 사회적 가치 지향적 성격을 갖는 사회재이자 가치재이다.

노인돌봄서비스사업이나 중증장애인활동지원사업, 산모·신생아돌보미 사업 그리고 가사·간병서비스 등에서 제공되는 돌봄서비스는 국가가 사회적 목적(돌봄의 사회적 책임에 따른 국가적 책임강화 등)을 실현하기 위하여 제공하는 긍정적 외부효과가 매우 큰 사회재이면서 시민의 권리 보전을 위해 전체 국가에서 제공하는 국가공공재적 성격을 갖는 국가공공재이고 사회서비스제공을 통한 삶의 질 향상이라는 사회적 목적을 가지는 가치재의 성격을 갖는다. 하지만 예산이 제한적이므로 소비에 제한이 있는 경쟁적 성격을 갖는 국가공공재라고 할 수 있고 본인부담금이 있는 경우 요금재적 성격을 갖는다. 특히, 가사간병이나 산모·신생아 돌봄서비스 등은 사적재로서 시장을 통해서도 공급되는 경우도 존재한다. 이 경우 서비스의 이용은 순전히 개인의 부담지불능력에 의존한다.

특정 사회복지 재화와 서비스는 민간시장에서 생산 및 제공이 이루어지지 않아 순수공공재적 성격을 갖지만 특정 집단에게만 서비스가 제공되어 배제성을 가지고 있어 지역공공재적 성격을 나타내며 일부 서비스는 요금을 징수하므로 요금공공재 또는 지역공공재의 성격을 나타낸다. 또한 특정 서비스 즉, 가사간병이나 돌봄서비스 등은 시장에서 교환이루어지는 사적재도 존재하지만 사회서비스사업으로 제공되는 경우 국가가 재정을 공급하고 사회적 목적을 가지고 제공되어 사회적 목적을 가진 사회재라고 분류할 수도 있다.

또한 국가재정의 한계로 인하여 특정 사회복지 재화와 서비스는 집단구성원 사이에 경쟁이라는 속성을 가지고 있는 경우도 존재한다(예를 들어 예산이 정해져 있고 이용할 국민은 많은 경우 제한된 예산의 범위에서 서비스를 제공하기 위해 우선순위라는 기준을 설정하는 경우도 있다). 특히 사회복지 재화와 서비스는 대부분 이용자 이외에 가족이나 지역주민 나아가 국민들에게 번영과 행복 그리고 정부 및 사회에 대한 신뢰와 공동체성 등을 가져다주는 복지외부효과라는 긍정적 외부효과를 창출한다.

결국 사회재와 공공재적 성격을 갖는 사회복지 재화와 서비스는 시장에서 공급이 이루어지든 아니면 제3부문의 제공기관이나 국가에 의해서 공급이 일어나든 국가가 기획하는 사회재이자 가치재라고 분류할 수 있다. 또한 국가에 의해 이용자재정지원방식[46]으로 제공되는 서비스는 많은 경우 시장에서 교환이 이루어질 수 있는 사적재적 성격을 가지고 있지만 국가가 특정한 사회적 목적이나 가치를 유지하기 위해 기본적으로 국가재정을 제공한다는 점에서 이용자들이 수요를 창출하든 아니면 제공기관이나 국가가 수요를 창출하든 배제와 경쟁의 성격을 가지고 있는 사회재이자 가치재이다.

46) 이용자재정지원방식은 이용자들에게 현금이나 바우처 등과 같이 재화나 서비스를 교환을 할 수 있는 증서를 제공하여 이용자들이 제공기관이나 서비스를 선택할 수 있도록 하는 재정지원방식을 의미한다.

제 9 장

복지자본주의의 생산과 소비

복지자본주의의 생산 및 소비방식은 사적재를 생산하는 경제적 생산 및 소비방식과 공공재나 사회재를 생산 및 소비하는 사회적 생산 및 소비방식으로 구분된다. 국민의 기본적 생활안정을 위해 반드시 필요한 재화나 서비스를 생산하는 사회적 생산을 통해 국민들에게 필요한 생산물이 제공되면 국민들은 필요한 재화나 서비스를 소비하여 사회적 소비가 이루어진다. 또한 경제적 생산을 통해 국민이나 기업들은 부를 축적하며 부의 축적은 곧 경제성장의 토대로 작동함으로 경제적 생산 역시 중요한 생산방식임에 틀림없다. 국민들은 자신의 지불능력에 따라 자유의 의지로서 사적재를 소비함으로 경제적 소비가 이루어진다. 본 장에서는 복지자본주의를 움직이는 생산 및 소비방식인 경제적 생산과 소비 그리고 사회적 생산과 소비 그리고 복지자본주의에서 이루어지는 사회복지 재화와 서비스의 생산 및 소비방식에 대해 집중적으로 다룬다.

제 1 절 사회적 생산과 소비

1. 사회적 생산이란?

사회적 생산이란 생산의 목적이 사회적이라는 것을 나타낸다. 즉, 사회적 생산은 "**시장을 통해 개인적으로 소비하고 개인적으로 이윤을 창출하기 위한 생산이 아니라 사회적 목적을 성취하기 위한 생산**"을 나타낸다. 따라서 시장을 통해서 이루어지는 경제적 생산을 의미하지 않는다. 즉, 개인적으로 소비하고 개인적으로 이윤을 창출하기 위한 생산이 아니라 사회적 목적을 성취하기 위한 생산이라는 점이 강조된다. "사회적" 이라는 의미를 앞에서 설명한 바와 같이 인간사회를 구성하는 사회구성원이 함께 잘 살아가기 위한 인간관계의 실현이나 인간상호관계의 재생산 또는 사회 안에서 생산과 재생산을 위해 상호호혜를 바탕으로 하는 인간관계의 실현이라고 해석한다면 사회적 생산은 "**사회 안에서 인간 상호행동에 기초하여 사회구성원들이 함께 더불어 잘 살아가기 위한 생산**"이라고 정의할 수 있다(지은구, 2018).

Polanyi(2001)가 언급한 바와 같이, 사회적이라는 의미가 상호호혜와 재분배의 규범을 나타낸다면 이는 곧 사회적이라는 개념이 인간들이 상호간에 도움을 주고받는 나아가 분배 및 재분재의 행동기준을 나타낸다는 것을 의미한다. 따라서 분배의 몫이 특정 개인에게만 이루어지는 것은 사회적아라고 할 수 없다. 상호호혜와 재분배를 위한 행동의 기준이나 규칙으로 사회적이라는 의미를 해석하며 사회적 생산은 곧 생산 자체자 재분배를 위한 생산이어야 하고 상호호혜를 기본으로 이루어지는 생산을 나타낸다. 또한 폴라니의 사회적이라는 개념을 사회재라는 의미에 적용하여 보면 사회재는 곧 "**상호호혜와 재분배를 위해 생산되고 공급되는 재화와 서비스"가 곧 사회재**가 된다.

사회적 생산기능이론(social production function theory)을 제시했던 Lindenberg (1986, 1991; Lindenberg and Frey, 1993)는 심리학과 경제학을 토대로 하여 사회적 생산을 정의하였는데 그에 따르면 사회적 생산은 "**인간이 그들에게 직면한 제한과 자원들 안에서 인간의 보편적 목적을 성취하기 위해 노력함으로써 그들의 번영을 생산하는 것**"이다 (지은구, 2018). 여기서 인간의 보편적 목적은 바로 인간들이 한 사회 안에서 함께 번영하는 것 또는 함께 잘 사는 것이라고 이해할 수 있다. 따라서 인간상호관계에 기초하여 함께 번영하지 못하도록 하거나 더불어 잘 살 수 없도록 하는 또는 인간의 보편적 목적에 반하는 각종 사회불평등구조는 모두 사회적 생산을 통해서 수정되어야 하는 대상이 될 수 있다. 즉, 교육의 사회적 생산은 모든 국민들이 형평한 교육기회를 통해 교육의 불평등을 개선하기 위한 생산을 의미할 수 있으며 이는 곧 공공재나 사회재로서 공교육강화로 나타나고, 건강의 사회적 생산은 건강보호에 대한 불평등 해소 즉, 소득격차에 기인하는 건강불평등을 개선하기 위한 생산이나 노력을 의미하는 것으로 이해할 수 있으며 이는 곧 공공재나 사회재로서 보편적 의료서비스보장성강화로 나타난다. 생산이 한 줌의 자본가를 위한 자본축적을 의미하지 않고 불평등을 바로잡고 건강한 사회를 만들기 위한 사회적 생산을 의미하는 것이라면 생산은 곧 '**사회적 생산**(social production)'이 되며 사회적 생산은 복지자본주의가 발전하는데 있어 물질적 조건이자 토대가 된다.

생산의 경제학적 배경은 축적을 위한 생산과 축적의 수단인 시장에 대한 분석에 기초한다. 자유주의 그리고 신자유주의경제학에서 생산은 곧 부의 생산을 의미하며 부의 생산은 곧 자본축적을 의미한다. 부의 생산을 위해 가장 강력한 도구이자 기구로서 시장

(market)이 작동하게 됨으로 시장은 곧 부의 생산을 위한 중심수단이 된다. 또한 신자유주의경제학에서 부의 생산은 곧 개인적 부의 생산을 의미하고 개인의 만족이나 개인의 원함(wants)을 충족시키기 위해 생산을 하게 됨을 강조한다. 개인의 만족이나 원함을 충족시키기 위한 생산활동은 곧 시장을 통해서 이루어지며 시장에서 개인들은 자신이 원하는 것을 충족시키기 위하여 타인과 경쟁을 하게 되고 경쟁을 통하여 이익을 충족시킨 개인은 시장에서 살아남고 경쟁에서 뒤쳐진 개인은 시장에서 배제된다. 이것이 곧 자본주의 시장경제의 **사회배제작동메커니즘**이다(지은구, 2018).

사회적 생산은 사회적 원함이나 사회적 욕구에 따른 분배 및 자원의 재할당을 강조한다. **사회적 욕구**(social needs)는 사회적으로 반드시 있어야 할 것 또는 반드시 충족되어야 하는 것을 의미하며 없거나 충족되지 못하면 사회구성원들의 삶이나 번영 그리고 사회의 질이 보장되지 못하는 것을 나타낸다. 따라서 사회적 욕구가 충족되지 못하면 사회구성원들의 삶의 안정 및 보장이 확보되지 못함으로 사회적 생산은 사회구성원들이 반드시 필요하지만 가지지 못하는 것을 생산하여 제공함으로 국민 개인의 번영 및 삶의 질 나아가 사회복지의 증진에 반드시 필요한 생산이 된다.

또한 사회적 생산은 복지국가의 발전 및 복지자본주의의 발전을 위해서 생산되는 공공재 및 사회적 가치를 실현시키기 위해서 생산되는 사회재와 가치재를 생산하는 것을 의미한다. 국민들에게 사회적 목적을 위해 생산되는 사회적 생산으로서 공공재와 사회재 그리고 가치재로서의 사회복지서비스는 국민들의 사회의 질을 향상시킨다. 즉, 사회복지 재화와 서비스는 정부나 제3부문에서 제공되는 사회재이며 사회적 가치를 실현시키기 위해 제공되는 가치재임으로 이러한 사회복지 재화와 서비스의 공급 및 소비를 통해 복지국가 및 복지자본주의는 발전되고 국민들의 삶의 질 그리고 나아가 사회의 질의 수준은 향상된다.

사회적 생산	• 사회 안에서 인간상호행동에 기초하여 사회구성원들이 함께 더불어 잘 살아가기 위한 생산 • 자본가에 의해 이윤창출을 목적으로 시장에서 교환이 이루어지고 이윤이 창출되는 생산이 아니며 국가가 재정을 투입하여 국민들의 생활안정을 위해 창출하는 생산이고 이윤을 창출하지 않는 생산 • 사회적 욕구를 충족시키기 위한 생산 • 사회 불평등을 바로잡고 건강한 사회를 만들기 위한 생산을 의미 • 사회적 생산은 분명한 사회적 가치지향성과 사회적 목적을 갖는다.

2. 사회적 생산의 장점

사회적 생산의 장점은 다음과 같이 지적될 수 있다.

첫째, 사회적 생산은 경제적 생산과 달리 과소생산과 과소소비로부터 자유롭다. 필요한 만큼 생산할 수 있으며 필요한 만큼 소비가 가능하다. 이는 곧 소비가 적어도 국민들에게 필요한 재화나 서비스이면 반드시 생산이 이루어짐을 나타낸다.

둘째, 사회적 생산은 생산에서 경쟁보다는 협력이 강조됨으로 불필요한 거래비용이 줄어든다. 경쟁을 위해 필요하지도 않은 거래비용(광고나 홍보 등)은 불필요하며 적재적소에 사회적 상품이 사회재를 제공하는 기관들이 협력과 조정을 통해 필요한 만큼의 재화와 서비스를 공급함으로 불필요한 관리비용이나 서비스 중복 등은 발생하지 않는다.

셋째, 이용자들은 사회적 생산을 통해 제공되는 사회재에 대한 선택이나 소비에서 지불능력이 아닌 욕구기반할당 그리고 형평한 할당 등이 강조됨으로 차별과 배제로부터 자유롭게 소비를 즐길 수 있다.

넷째, 사회적 생산은 경제적 생산과 달리 사회자본형성과 사회적 위험해소에 생산의 목적이 영향을 받음으로 이를 소비하는 국민들에게는 신뢰와 공동체성이 강화될 수 있다.

사회적 생산을 통하여 생산된 상품 즉, 재화와 서비스는 곧 사회적 생산물로서 경제적으로 표현하면 사회적 생산물은 곧 사회재가 된다. 가장 대표적인 사회적 생산물은 사회복지 재화와 서비스이다. 즉, 국민들의 복지욕구를 충족시키고 사회문제로부터 예방하며 사회적 위험을 극복할 수 있도록 돕는 사회복지 재화와 서비스는 대표적인 사회적 생산물이 된다.

사회적 생산물	• 사회복지 재화와 서비스는 자본주의 시장경제가 만들어낸 불평등과 사회적 배제를 조정하는 사회적 가치재 또는 공공재적 성격을 강하게 띤, **사회적 생산(social product)과정을 통해 산출된 "사회적 생산물"이다.**

3. 사회적 생산의 한계

사회적 생산은 사회적 목적 실현을 위한 생산임으로 경제적 부의 창출이나 이익의 실현을 목적으로 하는 경제적 생산과 비교하면 명확한 한계가 있고 제한적이다. 비영리조직(제3부문)이나 국가(제1부문)가 사회적 생산을 통해 생산된 생산물을 이를 필요로 하는 국민들에게 제공하는 것은 기업이나 개인의 이익이 아니라 공공의 이익 실현 나아가 사회적 위기 해결이나 삶의 안정과 또는 생활의 질 향상 그리고 연대성 고취와 공동체성 함양 등을 목적으로 함으로 사회적 생산을 통한 경제부흥이나 경제성장이 목적이 아닌 사회 및 구성원의 안정과 번영이다. 사회적 생산은 주로 정부(국가)와 제3부문 조직이 창출함으로 사회적 생산을 통한 생산물의 양은 제한적이고 그 영역도 협소하다고 할 수 있다. 자본주의경제체제에서 제2부문 즉, 경제적 생산을 책임지는 시장조직은 대부분의 국가에서 제1부분, 제2부문 그리고 제3부문의 조직들을 모두 합친 중에서 GDP에서 차지하는 비중이 60%-70% 이상을 차지하고 있어 경제적 생산은 사회적 생산에 비해 생산의 양과 영역이 광대하다고 할 수 있다. 대부분의 유럽국가나 북미국가에서 제3부문이 국내총생산(GDP)에서 차지하는 비중은 10% 전후이다. 예를 들어 캐나다는 2008년을 기준으로 제3부문이 창출한 생산비중은 GDP 대비 약 7.8%이고 2015년을 기준으로 미국은 5.4%를 차지한 것으로 나타났다(Policy Research Initiative. 2005). 스페인의 경우는 제3부문이 차지한 비중이 다른 국가들에 비해 상대적으로 높은데 2015년을 기준으로 GDP대비 약 12%의 생산 비중을 나타내었다(European Economic and Social Committee, 2012).

영리조직 중심의 경제적 성장이 원활히 이루어지기 위해서는 국민 및 사회의 안정이 필수적임으로 사회적 생산은 경제적 성장을 위한 토대라고 할 수 있다. 고용성장이나 경제성장은 일반적으로 경제적 생산이 성취하려는 또는 강조하는 목적이다. 경제적 생산의 토대가 미약하거나 부실하다면 이에 상응하여 사회적 생산의 토대 역시 부실할 수밖에 없다. 비영리 및 국가에 의해 주도되는 사회적 생산은 대부분 국가재정을 통해 이루어지며 국가재정은 곧 경제적 성장과 함께 증대한다. 경제상황이 어렵게 되면 경제가 위축되고 이는 곧 경제적 생산을 위축시키며 저성장, 실업, 나아가 시장의 실패와 소득불안 및 불평등 등을 불러온다. 따라서 경제와 복지가 선순환관계에 있는 것과 같이 경제적 성장과 사회적 생산은 선순환관계에 있다.

하지만 사회적 생산을 통하여 복지자본주의가 제공하는 사회복지 재화와 서비스만으로는 빈곤 및 실업 등과 같은 전통적인 자본주의 국가의 문제뿐만 아니라 지속적으로 확대하고 복잡화하는 사회문제와 저출산, 고령화와 같은 신사회적 위험에 대응하는 것이 어려우며 증가하는 사회서비스에 대한 국민들의 욕구에 대처하는 것이 불가능하다. 복지자본주의는 국가중심의 사회적 생산을 통하여 이 모든 문제를 해결하지 못하므로 제3부문 특히 사회경제조직이나 비영리조직과 함께 사회복지서비스를 제공하기 위해 노력하고 있지만 이 역시 제한적이다. 날로 증가하는 사회문제의 다양화와 복잡화 그리고 국민들의 복지욕구 증대는 시장을 통한 해결 즉 경제적 생산만으로 또는 국가중심의 사회적 생산만으로는 극복하기 어려우므로 **경제적 생산과 사회적 생산을 혼합하는 생산방식의 전환이 필요**하다. 경제적 생산만을 강조하면 사회적 배제와 불평등과 차별은 확대되며 사회적 생산만을 강조하여도 국민의 다양하고 복잡한 욕구를 해결하는 것이 불가능하다.

복지자본주의의 사회정치체제인 복지국가가 발전하면서 일차적인 혜택의 대상자들은 선택적 혜택에서 보편적 혜택의 시대로 발전하여 혜택의 대상이 모든 국민들로 확대되었지만 역사적으로 가장 우선적인 혜택의 대상자들은 빈곤층을 포함한 사회소외계층이었다. 즉, 사회중심부에 있는 국민들이 아닌 사회에서 배제되고 차별받는 주변부에 있는 국민들이었다. 따라서 **일차적인 복지국가의 기능은 사회소외계층에게 사회적 안전망을 제공하는 것이었다고 할 수 있으며 이를 위해 사회적 생산이 강조되고 발전하였다**. 복지국가가 보편적 혜택을 강화하고 있지만 여전히 사회적 생산의 혜택은 모든 국민들에게 제공되기 보다는 사회소외계층에 제공되고 있다. 즉, 사회적 생산의 수혜자가 모든 국민이라고 보기 어렵다. 또한 사회적 생산은 보편성과 연대성에 기반하고 자원의 할당에 있어 형평성을 강조함으로 개별화된 즉, 자신만을 위한 재화와 서비스를 제공받기를 원하는 국민들의 욕구를 충족시키기에는 한계가 존재한다.

결국, 위와 같은 사회적 생산의 한계는 곧 경제적 생산에 대한 개입의 필요성은 증대하고 있으며, 사회적 생산을 지속적으로 확대하고 보완하여 국민들의 삶의 질을 개선하고 사회를 보다 건강하고 공평한 사회로 나아가도록 하는 방안이 필요함을 의미한다.

4. 사회적 소비

사회적 소비는 소비가 집단적이고 사회적으로 이루어지는 소비의 사회화를 의미하며 사회적 생산물에 대한 소비를 나타낸다. 특히, 사회적 소비란 사회적 목적 실현을 위해

제3부문 조직이나 국가를 통해 생산된 재화와 서비스가 **국민복지 향상을 위해서 집단적으로 이루어지는 소비**를 나타내며 사회적 시장에서 생산되는 사회적 생산물(특히, 복지재화와 서비스)을 소비하여 국민들은 **노동력을 보존하며(노동의 재생산 및 노동의 탈상품화)** 가족을 재생산하고 국민들의 생활안정 및 삶의 질이 개선되어 국민복지는 향상된다. 사회적 소비의 특성을 살펴보면 아래의 표와 같다.

사회적 소비	• 사회적 목적 실현을 위해 제3부분 조직이나 국가의 재정을 통해 생산된 재화와 서비스가 국민복지향상을 위해서 이루어지는 소비 • 국민 삶의 질 향상을 위한 소비 • 국민들의 사회배제현상을 개선하고 노동력을 재생하여 노동력을 보전하고 재생산하는 소비이자 가족재생산을 위한 소비 • 노동력을 탈상품화하기 위한 소비 즉, 국가나 제3부문에서 제공되고 생산되는 생산물을 소비하는 것

■ 사회적 소비의 장점

사회적 소비는 사회적 생산에 의해 동반되는 소비를 나타내며 사회적 소비의 장점은 다음과 같이 지적될 수 있다.

첫째, 사회적 소비는 지불능력에 따른 소비가 일어나지 않아 소비에 있어 차별 및 배제가 발생하지 않는다.

둘째, 사회적 소비는 개인의 번영과 삶의 안정 및 가족 유지와 재생산 그리고 전체 사회의 유지와 발전 등의 사회적 재생산에 도움을 준다.

셋째, 사회적 소비는 노동력 재생산 및 개개인들의 탈상품화가 가능하도록 함으로 사회적 참여활동 및 개인의 역량강화 등에 더 많은 노력을 기울이게 하여 복지사회 및 참여민주주의발전에 기여한다.

넷째, 사회적 소비는 집단적으로 이루어짐으로 사회적 소비가 확대되면 소비되는 생산물(재화와 서비스)이 많아짐으로 이를 다시 생산하기 위한 경제적 생산유발효과를 가져다주어 생산과 소비가 선순환관계를 이루도록 한다. 즉, 사회적 소비는 경제활성화를 위한 토대로 작동한다.

다섯째, 사회적 소비는 과소소비의 문제로부터도 자유롭다. 즉, 국민의 삶의 향상 및 복지증진을 위해 제공되는 재화와 서비스에 가격이 책정되지 않거나 낮은 가격으로 제공됨으로 재화와 서비스를 국민들은 필요에 의해 소비할 수 있다.

5. 사회적 시장과 사회적 생산 및 사회적 소비

제1부문인 국가 및 제3부문인 비영리 및 사회경제조직이 창출하는 사회적 시장은 경제적 시장과는 달리 사회적 가치실현을 위해서 제공되는 재화와 서비스가 교환되는 장소이다. **사회적 시장**은 경제적 생산보다는 사회적 생산을 그리고 국민들의 생활안정을 위한 분배 및 자원의 재할당을 강조한다. 사회적 생산은 앞에서 설명한 바와 같이 국민들의 생활안정 및 복지수준을 강화하고 사회의 질을 충족시키기 위한 생산이다. 즉, 사회적 생산은 국민들의 생활안정 및 복지수준을 강화하기 위해 생산되는 공공재 및 사회적 가치를 실현시키기 위해서 생산되는 사회재와 가치재를 생산하는 것을 의미한다. 국민들에게 사회적 목적을 위해 생산되는 사회적 생산으로서 공공재와 사회재 그리고 가치재로서의 사회복지 재화와 서비스는 국민들의 생활안정 및 사회의 질을 향상시킨다. 또한 공공재와 사회재로서 사회복지 재화와 서비스는 탈상품화를 위해 제공되며 사회적 시장에 의해서 조정되고 관리된다(Herrmann, 2012). 사회적 시장에서는 국민들의 탈상품화를 위해 사회적 시장의 작동원리인 사회적 소비 및 분배를 목적으로 하는 재화와 서비스의 교환이 이루어진다. 사회적 시장에서 사회적 생산과정을 통해 만들어진 재화와 서비스의 교환이 이루어지면 특정 재화나 서비스에 대한 생산 및 분배가 국민들에게 적절한 수준에서 교환될 수 있는 것이 곧 **사회적 시장의 작동 메커니즘**이다. 즉, **사회적 시장 작동 메커니즘은** 사회적 시장에서 국민들이 사회적 위험으로부터 벗어나 안정적인 삶을 유지할 수 있도록 하는 공공재나 가치재 그리고 사회재의 생산 및 제공이 균형과 형평 그리고 적절성 등의 기준으로 분배되도록 하는 작동방식을 설명한다.

사회적 시장은 곧 분배와 소비의 동등한 중요성을 강조하는데 여기서 소비는 단순한 상품의 소비나 생산으로 전환되지 않는 소비가 아닌 가족 및 노동력 나아가 사회재생산을 위한 소비이므로 **생산적 소비**(productive consumption)라고 규정할 수 있다. 특히, 국민들의 노동력은 소비를 통해 재생산됨으로 **노동력 재생산이라는 측면에서 사회적 소비는 생산적 소비**이다. 사회재와 공공재는 분배와 생산적 소비를 목적으로 사회적 시장을 통해 제공되며 사회적 시장을 통해 제공되는 사회재와 공공재의 소비는 사회의 질의 수준을 향상시키므로 사회적 시장에서 제공되는 사회적 생산과 사회의 질은 밀접한 관계를 가지고 있다고 할 수 있다. 특히, 사회복지 재화와 서비스는 국가에 의해서 제공되는 공공재이고 특정 개인의 만족이 아닌 모든 국민들에게 안전하고 건강한 삶을 목적으로 제공되는 목적재이자 사회적 시장에 의해서 제공되는 사회재이며 사회적 가치를 실현시키기 위해 제공되는 가치재이므로 이러한 사회복지 재화와 서비스의 소비를 통해 국민 개개인 및 전체 사회의 질의 수준은 향상된다.

제 2 절 경제적 생산과 소비

1. 경제적 생산

통상 자본주의경제영역에서 우리가 알고 있는 생산이라는 개념은 경제적 생산을 의미한다. 경제적 생산은 이윤창출을 목적으로 시장에서 개인이나 민간기업을 통해 이루어지는 생산이며 시장을 통해 이루어지는 소비를 동반한다. 즉, 민간기업은 시장에서 이윤창출을 목적으로 생산을 하므로 더 많은 이윤을 창출하기 위해 높은 생산성을 강조한다. 생산성(productivity)이라는 개념은 생산의 효율을 나타내는 개념으로 생산에 들어간 자본이나 노동 등의 생산요소의 투입량과 생산된 생산물 양(산출량)의 비율을 나타내며 일반적으로 투입량보다 산출량이 높아야 이윤이 창출됨으로 민간기업은 항상 생산성을 높이기 위해 노력하게 된다.

경제적 생산의 배경은 이윤 또는 자본축적을 위한 생산과 축적의 수단인 시장에 대한 분석에 기초한다. 자유주의 그리고 고전파 및 신고전파경제학에서 생산은 곧 부의 창출을 의미하며 부의 창출은 곧 자본축적을 의미한다. 경제적 생산을 통한 부의 창출을 위해 가장 강력한 도구이자 기구로서 시장(market)이 작동하게 되므로 시장은 곧 경제적 생산 및 부의 창출을 위한 중심수단이 된다. 또한 신고전파경제학에서 부의 창출은 곧 개인적 부의 창출을 의미하고 개인의 만족이나 개인의 원함(wants)을 충족시키기 위해 생산을 하게 됨을 강조한다. 개인의 만족이나 원함을 충족시키기 위한 경제적 생산 활동은 곧 시장을 통해서 이루어지며 시장에서 개인들은 자신이 원하는 것을 충족시키기 위하여 타인과 경쟁을 하게 되고 경쟁을 통하여 개인의 이익을 충족시킨다. 경제적 생산의 장점은 자본주의경제체제의 물질적 성장의 기반인 부의 성장을 갖다 준다는 점이지만 부의 집적과 집중을 특정 계층에게만 허락한다는 점에서 한계를 갖으며 이는 곧 **생산의 양극화**를 나타내준다.

경제적 생산	• 이윤창출을 목적으로 시장에서 개인이나 민간기업을 통해 이루어지는 생산 • 시장을 통해 이루어지는 소비를 동반 • 생산성(productivity): 생산의 효율을 나타내는 개념으로 생산에 들어간 자본이나 노동 등의 생산요소의 투입량과 생산된 생산물 양(산출량)의 비율

2. 경제적 소비

자본주의 경제체제에서 이루어지는 모든 경제적 생산을 통해 이익이 창출되어 부가 축적되고 부의 축적을 위해 생산이 증가함으로 부의 축적과 경제적 생산은 밀접한 연관을 갖는다. 경제적 생산을 통해 상품화된 재화와 서비스는 곧 국민 개개인들이 원하는 상품으로 소비됨으로 경제적 생산은 또한 경제적 소비를 동반한다. 경제적 소비는 일반적으로 소비라고 불려지며 '경제적 생산을 통해서 산출된 생산물을 소비하는 것'을 경제적 소비라고 할 수 있다. 따라서 경제적 소비를 통해 생산은 증대될 수 있으며 이는 곧 성장과 일자리창출에 긍정적으로 작동한다.

경제적 생산과 경제적 소비는 자본주의경제체제의 작동을 위한 기본적 토대가 되지만 경제적 생산은 자본의 이익축적을 통한 개인적 부의 축적 나아가 기업의 발전과 경제적 성장을 그리고 경제적 소비는 생산을 위한 토대로서 지불능력에 따라 상이하게 이루진다는 점에서 사회적 생산이나 사회적 소비와는 차이가 난다. 모든 경제적 생산물을 모든 국민들이 경제적 지불능력에 따라 적절하게 할당을 받고 소비를 할 수 있다고 한다면 사회적 생산물의 발전과 사회적 소비의 증대는 당연히 발전할 이유가 없다. 경제적 생산물을 소비하기 위해서는 반드시 시장에서 지불능력의 원칙에 따라야 한다는 점에서 **소비의 양극화**를 가져다주는데 이는 곧 경제적 소비가 지불능력에 의존함으로 시장을 통한 소비는 곧 자원할당 및 분배의 불균형을 발생시키고 이는 곧 소비의 양극화를 넘어 특정 집단의 국민들이 경제적 소비로부터의 배제되도록 하는 사회배제가 발생하도록 한다. 즉, 경제적 소비가 개인의 노동력상품화에 따른 지불능력원칙에 의해 작동하는 한 곧 경제적 불평등을 가져다주는 작동기제가 된다.

3. 복지자본주의의 사회적 생산과 경제적 생산

복지자본주의의 생산방식은 크게 경제적 생산방식과 사회적 생산방식의 혼합으로 구성된다. 물론 자본주의가 작동되어야 함으로 경제적 생산(방식)이 중심이다. 경제적 생산을 통해 개인 및 기업과 국가의 부는 증진되고 경제적 성장이 이루어질 뿐만 아니라 경제적 성장은 또한 복지제공을 위한 물질적 토대로서 작동하기도 한다. 하지만 다른 한편으로 경제적 생산은 직접적으로 경제적 소비와 연관되어 있고 경제적 소비는 곧 소비능력 즉, 지불능력과 연관이 있음으로 경제적 생산을 통해 생산된 생산물을 소비하지 못하는 경우 생산물은 과잉이 되고 이는 곧 경제 불황을 야기하는 요인으로 작동한다. 경제적 생산이 계획적으로 이루어지면 과잉생산은 일어나지 않을 수 있지만 자본과 생산수단을 소유한 자본가는 경제적 생산을 통해 이윤이 창출되는 경우 생산을 지속하거나 확대하게 됨으로 생산은 과잉이 되고 이를 위한 소비할 수 있는 국민들의 경제적 소비능력은 무한적이지 않음으로 경제적 생산의 확대는 곧 경제적 소비의 양극화를 가져다주는 요인이 된다. 즉, 자본주의 경제체제에서 소비의 양극화는 일상적이게 된다. 장애나 노령 또는 실업이나 빈곤 그리고 여러 이유로 경제적 소비를 유지하거나 확대할 수 없는 집단의 국민들에게는 소비의 양극화는 곧 불균형과 불평등으로 점철되는 부의 양극화를 의미한다.

복지자본주의는 경제적 생산방식의 문제점을 사회적 생산방식을 통해 극복하는 체제이다. 복지자본주의국가 즉, 복지국가의 사회적 생산은 곧 국민들의 사회적 욕구를 해결하기 위한 서비스의 생산 및 제공을 통해서 이루어진다. 사회적 생산은 국가가 사회적 가치창출을 목적으로 하는 생산이며 정부를 포함하여 비영리 및 사회경제조직 또는 사회적 책임을 강조하는 민간기업들에 의해서도 이루어지는 생산이다. **사회적 생산의 이익은 지역주민 및 지역사회에 돌아가며 국민들이 상호 간에 신뢰하도록 하고 자발적 조직과 사회경제조직의 활동 나아가 정부나 기업활동을 신뢰하도록 하는 토대가 된다.** 또한 사회적 생산은 국민의 소비욕구충족뿐만 아니라 사회의 질을 충족시키기 위해서 생산되는 공공재 및 사회적 가치를 실현시키기 위해서 생산되는 사회재와 가치재를 생산하는 것을 의미한다. 국민들에게 사회적 목적을 위해 생산되는 사회적 생산으로서 공공재와 사회재 그리고 가치재로서의 사회복지 재화와 서비스는 국민들의 사회의 질을 향상시키는 사회적 생산을 의미한다.

복지국가가 사회적 생산방식을 통해서 제공하는 다양한 재화와 서비스는 공공재이나 사회재로서 개인 및 사회의 질(또는 지역사회의 질)을 향상시키기 위한 필수요소이다. 반드시 소비되어야 하는 재화와 서비스의 제공을 통해 개인 및 사회의 질이 보장되지 않는다면 자본주의 사회에서 인간은 기본적 생활이 보장되지 않으므로 노동력재생산은 불가능하고 생산 활동을 할 수 없게 된다. 이는 국민들이 필요한 재화와 서비스가 인간의 노동력을 재생산하기 위해 필요한 필수적인 요소이기 때문이다. 개인 및 사회의 질을 구성하는 사회적 돌봄 및 사회보장의 수준은 국민들이 인간다운 삶을 유지하기 위한 그리고 가족 및 노동력을 재생산하기 위한 최소한 요건이고 사회적 참여를 위한 기본조건이다. 결국, 복지국가의 사회복지정책은 사회의 질의 토대이자 조건적 요소 또는 구성요소이고 인간을 사회 속에서 안전하고 건강하게 생산에 참여할 있도록 하는 또는 노동의 탈상품화를 위한 기본적 조건이 된다. 복지국가의 생산이 자본가를 위한 자본축적을 의미하지 않고 불평등을 바로잡고 건강한 사회를 만들기 위한 생산을 의미하는 것이라면 이는 곧 '**사회적 생산**(social production)'이 되고 사회적 생산은 지역사회의 질을 개선하는 물질적 조건이자 토대가 된다. 사회구성원들이 함께 더불어 잘 살아가기 위한 복지국가의 사회적 생산방식은 아래와 같이 이루어진다(지은구, 2018).

※ 복지국가의 사회적 생산(social production)방식

복지국가는 다음과 같은 방식으로 사회적 생산을 위해 노력한다.

첫째, 복지국가는 국민생활의 안정을 유지 및 보장하기 위한 사회복지 재화와 서비스 같은 공공재 및 가치재를 생산 및 제공한다. 사회복지 재화와 서비스는 자본주의 시장경제가 만들어낸 불평등과 사회적 배제를 조정하는 사회적 가치재 또는 공공재적 성격을 강하게 띤 **사회적 생산**이다.

둘째, 복지국가는 국민들이 사회적 관계를 생산하고 유지 및 지속할 수 있도록 하는 관계지향성 및 사회적 network 형성을 위한 물적 토대를 제공한다. 이는 곧 **사회적 관계의 생산**을 의미하며 사회적 관계의 생산은 곧 사회적 생산을 강화하는 중요 요소가 된다.

셋째, 복지국가는 노동자들의 노동력을 생산 및 재생산하기 위한 물적 토대를 제공한다. 이러한 노동력 생산 및 재생산 역시 사회적 생산을 강화하는 토대이다.

넷째, 복지국가는 가족이 재생산될 수 있도록 하는 물적 토대를 제공한다. 종의 유지를 강조하는 가족재생산은 곧 사회가 재생산되기 위한 기초토대이다. 사회적 생산은 곧 가족재생산 및 사회적 재생산을 위한 재화와 서비스의 생산을 의미하며 이는 국민들의 기본적인 삶을 유지 보장하는 재화와 서비스의 생산을 나타낸다.

종합하면, 복지자본주의에서 경제적 생산과 사회적 생산은 균형적으로 유지되어야 한다. 경제적 생산은 자본주의 물적 토대 및 경제성장을 강화하는 중요한 생산방식이지만 경제적 생산은 모든 경제주체들에게 또는 모든 국민들에게 동일한 분배 몫을 가져다주지 않으며 경제적 생산의 토대인 시장은 지속적으로 특정 집단을 배제하여 빈곤의 대물림과 실업 나아가 일하는 빈곤층을 양산하며 부의 불평등한 분배는 곧 양극화로 표출되어 사회경제적 양극화는 이에 대한 국가적 대응을 필요로 한다. 국가 또는 자발적 조직으로 대변되는 제3부문은 경제적 생산에 의해 소외되거나 배제된 국민들이 필요로 하는 재화와 서비스를 생산하여 제공함으로써 이들의 소비능력을 고취시키고 가족 및 노동력을 재생산하도록 하여 사회재생산을 위한 기본적 토대를 제공한다. 이러한 국가 및 제3부문에 의해서 생산되는 사회적 생산은 곧 자본주의의 문제점을 복지를 통해 해결하려고 하는 복지자본주의 생산방식의 고유한 특성이라고 할 수 있다.

4. 복지자본주의 경제적 생산과 사회적 생산의 비교

복지자본주의의 생산은 경제적 생산과 사회적 생산으로 구분되는데 통산 어떤 생산방식에서 생산이 더 많이 이루어지는지 생산의 비율을 구분하여 살펴보기 위해서는 GDP(국내총생산)의 구성요소별 비율을 지출항목으로 구분하여보면 쉽게 알 수 있다. 물론, **복지자본주의체제에서 경제적 생산이 사회적 생산보다 더 많은 생산**을 차지한다. 통산 생산의 총량은 국가에서 이루어지는 모든 생산을 의미하는 국내총생산(GDP)[47]을 통해 표현된다. 일반적으로 가계나 기업이 창출하는 경제적 생산이 정부나 제3부문에서 창출하는 사회적 생산보다 많은 부분을 차지하는데 제3부문의 생산 즉, 사회적 생산이 발달된 유럽의 경우 사회적 생산이 국가별로 차이는 있지만 GDP의 약 10% 내외를 차지하고 있는 것으로 나타났으며 여기에 정부 지출로 인해 생산되는 사회적 생산을 포함하면 전체 GDP에서 차지하는 사회적 생산의 비중은 점차 증가하고 있는 추세에 있다(EESC, 2016).

아래의 표는 2020년 GDP의 구성요소를 지출항목으로 구분한 것이다. 통상 GDP**의 계산은 지출접근을 통한 계산과 분배접근을 통한 계산 그리고 생산접근을 통한 계산방식**으로

47) 한 국가에 거주하고 있는 사람들에 의해서 생산된 부가가치의 합을 화폐단위로 환산한 지표로서 일정기간동안 한 국가에서 생산된 최종 생산물의 시장가치의 총합. 2021년을 기준으로 우리나라의 달러로 표시된 GDP 총액은 세계 10위로 약 1조 9067억 700만 $이며 인구 1인당 GDP는 $ 34,866이다(International Monetary Fund 2020 estimates).

나뉘며 어떤 계산방식을 사용하더라도 나타내는 구성요소는 차이가 있지만 GDP총액은 동일하게 나타난다. 예를 들어 지출항목으로 GDP를 구분하면 GDP는 소비지출 + 투자 + 순수출로 구성된다. 구체적으로 보면, 소비지출은 가구지출(household), 비영리지출(Non-Profit Institutions Serving Households, NPISH, 비영리기관이 가구에 제공하는 지출), 정부지출(government, 정부가 국민개인이나 집단에 제공하는 지출, 예를 들어 사회복지지출 등)로 나누어진다. 소비지출은 가구지출(민간소비지출과 소비자지출)을 나타내고 투자는 자본지출이나 민간 투자지출을 그리고 순수출은 총수출에서 순수입을 뺀 값을 나타낸다.

〈표 23〉 GDP 구성요소에 대한 국가별 지출비교[48)]

GDP 구성요소 \ 국가		한국 (단위: Billion KRW)		스웨덴 (단위: Million SEK)		프랑스 (단위: Million EUR)		미국 (단위: Billion USD)	
총 소비 지출	가구	863,121	45 %	2,129,218	43 %	1,175,007	51 %	13,527	65 %
	비영리	34,328	2 %	58,141	1 %	48,698	2 %	521	2 %
	정부	349,123	18 %	1,333,198	27 %	577,322	25 %	3,078	15 %
	최종 지출	1,246,572		3,520,557		1,801,017		17,126	
자본 투자		615,922	32 %	1,235,942	25 %	548,354	24 %	4,419	21 %
순수출		71,067	3 %	228,305	5 %	-46,521	-2 %	-651	-3 %
GDP		1,933,152	100 %	4,984,804	100 %	2,302,860	100 %	20,894	100 %

※ 자료: 2020년 기준이며 OECD자료를 바탕으로 자체 계산
(https://read.oecd-ilibrary.org/economics/national-accounts-of-oecd-countries-volume-2021-issue-2_7a396a90-en#page1)

표를 보면 한국은 GDP지출에서 가구지출이 차지하는 비중이 가장 크고 비영리나 정부지출은 적음을 알 수 있음으로 사회복지지출과 같은 정부지출이 증가하여야 함을 알 수 있다. 또한 비영리조직에서 국민에게 지출하는 비중 역시 적어 제3부문이 차지하는 GDP 비중이 낮음을 알 수 있다. 반면 스웨덴은 GDP에서 차지하는 정부지출의 비중이 높아 스웨덴이 왜 복지국가인지 GDP구성요소에 대한 지출비교를 통해서도 알 수 있다.

---

48) 이표에서 스웨덴과 미국 그리고 프랑스만을 예시로 선택한 이유는 에스핑-엔더슨이 1999년 제시한 복지국가유형에 따라 각각의 국가들이 보수주의형, 사회민주주의형, 자유주의형 모형의 가장 대표적인 국가로 인정되기 때문이다.

스웨덴은 지출측면에서 GDP 대비 정부지출이 약 27%이며 한국은 약 18%에 머물러 있다. 아래의 표에는 사회적 생산에서 일정 부문을 차지하는 사회경제조직의 생산에 따른 지출은 자료가 부족하여 나타나지 않았음으로 사회적 생산비율은 아래의 표보다 조금 높게 나타날 수 있다.

사회적 생산에 해당하는 비영리와 정부지출을 모두 합하게 되면 한국은 약 20% 스웨덴은 약 28%, 프랑스는 27% 그리고 미국은 17%임을 알 수 있다. 에스핑-엔더슨(1999)의 유형화에 따르면 미국은 복지국가유형에서 시장으로부터의 복지제공이 가장 강한 자유주의적 복지모형을 프랑스는 보수주의 복지국가모형을 그리고 스웨덴은 국가가 직접 복지를 제공하는 사회민주주의형 복지국가모형인데 위의 표에서 지출로 나타난 생산방식의 차이가 이를 입증하고 있음을 알 수 있다. 즉, 미국은 총소비지출에서 개인가구가 시장을 통해서 지출하는 지출비중이 65%이고 스웨덴은 43%에 지나지 않아 사회적 생산을 통한 지출비중이 높음을 알 수 있다.

요약하면 스웨덴이나 프랑스와 같은 선진복지국가들은 경제적 생산에 따른 지출이 약 50% 내외 그리고 정부나 비영리가 생산하는 사회적 생산에 따른 지출이 약 30% 선을 유지하고 있고 한국은 경제적 생산에 따른 지출이 약 45% 내외 그리고 정부나 비영리가 생산하는 사회적 생산에 따른 지출이 약 20% 선을 유지하고 있어 자본투자지출(민간투자지출과 자본지출)이 다른 복지자본주의국가들에 비해 상대적으로 높음을 알 수 있다. 위의 표를 보면 한국이 스웨덴이나 프랑스와 같은 복지자본주의 선진국으로 발전하기 위해서는 더 많은 정부지출이 이루어져야 함을 알 수 있다. 정부지출이 증가한다는 것은 곧 정부가 국민들을 위해 재화나 서비스를 더 많이 제공한다는 것을 의미하고 이는 곧 복지제공의 확대를 나타내준다.

사회적 생산을 위한 고용구조를 살펴보는 것도 사회적 생산의 중요성을 이해하는데 도움을 준다. 예를 들어 EESC에서 2016년에 발간된 "Recent evolutions of the social economy in the European Union"에 따르면 유럽연합은 **제3부문을 비영리조직 및 사회적 기업을 포함하여 협회, 재단, 조합, 상호부조조직 등을 포함하는 영역으로 구분하고 사회경제영역과 동일**시하고 있다. 사회적 생산은 정부조직인 제1부문이 창출하는 공공의 이익실현을 위한 생산도 포함되지만 핵심적인 생산영역은 사회적 목적 실현을 위해 생산을 하는 비영리 및 사회경제영역인 제3부문조직에서 이루어지는 생산이다. 이 보고서에 따르면 유럽연합에 가입된 28개 국가의 노동인구 중에서 약 6.8%가 사회경제영역에서 근무하고 있는 것으로 나타났고 추이는 지속적으로 증가하고 있다. 유럽연합 국가 중 총 노동인구 중 사회경제영역에서 일하는 고용인의 비율이 가장 높은 국가는 네덜란드로 약 9.8%를 나타내었다.

라인자본의국가인 독일은 총 노동인구 중 사회경제영역에서 일하는 고용인은 2015년을 기준으로 약 6.7%였으며 프랑스의 경우 약 9.1%였고 이탈리아는 약 8.8%를 차지하였다. 프랑스는 2010년 대비 약 2.3% 그리고 독일은 7.2% 증가하였다. **앵글로-색슨자본주의국가**인 영국도 총 노동인구 중 사회경제영역의 고용인들이 5.6%였고 2010년 대비 약 3.8%기 증가한 수치를 나타내었다. **노르딕자본주의국가**인 덴마크는 총 노동인구 중 사회경제영역에서 일하는 고용인이 5.9%, 핀란드는 7.7% 그리고 스웨덴은 4.2%를 나타내었다. **앵글로-색슨 자본주의국가**인 영국에서도 총 고용에서 사회경제영역에서 차지하는 고용인 비중이 다른 유렵국가들에 비해서는 작지만 5%를 넘기고 있음은 제3부문이 고용구조나 국내총생산에서 차지하는 비중에서 중요성이 커지고 있음을 나타내준다. 일반적으로 노르딕국가는 제1부문(정부)이 사회적 생산 또는 자원할당에서 차지하는 비중이 높아 공무원이 상대적으로 고용인구 중 많은 비중을 차지하고 있어 제3부문의 고용인구가 작게 나타나고 있다.

[그림 35] 총 고용 인구에서 차지하는 공무원의 비중

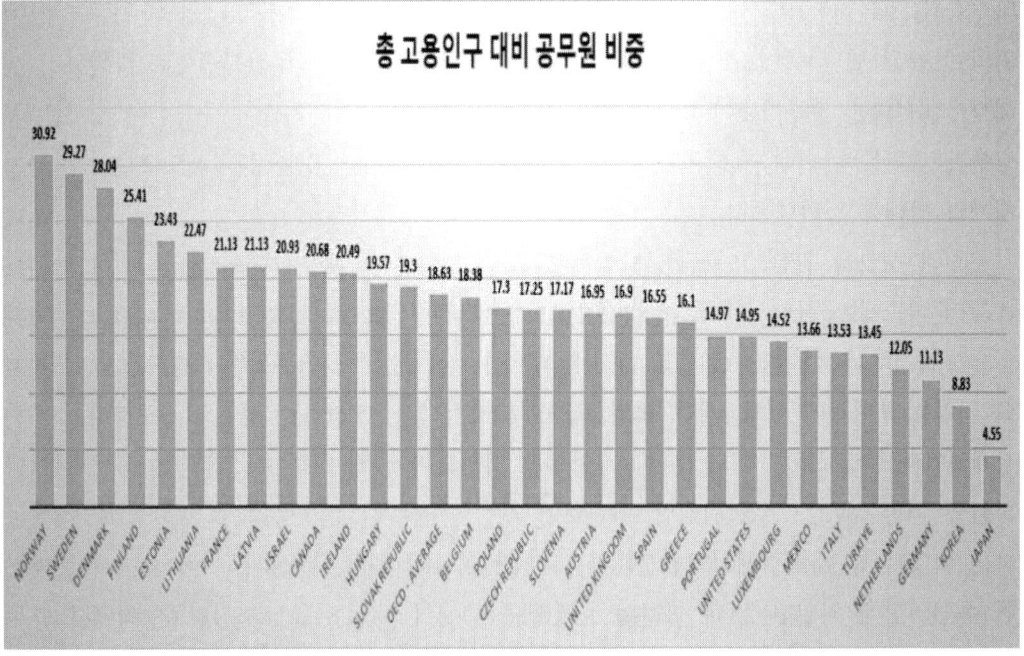

＊ 자료: OECD. 2023. Government at a Glance.
(https://www.oecd.org/publication/government-at-a-glance/2023/dashboard)

총 고용인구 대비 제1부문 즉, 정부조직에서 근무하는 공무원의 비중을 살펴보면 2021년을 기준으로 노르딕국가인 노르웨이는 30.98%, 스웨덴 29.3%, 덴마크 28% 그리고 핀란드 25.4%를 나타내어 정부조직에서 근무하는 공무원의 비중이 매우 높으며 라인자본주의국가인 프랑스 21.1%, 이탈리아 13.5% 그리고 독일이 11.1%를 나타내었으며 앵글로-색슨자본주의국가인 미국은 15% 그리고 영국은 16.9%를 차지하였다(OECD 평균 18.6%).

노르딕자본주의국가인 핀란드의 경우 전체 고용인구 10명중에 약 3명은 제1부문에서 그리고 1명은 제3부문에서 사회적 생산을 위해 그리고 약 6명은 영리조직이 중심인 시장에서 경제적 생산을 위해 일을 하는 것으로 나타났다. 이는 곧 노르딕자본주의국가이자 사회민주주의복지국가들은 사회적 생산의 몫이 국가 경제에서 약 35-40% 정도를 차지하고 있는 것으로 나타나 시장을 통한 할당이 상당부분 조정되고 있음을 나타내준다.

제 3 절 사회복지 재화와 서비스의 생산방식[49)]

복지자본주의국가들은 현금이든 현물이든 또는 전문적 서비스이든 다양한 복지혜택(benefits)을 통해 자본주의가 창출하는 사회문제를 해결하기 위해 노력한다. 복지혜택으로 생산되고 제공되는 현금과 현물 그리고 서비스를 총칭하여 사회복지 재화와 서비스로 규정한다면 복지자본주의가 생산하는 사회복지 재화와 서비스가 어떠한 방식으로 생산되는가를 살펴보는 것도 복지자본주의의 작동양식을 이해하기 위해 필요하다. 통상 복지국가에서 사회적 위험에 대한 대응으로 국민들에게 제공되는 사회복지 재화와 서비스는 국가를 통해 생산되고 국민들에 의해서 소비된다. 물론 복지혼합(welfare mix)의 시대에 국가가 사회적 생산방식만을 통해 재화와 서비스를 국민들에게 생산 및 공급하는 것만이 아니라 제3부문인 비영리조직과 제2부문인 시장 역시 사회복지 재화와 서비스를 생산하고 국민들은 이를 소비한다.

사회복지 재화와 서비스가 국가나 비영리 등 제1부문이나 제3부문으로만 생산되면 이는 곧 사회적 생산방식을 통해 생산 및 제공되는 사회적 생산방식으로 설명될 수 있지만 복지혼합생산방식의 발전 즉, 시장화의 등장과 발전으로 사회복지 재화와 서비스가 시장을 통한 생산방식 즉, 경제적 생산방식을 통해 제공되기도 하면서 동시에 국가재정에 의

49) 이하 내용은 지은구(2021), 『복지국가론』 제5장 '복지국가의 생산방식'에서 수정 및 부분 발췌하였음.

해서 효율과 형평이 강조되는 준시장을 통해서 제공되기도 함으로 복지생산방식을 설명하는 것은 복잡한 고차방정식을 설명하는 것과도 같다.

자본주의의 유형으로 분류되는 노르딕모델이나 라인모델에서는 사회적 생산방식을 강조함으로 국가나 제3부문 조직이 사회복지 재화와 서비스생산을 주도하지만 앵글로-색슨모델에서는 시장이 복지재화와 서비스의 생산을 주도하는 경향이 있다. 하지만 대부분의 복지자본주의에서는 국가, 시장(또는 준시장) 그리고 제3부문 조직 나아가 최근에는 공동생산방식으로 국가와 민간 그리고 국민이 함께 사회복지 재화와 서비스를 기획하고 생산하는 공동생산모델들이 등장하여 바야흐로 복지생상방식은 혼합생산의 시대로 접어들었다고 할 수 있다.

현존하는 모든 복지자본주의국가에서 단일한 사회복지 재화와 서비스의 생산방식을 고수하는 국가는 존재하지 않으며 최저 2개 이상의 생산방식이 혼합되어 있음으로 현 복지자본주의 시기는 사회복지 재화와 서비스의 혼합생산시기라고 할 수 있다. 경제적 생산방식이 자본주의를 발전시키지만 또 다른 한편으로 지속적으로 사회배제 및 차별을 양산함으로 사회적 생산방식을 통해 국민들에게 자원이 할당되도록 하는 복지자본주의가 발전하게 되었다. **자본주의 생산방식인 경제적 생산방식과 국가 주도의 사회적 생산방식의 규모의 차이는 곧 복지자본주의국가들 중에서 복지를 보다 강조하는 국가와 자본주의의 자본축적을 보다 강조하는 국가의 차이점**을 나타내준다.

복지자본주의는 복지를 통해 국민의 번영(well-being)을 실현하고 사회적인 책임 하에 국민들이 기본적으로 욕구하는 것들을 해결하기 위해 제공되는 조직화된 체계로서 국민들의 욕구해결을 위한 사회복지 재화나 서비스 등을 생산하여 제공(provision)한다. 즉, 사회복지 재화와 서비스는 사회구성원들의 번영을 위해 사회적인 책임 하에 기본적으로 욕구하는 것을 해결하기 위해 제공되는 실천적인 수단을 의미한다. 따라서 복지국가의 생산방식으로 사회복지의 증진을 위해 제공하는 사회복지 재화와 서비스가 무엇인가에 대한 이해가 반드시 필요하게 된다. 사람들은 개인적으로 원하는 것들을 시장에서 구체적인 상품을 구매함으로써 획득하게 되지만 사회적 위험이나 사회문제에 영향을 받은 사회구성원들이 갖게 되는 그들 각각의 욕구는 시장에 있는 상품이나 서비스를 통해서가 아니라 복지국가의 생산방식 하에 생산 및 제공되는 공공재적 성격을 띠는 **사회적 상품**으로서 사회복지 재화나 서비스를 통해서 해결하게 된다.

사회복지 재화와 서비스를 생산 및 제공하기 위해 복지국가의 생산 및 제공방식[50]은

50) 본 연구서에서는 생산하여 제공하는 방식을 총칭하여 생산방식으로 부르기로 한다.

여러 유형이 존재한다. 국가가 직접 생산하여 제공하는 **국가직접생산방식**, 시장이 생산하여 제공하는 **시장생산방식**과 **유사(준)시장생산방식** 그리고 비영리영역이 생산하여 제공하는 **비영리생산방식** 그리고 재화와 서비스를 국가와 비영리 그리고 개인 및 가족이 공동생산하여 제공하는 **공동생산방식** 등이 있다. 복지국가는 복지의 책임을 개인이나 가족으로부터 국가로 전환하였지만 완벽하게 복지생산 및 제공을 국가가 100% 책임지는 복지자본주의국가는 존재하지 않으며 스칸디나비아 선진복지국가들을 포함해서 대부분의 복지자본주의국가들은 위의 방식들이 혼합된 생산방식을 따르고 있다. 각각의 생산방식을 간략하게 설명하면 다음과 같다.

1. 국가생산방식

복지자본주의에서 사회복지 재화와 서비스의 생산을 국가가 책임지는 국가생산방식(또는 국가직접생산모델)은 국가(정부)가 직접 사회복지 재화와 서비스를 생산하고 제공하는 모델로서 **국가가 서비스를 생산하는 "생산자"이고 제공하는 "제공자"의 역**할을 동시에 수행한다. 즉, 국가의 공공행정시스템을 통해서 서비스가 직접 공공기관을 통해 생산되고 국민들에게 제공되는 방식이다. 지금까지 선진복지지본주의국가에서 활용하는 사회복지 재화와 서비스 생산방식으로 가장 일반적으로 많이 사용되는 모델이다. 국가생산방식에서 관료들(공무원집단)은 시민들을 위한 서비스를 생산 및 제공하고 설계하는 배타적 권한과 책임성을 가지고 있는 집단이다. 복지국가의 등장과 발전에 크게 영향을 받은 국가생산방식의 발전은 **첫째, 서비스의 형평성강화라는 측면과 둘째, 시장실패에 대한 정부개입이라는 측면**에 의해서 설명되어진다. 즉, 국가생산방식은 사회복지 재화와 서비스 제공 또는 생산에 있어, 특히 서비스전달 및 혜택에 있어 국가가 직접 서비스를 생산 및 제공함으로 국민들에게 평등성을 보장할 수 있는 가장 공평한 방식이라는 장점을 가지고 있는데 이는 실업 및 빈곤 등과 같은 전통적인 사회문제의 원인이 시장의 직접적인 실패요인에 의해 확대되었고 이에 대한 대처는 국가의 적극적 시장개입을 통한 사회정책의 시행에 있다는 복지국가의 기본적 목적에 근거한다.

첫째, 형평성의 측면에서 보면, 국가생산방식은 국가가 시장을 통하지 않고 직접 개입하여 국민들에게 경쟁없이 그리고 배제없이 공공재적 성격을 갖는 사회복지 재화와 서비스를 생산 및 제공하고 국민들은 비슷한 수준의 재화와 서비스를 제공받음으로 무엇보다도 서비스의 형평성을 강화할 수 있는 가장 효과적인 방안이다. 복지자본주의국가는 국민 전체의 사회복지증진을 위해 노력하여야 하고 모든 국민들이 인간적인 삶을 유지할 수 있도록 하여야 하는 책임이 있으며 이러한 사회적 목적을 실현하기 위해 노력하게 된다. 특히, 복지자본주의국가는 국민들이 동일한 욕구에 대해 동일한 서비스를 제공받고 있는지, 서비스를 제공받을 수 있는 기회는 동등하게 제공되고 있는지, 그리고 기본적인 삶이 유지될 수 있는 정도의 서비스가 국민들에게 제공되고 있는지를 끊임없이 확인하여 국민들이 형평한 서비스를 제공받을 수 있도록 노력하여야 한다. 중앙화된 공공행정을 통해 서비스를 필요로 하는 모든 국민들에게 공평한 결과를 가져다줄 수 있도록 하여 국가의 책임성을 강화할 수 있다는 것이 국가생산방식의 가장 큰 장점이라고 할 수 있다. 즉, 사회복지전달에 있어 형평성과 책임성 강화는 국가생산방식의 가장 큰 장점이다. 전 국민을 위한 건강 및 돌봄서비스는 가장 대표적으로 형평성이 강조되는 서비스이다.

둘째, 정부의 시장 개입측면에서 보면, 시장에 대한 국가개입을 통하여 국가가 직접 서비스를 제공하는 것은 시장실패를 극복하기 위한 가장 효과적인 방안이 될 수 있다. **외부효과(특히 부정적 외부효과)와 국민들 사이의 정보불균형 그리고 시장독점이 가져다주는 자본의 집적과 집중 등은 시장이 가지고 있는 가장 강력한 실패요인**이다. 국가가 직접 생산 및 제공하는 서비스가 없으면 시장에서 재화와 서비스를 구매할 수 없는 국민들은 지속적으로 시장에 의해서 소외되고 배제되어 사회복지향상을 통해 국민들의 삶의 질 보장 및 사회적 안정을 추구하고자 하는 복지자본주의국가의 사회포용 및 통합노력은 불가능할 수 있으므로 복지자본주의국가는 사회적 목적 실현을 위한 구체적인 수단으로 공공재적 성격을 띠는 사회복지 재화와 서비스를 규정과 규칙에 따라 직접 국민들에게 생산 및 제공해 시장이 창출하는 위험으로부터 국민을 보호하여야할 필요성이 제기되는 것이다. 결국, 형평성강화 및 연대성 증진 그리고 시장불균형 조정 등과 같은 사회적 목적을 실현하기 위하여 경쟁시장에 의존하지 않는 공공재적 성격의 사회복지 재화와 서비스를 국가가 직접 국민들에게 배제와 경쟁없이 제공하는 국가생산방식은 중요한 복지자본주의국가의 자원할당을 위한 생산방식이라고 할 수 있다. **시장불안전성 극복 및 시장 활성화를 위해서도 국가생산방식은 주요한 역할을 수행한다. 즉, 국가가 재화와 서비스를 생산하여 제공하기도 하지만 국가가 제공하는 현금혜택은 국민들의 소비욕구를 충족시킴으로 생산량증대의 직접적인 동기를 부여할 수 있다. 또한 국가가 주도적으로 사적재를 구입하여 국민들에게 공공재로 제공하는 경우도 마찬가지로 생산을 증대시킴으로서 시장의 안정과 발전에 도움을 줄 수 있다.**

우리나라의 경우, 사회복지의 급여적 차원에서 보면 현금이나 현물 등과 같은 급여는 공공전달체계인 시·군·구와 읍·면·동 행정복지센터(주민센터)에서 직접적인 제공이 가능하지만 전문적 서비스제공 특히, 돌봄서비스를 포함한 사회서비스 등은 공공전달체계가 구축되지 않은 관계로 주로 비영리조직이나 민간개인사업자들이 서비스를 제공하고 국가는 국민들에게 간접적인 재정보조를 지원하는 방식이 우세하다. 예를 들어 우리나라의 사회서비스사업인 노인돌봄서스사업, 중증장애인활동지원사업, 산모·신생아돌봄사업, 지역회서비스투자사업 등은 대부분 국가가 직접 전문적 서비스를 제공하는 전달체계를 가지고 있지 못하여 제3부문인 비영리조직이나 사회경제조직 그리고 개인사업자들이 서비스전달체계를 구축하여 서비스를 제공하고 있다.

사회복지 재화와 서비스를 국가가 직접 생산 및 제공하는 경우 국민들의 입장에서 다음과 같은 장점들이 나타날 수 있다.

첫째, 국민들은 차별 없이 공평한 서비스를 제공받아 사회복지 재화와 서비스에 대한 접근성과 형평성을 보장받을 수 있다.

둘째, 국민들은 사회적 위험에 대한 국가책임성의 강화로 인하여 기본적 삶의 질을 보장받을 수 있어 예측 가능한 사회생활을 영위할 수 있다.

셋째, 국민들은 경쟁시장의 실패요인에 의해서 발생하는 차별과 배제를 극복할 수 있는 사회적 안전망을 제공받음으로써 건강하고 안정적인 생활을 유지할 수 있다.

위에서 지적된 바와 같이 사회복지 재화와 서비스의 생산을 국가가 직접 책임지는 경우, 국민들은 국가가 대부분의 사회적 위험에 직접 대처함으로써 위험 혐오로부터 자유로울 수 있으며, 시장이 가져다주는 차별과 배제에 국가가 적극적으로 대처함으로써 경쟁시장이 가져다 주는 위험으로부터 보호받을 수 있고, 국민들의 서비스접근성이 향상되며 서비스가 지속적이고 안정적으로 제공될 수 있다는 점 등이 큰 장점으로 지적될 수 있다. 사회복지를 국가가 직접 전달하는 국가생산방식의 특성을 분석하여 제시하면 다음과 같다.

〈표 24〉 국가생산방식 사회복지생산 및 제공의 특성

국가생산방식의 사회복지 재화와 서비스 생산의 특징	제공의 특징
• 전액 국민의 세금으로 국가가 직접 복지재정총괄 • 국가가 독점적으로 사회복지 재화와 서비스를 제공하여 국민들의 서비스 선택권은 없음 • 모든 국민들을 대상으로 서비스가 제공되는 서비스의 보편성으로 표적집단 이외의 국민들에게도 서비스가 제공되어 표적효율성은 낮으며 국민들이 자신들에게 적합한 제공기관이나 서비스를 직접 선택할 수 없으므로 할당효율성도 낮음 • 국가 독점으로 기관 간 경쟁 없음 • 사회적 연대, 형평성 그리고 집합적 가치가 강조됨 • 서비스전달의 효과성보다는 재정적 효율성과 제공된 서비스의 양이 중요 • 국가기관의 독점적 지위로 인해 민간(자발적 조직)과의 협력 필요성은 적으며 거의 이루어지지 않음 • 국가가 직접 제공함으로써 직접적 서비스전달 이외에 들어가는 거래비용은 낮음 • 결정능력의 여부에 상관없이 모든 국민이 대상자로 국민들의 자기결정권 실현 정도는 낮음 • 국가의 관리하에 국민들의 서비스에 대한 접근성은 비교적 높음 • 서비스선택의 폭이 없고 사회문제 또는 상황에 대한 즉각적 대처능력과 유연성이 적음 • 서비스의 보편적 제공으로 국민들 사이에 도덕적 해이가 발생할 가능성이 있음	• 국가가 직접 서비스를 제공하므로 서비스 관리의 필요성은 적음. 서비스를 전달하는 조직의 서열체제로 인하여 서비스 제공에 시간이 소요되며 관리는 주로 공공기관에 대한 감시와 통제가 강조됨 • 공공조직(정부)의 관료적 특성으로 전문성이 부족하여 급여(혜택)는 주로 현금이나 현물중심으로 이루어짐 • 서비스이용자의 범위가 매우 넓고 대상자도 광범위하여 이들에 대한 사전 및 사후관리 또는 사례관리는 체계적으로 이루어지기 어려움 • 보편적 서비스제공으로 인하여 서비스이용자의 개별적 특성을 고려하고 이에 맞는 개별적 서비스를 제공하는 것은 상대적으로 어려움 • 서비스의 성과관리는 가능하지만 이는 전적으로 국가의 관리능력과 의지에 달려있음

■ 국가생산방식의 한계

국가가 직접 서비스를 제공하는 경우 나타날 수 있는 문제점으로는 **x-비효율성과 할당효율성** 그리고 서열주의로 인한 **조직경직성** 등이다(Le Grand, 2002). 첫 번째 부류의 문제점 즉, x-비효율성은 국가가 직접 서비스를 제공하는 경우 국가가 운영하는 기관이나 정부부처를 통해서 사회복지 재화와 서비스가 전달되므로 즉, 서비스가 견제나 경쟁 없이 자신들만의 이익을 추구하는 관료들에 의해 독점적으로 제공되면서 나타나는 서비스의 질 저하 문제와 과도한 행정비용을 설명해준다. 두 번째 부류의 문제점인 할당효율성은 국가독점으로 서비스가 제공됨으로 복지서비스에 대한 client나 국민들의 선택이 제한되고 이로 인해 client나 국민들이 가지고 있는 구체적인 욕구나 문제에 적절하게 대응하지 못하여 client에게 가장 필요한 서비스가 효율적으로 할당되지 못하여 나타나는 문제를 의미한다. 조직경직성은 사회복지제공에 있어 관료적 특성으로 나타날 수 있는 서열주의, 폐쇄성, 상황대처능력의 미비와 안전주의, 서비스의 효과성보다는 생산성이나 서비스산출량에 대한 집중 등의 문제를 포함한다.

결국, 국가가 서비스를 직접 생산 및 제공하는 국가생산방식의 경우 정부조직을 통해 서비스가 경쟁 없이 독점적으로 제공되므로 서비스전달에 있어 공공조직의 독점적 지위가 보장되어 서비스 질 향상을 위한 노력은 등한시될 수 있다. 또한 보편적 서비스가 제공되므로 개인들이 가지고 있는 개별적인 특성이 서비스에 반영되지 않아 개별적 욕구에 기초한 대인서비스(personal service)의 제공은 어렵다는 한계를 갖는다. 또한 상명하달식의 서열 중심으로 규정과 규칙에 의해 단계적으로 사회복지 재화와 서비스가 전달됨으로 기획에서부터 직접 서비스제공까지 걸리는 시간이 상대적으로 길어 시간비용이 증대하여 시시각각 변하는 사회문제의 복잡성과 다양성에 대한 대책에서 민간조직에 비해 유연성이 상대적으로 낮을 수밖에 없는 한계점을 가지고 있다. 물론 이러한 국가생산방식의 한계는 지속적인 서비스개발 및 관리개선으로 극복될 수 있는 문제이기도 하다.

2. 비영리생산방식

비영리생산방식은 제3부문 생산모델 또는 자발적 부분 생산모델을 포함하는 모델이며 비영리조직(Non-Profit Organization, NPO)중심으로 사회복지 재화와 서비스를 생산 및 공급(제공)하는 모델이다. 즉, **국가가 직접 사회복지 생산 및 제공을 책임지는 것이 아니라 민간영역의 비영리조직이 자체적으로 또는 국가와 함께 협력하여 서비스를 생산 및 제공한다.** 국가는 사회복지 제공의 전체적인 기획을 통해 비영리 자발적 조직에게 재정을 지원하기도하지만 서비스의 생산과 제공은 전적으로 비영리조직이 책임지는 방법이 비영리생산방식이다. 초기 자본주의 시기에는 비영리조직이 자발적인 재정을 투입하여 지역수준에서 복지서비스를 생산 및 제공하였지만 자본주의가 발전하면서 동시에 사회문제가 복잡화되고 확대되어 비영리 자발적 조직의 자원만으로는 사회적 위험이나 문제에 대응하는 것이 불가능하면서 국가가 사회문제에 적극 대응하는 복지국가가 발전하였다. 하지만 또 다른 한편으로는 다변화하고 확대되는 사회문제해결을 위한 대응이 국가만으로는 한계가 있고 국민들의 다양하고 복잡한 욕구를 완전하게 해결할 수 없으며, 국가가 직접 생산하는 국가생산모델이 비효율적이라는 한계에 봉착하자 이를 극복하기 위한 대안으로 비영리조직이 국가를 대신하여 서비스를 생산 및 제공하고 한편으로는 국가와 협력하면서 재정을 지원받아 사회복지 재화와 서비스를 생산 및 제공하는 비영리생산방식이 발달하게 되었다.

비영리조직은 자본주의가 태동하고 발전하기 전부터 순수 자발적 조직으로 대부분의 국가에서 사회복지 재화와 서비스 생산에 있어 상당한 역할을 수행하여 왔으며 자본주의의 발전과 함께 법적 지위를 부여받은 비영리조직으로 발전하여 복지서비스를 전문적이며 과학적이고 체계적으로 제공하는 데 많은 역할을 담당하여 왔다. 특히, 복지국가의 등장과 함께 비영리조직은 공공조직보다 앞서는 사회문제 해결을 위한 전문적 지식과 기술을 내세워 효과적인 서비스 제공에 기여하여 왔다. 이러한 앞서있는 비영리조직의 지식과 기술 그리고 정보 등을 이용하여 정부조직이 가지고 있는 서열과 독점적 지위로 인해 나타나는 서비스생산의 비효율성 및 낮은 효과성을 극복·개선하고자 하는 것이 바로 비영리생산방식의 가장 주요한 특징이라고 할 수 있다.

현대 복지자본주의에서 비영리생산방식은 국가로부터의 지원없이(특히, 재정) 국민들로부터 확보한 독자적인 자원을 활용하여 사회복지 재화와 서비스를 제공하기도 하지만 국가와의 계약(협약)으로 재정을 지원받아 사회복지 재화와 서비스를 제공하는 것을 특징으로 한다. 주로 계약(contract)은 정부(중앙정부와 지방정부를 모두 포함하여)와 비영리조직 간에 이루어지기 때문에 제공기관은 서비스공급자의 역할을 수행하고 사회복지의 생산과 공급에 대한 총괄 기획은 정부가 주도하므로 정부는 서비스 제작자의 역할을 수행한다. 대부분의 경우 비영리생산방식은 국가생산방식에 비해 전문적 지식과 기술 그리고 풍부한 지역사회환경 및 주민들에 대한 정보를 가지고 있는 지역사회에 기반을 둔 비영리조직을 통해 서비스가 제공되므로 더욱 질 좋은 서비스가 제공될 수 있다는 장점을 지니며 서열적 조직구조를 가진 공공조직보다 수평적 의사소통구조와 유연한 조직구조를 가진 비영리조직이 서비스를 제공함으로써 국가생산방식에 비해 사회적 위험이나 긴급한 위기상황에 보다 유연하게 대처할 수 있다는 장점을 가지고 있다.

최근 비영리생산방식은 **제3부문 생산방식**으로 확대되어가는 경향에 있다. 이는 제3부문을 자원할당을 책임지는 사회경제조직이 사회적 가치의 실현과 사회적 목적달성을 위하여 사회복지 재화와 서비스 특히 돌봄서비스나 사회서비스를 제공하는 경우가 확대되면서 나타난 자연스러운 현상이다. 이 경우 사회경제조직은 정부의 보조금보다는 기업이 창출한 이익을 바탕으로 이를 사회에 환원하거나 이익을 추구하지 않는 서비스 제공을 통하여 국민들에게 필요한 서비스를 직접제공하게 된다. 따라서 정부와는 협력의 관계를 유지하게 되며 정부의 서비스에 대한 비판과 이에 대한 대안을 제시하는 시민사회조직의 특성도 지니게 된다.

〈표 25〉 비영리생산방식의 사회복지 재화와 서비스의 생산 및 제공의 특징

비영리생산방식의 사회복지 재화와 서비스 생산의 특징	제공의 특징
• 비영리조직이 전적으로 자체적인 자원을 통해 사회복지 재화와 서비스를 생산하기도 하며 국가로부터 재정을 지원을 받아 사회복지 재화와 서비스를 생산하기도 함 • 전통적인 비영리생산방식은 조직자원의 제한으로 특정 대상 집단에 대한 재화나 서비스 또는 단일한 서비스 생산이 중심 • 국가지원을 받는 경우 국가가 서비스 기획 및 재정을 그리고 비영리제공기관이 생산 및 제공을 주도함 • 국가생산방식에 비해 사회적 위험에 더 적극적으로 대응할 수 있는 보다 유연한 서비스의 생산 및 제공 • 국가생산방식에 비해 국민들에게 전문인력을 통한 보다 전문적 서비스 제공 가능 • 비영리조직의 인력을 통한 사전 및 사후 그리고 사례관리와 같은 체계적 관리가능하며 개별적 서비스 제공 및 타 조직과의 연계협력을 통한 서비스제공 가능	• 비영리 조직 자체적인 기준 및 규정에 의해 서비스가 제공되기도 하고 정부와의 계약 및 협약에 기초한 규정에 따라 서비스가 제공되기도 함 • 공공과 민간조직 간의 재정의 불균형 및 정보의 불균형이 서비스제공과정에 존재

■ 비영리생산방식의 한계

비영리조직은 전통적으로 지역사회에서 다양한 자원을 동원하고 이를 지역주민에게 필요한 재화나 서비스로 생산하여 제공하는 방식으로 지역사회주민안정 및 복지발전을 위해 노력하여온 세력이다. 하지만 비영리조직은 국민들이 필요한 서비스를 욕구에 따라 제공하는 것이 아니라 자체적인 자원으로 특정 대상을 상대로 생산된 제한된 재화나 서비스만을 독점적으로 제공한다(예를 들어 빈곤, 아동 등). 제한되고 독점적인 서비스제공의 한계는 곧 비영리생산방식의 재정의 한계이기도 하다. 따라서 다양한 사회적 욕구를 충족시킬 수 있는 다양한 수의 비영리조직이 존재하지 않는다면 비영리생산방식은 특정 사회문제나 위기해결을 위한 사회복지 재화와 서비스만을 생산하는 한계에 봉착하게 된다. 또한 비영리생산방식의 한계는 국민을 단순한 서비스를 제공받는 대상자 또는 수혜자로만 여겨 국민들의 서비스선택에 대한 자기결정권의 실현은 이루어지지 않는다는 한계를 동

시에 내포한다.

국가로부터 재정을 지원받아 협약을 통해 사회복지 재화와 서비스를 생산하고 제공하는 경우, 비영리생산방식의 또 다른 한계는 바로 힘의 불균형이다. **힘의 불균형은 크게 재정의 불균형과 정보의 불균형**으로 구분될 수 있다. 주인-대리인이론[51]을 적용하면, 계약의 당사자인 주인과 대리인은 모두 자기이익을 실현하기 위해 노력한다는 것이 주인-대리인 이론의 핵심적 작동원리이므로 제공기관은 그들이 가지고 있는 모든 정보를 정부에게 공개하지 않는다든지 또는 정보를 조작하는 경우도 발생하게 된다. 정부는 전적으로 비영리조직이 가지고 있는 정보가 완전히 공개되고 있는지에 대한 지속적인 통제와 관리를 수행하여야 하므로 직접적 서비스전달비용 이외에 비영리조직에 대한 감독 및 통제를 위한 간접비용이 증가하게 된다. 재정의 불균형적 측면에서 본다면, 민간비영리조직이 제공하는 사회복지의 재정은 전적으로 정부와의 계약에 의해서 제공되므로 비영리조직은 재정적 측면에서 정부조직에 완전히 의존되어 있어 정부의 요구에 전적으로 대응하여야 하는 의무와 책임을 가지게 된다.

정보의 불균형은 서비스제공에 있어 이용자들에 대한 정보, 서비스내용에 대한 정보, 서비스의 결과와 관련된 정보의 불충분한 공개 나아가 정보조작 등을 가져와 바람직한 사회복지제공의 내용을 왜곡할 수 있다. 또한 정부재정에 대한 의존은 비영리조직이 자발적으로 서비스를 조정하고 수정하는 데 제약으로 작동할 수 있으며, 규정이나 규칙을 벗어나는 개입계획에 대해서는 어떠한 재정적 지원도 가능하지 않으므로, 사회복지제공과 관련된 유연한 행동에 대한 제약을 가져다주는 요인으로도 작동할 수 있다. 또한 민간조직과의 계약과정에서 나타나는 거래비용의 증가는 불필요한 사회복지비용의 증가를 가져다주는 결과를 초래하기도 한다.

국가생산방식이 국가독점으로 서비스를 생산 및 제공하는 것이 한계점으로 지적된 것과 같이 비영리생산방식도 계약을 획득한 비영리조직의 독점적 서비스 생산 및 제공을 허락하므로 국가는 제공기관의 자기이익실현을 위한 노력을 지속적으로 관리하여야 한다는 한계를 가지고 있다. 관리적 측면에서 보면, 비영리조직은 국가조직이 아님으로 국가의 비영리기관에 대한 완전한 규제가 불가능하다. 따라서 국가는 비영리조직을 간접적으로 관리하기 위한 관리시스템의 개발 등의 비용을 수반하며 제공기관을 통한 서비스전달

51) 주인-대리인이론은 신고전파 복지경제이론의 최신 이론이라고 할 수 있으며 민영화를 설명하는 가장 핵심적인 이론이다. 주인-대리인이론(principal-agent theory)은 주인이 제공하여야 하는 서비스를 대리인이 주인과의 계약을 통하여 대신 제공하는 것을 설명하는 이론으로 공공서비스(사회복지서비스를 포함하여)의 민영화를 지지하고 확대하는 데 중요한 영향을 준 이론이다(지은구, 2016).

에 있어 통제와 보상을 강조하는 관리방안을 적극적으로 도입함으로써 직접적 서비스와 관련 없는 간접적 관리감독 비용의 증가가 나타나게 된다. 비영리생산방식은 국가가 직접 제공하는 서비스를 계약을 통해서 민간비영리기관중심으로 서비스를 제공함으로써 국가가 민간비영리조직에게 서비스제공의 책임을 전가한다는 점에서 사회복지에 대한 국가의 공공성 축소를 의미한다는 비판 역시 한계로 지적된다(Le Grand와 Robinson, 1984).

마지막으로 지적될 수 있는 국가와의 계약을 통한 비영리생산모델의 한계는 비영리조직의 **목적불일치 현상**이다. 역사적으로 비영리조직은 정부가 사회복지에 적극적으로 개입하기 이전부터(복지국가시기 이전부터) 자발적 조직으로 발전하여 구빈 및 구제사업을 중심으로 정부의 지원 없이 후원금이나 회비 등으로 국민들의 사회복지향상에 보조적인 역할을 수행하여 왔다. 이러한 비영리조직의 자선활동은 복지국가의 발전과 함께 정부와의 계약으로 사회복지 재화와 서비스를 생산 및 제공하는 데 있어 전문가의 활동으로 대체되어 비영리조직은 자원활동가들의 자발적 집단이 아닌 정부의 서비스를 대신하여 전달하는 전문가 집단으로 탈바꿈하면서부터 비영리조직의 중요 활동인 자선 및 자원봉사활동은 점차 그 영역이 축소되어 가고 있다. 이러한 비영리조직의 변화는 결국 비영리조직에게 있어 정부와의 계약은 조직생존과 직결되는 결정적인 사항으로 변질되어 조직의 목적이 사업지속을 통한 안정과 발전인지 아니면 공동체주의 등과 같은 복지국가의 사회적 가치나 목적의 실현인지를 판단하기 어렵게 만드는 요소로 작동하고 있다.

3. 시장생산방식

시장생산방식은 사회복지 재화 및 서비스가 영리조직 중심의 시장을 통해 국민들에게 생산 및 제공되는 모델이다. 국민들이 필요로 하는 서비스를 생산 및 제공하는 데 있어서 시장을 강조하는 시장생산방식은 기본적으로 사회복지생산의 민영화 나아가 시장화의 핵심적 내용이라고 할 수 있으며 **시장이 생산하고 개인 및 가족의 능력으로 사회복지 재화와 서비스가 소비된다는 측면에서 가장 고전적인 복지생산방식**이다. 사회적 위험으로부터의 보호가 국가적 책임이 아니고 개인 및 가족의 책임으로 여겨졌을 당시 어려움에 처한 국민들은 그들의 문제를 자선이나 박애를 통해 구원받든지 아니면 개인적인 능력이나 가족의 능력(주로 경제적 능력)을 통해서 해결하였는데 주로 시장을 통한 교환에 의존하였다. 이러한 시장을 통한 사회복지 재화 및 서비스의 생산 및 소비 방식은 현대 복지국가에서도 하나의 서비스 제공방식으로 엄연히 작동하고 있으며 현대에는 민영화와 시장화라는 용어로 분칠되어져 있다.

시장생산방식의 기본 아이디어는 국가생산방식이 가지고 있는 문제점들이 극복될 수 있다는 사고에 근거한다. 즉, 시장생산방식은 국가생산방식이 첫째, 서열과 규제 그리고 규정을 강조하므로 자원할당에 있어서 비효율적이며 둘째, 자기이익최대화를 추구하는 관료들에 의해 자신이 속한 조직을 중심으로 하는 관료적 독점현상이 발생하여 사회복지 재화 및 서비스생산에 적합하지 않은 모델임을 강조한다. 특히, 사회복지생산에 있어 시장생산방식의 확대 발전은 신공공관리의 도입에 영향을 받았다(Pollitt, 1990; Hood, 1991; Massey, 1993; Peters, 1996). 따라서 민영화를 강조하는 공공행정은 바로 **'신공공관리**(New Public Management)'의 핵심적 특징이라고 할 수 있는데 이는 신공공관리의 주요 특징이 바로 공공정치 속으로 시장의 원리를 적용한 것에 있기 때문이다. 사회복지 재화와 서비스의 생산 및 제공에 있어 신공공관리에서 나타나는 시장의 원리란 첫째, 사회복지 재화와 서비스생산에서 효과성과 형평성에 덧붙여 효율성을 보다 강조한다. 둘째, 정치와 행정관계를 설명하기 위해 공공선택이론, 주인-대리인이론, 거래비용, 계약 등과 같은 경제적 용어 및 시장을 사용한다. 셋째, 경쟁, 성과계약, 이용자만족, 시장인센티브와 탈규제 등과 같은 개념을 관리에 적용한다 등으로 요약된다(Kaboolian, 1998).

시장생산방식에서는 사회복지 재화와 서비스가 교환되도록 시장을 형성하는 것은 국가의 중요한 정책적 목적이며 시장을 통해서 제공기관의 이익이 실현되는 것을 보호하는 것 역시 정부의 주된 역할이 된다. 또한 관료들은 시장이 경쟁적으로 기능하도록 시장에 대한 각종 규제를 제거하는 탈규제를 시도하게 된다. 시장을 통한 사회복지제공을 강조하는 시장생산방식은 **제공기관의 경쟁과 이용자의 선택권**을 강조한다. 즉, 구매력을 가진 이용자들이 시장에서 선택권확보를 통해 자신에게 가장 적합한 선택권을 구사하여 사회복지욕구를 해결하며, 사회복지제공의 책임은 비효율적인 정부로부터 뛰어난 지식과 기술력을 가진 민간에게 이양되고 이용자들은 민간조직이 제공하는 서비스를 선택함으로써 조직들 간의 경쟁이 서비스의 품질을 향상시켜 정부의 민간조직관리에 대한 부담 및 관리 필요성은 사라지게 된다. 즉, 사회복지제공의 관리는 시장을 통해서 자연적으로 이루어지므로 국가는 사회복지제공의 관리에 필요한 인적·물적 자원을 줄일 수 있게 된다. **시장생산방식은 서비스의 구매를 전적으로 개인의 구매능력으로 제한한다는 측면에서 국가의 공공성 및 사회적 목적 실현을 위한 노력을 등한시하고 개인의 구매력을 강조한다는 특징**을 가지고 있다. 즉, "**개인의 복지는 개인이 책임져야 되는 것이고 개인의 복지증진은 곧 총 사회의 복지를 증진시킨다**"는 기본적 사고가 시장생산방식을 지배한다. 사회복지제공의 한 유형인 시장생산방식의 사회복지 재화 및 서비스 생산 및 제공의 특징을 종합적으로 정리하여 제시하면 아래와 같다.

〈표 26〉 시장생산방식 사회복지 재화와 서비스 생산 및 제공의 특징

시장생산방식의 사회복지 재화와 서비스 생산의 특징	제공의 특징
• 사회복지 생산과 공급의 결정요건은 **수익창출여부** • 서비스 이용자와 제공자의 관계는 신뢰와 믿음의 사회자본이 아닌 단순히 경제적 가치로 측정되는 서비스판매자와 서비스구매자 • 보충적 서비스의 제공은 이용자의 조건이나 상태보다는 추가부담(지불)능력에 전적으로 의존 • 조직 간 경쟁은 조직생존의 필수법칙 • 서비스 생산 및 제공에서 시민참여는 불필요하며 전적으로 시장의 **수요(demand)**에 기초하여 서비스가 생산됨 • 조직의 성과(performance)는 가장 측정하기 쉬운 경제적 가치로 측정되며, 조직 성과관리의 일차적 목적은 효율성증진 • 서비스의 질적 양적 수준은 기관 간 경쟁 및 수익창출여부 그리고 전적으로 국민들의 경제적 능력과 연관	• 조직관리의 최우선 가치는 **수익창출** • 국민들은 사회복지 재화 및 서비스 이용 대가를 지불할 수 있는 **소비자** • 수익창출에 도움이 되지 않는 조직 간 상호협력과 조정은 등한시되며 네트워크활동은 불필요한 조직활동이 됨 • 이용자들의 개별적 특성을 고려하는 사례관리나 상담 등 전문적 서비스는 수익을 창출하는 서비스로서 수입과 연관되어 제공되며 시간 제한적이며 보충적 서비스로서 비용지불과 연관됨 • 서비스결과(outcome)에 대한 책임은 전적으로 서비스를 선택한 개인에게 있음

■ 시장생산방식의 한계

시장생산방식은 국가로부터 탈중앙화된 사회복지 제공과 소비자들의 자기결정권 실현이라는 측면 그리고 국가에게 서비스전달에 따른 거래비용을 거의 의무화하지 않는다는 점에서 장점을 가지고 있지만 사회복지제공에 있어 국민에 대한 공공성 및 책임성 약화라는 기본적인 한계점을 나타내기도 한다. Johnson(1990)은 복지혼합의 시대에 복지전달은 크게 시장부분, 정부부분, 비영리부분, 가족과 친구 등과 같은 비공식부분으로 구성되며 시장부분 즉, 시장생산방식은 다음과 같은 기본적인 한계점이 있음을 지적하였다.

첫째, 시장생산방식은 사회복지제공에 있어 통제의 문제점을 가지고 있다. 즉, 시장은

사회복지 재화와 서비스의 양과 질을 규제하고 통제하는 것이 현실적으로 불가능하다는 점이다. 그에 따르면 시장은 본질적으로 이익창출을 위해 소비자를 착취하고 학대하므로 매우 강한 규제가 필요하지만 시장이 이익창출을 위한 행동을 정당화하고 또한 규제를 완벽하게 할 수 있는 방안을 고안하는 것도 어려우며 효과적인 관리방안을 고안하는 것이 비용부담문제를 야기함으로써 시장을 통한 사회복지 생산 및 제공에 있어 양과 질의 규제는 전적으로 시장의 자기-규제적 특성에만 맡기게 되어 규제나 통제가 어렵다고 볼 수 있다.

둘째, 시장생산방식은 비영리조직과 비공식적 부분의 활동에 부정적인 영향을 준다.[52] 영리조직들이 정부의 재정을 확보하기 위해 비영리조직들과 경쟁을 한다. 전체적인 재정지원 의 총량은 한정되어 있고 재정지원을 원하는 조직들의 수는 증가하므로 재정경쟁이 비영리조직의 활동에 경제적인 부담으로 작동하게 된다. 또한 조직 간 경쟁심화로 인하여 조직 간 협력과 조정이라는 비영리조직의 가치가 사라져 시장생산방식은 비영리 및 비공식부분의 활동에 부정적인 영향을 미친다.

셋째, 시장생산방식은 국가재정에 대한 영리기업으로의 유입을 정당화함으로써 국민의 세금이 영리기업의 이윤창출실현을 위한 재정원천의 역할을 한다는 점에서 비판을 받는다. 즉, 국민들에게 국가가 재원을 제공하고 이 재원을 국민들이 시장에서 서비스를 구매하여 소비하게 되면 국가의 재정지출이 곧 일부 영리기업의 이윤창출을 위한 도구로 활용된다는 것을 의미한다.

4. 준시장생산방식

준시장(Quasi-market) 생산방식[53]은 공공부분의 형평성을 잃지 않으면서 자유경쟁시장의 효율성을 얻기 위한 방안으로 고안된 준시장(유사시장)에서 사회복지재화와 서비스가 생산 및 제공되는 방식이다. 준시장생산방식은 시장이나 국가에 의한 생산이 아닌 정부개입의 혼합적 방식을 의미하는데 이는 공공 및 민간조직들이 경쟁을 통해 자원할당에 참여할 수 있기 때문이다. 즉, 준시장생산방식은 재정이 국가에 의해 지원되지만 서비스의 생산이 국가가 독점하지 않고 영리조직이나 비영리조직들이 참여하는 생산방식을 나타낸다(Lewis, 2017).

---

52) 시장이 비영리조직에 미치는 부정적 영향에 대해서는 다음절에서 보다 구체적으로 살펴보기로 한다.
53) 준시장은 유사시장이라고도 불린다.

준시장생산방식은 1990년대 영국의 학자들에 의해서 주장되고 그 이후로 사회복지 생산 및 제공의 한 유형으로 적용되었다. 준시장생산방식이 등장한 배경은 바로 영국건강서비스(National Health Service, NHS)의 재정증가에 대한 대응이었으며 건강서비스의 형평성을 개선하면서 효율성을 강화하는 한 방편으로 제시되었다. 영국의 건강서비스는 전액 국민들의 세금으로 재정을 지원받는다. 따라서 보편적 서비스이며 모든 국민들이 재정부담 없이 원하는 서비스를 받을 수 있다. 하지만 국민건강서비스에 대한 재정지출의 증가와 서비스 제공기관의 독점적인 서비스 제공으로 인한 비효율성에 대한 대안으로 효율성을 보다 강화하는 준시장생산방식이 등장하였다. 하지만 준시장생산방식은 시장생산방식의 한계로 지적되었던 서비스의 형평성을 등한시하지 않는다는 점에서 시장의 실패에 대한 대응 모델이라고도 할 수 있다. Le Grand는 준시장생산방식이 경쟁과 선택을 강조함으로써 형평성이 더욱 강화될 것이라고 주장하였다. 즉, 그는 중간계급이나 상층계급이 주로 이용하였던 의료시설을 하층계급들도 선택할 수 있고 의료서비스 제공기관들이 더 많은 이용자를 확보하기 위하여 경쟁을 하므로 하층계급 이용자들의 요구에 대해 더 빠르게 응답할 수 있고, 하층계급이 더 좋은 의료서비스를 제공받을 수 있어 형평성이 강화된다고 보았다(Cooper and Le Grand, 2010).

준시장생산방식은 시장이 가지고 있는 “선택과 경쟁”의 가치를 구현함으로써 시장의 원리를 수용하였다는 측면에서 사회복지제공의 시장화를 의미하다고 볼 수 있지만 **시장생산방식과 다른 점은 준시장생산방식에서 구매능력을 위한 재정은 국가가 전액 부담하여 개인적 구매력은 공평(형평)하다는 점이 강조된다는 점**이다. 하지만 시장이 갖는 정보비대칭, 이용자선별, 수확체증의 법칙에 따른 일부 기업의 독점적 지위 등 시장실패의 가장 핵심적인 요인들이 나타나지 않도록 규제하고 이용자들의 선택권을 강화하며 제공기관들 사이에 경쟁을 통해서 서비스가 향상될 수 있도록 한다는 측면에서 공공 및 사회복지 재화와 서비스 제공의 한 모형으로 등장하였다.

준시장생산방식은 형평성을 유지하면서 시장생산방식의 중심 가치인 경쟁과 선택을 통해 사회복지 재화와 서비스가 생산 및 제공되도록 하므로 시장생산방식의 사회복지영역으로의 확대라고 볼 수 있다. 즉, 국가생산방식에서는 중앙집중적 관료시스템에 의해 국가가 직접 사회복지 재화와 서비스를 생산하고 할당하고 분배하였지만 시장중심적인 변화를 통하여 국가는 자금제공자의 역할만 수행하고 시장이 서비스를 할당하고 분배하는 역할을 수행하게 된다. 자금제공자의 역할 측면에서 본다면, 기존과는 달리, 자금이 제공기관에게 계약을 통해 제공되기도 하고 바우처 등을 통하여 국민들에게 직접 제공되는

재정지원방식의 변화가 준시장생산방식의 주요 핵심적인 변화라고 할 수 있다. 즉, 사회복지제공에 있어 준시장생산방식은 국가가 사회복지를 기획하지만 서비스의 생산자와 공급자로의 역할을 포기하고 자금제공자의 역할을 수행하여 다양한 민간기관들이 서로 경쟁하면서 국가가 제공하는 자금을 확보하도록 고취시키기 위해 노력하게 된다. 결국, 국가가 독점적으로 서비스를 제공하는 제공자의 역할을 포기하여 민간기관들이 경쟁하여 서비스를 제공하도록 함으로써 시장이 형성되어 경쟁이라는 시장생산방식의 특징적 요소가 강조되지만 전통적인 시장생산방식과는 달리 준시장생산방식이라고 부르는 이유는 다음과 같은 제공방식의 차이 즉, **수요와 공급 측면에서의 차이점**에 기인한다(Le Grand, 1991).

공급측면에서 보면, 시장생산방식에서 제공기관들 사이에는 자신의 이익을 최대화하기 위한 경쟁이 있다. 따라서 모든 독립적인 기업이나 제공자들은 소비자를 확보하기 위해 경쟁을 하여야 한다. 따라서 시장에서 서비스의 공급은 이윤을 창출해내는 정도, 이윤창출을 목적으로 하는 제공기관들의 수 그리고 소비자의 수요 등에 의존하지만 준시장생산방식에서 사회복지 재화와 서비스를 제공하는 제공기관들은 모두 이익실현만을 목적으로 하는 기관들이 아니기 때문에, 또한 개인에 의해 사적으로 소유된 기관들만 있는 것도 아니기 때문에 이익만을 추구하며 서비스를 공급하지는 않는다는 차이점이 있다. 즉, 정부와 서비스계약을 위해 경쟁하는 비영리조직의 경우 조직의 목적이 이익최대화에 있지 않으며 사회적 목적 실현을 우선적 가치로 간주하므로 사회복지재화와 서비스의 공급은 전적으로 시장에만 의존하지 않는다.

수요측면에서 보면, 시장생산방식에서 소비자의 구매력은 화폐가치로 표현되지만 준시장생산방식에서는 소비자의 구매력이 화폐가치로만 표현되는 것이 아니라 지정된 예산의 유형이나 특정한 서비스만 구매할 수 있는 정부가 지급·보증하는 바우처 등으로 표현되기도 한다. 결국, 시장에서 수요는 소비자의 개인적 구매력으로 표현되지만 준시장에서 사회복지에 대한 국민들의 수요 및 공급은 사회복지재정을 책임지는 국가의 재정력에 크게 의존하게 된다. 아래의 표는 수요와 공급측면에서 시장생산방식과 준시장생산방식의 차이점을 나타낸 것이다.

Le Grand(1991)는 준시장생산방식이 **x-비효율성과 할당효율성**(allocative efficiency)[54] 문제를 극복할 수 있는 생산모델임을 강조하였다. 이는 국가생산방식이 가지고 있는 관료적 속성으로 지적되는 x-비효율성문제와 할당효율성을 개선하는 데 준시장생산방식이 적

54) 할당효율성은 여러 기관들이 경쟁을 통하여 서비스가 할당되는 것이 국민의 선택권향상이나 기관 이익창출에 효율적이라는 것을 의미하는 용어이다. 독점은 경쟁과 선택권이 제한됨으로 효율적인 할당방식이 아니라고 할 수 있다.

합하다는 것을 의미하는 것이다. 국가가 직접 공공 및 사회복지서비스를 제공하는 경우 과도한 행정비용이 수반되며 국민의 세금으로 관료들이 그들만의 이익을 추구하고 국가 독점으로 복지서비스에 대한 국민들의 선택은 제한되고 나아가 국민들이 가지고 있는 구체적인 욕구나 문제에 적절하게 대응하지 못하는 x-비효율성과 할당효율성의 문제가 나타나게 되는데 이러한 문제는 곧 준시장화를 통하여 개선될 수 있음을 의미한다. 결국 준시장화는 보수주의 경제학자들에게는 x-비효율성문제를 개선할 수 있는 대안으로 그리고 Le Grand 같은 사회정책학자들에게는 사회복지 제화와 서비스의 할당효율성을 개선할 수 있는 대안으로 인식되어 발전하였다고 할 수 있다.

준시장생산방식은 **이용자선별**의 문제(cream-skimming)를 가져다주었는데 이는 더 좋은 서비스를 제공하는 병원 등의 기관에 더 많은 이용자들이 몰리게 되고 이 경우 병원들은 이용자를 선별하여 서비스를 제공하게 된다는 것을 의미하였다(Lewis, 2017). 영국의 준시장생산방식은 이용자선별이라는 문제 외에도 서비스를 제공하는 기관이 다양하지 않은 경우 경쟁이 나타나지 않아 경제적 효율성의 효과는 없다는 점 그리고 행정 및 관리운영비(거래비용)의 증가를 가져다주어 이 역시 경제적 효율성에 반하는 효과를 가져다주었다는 점 등의 문제점이 나타났다(Valkama, Kankaanpää, and Anttiroiko, 2018). 또한 Propper와 Burges(2004)는 경쟁과 선택을 강조하는 영국 건강서비스영역의 준시장생산방식이 병원의 돌봄서비스 질에 부정적인 영향을 나타냈음을 강조하였다. 이들의 연구결과에 따르면 돌봄의 질을 나타내는 심근경색증 환자의 사망률이 경쟁영역에 있는 병원에서 더 높게 나타났으며 일부 환자들에게 간접적인 차별이 발생하였음이 지적되었다(Kerrisson and Corney, 1998).

준시장생산방식이 가장 활성화되어 있는 국가는 전 세계적으로 영국이라고 할 수 있다. 미국과 같은 복지국가들은 준시장생산방식이라기보다는 영리를 추구하는 기업의 사회복지영역으로의 참여를 인정하는 시장생산방식을 선호한다고 볼 수 있다. 시장생산방식에서는 사회적 가치가 중요하지 않으며 시장의 가치인 이윤추구가 중요하다. 반면 준시장생산방식화는 시장기제인 경쟁과 선택을 강조하지만 이러한 시장기제의 도입이 형평성이라는 사회적 가치를 실현한다는 측면에서 모든 재정을 국가가 책임지고 개인적 구매력은 실현되지 않는다는 점에서 엄밀히 구분된다고 할 수 있다. 준시장생산방식은 도입을 위한 전제조건 성립 여부와 밀접한 연관이 있다. Le Grand와 Bartlett(1993)은 준시장생산방식화가 건강보호영역에서 형평성을 강화시킬 수 있음을 강조하였으며 준시장생산방식화가 성공적으로 운용되기 위한 조건으로 다음과 같은 점들을 강조하였다.

첫째, 기관들이 경쟁을 할 수 있을 정도의 수와 질이 담보되어야 하며 정부가 적절하게 생산과 재정을 규제하고 국민들이 시장에 참여할 수 있는 시장구조가 필요하다.
둘째, 정보의 비대칭성이 없어야 한다.
셋째, 거래비용이 기존의 정부공급비용보다 낮아야 한다.
넷째, 국민들에 대한 선별이 일어나지 않아야 한다.

이들이 지적한 조건을 포함하여 준시장생산방식이 복지국가의 사회복지영역에서 성공하기 위해서는 반드시 다음과 같은 전제조건이 필수적이라고 할 수 있다(윤영진 외, 2009).

첫째, 준시장생산방식의 목적이 사회적 목적의 실현에 부합하는가?
둘째, 서비스혜택에 있어 형평성이 개선되는가?
셋째, 경쟁을 할 수 있을 정도의 기관과 다양한 서비스들이 존재하는가?
넷째, 서비스의 생산과 공급의 전 과정에 대한 국가의 통제와 관리가 가능한가?
다섯째, 국민들에게 정보비대칭문제가 발생하는가?
여섯째, 국민들에 대한 선별이 일어나는가?
일곱째, 준시장생산방식은 사회복지재정을 축소시키는 것은 아닌가?
여덟째, 국가가 사회재화와 복지서비스 재정을 전액 책임지고 있는가?

결국 영국의 준시장생산방식 실패의 예와 같이 준시장생산방식을 통하여 사회복지 재화와 서비스제공에 따른 효율성과 형평성이 강화되도록 하기 위해서는 위와 같은 전제조건의 확립은 필연적이라고 할 수 있다. 하지만 준시장생산방식은 정보 불균형 문제와 이용자선별 그리고 제공기관의 독점과 과점 등과 같은 준시장생산방식 실패요인이 완전히 사라지지는 않으므로 이를 극복하기 위한 새로운 생산모델의 등장을 가져다주었다.

준시장생산방식은 효율성을 유지하면서 형평성을 강화하는 것을 목적으로 사회복지 재화와 서비스가 제공되는 사회적 도구이다. 따라서 이용자 선별이나 정보비대칭, 수확체증의 법칙 등 시장에서 나타나는 시장실패 요인들이 나타나지 않도록 하는 것이 준시장화 성공의 핵심적인 과제라고 할 수 있다(지은구, 2012b). 준시장생산방식에서 국민들은 서비스를 선택하는 소비자이며 제공기관은 서비스를 생산하고 공급하는 생산자 및 공급자로 역할하게 되고 국가는 서비스를 총괄 기획하지만 서비스를 생산하고 공급하는 역할을 시장에 위임하고 서비스 제공에 대한 관리와 시장에 대한 규제 및 통제를 수행하며 자금을 제공하는 자금제공자의 역할을 수행하게 된다.

준시장생산방식 하에서 국가는 서비스를 필요로 하는 이용자들의 지불능력을 책임지게 된다. 개개인들은 서비스를 선택하는 선택권을 가지게 되므로 선택에 대한 자유와 자기결정권이 실현되는 장점을 가지고 있다. 하지만 국가 재정이 곧 서비스의 공급량을 결정하므로 서비스에 대한 국민들의 욕구가 실현되지 않는 과소공급이 발생할 가능성이 있으며, 국가가 준시장을 규제하지 않을 경우 이용자 선별이나 정보비대칭 그리고 수확체증의 법칙에 따른 서비스독점 및 과점 등과 같은 준시장의 실패가 발생할 수 있다. 아래의 표는 준시장생산방식에서의 사회복지제공의 특징을 나타낸 것이다.

〈표 27〉 준시장생산방식 사회복지 재화와 서비스 생산 및 제공의 특징

준시장생산방식의 사회복지 재화와 서비스 생산의 특징	제공의 특징
• 사회복지생산과 공급의 결정은 국가재정에 달려 있다. • 서비스 이용자와 제공자의 관계는 서비스 판매자와 서비스 구매자의 관계와 같다. • 조직 간 경쟁은 조직생존의 필수법칙이다. • 국가의 재정 부담으로 서비스 과소공급이 발생할 수 있다. • 조직은 소비자로부터 선택받기 위해 경쟁하며 경쟁은 서비스의 질을 결정한다.	• 서비스는 공공, 비영리를 포함한 영리조직이 형성한 시장을 통해서 서비스가 전달된다. • 개인의 구매력은 개인에게 지불되는 국가재정지불능력을 의미한다. • 서비스에 대한 개인적 선택권이 강화되고 자기결정권이 실현된다.

■ 준시장생산방식의 한계

준시장생산방식은 공공부분의 형평성을 잃지 않으면서 또는 강화하면서 자유경쟁시장의 효율성을 통해 재정적 효율성을 얻기 위한 공공 및 사회복지 재화와 서비스 생산모형이라고 할 수 있으며 이러한 특성이 바로 준시장생산방식의 기본적인 문제점으로도 지적될 수 있다. 즉, 효율성이 개선되지 않는다든지 또는 형평성이 악화되면 결국 준시장화모델은 그 존재기반을 상실하게 된다. 공공 및 사회복지서비스전달에 있어 형평성과 효율성이 동시에 개선된다는 것은 모든 정부가 선호하는 정책방향이지만 현실적으로 형평성과 효율성을 동시에 개선, 향상한다는 것은 불가능할 수 있다. 사회복지 재화와 서비스는 성격상 국가재정으로 공급이 이루어지고 특정 사회적 위험을 예방·치료하고 국민들의 삶의 질을 유지 및 개선한다는 사회적 목적을 가지는 가치재이므로 국가가 단순히 공급을

하고 공급과정과 소비에 대한 책임을 이용자에게 떠넘길 수만은 없는 서비스영역이다. 따라서 이용의 책임을 개인에게 전가하는 시장생산방식이나 준시장생산방식은 기본적으로 서비스 전달의 한계를 가지고 있는 모델이라고 할 수 있다.

논리적으로 보면 준시장영역은 민간비영리조직이나 영리조직의 진입을 모두 허용함으로써 공공의 이익이나 사회적 목적 실현을 정부가 강조할 수 있고 민간비영리조직도 사회적 목적 실현에 동조할 수 있지만 이윤을 추구하는 영리조직이 정부의 재정을 단지 이윤 창출적 측면에서만 바라본다면 수확체증의 법칙으로 인하여 소수의 거대 영리조직이 서비스영역을 독점하고 결국 이용자를 선별하는 현상이 발생할 수 있다. 또한 준시장은 이용자들이 서비스를 무상으로 이용함으로써 비용지불을 하지 않고 국가가 재정을 지불하는 것이 특징이므로 이용자가 서비스를 이용하는 데 있어 비용을 지불하게 되면 준시장의 기본 원칙은 무너지게 된다. 즉, 서비스 제공인력(예를 들어 의사), 서비스 내용이나 서비스 제공기관을 선택하고 선택하는 것에 대해 자기부담금을 지출하도록 한다든지 추가적인 서비스를 이용자부담으로 인정하는 행위 등은 모두 이용자 비용부담을 통해 이익을 창출하는 행동으로 형평성을 저해하고 준시장이 작동하지 않도록 하는 가장 강력한 부정적인 요소라고 할 수 있다.

준시장생산방식의 전제는 준시장에서 서비스를 구매하는 구매자의 구매력이 모두 동등하다는 것이다. Le Grand(1993, 2002, 2007)가 강조하였던 바와 같이 준시장에서 상품이나 서비스에 대한 지불은 전액 국가에 의해서 이루어지며 국가는 바우처나 현금지원 등의 수단으로 준시장에서 구매자들에게 지불능력을 제공한다. 따라서 개인적인 재원으로 상품과 서비스가 구입되지 않으며 개인적인 구매력의 차이로 서비스의 양이나 질이 결정되지 않는다는 것이 준시장과 시장의 가장 큰 차이점이라고 할 수 있다. 하지만 준시장에서 서비스를 제공하는 제공기관이 공공기관이나 비영리기관뿐만 아니라 영리기관을 포함하고 있다는 사실이 준시장의 평등한 구매력을 통한 선택과 경쟁의 원칙이 작동하지 않을 수 있다는 점을 나타내 준다. 영리조직의 시장개입으로 평등한 구매력이 실현되지 않을 것이라는 점은 제공기관과 이용자 사이의 정보불균형 그리고 제공기관의 이용자 선별과 같은 사실에 기인한다.

국가생산모델과 시장생산방식의 한계가 준시장생산방식을 불러온 가장 결정적인 요인이지만 시장생산방식의 실패가 국가생산방식의 성공을 의미하지 않는 것과 같이 시장생산방식의 실패가 곧 준시장생산방식의 성공을 의미하지는 않는다. 즉, 준시장생산방식이 성공하기 위해서는 사회복지 재화와 서비스를 제공하는 제공기관이 경쟁이 가능하도록 많아야 하며 제공기관에 대한 국민들의 접근이 공평하게 보장되어야 하고 국민들의 선택은 필요한 정보의 공개에 기초하여야 하고 국민들의 선호가 왜곡되지 않아야 가능하다. Kahkonen(2004)은 준시장생산방식의 실패이유가 역선택과 긍정적 외부효과에 따른 불완전경쟁과 정보불균형에 있음을 주장하였으며 Lowery(1998)는 준시장생산방식의 실패가 첫째, 준시장 형성의 실패 둘째, 선호오류 즉, 잘못된 선호에 의한 실패 셋째, 대체선호에 의한 실패에 기인한다고 주장하였다. **준시장 형성의 실패**는 준시장에 독과점으로 불완전 경쟁이 일어나는 것을 의미하며 **선호오류의 실패**는 국민들이 정보불균형으로 잘못된 선택을 하기 때문에 나타나는 실패를 의미하고 **대체선호실패**는 사적재화가 공공재화를 대체하지 못하는 경우 나타나는 실패를 의미한다. 즉, 준시장생산방식에서는 시장이 열려있으므로 서비스를 제공하는 기관이 다수 존재하는데 공공기관에서 제공하는 재화와 서비스가 민간기관을 통해 대체되지 못하는 경우 국민들은 다시 공공재를 선호하게 되므로 준시장생산방식은 실패할 수밖에 없게 된다.

5. 공동생산방식[55)]

공동생산(Co-Production)방식은 2000년대에 들어서면서 돌봄의 사회화의 성격이 강화되고 복지욕구에 대한 다양성과 국민의 선택권이 강화하면서 돌봄 및 복지서비스에 대한 개인이나 가족의 개입이 국가생산 및 비영리생산이나 시장생산의 한계를 극복할 수 있다는 점에서 공공서비스를 제공하는 하나의 대안으로 주목받았다. 즉, 공동생산방식은 공공서비스의 발전 및 전달과정에 시민들과 핵심 이해관계자들이 개입하는 방식으로 등장하였다(Putans and Zeibote, 2021). 따라서 공동생산방식은 국민들의 선택권이 강조되고 서비스의 생산에 있어 다양한 이해관계자들(이용자, 비영리조직, 공공조직 등)이 **상호 협력과 조정**을 통하여 생산이 제공되도록 하는 생산방식을 나타낸다. 웨일스의 공동생산네트워크는 공동생산방식을 "서비스를 제공하는 사람과 받는 사람이 권력과 책임을 공유하고 평등하고 호혜적이며 배려하는 관계에서 함께 일할 수 있도록 하는 공공 서비스에 대한 자산 기반 접근 방식"이라고 정의하고 있다(https://copronet.wales/). 물론, 공동생산방식은 유럽 중심의 특정 국가에서만 활용되는 방식으로 아직 보편적인 생산방식이라고 할 수는 없다.

사회복지 재화와 서비스의 생산과 제공에 대한 **공동생산방식**은 국가도 아니고 비영리

55) 공동생산방식은 공동제공모델이라고도 불린다.

제공기관도 아니며 시장도 아닌 **국민이 복지서비스의 생산 및 제공에 대해 단순하게 수동적 대상자나 이용자의 자세를 취하는 것이 아니라 복지서비스의 생산 및 제공에 참여하는 능동적인 역할을 수행**함을 강조한다(Pestoff, 2006). 따라서 공동생산방식에 따르면 국민들은 단순히 사회복지 재화와 서비스를 제공받는 수동적 입장에 있는 것이 아니라 서비스를 생산하고 제공하는 과정에 참여하는 주체적인 역할을 담당하게 된다. 따라서 공동생산방식은 사회복지 재화와 서비스 이용자가 단순히 사회복지 생산의 객체가 아닌 주체로 자리매김하는 것을 강조하는 모델이라고 할 수 있다(Hunter and Ritchie, 2007). 특히, 공동생산방식은 시장메커니즘에 대한 반대라기보다는 사회복지생산은 정부와 사회복지 및 돌봄전문가 그리고 국민이 공동으로 수행함으로써 시장의 역할은 상대적으로 중요시 않게 된다는 특징이 있다. 따라서 공동생산방식에서는 정부와 전문가 그리고 국민이 공동으로 어떠한 사회복지 재화와 서비스가 필요한지를 결정하지만 필요한 서비스는 국가를 통해서 또는 비영리조직이나 시장을 통해서도 생산 및 제공될 수 있다는 점이 강조된다.

공동생산방식은 1980년대 미국의 공공행정학자들의 주장에 의해서 처음 제기되었으며(Parks, at al., 1999), 사회복지영역으로 도입된 것은 유럽의 아동보육서비스에 대한 부모의 개입으로부터 시작되었다고 알려져 있다. 특히 1990년대 재정적 어려움에 직면한 유럽복지국가들은 사회복지생산의 현 수준을 유지하기 위한 방안으로 공동생산방식을 주목하였다(Pestoff, 2006).

사회복지영역에서 공동생산방식이 등장한 가장 근원적인 배경은 바로 그동안 인간봉사영역 또는 사회복지영역에서 서비스를 제공받는 인간 자체보다는 제공되는 서비스에 보다 많은 관심을 쏟고 있고, 서비스 자체에 대한 지나친 관심은 결국 사람들의 욕구가 제대로 해결되지 않고 심지어 그들의 문제가 더욱 악화되는 경우가 발생하고 있으며 나아가 서비스를 제공받는 사람들에 대한 격리, 낙인, 의존이 심화되고 있다는 점에 대한 인식이었다(Hunter and Ritchie, 2007). 인간중심이 아닌 서비스중심의 해결책은 자원의 부적절한 사용을 가져오기도 하며 서비스가 필요로 하는 사람들에 대한 서비스 과소공급 등의 문제를 동시에 유발시키기도 한다. 따라서 공동생산방식은 서비스가 중심이 아닌 인간중심으로 문제해결의 실마리를 찾는 생산방식이라고 할 수 있다. 공동생산방식에서는 특히, 사회복지재화와 서비스를 제공받는 이용자와 서비스를 제공하는 제공자와의 협력관계(partnership)가 강조된다. 제공자에는 서비스를 직접 제공하는 인력과 제공기관이 포함된다. 공동생산방식은 서비스를 제공받는 이용자가 직접 서비스 생산 제공에 참여하고 제공자와의 협력을 강조한다.

Percy(1984)에 따르면 공동생산은 이용자와 제작자가 같은 재화와 서비스를 생산하기 위한 노력을 취할 때 나타난다. 따라서 협력은 공동생산방식의 핵심 주제라고 할 수 있다. 협력이 공동생산방식에서 중요한 이유로 Hunter와 Ritchie(2007)는 협력이 이미 복지국가를 발전시키기 위한 전략이자 통치(government)의 도구이기 때문이라고 강조하였다. 매일 매일의 삶속에서 도움을 필요로 하는 이용자들은 제공자와 협력을 통해 이해관계자 중의 한 명으로 서비스 자원의 배분과정에 참여하게 된다. 또한 공동생산 및 제공을 통해 이용자들은 사회복지 재화와 서비스를 포함하여 공공서비스의 결정에 참여하는 기회를 갖게 되는데 이러한 참여의 기회확대는 사회복지서비스에 대한 이용자 나아가 시민들의 만족도를 향상시키는 역할을 한다.

공동생산은 특히 인간봉사영역에 뿌리 깊게 배어 있는 의존과 종속으로부터 벗어나 이용자가 직접 사회복지 재화와 서비스의 설계와 전달에 참여할 수 있도록 하는 기술을 필요로 한다. Hunter와 Ritchie(2007)는 공동생산방식에 영향을 미친 배경을 **서비스전달의 재설계, 더 높은 기준과 더 강한 모니터링, 다양성과 평등성 전략 그리고 이용자역량강화**로 구분하여 설명하고 있다. 서비스전달의 재설계는 기관을 정렬하고 합병하여 거래비용을 줄이는 것과 생산성을 증가시키기 위한 노력, 새로운 기술과 서비스 절차를 도입하는 것, 민간기관과 서비스를 계약하는 것 그리고 전문가가 폭넓은 과업을 수행할 수 있도록 업무경계를 줄이는 것 등을 포함한다. 더 높은 기준과 더 강한 모니터링은 서비스기준을 보다 명확히 하고, 투명성을 강화하며, 서비스 제공자가 더욱 책임감을 갖고 성과를 개선할 수 있도록 노력하는 행동들이 포함된다. 다양성과 평등성 전략은 나이, 인종, 성(gender), 성적 취향이나 장애를 가진 사람들이 가장 불이익을 받는 집단이므로 이들에 대해 보다 평등하고, 응답적인 그리고 이들을 모두 포함할 수 있는 포용적인 서비스가 생산 및 제공되며 이들에 대한 태도가 변화하여 서비스에 대한 편향이 사라지도록 하는 것을 의미한다.

그리고 마지막으로 이용자 역량강화는 서비스를 제공받는 이용자들이 그들이 진정으로 원하는 또는 필요로 하는 것과 그들이 실제로 제공받는 서비스 사이의 불일치의 원인이 바로 그들이 필요로 하는 것을 얻을 수 있는 힘이 충분하지 않기 때문임을 강조한다. 이를 극복하기 위해서는 첫째, 사람들이 유용한 것이 무엇인지를 알 수 있도록 정보공개를 보장하고, 둘째, 서비스 이용자들이 비용을 지불하는 소비자로 취급받을 수 있도록 그들에게 공적자금을 직접 제공하며, 셋째, 사람들이 서비스를 잘 제공받을 수 있도록 돕는 중개인을 두고, 셋째, 서비스를 이용하는 과정에서 사람들의 목소리가 강화될 수 있도록 독립적 옹호를 고취시키는 것이 중요하다. 따라서 이용자 임파워먼트를 강조하는 공동생산방식은 바로 소비자주권의식에 영향을 받았음을 알 수 있다.

소비자주권의식(소비자주의)은 전통적 사회복지생산방식에 대한 분명한 하나의 도전임에 틀림없다. 기존의 서비스생산방식은 국가가 직접서비스를 생산하든지 아니면 민간기관이 국가와의 계약을 통해 서비스를 대신 생산 및 전달하는 방식이다. 이 경우 전문가(사회복지사 또는 서비스제공자)는 이용자가 가지고 있는 문제를 정의하는 데 책임이 있을 뿐만 아니라 해결책을 처방하고 시행하게 된다. 또한 전문가에게는 자원할당의 힘이 주어지므로 서비스 이용자들은 전문가에게 의존하는 현상이 발생하게 된다. 기존의 제공자방식에서 제공자나 제공기관은 서비스가 제공받는 사람들에게 적합한지에 상관없이 서비스를 받을 자격기준이 되면 서비스를 제공할 수 있지만 소비자주의가 강조되는 공동생산방식에서는 서비스를 제공받는 사람들에 대한 보다 면밀한 주의를 필요로 한다. **개별화**는 공동생산방식의 또 다른 중심 개념이다. 인간이 모두 성격과 생김새가 다른 것과 같이 동일한 문제를 가지고 있는 사람들도 제 각각 서로 다른 상황과 환경에 놓여 있으므로 개별화된 서비스를 제공받아야 한다. 따라서 개별화의 측면에서 서비스 이용자(국민)는 서비스의 공동설계자이고 공동관리자이다.

공동생산방식이 소비자주의에 영향을 받았지만 공동생산에 참여하는 국민과 소비자의 역할의 상이성을 이해하는 것 역시 중요하다. 즉, 소비자주의에서 소비자는 단순히 상품을 소비하는 주체이지만 공동생산방식에서 국민은 단순히 서비스를 소비하는 소비자가 아니고 서비스의 제작에 참여하는 주체이다. 따라서 **소비자주권보다 시민권이 보다 강조되는 것이 공동생산방식**이라고 할 수 있다(Pestoff, 2006; Alford, 2002). 따라서 공동생산방식에서 국민은 시민권에 기초한 시민으로서 시민은 물론 소비자이기도 하지만 사회복지 재화와 서비스 생산 및 제공에서 더 이상 수동적인 이용자가 아니다. 즉, 시민은 세금을 지불하는 납부자이고 그들의 정치적 권리를 행사하는 투표자이기도 하지만 나아가 그들이 필요로 하는 사회복지 재화와 서비스를 요구하고 공동 제작하는 능동적인 참여자이다(Alford, 2002). 결국, 시민의 참여는 사회복지제공에 있어 공동생산방식을 설명하는 가장 중요한 개념이라고 할 수 있다.

공동생산의 개념을 제시하였던 Sharp(1980)는 두 개의 비교영역으로 공공서비스영역을 구분하였는데 첫 번째 영역은 생산자의 영역이고 다른 영역은 서비스와 재화를 소비하는 이용자, 시민 또는 이익집단 영역이다. Sharp의 영역개념으로 분류하면 공동생산방식은 시민이 생산자로 참여하기 때문에 생산자와 시민의 영역이 중첩되는 모델이다. 위의 표에서 보는 바와 같이 공동생산방식은 공공서비스(사회복지서비스를 포함하여)의 제공에 시민과 제공기관(전문가 포함)이 함께 기여하는 행동의 혼합모형을 의미한다고 볼 수 있다(Pestoff, 2006). 제공기관은 서비스제공의 전문가 또는 전문가집단으로 그리고 시민은 자신이 제공받는 서비스의 질과 양을 향상시키기 위해 자발적 노력을 하는 개인 또는 집단이다(Ostrom, 1999; Parks et al., 1981; Brudney and England, 1983). 결국, 제공기관과 시민들의 자발적 노력을 강조하는 공동생산은 서비스의 질과 양을 개선시키는 데 중요한 수단임을 공동생산방식을 주장하는 학자들은 강조한다(Pestoff, 2006).

공동생산방식은 사회복지영역에서 client라는 용어가 수동적 의미를 내포하며 그들이 행동을 받아야 함을 나타내기 때문에 이 용어와 대비하여 시민(또는 이용자 나아가 소비자)이라는 용어를 선호하는데 이는 시민이 client와 비교하여 사회복지서비스를 포함한 공공서비스를 제작하는 능동적인 역할을 포함하고 있기 때문이다. 특히, 복지국가의 발전에서 시민의 능동적인 역할을 강조하는 Ostrom(1999)은 어떤 시장도 정부가 제공하는 공공재 없이는 생존하기 힘들고 어떤 정부도 시민의 참여 없이는 형평성이 있고 효율적인 서비스를 제작하기 어렵다는 점을 강조하여 시민의 공동생산 및 공동제공으로의 참여를 주장하였다.

공동생산방식은 위기개입이나 단기적 치료나 개입을 필요로 하는 경우보다 장기적 지원을 요구하는 상황에 보다 적합한 방법이라고 할 수 있다. 즉, 자신에게 적합한 방식을 찾아 개별화된 개입을 필요로 하는 경우, 다양한 사람들과 제공기관이 함께 일하여야 하는 경우, 이용자들에 필요한 것이 계속 변할 것 같은 경우, 서비스가 이용자들의 삶의 질에 중요한 영향을 줄 것 같은 경우 등에는 공동생산방식이 적합한 복지생산방식일 수 있다(Hunter and Ritchie, 2007). 결국, 공동생산방식의 가장 큰 장점은 이용자가 공공생산과 공동제작을 수행함으로써 서비스의 수용성(acceptability)을 증진시킬 수 있다는 점과 자신에게 수용성이 높은 적합한 서비스가 제공되어 서비스의 효과성이 개선될 수 있다는 점이라고 할 수 있다.

공동생산방식에서 사회복지 재화와 서비스를 생산 및 제공하기 위해서 전문가에게 필요한 기술은 이용자의 상황에 대해 다양한 시각과 행동을 가지고 접근할 수 있는 능력과 열린 대화와 열린 작업분위기라고 할 수 있다. 특히 전문가는 조정, 신뢰건설, 협상, 자원개발, 상황에 대한 해석과 갈등관리 등의 기술이 필요하다. 무엇보다도 공동생산방식을 적용하는 경우 공동생산과 제작을 책임지는 전문가와 이용자는 불확실성, 애매모호성, 도전, 스트레스, 불안정 등에 노출될 가능성이 크다(Hunter and Ritchie, 2007). 아래의 표는 공동생산방식 사회복지제공의 특징을 설명한다.

〈표 28〉 공동생산방식 사회복지 재화와 서비스의 생산 및 제공의 특징

공동생산방식의 사회복지 재화와 서비스 생산의 특징	제공의 특징
‣ 사회복지 재화와 서비스의 생산 및 제공은 전적으로 제공기관과 이용자 사이에 협력과 조정을 통해서 이루어짐 ‣ 서비스의 생산은 전적으로 국민들의 욕구사정에 기초하므로 개별화된 서비스가 생산 및 제공 ‣ 제공기관과 이용자가 협력과 조정을 통하여 서비스를 제작함으로써 사회적 위험에 보다 적극적으로 대응할 수 있는 보다 유연한 서비스의 생산 및 제공이 가능 ‣ 개별화된 서비스 이용자들에 대한 전문적이고 체계적 관리는 서비스 생산 및 제공에 있어 필수적 요소 ‣ 사회복지 재화와 서비스를 생산하는 데 있어 지역자원을 보다 효율적이고 효과적으로 활용할 수 있음	‣ 국가, 민간조직 그리고 국민이 공동으로 사회복지 재화와 서비스를 제공 및 관리

■ 공동생산방식의 한계

공동생산방식은 시민참여를 증진시켜 공동생산과 공동제공으로 인해 서비스 수용성이 개선되고 서비스의 효과성이 증진될 수 있다는 장점이 있지만 다음과 같은 한계점을 가지고 있다.

첫째, 공동생산방식은 자조(self-help)개념의 발전된 또는 또 다른 유형의 자조라고 할 수 있다. 자조는 개인적 능력건설과 임파워먼트를 통해 이루어질 수 있는 사회복지실천의 임파워먼트모델에서 주로 강조되는 용어이다. 자기 자신이 스스로 능력을 건설하고 장점과 단점 등을 파악하여 역량을 강화할 수 있는 가능한 모든 자원(자산)을 활용할 수 있는 사람들에게 자조는 매우 유용하기 때문에 이를 기반으로 하면 자조가 가능한 이용자의 입장에서 공동생산방식에 적합하다고 할 수 있지만 반대로 스스로 능력을 건설할 수 있는 조건이나 상황이 허락되어 있지 않은 사람들에게 스스로 문제를 해결할 수 있게 자원을 활용하도록 한다는 것은 문제해결의 책임을 개인에게 돌리고 결과에 대해서도 개인이 책임지도록 하여 공동생산방식은 개인의 책임을 강조하는 방임적 사회복지생산모델이 될 수 있다.

둘째, 자신에게 필요한 서비스(또는 자원)가 무엇인지를 인식할 수 없는 인지능력이 낮은 이용자나 결정능력을 가지지 못한 장애인 또는 공동생산을 위해 시간을 투자하기 어려운 국민 등은 공동생산방식을 통해 서비스를 제공받는 것이 어렵다.

셋째, 서비스 이용자가 서비스 생산과 제공의 결정에 참여하여 자신에게 적합한 서비스를 선택하는 것보다 국가가 판단하였을 때 서비스 이용자의 개인적 속성 상 서비스가 반드시 강제적으로 그리고 지속적이면서 안정적으로 제공되어야 하는 경우 공동생산방식을 적용하는 것은 적합하지 않다.

넷째, 서비스를 제공받아야 하는 사람에 대한 전문가의 시각과 이용자의 시각이 다를 수 있다. 특히, 전문가가 판단하였을 때 공동협력관계를 구축하는 것이 불가능하다고 판단되고, 이용자가 선택권을 행사할 수 없는 경우는 공동생산방식보다는 서비스 제작과 제공을 국가나 민간기관이 책임지는 국가생산방식이나 준시장생산방식이 더욱 적합할 수 있다.

다섯째, 단기적인 개입이나 위기개입 등 급속한 서비스가 필요한 경우 장기적 관계를 통한 문제해결을 강조하는 공동생산방식은 적용할 수 없다.

여섯째, 공동생산방식은 반드시 특정 서비스가 필요한 사람이 서비스를 개인적 이유로 제공받지 않을 수 있으므로 표적효과성이 떨어진다.

일곱째, 공동생산방식은 여러 이해관계자가 협력하여야 함으로 서비스 제공받을 때까지의 시간과 노력 비용 등 거래비용이 매우 높다.

여덟째, 공동생산방식은 국가가 시장을 형성하고 협력관계가 가능한 조건을 구축하는 등 인프라구축을 위해 들어가는 비용이 높은 반면 서비스 진행 절차에 대한 감시·감독이 불가능하여 서비스제공과 관련하여 국가책임성의 약화라는 비난을 불러올 수 있다.

6. 복지자본주의 사회복지 재화와 서비스 생산방식(복지생산방식) 비교

복지자본주의 하에서 사회복지 재화와 서비스가 생산되고 소비되는 방식은 가장 일반적으로 국가가 직접 생산하고 국민들이 소비하는 국가생산방식이지만 사회문제의 복잡화에 따른 복지의 욕구가 다면화하고 증폭하면서 그리고 국가의 복지재정지출이 부담으로 작용하면서 비영리생산방식(제3부문생산방식)이 확대하게 되었다. 비영리생산방식은 국가생산방식 다음으로 가장 많이 활용되는 복지생산방식으로 체계적으로 서비스이용자들이 전문적 서비스 및 관리를 제공받을 수 있다는 특징이 있지만 국가생산방식과 동일하게 비영리조직의 서비스독점으로 인한 이용자들의 선택권 제한이 한계로 지적되었고 이를 극복하기 위한 대인으로 준시장생산방식과 시장생산방식 그리고 선택과 협력 및 조정이 중심이 되는 공동생산방식 등이 등장하였다. 준시장생산방식은 효율성이 개선되지 않고 선택권도 제한적이라는 한계로 인하여 대부분의 복지국가에서 복지생산방식으로 활용되지는 않고 있으며 시장생산방식은 사회복지 생산 및 소비에 있어 국가의 책임성 약화와 개인의 능력에 의존함으로써 나타나는 소비의 양극화문제를 해결하지 못한다는 한계에서 자유롭지 못하여 미국과 같은 자유주의복지국가를 제외하고 사회민주주의 복지국가에서는 활용도가 낮다. 또한 공동생산모델은 이용자가 참여하여 스스로 서비스의 생산 및 소비를 결정할 수 있도록 하고 서비스제공 주체들이 상호협력과 조정을 통해 서비스가 제공될 수 있다는 장점을 가지지만 이 역시 복지제공에 대한 국가의 책임성약화 그리고 개인적 결정권을 과도하게 인정하여 장애와 같은 특정 상황으로 인하여 자기결정권을 행사할 수 없는 국민들에게는 도움이 되지 않는 생산방식이라는 한계 그리고 자원의 동원이라는 측면에서 개인의 소비능력이 중요한 역할을 하여 소비능력을 가진 국민과 그렇지 못한 국민 간에 자원동원이나 서비스소비에 있어 격차가 나타날 수 있다는 한계를 갖고 있어 복지생산방식으로의 확대에는 약점을 가진다.

결국, 복지자본주의 하에서 어떠한 사회복지 재화와 서비스 생산방식이 가장 이상적인 생산방식인가에 대한 정답을 찾는 것은 어렵다. 하지만 특정 국가의 인구・사회적인 특성 및 정치・경제적 특성 그리고 선택, 경쟁, 효율, 효과, 형평, 협력, 연대, 공동체 등과 같은 가치에 대한 국민들의 선호 그리고 노동자나 시민들의 요구나 정치적 힘(power)의 실현 정도 등이 생산방식의 결정에 많은 영향을 미칠 것이며 이러한 특성 하에서 복지자본주의국가들은 모두 국가별 상이한 상황에 맞게 하나 이상의 복지생산방식을 활용하여 국민에게 필요한 사회복지 재화와 서비스를 생산 및 소비하도록 하는 생산방식을 유지 및 발전시키고 있다고 할 수 있다. 아래의 표는 생산방식 유형에 따른 장단점을 간략 비교한 것이다.

〈표 29〉 복지자본주의 복지생산(제공)방식 비교

	장점	단점
국가(직접)생산 방식	• 서비스의 과소공급 방지 • 서비스 생산의 지속성과 안정성 및 차별없는 보편적 서비스 제공 • 서비스접근성 높으며 거래비용은 낮음	• 서비스 선택권 제한 • 전문적 서비스 제공 및 서비스 품질향상 노력 제한 • 개별적 서비스제공 제한 • 이용자에 대한 사전 사후관리 제한
비영리(조직) 생산방식	• 서비스전문성 강화 • 개별적이고 유연한 서비스 제공 • 연계협력서비스제공	• 서비스 지속성 및 안정성 제한 • 계약 당사자 간 정보불균형 및 비영리조직의 목적불일치현상
시장생산방식	• 시장수요에 맞는 서비스 생산 및 제공 • 이용자 선택권 및 자기결정권 강화	• 이익창출이 어려운 또는 소수에게 필요한 서비스제공 제한(과소공급) • 시장독점, 이용자선별 및 국가의 책무성 약화
준시장생산 방식	• 서비스 형평성 및 효과성 개선 • 이용자 선택권 강화	• 제공기관의 이용자선별 • 이용자의 선택오류
공동생산방식	• 개별적 욕구에 따른 협력적 서비스 제공 • 이용자의 권리 강화 • 지역사회자원의 개발 및 활용의 효율성 및 효과성 강화	• 지불능력이나 자기결정권을 행사할 수 없는 이용자들에 대한 서비스제한 • 긴급서비스 또는 위기상황에 대처능력 제한 • 시간과 노력 등 거래비용이 높음 • 이용자를 포함하여 협력제공자 간 서비스 형태나 방식에 대해 이견발생시 해결 어려움 등

제 10 장

복지자본주의의 다양성

제 1 절 복지자본주의국가의 다양성 비교

1. 복지자본주의 다양성의 배경

현존하는 수많은 복지자본주의국가들이 동일한 복지수준을 갖고 있는 것은 아니다. 자본주의의 위기 해결 또는 자본주의의 지속성을 보장받기 위하여 복지제도와 결합한 복지자본주의가 등장한 이후로 수많은 국가들은 다양한 방식으로 특정 국가의 정치, 경제, 사회조건이나 환경에 맞는 복지자본주의를 발전시켜 왔다. 예를 들어 노르웨이, 핀란드나 스웨덴과 같은 복지자본주의국가는 사회민주주의정당이 수십 년간 정권을 유지하면서 국가가 직접 국민들이 필요한 복지를 생산하고 제공하는 국가생산방식으로 선진복지국가로서의 틀을 확고히 하였으며 미국과 같은 국가는 자유주의사상에 영향을 받아 국가보다는 비영리조직 그리고 개인과 기업이 복지를 생산하는 비영리생산방식과 시장생산방식이 중심이 되어 국민들에게 복지를 제공하여 왔고 자본주의의 발전이 늦었던 우리나라의 경우는 산업화시대 이후 1990년대까지는 비영리조직과 개인이나 가족이 복지를 책임지는 복지생산방식이 선호되다가 이후에는 국가와 비영리 그리고 시장이 복지를 책임지는 혼합생산방식이 자리를 잡아가고 있다. 결론적으로 말하면 복지자본주의국가들은 많지만 모두 동일한 수준의 복지제도나 정책을 유지하고 있는 것은 아니다. 이는 자본주의국가의 경제수준을 GDP나 GNI로 구분하면 나라마나 그 수준이 다른 것과 같은 맥락이다. 자본주의를 노르딕모델, 라인모델 그리고 앵글로 색슨모델 등으로 구분하여 설명하는 것 역시 자본주의가 국가별로 성격이 다르기 때문이며 이를 집단화하여 구분하기 위함이다.

복지국가의 발전을 설명해 주는 경로의존성이론이나 산업화이론, 제도주의이론, 신마르크스이론 그리고 권력-자원이론 등이 모두 특정 국가의 복지체제와 발전원인 등을 설명하지만 완벽하게 한 이론이 특정 복지국가의 발전을 설명해 주지 못하는 것과 마찬가지로 복지자본주의의 다양성 역시 이념적 성향 이외에 특정 국가의 정치, 경제 그리고 사회적 조건이나 상황에 크게 의존한다. 예를 들어 스웨덴은 강력한 노동자정당의 힘을 바탕으로 하는 권력-자원이론으로 사회민주주형 복지국가가 발전했고 미국은 노동자들의 힘보다는 자본주의사회의 발전과 함께 산업화가 복지를 견인하는 산업화이론이나 제도주의이론으로 자유주의형 복지국가가 발전하였음을 설명할 수 있지만 이 이론들이 모두 정도의 차이는 있지만 영향력을 발휘하여 다양한 유형의 복지국가가 등장하였고 발전하였다고 할 수 있다. 특정 선진 복지정책이나 제도를 모방하면서 대부분의 복지국가의 발전 경로가 비슷하게 수렴된다는 경로의존성(path dependency)은 역사적 발전의 주체라는 시민과 시민운동 또는 노동운동의 복지발전에 대한 공로를 등한시하므로 복지국가발전이론으로는 적절하지 못하다. 하지만 복지후진국가의 입장에서 좋은 선진복지정책을 받아들여 그 나라의 특색에 맞는 복지정책으로 발전시키는 것은 당연한 발전과정이라고 할 수 있다. 종합하면 복지국가의 발전경로가 나라마다 다르고 복지수준도 다양한 것은 특정 국가의 정치(정치집단의 이념적 성향), 경제수준 및 사회적 상황 및 노동조합운동과 시민들의 인식 등에 의존함으로 복지자본주의 역시 수많은 다양한 국가가 나라마다의 특성이 반영되어 매우 상이한 형식으로 복지자본주의를 발전시키고 있다고 할 수 있다.

2. 복지자본주의의 유형(Type)

복지자본주의국가의 다양성에 대한 가장 대표적인 초기 연구는 1990년에 출간된 에스핑-엔더슨(Esping-Andersen)의 '복지자본주의의 3개의 세계(the three worlds of welfare capitalism)'라는 저서이다. 이 책에서 그는 서구 복지자본주의국가들을 유형화하기 위한 노력을 기울였으며 이 책이 출간된 이후 수많은 연구자들이 복지자본주의국가를 집단화하고 유형화하기 위하여 노력하고 있고 이러한 연구는 지금도 여전히 중요한 연구주제이고 꾸준히 진행되고 있다. 에스핑-엔더슨이 복지자본주의국가들을 집단화하고 유형화하기 위해 활용한 기준은 그가 개발한 **탈상품화지수**이다. 그는 탈상품화지수를 개념화하고 이를 활용하여 미국을 포함한 18개 국가의 복지자본주의유형을 구분하였다. 그는 탈상품화를 첫째, 일반적 복지, 소득, 노동의 잠재적 상실 없이 시민들이 자유롭게 필요하다고 생각한다면 노동에서 손을 뗄 수 있는 것, 둘째, 개인이나 가족이 시장참여에 의존하지 않고 사회적으로 수용될 수 있는 기본적인 삶의 수준을 유지할 수 있는 정도라고 규정하고 이를 측정하기 위해 탈상품화지수를 개발하였다. 탈상품화지수는 연금, 실업급여 그리고 질병수당(sick pay)에서 추출된 임금대체비율을 나타낸다. 그가 18개 국가만을 대상으로 복지자본주의를 유형화화한 이유는 1980년대 당시 보편적으로 동일한 지표를 가진 국가가 많지 않아 탈상품화지수를 위한 자료를 갖춘 국가들을 중심으로 비교분석하였기 때문이다. 탈상품화지수를 구성하는 연금과 실업급여 및 질병수당의 자료는 SSIB data files[56]을 이용하였다.

에스핑-엔더슨은 탈상품화지수 외에 복지자본주의국가들을 유형화하기 위한 기준으로 사회성층화라는 개념을 활용하였다. 그는 복지국가가 사회성층화(Social Stratification)의 체계이자 성층화를 위한 기구라고 주장하였다. 즉, 복지국가는 계급 및 사회질서를 구조화하는 핵심적인 제도로서 사회성층화는 직위의 차이나 계급의 분화 그리고 사회적 연대를 표현한다고 그는 인식하였다. 따라서 복지국가는 모든 국민에게 보편적인 혜택을 제공할 수도 있고 선별적인 혜택을 제공할 수도 있으며 서열이나 직위를 만들 수도 있고 모든 사람들을 평등하게 대할 수도 있음으로 곧 복지국가는 계급이나 서열 또는 평등 등을 구조화하는 사회성층화의 도구가 된다. 그는 성층화를 활용하기 위하여 총 7개의 지표를 통해 성층화지수를 자체 계산하여 제시하였다. 성층화지수는 조합주의(연금보험이 국가연금인지 별도의 직장연금이 있는지 등을 타나내는 사회(연금)보험의 차이), 국가사회주의(공무원에 대한 국가의 연금지출), 소득자산조사를 통한 빈곤구제, 사적 연금보험지출, 사적 건강지출, 보편주의(질병, 연금, 실업혜택의 범위, 즉, 얼마나 많은 사람들이 혜택을 받는지 여부) 그리고 동등한 혜택(질병, 연금, 실업혜택(급여)의 차이) 등 총 7개의 지표로 이루어져 있으며 지표들은 ILO, OECD, SSIB data files 등에서 수집하였다. 그에 따르면, 보수주의국가는 조합주의와 국가사회주의 속성이 자유주의국가는 사적연금과 사적건강보험의 중요성이 그리고 사회민주주의국가는 보편주의의 정도가 높게 나타났다.

그리고 마지막으로 활용한 기준은 가족, 국가 그리고 시장 중 복지제공의 주체가 누구인가를 나타내는 복지혼합의 정도이다. 이러한 기준들을 적용하여 그는 복지자본주의를 자유주의복지자본주의국가, 보수주의 복지자본주의국가 그리고 사회민주주의 복지자본주의국가로 복지자본주의를 유형화하였다. 그가 제시한 3개의 복지자본주의국가의 특성은

56) "Society for the Study of Ingestive Behavior"의 자료

다음과 같다(Esping-Andersen, 1990; 지은구 외, 2020).

- **자유주의 복지자본주의국가**: 자유주의 복지자본주의국가(미국, 호주, 캐나다)는 선별적 복지혜택으로 자산조사에 의한 공적부조(빈곤주제)혜택과 연금 등 사회보험에 대한 사적 지출의 정도가 높은 사회보험시스템이 주종을 이루는 국가의 집단이다. 복지혜택의 수준은 일하는 것(노동) 대신에 복지를 취하는 것을 제한하는 수준으로 제공된다. 혜택은 주로 저소득층에게 집중되며 급여기준이 엄격하고 수급자들에게 낙인화가 나타나기도 한다. 국가는 민간복지시장(민영화)을 고취시키기 위하여 노력하며 탈상품화의 수준은 낮다.
- **보수주의 복지자본주의국가**: 보수주의 복지자본주의국가(오스트리아, 프랑스, 독일, 이탈리아)는 조합주의국가라고도 불린다. 전통을 중요시하는 보수주의 복지자본주의국가는 국가가 복지제공자로서 시장을 대체하는 것을 강조하여 사적보험과 직장혜택이 부차적인 역할을 하고 성당중심의 종교적 성격과 전통적인 가족관계를 보존하기 위해 노력한다. 사회보험은 전통적으로 남성중심으로 일하지 않는 여성을 배제하고 가족혜택은 모권을 고취시킨다. 주간보호(day care)와 가족돌봄서비스는 상대적으로 저발달된 특징을 갖고 있는데 이는 가족의 능력으로 구성원들에게 서비스를 제공하는 것이 소진되었을 경우에 국가가 개입하는 보완의 원칙에 근거하기 때문이다.
- **사회민주주의 복지자본주의국가**: 사회민주주의 복지자본주의국가(노르웨이, 덴마크, 스웨덴, 네덜란드)는 낮은 수준의 욕구해결을 통한 평등을 추진하는 것이 아니라 높은 수준의 평등을 추진하는 복지국가로서 보편주의원칙과 사회적 권리로서의 탈상품화가 신중간계급까지 확대되어 있으며 사회민주주의가 사회개혁의 중심축으로 작동하는 국가이다. 사회민주주의국가들의 정책은 시장과 가족으로부터의 해방을 강조하여 가족이 구성원들을 돌봄에 있어 능력이 소진될 때까지 기다리지 않고 선제적으로 가족서비스의 비용을 사회화하고 개인의 독립성을 위한 능력을 최대화한다는 원칙을 유지한다는 특성이 있다. 따라서 국가가 아동이나 노인 그리고 도움이 필요한 사람들에게 직접적으로 현금이나 돌봄서비스를 제공한다. 따라서 여성은 가족돌봄으로부터 해방되어 사회참여가 활성화되어 있다.

〈표 30〉 Esping-Andersen의 복지자본주의 3개의 세계

	자유주의국가	보수주의국가	사회민주주의국가
대표국가	미국, 영국	독일	스웨덴
탈상품화정도	낮음	중간	높음
사회적 권리	욕구기반	고용과 연계	보편적
복지제공	혼합서비스	현금전이	공공서비스
급여(benefits)	기본적 급여	기여금과 연계	재분배적

※ 자료: Ebbinghaus and Manow, 2001. Comparing Welfare State. London: Routledge. p. 9, 표 1-2에서 재수정

복지자본주의의 유형화에 대한 초기 연구에서는 주로 자료 확보가 상대적으로 용이한 서구 중심의 복지자본주의국가들이 중심이었지만 2000년대 이후는 한국이나 더 많은 OECD국가들이 포함되는 연구들이 복지자본주의국가의 유형을 구분하기 위해 등장하였다. 아래의 표는 지금까지 이루어진 복지자본주의 유형화에 대한 연구 중에서 가장 대표적인 연구들을 종합 정리한 것이다.

〈표 31〉 복지자본주의 다양성에 대한 선행연구비교

연구	목적	주요개념(기준)	자료	연구방법	국가 수	군집 수	군집구성
Esping-Andersen (1990)	복지자본주의의 세 유형으로 서구복지국가를 구분	탈상품화, 성층화, 복지혼합	탈상품화: SSIB 자료파일(1980) 성층화: 1981년 기준 사회보장프로그램, 사회보장비용, OECD 건강돌봄 지표 (1960-1983)	탈상품화지수 등 지수분석	18개 OECD 국가	3	**자유주의**: 호주, 캐나다, 미국, 아일랜드, 영국, 뉴질랜드 **보수주의**: 핀란드, 프랑스, 독일, 일본, 이탈리아, 스위스 **사회민주주의**: 스웨덴, 오스트리아, 벨기에, 노르웨이, 덴마크, 네덜란드
Castles & Mitchell (1992)	재분배과정을 통해 복지국가와 복지정권을 유형화	재분배: 복지자본주의 유형	노동조합강도 비우파 정권 집권기간, 지니계수 등	국가별 매트릭스활용한 분석	18개 OECD 국가	4	**자유주의**: 캐나다, 푸랑스, 아일랜드, 수위스, 미국 **보수주의**: 독일, 이탈리아, 네덜란드 **급진주의**: 호주, 뉴질랜드, 영국 **비우파헤게모니**: 오스트리아, 벨기에, 덴마크, 핀란드, 노르웨이,

							스웨덴
Korpi & Palme (1998)	사회보험 제도의 평등성 전략의 정도 구분	제도가 복지국가에 미치는 영향, 제도의 효과	급여수준, 사회보험프로그램의 발전정도, 노사간 협치정도, 사회시민권지표로그램(social citizenship indicator program), 룩셈부르그소득조사자료(luxemboura income study)	사회보험프로그램의 3가지 측면에서의 비교	18개 OECD 국가	4	**기초보장국가**: 캐나다, 덴마크, 아일렌드, 네덜란드, 뉴질랜드, 스위스, 영국, 미국 **조합주의국가**: 오스트리아, 벨기에, 프랑스, 독일, 이탈리아, 일본 **포괄적 국가**: 핀란드, 노르웨이, 스웨덴 **표적화된 국가**: 호주
Esping-Andersen (1999)	복지국가 구분	국가, 시장, 가족, 위험, 탈가족화	OECD와 ILO 자료	연대의 방식; 탈상품화의 정도	18개 OECD 국가	3	**잔여적 국가**: 호주, 캐나다, 미국, 뉴질랜드, 부분적으로 영국 **사회보험국가**: 프랑스, 독일, 일본, 이탈리아, 오스트리아, 벨기에 **보편주의국가**: 스웨덴, 핀란드, 노르웨이, 덴마크, 네덜란드, 부분적으로 영국 구분할 수 없는 국가: 아일랜드, 스위스
Powell & Barrientos (2004)	복지혼합에 기초한 유형화	수동적 복지정책에서 적극적 복지정책으로의 전환	사회보장의 공적 지출; 교육지출; 적극적 노동시장정책(ALMPs)에 대한 지출 및 통계자료	위계적 군집(cluster)분석 /k-means(k-평균)클러스터분석*	21개 OECD 국가	3	**사회민주주의**: 스웨덴, 노르웨이, 덴마크, 네덜란드 **보수주의**: 독일, 포르투갈, 프랑스, 스페인, 그리스, 호주, 뉴질랜드, 핀란드 **자유주의**: 오스트리아, 캐나다, 미국, 아일랜드, 영국, 벨기에
Bambra (2006)	에스핑-엔더슨의 유형화에 대한 종단 고찰	탈상품화	연금, 질병, 실업 관련 각각 5개의 지표	새로운 탈상품화지수를 이용하여 에스핑-앤더슨의 계산방식활용	18개 OECD 국가	3	**(탈상품화정도)낮음**: 호주, 아일랜드, 일본 뉴질랜드, 영국, 미국 **중간**: 오스트리아, 벨기에, 캐나다, 덴마크, 프랑스, 독일, 이탈리아, 네덜란드, 스위스 **높음**: 핀란드, 노르웨

							이, 스웨덴
Scruggs & Allan (2006)	복지국가 유형화에 대한 업데이트	보험, 연금, 질병	보험, 연금, 질병혜택자료로 구성된 **혜택관대성지수** (benefit generosity index)*	탈상품화와 혜택관대성지수 계산	18개 후기산업사회 국가	3	**낮은 관대성국가**: 미국, 일본, 호주, 이탈리아, 아일랜드, 영국 **중간 관대성국가**: 뉴질랜드, 캐나다, 오스트리아, 프랑스, 핀란드, 독일 **높은 관대성국가**: 네덜란드, 스위스, 벨기에, 덴마크, 노르웨이, 스웨덴
Jensen (2008)	복지정권에 대한 유형화	복지서비스 전이금 (transfer)	사회지출 대비 전이금; 사회지출대비 복지서비스전이금; 사회지출대비 건강보험지출금; 사회지출대비 사회돌봄서비스 지출금	위계적 군집분석	18개 OECD 국가	3	**사회민주주의**: 덴마크, 핀란드, 스웨덴, 노르웨이 **대륙국가**: 오스트리아, 벨기에, 프랑스, 독일, 이탈리아 **자유주의**: 영국, 미국, 스페인, 뉴질랜드, 호주, 캐나다, 아일랜드, 일본, 네덜란드,
Hudson & Kühner (2009)	생산적 복지와 보호적 복지국가의 유형화	생산적 복지국가; 보호적 복지국가	1994, 1998, 2003년 각각의 교육투자, 훈련투자, 소득보호, 고용보호관련 OECD 자료	퍼지셋 이상형 분석 (fuzzy-set ideal type analysis**	23개 OECD 국가	4개 이상형 (9개 전반적 유형)	**순수/이상형**: 생산적-보호적 국가: 핀란드 보호적 국가: 벨기에, 독일 생산적 국가; 미국, 뉴질랜드 허약한 국가: 호주, 영국 **혼종(hybrid)**: **허약한 보호적 국가**: 스페인, 프랑스, 체코, 일본, 포르투갈 허약한 생산적 국가: 캐나다 **허약한 생산적-보호적 국가**: 그리스, 아일랜드, 스위스, 이탈리아, 한국 **보호플러스(plus)국가**: 스웨덴, 네덜란드, 오스트리아 **생산플러스(plus)국가**: 덴마크, 노르웨이

Van der Veen & van der Brug(2013)	에스핑-엔더슨모델의 입증	구성타당도	5개의 사회보험: 에스핑-엔더슨 및 Scruggs & Allan의 자료	구조방정식을 통해 구성타당도 검증	18개 선진자본주의 국가	3+2 (혼종)	**자유주의**: 호주, 일본, 미국 **보수주의**: 벨기에, 프랑스, 독일, 이탈리아 **보편주의**: 덴마크, 네덜란드, 스웨덴, 노르웨이 **혼종 1**: 케나다, 핀란드, 스위스 **혼종 2**: 아일랜드, 뉴질랜드, 영국
Ferragina, et al(2016)	복지결과에 따라 복지자본주의정권을 유형화	구 사회적 위험; 신 사회적 위험	**구사회적 위험**: 실업과 노령 관련된 Eurostat 자료(노인 소득 대체비율, 실업률 등) **신사회적 위험**: 청소년 빈곤과 같은 신사회적 위험 관련 Eurostat자료(아동 및 청소년 빈곤, 여성고용, 남성노동자빈곤, 노령빈곤, 소득 대체비율, 지니계수 등)	군집분석	유럽연합 14개 국가	신사회적 위험에 따른 4개	**보수주의**: 벨기에, 아일랜드, 프랑스 **지중해국가**: 그리스, 이탈리아, 스페인, 포르투갈 **사회민주주의**: 덴마크, 스웨덴, 독일, **네덜란드, 핀란드** **자유주의**: 오스트리아, 영국
Ji, et al (2021)	한국복지자본주의를 유형화	가족제공, 시장제공, 국가제공, 비영리제공	OECD 자료:연금지출, 소득보장지출, 건강서비스지출, 사회서비스지출, 사회적 지출, 복지관대성비율, 가족혜택 등	군집분석	34개 OECD 국가	5	**안정화된 복지국가**: 그리스, 스페인, 오스트리아, 이탈리아, 포르투갈, 프랑스 **발전하는 복지국가**: 네덜란드, 노르웨이, 독일, 룩셈부르크, 슬로바니아, 영국, 일본 **저발전된 복지국가**: 멕시코, 한국, 칠레 **보주적 복지국가**: 뉴질렌드, 라트비아, 미국, 스위스, 아이슬랜드, 아일랜드, 에스토니아, 이스라엘, 캐나다 **발전된 복지국가**: 덴마크, 벨기에, 스웨덴, 핀란드

위의 연구들에서 등장한 비교분석방법 중 퍼지셋 이상형 분석과 k-평균 클러스터분석을 간략하게 소개하면 아래와 같다.

■ **퍼지셋 이상형 분석(fuzzy-set ideal type analysis)**

미국 버클리대학의 Zadeh(1965; Ragin, 2000)가 제시한 질적비교연구방법으로 사회과학 영역에서 주로 사례연구를 하는 방법론으로 알려져 있다. 집합적 속성을 이용하여 단순히 0과 1이라는 두 개가 아니라 0과 1 사이에서 다양한 소속점수를 갖는 퍼지 집합을 활용하여 소속(군집)이나 정도의 차이를 보여줄 수 있다(Ragin, 2000). 주로 이론적 배경 하에 추출된 이상형을 구성하는 분류기준으로 집합수를 결정하여 비교한다.

■ **k-평균 클러스터분석**

k-평균 클러스터분석은 클러스터링 알고리즘을 활용하여 자료를 집단화하여 구분하는 연구방법이다. 클러스터링 알고리즘은 자료들의 유사성을 비교하여 비슷한 속성을 가진 자료들을 하나의 집단으로 묶는 기법으로 비-계층적 클러스터링(non-hierarchical clustering)으로 구분되는 분석방법이다. 즉, **k-평균 클러스터분석은** 비-계층적 클러스터링으로 분할영역 k개를 지정하여 자료를 분할하는 방법이다. k집단에는 k 만큼의 중심점이 존재하며 이 중심점들과 자료들 사이의 거리를 계산해 자료를 분류하는 집단을 구분한다(신동혁 외, 2016).

■ 혜택관대성지수(Benefit generosity index)

에스핑-엔더슨의 탈상품화지수를 보완한 지수로서 Scruggs와 Allan(2006, 2008)이 제시한 지수이다. 연금, 질병 그리고 실업극복을 위해 사회지출 대비 세 개의 영역 지출을 합한 금액이 어느 정도의 비율을 나타내는지를 알려준다. Scruggs와 Allan은 탈상품화지수의 측정요소인 현금혜택 즉, 연금, 실업 그리고 질병을 중심으로 각 영역별 5개의 측정요소를 제시한 후 이를 측정된 값들을 합산하는 방식으로 복지국가를 재 유형화하였다. Scruggs와 Allan이 에스핑-엔더슨의 탈상품화지수를 보완하는 혜택관대성지수를 제시한 이유는 에스핑-엔더슨이 게시한 탈상품화지수가 실업, 질병 그리고 연금프로그램의 성격을 나타내는 변수값을 정확하게 나타내지 않아 보다 정확한 지수를 통해 복지국가를 재유형화하기 위해서이다.

Scruggs와 Allan이 제시한 혜택관대성지수를 구성하는 복지혜택인 연금, 실업 그리고 질병수당에 대한 측정요소와 내용은 아래와 같다.[57)]

〈표 32〉 혜택관대성지수의 측정요소와 내용

핵심프로그램	측정요소	측정내용	측정치
실업보험	대체율	세후 혜택	0-4점
	자격획득기간	자격혜택을 위해 필요한 고용기간	주(weeks)
	대기일	혜택받기 전까지의 기간	일(days)
	혜택기간	40세 실업자에게 혜택이 제공되는 기간	주(weeks)
	포함범위	실업보험을 받는 사람들의 퍼센트	%
질병혜택	대체율	세후 혜택	0-4점
	자격획득기간	자격혜택을 위해 필요한 고용기간	주(weeks)
	대기일	혜택받기 전까지의 기간	일(days)
	혜택기간	40세 실업자에게 혜택이 제공되는 기간	주(weeks)
	포함범위	실업보험을 받는 사람들의 퍼센트	%
연금	최소대체율	은퇴자의 세후 소득대체비율	0-4점
	표준대체율	세후대체비율	0-4점
	자격획득기간	표준혜택을 받기 위해 필요한 보험가입 기간	년(years)
	기여비율	연금혜택을 위한 고용인(고용인+고용주)의 기여금	%
	포함/혜택비율	공적 연금을 받는 사람들의 퍼센트	%

자료: 지은구(2018). 복지국가의 사회의 질, p. 317, 표 7-12에서 재인용

아래의 표는 새롭게 계산된 혜택관대성지수로 19개 국가를 재집단화한 결과표이다. 아래의 표를 보면 이탈리아나 스위스 그리고 일본 등 몇 개의 국가가 새롭게 집단화하는 유형으로 구분됨을 알 수 있다. 즉, 이탈리아의 경우 1990년 에스핑-엔더슨이 계산한 탈상품화점수는 24.1로서 탈상품화 점수로는 보수주의(조합주의)복지자본주의국가의 유형에 해당되었지만 혜택관대성지수로 다시 계산한 결과로는 미국과 같이 낮은 혜택관대성의 복지자본주의국가로 재분류되었다.

57) 복지관대성비율과 혜택관대성비율을 계산하는 방식은 지은구(2018)의 제7장을 참조바람.

〈표 33〉 탈상품화지수와 혜택관대성점수의 차이(1980년 자료비교)

	에스핑-엔더슨의 탈상품화지수					혜택관대성지수				
	국가	실업	질병	연금	탈상품화	국가	실업	질병	연금	탈상품화
낮은 관대성	호주	4.0	4.0	5.0	13.0	미국	7.4	0	11.3	18.7
	미국	7.2	0	7.0	13.8	일본	4.5	6.2	9.4	20.0
	뉴질랜드	4	4.0	9.1	17.1	호주	5.0	5.0	10.1	20.1
	캐나다	8	6.3	7.7	22.0	이탈리아	3.2	7.3	10.0	20.5
	아일랜드	8.3	8.3	6.7	23.3	아일랜드	6.9	6.2	8.3	21.4
중간 관대성	영국	7.2	7.7	8.5	23.4	영국	7.2	7.2	8.5	22.9
	이탈리아	5.1	9.4	9.6	24.1	뉴질랜드	5.0	5.0	13.3	23.3
	일본	5.0	6.8	10.5	27.3	캐나다	7.2	6.4	11.4	25.0
	프랑스	6.3	9.2	12.0	27.5	오스트리아	6.3	9.7	11.2	27.8
	독일	7.9	11.3	8.5	27.7	프랑스	6.3	9.5	12.0	27.8
	핀란드	5.2	10.0	14.0	29.2	핀란드	4.9	10.0	13.0	27.9
	스위스	8.8	12.0	9.0	29.8	독일	7.5	12.6	8.7	28.8
높은 관대성	오스트리아	6.7	12.5	11.9	31.1	네덜란드	10.6	9.7	11.5	31.8
	벨기에	8.6	8.8	15.0	32.4	스위스	9.2	11.0	12.0	32.2
	네덜란드	11.1	10.5	10.8	32.4	벨기에	10.2	8.6	14.0	32.9
	덴마크	8.1	15.0	15.0	38.1	덴마크	8.6	12.6	11.8	32.9
	노르웨이	.41	14.0	14.9	38.3	노르웨이	8.5	13.0	11.9	33.4
	스웨덴	7.1	15.0	17.0	39.1	스웨덴	9.4	14.0	15.0	38.4
	평균	7.1	9.2	10.7	27.2		7.1	8.6	11.3	27.0
	표준편차	1.9	4.0	3.4	7.4		2.1	3.5	1.9	5.8
	변화계수	0.27	0.44	0.32	0.28		0.29	0.41	0.17	0.21
						원 점수와의 상관관계	0.87	0.95	0.70	0.87
	프로그램 간 상관관계					프로그램 간 상관계수				
	UE-Sick ratio = 0.44					UE-Sick r = 0.45				
	UE-Pension r = 0.23					UE-Pension r = 0.36				
	Sick-Pension r = 0.72					Sick-Pension r = 0.30				
	Cronbach's α = 0.72					Cronbach's α = 0.59				

자료: Scruggs와 Allan(2006). p, 68에서 재인용

제 2 절 복지자본주의의 다양성 종합

현존하는 수많은 복지자본주의를 몇 개의 그룹으로 유형화 또는 집단화하기 위해 지금까지 이루어진 주요 선행연구가 활성화된 가장 결정적인 이유는 바로 객관적으로 국가간 차이를 비교할 수 있는 사회지표(social indicator)의 등장과 발전이라고 할 수 있다. 1990년 에스핑-엔더슨이 복지자본주의를 세 개의 정권으로 구분하는 것이 가능한 이유도 바로 그 당시 국가 간 사회보험(질병, 연금, 실업)을 비교할 수 있는 객관적인 지표(예를 들어, Society for the Study of Ingestive Behavior, SSIB data files 등)가 있었기 때문이지만 그가 활용한 자료는 대부분 1980년대 자료임으로 자료에 대한 객관성이나 사회보험을 정확하게 설명할 수 있는 지표의 한계 등은 연구의 한계로 지적되었고 이후 사회지표의 발전으로 OECD, 세계은행 그리고 ILO와 IMF 그리고 UN 등 각종 국제기구들이 제시하는 사회지표들을 중심으로 더욱 풍부한 복지자본주의 국가간의 집단화를 위한 연구들이 등장하게 되었다. 한국의 경우도 복지자본주의의 수준에 대한 국가 간 연구는 한국이 OECD에 가입하여 국제적 비교가 가능한 자료를 송출한 년도가 1990년대 중반 이후임으로 이전에는 자료의 부족으로 가능하지 않았다고도 할 수 있다.

특히, 1960년대 이후 사회적 필요성에 의해서 등장한 **사회지표운동**(social indicator movement)은 자본주의국가의 경제수준을 설명해주는 수량화된 객관적인 사회지표가 절대적으로 부족하다는 필요성(Veenhoven, 2017)에 의해서 등장하였지만 1970년대 이후는 복지국가의 위기에 대한 대응의 논리를 찾기 위한 증거자료로서 국가의 번영정도, 국민들의 교육이나 건강수준, 빈곤이나 실업 등과 같은 사회현상을 설명해주는 사회지표의 필요성에 의해서 더욱 촉발되었다. 특히, 1960년대 이후 경제성장의 지체 또는 쇠퇴 그리고 복지자본주의의 발전이 국민들의 삶을 개선하였는지에 대한 증거자료 요구 등은 사회지표의 발전을 가져다주었다. 사회지표운동은 경제수준이나 번영, 건강상태, 범죄, 교육, 빈곤, 복지지출 등과 같은 삶의 환경이나 사회적 환경을 반영하는 표준적인 사회지표의 발전을 가져다주었고 이러한 사회지표들은 정부의 활동에 대한 통계적 증거자료로서 활용되었다(지은구, 2012).

각종 사회지표를 활용하여 수행된 복지자본주의의 다양성에 대한 연구들을 종합하면 다음과 같다.

첫째, 복지자본주의는 다양한 이념이나 사상에 의해서 영향을 받아 제도나 정책이 발전하였으며 이는 복지자본주의의 성층화(stratification, 여러 개의 층으로 나누어지는 것)가 이루어지는데도 영향을 주었다고 할 수 있다. 자본주의의 발전 정도(경제수준) 역시 복지자본주의의 발전토대에 영향을 주었는데 이는 곧 복지자본주의를 이해하고 설명하기 위한 정치경제학적 관점의 중요성을 설명해 준다.

둘째, 초기복지자본주의의 다양성에 대한 연구는 주로 유럽국가들을 중심으로 이루어졌는데 이는 객관적인 사회지표들이 풍부해서이기도 하고 선진복지국가들이 대부분 유럽에 위치하고 있기 때문이기도 하다.

셋째, 복지자본주의의 다양화에 이념이나 사상 이외에 영향을 준 연구는 사회복지제공(전달)의 주체에 따른 구분이며 이는 곧, 가족, 국가, 시장 그리고 비영리조직 등으로 구분하는 방법이다.

넷째, 복지자본주의를 집단화하여 구분함에 있어 유럽국가들은 위치에 따라 국가별 수준이 상이하게 나타나 지역적인 요인도 영향을 미치는 것으로 보고되었다. 예를 들어 지중해연안 국가, 서유럽국가, 북유럽국가 등으로 구분되어 유형화가 이루어진 연구들이 많이 등장하였다.

다섯째, 복지자본주의의 국가 간 비교를 통한 유형화 또는 다양성연구가 1990년대 이후 본격적으로 등장한 이유는 바로 수량화된 국가 간 비교를 위한 검증된 다양한 사회지표의 등장(예를 들어 OECD 자료)과 발전에 영향을 받았다.

여섯째, 아시아 국가들 중 일본이 복지자본주의 다양성이나 국가 간 연구에 한국보다 많이 등장하는 이유는 서구의 연구자들에게 아시아국가 중 일본이 가장 먼저 자본주의를 받아들이고 발전하였으며 이에 영향을 받아 객관적인 사회지표 역시 많이 확보하고 있기 때문이다(일본은 1964년, 한국은 1996년에 OECD가입).

제 3 절 소결: 복지자본주의의 재유형화와 유형별 특성

1. 복지자본주의 이론과 사상의 결합

복지국가와 자본주의가 결합한 복지자본주의는 발전하고 있으며 지속적으로 성장할 가능성이 높은 사회경제체제이다. 복지자본주의는 상이한 모습으로 나타나 국가마다 매우 독특한 성격을 나타낸다는 특징이 있지만 기본적으로 작동원리는 동일하다. 즉, 복지자본주의는 복지제도나 정책을 통해 자본주의를 보완하고 수정하면서 경제안정 및 성장과 국민들의 복지증진을 위해 움직인다는 점이다. 경제정책과 복지정책을 구별짓는 요소들이 국가마다 상이한 이유는 특정 국가들마다 사회문화적, 역사적 배경이 상이하고 경제 및 정치체계를 결정짓는 경제이론과 이념적 성향이 미친 영향력이 상이하며 국민과 노동자들의 복지에 대한 요구투쟁의 정도가 상이하기 때문이다.

복지자본주의는 정치와 경제가 밀접하게 연관되어 있는 정치경제체제이다. 따라서 **정치경제학을 적용하여** 복지자본주의 유지를 위한 정치적 입장과 경제적 입장을 동시에 분석하게 되면 복지자본주의가 왜 유지되고 발전될 수밖에 없는지에 대한 해석이 가능하다. 한편으로 해석하면, 국가(또는 국가권력)는 자본의 축적을 용이하게 하고 국가 운영의 정당성을 확보하기 위하여 복지제도를 활용할 수 있다. 즉, 사회복지제도나 서비스를 노동계급 및 사회의 안정화 및 자본축적의 정당화와 자본안정화를 위한 지배계급의 도구로 활용할 수 있다. 또 다른 한편으로 생각하면 자본주의체제에서 시장의 한계 및 사회적 위험의 예방 및 극복을 위한 복지서비스의 강조는 필수적이며 노동운동에 기초한 복지요구투쟁은 착취의 대상이었던 노동이 빠르게 탈상품화하도록 하면서 필요에 의한 욕구가 보편적으로 해결되는 국가로 도달될 수 있도록 하는데 결정적인 요소가 되기도 한다.

경제적으로 고전파경제이론 즉, 개인의 복지를 시장과 개인이 책임지는 것을 강조하는 사회선택이론이나 공공선택이론 또는 합리적 선택이론 등과 이념적으로 자유주의가 결합하게 되면 복지자본주의는 자유주의복지국가로 발전할 가능성이 높다. 이와 반해, 경제적으로 시장의 불안정성과 시장의 실패 그리고 국가의 적극적인 복지정책의 실현 등을 강조하는 사회경제론이나 사회투자론 그리고 권력-자원이론 등이 현대자유주의사상과 결합하게 되면 복지권이 확대되고 사회보험시스템이 정착되며 국가의 시장개입 및 복지에 대한 국가적 책임이 보다 강조되는 보수주의복지국가로 발전할 가능성이 높고 또한 권력-자원이론을 기반으로 시장의 배제 및 착취를 극복하기 위해 사회적 시장이 강조되고 보편적 권리로서 모든 국민의 복지욕구가 일차적으로 국가에 의해서 해결되며 시장을 통하지 않더라도 기본적인 국민들의 삶의 보장되는 탈상품화를 강조하는 사회민주주사상이 결합하게 되면 복지자본주의는 사회민주주의복지국가로 발전될 가능성이 높다.

마르크스이론이나 신마르크스주의의 분석틀을 적용하여 복지자본주의국가가 지배계급의 도구로서 자본을 안정화시키고 정당성을 확보하기 위해 사회적 지출을 확대하여 자본주의의 구조적 위기를 탈피하기 위한 사회적 안전장치로 복지제도를 활용한다고 이해하더라도 국가권력과 경제권력의 결탁이나 국가권력이 복지제도를 노동자계급을 안정화시키는 도구로 활용한다는 객관적인 증거나 자료(data)를 확보하는 것은 자료 자체가 불충분함으로 입증하기 어려운 것이 현실이다. 하지만 신마르크스주이론은 복지자본주의국가의 작동원리 또는 복지제도의 발전을 노동자나 국민들의 복지요구투쟁과 연관하여 해석할 수 있고 노동자 또는 국민들의 복지요구투쟁의 수준이 높으면 이에 상응하여 복지는 발전할 수 있음을 역설적으로 설명할 수 있음으로 복지자본주의를 이해하는데 유용한 틀이라고 할 수 있다.

자본주의는 성격 또는 특성에 따라 노르딕지본주의모델, 라인자본주의모델 그리고 앵글로-색슨자본주의모델 등으로 구분되는 것과 같이 복지국가 역시 성격을 구분하여 보면 대표적으로 자유주의복지국가, 보수주의복지국가 그리고 사회민주주의복지국가 등으로 구분될 수 있다. 복지자본주의를 이념적 성향(사상)으로 구분하면 복지자본주의는 대표적으로 자유주의이념, 보수주의이념, 신자유주의이념 그리고 사회민주주의이념으로 구분되며 (신)마르크스주의이념을 표방하는 복지자본주의국가는 제한적이다. 위에서 에스핑-엔더슨이 제시한 보수주의복지국가, 자유주의복지국가 그리고 사회민주주의복지국가 등으로 구분하는 복지자본주의 유형화모델은 복지자본주의를 설명하는 이념에 기초한다고 할 수 있다.

복지국가와 자본주의가 결합한 복지자본주의국가를 위의 모델들을 적용하여 다시 조합하면 자유주의복지국가와 앵글로-색슨자본주의모델은 성격이 비슷하며, 보수주의 복지국가와 라인자본주의모델의 성격 역시 비슷하다고 할 수 있고, 사회민주주의 복지국가와 노르딕자본주의모델은 동일한 성격을 갖는다. 앵글로-색슨 자본주의모델은 신고전파 경제학과 합리적 선택이론 및 공공선택이론 등을 이론적 틀로서 복지의 개인적 책임을 강조하고 시장에 대한 탈규제와 공급을 강조하는 통화주의와 지속적인 혁신과 일자리를 강조하는 슘페터경제학이 주류를 이룬다. 라인자본주의모델은 정부의 시장개입과 재정 및 사회정책을 통한 수요를 강조하는 신케인즈경제학과 복지지출을 경제적 위기극복을 위한 투자로 인식하고 인적자원에 대한 투자와 적극적 노동시장 및 생산적 복지정책을 강조하는 사회투자론 및 시장을 대체할 수 있는 새로운 할당기구를 강조하는 사회경제론이 이론적 기초가 된다. 노르딕자본주의모델은 복지를 위한 국민들의 요구를 강조하고 왜곡된 분배문제를 시정하기 위한 노동조합주의와 계급투쟁이 강조되며 (경제적)시장은 반드시 관리되어야 함을 주장하는 권력-자원이론이 기본적인 틀로서 작동한다.

복지자본주의를 설명하는 이념(사상)을 적용하면, 앵글로-색슨 자본주의국가는 시장의 자기-규제적 성격 및 개인의 만족을 강조하는 고전자유주의 및 신자유주의이론에 기초하며, 라인자본주의국가는 가족전통을 중시하는 보수주의와 정부의 시장개입을 인정한 현대자유주의에 기초하고 그리고 노르딕자본주의모델은 시장의 불평등을 규제하기 위한 국가개입 및 복지에 대한 사회적 권리가 강조되는 신마르크스주의와 사회민주주의이론이 기본적인 틀로서 작동한다. 탈상품화지수를 활용하여 18개의 복지국가를 유형화한 에스핑-엔더슨의 복지국가모델은 이념적 성향을 바탕으로 탈상품화의 정도가 가장 낮은 수준의 복지국가를 자유주의 복지국가, 중간정도의 수준을 보인 국가들은 보수주의 복지국가 그리고 탈상품화의 정도가 가장 높은 수준인 국가들을 사회민주주의 국가복지국가로 명명하였다. 자유주의 복지국가는 자유주의이념에 근거하며 민영화의 정도가 가장 높아 복지영역에서 시장화가 발전되었고 시장에 대한 소득자산조사중심의 공적부조제도를 제외하고 국가의 직접적 개입수준이 낮으며 국가의 복지책임성수준도 낮다. 보수주의복지국가 역시 보수주의이념에 근거하여 전통을 중요시하고 남성중심의 사회보험제도가 안정적으로 구축되어 있지만 사회보장혜택을 제공받기 위해 개인 및 기업이 지불하여야 하는 사회적 기여금 수준이 높다. 또한 시장의 불안정성으로 사회적 욕구해결을 위한 국가의 복지에 대한 책무감이 높지만 가족돌봄의 경우는 가족구성원들에 대한 가족돌봄이 소진되었을 때 국가가 개입하여 보완하는 시스템을 운영한다. 사회민주주의복지국가는 사회민주주의이념에 기초하여 발전하였으며 사회권으로서의 복지권이 가장 발전되어 있고 국민들을 위한 보편적인 복지서비스가 제공되며 시장의 배제 및 차별 그리고 국민들의 사회적 위험에 국가가 직접 개입하여 서비스를 제공하는 국가제공서비스방식이 가장 발전된 복지자본주의국가이다.

복지자본주의의 사회복지 재화 및 서비스의 생산 및 공급방식 유형을 적용하여 분석하면, 국가가 직접 사회복지관련 혜택을 기획 및 생산 공급하는 **국가생산모델**은 노르딕자본주의

모델과 사회민주주의복지국가모델에서 주로 활용하는 생산방식이다. 물론 노르딕국가의 경우도 국가가 직접 복지를 제공하는 복지제공의 비율이 상이하지만 일반적으로 노르딕국가의 경우 복지혜택 또는 사회복지재화와 서비스를 **국가가 직접 생산 및 공급하는 비율은 대부분의 국가에서 50%를 상회한다.** 예를 들어 노르웨이는 아동 및 장애인돌봄영역에서 민간(시장영역)이 서비스를 제공하는 경우는 없으며 아동돌봄은 국가직접제공이 68%이고 제3부문인 비영리조직에서 32%의 서비스를 생산 및 공급하고 장애인서비스의 경우 국가직접제공이 60%이고 제3부문인 비영리조직에서 40%를 제공하고 있다(Ascoli and Rancil, 2013).

제3부문인 자발적 조직 나아가 비영리조직이 사회복지관련 혜택을 생산 및 공급하는 **비영리생산방식**은 보수주의복지국가와 라인자본주의모델에서 가장 많이 활용되는 모델이다. 비영리생산방식이 가장 발전한 국가는 프랑스와 독일과 같은 라인자본주의모델국가이다. 프랑스의 경우 비영리조직이 사회서비스를 제공하는 방식이 영역에 따라 상이하지만 평균 55% 정도를 유지하고 있다. 예를 들어 프랑스는 아동돌봄서비스의 약 70%를 장애인서비스의 약 85%를 비영리조직이 서비스를 제공하며 비영리조직의 서비스제공 중 가장 적은 영역은 재가노인돌봄서비스영역으로 약 28%가 비영리조직이 서비스를 제공하고 있다. 독일 역시 제3부문인 비영리조직이 사회서비스를 생산 및 공급하는 비율이 매우 높은데 독일의 경우 재가노인돌봄서비스의 68%, 장애인서비스의 84%를 제3부문이 서비스를 책임지고 있으며 아동돌봄의 경우는 62%를 책임지고 있다(Ascoli and Rancil, 2013). 또한 사회복지재화와 서비스를 영리기업이 생산 및 공급하는 것을 허용하는 **시장생산방식**은 자유주의복지국가모델 및 앵글로-색슨자본주의모델에서 주로 활용하는 방식이다. 가장 대표적으로 시장생산방식을 활용하는 국가로는 미국과 영국을 들 수 있다. 영국의 경우 시장의 민간조직에서 아동 및 장애인 그리고 재가노인 등을 포함한 이용자들에게 국가가 40%, 비영리조직이 14% 그리고 시장조직이 46%의 서비스를 생산 및 공급하고 있다(Ascoli and Rancil, 2013).

시장방식인 경제적 시장과 사회적 시장의 기준을 적용하면 노르딕자본주의모델과 사회민주주의복지국가모델은 주로 국민들의 욕구해결을 위한 재화와 서비스의 교환이 정부 중심의 사회적 시장을 통해서 제공되는 것이 당연한 것으로 여겨지며 경제적 시장의 문제점을 보완하는 것을 강조한다. 한편 경제적 시장은 주로 자유주의복지국가모델 및 앵글로색슨자본주의모델에서 국민들이 재화와 서비스의 교환을 위한 일차적 교환의 장소이며 사회적 시장은 보완적인 역할을 담당한다. 또한 보수주의복지국가와 라인자본주의모델은 경제적 시장과 사회적 시장이 혼합한 혼합시장을 통해 국민들은 필요한 재화와 서비스를 교환한다. 즉, 복지자본주의국가에서 순수 시장(pure market, 완전한 자유경쟁시장)만을 운영하는 국가는 존재하지 않으며 경제적 시장과 사회적 시장이 혼합된 형태로 국민들에게 자원이 할당된다. 복지자본주의의 이론적 특성과 이념적 성향, 복지생산방식 그리고 복지자본주의의 유형화모델에 근거하여 앵글로-색슨자본주의국가, 라인자본주의국가 그리고 노르딕자본주의국가의 특성을 나타내면 아래와 같다.

[그림 36] 복지자본주의국가 경제이론 및 이념과 복지생산방식 비교

앵글로색슨 자본주의 국가	라인자본주의국가	노르딕자본주의국가
• 경제이론: 신고전파 경제학, 슘페터경제학, 복지경제론, 합리적 선택이론, 공공선택이론 • 이념: 신자유주의 및 고전자유주의 • 복지생산방식: (경제적) 시장생산방식선호 • 자유주의복지국가모델	• 경제이론: 신케인즈경제학, 사회투자론, 사회경제론 • 이념: 보수주의, 현대자유주의 • 복지생산방식: 국가 및 비영리 중심의 사회적 시장방식선호 • 보수주의복지국가모델	• 경제이론: 권력자원이론, 사회투자론, 사회경제론 • 이념: 사회민주주의, 신마르크스주의 • 복지생산방식: 국가중심의 사회적 시장생산방식선호 • 사회민주주의복지국가모델

2. 복지관대성비율과 복지자본주의

OECD를 포함하여 국제기구들이 제시한 사회지표 이외에 복지관대성비율(Welfare generosity ratio)도 간편하게 복지자본주의국가들의 유형화를 위한 간접지표 또는 복지자본주의국가들의 사회적 위험 및 복지욕구에 대한 국가대응의 정도를 나타내는 사회지표로 활용될 수 있다. **복지관대성비율**은 복지욕구에 대하여 복지국가가 얼마나 잘 대처하고 있는가를 사정하는 데 사용될 수 있는 간단한 지표이다. 즉, 복지국가지출증대의 가장 결정적인 원인이 노인인구의 증가와 증가하는 실업에 있다는 것을 전제로 **65세 이상 인구비율과 실업률로 사회복지지출(또는 사회적 지출)을 나눈 것이 복지관대성비율**이다. 즉, 복지국가관대성비율이란 복지지출의 요인이 되는 **의존인구(dependant population)를 노인인구와 실업자로 간주하여 사회복지지출에 이 두 요인을 반영한 비율**이라고 할 수 있다. 따라서 관대성비율이 높으면 높을수록 국가가 복지욕구에 적절히 대처하고 있다는 것을 의미한다. 아래의 표를 보면 대부분의 복지국가들에서 복지관대성비율은 2000년 이후 지속적으로 증가하고 있음을 나타내주고 있다. 2000년 OECD 국가의 복지관대성 비율 평균

은 .83에서 2010년 .87, 2015년에는 .90 그리고 2020년에는 .93으로 증가하여 복지국가 국민들의 복지욕구에 대한 국가적 대응은 지속적으로 확대되고 있다(지은구 외, 2020).

〈표 34〉 OECD 국가의 복지관대성비율 시기별 비교

국가	2000	2010	2015	2020
호주	0.98	0.88	0.86	0.97
캐나다	0.82	0.79	0.77	0.90
덴마크	1.22	1.19	1.16	1.15
핀란드	0.91	1.07	1.01	1.03
프랑스	1.72	1.21	1.14	1.22
독일	1.02	0.93	1.02	1.10
아이슬란드	1.26	0.86	0.98	1.11
이탈리아	0.79	0.95	0.85	1.00
노르웨이	1.10	1.19	1.25	1.25
스웨덴	1.55	0.98	1.00	0.90
영국	0.76	0.94	0.94	0.97
미국	0.87	0.85	0.98	0.97
OECD 평균	0.83	0.87	0.90	0.93

＊ 자료: 노인인구비율, 실업률, 사회적 지출비율 등 OECD data로 자체 계산

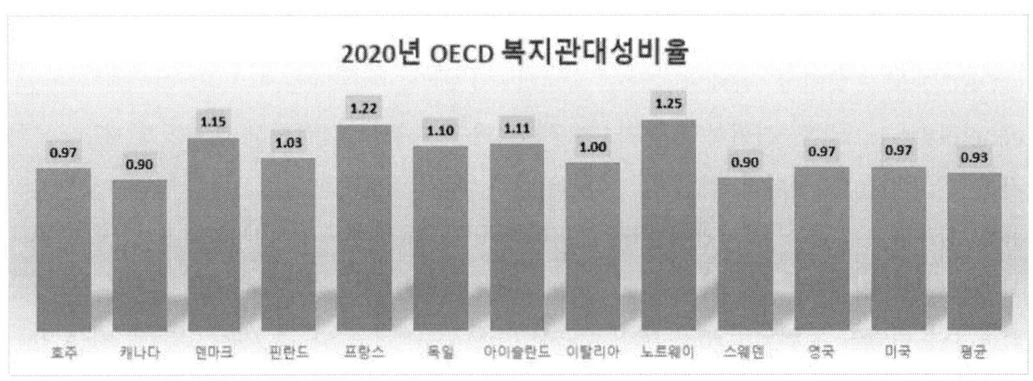

3. 사회보장기여금(social security contributions)과 복지자본주의

개인 및 기업이 사회보장혜택을 위해 정부에 지출하여야 하는 사회보장기여금 역시 복지자본주의를 간접적으로 구분할 수 있는 지표이다. OECD의 정의에 따르면 **사회보장기**

여금(social security contributions)은 국가로부터 실업급여, 연금, 건강보험, 산재보험, 가족수당 등 각종 사회보장혜택을 받기 위해 **정부에 지출하여야 하는 의무적인 기여금**으로 준조세적 성격의 개인적 지출을 의미한다. 사회보장기여금에는 고용인과 고용주가 부담하는 시회보험기여금도 포함된다. 사회보장기여금이 총 세금에서 차지하는 비중이 높다는 것은 개인이나 기업이 사회보장기여금을 많이 지출한다는 것으로 사회보장혜택이 개인이나 기업이 부담하는 기여금으로 제공되는 성향이 강하다는 것을 나타내준다. 또한 사회보장기여금이 GDP에서 차지하는 비중이 높다는 것은 사회보장혜택이 개인이나 기업이 부담하는 기여금으로 제공되는 성향이 높다는 것을 나타내준다.

GDP란 정부, 가계, 기업 등이 창출한 생산의 경제적 가치를 나타내지만 GDP에서 차지하는 사회적 기여금 비중이 높다고 해서 가계(개인) 그리고 기업 중 어떤 경제주체가 더 많은 기여금을 지출했는지를 정확히 확인하기는 어렵다. 종합하면, 사회적 기여금은 사회보장혜택을 받기 위해 개인이나 기업이 정부에 지출한 금액을 나타냄으로 총세금에서 차지하는 사회적 기여금의 비중이 낮으면 낮을 수 록 그리고 사회보장기여금이 GDP에서 차지하는 비중이 낮으면 낮을 수 록 개인이나 기업이 정부에 지출하여야 하는 사회적 기여금이 낮아 낮은 기여금이나 기여금없어도 사회보장혜택을 받을 수 있음을 나타내준다.

노르딕자본주의국가이면서 사회민주주복지국가인 노르웨이는 총 세금에서 차지하는 사회보장기여금 비중이 2021년 기준으로 약 22%, 스웨덴은 21%, 아이슬란드는 9%, 덴마크는 0.1%, 핀란드는 약 28%이었다. GDP에서 차지하는 사회보장기여금은 2021년 기준으로 노르웨이는 약 10%, 스웨덴은 9%, 아이슬란드는 3%, 핀란드는 약 12%, 덴마크는 0.06%이었다. 덴마크는 세금이나 GDP에서 차지하는 사회보장기여금 비중이 가장 낮은데 이는 정부가 사회복지지출이나 조세를 통해서 사회보장혜택을 제공하고 있어 개인이나 기업으로부터 기여금을 받지 않거나 적게 받는다는 것을 나타내준다. 핀란드는 사회민주주의복지국가인데도 불구하고 보수주의복지국가처럼 개인이나 기업이 정부에 지출하여야 하는 사회보장기여금비율이 높았다.

또한 앵글로-색슨 자본주의국가이자 자유주의복지국가인 미국은 총 세금에서 차지하는 사회보장기여금 비중이 2021년 기준으로 약 23%이었으며 영국은 약 20%였다(OECD 평균은 약 26%). GDP에서 차지하는 사회보장기여금은 2021년 기준으로 미국은 약 6%, 영국은 7%이었다(OECD 평균은 약 9%). 미국과 같이 보편적 성격의 사회보장시스템이 구축되어 있지 않은 국가의 경우(미국은 보편적 성격의 전 국민 건강보험이 없음) 세금이나 GDP에서 차지하는 사회보장기여금 비중이 낮을 수 있다. 영국은 보편적 성격의 건강보험이 조세를 기반으로 하여 개인이나 기업이 부담하는 기여금이 없음으로 앵글로-색슨자본주의국가이면서 자유주의복지국가임에도 불구하고 미국과 비슷한 수준으로 개인이나 기업이 부담하여야 하는 세금이나 GDP에서 차지하는 사회보장기여금 비중이 OECD국가 평균보다는 낮다.

[그림 37] 총 세금에서 차지하는 사회적 기여금의 비율(총세금의 %, 2021년)

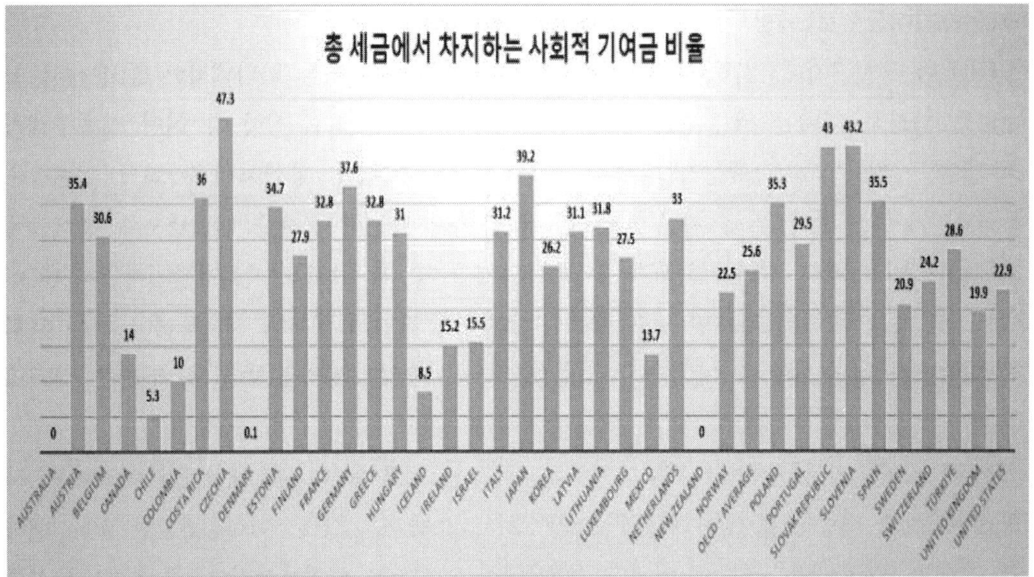

* 자료: OECD data(https://data.oecd.org/tax/social-security-contributions.htm)

라인자본주의국가인 독일이나 프랑스와 같이 고용인과 고용주가 부담하는 사회보장기여금이 높은 보수주의복지국가들은 사회보험이 조세기반이라기보다 일하는 남성과 직장중심으로 기여금체계가 이루어져 있어 기업과 개인의 사회보장기여금 지출수준이 높다. 프랑스는 2022년을 기준으로 총 세금에서 차지하는 사회보장기여금이 약 32%이며 독일은 약 37%로서 기여금수준이 높은 보수주의복지국가의 성격이 그대로 나타남을 알 수 있다. OECD자료를 보면, 2021년 사회보장기여금이 총 세금에서 차지하는 평균은 약 26%였다. 즉, 프랑스와 독일은 사회보험 등 사회보장혜택을 받기 위한 기여금지출이 OECD 평균보다 높음을 알 수 있다. GDP에서 차지하는 사회보장기여금 비율은 2021년 기준으로 독일과 프랑스는 비슷한 수준인 14.8%를 나타내어 OECD 평균(9%)보다 높았다. GDP에서 차지하는 사회보장기여금 비율이 높다는 것은 그만큼 개인이나 기업이 부담하는 몫이 높음을 나타내준다.

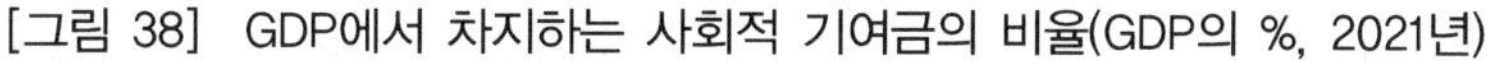
[그림 38] GDP에서 차지하는 사회적 기여금의 비율(GDP의 %, 2021년)

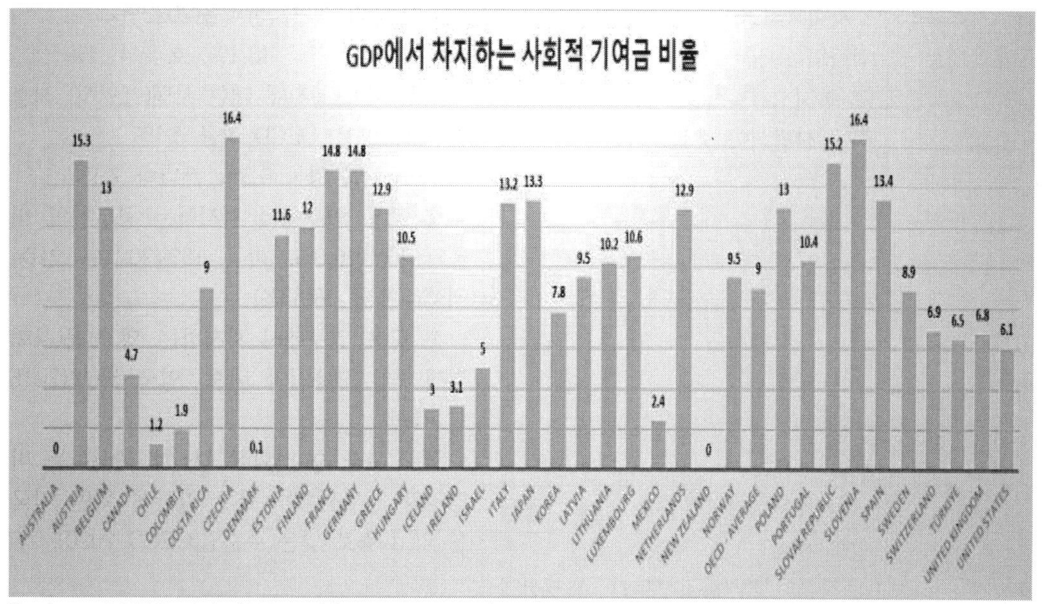

* 자료: OECD data(https://data.oecd.org/tax/social-security-contributions.htm)

자본주의의 특성에 따라 복지국가의 특성도 영향을 받음으로 사회복지와 자본주의가 결합한 복지자본주의 역시 자본주의의 특성에 따라 사회복지혜택의 생산 및 공급이 영향을 받아 다양한 유형의 복지자본주의모델들이 등장하였다. 앵글로-색슨, 라인 그리고 노르딕 자본주의모델과 자유주의, 보수주의 그리고 사회민주주의 복지국가모델의 특성을 종합하여 비교하면 아래의 표와 같다.

〈표 35〉 복지자본주의모델의 특성 비교

자유주의 복지국가와 앵글로-색슨 자본주의모델		
자유주의 복지국가 특성	• 미국과 영국, 호주, 캐나다 등이 대표적인 국가 • 사회적 권리의 영역을 제한하며 선별적 복지혜택으로 자산조사에 의한 혜택과 낮은 수준의 보편주의적 현금혜택과 낮은 수준의 사회보험시스템	• 1인당 GDP(2022년, $): 영국 54,266, 미국 76,291, 호주 69,419, 캐나다 58,348 • 1인당 GNI(2022년, $): 영국 54,540, 미국 71,090(2021년), 캐나다 57,762, 호주 66,547 • 세금부담률(Tax revenue)[58]:

	• 높은 사적보험에 대한 의존율 • 시장(특히, 자유경쟁시장)이 복지 혜택 제공의 중심 • 사회복지영역의 민영화가 가장 활성화되어 있는 복지자본주의유형으로 복지생산방식은 시장중심의 경제적 생산방식이 중심	미국 26.6%(2021), 영국 33.5%(2021) • GDP 대비 사회적 지출비율(2022년): 영국 22.1%, 미국 22.7%, 호주 20.5% • GDP 대비 정부지출비율(2022년): 미국 44.9%, 영국 48.1%, 호주 41.1% • GDP 대비 복지에 대한 사적(개인적) 지출비율(2019년): OECD 평균 3.1%
앵글로 색슨 자본주의 모델 특성	• 낮은 세금 • 시장에 대한 탈규제, 화폐의 공급양을 관리 • 작은 정부(공공부문의 최소한의 공급) • 강력한 사적소유권 보호 • 낮은 무역장벽(경제적 세계화) • 낮은 수준의 공적 지출 및 사회복지지출 • 시장의 자기-규제적(self-regulating) 특성은 경제적 복지 및 분배적 정의 실현을 위한 메커니즘 • 사회복지영역의 민영화(나아가 시장화)를 통해 국가제공을 최소화 • 낮은 노동조합율과 낮은 임금고용 그리고 노동자 간 높은 임금 편차	미국 12.4%, 영국 6.3%, 캐나다 7.1% • 총 고용 인구에서 차지하는 공무원의 비중: 영국 16.9%, 미국 15%(2021년 기준, OECD 평균 18.63%) • 총 고용 인구에서 차지하는 제3부문(사회경제영역) 고용인의 비중: 영국 5.6%(2015년 기준) • GDP 지출 중 사회적 생산에 해당하는 비영리와 정부지출을 모두 합하게 되면 미국은 약 17%로 낮은 수준임(OECD 2020), • 지니계수(소득불평등): 미국 0.375(2021), 영국 0.355(2020) • 빈곤율(중위소득가구 50%이하의 인구): 미국 15.1%(2021년), 영국 11.2%(2020년) 호주 12.6%(2020년) • 노인빈곤율(66세 이상): 호주 22.6%(2020), 미국 22.8%(2021), 영국 13.1%(2020) • GDP 대비 가족급여비율(현금혜택)(2002년): 미국 19.63%, 영국 12.92%, 호주 6.73% • 총세금에서 차지하는 사회적 기여금비중(개인 및 기업부담금): 미국 23%, 영국 20% • GDP에서 차지하는 사회적 기여금비중: 미국 6%, 영국 7% • 복지관대성비율: 2020년 기준 영국과 미국 0.97 • 노조가입률: 미국 10.3%(2020), 영국 23.5%(2019), 호주

		13.7%(2017) • 행복지수(2023): 미국 15위, 영국 19위, 호주 12위 • 영유아사망률(인구 1,000명당/명, 2021년): 미국 5.4, 영국 4, 캐나다 4.5 • 정부에 대한 신뢰감(2002년), 미국, 31.02%, 영국 39.48%(2021년) • 사회적지지(어려울 때 도와줄 친구나 가족, 100점 만점, 2022년): 미국 89.9, 영국 85.4
보수주의 복지국가와 라인자본주의모델		
보수주의복지국가 특성	• 독일과 프랑스, 이탈리아 등이 대표적인 국가 • 사적보험과 직장혜택이 제한적인 역할을 하고 가족중심의 보호가 강조(가족이 구성원들에게 서비스를 제공하는 것이 어려울 경우에 국가가 개입하는 보완의 원칙) • 시장의 불안전성으로 시장을 보완할 수 있는 가족 그리고 비영리조직이 복지혜택 할당의 중심 • 복지생산방식은 시장중심의 경제적 생산방식과 국가 및 비영리중심의 사회적 시장생산방식이 혼합 • 실업, 연금, 보편적 건강보험 등과 같은 사회보장체계 확립 • 사회보험의 보험료는 기업주, 고용인 그리고 국가재정에 의해 운영. 사회보장혜택에 대한 개인 및 기업의 높은 부담금(사회적 기여금) • 높은 수준의 비영리 사회복지제공	• 1인당 GDP(2022년, $): 독일, 63,522, 프랑스 54,989, 이탈리아, 52,803 • 1인당 GNI(2022년, $): 독일, 65,993, 프랑스, 55,963, 이탈리아 53, 278 • 세금부담률(Tax revenue): 독일 39.5%, 프랑스 45.1% • GDP 대비 사회적 지출비율(2022년): 프랑스 31.6%, 이탈리아 30.1%, 독일 26.7% • GDP 대비 정부지출비율(2022년): 프랑스 59%, 독일 51% • GDP 대비 복지에 대한 사적(개인적) 지출비율(2019년): 프랑스 3.5%, 독일 3.7%, 이탈리아 1.8% • 총 고용 인구에서 차지하는 공무원의 비중: 독일 11.1%, 프랑스 21.1%, 이탈리아 13.5%(2021년 기준) • 총 고용 인구에서 차지하는 제3부문(사회경제영역) 고용인의 비중: 프랑스 9.1%, 독일 6.7%, 이탈리아 8.8%(2015년 기준) • GDP 지출 중 사회적 생산에 해당하는 비영리와 정부지출을 모두 합하게 되면 프랑
라인 자본주의모델 특성	• 국가의 적극적 시장규제 나아가 사회적 시장(경제) 활성화 도모 • 자유시장이 발생시키는 문제를 축소시키기 위하여 반독점법, 시장권력의 남용을 억제하는 법안 등을 운	

<table>
<tr><td></td><td>용
• 성장과 분배의 균형강조</td><td>스는 약 27%로 매우 높음(OECD 2020)

• 지니계수(소득불평등):
독일 0.296(2019), 프랑스 0.292(2019)
• 빈곤율(중위소득가구 50%이하의 인구):
프랑스 8.4%, 독일 10.9%
• 노인빈곤율(66세 이상):
프랑스 4.4%, 독일 11%, 이탈리아10.3%
• GDP 대비 가족급여비율(현금혜택)(2002년): 이탈리아 20.9%, 독일 15.97%, 프랑스 19.43%
• 총세금에서 차지하는 사회적 기여금비중(개인 및 기업부담금): 독일 37%, 프랑스 32%
• GDP에서 차지하는 사회적 기여금비중: 독일과 프랑스 14.8%
• 복지관대성비율: 2020년 기준 독일1.10, 프랑스 1.22
• 노조가입률:
독일16.3%(2019), 이탈리아 32.5%, 프랑스 10.8%(2016)
• 행복지수(2023):
독일 16위, 프랑스 21위
• 영유아사망률(인구 1,000명당/명, 2021년): 독일 3, 프랑스 3.7, 이탈리아 2.3
• 정부에 대한 신뢰감(2002년):
독일 60.8%, 프랑스 43.4%
• 사회적지지(어려울 때 도와줄 친구나 가족, 100점 만점, 2022년):
독일 91.5, 프랑스 91.4</td></tr>
<tr><td colspan="3">사회민주주의 복지국가와 노르딕자본주의모델</td></tr>
<tr><td>사회민주주의
복지국가의
특성</td><td>• 노르웨이, 핀란드, 덴마크, 아이슬란드, 스웨덴이 대표적인 국가
• 매우 높은 사회보호지출과 보편적 복지제공 그리고 활동적 정책도구에 기초한 노동시장에 대한 포괄적 재</td><td>• 지표: 노르웨이, 핀란드, 덴마크, 아이슬란드, 스웨덴
• 1인당 GDP(2022년, $):
핀란드 59,462, 덴마크, 74,859, 아이슬란드, 69,616, 스웨덴, 65,157, 노르웨이</td></tr>
</table>

<table>
<tr>
<td></td>
<td>정개입
• 보편주의원칙과 사회적 권리의 탈상품화가 확대되어 있으며 시장과 가족에 의존하지 않고 돌봄 및 가족서비스의 비용의 국가지원강조
• 시장의 불안전성과 가족돌봄의 사회화를 바탕으로 국가가 복지혜택 할당의 중심
• 복지생산방식은 국가직접제공의 사회적 시장생산방식이 중심
• 낮은 사적보험에 대한 의존 및 사회보장에 대한 낮은 본인 및 기업부담금(사회적 기여금)</td>
<td rowspan="2">114,932
• 1인당 GNI(2022년, $):
핀란드 59,966, 덴마크, 77,335, 스웨덴, 67,633, 노르웨이 83,760
• 세금부담률(Tax revenue, 2021년):
덴마크 46.9, 핀란드 43%, 스웨덴 42.6%, 노르웨이 42.2%
• GDP 대비 사회적 지출비율(2022년):
핀란드 29%, 덴마크, 26.2%, 스웨덴, 23.7%, 노르웨이 20.7%, 아이슬란드 20.8%
• GDP 대비 정부지출비율(2022년):
핀란드 55.8%,덴마크, 49.9%, 아이슬란드, 49.2%, 스웨덴, 49.1%, 노르웨이 39.2%
• GDP 대비 복지에 대한 사적(개인적) 지출비율(2019년):
핀란드 1.2%, 덴마크, 3.8%, 스웨덴, 3.6%, 노르웨이 2.6%
• 총 고용 인구에서 차지하는 공무원의 비중: 노르웨이 30.9%, 스웨덴 29.3%, 덴마크 28%, 핀란드 25.4%, (2021년 기준)
• 총 고용 인구에서 차지하는 제3부문(사회경제영역) 고용인의 비중:
스웨덴 4.2%, 덴마크 5.9%, 핀란드 7.7% (2015년 기준)
• 유럽연합 28개국 중 스웨덴, 핀란드, 덴마크 등 노르딕자본주의국가의 사회적 시장 비중이 가장 높음(Davidescu. 2017)
• GDP 지출 중 사회적 생산에 해당하는 비영리와 정부지출을 모두 합하게 되면 스웨덴은 약 28%로 매우 높음(OECD 2020),
• 지니계수(소득불평등):
덴마크 0.268(2019), 핀란드 0.273(2021), 노르웨이 0.285,(2021) 스웨덴 0.286(2021)
• 빈곤율(중위소득가구 50%이하의 인구):
스웨덴 8.8%(2021), 노르웨이 6.7%(2021), 핀란드 2.9%(2021), 덴마크 4.8%(2019)</td>
</tr>
<tr>
<td>노르딕 자본주의모델 특성</td>
<td>• 높은 수준의 민주주의
• 공공부분에서 일하는 고용인들의 비율이 전체 노동인구의 약 30%
• 조세에 기초한 보편적 건강 및 돌봄시스템, 무상교육, 사회적 안전망
• 낮은 수준의 부패비율과 높은 노동조합비율과 단체교섭적용범위 및 정부, 고용주 그리고 노동자의 파트너십
• 높은 수준의 노동자권리보호
• 높은 수준의 공적 지출 및 사회복지지출
• 높은 수준의 세금부담비율
• 높은 수준의 행복지수, 국민 1인당 GDP 및 GNI</td>
</tr>
</table>

		• 노인빈곤률(66세 이상): 핀란드 6.3%, 덴마크 4.3%, 노르웨이 3.8%, 스웨덴 11.1%(2021) • GDP 대비 가족급여비율(현금혜택)(2002년): 스웨덴 11.33%, 노르웨이 11.02%. 핀란드 17.6%, 덴마크 13.66% • 총세금에서 차지하는 사회적 기여금비중(개인 및 기업부담금): 덴마크 0.1%, 아이슬란드 9% • GDP에서 차지하는 사회적 기여금비중: 덴마크 0.06%, 아이슬란드 3% • 복지관대성비율: 2020년 기준 덴마크 1.15, 핀란드 1.03, 아이슬란드 1.11, 노르웨이 1.25 • 노조가입률: 아이슬란드 92.2(2020), 노르웨이 50.4%(2019), 스웨덴 65.2%(2019) • 행복지수(2023): 핀란드 1위, 덴마크 2위, 아이슬란드 3위, 스웨덴 6위, 노르웨이 7위 • 영유아사망률(인구 1,000명당/명, 2021년): 핀란드1.8, 스웨덴 1.8, 노르웨이; 1.9, 덴마크 2.4 • 정부에 대한 신뢰감(2002년): 핀란드 77.5%, 덴마크, 63.5%, 아이슬란드, 51.5%, 스웨덴, 68.8%, 노르웨이 63.6% • 사회적지지(어려울 때 도와줄 친구나 가족, 100점 만점, 2022년): 아이슬란드 98, 핀란드 97.3, 스웨덴 94.7, 덴마크 97.0, 노르웨이 92.4

* 자료: OECD data(www.data.oecd.org), World Happiness Report, 2023(UNDP)

58) 세금부담률(Tax revenue)은 GDP에서 차지하는 국민의 세금부담금을 나타낸다. 세금부담률에는 소득세, 재산세, 사회보험갹출금 등이 포함된다.

4. 복지자본주의국가의 특성

복지자본주의국가들의 성향을 분석하여보면 앵글로-색슨자본주의국가는 자유주의복지국가의 특성을 갖으며 라인자본주의국가는 보수주의복지국가의 성향을 나타내고 노르딕자본주의국가는 사회민주주의 복지국가의 특성을 지니고 있음을 알 수 있다. 물론 국가들이 처한 경제·정치적 상황이나 역사적 발전경로 그리고 시민들의 의식수준과 복지요구 등에 따라 모든 앵글로-색슨자본주의국가로 구분되는 국가 예를 들어 영국, 미국 그리고 호주 등이 나타내주는 사회지표들이 모두 동일한 수준으로 범주화하기 어렵지만 전체적인 지표들을 종합하여 보면 영국이나 미국 등과 같은 국가들은 앵글로-색슨자본주의국가 및 자유주의복지국가로 구분될 수 있다. 이는 다른 유형의 복지자본주의국가들에게도 동일하게 적용된다. 소위, 자본주의국가의 유형화로 등장한 모델들인 앵글로-색슨 자본주의, 라인자본주의, 노르딕 자본주의 그리고 복지자본주의의 유형화로 등장한 보수주의 복지국가, 자유주의 복지국가 그리고 사회민주주의 복지국가는 모두 경제 및 정치이론적 특성과 복지이념적 성향이 상이하다. 위의 복지자본주의를 설정하는 사회지표들을 종합하여 분석하면 복지자본주의국가들의 특성은 다음과 같이 구분된다.

첫째, **앵글로-색슨자본주의모델과 자유주의복지국가모델이 결합한 복지자본주의는** 가계와 기업중심의 경제정책을 우선시하는 미시경제적 틀 안에서 시장에 대한 국가개입을 최소화하여 작은 정부를 지향하며 국민과 기업의 세금부담을 줄이면서 인플레이션과 실업문제를 통화주의적 경제정책 및 일자리를 강조하는 고용정책을 통해 해결하려는 신고전파경제정책을 강조한다는 특징이 있다. 앵글로-색슨 자본주의모델과 자유주의복지국가모델을 표방한 국가들은(대표적으로 미국과 영국) 복지혼합의 정도가 높다. 즉, 제1부문(정부조직), 제2부문(영리조직) 그리고 제3부문(비영리조직)들이 혼합적으로 사회복지 재화와 서비스를 생산 및 공급한다. 국가들에 따라 비율은 상이하지만 전반적으로 영리조직 중심의 시장화가 사회복지영역에 도입되어 영리조직들이 사회복지 재화와 서비스를 공급하는 비율이 라인자본주의나 노르딕자본주의국가들에 비해 매우 높다. 이들 국가의 경제지표들(GDP와 GNI 등)은 경제적으로는 경제성장을 이룬 선진국임을 나타내주지만 국민들의 세금부담률이 상대적으로 매우 낮으며 국가의 사회복지지출 역시 낮다. 노동자들의 노동조합가입율 역시 다른 복지자본주의국가들에 비해 상대적으로 매우 낮으며 사회복지영역에 대한 공적지출이 낮음으로 개인이 지출하는 사적보험 등 복지부담은 높음을 나타내주고 있다. GDP 지출 중 사회적 생산에 해당하는 비영리와 정부지출을 모두 합하게 되면 미국은 약 17% 수준으로 노르딕국가나 라인자본주의국가들에 비해 상대적으로 낮다. 따라서 복지서비스가 사회적 시장보다는 경제적 시장을 통해서 제공되는 비중이 높다. 또한 총 고용 인구에서 공공부문 및 제3부문에서 근무하는 고용인들의 비율이 OECD 국가 평균이하의 수준(영국 5.6%)으로 시장을 통한 생산 및 자원할당이 주된 경로이다. 앵글로-색슨 자본주의국가이자 자유주의복지국가인 미국과 영국은 총 세금에서 차지하는 사회보장기여금 비중과 GDP에서 차지하는 사회보장기여금 비중이 2021년 기준으로 OECD 평균보다 낮았다. 이는 미국의 경우 건강서비스와 같은 사회보험이 보편적 성격의 혜택을 제공하지 않아 사적보험에 의존하는 경우가 높아 사회보장기여금지출이 낮을 수 있으며 영국의 경우는 건강보험과 같은 사회보험이 조세기반으로 제공되어 기여금을 지출하지 않기 때문이다. 또한 앵글로-색슨 자본주의국가는 빈곤율이 높아 다른 복지자본주의국가들에 비해 저소득층이 다수 존재하며 지니계수 역시 상대적으로 1에 근접하는 비율이 높아 소득불평등도가 심함을 알 수 있다. 영유아사망률도 OECD 평균보다 높으며 정부에 신뢰감 역시 30%대로 낮고, 사회적 지지를 받을 수 있는 관계지향성이 80점대로 다른 복지자본주의국가들에 비해 낮았다. 복지관대성비율 역시 라인자본주의국가나 노르딕국가들에 비해 상대적으로 낮았다. **종합하면** 앵글로-색슨자본주의국가들은 다른 자본주의국가들에 비해 상대적으로 국가가 제공하는 복지의 수준이 낮은 것으로 나타났다. 경제적 성취도는 높았지만 사회복지영역에 시장화도 가장 많이 일어나 영리조직의 시장진입이 가장 높은 수준이었으며 국가의 사회적 지출비도 낮았고 소득불평등과 빈곤율은 높았으며 가족복지혜택의 수준도 낮았다. 또한 정부에 대한 신뢰나 사회적 지지의 수준도 낮아 사회구성원들이 스스로의 복지를 책임지는 개인적 부담수준이 높은 복자자본주의국가이다.

둘째, **라인자본주의모델과 보수주의복지국가모델이 결합한 복지자본주의는** 시장의 불안정성을 극복하기 위해 국가의 시장에 대한 규제를 인정하지만 경쟁시장이 중요한 자원할당기구로 작동하는 것을 용인한다. 자본주의 경제적 토대를 유지 및 안정화시키고 시장의 불안정성을 극복하기 위해 복지정책(특히, 사회보험)을 확대・제공하는 복지국가를 선호하며 전통적으로 가족관계를 중시하고 고용주와 고용인 중심의 사회보험시스템을 유지한다. 가족중심으로 이루어지는 가족돌봄서비스의 경우 가족소진이 발생하였을 경우 국가가 개입하는 보완의 원칙이 중심이며 돌봄서비스는 주로 비영리조직을 중심으로 제공된다. 라인자본주의모델과 보수주의복지국가모델로 구분되는 독일이나 프랑스와 같은 국가들은 복지혼합의 정도에 있어 비영리조직이 사회복지 재화와 서비스를 생산 및 공급하는 비율이 앵글로-색슨자본주의국가나 노르딕자본주의국가들에 비해 높았다. 사회복지영역에서의 시장화 역시 앵글로-색슨자본주의국가에 비해 상대적으로 낮은 부분을 차지하고 있다. 프랑스와 독일의 경우 제3부문 조직이 노인, 장애인 그리고 아동돌봄서비스의 약 60% 이상을 제공하고 있었다. 시장조직이 서비스를 제공하는 비율이 앵글로-색슨모델에 비해 상대적으로 낮은 수치를 나타내었다. 이는 라인자본주의국가의 경우 비영리 중심의 사회적 시장이 잘 발달되어 복지서비스가 제공되고 있음을 나타내준다. 라인자본주의국가들은 제3부문에서 근무하는 고용인들의 비율이 전체 고용인 중 약 7% 이상(프랑스는 9.1%)의 수준으로 제3부문을 통한 생산 및 자원할당이 주요한 경로가 되고 있다. GDP 지출 중 사회적 생산에 해당하는 비영리와 정부지출을 모두 합하게 되면 프랑스는 약 27% 수준으로 노르딕자본주의국가에 근접한 높은 수치를 나타내준다. 경제지표들은 앵글로-색슨복지자본주의국가들과 비슷한 수준임으로 경제적으로는 경제성장을 이룬 선진국임을 나타내준다. 국민들의 세금부담률은 약 40% 정도로 앵글로-색슨복지자본주의국가들에 비해 상대적으로 높았으며 국가의 사회복지지출 역시 높았다. 노동조합가입률은 이탈리아를 제외하고 독일과 프랑스는 앵글로색슨복지자본주의국가와 비슷한 수준이었다. 사회복지영역에 대한 공적지출과 기업이 부담하는 기여금(contribution)이 높았으며 복지서비스에 대한 사적지출의 비중은 낮았다. 특히, 보수주의복지국가들은 사회보험이 조세기반이라기보다 일하는 남성과 직장 중심으로 기여금체계가 이루어져 있어 기업과 개인(고용주와 고용인)의 사회보장기여금 지출수준이 높다. 총 세금에서 차지하는 사회보장기여금의 경우 독일과 프랑스로 대표되는 라인자본주의국가들이 OECD국가 중 사회보장기여금수준이 가장 높은 수준이었으며, GDP에서 차지하는 사회보장기여금 비율 역시 OECD 평균 보다 높았다. 정부에 지급하여야 하는 사회보장기여금 비율이 높다는 것은 그만큼 복지혜택을 위해 개인이나 기업이 부담하는 몫이 높음을 나타내준다. 빈곤율은 앵글로-색슨국가들에 비해 낮았으며 지니계수 역시 0.3보다 낮은 수준을 나타내어 소득불평등도가 앵글로-색슨국가들보다 상대적으로 낮음을 알 수 있다. 영유아사망률은 평균보다 낮았으며 정부에 신뢰감 역시 40%를 넘어서 높은 수준이었고 사회적 지지를 받을 수 있는 관계지향성이 90점 이상으로 높아 어려울 때 도움을 받을 수 있는 친인척에 대한 신뢰가 높음을 알 수 있었다. 복지관대성 비율은 대부분의 라인자본주의국가들이 1을 넘어서 앵글로-색슨자본주의국가들에 비해 상대적으로 높았다. **종합하면** 라인자본주의국가들은 국민들의 세금부담과 사회보장기여금 수준이 높지만 국가의 사회적 지출비율이 높아 앵글로-색슨국가들에 비해 정부가 사회복지정책에 적극적으로 대응하고 있는 것으로 나타났다. 라인자본주의국가들의 정부는 제3부문의 조직과 공동으로 사회복지 재화와 서비스를 생산 및 공급하고 있었으며 상대적으로 빈곤율도 낮고 정부에 대한 신뢰감도 높아 사회구성원들이 전반적으로 안정적인 삶을 유지하는 복지자본주의국가이다.

셋째, **노르딕자본주의모델과 사회민주주의복지국가모델이 결합한 복지자본주의는** 시장에 대한 국가의 규제정도가 높으며 시장의 불안정성과 불평등성을 통제하기 위해 자본의 통제와 시장경제의 국유화를 추진하고 국민들의 세금부담률이 상대적으로 높다. 특히, 자본주의가 개인의 이익창출에 대한 동기를 강조하지만 불평등과 차별을 조장함으로 사회정의와 평등수준을 개선하기 위래 모든 국민들을 대상으로 하는 보편적 복지정책이 중요함이 강조된다. 따라서 자본주의를 인간화하고 자본주의가 연대적이며 평등적이고 민주적인 결과물을 만들어 내는 것을 추구하고 국민들의 욕구에 따라 보편적 서비스를 제공받을 수 있는 동등한 권리를 보장하는 복지국가를 옹호한다. 노르딕자본주의모델과 사회민주주의복지국가모델로 구분되는 덴마크, 스웨덴, 핀란드, 노르웨이 등과 같은 국가들은 복지혼합의 정도에 있어 국가가 직접 사회복지 재화와 서비스를 생산 및 공급하는 비율이 가장 높은 수준의 국가들로서 앵글로-색슨자본주의국가나 라인자본주의국가들에 비해 시장화가 가장 적게 일어난 국가이다. 총 고용 인구에서 차지하는 공무원의 비중이 노르웨이, 스웨덴, 덴마크 등 평균 25% 이상을 차지하였으며 총 고용 인구에서 차지하는 제3부문(사회경제영역) 고용인의 비중은 핀란드(7.7%)를 제외하고 스웨덴과 덴마크는 4-6%의 평균 수준을 유지하고 있었다. 이는 노르딕복지자본주의국가의 경우 국가중심의 복지서비스가 제공되는 사회적 시장의 발전 정도가 가장 높음을 나타내준다. 유럽연합 28개국 중 스웨덴, 핀란드, 덴마크 등 노르딕자본주의국가의 사회적 시장 비중이 가장 높았다. 노르웨이는 시장을 통한 사회복지의 공급은 발생하지 않은 것으로 나타났으며 대부분의 노르딕국가들이 국가와 제3부문조직이 혼합하여 서비스를 제공하고 있었다. GDP 지출 중 사회적 생산에 해당하는 비영리와 정부 지출을 모두 합하게 되면 스웨덴은 약 28%로 매우 높은 수준을 나타내었다. 경제 지표들은 라인자본주의국가들이나 앵글로-색슨복지자본주의국가들에 비해 높은 수준임으로 경제적으로는 고도의 경제성장을 이룬 선진국임을 나타내준다. 국민들의 세금부담률은 노르딕국가가 가장 높은 수준(대부분 40% 이상)이었으며 국가의 사회복지지출 역시 앵글로-색슨복지자본주의국가들에 비해 높았다. 노동조합가입률은 노르딕국가들이 평균 50% 이상으로 대부분 높은 수준이었으며 사회복지영역에 대한 공적지출이 높음으로 개인이 지출하는 사적 복지부담률은 라인자본주의국가나 앵글로-색슨국가들에 비해 가장 낮았다. 노르딕자본주의국가들은 총 세금에서 차지하는 사회보장기여금 비중이 대체적으로 낮았으며 GDP에서 차지하는 사회보장기여금 비중 역시 낮았다. 이는 정부가 사회복지지출이나 조세를 통해서 사회보장혜택을 제공하고 있어 개인이나 기업으로부터 기여금을 적게 받는다는 것을 나타내준다. 빈곤율과 지니계수 역시 가장 낮은 수준을 나타내어 소득불평등도가 낮고 국민들이 상대적으로 빈곤으로부터 안정적인 삶을 유지하고 있었다. 영유아사망률은 가장 낮은 수치를 나타내었으며 정부에 대한 신뢰감은 평균 60%를 넘어서 가장 높은 수준이었고 사회적 지지를 받을 수 있는 관계지향성이 평균 95점 이상으로 가장 높은 수치를 나타내었고 행복지수 역시 대부분의 노르딕국가들이 상위 10개국 안에 들어가 국민들이 인식하는 행복수준이 높았고 복지관대성비율 역시 가장 높았다. **종합하면** 노르딕자본주의국가들은 국민들의 세금부담은 높지만 국가의 사회적 지출비율이 높고 국가가 직접 사회복지정책에 적극적으로 대응하여 소득불평등도와 빈곤률이 낮은 것으로 나타났다. 노르딕자본주의국가들의 정부는 국가가 직접 사회복지 재화와 서비스를 제공하거나 일부 서비스는 제3부문의 조직과 공동으로 서비스를 생산 및 공급하고 있었으며 노사정간에 협력을 바탕으로 사회갈등을 해소하기 위해 노력하여 정부에 대한 신뢰감도 가장 높아 사회구성원들이 전반적으로 행복한 삶을 유지하고 있는 복지자본주의국가이다.

5. 복지자본주의의 전망

시장의 불안정성이 지속적으로 확대되고 있고 사회적 배제와 차별을 구조적으로 양산해내는 시장을 통한 자원할당의 문제점을 극복하기 위한 대안으로 자본주의 시장경제체제는 영리조직 중심의 제2부문에서 제1부문의 정부조직과 제3부문의 비영리조직을 포함한 사회경제조직의 급속한 성장으로 자원할당의 패러다임이 변화하고 있다. 즉, 자본주의의 자원할당의 중심이 본래 시장중심의 제2부문이라고 한다면 복지국가에서는 자원할당에 있어 정부의 역할이 강화되어 제1부문을 통한 자원할당이 강조되었으며, 복지자본주의에서는 정부조직에 제3부문 조직을 통한 자원할당의 중요성이 강조되어 시장을 통한 자원할당기제는 점점 축소되고 있으며 정부조직과 제3부문에서 근무하는 고용인들의 수가 증가하고 있고 생산에서 차지하는 제3부문분의 국내총생산의 양도 매년 증가하고 있다. 즉, 생산 및 자원의 할당에 있어 시장(영리조직)을 통한 생산 및 자원할당의 비중은 줄어들고 있으며 정부(제1부문)와 제3부문조직을 통한 생산 및 자원할당의 비중은 꾸준히 증가하고 있다.

노르딕자본주의국가이자 사회민주주의 복지국가인 스웨덴이나 핀란드 등은 모두 정부의 생산적 기능과 자원할당기능이 가장 발달되어 있으며 보수주의복지국가이자 라인자본주의국가인 독일이나 프랑스 그리고 이탈리아 등은 정부의 생산적 기능 및 자원할당기능이 노르딕국가에 비해 낮았고 제3부문의 자원할당 및 생산의 기능이 앵글로-색슨자본주의국가보다 높았다. 앵글로-색슨자본주의국가이자 자유주의복지국가인 영국과 미국은 정부의 생산 및 할당의 비중이 낮았으며 제3부문의 자원할당 및 (사회적)생산기능 역시 가장 낮았지만 제3부문의 자원할당기능은 지속적으로 증가하고 있다. 결국, 정부 및 제3부문의 사회적 생산을 통한 자원할당은 이념적인 성향이나 정치적 성향을 떠나 대부분의 복지자본주의국가체제하에서 지속적으로 증가하고 있음을 알 수 있다.

사회·경제체제로서 복지자본주의는 지속적으로 발전하고 있다. 이는 복지자본주의가 한편으로는 국민의 복지를 강조하는 정책 및 제도를 통해 다양한 혜택을 제공함으로써 국민들을 사회적 위험으로부터 보호하면서 동시에 보편적인 권리로서 모든 국민들의 삶을 지속적으로 향상 및 개선시키기 위해 노력하고 다른 한편으로는 경제활동을 통한 물질적 부의 성장이 국민들에게 골고루 배분되도록 할당시스템을 개선하여 시장의 불안정성과 소득불평등과 같은 자본주의가 가지는 고유한 모순을 극복하도록 노력하기 때문이다. 물론 국민들의 의식수준이나 복지요구투쟁의 정도나 이념적 성향을 가진 정치권력에 영향을 받아 복지자본주의의 특성이 국가마다 상이한 모습으로 나타나 국가마다 복지제도나 정책의 수준이 다양한 내용으로 채워지고 있지만 복지와 자본주의가 결합한 복지자본주의는 성장메커니즘과 분배메커니즘의 균형적 관계 속에서 지속적인 발전을 도모할 것이라는 점은 명확하다.

참고문헌

금재호. (2004). 노동시장 이중구조와 성차별-직종분리를 중심으로. 『응용경제』, 6(3), 259-290.

김태성·성경륭. (2014). 『복지국가론』. 서울: 나남신서.

신동혁·안광규·최성춘, & 최형기. (2016). K-평균 클러스터링을 이용한 네트워크 유해트래픽 탐지. *The Journal of Korean Institute of Communications and Information Sciences* '16-02 Vol.41(02), 277-283.

윤영진·장승옥·지은구·김은정 (2009). 『사회서비스재정지원방식』. 서울: 청목출판사.

지은구·김민주. (2020). 『복지국가론』. 서울: 청목출판사.

지은구·김은정(2010). 『사회복지서비스이용자재정지원방식』. 서울: 나눔의집.

지은구. (1991). 마르크스의 빈곤론과 그 논쟁. 『사회정책연구』, 제13권, 27-76. 한국복지정책연구소.

지은구·감정기·김진석·김형용·홍재봉. (2021). 『지역사회복지론』. 서울: 사회평론아카데미

지은구·손제희·김민주. (2015). 사회복지사가 인지하는 사회적 자본 지표 개발과 타당도 연구. 『사회과학연구』, 31(1), 161-192.

지은구·장승옥. (2009). 『사회서비스 사례조사연구』. 서울: 청목출판사.

지은구. (2003). 『사회복지경제학연구』. 서울: 청목출판사.

지은구. (2005). 한국사회복지환경의 변화와 지역복지의 대응. 『한국사회과학연구』, 24(1), 117-134.

지은구. (2006). 『자본주의와 사회복지』. 서울: 청목출판사.

지은구. (2007). 『사회복지조직연구』. 서울: 청목출판사.

지은구. (2010). 『사회복지재정연구』. 서울: 집문당.

지은구. (2011). BSC 모델의 특성과 한계: 비영리사회복지조직 성과측정을 중심으로. 『한국사회과학연구』, 30(1), 285-312.

지은구. (2012). 한국 사회복지 서비스 전달체계의 특성. 『민족연구』, 51, 174-204.

지은구. (2013). 복지재정분권의 현실과 개선방안. 『한국사회과학연구』, 32(1), 83-128.

지은구. (2016). 『사회복지전달체계연구』. 대구: 계명대학교출판부.

지은구. (2016). 『한국사회복지전달체계연구』. 대구: 계명대학교 출판부.

지은구. (2018). 『복지국가와 사회의 질』. 서울: 사회평론아카데미.

지은구. (2021). 『사회경제론』. 경기: 공동체

Adams, C., Perlmutter, F. (1991). Commercial venturing and the transformation of America's voluntary social welfare agencies. *Nonprofit and voluntary sector quarterly*, 20(1), 25-38.

Adams, Ian (2001). Political Ideology Today. Manchester University Press.

Alan V. Deardorff, 2014. "Local comparative advantage: Trade costs and the pattern of trade," *International Journal of Economic Theory, The International Society for Economic Theory*, vol. 10(1), pages 9-35, March.

Albert, M. (1992). The Rhine model of capitalism: an investigation. *European Business Journal*, 4(3), 8.

Alcock, P., Erskine, A., & May, M. (2003). Divisions, difference and exclusion. In The Student's Companion to Social Policy, 2nd edition.

Alesina, A. F. (2007). Political Economy. *NBER Reporter*, No.3/2007.

Alexander, J. (1999). The impact of devolution on nonprofits. *Nonprofit Management and Leadership*, 10(1), 57-70.

Alexander, J. A., & Weiner, B. J. (1998). The adoption of the corporate governance model by nonprofit organizations. *Nonprofit management and leadership*, 8(3), 223-242.

Alexander, J., Nank, R., & Stivers, C. (1999). Implications of welfare reform: Do nonprofit survival strategies threaten civil society?. *Nonprofit and Voluntary Sector Quarterly*, 28(4), 452-475.

Alford, J. (2002). Why do public-sector clients coproduce? Toward a contingency theory. *Administration & Society*, 34(1), 32-56.

Alt, D., Maslovaty, N., & Cohen, A. (2010). The relationship between media literacy studies and democratic and moral orientations among Israeli adolescents. In Moral courage and the normative professionalism of teachers (pp. 71-90). Brill.

Alt, James E., Chambers, S. G., Geoffrey, K., George T., Levi, M., and McClain, P. D. (2010). The Encyclopedia of Political Science Set. CQ Press.

Amin, A. (1994). Post-Fordism: models, fantasies and phantoms of transition. Oxford, UK: Blackwell Publishers Ltd.

Amin, A., Cameron, A & Hudson, R. (2002). Placing the social economy. London: Routledge.

Andersen, T. M. (2005). Is there a role for an active fiscal stabilization policy?. *CESifo Economic Studies*, 51(4), 511-547.

Andersen, T. M., & Molander, P. (Eds.). (2003). Alternatives for welfare policy: coping with internationalisation and demographic change. Cambridge University Press.

Anderson, Gary, L., Herr, and Kathryn, G. (2007). Encyclopedia of Activism and Social Justice. SAGE Publications.

Andersson, J. (2005) 'Investment or Cost? The Role of the Metaphor of Productive Social Policies in Welfare State Formation in Europe and the US 1850-2000', paper presented at the World Congress in Historical Sciences, Sydney, July 2005.

Archibald, G. C. (1969). The Phillips curve and the distribution of unemployment. *The American Economic Review*, 59(2), 124-134.

Armstrong, W. E. (1951). Utility and the theory of welfare. *Oxford Economic Papers*, 3(3), 259-271.

Arrow, K. (1951/1963), Social Choice and individual Values. New York: Wiley.

Arrow, K. J. (1951). Alternative approaches to the theory of choice in risk-taking situations. Econometrica: *Journal of the Econometric Society*, 404-437.

Arrow, K. J. (1963). The american. *The American Economic Review*, 53(5), 941-973.

Ascoli, U., & Ranci, C. (Eds.). (2013). Dilemmas of the welfare mix: The new structure of welfare in an era of privatization. Springer Science & Business Media.

Aspen Institute, (2001). Community Involvement in Partnerships with Educational Institutions, Medical Centers, and Utility Companies. A paper prepared by the Aspen Institute Roundtable on Comprehensive Community Initiatives for the Annie E. Casey Foundation.

Austin, J., Stevenson, H., and Wei-Skillern, J. (2012). Social and commercial entrepreneurship: same, different, or both? Revista ADM, 47(3): 370-384.

Backman, E. V., & Smith, S. R. (2000). Healthy organizations, unhealthy communities?. *Nonprofit Management and Leadership*, 10(4), 355-373.

Badie, B., Schlosser, D. B. and Morlino, L. (2011). "Social Democracy". *International Encyclopedia of Political Science*. 8. Sage Publications).

Bamba, C. (2006). Decommodification and the worlds of welfare revisited. Journal of European social policy, 16(1): 73-80.

Barry, B. (1965). Political Argument. NY: Humanities Press.

Becker, G. S. (1976). The economic approach to human behavior. Chicago: University of Chicago Press.

Becker, G. S. (1985). Human capital, effort, and the sexual division of labor. *Journal of labor economics*, 3(1, Part 2), S33-S58.

Berlin, I. (1969). Four essays on liberty. Oxford University Press

Bob, J. (2002). The Future of the Capitalist State. Cambirdge, UK: Malden, MA: Polity.

Bohnen, A. (1964). Die utilitaristische Ethik als Grundlage der modernen Wohlfahrtsökonomik. Monographien zur Politik, 6.

Bonoli, G. & Natali, D. (2012). The Politics of the New Welfare State. Oxford: Oxford University press.

Bonoli, G. (2012). Blame avoidance and credit claiming revisited. *The politics of the new welfare state*, 93.

Boulding, K. E. (1952). Implications for general economics of more realistic theories of the firm. *The American Economic Review*, 35-44.

Bovaird, T. (1996). The political economy of performance measurement. Organizational Performance and Measurement in the Public Sector: Toward Service, Effort and Accomplished Reporting, Quorum Books, Westport, 145-165.

Bowles, S., & Edwards, R. (1985). Understanding Capitalism: Competition, Command and Change in United States Economy. New York: Harper & Row.

Bowring, Finn. (2015). Negative and positive freedom: lessons from, and to, sociology. *Sociology* 49 (1), pp. 156-171.

Box, R. C. (1998). Citizen governance: Leading American communities into the 21st century. SAGE.

Box, R. C. (1999). Running Government Like a Business: Implications for Public

Administration Theory and Practice. *American Review of Public Administration* 29(1): 19 - 43.

Box, R. C., Marshall, G. S., Reed, B. J., & Reed, C. M. (2001). New public management and substantive democracy. *Public Administration Review*, 61(5), 608-619.

Brandal, N., Bratberg, Ø., & Thorsen, D. (2013). The Nordic model of social democracy. Springer.

Broadway, R., Bruce, N., & Mintz, J. M. (1984). Taxation, Inflation, and the Effective Marginal Tax Rate in Canada. *Canadian Journal of Economics*, 27(1), 286-99.

Brooks, C. & Manza J. (2004). The Welfare State, Public Opinion, and Power Resources Theory: Social Rights Support and Welfare State Regimes in Cross-National Perspective. Presented at the Annual Meeting of the American Sociological Association, San Francisco, 1-43.

Brudney, J. L., & England, R. E. (1983). Toward a definition of the coproduction concept. *Public administration review*, 59-65.

Bucci, L. C. (2018). Organized Labor's Check on Rising Economic Inequality in the U.S. States. *State Politics & Policy Quarterly*, 18(2): 148-178.

Burch, A. R. (1999). Purchasing the Right to Govern: Winstar and the Need to Reconceptualize the Law of Regulatory Agreements. Ky. LJ, 88, 245.

Burghardt, S., & Fabricant, M. (1987). Working under the safety net: Policy and practice with the new American poor. (No Title).

Burtler, E. (2012). Public Choice: A primer. London: The Institute of Economic Affairs.

Bush, R. (1992). Survival of the nonprofit spirit in a for-profit world. *Nonprofit and Voluntary Sector Quarterly*, 21(4), 391-410.

Busky, Donald F. (2000). Democratic Socialism: A Global Survey. Westport, Connecticut: Praeger Publishers.

Cagan, P., & Schwartz, A. J. (1987). How Feasible is a Flexible Monetary Policy?. In Money in Historical Perspective (pp. 183-208). University of Chicago Press.

Cameron, K. S. (1984). Organizational adaptation and higher education. *The journal of higher education*, 55(2), 122-144.

Campus, Antonietta. (1987), "Marginal economics", The New Palgrave: A Dictionary of Economics v. 3, p. 323.

Caporaso, J. A., & Levine, D. P. (1998). Theories of Political Economy. Cambridge: Cambridge University Press.

Castles, Francis, G., & Mitchell, D. (1992). Identifying Welfare State Regimes: The Links Between Politics, Instruments and Outcomes. *Governance: An International Journal of Policy and Administration*, 5(1): 1-26.

Castles, S. (2004). Migration, citizenship, and education. *Diversity and citizenship education: Global perspectives*, 17-48.

Chatterjee, K. (1996). Merchants, Politics, and Society in Early Modern India: Bihar, 1733-1820 (Vol. 10). Brill.

Clark, B. (1998). Principles of political economy: A comparative approach. Westport, Connecticut: Praeger.

Commission on Social Justice. (1993). The Justice Gap. Institute for Public Policy Research.

Concise Oxford Dictionary, (2009). Concise Oxford English Dictionary: Main Edition. Oxford University Press

Cooper, Z., & Le Grand, J. (2009). The NHS can cost less and still care. *Guardian*, 4.

Cranston, M. (1967). Liberalism. In Paul Edwards (ed.), The Encyclopedia of philosophy. New York,: Macmillan.

Crosland, A. (1956). The Future ol Socialism. London: Constable & Robinson.

CWES. (1990). Rapport à l'ExécutifRégionalWallonsur le secteur de l'Économiesociale, Walloon Social Economy Council (CWES), Liege.

Davidescu, Adriana A. (2017). Measuring the social market economy. A composite index approach for EU countries. *International Conference on Business Excellence*, 2017, vol. 11, issue 1, 227-240

Davis, G. F. (2009). Managed by the markets: How finance re-shaped America. OUP Oxford.

Davis, J. B., & McMaster, R. (2017). Health care economics. NY: Routledge.

Deardorff, Alan V. (2014), "Welfare economics", Deardorffs' Glossary of International Economics, retrieved 9 June 2014.

Deeming, C. and Smyth, P. (2015). Social investment after neoliberalism: Policy paradigms and political platforms. *Journal of Social. Policy*. 44(2), 297 - 318

Defourny, J., & Develtere, P. (2009). The social economy: the worldwide making of a third sector. The worldwide making of the social economy. *Innovations and changes*, 15-40.

DeLeon, L., & Denhardt, R. B. (2000). The political theory of reinvention. *Public Administration Review*, 60(2), 89-97.

Denhardt, R. B., & Denhardt, J. V. (2000). The new public service: Serving rather than steering. *Public administration review*, 60(6), 549-559.

Dobb, M. (1969). Economic Reform in Socialist Countries. *New World Review*, 36, 59-66.

Dolvik, Flotten, Hippe, Jordfald, Jon Erik, Tone, Jon M., Bard (2015). *The Nordic Model towards 2030*: A New Chapter? NordMod 2030.

Dølvik, J. E., Fløtten, T., Hippe, J. M., & Jordfald, B. (2015). The Nordic model towards 2030. A new chapter.

Dunn, J. (1993). Young children's close relationships: Beyond attachment. Sage Publications, Inc.

Durham III, A. M. (1989). The privatization of punishment: Justification, expectations, and experience. *Criminal Justice Policy Review*, 3(1), 048-073.

Durkheim, É. (1964). A educação como processo socializador: função homogeneizadora e função diferenciadora. PEREIRA, L.; FORACCHI, MM Educação e sociedade, 8.

Easterly, W., & Rebelo, S. (1993). Fiscal policy and economic growth. *Journal of monetary economics*, 32(3), 417-458.

Eatwell, Roger and Wright, Anthony (Ed.). (1999). Contemporary Political Ideologies (2nd ed.). New York: Continuum.

Ebbinghaus, B. and Manow, P. (2001). Comparing Welfare State. London: Routledge.

Ebner, A. (2006). The intellectual foundations of the social market economy: Theory, policy, and implications for European integration. *Journal of Economic Studies*, 33(3), 206-223.

Ebrahim, A., Battilana, J., & Mair, J. (2014). The governance of social enterprises: Mission drift and accountability challenges in hybrid organizations. Research in Organizational Behavior, 34, 81-100. doi:10.1016/j.riob.2014.09.001.

Edelstein, David J. (1990). Social Democracy Versus Revolutionary Democratic Socialism. The Socialist Institute, New York

Edwards, P. (1967). The encyclopedia of philosophy. New York,: Macmillan

Eger, J. M. (2005). Smart communities, universities, and globalization: Educating the workforce for tomorrow's economy. *Metropolitan Universities*, 16(4), 28-38.

Eikenberry, A. M., & Kluver, J. D. (2004). The marketization of the nonprofit sector: Civil society at risk?. *Public administration review*, 64(2), 132-140.

Eisel, S. (2012). Between ideologies: the social market economy. Ander Vogelweide 11.

Eisel, S. (2012). www.stephaneisel.de/clubs/eisel/news/Social-Markjet-Economy-Axess-jan-2012.pdf

Engen, E. M., & Skinner, J. S. (1992). Fiscal policy and economic growth.

EPP. (2009). The Social Market Economy in a Globalised World, Congress Document adopted by the EPP Statutory Congress.

Esping-Andersen, G. (1985). Politics Against Markets. Princeton, NJ: Princeton University Press.

Esping-Andersen, G. (1990). The Three Worlds of Welfare Capitalism. Cambridge: Polity Press.

Esping-Andersen, G. (1999). Social Foundations of Postindustrial Economies. Oxford: Oxford University press.

Esping-Andersen, G. (2002). Why we need a new welfare state. OUP Oxford.

Esping-Andersen, G. (Ed.). (1996). Welfare Stares in Transition. National Adaptations in Global Economies. London: Sage Publications.

Esping-Andersen, G. and Korpi, W. (1984) 'Social Policy as Class Politics in Post-war Capitalism',in J. Goldthorpe (ed.) Order and Conflict in Con-temporary Capitalism. Oxford: Oxford University Press.

Esping-Andersen, G., & Sarasa, S. (2002). The generational conflict reconsidered. *Journal of European social policy*, 12(1), 5-21.

Esping-Anderson, G. (1996). Welfare states in transition: National adaptations in global economies. London: Sage Publications.

Esping-Anderson, G. (2000). A welfare state for the 21st century: Ageing societies, knowledge-based economies and the sustainability of European welfare states. Report prepared for the Portugese Presidency of the European Union, Spring.

Eucken, W. (1982). A policy for establishing a system of free enterprise. In Ludwig-Erhard-Stiftung, Standard texts on the Social Market Economy, 115 - 31. Stuttgart, New York: Gustav Fisher.

European Economic and Social Committee, EESC. (2016). Recent Evolutions of the Social Economy in the European Union. EUR-Lex. European Economic and Social Committee.

European Economic and Social Committee. (2012). The Social Economy in the European Union, Special report.

European People's Party, EPP. (2009). The Social Market Economy in a Globalised World, Congress Document adopted by the EPP Statutory Congress Bonn, 9-10 December 2009, (http://www.epp.eu/files/uploads/2015/11/The_Social_Market_Economy _in_a_Globalised_World.pdf)

Feldman, A. M. (1980). Market Exchange and Optimality. In Welfare Economics and Social Choice Theory (pp. 39-64). Boston, MA: Springer US.

Feldman, R. (1994). The welfare economics of a health plan merger. Journal of Regulatory Economics, 6(1), 67-86.

Felice, F. (2015). The Social Market Economy: Origins and Interpreters. *The EuroAtlantic Union Review* 2(1): 75-89.

Fellmann, T., M'barek, R., & Gay, S. H. (2009). Commodity market development in Europe: outlook. JRC Technical Report.

Ferguson, I., Lavalette, M., & Mooney, G. (2002). Rethinking welfare: A critical perspective. London: Sage.

Ferragina, E., Seeleib-Kaiser, M., & Tomlinson M. (2016). Unemployment Protection and Family Policy at the Turn of the 21st Century: A Dynamic Approach to Welfare Regime Theory. *Social Policy and Administration*, 47(7): 783-805.

Ferragins, E., Seeleib-Kaiser, M., & Spreckelsen, T. (2016). The Four Worlds of 'Welfare Reality' - Social Risks and Outcomes in Europe. *Social Policy and Society*, 14(2): 287 - 307.

Ferreira, A., Marques, R., Azevedo, G., Inacio, Q. and Santos, C. (2019). Modernization and accountability in the Social Economy Sector. Hershey, PA: IGI Global.

Fitzpatrick, P. (2001). Modernism and the Grounds of Law. Cambridge University Press.

Flora, P., & Heidenheimer, A. J. (Eds.). (1981). The development of welfare states in Europe and America. Transaction Publishers.

Friedlander, S. K. (1957). Behavior of suspended particles in a turbulent fluid. *AIChE Journal*, 3(3), 381-385.

Friedman, Milton (1962b). "A Program for Monetary Stability: Part One." In U.S. Savings and Loan League, Proceedings of the Conference on Savings and

Residential Financing. Chicago: U.S. Savings and Loan League. 11-32.

Friedman, Milton (2008). Monetary History of the United States, 1867-1960. Princeton University Press.

Fukuyama, F. (2017). The great disruption. Profile Books.

Galí, Jordi (2018). The State of New Keynesian Economics: A Partial Assessment. *Journal of Economic Perspectives*. 32 (3): 87 - 112.

Gamble, A. (Ed.). (1994). The free economy and the strong state: The politics of Thatcherism. Bloomsbury Publishing.

Garfinkel, I., Rainwater, L., & Smeeding, T. (2010). Wealth and welfare states: Is America a laggard or leader?. Oxford University Press.

George, V., & Wilding, P. (1994). Welfare and ideology. Harvester Wheatsheaf.

Giddens, A. (1983). Comments on the theory of structuration. *Journal for the Theory of Social Behaviour*, 13(1), 75-80.

Giddens, A. (1998). Globalization: the runaway world. Fondation Latsis internationale.

Gilbert, N. Terell, P. (2005). Dimensions of social welfare policy. Allyn & Bacon.

Gilmour, P. (1978). Correspondence: Buffer or Barrier?. Art Monthly (Archive: 1976-2005), (22), 22.

Gintis, H. (1969). Production functions in the economics of education and the characteristics of worker productivity. unpublished doctoral dissertation, Harvard University.

Girvetz, H. K., & Schlesinger, A. M. (1963). The evolution of liberalism. Collier Books.

Godbout, J. T. (2000). Le don, la dette et l'identité: homo donator Versus homo economicus. Éditions La Découverte et Éditions du Boréal, Paris et Montréal.

Gough, I. (1979). The political economy of the welfare state. Palgrave Macmillan.

Gregory, R., Ruffin, J. (1994). Macroeconomics. NewYork: HarperCollins Publishers

Greve, B. (2017). How to measure social progress?. *Social Policy & Administration*, 51(7), 1002-1022.

Greve, B. (Ed.). (2013). The Routledge handbook of the welfare state. London: Routledge.

Grier, R. (1997). The effect of religion on economic development: A cross national study of 63 former colonies. Kyklos, 50(1).

Grootaert, C., van Bastelaer (2002). Understanding and Measuring Social Capital: A Multi-Disciplinary Tool for Practitioners. Washington: World Bank

Hall, P. A. & Soskice, D. (Eds). (2001a). *Varieties of Capitalism. The Institutional Foundations of Comparative Advantage*. Oxford: Oxford University Press.

Hall, P. A., & Soskice, D. (2001b). Introduction to Varieties of Capitalism. In P. A. Hall & D. Soskice (Eds.), *Varieties of Capitalism*. The Institutional Foundations of Comparative Advantage(pp.1-68). Oxford: Oxford University Press.

Hall, S., & Jacques, M. (1989). New times. The Changing Face of Politics in the 1990s. London: Marxism Today.

Hamerijck, A. (2013). The quiet paradigm revolution of social investment. *Social Politics*, 22(2), 242 - 256.

Hansson, P., & Henrekson, M. (1994). A new framework for testing the effect of government spending on growth and productivity. *Public choice*, 81(3), 381-401.

Hargreaves-Heap, H.S., Binmore, K., Hollis, M., Lyons, B.R., Sugden, R., & Weale, A. (1992). The Theory of Choice: A Critical Guide.

Harsanyi, J. C. (1991). Value judgements. In The World of Economics (pp. 702-705). London: Palgrave Macmillan UK.

Hasse, R., Schneider, H., & Weigelt, K. (2008). Social Market Economy History, Principles and Implementation- From A to Z.

Hayek, F. A. (1959). Unions, inflation and profits. Studies in philosophy, politics and economics.

Hayek, F. A. (1982). The sensory order after 25 years. In Cognition and the symbolic processes (pp. 287-294). London: Routledge.

Helfer, H.(2015). Social market economy: Towards a comprehensive composite index, Discussion Paper, Center for Interdisciplinary Economics, No. 6/2015.

Hemerijck, A. (2013). Changing Welfare State. Oxford: Oxford University press.

Herrmann, P. (2012). Economic performance, social progress and social quality. *The International Journal of Social Quality* 2(1): 41-55.

Heywood, A. (1992). Political Ideologies: An Introduction. Macmillan Paperback.

Hicks, A., & Kenworthy, L. (2003). Varieties of Welfare Capitalism. *Socio-Economic Review*, 1: 27-61.

Hobhouse, L. T. (1911). Social evolution and political theory. NY: Columbia University Press.

Hodgkin, C. (1993). Policy and paper clips: Rejecting the lure of the corporate model. *Nonprofit Management and Leadership*, 3(4), 415-428.

Hodgson, G, M. (2017). Karl Polanyi on economy and society: a critical analysis of core concepts. *Reviews of Social Economy*, Vol 75, No 1, 1-25.

Holcombe, R. G. (1997). A theory of the theory of public goods. *The Review of Austrian Economics*, 10(1), 1-22.

Holden, G. W. (2003). Children exposed to domestic violence and child abuse: Terminology and taxonomy. *Clinical child and family psychology review*, 6, 151-160.

Hood, C. (1991). A public management for all seasons?. *Public Administration*, 69(1), 3-19.

Hudson, J., & Kühner, S. (2009). Towards productive welfare? A comparative analysis of 23 OECD countries. *Journal of European Social Policy*, 19(1), 34-46.

Hunt, A. (1981). Dichotomy and Contradiction in the Sociology of Law. Brit. JL & Soc'y, 8, 47.

Hunter, S., Ritchie, P. (2007). Co-Production and Personalisation in Social Care: Changing Relationships in the Provision of Social Care (Research Highlights in

Social Work). Jessica Kingsley Pub

Huo, J., Nelson, M., & Stephens, J. D. (2006). Decommodification and activation in social democratic policy: resolving the paradox. *Journal of European Social Policy*, 18(1), 5-20.

Hyman, D. N. (2002). Public finance: A contemporary application of theory to policy (p. 720). Thomson/South Western.

Ivan-Ungureanu, C., & Marcu, M. (2006). The Lisbon Strategy. Romanian Journal of Economic Forecasting, 3(1), 74-83.

Iversen, T. (2005). Capitalism, Democracy, and Welfare. New York: Cambridge University Press.

Jeavons, T. H. (1992). When the management is the message: Relating values to management practice in nonprofit organizations. *Nonprofit management and leadership*, 2(4), 403-417.

Jensen, N. (2008). Political risk, democratic institutions, and foreign direct investment. *The Journal of Politics*, 70(4), 1040-1052.

Jensen, N. (2012). Politics and foreign direct investment. University of Michigan Press.

Jenson, J. (1998). Mapping social cohesion: The state of Canadian research. Canadian Policy Research Networks Inc. CPRN Study No. F/03.

Jessop, B. (1994). The transition to post-Fordism and the Schumpeterian workfare state. Towards a post-Fordist welfare state, 7, 13-37.

Jessop, B. (2000). The crisis of the national spatio temporal fix and the tendential ecological dominance of globalizing capitalism. *International journal of urban and regional research*, 24(2), 323-360.

Jessop, B. (2002). Time and space in the globalization of capital and their implications for state power. Rethinking Marxism, 14(1), 97-117.

Ji, E., Kim, M., & Oh, S. (2021). A Study of the Social Model of The Korean Welfare State. *Turkish Journal of Computer and Mathematics Education*, 12(10): 1034-1044.

Johnson, M. (2015). Public goods, market failure, and voluntary exchange. *History of political economy*, 47(suppl_1), 174-198.

Johnson, M. R. D. (1990). Health and social services. *Journal of Ethnic and Migration Studies*, 16(2), 288 - 295.

Judson, J., Kuhner, S. (2009). Towards Productive Welfare? A Comparative Analysis of 23 OECD Countries. *Journal of European Social Policy*, 19(1): 34-46.

Kaboolian, L. (1998). The new public management: Challenging the boundaries of the management vs. administration debate. *Public Administration Review*, 58(3), 189-193.

Kahkonen, T. (2004, June). Agile methods for large organizations-building communities of practice. In Agile development conference (pp. 2-10). IEEE.

Kallhoff, Angela, 2011, Why Democracy Needs Public Goods, Landham, MD: Lexington Books. -, 2014, "Why Societies Need Public Goods", *Critical Review of International*

Social and Political Philosophy, 17(6): 635-651.

Kellermann, M. (2005). Power Resources Theory and Inequality in the Canadian Provinces. *Presented at the Harvard Comparative Political Economy Workshops*, October 7-8, Cambridge.

Kerrison, S. and Corney, R. (1998). Private provision of 'outreach'clinics to fundholding general practices in England. *Journal of Health Services Research and Policy*, 3(1): 20-22.

King, C. S. (1995). From the Special Issues Section Editor. *Journal of Public Administration Education*, 1(2), 130-131.

King, C. S. (1999). Public Administration at Midlife?. *Public Administration Review*, 59(3), 256-262

King, C. S., & Stivers, C. (1998). Government is us: Strategies for an anti-government era. Sage.

Konzelmann, S. J., Fovargue-Davies, M., & Schnyder, G. (2010). Varieties of liberalism: Anglo-Saxon capitalism in crisis?. Available at SSRN 1929627.

Konzelmann, S., Fovargue-Davies, M. (2011). Anglo-Saxon capitalism in crisis? Models of liberal capitalism and the preconditions for financial stability. Handbook of institutional approaches to international business, 65.

KORPI, W. (1979). Variations of the welfare-state-research problems concerning social-political strategies in the capitalistic democracies. *Sociologisk Forskning*, 16(1), 3-18.

Korpi, W. (1983). After the historical compromise. The democratic class struggle. London: Routledge & Kegan Paul, 208-236.

Korpi, W. (1985). Power resources approach vs. action and conflict: On causal and intentional explanations in the study of power. *Sociological theory*, 3(2). p. 31-45.

Korpi, W. (1989). Power, politics, and state autonomy in the development of social citizenship: Social rights during sickness in eighteen OECD countries since 1930. *American sociological review*, 309-328.

Korpi, W. (2000). Welfare states, economic growth, and scholarly objectivity. *Challenge*, 43(2), 49-66.

Korpi, W. (2006). Power Resources and Employer-Centered Approaches in Explanations of Welfare States and Varieties of Welfare Capitalism. *World Politics*, 58, 167-206.

Korpi, W. (2018). The democratic class struggle. London: Routledge.

Korpi, W., & Palme, J. (1998). The Paradox of Redistribution and Strategies of Equalty: Welfare State Institutions, Inequalty and Poverty in the Western Countries. *Luxembourg Income Study Working Paper Series*, 174.

Korpi, W., Palme, J. (1998). The paradox of redistribution and strategies of equality: Welfare state institutions, inequality, and poverty in the Western countries. *American sociological review*, 661-687.

Kuitto, K. (2016). From social security to social investment? Compensating and social investment welfare policies in a life-course perspective. *Journal of European Social Policy*, 26(5), 442-459.

Kurian, G. T., Alt, J. E., Chambers, S., Garrett, G., Levi, M. and McClain, P. D. (2010). *The Encyclopedia of Political Science Set*. CQ Press.

Laville, J. L. (1994 re´e´dition 2000). L'e´conomie solidaire, une perspective internationale, Paris: Descle´e de Brouwer.

Le Grand, J. (1991). Quasi-markets and social policy. *The Economic Journal*, 101(408), 1256-1267.

Le Grand, J. (2002). Models of public service provision: command and control, networks or quasi-markets? Public Service Productivity. HM Treasury.

Le Grand, J. (2007). The other invisible hand. Delivering Public Services through Choice and Competition, Princeton/New Jersey.

Le Grand, J. (2011). Quasi-market verse state provision of public services: some ethical considerations. *Public Reason*. 3(2): 80-89.

Le Grand, J., & Bartlett, W. (Eds.). (1993). Quasi-markets and social policy. Bloomsbury Publishing.

Le Grand, J. and Robinson, R. (1984). Privatization and the welfare state. London: George Allen & Unwin.

Le Grand, Julian. (1995). The development of quasi markets in welfare provision on the U. K. *International Journal of Health Service*, 25, 2: 203-218.

Ledyard, J. O. (1991). Coordination in shared facilities: A new methodology. *Journal of Organizational Computing and Electronic Commerce*, 1(1), 41-59.

Leibenstein, 1966

Leibenstein, H. (1966). Allocative efficiency vs. "X-efficiency". *The American economic review*, 56(3), 392-415.

Leibfried, S. & Mau, S. (2007). Welfare States: Construction, Deconstruction, Reconstruction. Edward Elgar Pub.

Lévesque, B. and Ninacs, W. A. (2000). "The Social Economy in Canada: The Québec Experience" in J.-M. Fontan and E. Shragge (eds.) *Social Economy: International Debates and Perspectives*. Montreal: Black Rose Book, pp. 112-129.

Lewis, J. & Surender, B. (2004). Welfare State Change. Oxford: Oxford University press.

Lewis, P. A. (2017). Quasi-markets: An overview and analysis. SSRN.

Lindenberg, S. (1986). The paradox of privatization in consumption. In Paradoxical effects of social behavior: essays in honor of anatol rapoport (pp. 297-310). Heidelberg: Physica-Verlag HD.

Lindenberg, S. (1991). Social approval, fertility and female labour market. In Female labour market behaviour and fertility: A rational-choice approach (pp. 32-58). Berlin, Heidelberg: Springer Berlin Heidelberg.

Lindenberg, S., & Frey, B. S. (1993). Alternatives, frames, and relative prices: A broader view of rational choice theory. *Acta sociologica*, 36(3), 191-205.

Little, I. M. D. (1957). A critique of welfare economics. Oxford University Press.

Loader, B., & Burrows, R. (1994). Towards a post-Fordist welfare state? The restructuring of Britain, social policy and the future of welfare. Towards a post-Fordist welfare state, 1-10.

Loannidis, A. (2011). The social Market Economy: A cure for All ills? In Konstantina E. B & Antonis Klapsis(eds). The Konstantinos Karamalis Institute for Democracy Yearbook 2011. London: Springer.

Lowery, D. (1998). Consumer sovereignty and quasi-market failure. *Journal of Public Administration Research and Theory*, 8(2), 137-172.

Lund, D. E. (2002). Social justice pedagogy and teacher-student activism: A collaborative study of school-based projects (Doctoral dissertation, University of British Columbia).

MacDonald, D. B. (1905). The moral education of the young among Muslims. *The International Journal of Ethics*, 15(3), 286-304.

Majumdar, T. (1957). Armstrong and the utility measurement controversy. *Oxford Economic Papers*, 9(1), 30-40.

Marquand, D. (1988). Preceptoral Politics, Yeoman Democracy and the Enabling State. *Government and Opposition*, 23(3), 261-275.

Marshall, R. (1963). Union Structure and Public Policy: The Control of Union Racial Practices. *Political Science Quarterly*, 78(3), 444-458.

Marshall, T. H. (1950). Citizenship and social class (Vol. 11, pp. 28-29). Cambridge.

Marshall, T. H. (1982). The right to welfare. London: Heinemann.

Martin, G. T., & Zald, M. N. (Eds.). (1981). Social welfare in society. Columbia University Press.

Martin, M. (1985). Poverty and child welfare. The challenge of child welfare, 53-65.

Martin, M. (2018). Verstehen: The uses of understanding in the social sciences. Routledge.

Marx, K. (1871). The Civil War in France in Karl Marx and Friedrich Engels. On the Paris Commune

Marx, K. (1970). Critique of Hegel's' Philosophy of right'. Cambridge University Press.

Marx, K. (1973). edn. 1967: Capital (three volumes). New York: International Publishers.

Massey, A. (1993). Managing the Public sector. Books.

Massimiliano, Vatiero (2010). "The Ordoliberal notion of market power: an institutionalist reassessment". *European Competition Journal*. 6 (3): 689 - 70

McNutt, P. A. (1996). The economics of public choice. Northampton, MA: Edward Elgar Publishing, Inc.

McSwite, O. C. (1997). Legitimacy in public administration: A discourse analysis (Vol. 4). Sage.

Mead, L. (1992). The new politics of poverty: The nonworking poor in America. New York: Basic Books.

Megay, Edward N. (1970). "Anti-Pluralist Liberalism: The German Neoliberals". *Political Science Quarterly*. 85 (3): 422 - 42.

Mendoza, E. G., Milesi-Ferretti, G. M., & Asea, P. (1997). On the ineffectiveness of tax policy in altering long-run growth: Harberger's superneutrality conjecture. *Journal of public economics*, 66(1), 99-126.

Milan, Z. (2010). The enlightenment and its effects on modern society. NewYork: Springer Science & Business Media.

Miliband, R. (1973). Poulantzas and the capitalist state. *New Left Review*, 82(1), 83-93.

Milne, R. S. (1968). Political finance in Southeast Asia with particular reference to the Philippines and Malaysia. *Pacific Affairs*, 491-510.

Mishan, E. J. (1967). Criteria for public investment: some simplifying suggestions. *Journal of Political Economy*, 75(2), 139-146.

Mishan, E. J. (1969). The relationship between joint products, collective goods, and external effects. *Journal of Political Economy*, 77(3), 329-348.

Mishra, R. (1990). Welfare state Capitalst Sociey. London: Routledge.

Molloy, A., McFeely, C. and Connolly, E. (1999). Building a social economy for the new millennium. Derry: Guildhall Press/NICDA.

Morel N, Palier, B., and Palme, J. (2012). Towards a Social Investment Welfare State?: Ideas, Policies and Challenges. Chicago: Policy Press.

Morel N, Palier, B., and Palme, J. (2015). The Long Road Towards a Social Investment Welfare State. London: Routledge.

Moulaert, F., & Ailenei, O. (2005). Social economy, third sector and solidarity relations: A conceptual synthesis from history to present. Urban Studies, 42(11), 2037-2053.

Moulaert, F., & Nussbaumer, J. (2005). Defining the social economy and its governance at the neighbourhood level: A methodological reflection. *Urban Studies*, 42(11), 2071-2088.

Moulaert, F., Ailenei, O. (2005). Social economy, third sector and solidarity relations: A conceptual synthesis from history to present. *Urban Studies*, 42(11), 2037-2053.

MÜller Armack, A. (1966). WILHELM RÖPKE in memoriam 10. Oktober 1899 12. February 1966. Kyklos, 19(3), 379-384.

Müller-Armack, A. (1998). The Principles of the Social Market Economy (1965). In The social market economy: Theory and ethics of the economic Order (pp. 255-274). Berlin, Heidelberg: Springer Berlin Heidelberg.

Murray, C. The losing ground. NY: Basic Books.

Musgrave, M. J. P. (1957). On whether elastic wave surfaces possess cuspidal edges. In Mathematical Proceedings of the Cambridge Philosophical Society (Vol. 53, No. 4, pp. 897-906). Cambridge University Press.

Musgrave, R. A. (1959). The Theory of Public Finance: A Study in Oublic Economy.

Tokyo: McGraw Hill.

Musgrave, R. A. (1959). The theory of public finance: a study in public economy. Kogakusha Co.

Musgrave, R. A. (1969). Cost-benefit analysis and the theory of public finance. *Journal of Economic Literature*, 7(3), 797-806.

Musgrave, R. A. (1969). Provision for Social Goods. In Julius Margolis and H. Guitton (eds.). Public Economics. London: Macmillan.

Myrdal, A., & Myrdal, G. (1934). Crisis in the population question. Stockholm: Bonniers.

Nadeau, R. L. (2003). The Wealth of Nature: How mainstream economics has failed the environment. New York City, NY: Columbia University Press.

Nasioulas, I. (2015). Social economy: A viable alternative? *Policy Paper*, No. 26: 1-12.

Neurath, O. (1970). Foundations of the Social Sciences. University of Chicago Press.

Nicholson, Walter (2004). Intermediate microeconomics and its application. United States of America: South-Western, a division of Thomson Learning. p. 59. ISBN 0-324-27419-X.

Niskanen, W. (1971). Bureaucracy and representative democracy. Chicago und New York.

O'Conner, J. and Olsen, G. M. 1998(Ed). *Power Resource Theory and the Welfare State*, Toronto: University of Toronto Press.

O'Connor, Julia S., & Olsen, Gregg M. (1998). Power resource theory and the welfare state: A critical approach. University of Toronto Press.

Oakland, W. H. (1987). Theory of public goods. In Handbook of public economics (Vol. 2, pp. 485-535). Elsevier.

O'Connor, J. (1973). The fiscal crisis of the state. New York, NY: St. Martin's Press.

OECD. (2017). OECD Employment Outlook 2017. OECD.

Offe, C. (2018). Contradictions of the welfare state (Vol. 16). London: Routledge.

Olson Jr, M. (1971). The Logic of Collective Action: Public Goods and the Theory of Groups, with a new preface and appendix (Vol. 124). Harvard university press.

Ostrom, E. (1999). Coping with tragedies of the commons. *Annual review of political science*, 2(1), 493-535.

Parks, R. B., Baker, P. C., Kiser, L., Oakerson, R., Ostrom, E., Ostrom, V., ... & Wilson, R. (1981). Consumers as coproducers of public services: Some economic and institutional considerations. *Policy studies journal*, 9(7), 1001-1011.

Parsons, T., & Smelser, N. (1965). Economy and society: A study in the integration of economic and social theory. London: Routledge.

Paul, E. F., Miller, F. D., & Paul, J. (Eds.). (2007). Liberalism: Old and New: Volume 24, Part 1. Cambridge University Press.

Pen, J. (1971). Income Distribution. Social Research, London: Penguin Books.

Percy, S. L. (1984). Citizen participation in the coproduction of urban services. *Urban Affairs Quarterly*, 19(4), 431-446.

Pestoff, V. (2006). Citizens as co-producers and functional representation. In The ESF Exploratory Workshop on the Third Sector in a Changing Europe: Key Trends and Challenges.

Peters, E. E. (1996). Chaos and order in the capital markets: a new view of cycles, prices, and market volatility. John Wiley & Sons.

Pfaller, A., Gough, I., & Therborn, G. (Eds.). (1991). Can the welfare state compete?: a comparative study of five advanced capitalist countries (p. 354). London: Macmillan.

Phillip Cagan, 1987. "Monetarism", The New Palgrave: A Dictionary of Economics, v. 3, Reprinted in John Eatwell et al. (1989), Money: The New Palgrave, pp. 195 - 205, 492 - 97:

Pierson, C. & Castles, F., G. (2010). *The Welfare State Reader*. Cambridge: Polity.

Pierson, C. (1992). Beyond the Welfare State?. Blackwell Pub.

Pierson, P. (1991). "Fair Shares: Unions, Pay and Politics in Sweden and West Germany", by Peter Swenson (Book Review). *Comparative Political Studies*, 23(4). 552.

Pierson, P. (1996). Fragmented welfare states: Federal institutions and the development of social policy. *Governance*, 8(4), 449-478.

Piore, M. J. & Sabel, C. F. (1984). The second industrial divide: possibilities for prosperity. New York, Basic Books.

Pohlanyi, K. (1944). The Great Transformation. Beacon Press.

Polanyi, K. (2001). The great transformation: The political and economic origins of our time. Beacon press.

Policy Research Initiative. (2005). What We Need to Know about the Social Economy, a Guide for Policy Research. Policy Research Initiative; National For Charitable Statistics, 2020. wwww://nccs.urban.org/project/nonprofit-sector-brief).

Pollitt, C. (1990). Doing business in the temple? Managers and quality assurance in the public services. *Public Administration*, 68(4), 435-452.

Powell, M., & Barrientos, A. (2004). Welfare regimes and the welfare mix. *European Journal of Political Research*, 43: 83-105.

Powell, M., Yoruk, E., & Bargu, A. (2018). Thirty years of the Three Worlds of Welfare Capitalism: A review of reviews. *Social Policy & Administration*, 54: 60-87.

Powell, R. (2008). 10: Private goods, public goods and externalities. AQA AS Economics.

Pratt, A. C. (1997). The cultural industries production system: a case study of employment change in Britain, 1984 - 91. Environment and planning A, 29(11), 1953-1974.

Propper, C. and Burges, C. (2004). Does Competition between Hospitals Improve the Quality of Care? Hospital Death Rates and the NHS Internal Market. *Journal of*

Public Economics, 88(7/8): 1247-1272.

Prusak, L., & Cohen, D. (2001). How to invest in social capital. *Harvard business review*, 79(6), 86-97.

Putans, R. and Zeibote, Z. (2021). Public services client-accordance through co production and digitalization. European Studies - the review of European Law, *Economics and Politics*, 28(1), 127-147.

Putnam, R. (2001). Social capital: Measurement and consequences. *Canadian journal of policy research*, 2(1), 41-51.

Ragin, C. (2000). Fuzzy-set social science. Chicago: University of Chicago Press.

Ragin, C. C. (2000). Fuzzy-set social science. University of Chicago Press.

Rawls, J. (1971). Atheory of justice. Cambridge (Mass.).

Rawls, J. (1985). Justice as Farness: Political not Metaphysical. *Philosophy and Public Affairs*, Vol. 14, No. 3. (Summer, 1985), pp. 223-251.

Rawls, J. (1996). The law of peoples. Beogradski krug, (01+ 02), 9-29.

Ray Powell (June 2008). "10: Private goods, public goods and externalities". AQA AS Economics (paperback). Phillip Allan. p. 352. ISBN 978-0-340-94750-0.

Refslund, B. and Arnholtz, J. (2022). Power resource theory revisited: The perils and promises for understanding contemporary labour politics. *Economic and Industrial Democracy*, 43:4. p. 1958-1979.

Reich, M., Gordon, D. M., & Edwards, R. C. (1973). A theory of labor market segmentation. *The American Economic Review*, 359-365.

Reid, J. (1996). The Learning-Centered Classroom. TESOL Matters.

Rescher, N. (1966). Practical reasoning and values. *The Philosophical Quarterly* (1950-), 16(63), 121-136.

Rescher, N. (1977). Dialectics: A controversy-oriented approach to the theory of knowledge. Suny Press.

Restaki, J. (2006) Defining the Social Economy: The BC Context.

Robbins, P. (2005). Organizational Behavior. London: Pearson Education Limited

Robbinson, J. (1962). The Neo-Classics:Utility, London:Routledge.

Rodrigues, M. J. (2003). European policies for a knowledge economy. In European Policies for a Knowledge Economy. Edward Elgar Publishing.

Roman Herzog Institute, (2011). ROMAN HERZOG: LESSONS FROM THE PAST VISIONS FOR THE FUTURE. German Issues 18.

Room, G. (2000). Globalisation, social policy and international standard-setting: the case of higher education credentials. *International Journal of Social Welfare*, 9(2), 103-119.

Roos, J. P. (1973). Welfare theory and social policy: A study in policy science (Vol. 4). JP Roos.

Rosen, S. P. (1995). Military effectiveness: Why society matters. International Security, 19(4), 5-31.

Rosenman, M., Scotchmer, K., & Van Benschoten, E. (1999). Morphing Into the Market: The Danger of Missing Mission. Washington, DC: Aspen Institute.

Ross, C. M., Danziger, S., & Smolensky, E. (1987). Interpreting Changes In The Economic Status Of The Elderly, 1949-1979. *Contemporary Economic Policy*, 5(2), 98-112.

Rothstein, B., Samanni, M. and Teorell, J. (2012). Explaining the Welfare State: Power Resources vs the Quality of Government. *European Political Science Review*, 4(1): 1-28.

Russell, B. (1918). Proposed Roads to Freedom. New York: Blue Ribbon Books.

Ryan, W. P. (1999). The new landscape for nonprofits. *Harvard business review*, 77(1), 127-128.

Salamon, M. (1997). The Nonprofit Sector at a Crossroads: The Case of America. *International Journal of Voluntary and Nonprofit Organizations*, 10(1), 5-23.

Samuelson, P. A. (1954). The pure theory of public expenditure. *The review of economics and statistics*, 387-389.

Sapir, A. (2006). Globalization and the reform of European social models. JCMS: *Journal of Common Market Studies*, 44(2), 369-390.

Saunders, P., & Dearlove, J. (1984). Introduction to British politics: analysing a capitalist democracy. Polity.

Savas, E. S. (2000). Privatization and the new public management. Fordham Urb. LJ, 28, 1731.

Schelkle, W. (2012). Collapsing Worlds and Varieties of welfare capitalism: In search of a new Political economy of welfare. *LSE Europe in Question*, NO.54/2012.

Schick, A. (1969). Systems politics and systems budgeting. *Public Administration Review*, 29(2), 137-151.

Schweickart, David (2007). "Democratic Socialism". In Anderson, Gary L.; Herr, Kathryn G. (eds.). Encyclopedia of Activism and Social Justice. 1. Thousand Oaks, California: SAGE Publications

Screpanti, E. (2001). The fundamental institutions of capitalism. London: Routledge.

Screpanti, E. (2004). Freedom and social goods: rethinking Marx's Theory of Communism. *Rethinking Marxism*, 16(2), 185-206.

Scrugg, L., & Allan, J. (2006). Welfare-state Decommodification in 18 OECD countries: a replication and revision. *Journal of European Social Policy*, 16(1): 55-72.

Scrugg, L., & Allan, J. (2006b). The Material Consequences of Welfare-state: Benefit Generosity and Absolute Poverty in 16 OECD countries. *Comparative Political Studies*, 39(7): 880-904.

Scruggs, L, A. & Allan, J, P. (2008). Social Stratification And Welfare Regimes For The Twenty-First Century Revisiting The Three Worlds of Welfare Capitalism. *World Politics*, 60(July 2008), 642-64.

Semel, R. R. (2001). Fuel Economy Improvements through Improved Automatic

Transmission Warmup-Stand Alone Oil to Air (OTA) Transmission Cooling Strategy with Thermostatic Cold Flow Bypass Valve. SAE International.

Sen, A. (1970). The impossibility of a Paretian liberal. *Journal of political economy*, 78(1), 152-157.

Sen, A. (1982). Poverty and famines: an essay on entitlement and deprivation. Oxford university press.

Sen, A. (2000). Social exclusion: Concept, application, and scrutiny. Office of Environment and Social Development Asian Development Bank.

Sen, A. (2008). "Social Choice,". The New Palgrave Dictionary of Economics, 2nd Edition.

Sharp, E. B. (1980). Toward a new understanding of urban services and citizen participation: The coproduction concept. *Midwest Review of Public Administration*, 14(2), 105-118.

Shulman, S. (1997). What's so rational about rational expectations? Hyperrationality and the logical limits to neoclassicism. *Journal of Post Keynesian Economics*, 20(1), 135-148.

Shupe, C. (2012). Measuring the Modern Social Market Economy. Future Social Market Economy Policy Brief# 2012/04.

Shupe, C. (2013). A European Social Market Economy?-Index Results. Policy Brief# 2013/03.

Simon Reid, Henry (2015). *The Political Origins of Inequality: Why a More Equal World Is Better for Us All*. University of Chicago Press.

Simon Reid, Henry (2015). The Political Origins of Inequality: Why a More Equal World Is Better for Us All. University of Chicago Press.

Sites, W. (1998). Book Reviews. Power Resource Theory and the Welfare State: A Critical Approach. *Social Service Review*, 73(3): 427-432.

Skloot, E. (2000). Evolution or extinction: A strategy for nonprofits in the marketplace. *Nonprofit and Voluntary Sector Quarterly*, 29(2), 315-324.

Spicker, P. (2000). The welfare state: a general theory. London: Sage.

Springer, Simon; Birch, Kean; MacLeavy, Julie, eds. (2016). The Handbook of Neoliberalism. London: Routledge.

Stephens, J. D. (1979). The transition from capitalism to socialism. NY: Springer.

Stivers, M. L. (1994). The Development of a Plan to Prepare for the Quality Review Visit Under the Illinois Public School Recognition System.

Streeck, W. (2011). Taking Capitalism Seriously: Towards an Institutionalist Approach to Contemporary Political Economy. *Socio-Economic Review*, (2011) 9, 137-167.

Taylor, J. (2007). The impact of public service motives on work outcomes in Australia: a comparative multi-dimensional analysis. *Public administration*, 85(4), 931-959.

Taylor, J., Bradley, S., Nguyen, A. N. (2003). Job autonomy and job satisfaction: new evidence (No. 541528).

Terry, L. D. (1998). Administrative leadership, neo-managerialism, and the public management movement. *Public Administration Review*, 194-200.

Therborn, G. (1983). The welfare state in state and in class history. In Copenhagen. Symposium, Sociologisk Institut.

Therborn, G. (1987). Welfare States and Capitalist Markets. *Acta Sociologica*, 30(3-4), 237-254.

Toufick, G. (2004). A Political Economy of Lebanon 1948 - 2002: The Limits of Laissez-faire. Boston: Brill.

Trogen, P. (2005). "Public Goods." In Handbook of Public Sector Economics, edited by Donijo Robbins, 169-207. New York: Taylor & Francis.

Tullock, G. (1987). Public choice. The new Palgrave: A dictionary of economics, 3, 1040-1044.

Turner, Rachel S. (2008). Neo-Liberal Ideology: History, Concepts and Policies. Edinburgh University Press.

Valkama, Pekka, Kankaanpää, Jari, and Anttiroiko, Ari-Veikko. (2018). "Financial and structural impacts of quasi-marketization of the Helsinki Metropolitan Area's bus services". *Case Studies on Transport Policy*. 6 (2): 246 - 256.

Van der Veen, R. J., & Van der Brug, W. (2013). Three Worlds of Social Insurance: On the Validity of Esping-Andersen's Welfare Regime Dimensions. *British Journal of Political Science*, 43(2), 323-343.

van Haute, E and Close, C.(ed). (2019). Liberal Parties in Europe. Routledge.

Van Hook, J. C. (2004). Rebuilding Germany: The creation of the social market economy 1945-1957. London: Cambridge University Press.

Van Kerdbergen, K. and Vis, B. (2014). *Comparative Welfare State Politics*. Cambridge: Cambridge University Press.

Van Kersbergen. (1991). Social Capitalism: A Study of Christian Democracy and the Post-War Settlement of the Welfare State. Doctoral Theses. European University Institute.

Van Parijs, P. (2000). Basic income and two dilemma of the welfare state. In C. Pierson and F. Castles. *The Welfare State Reader*. London: Polity

Van Parijs, P. (2004). Basic income: A simple and powerful idea for the twenty first century. *Politics and Society*, 32(1): 7-39.

Van Suntum, U. et al. (2012b). Methodology. In: Index of Modern Social Market Economy. Explorative Study. Bertelsmann Stiftung, Gütersloh

Van Suntum, U., Gundel, S., Lurweg, M., Oelgemöller, J. (2012a). Dening a Modern Version of the Social Market Economy. In: Index of Modern Social Market Economy. Explorative Study. Bertelsmann Stiftung, Gütersloh.

Vander Veen, T., J., & Van der Brug, W. (2013). Three Worlds of Social Insurance: On the Validity of Esping-Andersen's Welfare Regime Dimensions, *British Journal of Political Science*, 43(2): 323 - 43.

Veenhoven, R. (2017). Measures of happiness: Which to choose?. Metrics of subjective well-being: Limits and improvements, 65-84.

Vervliet, Chris (2009). Human Person. Adonis & Abbey

Vickrey, W. (1961). Counterspeculation, auctions, and competitive sealed tenders. *The Journal of finance*, 16(1), 8-37.

Walter A. Friedlander. (2005). Introduction to Social Welfare. New York: Prentice-Hall, 1955.

Webb, S. (1889). Socialism in England (Vol. 4, No. 2). American economic association.

Weber, M. (1992). The protestant ethic and the spirit of capitalism. London: Routledge.

Weisskopf, Thomas E. (1992). "Toward the Socialism of the Future, in the Wake of the Demise of the Socialism of the Past" (PDF). *Review of Radical Political Economics*. 24 (3 - 4): 1 - 28.

Whyman, Philip (2005). Third Way Economics: Theory and Evaluation. NY: Springer.

Wickenden, E. (1965). Social Welfare Law: The Concept of Risk and Entitlement. U. Det. LJ, 43, 517.

Wilensky, H. L. (1974). The welfare state and equality: Structural and ideological roots of public expenditures (Vol. 140). Univ of California Press

Wilensky, H. L. (1975). The Welfare State and Equality: Structural and Ideological Roots of Public Expenditures. University of California Press.

Wilensky, H. L. (1976) The 'New Corporatism', Centralization and the Welfare State London, Sage.

Wilensky, H. L. (1981) Leftism, catholicism, and democratic corporatism: the role of political parties in welfare state development. University of California.

Wilensky, Harold L., (1975). The Welfare State and Equality: Structural and Ideologial Roots of Public Expenditures. Berkeley: University of California Press.

Wilson, Julie. (2017). Neoliberalism. London: Routledge.

Wolin, S. S. (2004). Politics and vision: Continuity and innovation in western political thought. Princeton: Princeton University Press.

Wrobel, R. (2008). The Financial and Economic Crises from a Social Market Economy "Perspective". *East Asia Comparative perspective*, Vol. 7: 1-14.

Wrobel, R. (2012). The social market economy as a model for sustainable growth in developing and emerging countries. *Economic and Environmental Studies*, 12(1): 47-63.

Wrobel, R. M. (2012). The social market economy as a model for sustainable growth in developing and emerging countries. *Economic And Environmental Studies (E&ES)*, 12(1), 47-63.

Young, I. M. (2002). Inclusion and democracy. Oxford University Press, USA.

Zadeh, L. A. (1965). Fuzzy sets. *Information and control*, 8(3), 338-353.

Zeckhauser, R., & Schaefer, E. (1968). Public policy and normative economic theory. *The study of policy formation*, 27-102.

찾아보기

(ㅅ)

(ㅇ)

(ㅈ)

[저자 소개]

지은구 계명대학교 사회복지학과 교수

〈주요저서〉
사회복지경제학연구(2023), 사회복지경제분석론(2013), 복지국가와 사회의 질(2018), 복지국가론(2020), 사회경제론(2021) 외 다수

〈주요논문〉
Eun-gu Ji. 2006. A study of the structural risk factors of homelessness in 52 metropolitan areas in the U. S. International Social Work 49(1): 107-117 외 다수

복지자본주의 연구

2024년 4월 25일 초판인쇄
2024년 4월 30일 초판발행

저 자 지 은 구
발행인 유 성 열
발행처 **청목출판사**
서울특별시 영등포구 신길로 40길 20
전화 (02) 849-6157(代)·2820 / 833-6091
FAX (02) 849-0817
등록 제318-1994-000090호

파본은 바꾸어 드립니다.
값 32,000원

http://www.chongmok.co.kr

ISBN 978-89-5565-818-7